高等院校精品教材

JINRONGFA JIAOCHENG

金融法教程

（第二版）

主　编　李有星

副主编　胡肖娅　汪彩华　赵意奋

　　　　叶勇飞　王海表　傅智操

　　　　陶丽琴　徐何生　夏少敏

　　　　李晓乐

编写委员会成员（按姓氏笔画排列）

万政伟　文绪武　王　立　王海表

叶勇飞　伍小美　李有星　李晓乐

汪彩华　沈雄杰　余　羚　赵意奋

周亦鸣　胡肖娅　夏少敏　顾凌云

徐何生　陶丽琴　傅智操

ZHEJIANG UNIVERSITY PRESS
浙江大学出版社

图书在版编目(CIP)数据

金融法教程／李有星主编．—杭州：浙江大学出版社，
2006.11(2021.1 重印)

ISBN 978-7-308-04988-7

Ⅰ.金… Ⅱ.李… Ⅲ.金融法－中国－高等学校－教材
Ⅳ.D922.28

中国版本图书馆 CIP 数据核字(2006)第 124151 号

内容简介

按照教学实际需要,本教程选择了金融法总论、中央银行法、金融主体法、银行客户关系法、存款法、贷款法、支付结算法、银行卡与网络银行法、票据法、货币法、证券法、保险法、信托法、融资租赁法、投资基金法作为教程内容,以满足法学和非法学学生的学习需要。

本书吸收了当前立法、司法和学术研究的新成果,对重点和难点的理论和实践问题,作了明确的论述和回答,综合展示金融法学者观点以供辨析。【资料与应用】重在阐明重点原理的应用、难点解释,国内外立法例、判例,最新立法、司法、学术研究成果,权威学说、理论和实践有争议的问题和其他对金融法研究、学习有价值的问题,以引导有兴趣的读者作进一步的学习研究,更深刻、形象地把握各个知识点。

金融法教程(第二版)

李有星 主编

责任编辑 葛 娟
出版发行 浙江大学出版社
(杭州市天目山路 148 号 邮政编码 310007)
(网址:http://www.zjupress.com)
排 版 杭州中大图文设计有限公司
印 刷 广东虎彩云印刷有限公司绍兴分公司
开 本 787mm×960mm 1/16
印 张 32
字 数 574 千
版 印 次 2009 年 8 月第 2 版 2021 年 1 月第 8 次印刷
书 号 ISBN 978-7-308-04988-7
定 价 79.00 元

第二版前言

本书作为金融法教学用书,自 2006 年 11 月出版后,得到了教师和学生的欢迎。但以美国次贷为源头的世界性的金融危机的发生,金融法律被提上了前所未有的重要地位,利用法律规则妥善地解决金融纠纷成为重要议题。同时,相关法律有了重大的变动,特别是 2007 年 3 月 16 日《中华人民共和国物权法》的出台和 2009 年 2 月 28 日修订的《中华人民共和国保险法》,对金融领域的融资担保制度、风险分散等等问题作了全新性的变更。在实践中,为适用金融法律制度的发展和实际金融法律问题的解决,我国成立了"中国法学会证券法学研究会"、"中国法学会银行法学研究会",而浙江省法学会金融法学研究会自 2006 年 11 月 18 日成立,已经成功举办了以"金融与法治"、"非法集资与治理"、"公司资本金融与运作安全"为主题的三届年会,2009 年的金融法学年会将以"金融危机的法律救济与涉企金融纠纷处理"为题在宁波大学法学院召开。2009 年 6 月 27 日,上海市高级人民法院和上海市中级人民法院正式设立金融审判庭,各地相继设立金融仲裁院,有的高校成立了金融法律学院,高级的律师事务所都会有涉及处理金融法案件的机构组织。大量高校的大学生、研究生在与金融相关的机构中就业、发展。一系列的事实现象证实的是,不管你承认不承认,金融法律在现实生活中大有学习的必要,要好好发展就要好好学习、运用金融法律。为适应金融法律知识学习实践的需要,我们对《金融法教程》进行了较大的修改,加进了金融法律的新理论、新法律和新的实践成果。希望本书给您带来知识上的收获! 不足之处敬请谅解并将留待下次修正!

浙江大学光华法学院教授　李有星
2009 年 7 月 16 日

前 言

金融法作为一门重要法学课程,在今天备受重视。金融法的体系大致可分为金融法的理论体系、金融法的立法体系及金融法的学理体系。作为金融法教程,我们在选择内容编排时,主要考虑金融法的立法成果和学理要求。如果没有立法成果的支撑,纯粹的理论说教可能会很无趣,更使学习者无法将活动的金融现实问题和规范结合在一起;没有理论支持,就无法准确理解立法成果,更无法对现有立法进行改进和完善。金融同我们每一个人都有关,金融法律也是人们不断运用的。如到银行的存款过程,就是一个适用储蓄存款法律规定的过程,购买股票过程其实也是一个适用证券法律规则的过程。在金融法教学实践中,我们形成了适合教学需要、具有特色的教程体系。其特色主要体现在:

1. 在金融法体系中选择重点和前沿法作为教程内容。金融法虽无绝对统一的体系安排,但基本内容是学者们认同的。基于我们对金融法的广义理解,根据教学实际需要,选择了金融法总论、中央银行法、金融主体法、银行客户关系法、存款法、贷款法、支付结算法、银行卡与网络银行法、票据法、货币法、证券法、保险法、信托法、融资租赁法、投资基金法作为教程内容,以满足法学和非法学学生的学习需要。

2. 吸收法学研究的前沿成果,并作深入阐述。在系统阐述各法内容的同时,吸收立法、司法和学术研究的最新成果,对重点与难点的理论和实践问题,作了明确的论述和回答。

3. 综合展示金融法学者观点,以供辨析。大量的金融法著作中深深地凝结了金融法前辈和学者们的学术成果及心血。在同一问题上有不同的观点和理论,才使金融法很精彩。本书注重将学者、实务者的不同观点和分歧给予适当展示,增加了读者的可理解性和思考空间。

4. 注重理论与实践结合,加强学以致用。金融法是理论和实践性均很强的

1

学科。金融法理论非常专业化,且源自实践指导实践,不理解金融法的理论就无法回答实践中出现的问题,但反过来,不与实践接触、结合的金融法学习也会大打折扣。金融法理论和实践的结合写作,可以提高学习兴趣,增强学以致用的本领。

5.用【资料与应用】来引导进一步研究。【资料与应用】重在阐明重点原理的应用、难点解释、国内外立法例、判例,最新立法、司法、学术成果和权威学说,理论和实践有争议的问题和其他对金融法研究、学习有价值的问题。通过【资料与应用】,可以引导有兴趣的读者进一步研究,更深刻、形象地把握各个知识点。

本书由浙江大学法学院李有星教授任主编,胡肖娅、汪彩华、赵意奋、叶勇飞、王海表、傅智操、陶丽琴、徐何生、夏少敏、李晓乐任副主编。全书分工如下:李有星:第一、四、五、六、七、八、十一章,第十章第四节;叶勇飞:第二章;徐何生:第三章;陶丽琴、夏少敏、顾凌云:第六章;王海表、万政伟、伍小美:第七章;李晓乐、沈雄杰、王立、文绪武:第九章;傅智操:第十章;汪彩华、赵意奋:第十二章;胡肖娅:第十三章;余羚:第十四章;周亦鸣:第十五章。全书由李有星统稿、校正。

作为金融法学教学课程,本书可以作为法学专业本科生和研究生教学用书,还可作为财政、金融、经济、管理等专业及其他层次的学生教学用书,也可供金融法爱好者自学使用。

在写作过程中,选用、引用、借鉴了许多金融法专家、教授、学者们的研究成果,在此一并表示感谢。在写作和出版过程中,得到了出版社编辑的无私友情和认真帮助,在此深深感谢。金融法学科处于不断的发展和完善中,写作中难免有所疏漏,书中不当之处,请批评、指正和谅解。

李有星

2006 年 11 月 6 日

于杭州山水人家

目　录

金融法总论

【内容提要】 本章着重就金融与法律调整、金融法基本理论、金融法基本原则、金融法渊源和内容等四方面进行论述。金融与法律调整阐述货币与金融、金融市场与金融工具、金融的法律调整等问题。金融法基本理论阐述金融法概念及其调整对象、金融法的地位、金融法的内容。金融法基本原则方面提出了促进金融业合法、稳健运行原则，保护金融业公平竞争原则，保护公众投资者利益原则，监督管理与经营分离原则，分业经营、分业管理原则，接轨国际规则原则。金融法渊源和内容主要阐述金融法渊源、我国金融法主要规范。

第一节
金融与法律调整

一、货币与金融

说金融我们得从货币开始。货币意味着资金，货币的流动意味着资金财富的转移和分配。所谓金融活动，无非把象征财富、资金的货币进行各种运作，在不同主体之间进行分配和再分配。资金融通不论是不是金融的全部内涵，但其实质是特定的主体利用特定的信用工具以特定的方式将货币资金在需求者间流转，从而形成不同主体的金融资产和金融财富。

货币是从商品交换发展中分离出来的，充当一般等价物的特殊商品。它具有价值尺度、流通手段、贮藏手段、支付手段和世界货币的职能。货币的产生发展经历了实物货币、金属货币、代用货币、信用货币和电子货币五种形式的更替。实物货币包含龟壳、海贝、蚌珠、皮革、齿角、米粟、布帛、农具等。金属货币包括铜币、金银等。纸币，亦称代用货币，是国家发行和强制流通的价值符号，故有其自身的流通规律,即纸币发行量必须和流通中对金属货币的需要量相一致。信用货币是指在流通中充当支付手段和流通手段,以存款、银行券、债券、票据等形式存在的货币。电子货币是指用电子计算机系统储存和转移的资金。现在以各种信用卡为介质、通过银行的电子划拨系统记录和转移存款已是主流。电子货币是货币作为支付手段的一次革命。货币作为整个社会财富的媒介和命脉,是经济社会不可或缺的基本要素。

金融是什么?简单地讲,金融就是资金融通,是与货币流通和信用关系有关的一切活动;通俗理解就是指借助信用工具以货币资金为载体的各种融通活动的总称。实践中,社会经济活动的各类主体以市场为基础,以信用为条件,将部分社会资源以货币资金为载体在其相互间流转,以调剂余缺,满足生产经营需要的活动就是金融。从参加主体上看,包括金融机构与非金融机构、个人以及国家;从其行为上看,包括货币的发行、流通和回笼,存款的吸收与支付,贷款的发放与收回,票据的承兑与贴现,银行同业拆借,金银和外汇的买卖,国内、国际的货币收付与结算,股票、债券的发行与交易,财产的信托、融资租赁、保险等活动。❶

金融活动是货币资金的买卖交易融通,交易的基础是信用和市场,融通的中介是金融机构。从资金融通有无中介来分,金融有直接金融与间接金融的概念。直接金融是指融资供求双方当事人即筹资人和投资人之间直接(或通过金融机构代理)进行货币资金有偿借贷或投资,产生法律上的债权债务关系或投资收益关系,实现资金直接从投资人向筹资人发生转移。如筹资人为筹集资金,直接在证券市场自己发行或通过证券公司代理发行股票或债券,投资人通过购买其股票或债券,成为其投资人或债权人。间接金融是指融资双方当事人通过银行机构作为媒介发生资金借贷行为,产生法律上的两个债权债务关系,即投资人将资金以偿还本金并支付利息为条件存储于银行,形成存款人与银行之间的债权债务关系;银行则以资金所有者的身份,将筹集起来的存款资金以还本付息为条件贷放给借款人,形成银行与借款人之间的债权债务关系。

二、金融市场与金融工具

(一)金融市场概述

金融市场是社会经济中与商品市场、劳务市场和技术市场并列的资金融通市场。金融市场是资金融通的场所,是金融资产买卖交易而形成的资金供求的

---

❶ 强力主编:《金融法学》,高等教育出版社 2003 年版,第 2 页。

总称。它不仅是指货币资金融通以及证券、外汇和黄金买卖的场所,更是指货币资金借贷关系的总和;不仅包括有场所的有形市场的资金交易活动,还包括没有场所的无形市场的资金交易活动。

金融市场包含市场主体、交易标的、交易工具和交易价格等要素。金融市场主体是指金融交易的参加者,包括交易当事人、中介机构和监管者。交易当事人是资金交易的双方,中介机构是指为资金供求双方提供服务的机构。监管者则是指制定和监督实施金融交易规则、维持金融秩序的机构。金融市场的交易标的是货币资金。如银行的存贷款、证券市场上的证券买卖等,都是货币资金的转移。货币资金一般通过筹资者或金融机构发行的信用工具(如存单、股票、权证等)来实现融通。投资者拥有的信用工具则构成其与实物资产并列的金融资产。金融资产是指一切可以在有组织的金融市场上进行交易、具有现实价格和未来估价的金融工具的总称。金融资产的最大特征是能够在市场交易中为其所有者提供即期或远期的货币收入流量。金融资产主要包括:①货币、黄金和特别提款权;②通货和存款;③股票以外的证券(包括衍生金融工具);④贷款;⑤股票和其他权益;⑥保险专门准备金;⑦其他应收/应付账款。金融市场的交易价格包括利率等指标数据。

金融市场按不同的标准可划分为不同的类型。但是,人们通常说的金融市场是指货币市场、资本市场、外汇市场、黄金市场和保险市场。货币市场是指交易期限在1年以内的短期金融交易市场,其功能在于满足交易者的资金流动性需求,包括短期存贷市场、银行同业拆借市场、贴现市场、短期债券市场以及大额存单等短期融资工具市场。资本市场是交易期限在1年以上的长期金融交易市场,主要满足工商企业的中长期投资需求和政府弥补财政赤字的资金需要,包括存贷市场、债券市场和股票市场。黄金市场是指黄金买卖交易和金币兑换市场。黄金虽不再是货币,但是世界上最重要的保值手段和最后的清偿手段,是重要的国际储备,用于平衡国际收支的顺、逆差。外汇市场是指从事外汇买卖的交易场所,或者说是各种不同货币彼此进行交换的场所。外汇的买卖包括:①本币与外币之间的相互买卖,即需要外汇者按汇率用本币购买外汇,持有外汇者按汇率卖出外汇换回本币;②不同币种的外汇之间的相互买卖。保险市场是投保人和保险人进行保险业务交易的场所。保险市场分为直接保险市场和间接保险市场。直接保险市场是投保人和保险人直接进行保险业务交易的保险市场,如保险公司直接为投保人办理保险业务。间接保险市场是投保人与保险人通过保险经纪人间接洽谈保险业务的保险市场。保险业被列入金融体系,是由于经办保险业务的大量保费收入多用于各项金融投资。

（二）金融工具

金融工具的说法是从金融市场交易的角度来展开的。所谓金融工具，亦称信用工具，是指以书面形式发行和流通的，记载金融交易的金额、期限、价格等要素，借以证明债权债务关系的信用凭证。信用是指以偿还为条件的价值暂时的让渡，即所有者将一定的财物或货币为客体，以偿还本金及支付利息为条件贷给借者，借者承诺到期还本付息。金融工具作为一种书面的信用凭证，因有信用为基础，可以兑换为现实的货币资金，还可以代替货币充当资金交易的媒介，充当流通、支付工具。

金融工具有各种分类，通常有：①按发行者的地位不同，分为直接信用工具和间接信用工具。直接信用工具是指由政府、公司、个人为自己获取资金所发行的实现资金转移的凭证，主要有股票、公司债券、商业票据、国家债券等。间接信用工具是指由金融机构为筹集可用于贷放的资金而发行的银行券、存单、人寿保险单、各种借据和银行票据等。②按创新程度不同，分为原生工具和衍生工具。原生工具一般指股票、债券、存单、货币等。衍生工具是指其价值依赖于原生金融工具的一类金融产品，其往往根据原生金融工具预期价格的变化定值。衍生工具主要有期货、远期利率协议、期权等。期货是指双方约定在将来有效的时间内，以约定的价格买入或卖出一定数量标的资产。远期利率协议是指买卖双方以合约的方式，在将来特定时间以特定价格买进或卖出标的资产。期权是指买方支付给卖方一笔期权费后，卖方赋予买方将来某日前的任何时间，按约定的执行价格或协定价格买进或卖出某种特定资产的选择权。

三、金融的法律调整

（一）经济金融秩序的法治化为必然

马克思主义认为，秩序是一定生产方式和生活方式的社会固定形式，因而是它们相对摆脱了单纯偶然性和任意性的形式。❶ 抽象地说，秩序意味着在社会中存在着某种程度的关系的稳定性、结构的有序性、行为的规则性、进程的连续性、事件的可预测性，以及财产和心理的安全性。法律的功能就在于调整现存的社会关系，维护社会政治、经济秩序；换言之，法律存在的首要意义就在于建立和维护秩序，即确立法律秩序。法律秩序包括阶级统治秩序、社会生活秩序、权力运行秩序和经济秩序，而经济秩序是整个法律秩序的基础和核心。❷ 市

---

❶ 《马克思恩格斯全集》第 25 卷，第 894 页。

❷ 卢建平、李有星等编：《经济法》，浙江大学出版社 2001 年版，第 3 页。

场经济的核心是竞争,但并非所有的竞争都是有益的,只有当存在着与之相匹配的法律制度时,竞争才会导致价值增加,社会的发展也才会健全和持久。弱肉强食、无律无序的竞争不但不会推进反而会阻碍这种发展。

法律是使市场经济朝着健康方向发展的最基本的制度环境。法律制度的作用就是提高资源配置效率、降低市场经济中的交易成本和维系社会公正。从法律经济学角度看,法律制度的资源配置功能主要体现在:❶第一,法律制度可赋予经济主体有效使用稀缺资源的动机,亦即具有事前资源配置的功能。正如科斯所指出的,在一个自由放牧的公共牧场,由于不存在一个界定各放牧者可放牧范围的规则,因此放牧者既不会考虑牧场整体的利益,也不会考虑明年的牧草长势。在这样一种无法无规、你争我夺的自由放牧之下,牧草资源自然会渐渐枯竭,畜牧业的繁荣无从谈起。这意味着有限的牧场资源没有得到有效利用,也就是说在无法无规下的"自由竞争"只能导致毫无效率的你争我夺。如果放牧者通过自主协议来把牧场界定到每个放牧者,并将其协议通过公认的权威机构加以法制化,那么,原流动放牧者都变成在固定场所放牧的牧场所有者,他们就会对自己的牧场进行有计划的投资和使用,从而导致资源在微观和宏观两个层次的有效利用。第二,法律制度还具有一种事后资源配置的功能。现代经济社会是一个以分工、协作和交换为基础的社会,人们之间的利害关系注定利害冲突的必然发生。当利害冲突发生时,如果没有一个公正的裁定机关和裁定规则,很容易导致冲突的旷日持久化和暴力式解决。而法律制度的存在会给人们提供一个有效的裁定机关和裁定规则,从而使冲突各方都能接受的方式获得解决。这也就是法律制度的事后资源配置功能。诚然,如果每个经济主体具有充分的理性,而且彼此间有一定的信赖关系,那么他们不需经过权威的裁定机关的仲裁,仅通过自主协议即可划定地界,解决彼此之间的利害冲突,从而降低甚至消除交易成本。然而事实上人们的利益冲突是普遍的,人们的理性也是有限的,纯粹地把希望寄托在人们的自我抑制、自主协议上往往是不现实的。人们往往需要一个中立公正的权威机关依据一定的程序和规则进行仲裁。

法治化是中国金融市场建设的必由之路,当然也是防范和化解银行风险的必由之路。只有法治化的金融市场才能实现合理、有序运行的目标,因为法律是市场主体资格健全和行为规范化的保障。金融秩序通常无法依靠市场机制自身力量维系,只能依赖法律的强制力加以调整和保障。只有在通过法律机制

---

❶ 参见翟林瑜:《经济发展与法律制度——兼论效率、公正与契约》,浙江大学 2001 年"法与经济学"高级研讨班资料汇编,第 100—101 页。

确认的市场准入标准、准入主体、行为规则的条件下,公平交易、平等竞争才能切实得到保证。同时,市场秩序虽然是主体共同行为选择的结果,但这种运行秩序的确立只有以信用规则和法律约束加以确认,才能真正为主体自觉遵守。❶

(二)金融法治

金融是现代经济的核心,在国民经济中具有牵一发而动全身的重要作用,因此,金融的规范运作和稳健发展就显得尤为重要。市场经济是法治经济,有金融市场的存在,就需要金融法律的调整。金融法治是规范金融秩序、促进金融业健康发展的必由之路。

金融法律是在银行等金融机构大量出现并形成金融业时产生和发展起来的。1553 年,意大利城市威尼斯出现了第一家银行——威尼斯银行。❷ 1694 年的英国,经国王颁布特许令,在伦敦组建了世界上第一家股份制银行——英格兰银行。1844 年,英国国会通过了由政府首相罗伯特·皮尔提出的《英格兰银行条例》(又称《皮尔条例》),这是世界上第一部银行法。此后,法国、德国、瑞典、美国、日本等市场经济国家先后制定了有关银行的法律和法规,包括普通银行法和中央银行法。18 世纪,美国出现信托投资公司。而后,由于股份公司的大量建立和国债制度的发展,证券交易所、财务公司、租赁公司、证券公司大量出现。存款、贷款、汇兑、信托、票据、证券、保险等金融业务蓬勃兴起。商业信用、银行信用、国家信用、民间信用、国际信用同时并举,各种融资关系也日益复杂,客观上要求有统一的、权威的行为规范来调整。因此,市场经济国家先后制定颁布了票据法、信贷法、证券法、保险法、信托法、反洗钱法等各种专门调整金融关系的金融法律法规,为金融的规范、有序发展提供了制度保障。

作为金融市场主体的主力军,金融机构首先需要法律的调整和规范。金融机构分为银行和非银行金融机构两大类。银行是专门经营货币信用业务的经济组织,它包括中央银行、商业银行和各类专业银行。非银行金融机构是随着经济多元化的发展而提供各类专门金融服务的机构,主要包括证券机构(包括证券公司、证券登记公司、证券投资咨询公司、证券交易所等)、保险机构(包括保险人、保险代理人、保险经纪人)、信托投资机构、融资租赁机构、投资基金管

---

❶ 参见吕忠梅、彭晓晖:《金融风险控制与防范的法律对策论》,北大法律信息网,2002 年 3 月。

❷ 中国最早的银行是 1897 年创办的中国通商银行。1904 年根据清朝户部奏准的《试行银行章程》,正式成立了官办的户部银行。1908 年改为大清银行,同年颁布了《银行通行则例》和《储蓄银行则例》。

理机构、信用合作机构、风险投资机构、财务顾问机构等。

作为金融业务的经济关系,同样需要法律的调整和规范。金融业务是指金融机构在法律、法规允许的范围内从事相应的资金融通活动。包括银行业务的存贷款关系、转账结算汇兑关系、票据承兑和贴现关系;证券业务的证券发行、上市和交易关系,如证券发行市场(即一级市场)上,证券发行人与投资者因债券、股票、投资基金券等资本证券发行而形成的买卖关系、投资收益关系;资产重组和并购关系;保险关系;金融信托关系和融资租赁关系等。这些关系就其法律性质而言,应是各方当事人之间的债权债务关系。因此,需要以商业银行法、存款法、储蓄法、信贷法、担保法、拆借法、票据法、证券法、信托法、保险法、反洗钱法、投资基金法等法律规范来调整。

金融监督管理关系同样需要法治和规范。金融监督管理关系是指国家金融监管部门在组织和管理金融事业和金融市场的过程中形成的经济监督管理关系。包括中央银行对货币发行和流通的管理关系,监管部门对金融机构的主体资格和业务活动的监管关系,金融监管部门对非法金融活动的金融查处关系等。监管是对各类金融机构的业务活动制定基本规则并监督实施中形成的关系,包括存款贷款监管、支付结算监管、信托、委托监管、保险监管、证券发行、证券交易及服务监管等关系,等等。

金融对宏观经济调控需要法治和规范。国家施以宏观调控,而经济宏观调控体系由财政、金融、价格和税收四大政策构成。金融调控以中央银行制定和实施货币政策为主导,通过调整货币供应量指标、市场利率水平,间接调控金融市场。金融调控关系既有金融市场交易中的平等性质,又有金融监管中的不平等性质。金融调控关系,需制定中央银行法、货币改革法等加以调整。总之,金融是国家宏观调控体系的核心手段,但也需要法治化和规范的操作。

第二节
金融法基本理论

一、金融法的概念及其调整对象

(一)金融法的概念

金融法是调整金融关系的法律规范的总称。具体地说,就是调整货币流通和信用活动中所发生的金融关系的法律规范的总称。[1]

(二)金融法的调整对象

金融法的调整对象是金融关系,即金融活动中产生的各种主体之间的社会关系,主要包括间接金融关系、直接金融关系、金融中介服务关系、金融调控与监管关系。

金融关系主要有五种,即金融领域内相关主体之间的间接金融关系、直接金融关系和金融中介服务关系,国家金融主管机关与各类金融机构、非金融机构和自然人之间的金融调控和金融监管关系。间接金融关系以金融机构为主导,以货币市场为基础,主要表现为商业银行等金融机构对非金融机构的法人、自然人和其他社会组织吸收存款、发放贷款关系。直接金融关系以资本市场为基础,主要表现为筹资人的公司同国家与投资人的公司、企业、基金等社会组织和自然人之间的证券发行、交易关系及产权交易关系。金融中介服务是指银行、证券公司等金融机构在金融市场(包括货币市场和资本市场)上,为投融资双方实现融资提供的收付结算、承销经纪、咨询代理等辅助性服务工作。在这些活动中,金融机构不是资金融通的直接当事人,仅为投融资双方提供辅助性服务,收取中介服务费。金融监管关系是国家及其授权的金融主管机关对金融机构、金融业务及金融市场实施监管而产生的关系。金融调控关系是指国家及其授权的金融主管机关以稳定币值、促进经济增长为目的,对有关金融变量实施调节和控制而产生的关系。[2]

二、金融法的地位

法律部门是对一国现行法律规范按其调整的社会关系不同所作的基本分类。凡调整同一种类的社会关系的法律规范的总和,就构成一个独立的法律部门。金融法的地位,是指金融法在整个法律体系中的位置,即金融法在法律体系中是否属于一个独立的法律部门,以及属于哪一层次的法律部门。

在我国的法律体系中,宪法是第一层次的法律部门;民法、行政法、经济法、刑法、诉讼法等基本法是第二层次的法律部门;第三层次的法律部门是根据基本法制定的规范性文件,如物权法、债权法、知识产权法、公司法、合伙法、破产法、海商法、企业法、财税法、金融法、竞争法、技术监督法、劳动法等。

金融法调整的是资金融通关系,而这种直接融资关系、间接融资关系、金融

---

❶　朱崇实主编:《金融法教程》(第二版),法律出版社 2005 年版,第 2 页。

❷　强力主编:《金融法学》,高等教育出版社 2003 年版,第 13 页。

服务关系及金融监管关系,是传统民法、商法和行政法所无法统一调整的。因此,金融关系是金融法特有的调整对象,金融法是一个独立的法律部门。

金融法在各国法律体系中的地位表现也有所不同。通常在民商法分立的国家,金融法中的银行法、票据法、信托法、保险法、证券法属于商法范畴;在民商法不分立的国家,金融法则属于民法的范畴。在我国,金融法是经济法的重要组成部分,属于第三层次的法律部门。近年来,由于我国经济法、民法和商法的学科分类逐步明晰,经济法有演变为经济行政法的趋势,而传统经济法中的银行法、票据法、信托法、保险法、证券法等涉及资金融通、交易的法有演变为商法范畴的趋势,提出了金融商法的概念。由于对金融法理解不同,具体在教科书中的内容编排就十分不同,但基于合理和实用的思维,金融法的内容还是有规律可循的。世界各国的金融立法多表现为在民法、商法之外的特别立法,如货币法、银行法、证券法、票据法、保险法、信托法、反洗钱法等。特别是自19世纪末20世纪初以来,各国均加强金融立法,不断完善金融立法体系,已经形成巨大的金融法群,从这一意义上讲,不受经济法这一部门法约束的独立的金融法或金融商法,是有其存在的基础的。

三、金融法的内容

金融法的内容主要包括金融主体法、金融行为法和金融监管法三大部分。

(一)金融主体法

金融主体法,亦称金融业法、金融组织法,就是关于各类金融关系的参加者(主要是金融机构)的性质、地位、组织形式、组织机构及其设立、变更与终止的规则。金融机构对金融关系起着主导作用,是商法主体分类中的法定商人,因此,对其资格的取得、市场准入和退出有严格的法律规定。金融法有关金融主体制度规则构成金融主体法的内容。如在证券法中,规定证券投资者、证券公司、证券登记结算机构、证券交易服务机构等商主体内容。在保险法中,规定保险公司、保险代理人和保险经纪人、投保人等商主体内容。商业银行法规定商业银行组织。信托法规定信托当事人的委托人、受托人、受益人制度。投资基金法规定着基金管理人、基金托管人、基金持有人。

凡属金融业的经营商,均需得到特许。特许原因在于金融业关乎千家万户,存在着较一般产业更大的金融风险,只有通过特殊的资格赋予,对经营主体资本条件、股东资格、经营者任职条件、经营场所设施安全、内控机制建立等条件进行严格的审核,认为合乎法律规定的条件才准允进入市场营运。对照一下就发现证券公司、信托投资公司、商业银行、保险公司、金融租赁公司、基金管理公司等无不实行特许。因特许设立的特别公司,从事着特别金融业务。银行依银行法从事银行业务,证券公司依证券法从事证券业务,保险公司依保险法从事保险业务,信托公司(企业)依信托法从事信托业务,期货公司依期货法从事期货业务,基金管理公司依投资基金法从事基金管理业务,等等。

(二)金融行为法

金融行为法,又称金融业务法,是规定各类金融关系的参加者(主要是金融机构)开展金融业务、进行资金融通活动的基本规则和制度。金融行为中有间接金融行为、直接金融行为、金融中介服务行为、金融监管行为等。国家针对金融行为的特殊性,制定了一系列有别于一般商业交易规则的特殊金融行为规则。如存款规则、贷款规则、结算规则、证券发行规则、证券交易规则等,以供金融机构在业务活动中遵守执行。

如证券法,规定了证券发行、承销、证券交易、证券信息披露、证券交易禁止行为、上市公司收购等商行为的内容。在保险法中规定保险业经营、保险合同、保险理赔、人身保险、财产保险等商行为的内容。商业银行法规定商业银行的存款业务、贷款业务、结算业务、业务监督等。信托法规定信托设立、信托财产、信托变更与终止、公益信托等内容。投资基金法规定基金契约、基金的募集、基金份额的交易、申购与赎回、基金运作与信息披露等问题。

(三)金融监管法

金融监管法是指国务院金融监督管理机构和中央银行等利用法律赋予的权力,对金融机构和金融活动依法进行监督管理。金融的运作往往突破法律的界限,这时就需要法律予以调控和监管。金融的发展极大地促进了经济发展,但它往往成为各种危机的催化剂。金融创新与法律演进应该是相生相伴、并驾齐驱的,好的法律法规的制定能有效监管金融的运行。比如《银行业监督管理法》,赋予了银监会现场检查、与高管人员对话、责令披露信息、责令暂停部分业务、限制资产转让等监管权力。《人民银行法》规定的中国人民银行金融监管的内容包括:制定金融政策和行政规章,审批金融机构的设立、变更、终止和业务范围,并依法对其业务活动实施监管,管理货币市场和外汇市场等。

第三节
金融法基本原则

金融法的基本原则是指金融立法、执法和司法所应遵守的根本准则,集中体现金融法的本质和基本精神,主导整个金融法治的体系和全过程。通常金融法有以下基本原则。

（一）促进金融业合法、稳健运行原则

金融法律要通过对金融关系的调整,保障金融业的合法运行和合法权益,促进金融业的稳健、有序发展。金融法必须反映市场经济规律的内在要求,明确各金融主体的法律地位、权益和责任,明晰产权,强化金融机构与企业的约束机制,提高其经营风险意识,提高资金使用效率,实现资源最佳配置。金融法必须具有稳定性,要保持金融法治的连续性和连贯性,使金融主体运行和金融监管做到有法可依,从而维护各经济主体的合法权益,维护公平竞争。

（二）保护金融业公平竞争原则

促进金融业合法、稳健运行,可以促使金融业做到效益性、安全性和流动性有机结合,提供金融业的安全。但是,发展市场经济,很重要的一条是要发挥市场配置资源的基础作用,通过市场竞争机制引导资源优化配置。在市场经济条件下,各商业金融机构都要成为独立的市场主体,资金亦要商品化,这就必然要在金融业中引入市场竞争机制,依靠竞争引导资金的合理流动,寻求最佳配置。与一般市场自由放任的竞争相比,金融市场的竞争是有限制、不完全的。通常,对市场准入采取严格限制,实行许可制,对各金融主体业务交叉都有限制,如商业银行与投资银行的业务分工等。但是,我国金融市场对外开放和具有一定程度的竞争是必然。我国已经是 WTO 的成员国,对外开放竞争和内国金融业竞争都是必要的,关键是把握适度的公平竞争。金融关系国计民生,一旦出现过度竞争,就可能产生严重的不良后果。因此,金融法要贯彻适度公平竞争原则,要反对自由放任的破坏性竞争、反垄断。反垄断就要适度对其他所有制成分的主体开放,允许各金融主体之间适度业务交叉,进行公平竞争。要加强对金融市场的管理和调控,从主体资格的认定到业务范围的限制等都要有完善的金融监管法律制度。只有通过适度的、公平的竞争,才能真正提供金融业的竞争能力。

（三）保护公众投资者利益原则

社会公众是金融业的服务对象和出资者、投资者。金融机构在资金拥有者（投资大众）和资金需求者（企业）之间起着中介作用,金融机构承担着组织闲散资金,以其信誉为投资者提供担保,把资金汇集起来的功能,又有向企业提供资金以求获利的作用。无论是货币市场、资本市场还是保险市场,金融涉及千家万户的利益。保护公众投资者的利益是金融法要遵循的一项基本原则。

相对于金融机构而言,公众投资者在信息获得、资金规模、经济地位等各方面居于弱者地位,公众投资者利益受侵害,有的来自法律本身的漏洞和不规范,有的来自金融机构运行不规范和经营不善,有的来自金融机构利用其优势地位直接坑害投资者,如金融机构从事法律禁止的融资融券、内幕交易、虚假陈述、欺诈客户、挪用客户保证金等等。如金融法规范不能保护其合法权益或者其完全处于一种无可奈何的境地,公众投资者必然会丧失信心。社会公众投资者若对金融市场丧失信心,乃至退出金融市场,必将危及金融市场的存在。

法律维护投资者的利益,是通过规则设计从而保证金融活动中的资金的营利性、流通性和安全性。营利性是指资金在营运中能够按照投资者的预期实现增值,保护投资者有取得合法投资收入的权利;流通性是投资者能够转让其投资,使投资权益能够公平、迅捷交易,兑现投资权益为货币。法律要允许各种有价证券、股票、债券、国家公债能够在公开市场上公平、自由流通转让。安全性是要保护投资者投资权益的安全。金融机构设立的市场准入制度、资信评级制度、信息公开制度、资本、货币市场交易规则、储蓄保险制度、国家对金融市场监管制度等等所追求的重要目标之一就是维护广大投资者投资权益的安全,维护公众投资者对金融业的信心。归根结底,金融业是一个完全依赖公众投资者信心的虚拟产业。

(四)监督管理与经营分离原则

过去,银行职能曾经是双重的,即同时执行管理和经营的职能。中国人民银行既是中央银行,负责领导和管理全国的金融业,又是商业银行,经营工商信贷及储蓄业务。政策性银行与商业性银行职能不分,既代表国家财政负责国家基本建设重点项目及专项性投资的管理,又作为商业银行经营工商信贷、储蓄、汇兑、结算等业务。银行执行政策性任务影响了银行的正常商业经营,同时也掩盖了银行效率低的弊端,导致银行与企业之间资金供求关系扭曲,银行信贷质量下降,企业吞食大量信贷,造成大量的坏账和呆账。银行既不能履行好管理职能,又不能创造经营效益,资源浪费严重。

在市场经济条件下,金融法要贯彻监督管理与经营分离的原则。这里有几个层次内容:第一,监督管理的职能分开。过去,中国人民银行监督管理全部金融业。现在,监督管理的职能分别由中国人民银行、中国银行业监督管理委员会、中国证券业监督管理委员会、中国保险业监督管理委员会来行使相应的监督管理职能。他们分别监督管理货币、银行业、证券业和保险业。第二,监督管理与营利性经营分开。凡行使监督管理职能的机构不得从事经营活动,以营利为目的的经营主体不得从事监督管理职能。如中央银行和商业银行分开,银行业监督管理委员会与商业银行分开,中国证券业监督管理委员会与证券公司分开,中国保险业监督管理委员会与保险公司分开,等等。第三,同一银行业内经营分开。如银行业内的政策性银行与商业银行分开管理,对政策性银行、商业性银行的设立、资金来源、经营方式、管理手段、考核标准都要区别对待,分别管理,信托业和商业银行分别经营和管理。银行与信托业在人、财、物等方面要完全脱钩。

（五）分业经营、分业管理原则

金融具有广阔的活动领域，涉及银行、信托、保险、证券等。基于不同行业、投资、经营性质和最终目的的不同，保证金融业的安全和稳健运行，有必要坚持银行业、信托业、保险业、证券业的分业经营和分业管理的原则。这种安排，一方面加强专业分工，提高经营管理水平和经营效益，另一方面打破了大一统的经营及管理模式，保护了竞争。但是，近年来随着金融创新的不断发展，发达国家对金融业的分业经营、分业管理原则有所放宽，银行也可以经营证券、信托等业务。特别是过去以分业经营、分业管理为主的美国，1999 年 11 月 12 日，美国国会通过了《1999 年金融服务现代化法》（Financial Services Modemization Act of 1999），该法取消了美国对银行、保险、证券业的专业限制，废除了实行达 66 年的《1933 年格拉斯—斯蒂格尔法》（Glass-Steagall Act of 1933）和《银行控股公司法》关于银行控股公司不得与证券公司、保险公司联营的限制，确认银行控股公司可以申请转变为金融控股公司。金融控股公司可以拥有从事银行储蓄的子公司，还可以从事证券承销、证券交易；可以做保险代理商也可以自己充当承保人发售保险；可以做期货经纪人，也可以从事商业银行义务。❶ 但是，我国目前仍处于市场经济体制建立的初期，市场化程度不高，金融监管制度不够完善，所以现阶段仍应坚持分业经营、分业管理原则，以保障金融业的稳健发展。

《中华人民共和国商业银行法》（以下简称《商业银行法》）（2003 年 12 月 27 日修正）第 43 条规定："商业银行在中华人民共和国境内不得从事信托投资和证券经营业务，不得向非自用不动产投资或者向非银行金融机构和企业投资，但国家另有规定的除外。"《中华人民共和国证券法》（2005 年 10 月 27 日修订，以下简称《证券法》）第 6 条规定："证券业和银行业、信托业、保险业实行分业经营、分业管理，证券公司与银行、信托、保险业务机构分别设立。国家另有规定的除外。"据此，在实行分业经营、分业管理原则的基础上，也为金融业的混业经营留有一定的空间。在实践中，我国的金融机构也在法律允许的范围内开展了一些新的混业经营模式，出现了金融控股公司模式。❷ 随着新技术和金融创新

---

❶ 李有星著：《银行风险防治的法律研究》，浙江大学出版社 2002 年版，第 170 页。

❷ 金融混业有三种模式：①全能银行模式（universal banking model）；②母银行模式（bank parent model），由商业银行直接投资控股证券公司、保险公司等；③金融控股公司模式，将商业银行、证券公司、保险公司、信托公司等共置于金融控股公司名下，各金融机构相对独立运作，实现混业经营。

的迅速发展,证券业、银行业、信托业和保险业的业务界限越来越模糊,出现重新融合的趋势。大规模的银行、证券公司之间的购并行为,使得证券、银行、信托和保险四大业务的联系更加密切。我国加入 WTO 后,外资银行逐步进入,由于外资银行大多采取混业经营的方式,集商业银行、投资银行及证券、保险于一身,全方位地满足客户的金融需求,具有雄厚的竞争实力。而中国单一功能的金融机构必然面临跨国金融公司的冲击,因此,中国金融体系从机构本位走向市场本位将是必然的趋势,混业经营也将是未来金融业发展的大趋势。

（六）接轨国际规则原则

接轨国际规则原则是指我国金融立法要与包括国际惯例在内的国际金融规则相衔接,有关内容要与国际上的通行做法保持一致,减少规则冲突。

我国是 WTO 成员国,1997 年 12 月 13 日,WTO 的 84 个成员方达成了《金融服务协议》(Agreement on Financial Services),承诺在保险业、银行业和证券业开放。我国已经对外资开放金融市场。市场经济条件下的金融业必然要纳入国际金融体系中,资金融通要参与国际资金大循环,中国各市场主体要加入到国际经济资源分配环节中去。我国金融立法要借鉴国际通行的做法,按照国际规则规范各种金融关系。要确定中国人民银行的法律地位,加强其独立性,处理好中央银行与商业银行、政策性银行和外资金融机构的关系。加强国家金融宏观调控手段,加强信贷管理,控制货币供应总量,依法运用存款准备金率、再贴现率和公开市场业务作为宏观调控的主要手段。完善外资金融机构管理法,对外资金融机构在中国的开业资格认证、经营范围、享受的待遇等作出明确规定,允许外资金融机构在保险、证券、银行等领域的适当范围同中国金融机构进行公平竞争。金融立法要很好地吸收国际先进的立法成果,接轨国际规则,以科学的方法直接或间接运用国际社会制定的规则来调整我国金融业。

第四节
金融法渊源及主要规范

一、金融法渊源

金融法的渊源,也就是金融法的具体表现形式。我国金融法的渊源主要有金融国际条约、国际惯例、国内法律、行政法规、地方性法规、规章、金融自律性规范和司法解释八种。

（一）金融国际条约

金融国际条约是指与金融有关的国际条约，是调整我国金融关系的法律规范的一部分，具有法律效力。国际条约是指两个或两个以上的国家缔结的关于政治、经济、军事、文化等方面的相互权利与义务的协议，通常以条约、公约、协定、和约、盟约、换文、宣言、声明、公报等名称出现。我国缔结或者参加的金融国际条约，除我国政府声明保留的条款外，构成我国金融法的重要渊源。我国缔结或者参加的金融国际条约与我国法律有不同规定的，适用该国际条约的规定，即国际条约具有优于国内法的效力。我国加入和缔结有关金融的国际条约有：《国际货币基金组织协定》、《国际复兴开发银行协定》（1965 年 12 月 17 日实施）、《国际复兴开发银行协定附则》（1980 年 9 月 26 日）、《国际金融公司协定》（根据 1961 年 9 月 21 日和 1965 年 9 月 1 日生效的决议修订）、《国际金融公司协定附则》（1980 年 2 月 28 日）、《国际复兴开发银行贷款和国际开发协会信贷采购指南》（1985 年 5 月）等。国际条约还涉及国际双边支付协定和贸易支付协定、交货共同条件书、贷款协定，国际投资保护协定或国际投资保证与保险协定，世界贸易组织的有关协定，等等。

（二）国际惯例

国际惯例是为国际社会广泛接受并予以认可的，一经双方确认就具有法律拘束力的习惯性规范。国际惯例都是经过长期反复适用、形成规范文字，当事人一经援引就产生法律拘束力的规则。如国际商会的《统一托收规则》（第 332 号出版物）和《跟单信用证统一惯例》（第 500 号出版物），世界银行的《贷款协定和担保协定通则》（1985 年）和《合同担保统一规则》，等等。

（三）金融法律

金融法律是由国家最高权力机关及其常设机关依法制定的有关金融活动的规范性法律文件。如我国的《商业银行法》、《票据法》、《证券法》、《保险法》等。我国法律的制定机关是全国人民代表大会及其常务委员会。

（四）金融行政法规

金融行政法规是指国家最高行政机关根据并且为了实施金融法律依法制定的各种有关金融活动的规范性文件。如《企业债券管理条例》、《储蓄管理条例》、《借款合同条例》、《股票发行与交易管理暂行条例》等。金融行政法规不得与金融法律相抵触。我国国家最高行政机关是国务院。

（五）金融地方性法规

金融地方性法规是指省级国家权力机关及其常设机关为执行和实施宪法、金融法律和金融行政法规，根据本行政区的具体情况和实际需要，在法定权限内制定、发布并在本辖区内施行的规范性文件。

(六)金融规章

金融规章在金融立法中占有十分大的比重。金融规章包括金融部门规章和金融地方政府规章。金融部门规章是指国家最高行政机关的金融主管部门根据并为了实施金融法律和金融行政法规,依法制定和颁布的规范性文件。金融部门规章承担着对金融法律、行政法规根据金融业务的专业复杂性作出具体业务操作性的细化规则,以及在法律、行政法规确定的原则和制度框架下对金融业务的创新作出适时的法律调整的功能。我国的金融行政主管部门有中国人民银行、中国银行业监督管理委员会、中国证券监督管理委员会和中国保险监督管理委员会。金融部门规章大多以"规定"、"办法"等名称颁布。如《金融机构管理规定》、《贷款通则》、《人民币大额和可疑支付交易报告管理办法》、《金融机构反洗钱规定》、《禁止证券欺诈办法》等。地方政府规章是指省级和较大市的人民政府依据并为执行法律、行政法规和地方性法规,在法定权限内制定发布的规范性文件。部门规章和地方政府规章具有同等效力,地方政府规章仅在制定机关辖区内有效。我国对金融实行全国统一管理,主要依据是金融法律、行政法规和部门规章,地方规章文件较少。

(七)自律性规范

自律性规范是由金融业社团组织,如银行公会、证券业协会等制定的约束其会员的带有自治法性质的规定。如我国的《中国证券业协会章程》、《上海证券交易所交易市场业务试行规则》等。

(八)司法解释

作为国家司法机关的最高人民法院和最高人民检察院制定、发布的规范性文件即司法解释,也是金融法的渊源。司法解释在实践中被广泛适用,具有很强的实用性。如《关于审理存单纠纷案件的若干规定》、《关于审理票据纠纷案件若干问题的规定》、《关于审理证券市场因虚假陈述引发的民事赔偿案件的若干规定》等。

二、我国金融法的主要规范

(一)金融法律

《中华人民共和国中国人民银行法》(以下简称《人民银行法》)(1995年3月18日,2003年12月27日修订)、《商业银行法》(1995年5月10日,2003年12月27日修改)、《中华人民共和国票据法》(以下简称《票据法》)(1995年5月10日、2004年8月28日修改)、《中华人民共和国保险法》(1995年6月30日,2002

年 10 月 28 日修正案,2009 年 2 月 28 日修订,以下简称《保险法》)、《中华人民共和国担保法》(以下简称《担保法》)(1995 年 6 月 30 日)、《证券法》(1998 年 12 月 29 日,2005 年 10 月 27 日修订)、《中华人民共和国信托法》(以下简称《信托法》)(2001 年 4 月 28 日)、《中华人民共和国银行业监督管理法》(2003 年 12 月 27 日、2006 年 10 月 31 日修正)、《中华人民共和国证券投资基金法》(2003 年 10 月 28 日)、《中华人民共和国外国中央银行财产司法强制措施豁免法》(2005 年 10 月 25 日)、《中华人民共和国反洗钱法》(2006 年 10 月 31 日通过,2007 年 1 月 1 日施行)、《中华人民共和国物权法》(2007 年 3 月 19 日通过,2007 年 10 月 1 日施行)。

(二)金融行政法规

国务院颁布的《中国人民银行货币政策委员会条例》(1997 年 4 月 15 日)、《非法金融机构和非法金融业务活动取缔办法》(1998 年 7 月 13 日)、《金融违法行为处罚办法》(1999 年 1 月 14 日)、《金融资产管理公司条例》(2000 年 11 月 10 日)、《金融机构撤销条例》(2001 年 11 月 23 日)、《中华人民共和国外资金融机构管理条例》(2001 年 12 月 20 日)等。国务院发布的《储蓄管理条例》(1992 年 12 月 11 日)、《个人存款账户实名制规定》(2000 年 4 月 1 日)。国务院发布的《现金管理暂行条例》(1988 年 9 月 8 日)、《中华人民共和国国家货币出入境管理办法》(1993 年 1 月 20 日)、《中华人民共和国人民币管理条例》(1999 年 12 月 28 日)。国务院发布的《中华人民共和国外汇管理条例》(1997 年 1 月 14 日修订发布)、《关于骗购外汇、非法套汇、逃汇、非法买卖外汇等违反外汇管理规定行为的行政处分或者纪律处分暂行规定》(1999 年 1 月 25 日)、《股票发行与交易管理暂行条例》(1993 年 4 月 22 日)、《企业债券管理条例》(1993 年 8 月 2 日)。《保险企业管理暂行条例》(1985 年 3 月 3 日)、《国内航空运输旅客身体损害赔偿暂行规定》(1989 年 2 月 20 日颁布)、《中华人民共和国外资保险公司管理条例》(2001 年 12 月 20 日)、《机动车交通事故责任强制保险条例》(2006 年 7 月 1 日)。

(三)金融规章

主要有《关于查询、冻结、扣划企事业单位、机关、团体银行存款的通知》(1993 年 12 月 11 日)、《银行卡业务管理办法》(1999 年 1 月 5 日)、《网上银行业务管理暂行办法》(2001 年 6 月 21 日)、《贷款风险分类指导原则》(2001 年 12 月 24 日)、《人民币大额和可疑支付交易报告管理办法》(2003 年 1 月 3 日)、《金融机构反洗钱规定》(2003 年 3 月 1 日)、《人民币银行结算账户管理办法》(2003 年 4 月 10 日)、《信托投资公司管理办法》(2001 年 1 月 19 日)、《信托投资公司资金信托管理暂行办法》(2002 年 6 月 26 日)、《汽车贷款管理办法》(2004 年 3 月 22 日)、《个人债权及客户证券交易结算资金收购意见》(2004 年 9 月 30 日)、《证券公司股票质押贷款管理办法》(2004 年 11 月 04 日)、《商业银行设立基金管理公司试点管理办法》(2005 年 2 月 20 日)、《信贷资产证券化试点管理办法》(2005 年 4 月 20 日)、《短期融资券管理办法》(2005 年 5 月 9 日)、《个人信用信息基础数据库管理暂行办法》(2005 年 6 月 16 日)、《中国人民银行自动质押融资业务管理暂行办法》(2005 年 12 月 8 日)、《合格境外机构投资者境内证券投资管理办法》(2006 年 9 月 1 日)、《商业银行资本充足率管理办法》(2004 年 3 月 1 日)、《商业银行与内部人和股东关联交易管理办法》(2004 年 5 月 1 日)、《中华人民共和国外资金融机构管理条例实施细则》(2004 年 9 月 1 日)、《企业集团财务公司管理办法》(2004 年 9 月 1 日)、《中国银行业监督管理委员会行政处罚办法》(2004 年 10 月 12 日)、《信托投资公司信息披露管理暂行办法》(2005 年 1 月 1 日)、《证监会、银监会关于规范上市公司对外担保行为的通知》(2006 年 1 月 1 日)、《电子银行业务管理办法》(2006 年 3 月 1 日)、《财产保险公司保险条款和保险费率管理办法》(2006 年 1 月 1 日)、《保险公司董事和高级管理人员任职资格管理规定》(2006 年 8 月 1 日)、《非保险机构投资境外保险类企业管理办法》(2006 年 9 月 1 日)、《证券公司高级管理人员管理办法》(2004 年 11 月 15 日)、《证券投资者保护基金管理办法》(2005 年 6 月 30 日)、《外国投资者对上市公司战略投资管理办法》(2006 年 1 月 30 日)、《上市公司证券发行管理办法》(2006 年 5 月 8 日)、《首次公开发行股票并上市管理办法》(2006 年 5 月 18 日)、《证券市场禁入规定》(2006 年 7 月 10 日)、《上市公司收购管理办法》(2006 年 9 月 1 日)、《首次公开发行股票并在创业板上市管理暂行办法》(2009 年 5 月 1 日起施行)等。

（四）金融司法解释

主要有《关于人民法院审理借贷案件的若干意见》(1991 年 7 月 12 日)、《关于审理经济合同纠纷案件有关保证的若干问题的规定》(1994 年 4 月 15 日)、《关于审理期货纠纷案件座谈会纪要》(1995 年 10 月 27 日)、《关于审理融资租赁合同纠纷案件若干问题的规定》(1996 年 5 月 27 日)、《关于审理存单纠纷案件的若干规定》(1997 年 11 月 25 日)、《关于审理骗购外汇、非法买卖外汇刑事案件具体应用法律若干问题的解释》(1998 年 8 月 28 日)、《关于审理伪造货币等案件具体应用法律若干问题的解释》(2000 年 9 月 8 日)、《关于审理票据纠纷案件若干问题的规定》(2000 年 11 月 14 日)、《关于适用〈中华人民共和国担保法〉若干问题的解释》(2000 年 12 月 8 日)、《关于审理涉及金融资产管理公司收购、管理、处置国有银行不良贷款形成的资产的案件适用法律若干问题的规定》(2001年4月23日)、《关于审理证券市场因虚假陈述引发的民事赔偿案件的若干规定》(2003年1月9日),最高人民法院《关于审理期货纠纷案件若干问题的规定》(2003年6月18日)、《关于冻结、扣划证券交易结算资金有关问题的通知》(2004年11月9日)、《关于人民法院民事执行中拍卖、变卖财产的规定》(2005年1月1日)、《关于审理出口退税托管账户质押贷款案件有关问题的规定》(2004年12月7日)、《关于公安部证券犯罪侦查局直属分局办理证券期货领域刑事案件适用刑事诉讼程序若干问题的通知》(2005年2月28日)、《关于证券监督管理机构申请人民法院冻结资金账户、证券账户的若干规定》(2005年5月1日)、《关于金融资产管理公司收购、处置银行不良资产有关问题的补充通知》(2005年5月30日)、《关于银行储蓄卡密码被泄露导致存款被他人骗取引起的储蓄合同纠纷应否作为民事案件受理问题的批复》(2005年8月1日)、《关于当事人申请财产保全错误造成案外人损失应否承担赔偿责任问题的解释》(2005年8月24日)、《关于审理信用证纠纷案件若干问题的规定》(2006年1月1日)、《明确机动车第三者责任保险性质的明传电报》(2006年7月26日)。

【资料与应用】 银行风险的防治有赖于民商法规范的完善

商业银行作为民商法人主体,其行为受到民商法制度的调整,因此,从基础看,民商法制度对银行风险产生的多与少、大与小,以及防治程度的高与低、有效与无效都有十分密切的关系。银行作为最典型的债权人,如果国家民商法没有一种有效保护债权人利益的制度,显然,银行的债权风险就无法防治。为保障自身利益,银行最常用的手段就是在业务营运中设置各种各样的担保,尤其是抵押、质押。但是,如果没有民商法中物权及担保物权法的完备和银行种种担保物权的有效设置规则,则难以真正防范、控制和化解风险。另外,公司法、票据法和破产法律制度,则更直接影响到银行业务安全和贷款债权安全。最近几年,由于公司法、破产法律制度的不完善,银行的债权风险因企业改制、破产等而显得十分巨大。没有法律的改进和完备,仅靠银行自身努力来有效防范和化解上述风险是十分困难的。再如票据法律制度设置得是否恰当和合理,也使银行所面临的风险大小不一样。从这个意义上看,民商法规则如何设定,直接影响或决定着银行风险的程度,以及是否能够真正有效地防范和化解风险。❶

刑法规范避免对银行风险有巨大作用。通常银行性犯罪有三类:①针对银

---

❶ 参见李有星著:《银行风险防治的法律研究》,浙江大学出版社2002年版,自序第2—3页。

行的犯罪,以银行作为犯罪目标,例如抢劫银行;②利用银行资源进行犯罪,将银行作为工具或通道实施犯罪;③银行自身犯罪。任何与银行相联系的犯罪,都会影响或增大银行的总体风险。研究表明,银行的关闭、破产似乎都与银行犯罪有关。因为有犯罪事件发生,存款人和债权人就会对银行失去信心,从而引发存款人非正常提款,进而引发银行挤兑等严重事件,如果银行不能过挤兑关就只有关闭。为使存款人和债权人对银行信用机构有足够的信心,很重要的一点就是要防范、控制和化解银行性犯罪行为。刑法介入银行业的目的,除惩治银行犯罪外,更重要的是让人们不触犯刑律,将银行犯罪风险降到最低。

【案例】 卡主去世后信用卡透支银行输掉追债官司

2000年10月,高女士在工商银行上海市第一支行办理了一张信用卡。2005年6月,高女士因病去世。但自从2006年11月起,高女士的信用卡发生了多起透支消费,累计金额达5900余元。随后,工行上海市第一支行向高女士进行了多次催债行为。催讨过程中,银行得知高女士已经去世,同时得知高女士的儿子林先生是其法定继承人,因此,银行以"按照法律规定应当以林先生继承的遗产来偿还高女士所欠债务"为由,将林先生告上法庭,并要求林先生偿还信用卡透支金额4900余元,透支利息1000余元。上海市长宁区法院查明:本案信用卡透支款发生的时间在2006年11月之后,而持卡人高女士在2005年6月已经死亡,即透支消费行为是发生在高女士死亡之后,所以不可能是她本人所为。法院认为,作为原告,工行上海市第一支行主张被告林先生应以他所继承的高女士遗产来偿还债务,这一请求缺乏相应的事实及法律依据,法院难以支持;同时,原告银行也未能举证证明信用卡透支行为系被告林先生所为,所以被告林先生对信用卡的透支行为不承担责任。据此,依法作出判决,驳回银行的请求。

分析:目前银行尚不能在第一时间得知持卡人死亡的消息,如果一些别有用心的人利用这个漏洞来进行恶意透支,那银行的损失将会更大。银行的信用卡系统可以和公安机关的系统对接,及时核对并注销已经死亡的持卡人的信用卡;对持卡人家属来说,也应该及时到银行去销卡。

<table>
<tr><td>第二章</td><td># 中央银行法</td></tr>
</table>

【内容提要】 本章系统介绍中央银行法基本理论,中国人民银行的组织机构、职责和业务、货币政策与财务会计的法律规定。中央银行法基本理论主要介绍中央银行的概念、产生与发展、性质与法律地位、职能和组织体系以及中国中央银行法律制度的发展。中国人民银行的组织机构介绍了理事会、行长负责制、总行的内设机构、货币政策委员会和分支机构的规定。中国人民银行的职责和业务一节阐述中国人民银行的性质、中国人民银行的职责、中国人民银行的业务的规定。中国人民银行货币政策与财务会计介绍中国人民银行的货币政策、中国人民银行的财务预算制度、中国人民银行利润与亏损的处理制度和中国人民银行的会计事务规定。

第一节
中央银行法基本理论

一、中央银行的概念

中央银行是一个国家或一个区域内,行使管理金融事业、调节和控制一国或一区域内货币流通及信用活动职能的机构。中央银行是一个国家或一个区域金融体系的核心,担负着管理商业银行和金融市场的责任,并通过金融体系对整个国民经济发挥着宏观调节作用。因此,中央银行一般都是国家调控经济、监督金融的职能机构。

目前,世界各国基本上都设有中央银行,但称谓有所不同。部分国家直接称为"中央银行",如智利中央银行、阿根廷中央银行、土耳其中央银行等;有的国家称为"国家银行",如比利时国家银行、荷兰国家银行、瑞典国家银行、罗马尼亚国家银行等;有的则冠以国名,如英格兰银行、日本银行、意大利银行、法兰西银行、加拿大银行、西班牙银行等;有的称"储备银行",如美国联邦储备银行、南非联邦储备银行、新西兰储备银行等;还有的国家称"人民银行",比如我国称中国人民银行。虽然各国对中央银行的称谓有所不同,但是对其地位、性质和职能的规定都是基本一致的。

二、中央银行的产生与发展

中央银行的产生与中央银行制度在世界范围的普遍存在,有着深刻的社会、政治、经济原因。概括而言,中央银行是随着商品经济和货币信用的高度发展,以及国家对经济生活干预的加强而产生的。❶ 自 17 世纪中叶以来,中央银行制度在全世界范围内大致经历了三个发展阶段。

(一)创立阶段

1668—1913 年是中央银行的创立阶段。1668 年的瑞典国家银行❷是欧洲第一家发行银行券的银行,也是这一阶段最早的中央银行的萌芽。1694 年的英格兰银行是中央银行的始祖,在英格兰银行成立时,即取得发行银行券的权利(但不是唯一的),到 1833 年政府宣布只有英格兰银行发行的银行券才有无限法偿权,并且在 1844 年通过《英格兰银行条例》❸,使英格兰银行开始成为英国正式的发行银行。此阶段,各国成立的中央银行还有 1800 年的法兰西银行、1814 年的荷兰银行、1817 年的奥地利国民银行、1817—1836 年的美国第二银行、1856 年的哥本哈根银行、1860 年的俄罗斯银行、1875 年的德国国家银行、1879 年的保加利亚银行、1882 年的日本银行、1898 年的埃及国家银行、1905 年的瑞士银行、1905 年的大清户部银行、1909 年的朝鲜银行、1911 年的玻利维亚银行、1913 年的美国联邦储备体系等等。

(二)发展阶段

1920—1945 年是中央银行的发展阶段。第一次世界大战爆发后,各国货币金融出现了混乱。为治理混乱的金融秩序,1920 年、1922 年先后在比利时首都布鲁塞尔和瑞士的日内瓦召开国际金融会议形成的决议,建议未设中央银行的

---

❶ 朱大旗著:《金融法》,中国人民大学出版社 2000 年版,第 44 页。

❷ 瑞典国家银行原名里克斯银行,1656 年由私有资本创办,属一般商业银行。1661 年发行银行券,但尚未独占发行特权,至 1668 年改组为国家银行。

❸ 《英格兰银行条例》因为是当时英国首相皮尔主持拟定并通过的,因此又称之为《皮尔条例》。

国家尽快建立中央银行。❶ 这一阶段,新建或改组中央银行的国家较多,有1921年的苏联国家银行,1922年的立陶宛银行、拉脱维亚银行、秘鲁准备银行,1923年的哥伦比亚银行、奥地利银行,1924年的德国银行、匈牙利银行、澳大利亚联邦银行,1925年的墨西哥银行、智利中央银行、南斯拉夫银行,1926年的捷克斯拉夫银行,1927年的保加利亚银行,1928年的希腊银行、中国中央银行(旧中国),1934年的新西兰银行,1935年的阿根廷中央银行、加拿大银行,1936年的巴拉圭银行,1940年的委内瑞拉中央银行和尼加拉瓜中央银行,1942年的冰岛银行、爱尔兰银行、泰国银行,1945年的波兰银行等。这一阶段虽然时间较短,却使中央银行制度的发展和完善前进了一大步。

(三)普及成熟阶段

1945年第二次世界大战结束后至今。这一阶段,各个新独立国家及一些计划经济国家也纷纷建立各自的中央银行,中央银行职能也由稳定金融、发行货币发展为执行货币政策、维护金融体系稳定、调节宏观经济。不仅几乎所有的主权国家都有了自己的中央银行,而且各国纷纷加强政府对中央银行的利用和控制,制定新的银行法,从法律上确认中央银行的地位。

三、中央银行的性质与法律地位

(一)中央银行的性质

关于中央银行的性质,由于各国经济发展状况各异,中央银行制度的历史发展也有所不同,其各自承担的职能也有差异,因此,各国的法律规定不一。理论界也有不同的认识和主张。分歧的焦点在于中央银行应当属于政府机关,还是金融企业,或者两者兼而有之。随着各国中央银行普遍被国有化和国家对中央银行的控制加强,人们在中央银行的性质问题上逐渐形成了共识:中央银行的性质应属于调节宏观经济、监督管理金融业的特殊国家金融监管机关。对于这一性质,可以从以下两个层次理解:

1.中央银行与金融企业的区别。

(1)中央银行垄断货币发行权,为政府制定、执行货币政策,负有调节宏观经济和监管金融及维护金融稳定的职责,因此,中央银行的业务经济目标、原则与普通银行不同,即中央银行经营不以营利为目的,经营中对政策财政存款、银行和其他金融机构的存款准备金不计付利息,代理财政收支不收费,且要求其资产具有较大流动性。

---

❶ 郑少军主编:《金融法概论》,中国政法大学出版社2005年版,第22页。

(2)中央银行不经营普通银行业务。各国银行法一般都规定中央银行只能对政府、普通银行和其他金融机构办理业务,而不能像普通银行一样对工商企业、单位或个人办理业务。

(3)中央银行均由国家设立或控制。现代中央银行逐渐国有化,即使是有私人股份的中央银行,私人股东也只能按规定取得股息,而不能参与决策及日常运作管理;对中央银行高级管理人员的任免,其程序往往与政府机关行政首长的任免程序相同。

2.虽然中央银行属于国家机关,但其相比一般政府机关,具有较大的特殊性,其特殊性表现为:

(1)中央银行由于其职能、业务的重要性和特殊性,一般都具有相对独立的法律地位,在货币政策的制定和实施、组织管理体制、人事任免等方面可相对独立于政府。一般政府机关必须与政府保持一致,对政府负责,不具备独立性。

(2)中央银行也办理金融业务,如存款、贷款、再贴现、票据清算等,实行资本负债管理,有资本也有收益。而一般政府机关全部由国家财政拨付经费。

(3)中央银行履行其职能主要是依据货币流通规律并通过金融业务活动来实现,其管理手段主要是经济手段,调控工具主要是间接杠杆。这与主要依靠行政命令直接管理国家事务的一般政府机关有明显的区别。

(二)中央银行的法律地位

中央银行的法律地位,是指各国以法律形式规定中央银行在国家机构体系中的地位,主要是中央银行与国会、政府和财政的关系问题,特别是中央银行在制定和执行货币政策、开展业务过程中独立性和权限的大小。也有学者认为,中央银行的法律地位,是指中央银行在与其他法律主体所结成的法律关系中所处的位置。主要包括两个方面:①中央银行在整个金融体系中的地位;②中央银行在整个国家机构中的地位。❶

中央银行是否应具有独立性,或者说应该有多大的独立性,长期以来有争议。但第二次世界大战以来,尤其随着各国经济自由化改革浪潮的兴起,大多数经济学家和立法机关逐步认为应使中央银行具有较大的独立性,以避免政党政治的干扰,避免政府短期行为的干扰。但也有少数国家认为中央银行的独立性只能是相对的。正因为各国对中央银行独立性理解的不同,以及各国经济、金融和政治体制不同,决定了各国立法对中央银行地位的规定也不尽相同。概括起来主要有三种类型。

---

❶ 参见刘少军主编:《金融法概论》,中国政法大学出版社 2005 年版,第 25 页。

1.中央银行具有很大的独立性。这一类型的中央银行直接对国会、议会负责,可以独立地制定和执行货币政策。政府不能对它直接发布命令,不得直接干预货币政策的制定和执行。如果中央银行的货币政策与政府发生矛盾,则通过协商来解决。属于这一类型的国家有美国、德国、瑞典、瑞士等,其中以美国联邦储备体系和德意志联邦银行最为典型。

2.中央银行具有较大的独立性。这种类型的中央银行其法律地位较前者低,它们名义上隶属于政府,但在实际操作过程中仍保持着较大的独立性。例如,在法律上规定中央银行隶属于政府,政府可以向中央银行发布指令,任命其高级管理人员,监督其业务活动等,但实际上政府从不行使这些权力,中央银行仍可独立地制定货币政策,开展其业务活动。英格兰银行、加拿大银行、日本银行等属于这一类型。

3.中央银行不具有独立性。该类中央银行不论在组织管理隶属关系上,还是在货币政策的制定和执行上,都受政府严格控制。货币政策的制定和执行需经政府批准,政府有权暂停甚至否决中央银行的决议。属于这一类型的国家有意大利、澳大利亚、比利时、巴西、新加坡等。

四、中央银行的职能和组织体系

(一)中央银行的职能

中央银行不仅在性质和地位上与其他银行和金融机构不同,在职能和组织体系上也具有特殊的法律规定。中央银行主要具有调控职能、公共服务职能和金融监管职能。

1.调控职能。调控职能是中央银行通过制定和实施货币政策,利用法定存款准备金制度、再贴现政策和公开市场业务等法定工具与手段,对货币与信用进行调节与控制,从而控制社会总需求,进而影响和干预国家经济进程,实现预期的货币政策目标。现今各国,中央银行都是宏观经济的主要调控者,中央银行对宏观经济的调控主要依赖的是货币政策。

2.公共服务职能。中央银行作为金融机构,需要以银行身份提供金融服务。由于中央银行不直接办理工商企业的存贷款业务,所以其服务对象主要是政府、普通银行等金融机构,以及整个社会。为政府服务的主要内容有:经理国库、代理政府债券的发行和兑付;代理政府经营国家黄金、外汇储备;代表政府参加有关国际金融活动;充当政府金融顾问,协助政府进行经济决策。为普通银行和非银行金融机构服务的主要内容有:集中保管存款准备金;提供清算服务;提供再贷款和再贴现等服务。为社会公众服务的主要内容有:依法发行货币并维护币值稳定;整理和反映有关国民经济信息资料,为各方面制定政策、计划提供参考等。

3.金融监管职能。主要是中央银行利用法律赋予的权力,对金融机构和金融活动依法进行监督管理。当代各国中央银行金融监督的内容包括:草拟金融法律、法规;制定金融政策和金融行政规章;审批各类金融机构的设立、变更、接管和终止;审批金融机构的业务范围,并依法对其业务活动实施监管;管理货币市场,资本市场及黄金、外汇市场等。中央银行为履行监管职能,往往设立专门的职能部门,如监管委员会、审计部门等。

(二)中央银行的组织机构

根据各国中央银行法的规定,中央银行的机构设置一般都设立董事会或理事会作为最高权力机构,其成员一般由国会、总统或皇室任命,任期 4 年、5 年、8 年、14 年不一。有些国家的中央银行同时设有董事会和理事会,比如比利时。有些国家还另设监事会,作为监督中央银行的监察机构。

五、中国中央银行法律制度的发展

新中国的中央银行是中国人民银行。中国人民银行并不是一开始就是中央银行的。1948 年 12 月 1 日,在原华北银行、北海银行和西北农民银行等三家解放区银行的基础上,在河北省石家庄成立了中国人民银行。同一天,发行了中国人民银行货币——人民币。1949 年初,中国人民银行总行迁至北京,并在全国各地迅速建立起区行、分行、支行等分支机构。随后各解放区其他银行也先后并入中国人民银行,同时接管了官僚资本的银行,取消了外国在华银行的一切特权,改造了私营银行,为中国人民银行的发展打下了基础。当时的中国人民银行既是货币发行和执行金融管理职能的国家机关,又是从事信贷、储蓄、结算、外汇等业务经营活动的经济组织。这种大一统的体制一直延续到 1979 年。党的十一届三中全会以后,按照经济体制改革的总体要求,金融体制改革也逐步深入进行,人民银行的管理职能与经营具体金融业务的职能逐渐分开。1983 年 9 月,国务院颁布了《关于中国人民银行专门行使中央银行职能的决定》,规定中国人民银行从 1984 年 1 月 1 日起,专司中央银行职能,不再对企业和个人办理金融业务。1986 年 1 月 7 日国务院发布的《中华人民共和国银行管理暂行条例》更以行政法规的形式规定:"中国人民银行是国务院领导和管理全国金融事业的国家机关,是国家的中央银行。"1993 年 12 月,国务院发布的《关于金融体制改革的决定》提出了我国金融体制改革的总体目标,明确指出要在我国"建立在国务院领导下独立执行货币政策的中央银行宏观调控体系,把中国人民银行办成真正的中央银行"。1995 年 3 月 18 日,第八届全国人大第三次会议表决通过的《人民银行法》,以基本法律的形式明确规定了中国人民银行作为我国中央银行的地位。2003 年,根据现实需要,第十届全国人大常委会第六次会议对该法做了修正,自 2004 年 1 月 1 日起施行。

《人民银行法》共 8 章 53 条,内容主要包括人民银行的性质与法律地位、职能与职责、组织机构、货币政策、业务操作、金融监管、财务会计、法律责任等。

【资料与应用】 1. 墨西哥中央银行取消限制性货币政策❶

墨西哥中央银行于 2001 年 5 月 19 日宣布取消限制性货币政策,以进一步增加货币流通量,扩大内需,促进国民经济的增长。其中央银行表示,放宽货币政策的决定是在美国经济下滑对墨西哥经济发生不利影响、比索对美元汇率保持坚挺,以及通胀率呈下降趋势的情况下作出的。其目的在于进一步降低银行利率,刺激消费和投资,微调比索对美元的汇价,促进出口增长和遏制投机性资本拥入国内市场。由于墨西哥外汇储备已突破 407 亿美元大关,其中央银行决定中止 1996 年 8 月以来推行的国际储备积累机制,暂停购买商业银行的外汇。墨西哥政府自 1998 年 3 月实施限制性货币政策以来,通过减少货币日投放量、提高银行利率,达到了刺激消费、吸引资本流入和降低通胀率的目的。稳定汇率和银行利率的提高吸引了大批外国投资者。

2. 英格兰银行被索赔 10 亿英镑❷

2004 年 1 月 13 日,英国伦敦高等法院开庭审理英国中央银行——英格兰银行被控知情不举,任由国际信贷商业银行从事洗钱、财务诈骗等犯罪活动,导致该行最终被关闭,6000 多名英国储户血本无归的百年大案。这是英格兰银行成立 300 年来首次成为伦敦高等法院的被告,诱因是 1991 年被关闭的国际信贷商业银行。当年,国际信贷商业银行因卷入财务诈骗、秘密军火交易、资助恐怖主义以及洗钱等罪行,欠债 100 亿美元,被勒令关闭。有关方面随即没收了该银行的全部资产,该行储户损失惨重,有些人甚至损失了终生的积蓄。这一事件被国际金融界称为"世界金融史上最大的丑闻"。

经过多年努力将英格兰银行告上法庭的国际信贷商业银行在英国的 6000 多名储户认为,英格兰银行作为英国的中央银行,全面负责监管英国的金融业务,它理应对国际信贷商业银行的破产负责,并对众多受损储户进行赔偿。有消息说,该行将面临 10 亿英镑的索赔。

问题:结合以上两例,请思考如何理解中央银行的职能。

---

❶ 参见《墨西哥中央银行取消限制性货币政策》,载于 www.rednet.com.cn。
❷ 参见《英央行监管不力致世纪丑闻面临 10 亿英镑索赔》,载于 www.enorth.com.cn。

第二节
中国人民银行的组织机构

一、理事会

《中华人民共和国银行管理暂行条例》规定:"中国人民银行设理事会,作为其决策机构,同时亦作为全国金融事务的决策机构。"理事会由中国人民银行行长、副行长和少数顾问、专家、财政部一位副部长、国家计委和国家经委各一位副主任、各国有独资商业银行行长、保险公司总经理组成,理事长由中国人民银行行长担任,所有成员均需报国务院批准。

二、行长负责制

中国人民银行设行长一人,副行长若干人。中国人民银行行长的人选,根据国务院总理的提名,由全国人民代表大会决定;全国人民代表大会闭会期间,由全国人民代表大会常务委员会决定,由中华人民共和国主席任免。中国人民银行副行长经国务院常务会议讨论决定,由国务院总理任免。

中国人民银行实行行长负责制。行长领导中国人民银行的工作,副行长协助行长工作。行长作为中国人民银行的法定代表人,享有对内管理中国人民银行的内部事务、对外代表中国人民银行的权利。行长有权召集和主持行务会议,讨论决定工作中的重大问题,签署向国务院上报的请示、报告,依法在中国人民银行的权限内发布有关的命令和规章以及处理其他的日常事务,对中国人民银行拥有全面的领导和支配权。副行长作为行长的助手,根据分工分别负责某些方面的工作,协助行长处理某些事务。当行长不在时,可以根据授权代替行长主持中国人民银行的工作。

为了保证中国人民银行行长、副行长正确行使职权,防止他们滥用法律赋予的权力,法律也作了限制性规定。其中《人民银行法》第14、15条规定:"中国人民银行的行长、副行长及其他工作人员应当恪尽职守,不得滥用职权、徇私舞弊,不得在任何金融机构、企业、基金会兼职。""中国人民银行的行长、副行长及其他工作人员,应当依法保守国家秘密,并有责任为与其履行职责有关的金融机构及有关当事人保守秘密。"

三、总行的内设机构

2003年,根据修正后的中国人民银行职责的需要,中央编制委员会办公室印发了《关于中国人民银行主要职责内设机构和人员编制调整意见的通知》,根据第十届全国人民代表大会第一次会议批准的国务院机构改革方案和国务院《关于机构设置的通知》,明确了中国人民银行主要职责、内设机构和人员编制(简称"三定")的调整意见。

目前,中国人民银行内设 18 个职能司(局、厅),分别是:办公厅(党委办公室)、条法司、货币政策司、金融市场司、金融稳定局、调查统计司、会计财务司、支付结算司、科技司、货币金银局(国务院反假币联席会议办公室)、国库局、国际司、内审司、人事司(党委组织部)、研究局、征信管理局、反洗钱局(保卫局)、党委宣传部及机关党委。

四、货币政策委员会

《人民银行法》第 12 条对货币政策委员会作了原则性规定:"中国人民银行设立货币政策委员会。货币政策委员会的职责、组成和工作程序,由国务院规定,报全国人民代表大会常务委员会备案。"❶应当说,这一规定同其他条款结合起来可以清楚地看出其设立的目的是保证科学地制定及实施中央银行的货币政策决策,但由于过于原则,对货币政策委员会的性质、组成、工作程序、职责等问题没有规定,需要国务院的相关规定配合。

1997 年 4 月 15 日,国务院公布施行了《中国人民银行货币政策委员会条例》(以下简称《条例》),使这一矛盾得以最后的解决,货币政策委员会的工作有了具体的法律依据。根据《条例》,货币政策委员会的各项内容如下:

(一)货币政策委员会的性质和地位

货币政策委员会,是中国人民银行内设的制定货币政策的咨询议事机构。

(二)货币政策委员会的职责

货币政策委员会的职责是,在综合分析宏观经济形势的基础上,依据国家的宏观经济调控目标,讨论:货币政策的制定、调整;一定时期内的货币政策控制目标;货币政策工具的运用;有关货币政策的重要措施;货币政策与其他宏观经济政策的协调,并提出建议。

(三)货币政策委员会的组成

《条例》规定货币委员会由下列人员组成:①中国人民银行行长;②中国人

---

❶ 1995 年的《人民银行法》在第 11 条对货币政策委员会作了这一原则规定,当时国务院并未对货币委员会作出相关规定。2003 年修正时增加了第二款:"中国人民银行货币政策委员会应当在国家宏观调控、货币政策制定和调整中,发挥重要作用。"

民银行副行长 2 人;③国家计划委员会副主任 1 人;④国家经济贸易委员会副主任 1 人;⑤财政部副部长 1 人;⑥国家外汇管理局局长;⑦中国证券监督管理委员会主席;⑧国有独资商业银行行长 2 人;⑨金融专家 1 人。其中中国人民银行行长、国家外汇管理局局长、中国证券监督管理委员会主席为货币政策委员会的当然委员,其他人选由中国人民银行或中国人民银行同有关部门提名,国务院任命。货币政策委员会设主席、副主席各 1 人,主席由中国人民银行行长担任,副主席由主席指定。另外货币政策委员会设立秘书处,作为货币政策委员会的常设办事机构。

(四)委员的权利和义务

货币政策委员会的委员具有同等的权利和义务,均享有了解货币政策方面的情况、对所讨论的问题发表意见和向货币政策委员会就货币政策问题提出议案并享有表决的权利。委员应出席委员会会议,特殊情况不能出席时,可委托有关人员作为代表持书面委托参加会议,但该代表不能享有表决权。委员在任职期间和离职后一年内,不得公开反对已按法定程序制定的货币政策。

(五)货币政策委员会的工作程序

货币政策委员会实行每季度的第一个月份中旬召开例会制度;另外货币政策委员会主席或 1/3 以上委员联名,可以提议召开临时会议。货币政策委员会会议有 2/3 以上委员出席,方可举行;会议由主席主持,主席因故不能履行职务,由副主席代为主持;货币政策议案,经出席会议的 2/3 以上委员表决通过,形成货币政策委员会建议书;中国人民银行报请国务院批准的有关年度货币供应量、利率、汇率或其他货币政策重要事项的决定方案或报送国务院备案的有关货币政策其他事项的决定时,应当将货币政策委员会建议书或会议纪要作为附件,一并报送或备案。

五、分支机构

《人民银行法》第 13 条对分支机构作了如下规定:"中国人民银行根据履行职责的需要设立分支机构,作为中国人民银行的派出机构。中国人民银行对分支机构实行集中统一领导和管理。中国人民银行的分支机构根据中国人民银行的授权,维护本辖区的金融稳定,承办有关业务。"这一规定表述了两层意思:①中国人民银行的分支机构完全独立于地方政府。由于现行中国人民银行的体制是在计划经济环境下建立、发展和确立的,所以目前的实际情况是中国人民银行的大部分分支机构设置与行政区划的设置相一致,故会造成这样的误解:中国人民银行的分支机构也像其他政府机构一样,是属于地方政府的职能部门而受地方政府的领导和管理。❶ 而事实上,法律规定中国人民银行设置分支机构是履行职责的需要,分支机构在行政隶属、业务活动和决策上与地方政府不发生任何关系,而是由总行对分支机构实行集中统一领导和管理,分支机构不直接对地方政府负责而只是对总行负责,地方政府不能干预分支机构依法履行职责。②中国人民银行的分支机构仅仅是中国人民银行的派出机构,没有独立的主体资格,不享有独立的权利,它具有什么职权完全取决于总行对它的授权。

【资料与应用】 中国人民银行职责及机构调整

2003 年,中国人民银行的职能设置发生变化,明确了由中国人民银行负责组织协调全国的反洗钱工作,管理全国的信贷征信业,相应的内设机构作了调整,保卫局改为反洗钱局。

在金融监管职能被转移到中国银监会之后,中国人民银行新的职能设置由中央有关部门审议确定。按照调整后的规定,中国人民银行是在国务院领导下的"制定和执行货币政策、维护金融稳定、提供金融服务"的宏观调控部门。

为适应这次职能转变,中国人民银行将新设立金融市场司、金融稳定局和征信管理局。

第三节
中国人民银行的职责和业务

一、中国人民银行的性质

《人民银行法》第 2 条规定:"中国人民银行是中华人民共和国的中央银行","中国人民银行在国务院领导下,制定和执行货币政策,防范和化解金融风险,维护金融稳定。"第 8 条规定:"中国人民银行的全部资本由国家出资,属于国家所有。"这一规定说明:①以法律形式确立了中国人民银行是我国的中央银行,强化了中国人民银行的中央银行职能,完善了我国的中央银行制度;②说明中国人民银行是拥有资本的独立法人,能够独立享有民事权利和承担民事义务;中国人民银行是由国家独资设立的特殊金融机构,排斥其他资本参股,保证了国家对中央银行的绝对控制,避免了中央银行因其所有权的分割而对货币政

---

❶ 《人民银行法》颁布实施后,中国人民银行已经对分支机构的设置作出了部分调整,不再按行政区划设置其分支机构,但到目前为止,仍有大部分分支机构设置与行政区划重合。

策的实施产生的不利影响;③中国人民银行直接隶属于国务院,是国务院领导下的宏观调控部门,属于国家机关性质。

二、中国人民银行的职责

作为国家的中央银行,中国人民银行应当履行与其性质相符的特定职责,《人民银行法》第4条规定中国人民银行履行下列13项职责:

1. 发布履行与其职责有关的命令和规章。
2. 依法制定和执行货币政策。
3. 发行人民币,管理人民币流通。
4. 监督管理银行间同业拆借市场和银行间债券市场。
5. 实施外汇管理,监督银行间外汇市场。
6. 监督管理黄金市场。
7. 持有、管理、经营国家外汇储备、黄金储备。
8. 经理国库。
9. 维护支付、清算系统的正常运行。
10. 指导、部署金融业反洗钱工作,负责反洗钱的资金监测。
11. 负责金融业的统计、调查、分析和预测。
12. 作为国家的中央银行,从事有关的国际金融活动。
13. 国务院规定的其他职责。

三、中国人民银行的业务

中国人民银行虽然属于国家机关,但它又是特殊行业的机关。为履行其调节经济、监管金融的职能,必须要开展业务活动。中国人民银行的主要业务有:

(一)为政府服务而经营的业务

1. 中国人民银行依照法律、行政法规的规定经理国库。

2. 中国人民银行可以代理国务院财政部门向各金融机构组织发行、兑付国债和其他政府债券。

(二)为金融机构提供服务而经营的业务

1. 中国人民银行可以根据需要,为银行业金融机构开设账户,但不得对银行业金融机构的账户透支。这就保证了中国人民银行不为银行业金融机构垫付资金,同时又为银行业金融机构相互之间的资金往来结算提供了基础。

2. 中国人民银行应当组织或者协助组织银行业金融机构相互之间的清算系统,协调银行业金融机构相互之间的清算事项,提供清算服务。主持全国金融机构间的票据清算是中央银行的职责之一。各银行业金融机构可以通过设在中央银行的存款账户,办理划拨转账,以结清彼此资金往来的差额,结清彼此的债权债务。

3.中国人民银行可以向商业银行提供贷款。商业银行也是企业,在经营中不可避免地会出现资金周转困难的情况,这时,中国人民银行对商业银行承担最后贷款人的责任。它可以根据执行货币政策的需要,根据实际情况,具体决定对商业银行贷款的数额、期限、利率和方式,向商业银行提供短期融资。

(三)禁止性业务

为了保障货币政策的确实执行,防止利用透支方式弥补财政赤字而导致通货膨胀,同时为了体现中国人民银行的独立地位,使中国人民银行在国务院领导下依法独立执行货币政策,履行职责,开展业务,不受地方政府、各级政府部门、社会团体和个人的干涉,也为了中国人民银行专门行使中央银行的职能,《人民银行法》第29条、第30条对中国人民银行的业务作了如下限制:

1.中国人民银行不得对政府财政透支,不得直接认购、包销国债和其他政府债券。

2.中国人民银行不得向地方政府、各级政府部门提供贷款。

3.中国人民银行不得向非银行金融机构以及其他单位和个人提供贷款,但国务院决定中国人民银行可以向特定的非银行金融机构提供贷款的除外。

4.中国人民银行不得向任何单位和个人提供担保。

【资料与应用】 中国人民银行所属支行的担保能力及其法律责任❶

1988年,经河北省经济贸易委员会批准,成立河北省某县中外合资经济技术开发公司(以下简称开发公司),主要生产和销售PVC系列玩具。根据合资合同的规定,该项目200万美元的设备投资中,需开发公司投资140万美元,用于购买两条PVC系列玩具生产线。为解决140万美元的设备投资问题,开发公司与中国某包装租赁有限公司(以下简称包装公司)商定,从包装公司租赁PVC玩具生产线。在协商过程中,出租方提出了由银行提供担保方可租赁的要求。该县因急于发展外向型经济,遂指令中国人民银行该县支行(以下简称县支行)予以担保,并由一位分管工业的副县长向县支行提交了手书一份:"县举办的中外合资项目塑胶制品厂,需从包装租赁公司租赁设备,他们要外汇额度的人民币担保,请你们承担起来,以后有什么问题,县政府负责,与你们无关。"在政府领导的干预下,县支行作为"配套人民币担保人"于1988年9月28日向

---

❶ 徐孟洲主编:《金融法学案例教程》,知识产权出版社2003年版,第18—20页。

包装公司出具了《不可撤销的经济担保书》。该担保书载明："⋯⋯担保人不可撤销地无条件地担保承租人按租赁合同的规定准时足额支付全部租金。如承租人没有按租赁合同规定履行义务、支付部分或全部租金,在接到贵公司书面通知后,担保人将无条件地承担履行合同义务、支付部分或全部租金的连带责任并见索即付(含滞纳金)。"后开发公司与包装公司签订了融资租赁合同。合同约定,承租方分 5 次支付出租金共 1830791.75 美元,每次租金金额均为 366158.35 美元,最后一次支付租金日期为 1992 年 7 月 15 日。

融资租赁合同签订后,包装公司将租赁设备交付开发公司。在合同履行过程中,开发公司除偿还第一次租金中的 94475 美元和于 1991 年 9 月 29 日偿还 85000 美元外,尚欠租金 1651316.75 美元未偿还。1992 年 1 月 18 日,包装公司在承租方已有 4 次租金逾期未付的情况下,分别给承租人和担保人去函催交租金和滞纳金未果。而开发公司成立试产后不久,即因租赁设备陈旧、生产技术不过关、经营管理不善而告瘫痪,经公司董事会研究决定,于 1992 年 7 月停产。因开发公司已"名存实亡",无力偿还出租方租金,包装公司于 1992 年 2 月以县支行为第一被告向河北省高级人民法院提起诉讼,请求法院判令县支行承担开发公司应向包装公司支付的逾期租金 1651316.75 美元及滞纳金 402425.75 美元等额人民币的连带责任。

河北省高级人民法院受理此案后,经审理认为,县支行属国家机关,其保证行为无效,但应承担由其过错给包装公司经济损失的赔偿责任,作出一审判决:由县支行承担赔偿包装公司配套人民币损失 13569769 元(即全部损失)的责任;县支行承担责任后,有权向开发公司追偿。一审判决后,县支行未提出上诉。

问题:1. 中国人民银行及其分支机构是否可以对外担保? 2. 中国人民银行分支机构独立于地方政府的意义。

第四节
中国人民银行的货币政策与财务会计

一、中国人民银行的货币政策

(一)货币政策目标

《人民银行法》第 3 条规定:"货币政策目标是保持货币币值稳定,并以此促进经济增长。"稳定币值与经济增长,两者从根本上看是一种对立统一的关系。我国作为发展中国家,必须要促进经济增长,但经济的快速增长,往往伴随着物价上涨,容易导致通货膨胀,故经济的增长应建立在币值稳定的基础上,而稳定币值最终是为了经济增长。

(二)货币政策工具

在不同的发展阶段和经济状况下,围绕着货币政策目标,所采取的货币政策的侧重点可以灵活变化,而这种变化就体现在中国人民银行如何运用货币政策工具上。《人民银行法》根据我国国情及金融改革的方向,规定了6种货币政策工具:

1.存款准备金政策。存款准备金是指法律指定的金融机构有义务从自己吸收的存款中,依照中央银行根据法律授权所确定的比例,提取一定金额,无息存入中央银行,此项金额即被称为"存款准备金"或"法定准备金"。中央银行确定的比例即为存款准备金率。存款准备金政策是作用最明显的工具之一,其核心是合理地确定存款准备金率,由于商业银行不能动用这部分存款,在基础货币其他比率不变的情况下,中央银行提高准备金率,货币乘数降低;降低准备金率,货币乘数提高,从而可以削弱或增强这些银行创造存款货币的能力,达到控制货币供应量的目的。同时,运用存款准备金政策,中央银行可以集中一部分必要的资金用来向商业银行发放贷款或进行贴现,以调节信贷规模。另外存款准备金政策的运用保证了商业银行等金融机构的清偿能力,防止客户挤提而形成金融风潮。

我国存款准备金制度是1984年开始正式施行的,存款准备金率具体为:企业存款上缴20%,储蓄存款上缴40%,农村存款上缴25%。1985年作了调整,不分存款种类一律定为10%,1987年调高为12%,1988年再次调高为13%,2003年调为7%,2004年调为7.5%,2006年7月5日调高为8%,同年8月15日再次调高为8.5%。

2.中央银行基准利率政策。我国目前利率主要包括以下内容:①中国人民银行对商业银行的存款和贷款利率;②商业银行对企业和个人的存贷款利率;③金融市场的利率。与商业银行对企业和个人的存贷款利率以及金融市场的利率不同,中央银行对商业银行的存款和贷款利率是一个国家最重要的利率,我们称之为基准利率。基准利率的变动影响着商业银行筹措资金的成本和资金市场利率,导致货币供求量的变化,中国人民银行可以通过它来间接控制货币的供应量。当中央银行提高基准利率,商业银行筹措资金的成本提高,对中央银行的贷款需求量减少,而且为了保持一定的利润水平,会相应提高对企业和个人的贷款利率,贷款额即减少;同时,资金市场利率上扬,资金需求减少,从而起到紧缩银根、减少货币供应量的作用。反之,中央银行降低基准利率,则起到放松银根、增加货币供应量的作用。

3.再贴现政策。贴现就是票据、债券持有者在票据、债券到期之前,为了融通资金而申请银行贴付一定款项,银行扣除自贴现日至到期日为止的利息后,将其余款项支付给票据、债券持有人的行为。中央银行对金融机构办理的贴现就叫做再贴现。再贴现政策的主要作用在于调节货款条件的松紧程度和借款成本的高低,通过对金融机构行为的影响来间接控制企业和个人的借款、投资行为。另外,再贴现率还表明国家利率政策的动向,对短期市场利率起到导向作用。当贴现率提高时,取得贷款的成本相应增加,商业银行向中央银行的贴现或借款减少,从而抑制信贷需求、减少货币供应;反之中央银行降低贴现率,商业银行的借款成本降低,对中央银行的贴现或借款增加,促使信贷需求增加,货币供给扩张。由于目前我国票据化程度较低,市场利率体系尚未成熟,再贴现政策的控制作用相对较小。

4.再贷款政策。再贷款是指中央银行对商业银行的贷款。中国人民银行通过再贷款指导和调节商业银行的信贷活动,从而控制、调节货币供应量和信用总量。中国人民银行运用该政策时受到两方面的限制:一方面中国人民银行贷款的对象仅限于商业银行;另一方面中国人民银行为执行货币政策,可以决定对商业银行贷款的数额、期限利率和方式,但货款的期限最长不得超过1年。

5.公开市场业务政策。根据《人民银行法》的规定,公开市场业务具体是指中央银行在公开市场上买卖国债和其他政策债券及外汇,从而控制和调节货币供应量。中央银行从事公开市场业务的主要作用在于影响商业银行的准备金数量及准备金成本,保持证券市场的合理结构,影响证券价格及收益的走势,以及影响利率水平和利率结构,从而达到调控信用、创造一个良好金融环境的目的。

6.国务院确定的其他货币政策工具。这些货币工具不是经常使用的主要工具,但是在某些特定的形势下和环境中,作用有可能比上述五种工具要明显。

二、中国人民银行财务会计管理

(一)中国人民银行的财务预算制度

中国人民银行既不同于一般的企业,与财政预算又存在区别。中国人民银行实行独立的财务预算管理制度,但同时又不是完全独立,其预算经国务院财政部门审核后,纳入中央预算,接受国务院财政部门的预算执行监督。

(二)中国人民银行利润与亏损的处理

中国人民银行不同于一般国家机关,它从事金融管理,经营基础货币,有可能出现赢利或亏损的情况,对于其收支相抵、提取准备金之后的净利润,全部上缴中央财政;对于出现的亏损,则由中央财政拨款弥补。

（三）中国人民银行的会计事务

《人民银行法》第 40 条规定："中国人民银行的财务收支和会计事务,应当执行法律、行政法规和国家统一的财务会计制度,接受国务院审计机关和财政部门依法分别进行的审计和监督;中国人民银行应当于每一会计年度结束后的三个月内,编制资产负债表、损益表和相关的财务会计报表,并编制年度报表,按照国家规定予以公布。"

【资料与应用】 人民银行再度上调存款准备金率❶

针对持续增长的银行信贷,中国人民银行再出"一招":不是人们通常认为的"加息",而是再度上调了存款类金融机构存款准备金率。央行于 2006 年 7 月 21 日 18 时宣布,经国务院批准,人民银行决定从 2006 年 8 月 15 日起,上调存款类金融机构存款准备金率 0.5 个百分点。这次动作距离上次央行宣布上调存款准备金率的时间,仅仅间隔 35 天。

央行这一新举措,透出了哪些新信号?

首先,无论是加息,还是上调存款准备金率,其用意都是为了抑制银行信贷资金过快增长。高速增长的信贷是当前经济中的一个突出问题。央行数据显示,2006 年以来银行信贷持续高速增长,前 6 个月人民币贷款增加 2.18 万亿元,同比多增 7233 亿元。新增贷款额竟占去央行预定全年指标的 87%。

上调存款准备金率,能直接冻结商业银行资金,强化流动性管理。据测算,提高存款准备金率 0.5 个百分点,大约能一次性锁定 1500 亿元资金。央行 21 日明确表示,此次存款准备金率提高 0.5 个百分点,主要是为了加强流动性管理,抑制货币信贷总量过快增长。

其次,上调存款准备金率也体现了"区别对待"的调控原则。同加息相比,上调存款准备金率是直接针对商业银行实施的货币政策工具,不似加息"一刀切"式直接影响企业财务和百姓生活。而且,本次农村信用社(含农村合作银行)存款准备金率暂不上调,继续执行现行存款准备金率,这也体现出了央行加强农村金融的政策用意。

央行此次再度选择这一工具,显然是经过了周密论证。6 月份金融数据显示,一方面信贷依然维持高增长态势,造成经济隐忧;但另一方面,中央银行自 4 月份采取的上调贷款利率、上调存款准备金率、增发央行票据等多种措施,效果已初显,6 月份货币信贷增幅有所回落,货币供应量增长势头减缓。

问题:请结合本例思考货币政策工具的作用。

---

❶ 张旭东:《人民银行再度上调存款准备金率透出哪些信号》,载于 www.cfi.net.cn。

第三章

金融主体法

【内容提要】 本章着重介绍商业银行、政策性银行、非银行金融机构和金融控股公司等金融主体的法律制度。包括：商业银行的概念、性质、职能，组织体制类型，我国商业银行的组织管理体制、业务范围、经营原则以及商业银行的设立、变更与终止；政策性银行的概念、分类、职能、特征和法律地位，与政府、中央银行、商业银行的关系，以及我国政策性银行的法律地位、业务范围、业务规则及治理结构；非银行金融机构的概念、特征及范围界定，金融资产管理公司、财务公司、信托投资公司、金融租赁公司、汽车金融公司法律制度，金融控股公司的概念与分类，我国金融控股公司现状及金融控股公司法体系等。

第一节
商业银行主体法

一、商业银行法概述

（一）商业银行的含义

1.商业银行的概念。商业银行是指以营利为目的，以收受存款、提供资金信贷为主要业务的银行。❶ 商业银行（commercial bank），在西方各国有各种不同的称谓。如英国称"存款银行"和"股东银行"，美国称"国民银行"和"州银行"，欧洲大陆习惯称"信贷银行"，日本称"城市银行"和"地方银行"等等。尽管商业银行名称不同，但其在各国的法律性质和所处的法律地位基本相同。

2.商业银行的法律特征。从各国商业银行的立法及实践来看，商业银行具

---

❶ 强力著：《金融法》，法律出版社 2004 年版，第 64 页。

有以下特征：

（1）商业银行是"存款银行"。商业银行的资金来源主要是吸收的各种存款，商业银行也是唯一能吸收活期存款的银行。我国邮政储蓄机构也吸收活期存款，因此在某种程度上也具有商业银行性质。

（2）商业银行是"百货公司式银行"。商业银行的业务范围十分广泛，基本不受专业分工限制，几乎可以从事一切金融业务，属于综合式全能型银行。

（3）商业银行以利润最大化为经营目标。商业银行经营商业性货币信用业务，以营利为主要目标，实现利润最大化。

3.商业银行的法律性质与地位。《商业银行法》第2条规定："本法所称的商业银行是指依照本法和《中华人民共和国公司法》（以下简称《公司法》）设立的吸收公众存款、发放贷款、办理结算等业务的企业法人。"这一定义既描述了商业银行的功能，又深刻揭示了商业银行的法律性质和法律地位。

（1）商业银行是企业法人。商业银行是以营利为目的而从事营业活动的机构，实行自主经营、自担风险、自负盈亏、自我约束，从而有别于不以营利为目的的国家机关和事业单位。同时，商业银行具有法人资格，享有民事权利，承担民事义务，独立承担民事责任。

（2）商业银行是金融企业。商业银行专门经营存款、贷款、结算等金融业务，以此区别于工业、农业、商业等行业的企业。

（3）商业银行是特殊的金融企业。商业银行是一国金融体系的基本主体，与其他金融机构相比，其业务范围广，功能齐全，能够提供几乎所有的金融服务。而其他专业银行一般只经营指定范围内的业务，非银行金融机构的业务范围则更窄。例如，商业银行能吸收公众存款包括吸收活期存款，而专业银行和其他金融机构却不能吸收存款或不能吸收活期存款。

（二）商业银行的职能

商业银行作为金融组织体系的基本主体，其对现代经济生活的重要性集中反映在它的基本职能上。

1.信用中介职能。信用中介职能是商业银行最基本的职能。它是指通过商业银行的负债业务，集中社会闲散资金，再通过商业银行的资产业务投放出去。商业银行作为资金融入者与融出者之间的中介，实现资本融通，并从中获取收入，形成银行利润。商业银行信用中介职能的实现，并不改变货币资本的所有权，而只是改变货币资本的使用权。其中为借款人提供贷款就是商业银行的信用中介职能。例如，丁某希望购买私家轿车，但手头资金不足。后来，他了解到当地建设银行开办了汽车消费贷款，他便以借款人的身份到银行办理了10

万元的汽车消费贷款,圆了自己的"汽车梦"。本例中丁某能在自己暂时资金不足的情况下购买到轿车,所依靠的就是建设银行推出的汽车消费贷款,即银行用信贷资金帮助丁某垫付了大部分的购车短缺款。银行的这种职能就是信用中介职能。

2. 支付中介职能。支付中介职能是指商业银行通过客户在银行开立的存款账户,代理客户办理货币兑换、货币结算、货币收付等业务,成为工商企业、社会团体和个人的货币保管者、出纳者和收付代理人。其中商业银行为存款人办理转账结算就是支付中介职能。例如,新源公司是一家服装生产企业,为了生产加工需要,在某工艺布料厂购进了价值 10 万元的原材料。双方在购销合同中约定:布料厂按照规定发货到新源公司的指定地点后,经验收合格,新源公司通过银行一次性将全部货款转账给布料厂。布料厂如约履行合同后,新源公司经对货物验收合格,派其财务人员到本公司的开户银行办理了以布料厂为收款人、款项为 10 万元的转账。本例中,新源公司与布料厂签订的购销合同的付款方式为转账结算,这种结算方式利用的就是商业银行的支付中介职能。

3. 信用创造职能。信用创造职能是指商业银行利用吸收的存款发放贷款,在支票流通和转账结算基础上,贷款又转化为存款。在这种存款不提现或不完全提现的情况下,就增加了商业银行的资金来源,在整个商业银行体系形成了数倍于原始存款的派生存款。

派生存款是原始存款的对称,是商业银行通过发放贷款、购买有价证券等方式创造的存款。商业银行创造派生存款的能力不是无限的,主要受到两个因素的限制:①受法定存款准备金率的限制。法定存款准备金率越大,存款扩张倍数越小。因此,中央银行把提高或降低法定存款准备金率作为紧缩或扩张银行信用的一个重要工具。用公式表示为:派生存款＝原始存款×(1/法定存款准备金率－1)。②受客户提现率的限制。客户提现率越高,商业银行的存款扩张倍数就越小。公式表示为:派生存款＝原始存款×[1/(法定存款准备金率＋提现率)－1]。除此之外,商业银行创造信用的制约因素还有原始存款的数量、商业银行自身现金准备率、贷款付现率以及贷款的需求量等等。

4. 金融服务职能。商业银行作为金融企业还要为客户提供信息服务、咨询服务以及代交公共费用、代发工资、代理融资和保管物品等服务。金融服务职能已成为商业银行的一项重要职能,越来越受到商业银行的重视。根据中国人民银行 2001 年 3 月 23 日《关于建设银行将工程造价咨询业务列入营业范围问题的批复》,建设银行获准开办了工程造价咨询业务,这是建设银行资产负债业务以外的中间业务品种,不列入资产负债表,开展的情况不影响银行资产与负债总额。

(三)商业银行的一般原则

1.商业银行的经营原则。《商业银行法》第4条明确规定,我国商业银行以安全性、流动性、效益性为经营原则。

(1)安全性原则。安全性是指商业银行在进行业务活动时,按期收回信贷资产本息的可靠程度。安全性主要是针对商业银行的资产业务,反映其收回资金和付出资金的能力。商业银行在业务经营活动中要最大限度地减少风险,以保证归还客户存款,同时使自己的资产不受损失。商业银行是负债经营,自有资产比重小,它的安全性要求其应安排合理的资产、规模和结构,合理的资产风险程度及现金储备。总而言之,商业银行的经营必须保证资金安全,以防范各种金融风险。商业银行基于安全性考虑可以否决风险较大的贷款项目。例如,合肥某股份有限公司向某银行申请3000万元流动资金贷款。银行经办人员在对贷款项目进行了初步评审后,认为该公司虽然目前的贷款清偿能力不是十分强,但是该公司所拟投资的项目有较好的前景,于是,将项目推荐给该行的信贷审批委员会。该行信贷审批委员会的信贷审批人员在认真分析该公司的相关财务报表及项目情况等材料后,认为:①借款人应收账款金额大,账龄时间长,财务风险大;②贷款支持的项目能否及时回笼资金存在很大的不确定性,还贷资金来源不落实;③贷款抵押物不符合要求,风险防范措施不落实。经过会议研究表决,决定对此予以否决。

(2)流动性原则。流动性是指商业银行资产可随时变成现款,以及时充分地满足存款者提取存款和其他正当支付的需求。商业银行是负债经营的企业,因而其资产必须保持流动状态,否则就会发生挤兑甚至破产的局面。

流动性包括资产的流动性和负债的流动性两个方面。《商业银行法》第39条规定了商业银行流动资产的比例,要求流动性资产余额与流动性负债余额的比例不得低于25%。资产的流动性是指商业银行的资产在不发生损失的前提下迅速变现的能力,以满足存款者取款和贷款者贷款的需求。因此,要求商业银行应持有一定比例的现金资产及其他变现能力较强的资产,如短期票据、短期债券等。负债的流动性是指商业银行能以较低的成本随时获得所需的资金。这就要求商业银行发展主动型负债,向中央银行、同业或国际金融市场借款,发行金融债券、大额可转让定期存单等,以保持负债的流动性。❶

资产的流动性要通过资产结构和负债结构的适当安排来实现,使放款的各

---

❶ 朱大旗著:《金融法》,中国人民大学出版社2000年版,第83页。

种不同到期日与存款和借入资金的到期日以及数额相适应。

（3）效益性原则。效益性是指商业银行在从事资产负债业务的过程中，以营利为目标，实现利润最大化。这是商业银行作为企业的本质所在。商业银行要获得较多的赢利，可以选择的方法有二：一是扩大存贷款规模，二是降低经营成本。

商业银行的安全性、流动性和效益性是矛盾的统一体。流动性保障安全性，效益性又须以安全性为前提。这就要求商业银行严格实行资产负债比例管理。

2. 商业银行业务交易原则。商业银行与其客户都是平等的民事主体，因此其业务往来应坚持平等、自愿、公平和诚实信用的原则。

3. 商业银行业务规则原则。商业银行主要经营负债和资产，因此制定业务规则时必须坚持保护存款人合法权益的原则，坚持严格贷款的资信担保、依法按期收回贷款本息的原则，坚持依法营业、不得损害社会公益的原则。

4. 商业银行企业化经营原则。企业化经营原则即"四自方针"，即商业银行实行自主经营，自担风险，自负盈亏，自我约束。商业银行依法开展业务，不受任何单位和个人的干涉。

【案例】 某城市商业银行诉中国银监会某省银监局侵犯其经营自主权案。原告某城市商业银行系 2003 年 1 月成立的自主经营、独立核算的股份制金融企业，实行董事会领导下的行长负责制，行长是法定代表人。2004 年 12 月 16 日，该行行长王某因涉嫌经济犯罪被逮捕，该行董事会决定由副行长赵某负责日常工作，并报银监局批准。赵某在负责期间，擅自转股 22.5 万元，越权扩股 6 万元，私自发放股金 27 万元，致使商业银行管理陷入混乱。该行于 2005 年 3 月 16 日要求被告批准免去赵某的职务，被告没有答复。2005 年 3 月 17 日，被告派工作组对原告进行整顿，处理转股、扩股等事宜。9 月赵某因涉嫌经济犯罪被该市检察院逮捕。11 月 28 日，原告决定由容某负责银行的日常工作并报被告审批，被告没有答复。被告于 11 月 30 日书面通知原告，委派银监局工作人员张某主持该商业银行的日常工作。原告为此诉至法院，称被告派其工作人员负责商业银行的日常工作，严重侵犯了其经营自主权，要求法院判令被告停止侵权行为，并撤销被告批准的赵某越权扩股的报告，收回赵某私自发放的 27 万元股金。某市中级人民法院受理后审理认为：原告是独立核算、自主经营、具有法人资格的经济实体，被告作为原告的行政主管机关，应按有关管理规定对原告实行领导、协调、管理、监督和稽核，并非直接经营管理。因此被告派人主持某商业银行日常工作的行为侵犯了原告的经营自主权，应予以停止。原告提出赵某越权扩股和发放股金事宜,系原告内部经营活动,与被告无关。该院作出判决如下:①撤销被告中国银监会某省银监局 2005 年 11 月 30 日给原告某城市商业银行的通知;②被告于本判决生效之日起,停止侵犯原告经营自主权的具体行政行为;③驳回原告的其他诉讼请求。

5.商业银行竞争原则。商业银行是以营利为目的的商人,竞争是其活力所在,因此,必须坚持公平竞争的原则,不得采用不正当竞争手段开展业务。例如,商业银行不得利用业务优势地位限制竞争。某商业银行在办理住房贷款过程中,为了使本行扩大与某保险公司的财产保险的代理业务量,便在与客户的借款合同中明确约定:借款人以房屋作为贷款抵押的,必须到该保险公司办理财产保险,否则不予办理贷款。借款人刘某对此提出异议,认为该银行的行为是不正当竞争,并举报到当地工商行政管理部门。工商行政管理部门经查证后,做出了对该行处罚 6 万元的决定,并责令其停止不正当竞争行为。本案中,该商业银行利用在为客户办理贷款时的优势地位强令借款人到其指定的保险公司办理保险,是明显的限制竞争的行为,也是不正当竞争行为的一种表现,工商行政管理部门应对其予以行政处罚。

6.商业银行依法接受监管原则。商业银行的监管机构是中国银行业监督管理委员会(以下简称银监会)。商业银行应接受银监会对其机构设立、变更、终止的监管及业务活动的监管。同时,商业银行还应接受法定的其他部门的监管,包括中国人民银行、审计机构、工商行政管理机构、税务机构的必要监管。

（四）我国的商业银行

目前,我国的商业银行根据其性质可分为以下几类:

1.四大国有商业银行。这是指由原商业银行经依法转轨改制而来的国家专业银行,目前已经或正在进行股份制改造并挂牌上市。即中国银行(1979 年从中国人民银行独立出来,2004 年 8 月 26 日成立中国银行股份有限公司,中央汇金投资有限公司持有其 100％的股权。2006 年 6 月 1 日在香港联合交易所正式挂牌上市)、中国建设银行(即 1954 年成立的中国人民建设银行,1996 年 3 月 26 日更名为中国建设银行,2004 年 9 月 21 日成立中国建设银行股份有限公司,中央汇金投资公司、中国建银投资有限公司、国家电网公司、上海宝钢集团公司和中国长江电力股份公司为其发起人,2005 年 10 月 27 日在香港联合交易所正式挂牌上市)、中国工商银行(1984 年 1 月 1 日成立,2005 年 10 月 28 日成立中国工商银行股份有限公司,中央汇金投资公司和财政部各持有其 50％的股权。拟于 2006 年 10 月在香港和上海同时挂牌上市)、中国农业银行(1979 年恢复,计划于 2007 年完成股份制改造)。

2. 股份制商业银行。这是指从成立时即为股份制的商业银行,有全国性和地方性之分。全国性股份制商业银行共 11 家,其中 6 家已经上市。它们分别是交通银行(1986 年 9 月成立,已上市)、招商银行(1986 年 8 月成立,已上市)、中信银行(即 1987 年 2 月成立的中信实业银行,2005 年 11 月 27 日更名为"中信银行")、深圳发展银行(1987 年 9 月成立,已上市)、兴业银行(即 1988 年 5 月成立的福建兴业银行,2003 年 3 月 3 日更名为"兴业银行股份有限公司")、广东发展银行(1988 年 9 月成立)、中国光大银行(1992 年 2 月成立)、华夏银行(1992 年 12 月成立,已上市)、上海浦东发展银行(1992 年成立,已上市)、中国民生银行(1996 年 1 月成立,已上市)、恒丰银行股份有限公司(2003 年 7 月 29 日成立,由 1987 年成立的烟台住房储蓄银行增资扩股并更名而成)。地方性股份制商业银行包括城市商业银行和农村商业银行。城市商业银行 1995 年起初建时称城市合作银行,1997 年 7 月改称城市商业银行。截至 2005 年末,全国共有 120 余家城市商业银行。2005 年 12 月 28 日,我国首家由城市商业银行合并重组而成的商业银行——徽商银行正式挂牌。徽商银行的成立,将为城市商业银行大规模重组合并拉开序幕。2001 年 11 月 29 日,全国第一家农村商业银行张家港市农村商业银行成立,农村商业银行进入试点阶段,但目前主要集中在江苏、浙江等沿海经济发达地区。

3. 合作制商业银行。合作制商业银行在我国发展也非常迅速。2003 年 4 月 8 日,全国第一家农村合作商业银行宁波鄞州农村合作银行成立;2004 年 5 月 24 日,贵州花溪农村合作银行成立;2005 年 5 月 23 日,杭州联合银行在原杭州市区信用联社及所辖 23 家农村信用社基础上改制组建。此外,农村信用合作社和城市信用合作社也属于合作制商业银行。截至 2005 年底,全国共有 39 家农村合作银行、33965 家农村信用合作社、723 家城市信用合作社。

4. 外资银行、中外合资银行和外国银行分行。随着全球经济、金融一体化的深入,我国的外资银行、合资银行和外国银行分行发展极为迅速。截至 2005 年底,我国共有外资营业性金融机构 200 多家。其中,在国内较有影响力的有花旗银行、汇丰银行、恒生银行、瑞士联合银行、德意志银行和巴黎银行等。按照我国加入 WTO 时的承诺,自 2007 年起,我国已取消外资金融机构的地域限制和服务对象限制。

(五)我国商业银行法

商业银行法是调整商业银行组织及其业务经营的法律规范的总称。其中最主要的是 1995 年 5 月 10 日全国人民代表大会常务委员会通过的《商业银行法》。2003 年 12 月 27 日全国人民代表大会常务委员会审议通过了《关于修正

〈中华人民共和国商业银行法〉的决定》,自 2004 年 2 月 1 日起施行。该法规定除适用于商业银行外,还适用于城乡信用合作社办理存、贷款结算等业务,适用于邮政企业办理银行业务,适用于外资、中外合资商业银行及外国商业银行分行。

二、商业银行的组织机构

商业银行的组织机构包括组织管理体制、组织形式和治理结构。

(一)组织管理体制

1.商业银行组织管理体制的类型。商业银行的组织管理体制主要有四种,即单一制、总分行制、集团制和连锁制。

单一制又称单元制或独家银行制,是指依法不设立分支机构或不跨地域设立分支机构的体制。在单一制下,各银行之间相互独立,银行机构的数量较多,可以避免银行垄断集团的形成,有利于银行业的适度竞争;但银行的经营规模较小,经营成本较高。由于各银行机构之间相互独立,风险也相对集中,不利于各机构之间分散风险和对资金使用的调剂。同时,由于银行不能设立或跨地域设立分支机构,也不利于各银行机构自身建立广泛、系统的信用网络和体系。采取单一制的国家主要是美国,但美国也逐渐放松了商业银行设立分支机构的限制。

总分行制也称分支行制,是指依法可以在国内外开设分支机构的银行体制。在总分行制下,各银行经营范围广、规模大,经营成本也相对较低,各银行可以利用其众多的分支机构与社会发生广泛的信用联系,开展多种金融业务。各银行自身也可以建立系统、完备的信用网络和体系。总行可以对各分支机构的业务活动及资金进行合理调剂,尽量分散和减少信用风险。因此,总分行制是目前世界上绝大多数国家所采用的体制。但是,总分行制也存在很多缺点,如容易产生金融垄断等。因此,采取总分行制的国家,对设置分支机构也要进行严格的审批。英国是典型的总分行制国家。

集团制又称控股公司制,是指银行控股公司控制或收购若干商业银行股权的体制。在集团制下,各商业银行虽然在法律地位上是独立的,但是由于其股权是受同一控股公司控制,因而它们的业务与经营政策都受同一控股公司操纵。集团制为实行单一制管理体制国家的商业银行提供了一条规避法律对其设立分支机构进行限制的途径。实行单一制的银行可以利用这种体制来控制其他众多的银行机构甚至变相设立分支机构,如设立财务公司、信用卡公司、贴现公司等,从而达到扩大经营范围、增强实力的目的。在美国,银行控股公司已成为商业银行最基本的组织形式,全部银行资产的 90％为这类公司控制。1966年美国颁布《银行控股公司法》对其进行监管,《1999 年金融现代化法》更以金融控股公司一词代替银行控股公司,使其具有更大发展空间。

连锁制又称联合银行制,是指某一集团或某一人购买若干独立银行的多数股票,从而控制这些银行的体制。在连锁制下,各银行法律地位独立,但在实质上受某一集团或某一人所控制。集团制与连锁制的共性都在于通过控制各银行的股权来操纵和控制商业银行,但区别在于连锁制下操纵者不需设立控股公司,因而连锁制的风险性更大一些。

2.我国商业银行的组织管理体制。《商业银行法》第 19 条规定:"商业银行根据业务发展需要可以在中华人民共和国境内外设立分支机构。"可见我国商业银行实行的是总分行制。

分支机构是总行的附属机构,商业银行对其分支机构实行全行统一核算、统一调度资金、分级管理的财务制度。商业银行在中华人民共和国境内设立分支机构,应当按照规定拨付与其经营规模相适应的营运资金额。拨付各分支机构的营运资金额的总和,不得超过总行资本金总额的 60％。例如,某股份制商业银行拟设立一家分行,对于应当给这家分行拨付多少营运资金的问题,该行召开股东会予以讨论。在讨论会上,该行法律顾问针对该银行的注册资金总额为 20 亿元人民币,其已经开办了四家分行,该行对四家分行拨付的营运资金总和已经达到 10 亿元人民币的情况提出,对拟设立的这家分行的拨付资金不能超过 2 亿元。本例中,这家商业银行法律顾问的主张是正确的。因为,依《商业银行法》的规定,这家商业银行所有下设分行所拥有的营运资金的拨入总额不得超过 12 亿元人民币,即商业银行拨付给分支机构营运资金的总和不得超过总行资本金总额的 60％。

(二)组织形式

《商业银行法》第 17 条规定:"商业银行的组织形式、组织机构适用《公司法》的规定。"据此,我国商业银行的组织形式为公司,包括有限责任公司形式的商业银行和股份有限公司形式的商业银行。

1.有限责任公司形式的商业银行。有限责任公司形式的商业银行是指股东以其出资额为限对公司承担责任,而银行则以其全部资产对公司的债务承担责任的普通银行形式。在西方国家,这种形式主要为一些中小型的普通银行所采用。我国有限责任公司形式的商业银行有两种,即有限责任公司商业银行和国有独资商业银行。

2.股份有限公司形式的商业银行。股份有限公司形式的商业银行是指将银行的全部资本分为等额股份,股东以其所持股份为限对银行承担责任,银行则以其全部资产对银行的债务承担责任的商业银行。该形式是目前我国商业银行采取的主要组织形式。

（三）治理结构

商业银行经营的特殊性要求其应建立科学合理的治理结构。我国《商业银行法》只有商业银行组织机构,即股东会、董事会和监事会的规定,但没有银行治理的具体规定。2001年9月,中国证监会公布《上市公司治理准则》;2002年6月4日,中国人民银行发布了《股份制商业银行公司治理指引》和《股份制商业银行独立董事和外部监事制度指引》,这三份规范性文件成为我国商业银行规范公司治理的法律依据。

商业银行的股东会、董事会和监事会的设置、职责和议事规则适用《公司法》的规定。唯有国有独资商业银行的监事会另有规定。国有独资商业银行的监事会由银监会、政府有关部门的代表、有关专家和本行工作人员的代表组成。监事会对国有独资商业银行的信贷资产质量、资产负债比例、国有资产保值增值等情况以及高级管理人员违反法律、行政法规或章程的行为和损害银行利益的行为进行监督。

三、商业银行的设立、变更、接管与终止

（一）商业银行的设立

1. 商业银行的设立制度。商业银行的设立是指商业银行的创办人依照法律规定的程序,通过筹建商业银行并使商业银行取得法律关系主体资格的法律行为。商业银行是特殊的金融企业,其设立有别于一般企业的设立制度。西方发达国家对商业银行的机构设置一般遵循竞争与效率、安全与稳健、规模适度三项基本原则。商业银行的设立采用核准制(又称许可制、实质审查制)。我国对商业银行的设立实行行政许可制,即只有经过严格审查获得批准的银行才能经营业务,非银行金融机构不得经营银行业务,且不得使用"银行"字样。例如,某市成立了一家大型房屋中介机构,企业名称登记为"某市诚信房屋银行"。该机构经当地工商行政管理部门批准后挂牌经营,很多人误以为这是银行办理的一个机构。当地银行业监督管理部门了解到此情况后,责令该单位立即更改名称。该单位及时按照银行业监督管理部门的要求更换了名称。此案中,某房屋中介机构的行为违反了《商业银行法》第11条第2款的规定:"未经国务院银行业监督管理机构批准,任何单位和个人不得从事吸收公众存款等商业银行业务,任何单位不得在名称中使用'银行'字样。"

2.商业银行的设立条件。商业银行的设立必须具备一定的条件,包括资本、人员、设备、设施及组织、章程等。我国《商业银行法》第12条规定设立商业银行应该具备下列条件:

(1)有符合《商业银行法》和《公司法》规定的章程。商业银行的章程是商业银行依照法定程序制定的以书面形式规范商业银行组织及其行为的基本准则。一般载明的事项有商业银行的名称、组织机构、资本状况、业务范围、财务分配、设立、变更及终止等。

(2)有符合《商业银行法》规定的最低限额的注册资本。注册资本是商业银行在企业登记机关登记的资本总额,它既是银行的经营资本,又是银行对外承担民事责任的保障。我国《商业银行法》规定的注册资本最低限额较高,其第13条规定:"设立全国性商业银行的注册资本最低限额为10亿元人民币。设立城市商业银行的注册资本最低限额为1亿元人民币,设立农村商业银行的注册资本最低限额为5000万元人民币。注册资本应当是实缴资本。国务院银行业监督管理机构根据审慎监管的要求可以调整注册资本最低限额,但不得少于前述的限额。"

(3)有具备任职专业知识和业务工作经验的董事、高级管理人员。董事、高级管理人员的状况,是决定商业银行能否安全、稳健经营,能否取得良好经营业绩的重要因素。2000年3月24日,中国人民银行发布《金融机构高级管理人员任职资格管理办法》,规定担任商业银行的董事、高级管理人员应满足以下条件:①能正确贯彻执行国家的经济、金融方针政策;②熟悉并遵守有关经济、金融法律和法规;③具有与担任职务相适应的专业知识和工作经验;④具备与担任职务相称的组织管理能力和业务能力;⑤具有公正、诚实、廉洁的品质,工作作风正派。同时,该办法规定了担任董事、高管人员的消极条件,即有下列情形之一的,不得担任商业银行的高级管理人员:①因犯有贪污、贿赂、侵占财产、挪用财产罪或者破坏社会主义市场秩序罪被判处刑罚,或者因犯罪被剥夺政治权利的;②曾经担任因违法经营被吊销营业执照或因经营不善破产清算的企业法定代表人,并对此负有个人责任或直接领导责任的;③对因工作失误或经济案件给所任金融机构或其他企业造成重大损失负有个人责任或直接领导责任的;④个人负有数额较大的债务且到期未清偿的;⑤提供虚假材料等弄虚作假行为的;⑥有赌博、吸毒、嫖娼等违反社会公德行为,造成不良影响的;⑦已累计2次被中国人民银行或其他监管当局取消金融机构高级管理人员任职资格的;⑧其他法律、法规规定不能担任金融机构高级管理人员的。担任商业银行高级管理职务的人员,应接受和通过银监会任职资格审核。

(4)有健全的组织机构和管理制度。健全的组织机构和管理制度是商业银行有效经营的组织保证。商业银行必须有健全的组织机构,包括决策机构、执行机构和监督机构,即股东会、董事会和监事会;并建立各项管理制度,包括人事管理制度、业务审批制度、资产负债管理制度、风险管理制度、结算管理制度、财务管理制度、内部稽核制度等。

(5)有符合要求的营业场所、安全防范措施和与业务有关的其他设施。营业场所是商业银行开展业务必备的物质条件;安全防范措施主要包括配备保安人员和防盗、报警、消防等设备;与业务有关的其他设施,一般应包括金库、通讯设备、电脑、运钞车、点钞机、验钞机、保险箱等。商业银行的营业场所、安全防范措施和与业务有关的其他设施,应符合银监会、公安部门、消防部门的有关规定。

除以上条件外,依据《商业银行法》第12条第2款的规定,设立商业银行,还应当符合其他审慎性条件。银监会审批时,还应考虑经济发展需要和银行业竞争状况,决定批准与否。

3.商业银行的设立程序。商业银行法将设立程序分为筹建和开业两个阶段以及申请、审批、登记、公告四个环节。申请设立商业银行,申请人应向银监会提交筹建申请书、筹建可行性研究报告及筹建方案、筹建人员名单等文件。申请书应当载明拟设立的商业银行的名称、所在地、注册资本、业务范围等。银监会对银行筹建申请在3个月内予以答复,筹建申请经批准后方可筹建,筹建期限为6个月。期限经批准可延长,但最长不得超过1年。在筹建期内不得从事任何金融活动。商业银行筹建就绪,符合成立条件的申请人应向银监会提出开业申请,填写正式申请表,并提交相关文件。

审批机构为银监会或其派出机构。银监会严格按照法定条件审查,并在分析金融市场供求和金融市场竞争状况后决定。银监会在收到申请开业文件之日起30日内,书面通知是否批准其申请,未予批准的,在书面通知中应当说明理由。

商业银行领到金融许可证后,应凭许可证向工商行政管理部门办理登记,领取企业法人营业执照。

金融许可证颁发时,应在银监会或其派出机构指定的全国性公开发行的报纸上进行公告。银监会对商业银行的设立统一进行公告;工商行政管理机关发布企业登记公告。商业银行自取得营业执照之日起无正当理由超过6个月未开业的,或者开业后自行停业连续6个月以上的,由银监会吊销其金融许可证,并予以公告。

（二）商业银行的变更

商业银行的变更包括商业银行的事项变更和主体变更。

所谓事项变更是指商业银行的某些重大事项有所变动。《商业银行法》第24条规定："商业银行有下列变更事项之一的，应当经国务院银行业监督管理机构批准：①变更名称；②变更注册资本；③变更总行或者分支行所在地；④调整业务范围；⑤变更持有资本总额或者股份总额5％以上的股东；⑥修改章程；⑦国务院银行业监督管理机构规定的其他变更事项。更换董事、高级管理人员时，应当报经国务院银行业监督管理机构审查其任职资格。"

所谓主体变更是指商业银行的分立与合并。《商业银行法》第25条规定："商业银行的分立、合并，适用《公司法》的规定。商业银行的分立、合并，应当经国务院银行业监督管理机构审查批准。"商业银行的分立是指商业银行依照有关法律规定分成两个或两个以上商业银行的行为，而商业银行的合并是指两个或两个以上的商业银行通过订立合并协议，按照有关法律规定组成一个新的商业银行的行为。

商业银行名称、营业地址（仅限于清算代码）变更，应当向银监会或其派出机构申请换发金融许可证；金融许可证更换时，应在银监会或其派出机构指定的全国性公开发行的报纸上进行公告。

（三）商业银行的接管

1. 接管的概念。接管是指银监会在商业银行已经或者可能发生信用危机，严重影响存款人利益时，对该银行采取的整顿和改组等措施。接管的目的是对被接管的商业银行采取必要措施，以保护存款人的利益，恢复商业银行的正常经营能力。银监会的接管不以营利为目的，因此，《商业银行法》第64条第2款规定："被接管的商业银行的债权债务关系不因接管而变化。"即因接管而产生的民事责任，仍由被接管的商业银行承担。接管行为就其法律性质而言，实质是对问题银行的一种行政救济措施。

2. 接管的条件。《商业银行法》第64条规定有下列情形之一的商业银行，国务院银行业监督管理机构可以对该银行实行接管：①商业银行已经发生信用危机，严重影响存款人的利益；②商业银行可能发生信用危机，严重影响存款人的利益。

3. 接管程序。接管程序包括决定、公告、执行等环节。接管由银监会以书面形式作出决定，接管决定应当载明下列内容：①被接管的商业银行名称；②接管理由；③接管组织；④接管期限。接管决定由银监会予以公告。接管由银监会组织实施，银监会可自己实施接管；也可以授权分支机构实施接管；接管自接管决定实施之日起开始。自接管开始之日起,被接管商业银行不再行使其经营管理权,而由接管组织行使。接管期间,接管组织可以根据具体情况暂停部分或全部被接管银行的业务。银监会可以采取一切挽救被接管银行的措施,尽力使被接管的银行恢复正常的经营能力。接管期限由银监会决定,期限届满银监会可以决定延期,但最长不超过2年(含延期在内)。

4.接管终止。接管终止是指由于发生法律规定的情形而停止接管工作。根据《商业银行法》第68条的规定,有下列情形之一的,接管终止:①接管决定规定的期限届满或者国务院银行业监督管理机构决定的接管延期届满;②接管期限届满前,该商业银行已恢复正常经营能力;③接管期限届满前,该商业银行被合并或者被依法宣告破产。例如,1995年10月,中国人民银行宣布对中银信托公司实施接管;1996年10月结束接管,由深圳发展银行全部接收。这是我国首例金融接管案。

(四)商业银行的终止

终止是指商业银行因出现解散、被撤销和被宣告破产等法律规定的情形,消灭其法律主体资格的法律行为。

1.商业银行的终止事由。商业银行的终止事由有:解散、撤销和破产。

解散是指商业银行由于出现了法定事由或公司章程规定的情形而停止对外的经营活动,清算未了结的债权债务,使商业银行法人资格消灭的法律行为。商业银行的解散原因主要是分立、合并和公司章程规定的解散事由。解散由商业银行股东会决议通过,因而属于民事行为。但应当向银监会提出申请,并附解散的理由和支付存款本金和利息等债务清偿计划。经银监会批准后可解散。

撤销是指银监会对经其批准设立的具有法人资格的商业银行依法采取行政强制措施,终止其经营活动,并予以解散。《商业银行法》第74、75、76、77条规定,商业银行违法违规经营,拒绝或阻碍检查监督,提供虚假的或者隐瞒重要事实的财务会计报告、报表和统计报表的,未遵守资产负债比例管理规则等且情节严重的,银监会可以责令吊销许可证,中国人民银行也可以建议银监会吊销其许可证。2001年11月23日,国务院公布了《金融机构撤销条例》,该条例规定了金融机构撤销的条件、撤销决定的做出、清算组的成立及职责、财产的清理和评估、清算方案的制订、债务的清偿、注销登记及责任人员的追究等问题。

商业银行因不能支付到期债务,经银监会同意,由人民法院依法宣告其破产。商业银行因破产而终止。破产可以由商业银行的债权人提出申请,亦可由商业银行自己提出,但须经银监会同意,方可向法院提交。破产最终由法院依法宣告,因而是一种司法行为。

2.商业银行的清算。商业银行解散的,应当依法成立清算组进行清算。清算组对外代表银行进行经营活动,依法进行债权债务的处理,按照经过银监会批准的清偿计划及时偿还存款本金和利息等债务。为保证清算过程依法进行,银监会应当监督清算过程。商业银行被撤销的,银监会应当及时组织成立清算组,进行清算。清算组成员由银监会决定,并依《公司法》有关规定进行清算,按照清偿计划及时偿还存款本金和利息等债务。商业银行被宣告破产的,由人民法院组织银监会等有关部门和有关人员成立清算组,进行清算。

商业银行破产程序适用 2006 年 8 月 27 日通过的《中华人民共和国企业破产法》(以下简称《企业破产法》)和《中华人民共和国民事诉讼法》(以下简称《民事诉讼法》)的有关规定。但是《商业银行法》第 71 条第 2 款规定:"商业银行破产清算时,在支付清算费用、所欠职工工资和劳动保险费用后,应当优先支付个人储蓄存款的本金和利息。"这种清偿顺序与《公司法》第 195 条、《民事诉讼法》及《企业破产法》的规定有所不同,对个人储蓄存款本息支付优先于商业银行所欠税款,这是商业银行法为保护储蓄存款人利益的特别规定。

四、商业银行的业务管理

(一)商业银行的业务范围

1.商业银行的一般业务。商业银行的业务可以概括为负债业务、资产业务和中间业务三大类。

(1)负债业务。负债业务是商业银行筹措资金以形成其经营资产的业务,主要包括筹集自有资本金,吸收存款,承兑票据,发行债券,向中央银行、政府以及金融市场借款、对外担保等。其中,存款是商业银行最重要的负债业务,一般占其负债业务总量的 75%~80%。例如,李某将 10000 元钱存入某商业银行,存期 1 年,银行根据存款时的利率为其开具了利率为 2.25%、存期为一年的定期存单 1 张。到期后,李某持存单到银行取款,银行将扣除利息税后的利息 180 元及 10000 元本金兑付给李某。本例中,李某的 10000 元钱并未直接为银行产生利润,银行相反还要为其支付 180 元的利息,所扣的利息税也是代扣,上缴国家。所以银行办理李某的这笔存款业务的实际代价是支出 225 元利息,以及员工工资、设备损耗、折旧等业务成本。因此,存款业务相当于商业银行向社会公众借钱,是商业银行的负债。

(2)资产业务。资产业务是商业银行运用其积聚的货币资金从事各种信用活动获得利润的业务,是商业银行取得收益的主要途径。主要包括发放贷款、进行投资、租赁业务、买卖外汇、票据贴现等。

(3)中间业务。中间业务是商业银行不动用自己的资产,而是凭借自己的业务条件经营金融服务,收取服务费的业务。主要包括支付结算、银行卡、代理、担保、承诺、基金托管、咨询顾问等。近年来,多数国家的商业银行中间业务收入已超过资产业务收入而成为银行利润的主要来源和增长点。

2.商业银行业务范围的法律规定。各国商业银行法对商业银行业务范围的规定,采取列举式、禁止式和折中式三种形式。列举式即明确具体地规定商业银行可以经营的业务种类。禁止式是原则性规定商业银行一般业务,对不得经营的业务种类则做出具体的禁止性规定。我国《商业银行法》采取折中式——即列举式与禁止式的结合。《商业银行法》第3条第1款列举了商业银行可以从事的14项业务,同时,《商业银行法》第43条规定了商业银行的禁止性业务。

《商业银行法》第3条第1款规定,商业银行的业务范围为:①吸收公众存款;②发放短期、中期和长期贷款;③办理国内外结算;④办理票据承兑与贴现;⑤发行金融债券;⑥代理发行、兑付、承销政府债券;⑦买卖政府债券、金融债券;⑧从事同业拆借;⑨买卖、代理买卖外汇;⑩从事银行卡业务;⑪提供信用证服务及担保;⑫代理收付款项及代理保险业务;⑬提供保管箱服务;⑭经国务院银行业监督管理机构批准的其他业务。

根据商业银行设立核准制的要求,我国《商业银行法》第3条第2款规定了业务核准制,即各商业银行可以在上述14项业务范围内,根据本行的实际情况通过章程确定本行的业务,报银监会审核批准。

此外,《商业银行法》第43条还规定了商业银行的禁止性业务,即"商业银行在中华人民共和国境内不得从事信托投资和证券经营业务,不得向非自用不动产投资或者向非银行金融机构和企业投资,但国家另有规定的除外"。

(二)商业银行的业务规则

商业银行的业务规则,即商业银行在核准的经营范围内,开展业务活动应遵守的法律规则。包括负债业务规则、资产业务规则和其他业务规则。

1.负债业务规则。商业银行的负债业务是商业银行形成资金来源的业务,是资产业务和中间业务的基础。其中商业银行存款业务是最重要的负债业务。

(1)存款业务规则。存款业务主要有以下基本规则:商业银行办理个人储蓄存款业务,应当遵循存款自愿、取款自由、存款有息和为存款人保密的原则。除法律另有规定外,商业银行有权拒绝任何单位或个人查询、冻结和扣划存款人的储蓄存款。对单位存款,商业银行有权拒绝任何单位或者个人查询,但法律、行政法规另有规定的除外;有权拒绝任何单位或者个人冻结、扣划,但法律另有规定的除外。例如,某市纪委出于工作需要,派办案人员到某银行要求该行提供协助。经办人员出具了市纪委介绍信及要求协助查询某个人储蓄存款账户的通知书和经办人员的工作证,但银行工作人员认为纪委要求银行提供协助查询义务无法律依据,故拒绝了其要求。本例中,银行工作人员的意见是正确的,市纪委要求银行提供协助查询义务,不具备符合《商业银行法》规定的法定依据,故其无权要求银行提供协助义务。

(2)发行债券和借款业务规则。《商业银行法》第45条规定:"商业银行发行金融债券或者到境外借款,应当依照法律、行政法规的规定报经批准。"按照国务院《关于进一步加强证券市场宏观管理的通知》的规定,金融机构发行金融债券由中国人民银行负责审批。商业银行境外借款的管理机构是国家发展与改革委员会、国家外汇管理局等。

(3)同业拆借业务规则。《商业银行法》第46条规定,商业银行同业拆借应当遵守中国人民银行的规定。禁止利用拆入资金发放固定资产贷款或者用于投资。拆入资金只能用于弥补票据结算、联行汇差头寸的不足和解决临时性周转资金的需要。而拆出资金限于交足存款准备金、留足备付金和归还中国人民银行到期贷款之后的闲置资金。

2.资产业务规则。商业银行的资产业务,是商业银行取得收益的主要途径,包括发放贷款,进行投资、租赁业务,买卖外汇,票据贴现等。其中最主要的是贷款业务和投资业务。

(1)贷款业务规则。贷款业务规则的宗旨是保障信贷资产的安全性、效益性和流动性。各国银行法一般从贷款政策、贷款方式、贷款主体、贷款程序、贷款责任、贷款资产风险管理、不良贷款资产处置等几个方面加以规制。《商业银行法》规定了9项贷款业务规则:①贯彻国家产业政策原则;②严格贷款审查规则;③贷款担保规则;④借款合同规则;⑤执行利率政策规则;⑥资产负债比例管理规则;⑦关系人贷款规则;⑧自主贷款规则;⑨依法贷款规则。

(2)投资业务禁止规则。《商业银行法》第43条规定:"商业银行在中华人民共和国境内不得从事信托投资和证券经营业务,不得向非自用不动产投资或者向非银行金融机构和企业投资,但国家另有规定的除外。"

3.其他业务规则。商业银行其他业务最主要的是指商业银行的中间业务。《商业银行法》规定了8项其他业务规则:①银行结算业务规则。商业银行办理票据承兑、汇兑、委托收款等结算业务,应当按照规定的期限兑现,收付入账,不得压单、压票或者违反规定退票;有关兑现、收付入账期限的规定应当公布。②竞争规则。商业银行开展业务,应当遵守公平竞争的原则,不得从事不正当竞争。③开立银行账户规则。企业事业单位可以自主选择一家商业银行的营业场所开立一个办理日常转账结算和现金收付的基本账户，但不得开立两个以上基本账户。④营业时间公告规则。商业银行的营业时间应当方便客户，并予以公告。商业银行应当在公告的营业时间内营业，不得擅自停止营业或者缩短营业时间。⑤金融服务收费规则。商业银行办理业务及提供服务，按照规定收取手续费。收费项目和标准由国务院银行业监督管理机构、中国人民银行根据职责分工，分别会同国务院价格主管部门制定。⑥报送财会资料规则。商业银行应当按照国家有关规定，真实记录并全面反映其业务活动和财务状况，编制年度财务会计报告，及时向国务院银行业监督管理机构、中国人民银行和国务院财政部门报送。⑦业务资料保存规则。商业银行应当按照国家有关规定保存财务会计报表、业务合同以及其他资料。⑧商业银行工作人员行为规范。商业银行的工作人员应当遵守法律、行政法规和其他各项业务管理的规定。

【案例】 商业银行违反规定压票应承担由此给客户造成的损失。2003年3月，张某到外地打工，赚了些钱想汇给甘肃老家的母亲孙某。张某到农行某分行办理电汇手续。在电汇凭证收款人一栏填明收款人为孙某，汇入行为农行某营业所，在金额栏填明为人民币3万元整，在汇款人栏中写了张某的名字。2004年3月23日张某将钱汇出后，立即打电话告诉母亲，并说电汇汇款规定最多不超过3天就到，让孙某注意取款。3月26日，孙某到营业所询问汇款是否已到，营业所告知没有。张某获悉后，立即从外地赶回查询，直至4月22日营业所才通知款已到，并向孙某发了取款通知。4月24日孙某取款时才发现款于3月29日已到，银行将汇单无理压了26天。孙某、张某要求营业所赔偿损失。营业所认为已经兑付了汇款，银行已履行了义务，拒不赔偿。张某遂向人民法院起诉，要求赔偿。经审理法院认为，营业所无理压单，违反了我国《银行结算办法》、《商业银行法》等法律规定，应赔偿张某经济损失260元，赔偿原告交通费及其他合理费用915元。

本案的焦点是银行非法压票的责任问题。《商业银行法》规定：违反票据承兑等结算业务规定，不予兑现，不予收付入账，压单、压票或者违反规定退票的，应当承担支付延迟履行的利息以及其他民事责任。该损失包括迟延支付款项的利息及为此原告所花费的合理费用。因此，本案中法院的判决是正确的。

五、商业银行的监督管理

商业银行的监督管理主要包括商业银行的内部自律监管，银行同业协会他律监管，国家金融监管机关的监管，中央银行、审计部门的外部监管。此外，还包括财政、税收征管、工商行政管理等部门的监督管理,这些共同构成我国商业银行的监管体系。

（一）商业银行的内部自律监督管理

商业银行内部自律监督管理,是指商业银行以金融法律法规和银行监管当局的政策为依据,以安全性、流动性和营利性为经营原则,完善公司治理结构,加强内部控制,遵守和实施各项审慎性经营规则,自我约束、自我监察、自我纠错的行为的总和。商业银行应建立和完善内部自律监管体系。主要内容包括制定业务规则、健全风险管理、内部控制、资产负债、资本充足率、资产质量、损失准备金、风险集中、关联交易、资产流动性等制度,以及对存款、贷款呆账等各项情况的稽核、检查制度。

1.商业银行的资本监管。2004年2月23日,银监会发布了《商业银行资本充足率管理办法》（自2004年3月1日起施行）。《商业银行资本充足率管理办法》借鉴1988年巴塞尔资本协议和2006年巴塞尔新资本协议,制定了一套符合中国国情的资本监管制度。

《商业银行资本充足率管理办法》规定我国商业银行资本管理应坚持以下基本原则:①商业银行资本应抵御信用风险和市场风险;②商业银行资本充足率的计算应建立在充分计提贷款损失准备等各项损失准备的基础之上;③商业银行应同时计算未并表的资本充足率和并表后的资本充足率;④商业银行资本充足率不得低于8%,核心资本充足率不得低于4%。

商业银行应建立完善的资本充足率评估程序和管理制度,董事会承担本银行资本充足率管理的最终责任,负责确定资本充足率管理目标,审定风险承受能力,制定并监督实施资本规划。商业银行应同时向银监会和中国人民银行报告未并表和并表后的资本充足率。银监会对商业银行资本充足率实行现场检查和非现场监控。根据资本充足率的高低,对资本充足、资本不足和资本严重不足的银行,采取不同的监管措施,以增强资本监管的有效性。《商业银行资本充足率管理办法》还要求商业银行资本充足率的最后达标期限为2007年1月1日。同时,为提高商业银行的公信力,维护公众对银行体系的信任,《商业银行资本充足率管理办法》规定商业银行应进行资本的信息披露。

2.商业银行资产负债管理。资产负债管理也称资产负债比例管理,是指商业银行以其资本和负债制约其资产总量和结构,并通过设置一系列指标体系约束商业银行的资金运用,保证商业银行实现资金的安全性、流动性、营利性及其均衡和协调,以实现经营目标。资产负债管理是商业银行业务经营的内在要求。

我国《商业银行法》第39条规定："商业银行办理贷款,应遵守银行业监督管理机构关于资产负债比例管理的规定。"这是我国第一次以法律形式要求商业银行实行资产负债比例管理。自1998年1月1日起,我国商业银行开始实行全面的资产负债比例管理。资产负债比例管理指标分为监控性指标和监测性指标,监控性指标包括10大类19项指标,监测性指标有6项。2002年7月,中国人民银行制定了《贷款损失准备计提指引》,修改了贷款质量指标,规定贷款损失准备金包括一般准备、专项准备和特种准备。

3.商业银行的风险管理。商业银行的风险是指商业银行在经营活动中,由于客观情况的变化或主观决策的失误,使商业银行的资产、收入及信誉遭受损失的可能性。商业银行的风险主要有经营风险、市场风险、决策风险、政策风险和国家风险等。

风险管理是指商业银行识别、计量、监测和控制各类风险的全过程。风险管理起源于巴塞尔银行监督管理委员会制定的《有效银行监管的核心原则》。我国《商业银行法》第59条规定："商业银行应当按照有关规定,制定本行的业务规则,建立、健全本行的风险管理和内部控制制度。"商业银行风险管理的主要内容包括资产负债风险管理、信贷风险管理、投资风险管理、外汇交易风险管理等。

2004年2月,银监会颁布了《股份制商业银行风险评级体系(暂行)》,要求监管机构根据股份制商业银行的资本充足、资产安全、管理、赢利、流动性和市场风险敏感性等方面的状况,对银行经营管理状况进行全面分析和判断,并形成综合评级。银监会应结合银行单项运作要素的评价和综合评级结果,制定每家银行的综合监管计划和监管对策。同时,应对不同评级级别的银行采取分类监管政策。

4.商业银行的内部控制。商业银行的内部控制是银行为了实现经营目标,通过制定和实施一系列制度、程序和方法,对风险进行事前防范、事中控制、事后监督和纠正的动态过程和机制。建立内部控制是商业银行自我监管和外部监管的基础。

商业银行内部控制应实现四个目标:①确保国家法律规定和商业银行内部规章制度的贯彻执行;②确保商业银行发展战略和经营目标的全面实施和充分实现;③确保风险管理体系的有效性;④确保业务记录、财务信息和其他管理信息的及时、真实和完整。商业银行内部控制应遵循全面、审慎、有效、独立的原则。内部控制构成要素包括内部控制环境、风险识别与评估、控制措施与职责分工、信息交流与反馈、监督与纠正等。

5.商业银行的内部稽核检查。商业银行的内部稽核是指商业银行内部由专职的稽核部门或稽核人员对各项经营管理活动和经济责任履行情况进行的检查、监督与评价。

商业银行内部稽核检查主要采用制度基础稽核的方法。即首先对银行内部控制的健全性与有效性进行审查和评价,在评审的基础上,根据内控系统的强点与弱点,再确定稽核的范围、重点和方法。内部稽核一般要经过建立评价标准、健全性评价、综合评价、功能性评价、实质性测试等基本程序。

6.商业银行关联交易管理。商业银行的关联交易是指商业银行与关联方之间发生的转移资源和义务的交易行为。关联交易有公允交易与不公允交易之分。不公允的关联交易表现为两个方面:一是商业银行的股东利用其对商业银行的控制权或影响力,从商业银行获取大量的关联贷款,损害存款人的利益;二是商业银行的董事、高级管理人员利用其职位的便利,与商业银行的关联方进行关联交易,从中牟取个人利益。

根据单笔和余额的相对数标准,商业银行的关联交易分为一般关联交易和重大关联交易。一般关联交易是指商业银行与一个关联方之间单笔交易金额占商业银行资本净额 1% 以下,且该笔交易发生后商业银行与该关联方的交易余额占商业银行资本净额 5% 以下的交易。重大关联交易是指商业银行与一个关联方之间单笔交易金额占商业银行资本净额 1% 以上,或商业银行与一个关联方发生交易后商业银行与该关联方的交易余额占商业银行资本净额 5% 以上的交易。

商业银行关联交易应遵守以下基本原则:①诚实信用及公允原则;②合法原则;③按照商业原则,以不优于对非关联方同类交易的条件进行。

商业银行应建立完善的关联交易管理制度和审批程序,对商业银行的部分关联交易行为进行禁止或限制,并对商业银行关联交易进行审计和信息披露。商业银行应向银监会报告管理交易情况,银监会应采取强制纠正措施,对违规行为进行处罚。

7.商业银行的信息披露。商业银行信息披露是指商业银行依法将反映其经营状况的主要信息真实、准确、及时、完整地向投资者、存款人及相关利益人予以公开的过程。我国国有独资商业银行、股份制商业银行、部分城市商业银行都以年报的形式,不同程度地对外披露信息,但除上市银行外,其披露都不规范。2002 年,中国人民银行公布了《商业银行信息披露暂行办法》,对城市商业银行规定了 5 年的过渡期,从 2006 年 1 月起该办法对全部城市商业银行均适用。

（二）银行业国家监管机构的监管

我国商业银行的国家金融监管机关为银监会。银监会对商业银行的监管主要为商业银行设立、变更、终止的审批，业务规则的制定及监督执行和风险管理。

（三）银行同业协会的监管

2000年5月，中国银行业协会成立。中国银行业协会是指由境内注册的各商业银行、政策性银行自愿结成的非营利性社会团体，经中国人民银行批准并在民政部门登记注册，是我国银行业的自律组织。中国银行业协会主要发挥三大职能：①加强同业约束，依据国家法律法规和政策，制定行业规章，规范执业行为，制止不正当竞争；②为银监会加强监管发挥补充作用，督促各家银行贯彻执行国家金融法律法规和方针政策；③提供行业服务，抵制侵害银行合法权益的行为，开展行业信息交流和咨询服务，调解业务纠纷，组织员工培训等。

（四）国家审计机关对商业银行的审计监督

我国《商业银行法》第63条规定，商业银行应当依法接受审计机关的审计监督。这是我国《商业银行法》的一个特别规定，目的在于加强对商业银行的监督，保障其稳健经营。

六、商业银行的财务会计制度

（一）商业银行财务会计制度的基本准则

商业银行的财务会计制度是指商业银行利用价值形式对其经营过程进行管理所遵循的行为规范。《商业银行法》第54条规定："商业银行应当依照法律和国家统一的会计制度以及国务院银行业监督管理机构的有关规定，建立、健全本行的财务会计制度。"目前，我国商业银行应遵守的财务会计法律规范有《中华人民共和国会计法》、《企业财务通则》、《企业会计准则》、《金融保险企业财务会计》、《金融会计制度》、《金融企业会计制度》等。

（二）会计报表、年度财务报告、经营业绩和审计报告

《商业银行法》第55条规定："商业银行应当编制年度财务会计报告，报送会计报表，并不得在法定账册外另立会计账册即设立账外账。"第56条规定："商业银行应当于每一会计年度终了前3个月内，按照国务院银行业监督管理机构的规定，公布其上一年度的经营业绩和审计报告。"

（三）呆账准备金的提取

为了保护存款人的合法权益，也为了使商业银行稳健运行，《商业银行法》第57条规定："商业银行应当按照国家有关规定，提取呆账准备金，冲销呆账。"

1993 年 2 月 1 日,财政部发布的《金融保险企业财务制度》规定,商业银行将年初放款余额的 1‰提取呆账准备金,用于弥补商业银行下列损失:①借款人和担保人经依法宣告破产,进行清偿后不能还清的贷款;②借款人死亡或依《中华人民共和国民法通则》(以下简称《民法通则》)规定宣告失踪或宣告死亡,以其财产或遗产清偿后,未能还清的贷款;③借款人遭受重大自然灾害或意外事故,损失巨大,确实无力偿还的部分或全部贷款或以保险赔款清偿后,未能还清的贷款;④经国务院专案批准核销的逾期贷款。呆账损失的核销,商业银行必须按照财政部的规定,严格履行审批手续,及时核销呆账。

七、商业银行的法律责任

《商业银行法》第 8 章规定了法律责任,对违反《商业银行法》有关规定的行为规定了法律制裁措施。就违反《商业银行法》的行为性质而言,有民事违法行为、行政违法行为和刑事违法行为,因而违反《商业银行法》的法律责任也分为民事责任、行政责任和刑事责任三种。《商业银行法》第 8 章用了 13 条来规定违法行为及制裁措施,另外,国务院还颁布了两个行政法规,专门规定了违反《商业银行法》的行政法律责任。1998 年 7 月 13 日,国务院发布《非法金融机构和非法金融业务活动取缔办法》,界定了非法金融机构和非法金融业务活动及取缔程序。1999 年 2 月 22 日,国务院发布《金融违法行为处罚办法》,规定了23 种违法行为及相应的行政处罚措施。

【资料与应用】　1. 海南发展银行关闭案

海南发展银行于 1995 年 8 月 18 日正式开业,它是通过向全国募集股本,并兼并了 5 家信托投资公司而设立的地方性股份制商业银行,注册资本 16.77亿元人民币(其中外币 3000 万元)。股东有 43 个,主要股东为海南省政府、中国北方工业总公司、中国远洋运输集团公司、北京首都国际机场等,由海南省政府控股。实质上在设立之初海南发展银行就背负了 44 亿元的债务。到 1996年底,全行资产总值达 86.3 亿元人民币(含外币),比开业前增加了 41.9 亿元;各项存款余额 39.26 亿元,增长 24.4 亿元;各项贷款余额 35.11 亿元,增加了17.8 亿元,发展势头强劲。1997 年《海南年鉴》记载:该行未发生一笔滞贷款,与境外 36 家银行及其 403 家分行建立了代理关系,外汇资产规模 1.7 亿美元。由于此时岛内房地产业兴起,海南发展银行贷款的主要对象是房地产开发商,且多为中长期贷款。

正当海南发展银行蓬勃发展时,发生了一件影响其命运的事件。1997 年12 月 16 日,经中国人民银行总行批准,海南分行发布公告,关闭海口市人民城市信用社等 5 家违规经营、严重资不抵债、已不能支付到期债务的城市信用社，其债权债务由海南发展银行托管。除此之外，海南省政府还决定将全省其余 28 家信用社全部并入海南发展银行。兼并之后，在当时普遍采用违规高息揽存的情况下，海南发展银行迅速扩张，股本金增长为 106 亿元，存款余额达 40 亿元，债务为 50 亿元，实力大为增强。但人们也开始担心：海南发展银行能不能把信用社这个沉重的包袱背起来？会不会水中救人不成反被拖下深渊。抛开承接的债务不说，只是银行职员就成倍增长，多达 3000 余人。1998 年春节过后，不稳定因素开始出现。最初是到期的储户将存款取出，不再续存。后来是未到期的储户也开始提前取款，光此项利息海南发展银行在短期内就节省近 100 万元。但取款越来越困难，上个月每周可取 3 次，每次限额 2000 元，到下个月，就是每周取 2 次，每次限额 500 元甚至是 200 元。同时银行内部还规定，首先保证私人存款的兑付，机构的存款被视为债务，要等清算全部债权债务之后再作清偿。1998 年 3 月 22 日，中国人民银行在陆续给海南发展银行提供了 40 亿元的再贷款后，决定不再给予资金支持。此时，海南发展银行已无法清偿债务。其后，据说海南省政府动用了 7 亿元资金，企图挽回局面，但也无济于事。

1998 年 6 月 21 日，中国人民银行发布公告：鉴于海南发展银行不能及时支付到期债务，为了保护债权人的合法权益，根据法律规定，决定关闭海南发展银行，停止其一切业务活动；由中国人民银行组织清算组，进行关闭清算；同时指定中国工商银行托管其债权债务，对境外债务和境内居民储蓄存款本金及合法利息保证支付，其余债务待组织清算后偿付。至此，海南发展银行成为我国第一家被关闭的商业银行。

2. 公款私存的法律后果

王某是某企业会计，张某是某银行营业部储蓄专柜负责人，两人关系密切。张某因吸收存款任务尚未完成，请王某帮忙，王某应承。一日，王某从单位账户中取出公款 10 万元，以个人名义存在张某的储蓄专柜。张某为感激王某，给王某按正常利率开具存单一份，另开具了一张差额利息单，金额为 9000 多元，1 年后即可归王某个人所有。事隔 1 年后，王某所在的企业破产，在财务审计中，王某因涉嫌其他经济问题被人举报，其公款私存一事也被查出。本案中，王某的行为已构成违法。根据《商业银行法》的规定，将对王某没收违法所得 9000 多元，并可以处违法所得 1 倍以上 3 倍以下的罚款。同时，王某还构成挪用资金罪，受到了相应的刑事处罚。

第二节
政策性银行主体法

一、政策性银行概述

(一)政策性银行的概念与分类

1.政策性银行的概念。政策性银行是指由政府创立、参股或保证的,不以营利为目的,专门为贯彻、配合政府社会经济政策或产业政策,在特定的业务领域内,直接或间接地从事政策性融资活动,充当政府发展经济、促进社会进步、进行宏观经济管理的专门金融机构。❶ 简言之,政策性银行是专门经营政策性货币信用业务的银行机构,是非营利性的专业银行。

2.政策性银行的分类。政策性银行根据其业务性质可以分为五大类:

(1)开发银行。即专为经济开发提供投资性贷款的银行,如国际复兴开发银行(即世界银行)、亚洲开发银行、日本开发银行、国家开发银行(中国)等。

(2)农业信贷银行。即专门支持和扶植农业开发的银行,如美国联邦土地银行、日本农林渔业金融公库、法国农业信贷银行、中国农业发展银行等。

(3)进出口银行。即专门经营对外贸易信用业务的银行,如美国的进出口银行、法国的外贸银行、日本的输出入银行、韩国进出口银行、中国进出口银行等。

(4)住宅信贷银行。即为便利居民购买房屋、支持房地产业发展的银行,如美国的联邦住宅银行、德国的德意志建筑地银行、法国的房地产信贷银行、日本的住宅金融公库、韩国住宅银行等。

(5)中小企业银行。即为扶植中小企业发展的银行,如日本的中小企业金融公库、韩国中小企业银行、法国中小企业设备信贷银行等。

(二)政策性银行的特征

政策性银行创立及发展初期具有以下基本特征:

1.由政府创立。大多数国家的政策性银行由政府全部出资创立或由政府提供部分资金。但无论由政府全资创立、参股或保证,政策性银行均以政府为后盾,与政府保持着密切的联系。

2.不以营利为目的。传统政策性银行不以营利为主要目的,在经营时主要考虑国家的整体利益、社会利益,贯彻、配合政府的社会经济政策和产业政策。

---

❶ 朱大旗著:《金融法》,中国人民大学出版社 2000 年版,第 135 页。

3.特定的服务领域。传统政策性银行的业务领域主要有农业、住房业、进出口贸易、中小企业、经济技术开发等基础部门或领域。

4.特定的融资途径。首先,政策性银行的融资对象特定,必须是从其他金融机构不易得到所需资金的条件下才有从政策性银行获得资金的资格。其次,政策性银行融资方式固定。资金融入主要依靠财政拨款和发行政策性金融债券,而不是面向公众吸收存款。资金融出主要或全部为提供中长期信贷资金,贷款利率低于商业银行同期利率。若偿还困难出现亏损时,由国家财政予以补贴。最后,政策性银行积极鼓励其他金融机构参与政策性金融业务。政策性银行对其他金融机构自愿从事的符合国家政策目标、意图的放款活动给予偿付保证、利息补贴或再融资等优惠。

5.不普遍设立分支机构。政策性银行不以营利为目的,保本微利的经营目标决定了必须减少成本,同时又不向公众吸收存款,因而不像商业银行那样普遍设立分支机构,其业务一般由商业银行代理。

6.政策性银行实行单独立法。政策性银行立法不受普通商业银行法的制约,各国一般单独制定政策性银行法,发达国家甚至为每一个政策性银行单独制定一部法律。

(三)政策性银行的法律地位

从法律角度看,政策性银行是自主经营、自负盈亏、自担风险、自我约束的独立法人。但是,政策性银行的经营深受政府宏观决策与管理行为左右,其自主经营权不可能完全实现,只能是为政府特定的经济政策、产业政策服务的特殊金融机构。

政策性银行与政府的关系极为密切,主要表现在:政府是政策性银行的后盾,政府对其进行监管和行政领导;政策性银行为政府经济政策、产业政策、社会政策服务,是政府发展经济、进行宏观管理、干预经济活动的工具。政策性银行与政府的关系集中表现在它与财政部门的关系上,政策性银行一旦出现亏损,一般由财政弥补。

中央银行一般不直接管理政策性银行,它们的关系较为松散。但是在经营方面,中央银行仍给予政策性银行以必要的支持与指导,政策性银行也要尽量同中央银行的政策目标保持一致。

政策性银行与商业银行的关系可以概括为平等、互补和配合。两者在法律地位上完全平等,政策性银行不因与政府的特殊关系而凌驾于商业银行之上。在业务活动中两者形成主辅、互补关系,商业银行承办绝大部分的金融业务,而政策性银行则承办商业银行不愿办理或不能办理的金融业务。在业务活动中,政策性银行业务的开展,受分支机构不广泛的限制,需要通过对商业银行进行的符合政策性要求和需要的业务活动给予再贷款、利息补贴、偿还担保等方法,来鼓励与支持商业银行的此类业务活动,同时在业务上进行一定的监督。

政策性银行与服务对象的关系主要表现为两个方面:一是信贷关系,即政策性银行因直接或间接向业务对象提供贷款,而在两者之间形成信贷关系;二是投资关系,即政策性银行认购投资对象的公司债券或参与股本,从而与投资对象直接形成投资关系。

(四)政策性银行的职能

政策性银行既有商业银行的一般职能,又具有商业银行不具有的特殊职能。

1.一般职能。政策性银行与商业银行一样,也具有信用中介职能。政策性银行通过其负债业务,吸收资金,再通过资产业务将资金投入到需求单位或项目,从而担负起金融中介的职能,实现资金融通。

政策性银行一般不吸收社会活期存款,其所吸收的特定存款也非供转账结算使用,资金来源多为国家财政资金或在金融市场上筹集。资金运用多为长期放款或长期投资,极少发放短期信用贷款,其贷出款项一般是按政策要求专款使用。因此在一般职能方面,政策性银行与商业银行相比,一般不具有信用创造功能。

2.特殊职能。政策性银行具有倡导性、补充性、选择性和服务性四项特殊职能。倡导性职能是指政策性银行以直接的资金投放或间接地吸引民间或私人金融机构从事符合政府政策意图的放款,以发挥其倡导、引导功能,引导资金的流向。补充性职能又称弥补性职能,指政策性银行的金融活动补充和完善以商业银行为主体的金融体系的职能,弥补商业银行金融活动的不足。选择性职能指政策性银行对其融资领域或部门是有选择的,不是不加分别地任意融资。此外,政策性银行一般是专业性银行,在其服务的领域内积累了丰富的经验和技能,拥有大量专业技术人才,可以为企业提供各方面的金融和非金融服务,也可以充当政府经济政策或产业政策的参谋,从而显示其服务性职能。例如,某公司是从事机电产品及大型成套设备的进出口贸易企业,该企业在长期的经营过程中,由于决策者失误导致企业经营不善,负债较多,资金周转困难,濒临破产边缘,1000多名职工面临失业危险。企业要想重新走上正常的发展,必须有大量的资金注入,才能扭亏为盈。面对这种局面,中国进出口银行接受重任,委派一大批精通业务的专业技术人员对该企业进行个案分析,认为该企业有复活的希望。于是,中国进出口银行对该企业投资1000万元,并协助企业调整了经营思路。经过两年的努力,并在银行提供金融和非金融等各方面服务的情况下,该企业迅速走上了正轨,扭转了亏损的局面,职工也免除了失业的风险,实现了巨大的社会效益和经济效益。本例中,该企业走出困境,不仅得益于政策性银行的资金支持,更得益于政策性银行提供的各种金融和非金融服务。

二、我国政策性银行法律制度

(一)组建与立法

1. 我国政策性银行的组建。1993 年 12 月 25 日,国务院发布《关于金融体制改革的决定》(以下简称《决定》),提出深化金融改革,组建政策性银行。《决定》中有关政策性银行的主要内容有:①建立政策性银行的目的是实现政策性金融和商业性金融的分离,以解决专业银行身兼二职的问题;②政策性银行的经营原则是自担风险、保本经营、不与商业性金融机构竞争的原则,业务上接受中国人民银行的监督;③设立国家开发银行、中国农业发展银行和中国进出口银行三家政策性银行;④政策性银行设立监事会。

1994 年我国建立了三家政策性银行。其中,国家开发银行成立于 1994 年 3 月,中国进出口银行成立于 1994 年 7 月,中国农业发展银行成立于 1994 年 11 月。近年来,为发展地方经济,各地方政府纷纷要求组建新的区域性的政策性银行,如西北开发银行、中部银行、东北振兴银行等。

2. 我国政策性银行的立法。我国政策性银行成立已经 10 多年了,但一直没有制定政策性银行法来规范政策性银行的组织及其行为。目前关于政策性银行的法律文件,仅在 1993 年颁布的《国务院关于金融体制改革的决定》中,对三家政策性银行的设立宗旨、经营原则、法律组织形式、主要业务、机构设置、财务制度、资金来源及人事任免等做出了规定。《中华人民共和国银行业监督管理法》(以下简称《银行业监督管理法》)和《人民银行法》也仅仅是规定了银监会和中央银行对政策性银行金融业务的指导和监督。除此之外,再无专门针对政策性银行的法律、行政法规或者较高立法层次的规范性文件。

(二)法律地位

根据国务院《关于金融体制改革的决定》的规定,中国农业发展银行和中国进出口银行均为独立法人。经国务院批准的《中国农业发展银行章程》第 2 条也规定,中国农业发展银行为独立法人。但国务院《关于金融体制改革的决定》、《关于组建国家开发银行的通知》,经国务院批准的《国家开发银行组建和运行方案》及《国家开发银行章程》却对国家开发银行是否为独立法人均未予明确规定。总而言之,我国政策性银行都是直属国务院领导的政策性银行金融机构,是独立的法人,实行独立核算、自主和保本经营、企业化管理。但也有学者

进一步认为我国政策性银行属于国有独资企业。❶

(三)业务范围和业务规则

1.国家开发银行的业务范围。国家开发银行以国家重点建设为主要融资对象,负责筹措和引导社会资金,对国家基础设施、基础产业和支柱产业的大中型建设和技术改造项目办理政策性金融业务。它的业务包括资金来源业务、资金运用业务、外汇业务以及部分转贷业务。

(1)资金来源业务。主要包括国家预算安排的经营性建设基金、财政贴息资金、向金融机构发行金融债券、向社会发行一定数量的财政担保建设债券、向国外筹集资金、财政拨付的资本金等。其中财政部拨付的资本金为 500 亿元人民币。

(2)资金运用业务。国家开发银行的贷款仍实行信贷规模控制下的计划管理。资金主要用于制约经济发展的"瓶颈"项目;直接关系增强综合国力的支柱产业中的重大项目;重大高新技术在经济领域应用的项目;跨地区的重大政策性项目;由国家发改委、商务部、财政部和国家开发银行共同商定的其他政府性项目;设备储备贷款业务。

(3)外汇业务。1998 年 7 月 13 日,国家外汇管理局下发《关于国家开发银行申请扩大外汇业务的批复》,批准国家开发银行可以经营的外汇业务有:外汇存款、外汇贷款、外汇还款、国际结算、外汇借款、同业外汇拆借、发行股票业务以外的外币有价证券、买卖股票业务以外的外币有价证券、外汇担保、自营外汇买卖、代客外汇买卖、资信调查、咨询、见证业务。

(4)其他业务。1998 年以后,亚洲开发银行贷款和属于国家开发银行业务范围的世界银行贷款的转贷业务由国家开发银行承担。

2.中国农业发展银行的业务范围。中国农业发展银行以承担国家粮棉油储备、农副产品收购、农业开发等方面的政策性贷款为主要业务,负责筹集农业政策性信贷资金,办理国家规定的农业政策性金融业务、代理财政性支农资金的拨付。它的业务包括资金来源和资金运用两类。

(1)资金来源业务。主要有资本金、业务范围内开户企事业单位的存款、发行金融债券、财政支农资金、中国人民银行的再贷款和境外筹资等。其中资本金为 200 亿元人民币,从中国农业银行资本金中拨出一部分解决。

(2)资金运用业务。目前,中国农业发展银行的贷款实行信贷规模控制下的计划管理。资金主要用于办理由国务院确定、中国人民银行安排资金并由财

---

❶ 强力著:《金融法》,法律出版社 2004 年版,第 104 页。

政予以贴息的粮食、棉花、油料、猪肉、食糖等主要农副产品的国家专项储备贷款;办理粮、棉、油、肉等农副产品的收购贷款及粮油调销、批发贷款;国务院确定的扶贫贴息贷款、国家确定的小型农林牧水利基本建设和技术改造贷款、中央和省级政府的财政支农资金的代理拨付,为各级政府设立的粮食风险基金开立专户并代理拨付。例如,某地区盛产水果,但由于交通不便,再加上消息闭塞,每年都有大量的水果因为卖不出去而腐烂,极大地影响了农民生活水平的提高。为改变这种状况,该地区政府经过实地考察,准备实施一个农产品深加工项目,就地对部分水果进行深加工,同时也可安排部分剩余劳动力。该项目的投资经预算约为 1500 万元,该地区政府到当地的一家工商银行申请贷款。但是,却被告知不能为其提供贷款,应该去向政策性银行申请,最好是中国农业发展银行。于是该地区政府便向中国农业发展银行申请贷款并获得支持。本例中,该农产品深加工项目向中国农业发展银行申请贷款是正确的,也正体现了中国农业发展银行作为政策性银行的业务所在。

3.中国进出口银行的业务范围。中国进出口银行执行国家产业政策和外贸政策,为机电产品和成套设备等资本性货物进出口提供政策性金融支持。它的业务范围包括资金来源、资金运用和其他业务。

(1)资金来源业务。包括资本金、向中国人民银行申请再贷款、在境内发行金融债券和境外发行有价证券、从国内外金融机构筹资。其中资本金为财政部拨付的 33.8 亿元人民币。

(2)资金运用业务。中国进出口银行的贷款实行信贷规模控制下的计划管理。主要是为机电产品和成套设备等资本性货物出口提供卖方信贷、买方信贷。

(3)其他业务。主要是办理与机电产品有关的外国政府贷款、混合缴款、出口信贷的转贷,以及中国政府对外国政府贷款、混合贷款的转贷;办理国际银行间的贷款,组织或参加国际、国内银团贷款;出口信用保险、出口信贷担保、进出口保险和代理业务;经批准的外汇经营业务。

4.政策性银行的业务规则。政策性银行的业务主要是负债业务、资产业务和中间业务。负债业务主要是发行金融债券和借款,包括向财政借款、向中央银行借款、向国际金融市场借款等。资产业务则是贷款和投资。中间业务主要是围绕借款项目和借款单位的专项资金划转及其他金融业务。

政策性银行的经营方式一般采用代理制,即委托商业银行调查、发放、检查和收回。随着政策性银行众多营业性分支机构的设立,其经营方式几乎从代理制转为了全面自营方式。

政策性银行业务规则的制定和实施以保本或微利经营为原则,以确保政策性银行经营宗旨的实现。

(四)组织机构和管理体制

1.组织机构。

(1)国家开发银行。国家开发银行实行总分行制,总行设在北京,同时设立若干分支机构,包括:总行营业部1个,大连、天津、吉林、河北、黑龙江、山西、上海、内蒙古、江苏、辽宁、浙江、安徽、福建、湖南、江西、广东、山东、深圳、河南、广西、湖北、海南、四川、重庆、贵州、宁夏、云南、青海、陕西、新疆、甘肃等31个分行,宁波、香港、西藏3个代表处。

(2)中国农业发展银行。中国农业发展银行实行总分行制,设总行(北京)、分行(省行)、支行(市行、县行),总行对分行实行垂直领导,分支机构的设置须经银监会批准。

(3)中国进出口银行。中国进出口银行实行总分行制,总行设在北京,可根据需要在各地设派出机构(办事处)。到目前为止,中国进出口银行共设立了总行营业部及上海、深圳、南京、大连、成都和青岛分行等7家营业性分支机构,哈尔滨、西安、武汉、杭州、福州、广州6个国内代表处,以及法国和南非2个境外代表处。中国进出口银行各营业性分支机构根据总行授权,经营和管理服务区内的各项业务。

2.中国政策性银行的管理体制。政策性银行直接隶属于国务院,行长、副行长均由国务院总理任免。政策性银行实行行长负责制(中国进出口银行实行董事会领导下的行长负责制),其业务方针、计划和重要规章、行长的工作报告、筹资方案和贷款项目、年度财务决算报告以及其他重大事项,由行长主持的行长会议研究决定。

政策性银行设立监事会,其成员由财政部、中国人民银行、政府有关部门的代表及其他人员组成。监事会的主要职责是监督检查政策性银行执行国家方针政策的执行情况、业务经营,财务状况监督,评价政策性银行行长的工作并提出任免、奖惩建议。监事会不得干预政策性银行的具体业务。此外,中国进出口银行设董事会,董事长和副董事长由国务院任命,董事由国务院批准,董事会对国务院负责。

政策性银行对其派出机构、分支机构实行垂直领导。政策性银行在分支机构设置和业务上接受银监会和中国人民银行的监督管理。其分支机构的设立须经过银监会的批准。

【资料与应用】 国家开发银行与商业银行业务竞争案

作为中国规模最大的政策性银行,无论从贷款余额还是营利能力,甚至从投资银行业务看,国家开发银行(下简称国开行)都在迅速成长,现在已经毫不逊色地跻身于国有银行"五大"之列。从多项指标看,国开行正在快速接近甚至超过四大国有商业银行。2002年国开行的净利润为119亿元人民币,而同期中国银行为94.45亿元,工商银行为65.27亿元,建设银行为43.04亿元。目前,国开行发行的金融债券累计已突破2万亿元。但与此同时,国开行与商业银行之间由于业务交叉而产生的冲突也日益公开化。

国开行成立之初是为了支持"两基一支",即基础工程建设和基础设施建设,支持西部和边远地区。但到1998年,国开行积累了1700亿元不良贷款,不良贷款率高达32.63%。同年陈元担任行长后,厉行改革,不断拓展,到2003年上半年,总资产已达11280亿元,不良贷款率降到1%,业务范围也远远超越了"两基一支"的初衷。在国有银行全部基本建设中长期贷款中,国开行贷款份额一直占据着40%的领地,累计向4000多个项目发放贷款,其中包括三峡工程、南水北调、京九铁路、北京奥运、"五纵七横"国道主干线和黑龙江商品粮基地等具代表性的项目。目前,国开行近90%的贷款投向了能源、交通、公共设施管理等"瓶颈"领域。

国开行的这些做法招致一些商业银行的不满,因为类似的优质客户也是商业银行想得到的。早在1998年,中国银行就曾向有关部门提交报告,指责国开行利用政策优势和资金低成本优势,与商业银行进行恶性竞争。中国银行指出,在公路、桥梁、通讯等许多竞争十分激烈的优质大型项目方面,国开行往往能以较长的期限、较低的成本取得竞争优势,而这种优势获取靠的是国家政策给予的"偏爱"。这种竞争关系是不平等的,因为商业银行和政策性银行的资金来源根本不同,前者来自居民和企事业单位存款,筹资成本很大,后者来自财政拨款和发行金融债券等,成本很小,还享受着很多国家优惠政策,两者根本不是站在同一起跑线上。他们发出了"政策性银行越界染指商业银行经营领域"的疑问。于是,一种奇怪的竞争出现了——"只要是开发银行做的项目我们都要去抢"已经成了某些商业银行的公开政策。因为国开行在项目评审上,体制严格,技术力量强,评审委员多是行业内专家;同时跟政府的关系比较紧密,风险控制能力强,国开行介入的"好项目"一定不会走眼。更重要的是,这些要"抢"的项目都能赚钱,甚至比商业银行已经到手或正在争取的贷款项目还要好。

第三节
非银行金融主体法

一、非银行金融主体概述

(一)非银行金融机构❶的界定

除中央银行外,一国金融机构一般可分为两大类:即银行业金融机构和非银行金融机构。所谓非银行金融机构,也称为其他金融机构,是指银行以外的从事金融资产管理、信托投资、金融租赁、证券承销与经纪、各类保险等信用业务和金融服务业务的金融机构。

关于银行业金融机构与非银行金融机构的划分,《银行业监督管理法》第2条明确规定:"本法所称银行业金融机构,是指在中华人民共和国境内设立的商业银行、城市信用合作社、农村信用合作社等吸收公众存款的金融机构以及政策性银行。对在中华人民共和国境内设立的金融资产管理公司、信托投资公司、财务公司、金融租赁公司以及经国务院银行业监督管理机构批准设立的其他金融机构的监督管理,适用本法对银行业金融机构监督管理的规定。"该规定明确表明我国的非银行金融机构包括金融资产管理公司、信托投资公司、财务公司、金融租赁公司以及经国务院银行业监督管理机构批准设立的其他金融机构(如汽车金融公司等)。但是除《银行业监督管理法》规定的非银行金融机构外,我国证券法规定的证券机构和保险法规定的保险机构也属于非银行金融机构的范畴。

(二)非银行金融机构的特征

1.非银行金融机构创造货币和创造信用的能力大大低于银行业金融机构。非银行金融机构一般不能吸收存款和发放贷款,因而也就不会产生派生存款和货币乘数效应,信用创造能力大大降低。

2.非银行金融机构主要经营信托、保险、证券等业务,涉及主体较多,法律关系也比银行信用关系复杂,因而非银行金融机构的业务规则就应更详细、具体,监督也就更严格。

3.非银行金融机构必须冠以与自己所经营的业务相适应的名称,如保险公

---

❶ 本书仍按传统习惯将"非银行金融主体"称为"非银行金融机构"。

司、证券交易所等,而不能冠以"银行"❶字样。

（三）我国非银行金融机构

我国的非银行金融机构包括:①金融资产管理公司;②信托投资公司;③财务公司;④金融租赁公司;⑤汽车金融公司;⑥金融期货公司;⑦信用担保公司;⑧信用卡公司;⑨投资基金管理公司;⑩保险公司、保险经纪人公司、保险代理人公司;⑪证券机构。

本节介绍非银行金融机构中我国有明确立法规定的金融资产管理公司、企业集团财务公司、信托投资公司、汽车金融公司。

二、金融资产管理公司法律制度

（一）金融资产管理公司概述

美国在 20 世纪 80 年代到 90 年代初,曾经发生过一场影响很大的银行业危机。当时,美国约有 1600 多家银行、1300 家储蓄和贷款机构陷入了困境。为化解危机,联邦存款保险公司、联邦储蓄信贷保险公司竭尽全力进行了援助,美国政府也采取了一系列措施。1989 年 8 月,美国成立了重组信托公司(RTC),专门接管和处置储蓄贷款机构的不良资产。这是政府最早推行系统性不良资产处置和银行重组的行为。RTC 在 1989—1994 年经营的五年多时间里,在化解金融风险、推进金融创新等方面多有建树,被公认为是世界上处置金融机构不良资产的成功典范。正是自 RTC 开始,组建资产管理公司成了各国化解金融风险、处置不良资产的通行做法。借鉴国际上处理金融风险的成功经验,我国于 1999 年先后成立了信达、长城、东方和华融资产管理公司,分别收购、管理和处置中国建设银行、中国农业银行、中国银行、中国工商银行和国家开发银行的部分不良资产,并促进国有银行和国有企业的改革和发展。2006 年 4 月 24日,银监会公布了金融资产管理公司资产处置的最新情况:截至 3 月末,四家公司累计处置不良资产 8663.4 亿元,累计回收现金 1805.6 亿元,占处置不良资产的 20.84%。

为规范金融资产管理公司的活动,国务院于 2000 年 11 月 10 日颁布了《金融资产管理公司条例》,具体规定了金融资产管理公司的设立、业务范围、经营管理、终止、清算等内容。

---

❶ 但需要注意的是,并非不冠以"银行"字样的金融机构都是非银行金融机构,如城市信用社和农村信用社虽未冠以"银行"名称,却属于银行业金融机构的范畴。

（二）金融资产管理公司的性质与法律地位

金融资产管理公司，是指经国务院决定设立的收购国有银行不良贷款，管理和处置因收购国有银行不良贷款形成的资产的国有独资非银行金融机构。金融资产管理公司以最大限度保全资产、减少损失为经营目标，依法独立承担民事责任。

银监会、财政部和证监会依据各自的法定职责对金融资产管理公司实施监督管理。

（三）金融资产管理公司的设立、终止与清算

金融资产管理公司的注册资本为人民币 100 亿元，由财政部核拨。设立金融资产管理公司，由银监会颁发《金融机构法人许可证》，并向工商行政管理部门依法办理登记。金融资产管理公司设立分支机构，须经财政部同意，报银监会批准，由银监会颁发《金融机构营业许可证》，并向工商行政管理部门依法办理登记。金融资产管理公司设总裁一人、副总裁若干人。总裁、副总裁由国务院任命，实行总裁负责制。金融资产管理公司的高级管理人员须经银监会审查其任职资格。金融资产管理公司监事会的组成、职责和工作程序，依照《国有重点金融机构监事会暂行条例》执行。

金融资产管理公司终止时，由财政部组织清算组，进行清算。处置不良贷款形成的最终损失，由财政部提出解决方案，报国务院批准执行。

（四）金融资产管理公司的业务范围

金融资产管理公司按照国务院确定的范围和额度收购国有银行不良贷款；超出确定的范围或者额度收购的，须经国务院专项审批。在国务院确定的额度内，金融资产管理公司按照账面价值收购有关贷款本金和相对应的计入损益的应收未收利息；对未计入损益的应收未收利息，实行无偿划转。金融资产管理公司收购不良贷款后，取得原债权人对债务人的各项权利。原借款合同的债务人、担保人及有关当事人应当继续履行合同规定的义务。

金融资产管理公司在其收购的国有银行不良贷款范围内，管理和处置因收购国有银行不良贷款形成的资产时，可以从事下列业务活动：①追偿债务；②对所收购的不良贷款形成的资产进行租赁或者以其他形式转让、重组；③债权转股权，并对企业阶段性持股；④资产管理范围内公司的上市推荐及债券、股票承销；⑤发行金融债券，向金融机构借款；⑥财务及法律咨询，资产及项目评估；⑦银监会、证监会批准的其他业务活动。此外，金融资产管理公司还可以向中国人民银行申请再贷款。

在以上业务中，其中债权转股权是指金融资产管理公司将收购国有银行不

良贷款取得的债权转为对借款企业的股权。金融资产管理公司持有的股权,不受本公司净资产额或者注册资本的比例限制。实施债权转股权的企业,由商务部向金融资产管理公司推荐。金融资产管理公司对被推荐的企业进行独立评审,制订企业债权转股权的方案并与企业签订债权转股权协议。债权转股权的方案和协议由商务部会同财政部、银监会审核,报国务院批准后实施。但是,金融资产管理公司对企业的持股只是阶段性持股,其所持有的企业股权最终须通过两种方式处理:一是向境内外投资者转让,二是由债权转股权企业依法回购。商务部负责组织、指导、协调企业债权转股权工作。

(五)金融资产管理公司的经营和管理

金融资产管理公司实行经营目标责任制。财政部根据不良贷款质量的情况,确定金融资产管理公司处置不良贷款的经营目标,并进行考核和监督。

金融资产管理公司管理、处置因收购国有银行不良贷款形成的资产,应当按照公开、竞争、择优的原则运作。金融资产管理公司转让资产,主要采取招标、拍卖等方式。

金融资产管理公司的债权因债务人破产等原因得不到清偿的,按照国务院的规定处理。金融资产管理公司免交在收购国有银行不良贷款和承接、处置因收购国有银行不良贷款形成的资产的业务活动中的税款。金融资产管理公司免交工商登记注册费等行政性收费。根据业务需要,金融资产管理公司可以聘请具有会计、资产评估和法律服务等资格的中介机构协助开展业务。

三、信托投资公司法律制度

(一)信托投资公司的概念

信托投资公司,是指依法设立的主要经营信托业务的金融机构。所谓信托,是指委托人基于对受托人的信任,将其财产权委托给受托人,由受托人按委托人的意愿以自己的名义,为受益人的利益或者特定目的,进行管理或者处分的行为。信托业务,是指信托投资公司以营业和收取报酬为目的,以受托人身份承诺信托和处理信托事务的经营行为。

2002 年 6 月 5 日,中国人民银行颁布《信托投资公司管理办法》,该办法是信托投资公司经营和管理的直接法律依据。

(二)信托投资公司的设立、变更

信托投资公司采取有限责任公司或者股份有限公司的形式,其设立需具备以下条件:①有符合《公司法》和银监会规定的公司章程;②有具备银监会规定的入股资格的股东;③具有本办法规定的最低限额的注册资本,信托投资公司的注册资本不得低于人民币3亿元,经营外汇业务的信托投资公司注册资本中应包括不少于等值1500万美元的外汇;④有具备银监会规定任职资格的高级管理人员和与其业务相适应的信托从业人员;⑤具有健全的组织机构、信托业务操作规则和风险控制制度;⑥有符合要求的营业场所、安全防范措施及与业务有关的其他设施;⑦银监会规定的其他条件。设立信托投资公司必须经银监会批准,并领取《信托机构法人许可证》。未经银监会批准,任何单位和个人不得经营信托业务,任何经营单位不得在其名称中使用"信托投资"字样;法律、行政法规另有规定的除外。银监会可以根据经济发展的需要和信托市场的状况对信托投资公司的设立申请进行审查。

信托投资公司有下列情形之一的,应当经银监会批准:①变更名称;②变更注册资本金;③变更公司住所;④改变组织形式;⑤调整业务范围;⑥更换高级管理人员;⑦变更股东或者调整股权结构,但持有上市股份公司流通股份未达到公司总股份10%的除外;⑧修改公司章程;⑨合并或者分立;⑩银监会规定的其他变更事项。

(三)信托投资公司的业务范围

信托投资公司可以申请经营下列部分或者全部本外币业务:①受托经营资金信托业务;②受托经营动产、不动产及其他财产的信托业务;③受托经营法律、行政法规允许从事的投资基金业务,作为投资基金或者基金管理公司的发起人从事投资基金业务;④经营企业资产的重组、购并及项目融资、公司理财、财务顾问等中介业务;⑤受托经营国务院有关部门批准的国债、政策性银行债券、企业债券等债券的承销业务;⑥代理财产的管理、运用和处分;⑦代理保管业务;⑧信用见证、资信调查及经济咨询业务;⑨以固有财产为他人提供担保;⑩银监会批准的其他业务。

信托投资公司可以依照《信托法》的有关规定,接受为下列公益目的而设立的公益信托:①救济贫困;②救助灾民;③扶助残疾人;④发展教育、科技、文化、艺术、体育事业;⑤发展医疗卫生事业;⑥发展环境保护事业,维护生态环境;⑦发展其他社会公益事业。

(四)信托投资公司的经营与管理

信托投资公司管理、运用信托财产时,可以采取出租、出售、贷款、投资、同业拆放等方式进行。

信托投资公司可以根据市场需要,按照信托目的、信托财产的种类或者对信托财产管理方式的不同设置信托业务品种。

信托投资公司所有者权益项下依照规定可以运用的资金,可以存放于银行或者用于同业拆放、贷款、融资租赁和投资,但自用固定资产和股权投资余额总和不得超过其净资产的 80%。经银监会批准,信托投资公司可以办理同业拆借。

四、企业集团财务公司法律制度

(一)企业集团财务公司的性质和法律地位

企业集团财务公司是指依法设立的,为企业集团成员单位技术改造、信用产品开发及产品销售提供金融服务,以中长期金融业务为主的非银行金融机构。

与西方国家的财务公司不同,我国财务公司的服务对象仅限于企业集团成员。这里的成员单位包括集团母公司,母公司控股 51% 以上的子公司(以下简称子公司),母公司、子公司单独或共同持股 20% 以上的公司,或持股不足 20% 但处于最大股东地位的公司。外资企业集团的成员单位还包括该外资企业集团的外方投资者在中国境内直接持股或与该外资企业集团共同持股 20% 以上的公司。

2000 年 6 月 30 日,中国人民银行发布了《企业集团财务公司管理办法》,是企业集团财务公司经营和管理的直接法律依据。

(二)企业集团财务公司的设立

1.申请人必须是具备下列条件的企业集团:①符合国家产业政策;②申请前一年集团控股或按规定并表核算的成员单位总资产不低于 80 亿元人民币或等值的自由兑换货币,所有者权益不低于 30 亿元人民币或等值的自由兑换货币,且净资产率不低于 35%;③集团控股或按规定并表核算的成员单位在申请前连续 3 年每年总营业收入不低于 60 亿元人民币、利润总额不少于 2 亿元人民币或等值的自由兑换货币;④母公司成立 3 年以上并具有集团内部财务管理和资金管理经验,近 3 年未发生重大违法违规行为。

2.具有符合《公司法》和《企业集团财务公司管理办法》规定的章程。

3.具有符合《企业集团财务公司管理办法》规定的最低限额注册资本;财务公司的最低注册资本金为 3 亿元人民币或等值的自由兑换货币。财务公司的注册资本为实收货币资本。财务公司的资本金应主要从成员单位中募集,成员单位以外的股份不得高于 40%。其资金来源限于按国家规定可用于投资的自有资金,其股本结构、股东资格还应符合《公司法》和银监会关于向金融机构投资入股的规定。

4.具有符合银监会规定的任职资格的高级管理人员和从业人员;财务公司

从业人员中从事金融或财务工作 2 年以上的人员应超过总人数的 2/3,从事金融或财务工作 5 年以上人员应超过总人数的 1/3。由外资企业集团设立的财务公司,其高级管理人员中至少有 1 名中国公民。

5.有健全的组织机构、管理制度和风险控制制度。

6.有与业务经营相适应的营业场所、安全防范措施和其他设施。

7.银监会规定的其他条件。

财务公司的设立须经过筹建和开业两个阶段。财务公司的开业申请经银监会批准后,由银监会颁发金融许可证。财务公司凭该许可证到工商行政管理机关办理注册登记,领取《企业法人营业执照》后方可营业。经批准开业的财务公司自领取营业执照之日起,无正当理由 3 个月不开业或开业后自行停业连续 6 个月的,由银监会吊销其许可证,并予以公告。

(三)企业集团财务公司的业务范围

经银监会批准,财务公司可从事下列部分或全部业务:①吸收成员单位 3 个月以上定期存款;②发行财务公司债券;③同业拆借;④对成员单位办理贷款及融资租赁;⑤办理集团成员单位产品的消费信贷、买方信贷及融资租赁;⑥办理成员单位商业汇票的承兑及贴现;⑦办理成员单位的委托贷款及委托投资;⑧有价证券、金融机构股权及成员单位股权投资;⑨承销成员单位的企业债券;⑩对成员单位办理财务顾问、信用鉴证及其他咨询代理业务;⑪对成员单位提供担保;⑫境外外汇借款。

企业集团规模较大、集团成员单位之间经济往来密切且结算业务量较大的财务公司,需办理成员单位之间内部转账结算业务的,应另行报银监会批准。

五、汽车金融公司法律制度

(一)汽车金融公司及其立法

汽车金融公司是从事汽车消费信贷业务并提供相关汽车金融服务的专业机构,在发达国家已有近百年历史。通常汽车金融公司隶属于较大的汽车工业集团,成为向消费者提供汽车消费服务的重要组成部分。为履行加入 WTO 的承诺,促进汽车消费信贷市场的开放与规范发展,2003 年 10 月 3 日,银监会颁布了《汽车金融公司管理办法》;2003 年 11 月 12 日,颁布了《汽车金融公司管理办法实施细则》。办法及细则规定了汽车金融公司的市场准入条件、业务范围和监督管理及法律责任等内容。

(二)汽车金融公司的性质和法律地位

《汽车金融公司管理办法》第 2 条规定:"汽车金融公司是指经中国银行业

监督管理委员会依据有关法律、行政法规和办法规定批准设立的,为中国境内的汽车购买者及销售者提供贷款的非银行金融企业法人。"这明确了汽车金融公司的性质和法律地位。首先,汽车金融公司是非银行金融机构,而不是汽车类企业。第二,汽车金融公司专门从事汽车贷款业务,其业务不同于银行和其他非银行金融机构。第三,汽车金融公司的服务对象确定为中国内地的汽车购买者和销售者。汽车购买者包括自然人、法人及其他组织;汽车销售者是指专门从事汽车销售的经销商,不含汽车制造商和其他形式的销售商。第四,汽车金融公司具有法人资格。

(三)汽车金融公司的设立

按照金融业监管的要求和审慎性原则,设立汽车金融公司应具备一定的资质条件,包括汽车金融公司出资人和汽车金融公司本身均应具备一定的条件。

出资人应具备的条件包括:①应为中国境内外依法设立的企业法人,其中:非金融企业其最近一年的总资产不低于40亿元人民币或等值的自由兑换货币,年营业收入不低于20亿元人民币或等值的自由兑换货币;非银行金融机构其注册资本不低于3亿元人民币或等值的自由兑换货币。②经营业绩良好,最近3年连续赢利。③主要出资人须为汽车企业、非银行金融机构;主要出资人是指出资数额最多且出资额不低于拟设汽车金融公司全部股本30%的出资人,汽车企业是指以生产、销售汽车整车为最终产品的企业。④同一企业法人不得投资设立一个以上的汽车金融公司。

设立汽车金融公司应具备以下条件:①注册资本最低限额为5亿元人民币或等值的自由兑换货币,注册资本为实缴资本;②具有符合《公司法》等相关法律和《汽车金融公司管理办法》要求的章程;③具有熟悉汽车融资等业务的高级管理人员;④具有健全的组织机构、管理制度和风险控制制度;⑤具有相应的业务经营营业场所、安全防范措施等条件。

汽车金融公司的设立须经过筹建和开业两个阶段。公司拟设地银监局是公司设立申请的审核机关,银监会是公司设立申请的审批机关。银监局对汽车金融公司筹建和开业申请资料实行签收制度。

银监会自收到完整的开业申请文件、资料之日起3个月内作出核准开业或不核准开业的决定。决定核准开业的,书面通知申请人,颁发经营金融业务许可证,核准其业务范围;不予核准开业的,应书面通知申请人并说明理由。对外国独资汽车金融公司和中外合资汽车金融公司,由银监会负责颁发"金融许可证";对中资汽车金融公司,由银监局负责颁发"金融许可证"。申请人凭该许可证到工商行政管理部门办理注册登记,领取《企业法人营业执照》后方可营业。

汽车金融公司自领取营业执照之日起,无正当理由3个月不开业或开业后自行停业连续6个月的,由银监会收回其许可证,并予以公告。

汽车金融公司不得设立分支机构。

银监会对汽车金融公司高级管理人员实行任职资格核准或备案制度,董事长、总经理及副总经理、董事和财务总监等的任职资格应当报经银监会审查核准。

(四)汽车金融公司的业务范围

经银监会批准,汽车金融公司可从事以下部分或全部的业务:①接受境内股东单位3个月以上期限的存款;②提供购车贷款业务;③办理汽车经销商采购车辆贷款和营运设备贷款;④转让和出售汽车贷款应收款业务;⑤向金融机构借款;⑥为贷款购车提供担保;⑦与购车融资活动相关的代理业务;⑧经银监会批准的其他信贷业务。

与国外相比,现阶段我国对汽车金融公司的业务范围作出了适当限制,如汽车租赁业务、发行金融债券等,所允许开办的业务限于汽车金融公司的基本业务。随着市场发展需要和业务规模的扩大,银监会将视业务品种需求和金融监管状况,逐步扩大汽车金融公司的业务范围。

(五)汽车金融公司的业务规则

1.向自然人发放购车贷款应符合有关监管部门关于个人汽车贷款管理的规定;向法人或其他组织发放汽车贷款应遵守《贷款通则》等有关规定的要求。

2.未经监管部门批准,不得擅自发行债券、向境外借款。

3.汽车展示厅贷款应专门用于汽车整车展示所必需的场所建设。

4.向金融机构借款的利率,比照同业往来利率执行;发放汽车贷款的利率,可在人民银行公布的法定利率基础上,上下浮动10%～30%。

【资料与应用】 1.中国邮政储蓄机构

邮政储蓄机构是中国一支奇特的"金融机构",它既独立又不独立于其母体——中国邮政(隶属于信息产业部);既像金融机构又非金融机构,既堂而皇之运营又名不正言不顺。在我国,邮政储蓄也是能吸收公众存款的金融机构,应属于银行业金融机构,但由于邮政储蓄在中国的特殊性,有时甚至被称为"四不像",因此很难判断其属于银行业金融机构还是非银行金融机构。根据银监会公布的数据,截至2005年6月底,全国邮政储蓄存款余额达12285亿元,储蓄市场占有率达9.25%,储蓄规模仅次于4家国有商业银行和农村信用社;邮政储蓄新增存款自主运用形成的资产已达3519亿元。全国邮政储蓄营业网点已超过36000个,是国内网点数量最多的金融机构。目前,银监会正在负责组建邮政储蓄银行,并尽快上报国务院核准。重新组建的邮政储蓄银行将成为真正意义上的商业银行。

2. 典当行

典当行是指依照《公司法》和《典当行管理办法》设立的专门从事典当活动的企业法人。2000年8月20日典当行正式被取消金融主体资格,成为特殊的工商企业,由商务部对全国典当业实施监督管理。因此,典当行不再属于金融机构的范畴。

第四节
金融控股公司法

一、金融控股公司概述

(一)金融控股公司的概念

金融控股公司是一种金融组织创新,是与"全能银行"相对应的一种混业经营模式。它以资本为纽带,将各类金融业务统一到一个组织体中,实现资源的协同效应,增强金融企业的整体竞争实力。这种金融组织创新适应了新经济的需要,具有很大的生命力,因而近几十年来在全球经济市场上表现非常突出。1999年2月,由巴塞尔银行监管委员会、国际证券联合会、国际保险监管协会发起成立的金融集团联合论坛颁布的《对金融控股集团的监管原则》文件中指出:"金融控股公司是指在同一控制权下,完全或主要在银行业、证券业、保险业中至少两个不同的金融行业大规模地提供服务的金融集团。"简而言之,金融控股公司可以理解为以控股公司形式组成的金融服务集团。具体而言,是指整个集团的经营以金融业为主,一般通过一个控股母公司全资拥有(或控股)专门从事具体业务的许多子公司;这些子公司都具有独立法人资格,都有相关的营业执照,都可独立对外开展相关的业务和承担相应的民事责任;并且下属子公司至少分布在商业银行、投资银行、保险等两个以上的金融服务领域;集团公司通过合理配置内部资源,在集团层面上从事混业经营。

(二)金融控股公司的分类

具体有两种分类方法:

1. 根据母公司的行业属性,可以将金融控股公司分为两类:一类是控股公司为金融企业的,例如瑞士信贷集团、美国的花旗集团和大通集团等;另一类是控股公司为非金融企业的,例如英国的汇丰集团、中国的光大集团等。

2. 根据母公司控股的方式和动机,金融控股公司又可以分为两类:一类是纯粹控股公司,其设立目的只是为了掌握子公司的股份,从事股权投资收益活动;另一类是经营性控股公司,是指既从事股权控制又从事实际业务经营的母公司。在西方国家,金融控股公司一般都是指经营性控股公司,或称混合控股公司。金融控股(集团)公司一般都是混合型的金融集团,即母公司除了从事一定范围的金融业务之外,还通过控股从事其他非金融业务,如工业、商业、贸易、建筑、运输、不动产等,如英国、德国两国的金融集团等。

(三)中国的金融控股公司

目前在我国经济生活中存在着三类金融控股公司:①由非银行金融机构形成的金融控股公司,如中信集团、光大集团、平安集团;②三大国有商业银行为规避《商业银行法》禁止银行投资的限制,通过海外注册非银行子公司,使子公司在国内独资或合资成立的金融控股公司,如中银国际、国际金融有限公司;③由企业集团投资金融机构形成的金融控股公司,如海尔集团、山东电力集团、新疆德隆集团等。此外,一些地方政府,如上海市、北京市正在通过控股地方城市商业银行、信托公司、证券公司进行重组以组建金融控股公司。金融控股公司在我国是新生事物,就目前的种类和数量来看,其发展速度已远远超出了人们的预期。

我国的金融控股公司亦面临着许多发展的阻力和危机,其产生与发展缺乏政策和法律支持使其先天不足。我国金融控股公司是在严格的分业经营政策下,在法律的空隙中自发地产生与发展的。虽然现实中各类金融控股公司大量涌现已是不争的事实,但时至今日,在所有政策、法律、法规中,不仅尚无规范金融控股公司的基本规则,甚至连"金融控股公司"字样也十分鲜见。即使是2002年1月国务院批准了中信集团在海外成立金融控股公司,但对其在国内是否能够发展、以何种方式发展未作出任何说明。2003年12月27日修订的《商业银行法》第43条第2款修改为:"商业银行在中华人民共和国国境内不得向非银行金融机构和企业投资。但是,国务院另有规定的除外。"并将此解释为:"为国务院将来适当放宽商业银行投资渠道留有余地。"这为金融机构混业经营以及立法的制定埋下伏笔。但是,在我国金融立法严重滞后的条件下,金融控股公司缺乏政策和法律支持的现状难以朝夕改变,其在法律空隙间产生和发展,并长期处于脱法状态必然使其先天不足,可能蕴含着极大风险。

二、金融控股公司的法律规定

(一)发达国家与地区的金融控股公司立法

在发达国家尤其是美国,金融控股公司是在法律的夹缝中成长并壮大起来的。美国在 1927 年通过的《麦克弗登法案》(McFadden Act)含有对跨州设立分行的限制性条款,这激发了多家银行控股公司的不断创立。1956 年,美国颁布了《1956 年银行控股公司法》,对多家银行控股公司作了限制性规定。但由于该法仅适用于多家银行控股公司,没有针对单一银行控股公司(One-Bank Holding Companies)的限制性条款,所以许多大银行都利用这一法律漏洞大力发展单一银行控股公司,从事跨州银行及非银行的业务活动。为了弥补法律上的漏洞,美国国会于 1970 年通过了《1970 年银行控股公司修正法案》,把单一银行控股公司置于美国联邦储备体系的监管之下。但该法案对跨地区设立分支机构未加限制,这给银行控股公司扩大地域范围和经营领域提供了便利。随着《1999 年金融服务现代化法案》的出台,美国正式确立了金融业混业经营的新时代。此后,美国立刻又涌现出了一批新的金融控股公司。

日本在 1992 年颁布了《金融改革法案》,打破了金融分业经营的格局,金融控股公司应运而生。1997 年又颁布了《金融控股公司法》,并形成以《金融控股公司法》为核心,以独占禁止法、银行法、证券法、保险法等法律为补充的系统的金融控股公司立法体系。我国台湾地区则于 2000 年颁布了《金融控股公司法》,并于 2004 年进行了修改,完成了金融业由分业向混业的过渡。

(二)我国金融控股公司法的体系

我国需要通过制定一部系统完善的金融控股公司法来界定金融控股公司及其地位,明确金融控股公司的监管机构,对金融控股公司加以有效监管。具体而言,需要包含对金融控股公司的界定、市场准入与退出规则、监管措施和法律责任等规范。

1.金融控股公司的界定。采取混业经营的地区和国家一般都从法律上对金融控股公司加以规范。例如,台湾地区 2004 年 2 月 4 日修正的《金融控股公司法》规定,金融控股公司对银行、保险公司或证券商有控制性持股。而巴塞尔银行委员会、证监会国际组织和国际保险监管协会联合发布的《多元化金融集团监管的最终文件》中定义"多元化集团"是指这样的企业集团:主要业务涉足银行、证券和保险中的两个领域,从而接受两个以上监管部门的监管,需要满足不同的资本充足率。

我国定义为:金融控股公司是指依照我国《公司法》成立,对银行、保险和证券等不同领域的公司持有控制性股份,或者达到实质上的控制权的金融机构。所谓控制性股份,我国台湾金融控股公司要控有超过 25% 的有表决权股份;美国的有关控股公司法也规定,如果一家公司拥有一家银行的任何一个等级的 25% 以上的有投票权的证券,就构成控股公司。

2.金融控股公司的市场准入和退出规则。金融控股公司的名称应当出现"金融控股公司"字样,向社会明示经营范围是金融业,公司性质是控股公司。组织形式一般要求为股份有限公司,可以上市公开发行股票。

根据我国公司法的规定,对公司的设立有最低注册资本金的限制,并且对发起人的资格和大股东的资格要进行严格的审查。金融控股公司也不例外。

关于金融控股公司的经营范围。首先,金融控股公司母公司的经营范围可以是纯粹的金融控股公司,其本身不经营具体业务,仅有的职能就是控制下属子公司;或者是母公司既可以作为纯粹的金融控股公司,也可以作为混合型的金融控股公司,控股公司本身也经营金融业务。其次,按照对金融控股公司的定义,它控制的子公司至少应当包含银行、证券、保险等金融领域一个以上的业务。最后,金融控股公司本身及其子公司不能涉足金融业以外的行业。

在金融控股公司立法中,还应当规定金融控股公司的变更和终止事项。

3.金融控股公司的监管。

(1)明确金融控股公司的监管主体。从长远考虑,可以由国务院在银监会、证监会和保监会之外设立一个新的监管机构,对金融控股公司进行监管,防止监管盲点。同时,继续利用原有的监管资源,对金融控股公司下属不同业务领域的子公司则由各监管机构分别进行分业监管。

(2)明确监管措施。其一,关于资本充足率的规定。我国可以借鉴巴塞尔协议中《多元化金融集团监管的最终文件》中所推荐的度量资本充足率的方法,确立适合我国金融控股公司的度量方法,科学计量资本充足率,达到准确评价其稳健程度的目的。其二,加大对信息披露的监管。在金融控股公司法中,对于信息披露可以从三个方面加以规定:①确立信息披露的基本原则,即真实、准确、完整、及时。②通过列举的方式要求金融控股公司提供以下信息:控股公司的治理结构和控股结构的变动、控股公司内部的相互支持、关联交易、担保、财务信息等信息。③建立信息披露的正向激励机制,对于做到信息披露的真实、准确、完整、及时的,监管者可以给予政策性优惠,如降低信贷难度和成本,甚至给予税收的优惠等等。相反,制造虚假信息,不按法律规定如实披露信息的金融机构则会受到惩罚,提高其交易成本,使之在市场竞争中举步维艰,最终退出市场。其三,对关联交易加以限制。在混业经营中,金融控股公司涉及的业务范围非常广泛,包括银行业、证券业和保险业中至少两个不同的金融行业,并且控制着其子公司的股份,对子公司的经营施加影响,甚至于对子公司具有支配权。为了实现协同效应、降低经营成本、增加利润,必然在子公司之间会产生大量的关联交易。这些关联交易带来了许多负面影响,它既会损害社会公众利益,也会给金融机构本身带来危机。

对金融混业关联交易的监管除了健全完善信息披露制度之外,还可以建立"防火墙"制度。但是"防火墙"制度的设立应适度从严,以确保金融体系安全稳定作为首要原则。我国的"防火墙"制度应包含以下内容:①信息的"防火墙",即不当信息在从事不同金融业务经营的关联机构的传递禁止或限制性规范;②业务的"防火墙",即对金融控股公司的关联机构之间的关联交易在性质与规模方面做出强制性限制;③人事制度的"防火墙",即对高级管理人员的任职和兼职加以限制;④机构的"防火墙",对金融控股公司的各子公司、分支机构明确权利与责任,防止风险蔓延到整个金融控股公司。

4.法律责任。对于违反金融控股公司法的机构和个人应当规定其法律责任。金融控股公司法作为宏观调控法的一部分,其法律责任应包括行政责任和刑事责任,还应完善民事赔偿机制,对金融控股公司造成的社会公众利益损失确定赔偿制度。我国金融控股公司法应加大对违规行为的惩罚力度,确保金融控股公司在法律规范的范围内安全稳健地运行。

【资料与应用】 非银行金融机构状况

目前,我国由非银行金融机构形成的控股公司发展迅速,其中以中信控股最为典型。2002年12月5日,中信控股有限责任公司正式挂牌,成为国内首家纯粹性金融类控股公司。该公司是经国务院同意、中国人民银行批准,由中信集团公司出资设立的国有独资有限责任公司。旗下包括4个全资子公司,即中信实业银行、中信信托、中信资产管理公司和中信期货经纪公司;3个控股子公司,即中信证券、信诚人寿和香港的中信国际金融控股有限公司。中信控股通过投资和接受中信集团公司委托,管理银行、证券、保险、信托、资产管理、期货、租赁、基金等金融企业,统一配置和有效利用资源,提供全方位服务,以实现效益最大化。隶属中国光大集团的中国光大(集团)总公司也是一家纯粹性的控股公司,目前拥有中国光大银行、光大证券和光大信托三家金融机构,也是申银万国证券的第一大股东。1999年12月15日,中国光大(集团)总公司又与加拿大永明人寿保险公司共同组建了光大永明人寿保险公司。以保险公司名义注册的平安保险公司目前已经发展成为经营性的控股公司,其自身在办理保险业务的同时,又全资控股平安信托投资公司,通过信托公司又以61%的比例控股平安证券公司。后来汇丰银行出资6亿美元参股平安保险,双方合作发行信用卡也是目的之一,这标志着平安保险公司已向银行业渗透。

第四章

银行客户关系法

【内容提要】 本章主要介绍银行客户关系理论、银行客户关系成立与终止、银行与客户的权利义务和银行错误付款的责任的法律规定。银行与客户关系理论介绍客户是什么、银行与客户之间的关系是契约关系理论。银行客户关系的成立与终止介绍银行与客户关系的成立、银行与客户关系的终止的相关法律规定。银行与客户的权利义务介绍银行的权利义务、客户的权利义务。银行错误付款的责任中阐述银行付款概述、银行恶意或重大过失付款行为的责任问题、银行善意付款与免责、银行错收客户账户或错付客户账户责任规则。

第一节
银行客户关系理论

一、客户是什么

商业银行是指依《商业银行法》和《公司法》设立的吸收公众存款、发放贷款、办理结算等业务的企业法人。商业银行以安全性、流动性、效益性为经营原则,实行自主经营、自担风险、自负盈亏、自我约束。商业银行以其全部法人财产独立承担民事责任。其业务对象是客户。《商业银行法》有四处出现"客户"的字样,该法第 1 条规定:"为了保护商业银行、存款人和其他客户的合法权益,规范商业银行的行为,提高信贷资产质量,加强监督管理,保障商业银行的稳健运行,维护金融秩序,促进社会主义市场经济的发展,制定本法。"第 5 条规定:"商业银行与客户的业务往来,应当遵循平等、自愿、公平和诚实信用的原则。"第 49 条规定:"商业银行的营业时间应当方便客户,并予以公告。商业银行应当在公告的营业时间内营业,不得擅自停止营业或者缩短营业时间。"第 85 条规定:"商业银行工作人员利用职务上的便利,贪污、挪用、侵占本行或者客户资金,构成犯罪的,依法追究刑事责任;尚不构成犯罪的,应当给予纪律处分。"而在《储蓄管理条例》(1992 年 12 月 11 日)中普遍使用"储户","储户"是"客户"中特殊的一种,即存款人。

什么是客户？法律并没有明确的定义。按通常理解,银行客户就是与银行发生业务关系的人(包括自然人、法人和其他组织)。从广义上解释,银行的客户既包括机构客户,也包括公众客户;既包括存款客户,也包括贷款客户;既包括结算客户,也包括中间业务客户。此外,还包括信用卡客户、保险箱客户、信用证客户和担保客户等。从狭义上解释,要成为银行客户,通常必须持有银行的某种账户,个人持有银行的某种账户就是其客户,企业事业单位也要开设某种账户才是特定银行的客户。《商业银行法》第 48 条规定,企业事业单位可以自主选择一家商业银行的营业场所开立一个办理日常转账结算和现金收付的基本账户,不得开立两个以上基本账户。任何单位和个人不得将单位的资金以个人名义开立账户存储。

二、银行与客户的契约关系

我国法律并没有明确规定银行与客户的关系是什么,但是,从法理上可以看出这种关系的本质是契约关系。❶

银行与客户的关系不论从存款关系、发放贷款的借款关系和办理结算业务看,都可得出是契约关系,即合同关系的结论。以存款合同为例,款项一经存入银行,就不再是当事人的钱,而是属于银行所有。客户明知存入银行的款项就是为了被银行控制而存入的。由银行占有控制的钱实际上就是银行支配的钱,银行可以随意处置该款项。银行如何使用该款项,无须征得客户同意,银行并没有责任将该款作为客户的财产而加以保管或者处置。银行对客户的责任是:当客户要求提取款项时,银行即将存入款项连本金和利息偿付给客户。在这个资金融通过程中,银行与客户之间形成的是债权债务关系,银行是债务人,客户是债权人。银行与客户的关系是债务人与债权人之间的契约关系。

当然,并非只有存款合同才在银行与客户之间产生契约关系。其实无论从事哪种业务,银行与客户之间都会有一种契约形式。例如,在借款关系中,贷款人(银行)与借款人之间就形成契约关系,即借款合同。根据《合同法》的规定,借款合同是借款人向贷款人借款,到期返还借款并支付利息的合同。《商业银

---

❶ 日本和我国台湾理论界有人主张银行与客户的关系属于消费寄托关系。

行法》规定,商业银行贷款,应当与借款人订立书面合同。上述贷款人都指银行等金融机构。如果客户委托银行就其账户采取某种行为或者允许他人采取某种行为,例如开立票据或者兑付结算,银行与客户之间的关系就不是债权人与债务人的关系,而构成另外一种契约关系,即代理人和委托人的契约关系。银行是代理人,结算客户是被代理人。例如,在办理结算过程中,客户委托银行收款和委托银行付款时,客户和银行之间就形成委托合同关系。所谓委托合同指委托人和受托人约定,由受托人处理委托事务的合同。根据此种委托,我国《票据法》、《支付结算办法》规定,受持票人委托的收款银行,其责任范围限于按照汇票上记载事项将汇票金额转入持票人账户。依照我国《民法通则》关于代理的规定,代理人在代理权限以内,以被代理人的名义实施的民事行为由被代理人承担。因此,受托收款的银行按照汇票记载事项代为收款,其责任范围只能是按照汇票记载事项将代收的汇票金额转入持票人账户。受托银行只要做到了这一点,即已尽到了代理义务,履行了法定责任。但如果受托银行将代收款转入持票人账户不及时,并因此给持票人造成损失的,受托银行应承担赔偿责任。付款银行和付款人之间的关系也是委托代理关系。付款人是被代理人,付款银行是委托代理人。作为委托代理人的付款银行在代理权限内实施的民事行为即按照汇票上记载事项从付款人账户上支付汇票金额由被代理人即付款人承担。同样,付款银行的责任范围是按照汇票上记载事项从付款人账户支付了汇票金额,付款银行已经履行了委托付款的责任,不再承担其他责任。

银行与客户之间的关系既然是契约关系,这种关系就受到有关法律保护和调整。如果银行与客户之间发生争议,可以按照有关的法律来解决。通常根据《商业银行法》的有关规定,处理银行与客户之间的争议;如果《商业银行法》中没有规定的,可以适用《民法通则》或《合同法》的规定处理。

另外,银行与客户关系是资金融通服务,契约关系的内容通常并非都在双方订立的书面合同中写明;银行与客户权利义务条款,基本是格式合同条款;银行与客户契约关系中,银行无须主动向债权人偿还债务。

第二节
银行客户关系的成立与终止

一、银行与客户关系的成立

在分析银行与客户关系的成立前,先看一个案例。巴莫罗超级市场有限公司诉新西兰银行案(Balmoral Supermarket Co. Ltd V. Bank of New Zealand)。原告的雇员到被告银行准备存入现金和支票,该雇员将现金从袋中取出,放在银行柜员和他本人之间的柜台上。柜员从柜台上取了一小扎钞票开始点数,正当该柜员将点完数的钞票放在一旁时,突然数名歹徒闯进,抢走了柜台上未经点数的现钞。原告起诉银行,要求赔偿,理由是柜台上的现钞已由银行掌握,并已属于银行的财产。但是,法院判决原告败诉。新西兰高等法院认为,在意图存入的款项未经银行清点并签字收悉之前,此款尚未存入,银行也尚未成为客户的债务人。案例的实质是银行客户的合同关系何时成立,合同成立就意味着当事人之间权利义务的产生。

我们来看存款合同关系的成立。存款合同并不是一种只要当事人之间达成合意就可以成立的诺成性合同,而是实践性合同,在当事人双方的合意基础上,还必须有款项的交付,因此,交付资金是成立合同的必要条件。同时,根据《合同法》规定,要求以书面订立合同的,在合同上签字为成立的时间。存款合同是要式合同,必须以书面订立,存款合同成立的形式要件,必须在银行登录存折后,合同才成立。另外,《合同法》第 25 条规定,承诺生效时合同成立。第 26 条规定,承诺通知到达要约人时生效,承诺不需要通知的根据交易习惯或者要约的要求作出承诺的行为时生效。在储蓄存款关系中,银行的交易惯例并没有要求作出承诺时必须通知对方,而通常是以发放存折作为承诺行为。

再看其他合同关系的成立:①贷款合同是诺成性合同,只要双方达成一致,并签订书面协议,就可以成立合同;②在存款人将支票或者可转让的票据作为现金存入银行时,银行与客户的契约关系是从存款人开立账户开始,而不是从银行将支票或者其他债权转换成现金时开始;③在自动提款机交易中,银行与客户关系的成立时间是数据电文进入自动提款机系统时的时间。也就是说,当客户按下自动提款机的确认键时,合同关系成立。其他电子数据化操作的情况下,均以客户的数字签名确认之时起成立。

二、银行与客户关系的终止

银行与客户的关系可以由任一方单方面终止,银行与客户关系的终止通常是由于单方面的行为。其中由于客户的原因终止契约的情况较常见。客户取出账户上的全部余额,账户就自动撤销。客户一方可以要求银行偿付账户结余并撤销、终止与银行的关系。银行一方也可终止同私人客户的关系,如属于活期存款,银行可以随时结付客户存款本息终止关系;如属于定期存款,银行中途终止关系,客户有权要求银行给付其应得的预期利息。

银行与客户可因双方达成协议终止关系。银行和客户双方认为有必要终止这种关系，经双方认可，达成协议，清偿债务，从而终止债权债务关系或者代理关系。另外，双方也可因法定事由而终止关系。因法定事由而终止双方关系的情形有：①自然人客户死亡，客观上废止了对银行的任何债权债务，客户要偿还的债务也自然取消。如果客户有继承人，客户账户上的权利义务均由客户的继承人继承。②客户丧失民事行为能力，不能正常进行民事活动。如果客户在失去民事行为能力之前指定其代理人，账户由代理人处理；如果客户没有指定代理人，银行可以申请法院指定或者根据法院指定，由代理人处理账户事宜。③破产清算，无论是客户破产，还是银行破产，都是契约关系的自动终止。客户破产，银行可以根据客户账户情况行使抵消权和向清算人申报债权，以便通过破产清算获得补偿。银行破产，客户只能按照法律规定的分配顺序获得补偿。

第三节
银行与客户的权利义务

银行与客户的关系，是由国家认可的具有法律约束力的权利义务关系。银行与客户双方当事人互有权利和义务，双方既是权利主体，又是义务主体。

一、银行的权利义务

（一）银行的权利

1.收取费用的权利。《商业银行法》第50条规定："商业银行办理业务，提供服务，按照规定收取手续费。收费项目和标准由国务院银行业监督管理机构、中国人民银行根据职责分工，分别会同国务院价格主管部门制定。"银行在为客户开立各类账户，办理各种业务，并提供专业性、商业性的服务过程中，支出了一定的费用和人力物力，因此，有权收取合理的费用，用以补偿业务服务成本并获取合理的利润。法律对银行的收费有一定的限制：一是收费必须合理，通常由法律、法规进行规定其标准；二是收费标准必须公开。

2.抵消的权利。当事人可以行使抵消的权利就是抵消权。抵消权是银行维护自身权益的重要权利。《合同法》第99条规定了抵消权制度。该条规定："当事人互负到期债务，该债务的标的物种类、品质相同，任何一方可以将自己的债务与对方的债务抵消，但依照法律规定或者按照合同性质不得抵消的除外。当事人主张抵消的，应当通知对方。通知自到达对方时生效，抵消不得附条件或者附期限。"

3.依约取得其他权利。凡是合法约定的权利,银行均可享有。

(二)银行对客户的义务

1.保障存款人的合法权益得到实现。首先,商业银行办理个人储蓄存款业务,应当遵循存款自愿、取款自由、存款有息、为存款人保密的原则;其次,保证存款本金和利息的支付,不得拖延、拒绝支付存款本金和利息;再次,商业银行应按照中国人民银行规定的存款利率的上下限,确定存款利率,并予以公告;最后,为降低商业银行经营风险,从根本上保障存款人存款资金的安全,商业银行应按照规定,交存存款准备金,留足备付金。另外,商业银行破产清算时,要给予存款人特别保护。如商业银行破产清算时,在支付清算费用、所欠职工工资和劳动保险费用后,应当优先支付个人储蓄存款的本金和利息。

2.保密义务。我国银行及其工作人员为客户保密的法律依据是《商业银行法》第29条第1款、第30条和第53条的规定。所谓为客户保密,是指银行未经客户明确或者暗示同意,不得向第三者透露客户账户的情况、客户与银行的任何交易或从经营客户账户中所取得的任何有关客户的资料,除了国家法律规定和国务院法规规定的有权机关以外,任何单位和个人均不得查询、冻结、扣划单位和个人客户的存款。对个人储蓄存款,商业银行有权拒绝任何单位或者个人查询、冻结、扣划,但法律另有规定的除外。单位存款,商业银行有权拒绝任何单位或者个人查询,但法律、行政法规另有规定的除外;有权拒绝任何单位或者个人冻结、扣划,但法律另有规定的除外。我国《合同法》还规定,银行在订立合同过程中知悉的客户商业秘密,无论合同成立与否,都不得泄露或者不正当地利用。即使在合同的权利义务关系终止后,银行也应当遵循诚实信用原则,根据交易习惯履行保密义务。当然,银行的保密义务并不是绝对的,有3种例外:①强行法要求的披露,如司法机关、海关、税务机关可以依法查询储蓄账户;②出于社会责任的披露,如不披露就会助长欺诈或违法犯罪行为,给国家或社会造成损害;③经客户明示或默示认可的披露,如银行为客户出具资信证明。

3.执行客户支付委托或命令的义务。银行一方面承担遵照客户支付命令的责任,另一方面承担对不符合客户支付命令的情形不予支付的责任。如银行进行了超出客户支付命令范围的支付,其责任应由支付行自负。

4.结账的义务。银行有责任定期为客户结账或应客户的请求为之结账。

5.业务熟练与合理小心的义务。客户要求银行业务熟练,小心的程度应合理。这与客户对银行承担自我保护的责任相联系。

6.违约或侵权赔偿义务。商业银行与客户在权利的享有和义务的承担上是对等的,商业银行和其客户在承担民事责任上按照过错原则承担相应的责任。商业银行在业务经营活动中,因其自身过错,侵犯客户利益,给客户造成损失的,应予以赔偿。如我国《商业银行法》第73条规定,商业银行无故拖延、拒绝支付存款本息,违法压单、压票以及非法查询、冻结、扣划个人储蓄存款或单位存款,对存款人或其他客户造成财产损害的,应当承担支付迟延履行的利息以及其他民事责任。

二、客户的权利义务

(一)客户享有的权利

1.要求提款的权利。客户有权要求银行支付与存入时相等数额款项的全部或者部分。在活期储蓄存款账户中,客户一经提出,银行必须立即支付。在有期限账户中,按照固定的期限到期时返还,如果客户放弃固定期的利息,可以有权要求银行立即支付。客户可以向开户银行要求支付,也可以向其他与其通存通兑的银行要求支付。当然,客户的权利有一定的限制:一是必须在银行的公告营业时间内主张权利;二是对数额巨大的现金款项,必须提前通知银行。

2.取得利息的权利。客户取得利息的权利并非约定的权利,而是法律赋予的。法律对存款利息的支付以及支付标准作出了规定。按照有关规定,从1999年10月1日起,客户利息收入应当纳税。在这种情况下,银行应扣除利息税后,将净息付与客户。

3.依约取得合同的其他权利。

(二)客户对银行的义务

1.还本付息的义务。银行向客户进行贷款后,借款人便成为银行的借款客户。《商业银行法》第7条规定:"商业银行依法向借款人收回到期贷款的本金和利息,受法律保护。"我国《合同法》中"借款合同"专章均有规定借款人负有向银行还本付息的义务。

2.诚信的义务。银行的客户对其开户银行负有诚实信用的义务,这是《民法通则》和其他有关法规普遍规定的一项原则。所谓对银行诚实信用,是指客户要以真诚、真实、讲信誉、守信用的态度对待自己的开户银行。例如,银行日常业务操作人员因为疏忽大意,将储蓄存款的数额多支付给取款的客户时,客户一经发现有义务如数归还给银行。又如,当客户使用自动提款机提款时,如果遇到机器发生故障,多支付了款项时,提款客户也负有义务将多出的数额如数交还给银行。再如,客户在使用支票时,如果发现票据上的数额、签章有伪造或变造的情况时,应主动向银行通报。

3.谨慎的义务。客户在金融活动中,自己也负有谨慎的义务。例如客户账户的密码应该对他人保密,公章和名章应妥善保管,空白支票和汇票应妥善保管。如果因为客户自己不谨慎,或自己不能妥善保管好自己的有关密码、印章或空白票据,而被他人盗用遭受损失时,客户自己承担责任,银行不承担责任。客户应当谨慎行事,以防有人更改票据上的记载事项,尤其是金额。如果不小心谨慎,导致票据易于被篡改,如缺大写金额,或者在金额项前面留出过多的空间,给予他人添加、更改票据的机会,那么,银行付款后,有权要求客户承担责任。

4.赔偿责任义务。客户的行为造成银行损失的,应当依照《商业银行法》、《民法通则》、《合同法》等规定承担赔偿义务和责任。

第四节
银行错误付款的责任

一、银行付款概述

付款指付款人为消灭票据关系而支付票据金额的行为。付款是票据关系的最后一个环节,付款后票据上已经没有再应负责任的债务人,债权债务关系至此消灭,债务人全部免责。对于票据运作来说,付款是至关重要的一个环节。这一环节是任何伪造、变造行为目的得以最终实现的关键,也是银行作为付款人或者代理付款人防范和识别票据伪造、变造行为以及其他不合格票据,减少票据风险损失的关键。银行票据付款作为最终消灭票据关系的行为,在程序上主要包括两个步骤:一是持票人的提示付款行为;二是银行的支付票据金额行为。提示付款一般是指持票人或其代理人向银行现实地出示票据,并请求其付款的行为。持票人在票据到期日或者法律允许的期间向银行提示付款后,银行应当按照法律规定向提示人付款。为了保障付款人的付款是属于票据债务人向合法债权人支付的行为,一般票据立法都明确规定了付款人在付款时所应承担的审查义务。同时,付款行必须当日足额向持票人付款,不得故意压票,拖延支付。银行期前付款,或未尽审查义务的付款,或有恶意或有重大过失的付款,付款人或者代理付款人应当自行承担责任。所谓自负其责或自行承担责任,是指付款人已进行的付款并不解除付款人责任,其所进行的付款应自行追偿并自负风险。❶

---

❶ 黄赤东、梁书文主编:《票据法及配套规定新释新解》,人民法院出版社 2001 年版,第 500 页。

二、银行恶意或重大过失付款行为的责任问题

所谓恶意付款是指付款人明知持票人不是真正的票据债权人但仍向其付款的行为。主要包括以下三种情形：①依据我国《票据法》第 12 条以及相关规定，付款人明知持票人所持有的票据是以欺诈、偷盗或者胁迫等手段取得而仍向持票人付款的。②依据我国《票据法》第 15 条第 2 款的规定，收到挂失止付通知的付款人，应当暂停支付。如果付款人违反该项规定在收到挂失止付的通知后，仍继续向持票人付款的，构成恶意付款。③对于付款人已经通过相应的审查而获知票据无效或者持票人的票据权利有瑕疵而仍为付款的行为，也应当认定为恶意付款，但这种恶意的认定应当由真正的票据权利人负担相应的举证责任。所谓重大过失付款则是指付款人如果进行一般的审查即可获知持票人的票据权利有瑕疵，但由于付款人怠于履行其义务而向无权受领人进行了付款。

重大过失付款一般有四种情形：①付款人应审查票据的应记载事项是否记载完全，如不予审查或审查不严格，而对绝对应记载事项未记载完全的无效票据仍给予付款的；②付款人应审查出票人签章的真伪，如未尽责任而对伪造的票据予以付款的；③付款人应审查背书形式连续，未尽责任而对背书形式不连续的票据予以付款的；④付款人应审查票据上票据事项的变更，依有关规则对更改和变造予以辨认，如对变更票据记载事项不予审查而予以付款的。付款人或代理付款人，因恶意或有重大过失的付款，依法应当自行负责。因恶意或有重大过失的付款，其法律后果对于付款人或代理付款人而言，票据债务并未解除，还应对真正权利人承担票据法上付款的责任。在真正权利人举证证明自己为真正权利人，并证明付款人或代理付款人是"恶意或重大过失"付款后，付款人或代理付款人仍应对真正权利人付款。但是真正权利人必须承担上述两类证据的举证责任。

三、银行善意付款与免责

付款人在付款时，如果未尽形式审查或者虽进行形式审查但未发现在形式上所存在的问题而发生错付，当然不能免除向真正权利人再次付款的责任。如果经形式审查确认在形式上不存在问题，但持票人在实质上并非真正权利人，因而发生错付，在付款人系善意且无重大过失时，即构成善意支付。根据《票据法》规定，在付款人发生善意支付时，得免除付款人的责任，仅在付款人以恶意或者有重大过失而付款时，才由付款人自行承担责任。《支付结算办法》第 17

条对善意支付作了规定：银行以善意且符合规定和正常操作程序审查，对伪造、变造的票据和结算凭证上的签章以及需要交验个人有效身份证件，未发现异常而支付金额的，对出票人或付款人不再承担受委托付款的责任，对持票人或收款人不再承担付款的责任。善意支付是对善意付款人履行义务的一种保护制度，其目的在于促进票据的流通，保障票据支付的安全性。❶ 在付款人善意付款时，对于其已经进行的付款，视为合法有效的付款，即使付款人实际上是向无权受领的持票人进行了支付，其对真实的票据债权人也无须再承担二次付款的责任。此时的真正票据债权人因为付款人的错付而发生的损害，不能要求付款人赔偿，而应当依据民法上有关不当得利的原理和规定向无权受领的持票人主张返还。❷ 但是，最高人民法院《关于审理票据纠纷案件若干问题的规定》第 69 条规定："付款人或者代理付款人未能识别出伪造、变造的票据或者身份证件而错误付款，属于票据法第 57 条规定的'重大过失'，给持票人造成损失的，应当依法承担民事责任。"这样一来，善意支付的范围大大缩小，使得对银行善意付款的保护成为不可能。

四、银行错收客户账户或错付客户账户责任

银行错误付款情况可以分为两大类：一是错收客户账户；二是错付客户账户。所谓错收客户账户，是指银行为客户代收款项入账时，将本不属于客户的款项计入客户的账户，导致客户账户内多出不应有的款项。所谓错付客户账户，是指银行在办理结算过程中，将本不应该由客户账户支出的款项从客户账户上划走，导致客户遭受损失。通常，错收客户账户的，客户为不当得利，客户应当归还银行，银行也有权在客户账户中将错收部分划出。错付客户账户的款时，不论银行什么理由，不论银行是善意还是恶意，均承担赔偿责任。由于第三方原因造成错账，尤其是第三方仿制客户印章，伪造结算凭证，骗取银行存款的情况，其责任承担比较复杂。通常，只要是银行按客户预留印鉴付款，一般是没有法律责任的。银行预留印鉴卡是存款人办理支付结算业务时的身份识别标识。根据中国人民银行《银行账户管理办法》第 22 条的规定："存款人申请开立一般存款账户、临时存款账户和专用账户，应填制开户申请书——送交盖有存款人印章的印鉴卡片，经银行审核同意后开立账户。"可见，开户申请人在印鉴

---

❶ 黄赤东、梁书文主编：《票据法及配套规定新释新解》，人民法院出版社 2001 年版，第 537—539 页。

❷ 王小能编著：《票据法教程》，北京大学出版社 2001 年版，第 539 页。

卡背面加盖公章以确认正面的预留印鉴是一个法定条件,银行对其进行审查是法定义务。根据《民法通则》第106条关于承担民事责任的要件,并参照最高人民法院《关于审理票据纠纷案件若干问题的规定》中有关"付款人或者代理付款人未能识别出伪造、变造的票据或者身份证件而错误付款,属于票据法第57条规定的'重大过失',给持票人造成损失的,应当依法承担民事责任"的规定,银行作为金融服务企业,在业务流程中应承担严格审核义务。对基于伪造印鉴卡而形成的客户资金流失,应向客户承担赔偿责任。同时,银行的审核行为是对开户申请人开户时提交的资料的真伪及合法与否进行审查核对,对其经办人相貌特征无审核义务。因此,当第三方伪造印鉴骗取银行付款时,通常客户没有过失,银行承担错误付款的责任。银行与客户双方都有过失,致使第三方得逞,各方根据过错承担责任。如银行与客户双方都没有过失,银行付款的责任原则上由银行承担。银行有确保客户资金安全的义务,即使审查不出伪造印鉴,致使客户的资金受到损失,也应当承担责任。客户没有过错的情况下,银行应当主动承担错误付款的责任。因为银行与客户之间是一种契约关系,客户在银行账户中款项的所有权属于银行,错误付款的损失应该是银行的财产损失,不能算作客户的损失。银行以正常的程序从事业务是不够的,一般情况下,银行应当以"善良管理人"的谨慎来从事业务活动。银行的正常业务程序显然不能作为抗辩理由。从国外银行的交易惯例看,如果客户没有过失,银行通常对交易事故承担责任。在客户没有过错的情况,商业银行主动承担错误付款的损失责任,以体现商业银行的信用,维护银行声誉,可以减少争议和纠纷,有利于维护公众投资者对银行的信心。

【资料与应用】 1. 银行审核不严赔一半

2001年9月,李先生在农行北京市西城区支行某储蓄专柜申请办理了金穗借记卡一张,并在卡上存款29.8万元。10月2日,因购车事宜,李先生与厦门某公司陈经理联系,并应要求向其提供了卡号和密码。仅仅过了两分钟,李先生觉得这事有些蹊跷,因此试图重设一个新密码。这时,李先生发现卡中金额只剩50元。经查得知,存款于当日在温州农行中山支行被他人用假卡和假身份证一次性冒取。李先生遂向警方报案,并向中山支行提出索赔要求。2004年3月,厦门市中级人民法院向李先生邮寄了一份刑事判决书,实施信用卡诈骗的犯罪分子被依法判处无期徒刑,并通知李先生只能发还被骗款项4.5万元,该款也只能发还给农行中山支行,其余25万元无法追回。李先生认为,农行中山支行作为金融机构,未能尽到审慎义务而错误付款,应承担赔偿责任,遂起诉至法院,要求农行中山支行、北京市西城区支行共同赔偿存款29.795万元、利息

6440.13 元、差旅费 5000 元,共计 30.93 万余元,并共同承担诉讼费。一审法院经审理认为,农行中山支行作为金融机构,未能尽到审慎义务,当他人持伪卡、假身份证办理取款时错误地向取款人支付了现金,致使李先生受到损失,负有过错,依法应当承担赔偿责任。虽然李先生是与西城支行建立的合同关系,但由于西城区支行与中山支行具有通存通兑的业务关系,西城区支行对李先生存款损失无直接因果关系,不应承担赔偿责任。故判决被告中山支行赔偿原告李先生 29.795 万元并支付利息 6440.13 元。判决后,中山支行不服,认为李先生曾将密码泄漏他人,应自负其责,银行在该业务中无过错,遂向北京市第一中级人民法院提出上诉,要求驳回李先生的诉讼请求。北京一中院经审理认为,李先生在农行西城支行办理金穗借记卡后,双方间形成储蓄合同关系,双方均应依合同的相关规定行使权利,履行义务。农行中山支行与农行西城支行系同系统的金融机构,在该系统内的存款可通存通兑,李先生办理金穗借记卡后,在农行系统内的储蓄支取行为均应遵循章程办理。农行中山支行亦应按照中国人民银行的相关规定,办理存取款业务。李先生泄漏自己的金穗卡卡号和密码,农行中山支行在支付款项时未尽到严格的审核义务,是造成李先生资金损失的原因,对此,李先生与农行中山支行均存在过错,故双方均应对该损失承担责任。因农行西城区支行对李先生资金的流失不存在过错,故农行西城区支行不应承担责任,农行中山支行应在其责任范围内承担赔偿责任。据此,一中院作出终审判决,由中国农业银行温州市中山支行赔偿李先生存款人民币 14.89 万余元及利息 3220 元。

2. 储户预留印鉴卡被盗责任在谁

2002 年 6 月,陕西省铜川远丰精细化工有限公司(以下简称远丰公司)因业务需要在广州市设立存款账户。经人介绍,一名自称是招商银行广州环市东路支行(以下简称环东支行)"刘主任"的人提出可将存款账户开立在环东支行。6 月 12 日,"刘主任"带远丰公司工作人员到环东支行办理开户手续。远丰公司填写了《开立人民币存款账户申请书》和《企业电话银行服务申请书》,在开户申请书上加盖了单位行政公章,在电话银行服务申请书上按规定加盖了单位预留印鉴两枚,一枚是财务专用章,一枚是法定代表人私章。上述两份申请书均由银行盖章确认。接着,远丰公司按照银行要求办理了预留印鉴卡片手续,填写了《招商银行印鉴卡》。印鉴卡背面"开户申请人身份认证"栏里加盖了行政公章,正面预留了与电话银行服务申请书上预留印鉴一致的两枚印鉴。在办理上述手续的过程中,远丰公司工作人员被安排坐在服务室,主要手续在远丰公司加盖印章后由"刘主任"前去柜台办理。开户手续办理完毕后,银行将开户申请书、电话银行服务申请书、印鉴卡各交给远丰公司留存一份。6月16日,远丰公司通过电汇方式向其设在环东支行的账户上转入450万元,但当其在6月19日去环东支行查询该笔账项时,却被告知账上资金仅余5000元。远丰公司遂即向公安机关报案。

经公安机关侦查,所谓的"刘主任"并非环东支行主任。6月18日,犯罪嫌疑人"刘主任"以加盖伪造印鉴的汇款凭证将远丰公司449.5万元汇出。经技术鉴定,该虚假汇款凭证加盖的伪造印鉴与环东支行保留的远丰公司预留印鉴卡上的预留印鉴一致。而环东支行保留的预留印鉴卡已被调换。调换后的印鉴卡背面加盖的远丰公司行政公章与远丰公司在开户申请书上加盖的行政公章不同,正面预留的财务专用章及法定代表人私章与电话银行服务申请书上远丰公司预留的财务专用章及法定代表人私章不一致。其后,远丰公司要求环东支行承担偿付存款本息责任,环东支行以"刘主任"为远丰公司经办人为由,拒绝了远丰公司的要求。

本案中环东支行在审核工作上的重大过失是造成远丰公司预留印鉴卡被调换、巨额资金损失的直接原因,环东支行应承担返还并赔偿损失的民事责任。

第五章

存 款 法

【内容提要】 存款法系统阐述存款法基本理论、个人储蓄存款法、单位存款法和存单纠纷处理规则。存款法基本理论介绍存款概念与特征、存款种类、存款关系和存款业务规则。个人储蓄存款法介绍个人储蓄存款法概述、储蓄原则和业务范围、储蓄业务规则和储蓄业务的代理。单位存款法介绍单位存款概念与类别、单位存款规则、单位存款的变更、挂失规则、单位存款的查询、冻结与扣划规定。存单纠纷处理规则介绍存款关系效力的认定、一般存单纠纷、以存单为表现形式的借贷纠纷和存单质押纠纷处理规则。

第一节
存款法基本理论

一、存款的概念与特征

(一)存款的概念

存款是商业银行等依法具有存款业务经营资格的金融机构接受客户存入资金,并承诺客户随时或按约定时间支取本金和利息的一种信用业务。吸收各类存款是商业银行负债业务的最基本部分,约占总负债的 70％～80％。存款在商业银行与存款人之间形成合同之债的债权债务关系,存款人是债权人,商业银行是债务人。存款人对商业银行享有债权,即依法取得存款资金及利息的请求权。银行对存款人负有债务,即依法按期向存款人支付存款本金及利息。存款之债是合同之债,存款人与银行之间的权利义务关系依据合同来确定。

(二)存款的特征

1.吸收公众存款主体的特许性。吸收公众存款主体的特许性,是指接收存款并负有偿付义务的主体应是经特许的依法具有吸收存款业务资格的金融机构。根据《商业银行法》第 11 条规定,设立商业银行,应当经国务院银行业监督机构审查批准。未经国务院银行业监督机构批准,任何单位和个人不得从事吸收公众存款等商业银行业务,任何单位不得在名称中使用"银行"字样。我国目前可以吸收存款的金融机构有商业银行、信用合作社、邮政储蓄机构。国务院银行业监督机构是中国银行业监督管理委员会。

2. 存款关系是以合同为基础的债权债务关系。存款关系是合同关系,客户与金融机构之间通过合同确定双方的权利与义务。合同是基于存款人与金融机构之间在自愿协商一致的基础上达成的,通常是以金融机构出具的格式合同条款居多。当事人的权利义务因存款的种类、期限、利率不同而有不同。存款合同以存款账户、存单、存折等为表现形式。

3. 吸收存款方式的多样性。存款是存款人以货币形态存入金融机构的货币资金。货币资金存入金融机构的方式和途径是多样的。主要有现金存款、票据存款、转账存款和贷款转存款四种。资金存入金融机构的方式不同,存款人与金融机构的存款关系不同,纠纷解决时的处理规则也不同。现金存款是存款人持现金存入银行;票据存款是存款人持票据向银行存入款项;转账存款是由金融机构代理存款人收汇款项并记入存款人账户,形成存款人在开设账户的金融机构的存款;贷款转存款是金融机构将借款人向其借的贷款贷记在借款人的存款账户上而形成的存款。实践中,票据存款的纠纷较复杂。

4. 存款资金所有权的移转性。存款人将款项交付于吸收存款的金融机构,存款关系成立。在有效的存款关系中,存款人失去交付的资金的所有权,取得相应的债权,即取得对金融机构的本息偿付请求权。同时,存款资金的所有权即移转于吸收存款的金融机构,金融机构可以占有、使用、收益、处分,相应的负有对存款人还本付息的金钱债务。这种表述可以理解为:货币是种类物,其所有权和占有权并存,货币一经存入吸收存款的金融机构,即与金融机构其他存款资金混同,金融机构仅负以同币种、同金额货币偿还的义务。金融机构对所吸收的存款,有自主地占有、使用、收益、处分的权利,存款人无权干涉。金融机构破产时,存款列入破产财产,存款人对存款货币资金无直接取回权,只能作为债权人参与分配。但法律一般会以存款人保险制度和优先支付个人储蓄存款的本息方式处理。❶

---

❶ 我国《商业银行法》第 71 条第 2 款规定,商业银行破产清算时,在支付清算费用、所欠职工工资和劳动保险费用后,应当优先支付个人储蓄存款的本金和利息。

二、存款种类

存款主要有以下种类：

1.个人储蓄存款和单位存款。这是按照存款人主体角度进行的分类。个人储蓄存款是个人将自己尚未使用或消费节余及其他合法持有的货币资金为积蓄和取得的利息存入储蓄机构而形成的存款。我国的个人储蓄存款体现自愿性和有偿性。单位存款是指各级财政金库和企业、事业单位、机关、部队和社会团体等单位，在银行或非银行金融机构的存款。我国因为存在一定程度的货币管制，如现金管制、工资基金监督、外汇管理等，所以单位存款具有强制性。个体工商户和农村专业户、承包户等个体经济户，将生产经营性资金以个人名义存入银行或非银行金融机构所形成的存款，在有些方面也适用单位存款管理的法律规定。

2.活期存款和定期存款。这是按照存款的期限和提取方式角度进行的分类。活期存款是指存款人可以随时存取的存款。活期存款主要包括各类单位和个体经济户在银行或非银行金融机构结算账户上的存款，以及个人在储蓄机构的活期存款。定期存款是指存款人在将货币资金存入银行或非银行金融机构时，与吸收存款的银行或非银行金融机构就存款的期限、提前支取的方式和条件等有限制性约定的存款。定期存款又可以划分为单位定期存款和定期储蓄存款。定期存款是否可以提前支取，在不同的存款种类中有不同的约定。

3.人民币存款和外币存款。这是按照存款货币种类的不同角度进行的分类。人民币存款是指存款人以人民币资金形式存入银行或非银行金融机构而形成的存款。外币存款是指存款人以外币资金形式存入银行或非银行金融机构的存款。外币存款既要按照存款的法律规定，又同时要遵守国家外汇管理的有关规定。

另外，还有支票存款、存单（折）存款、通知存款、有奖存款、透支存款、存贷合一账户、特种存款等种类。

三、存款关系

存款机构与存款客户之间的存款关系是以存款合同确定的。通过存款合同，存款机构与存款客户之间形成债权债务关系，存款机构是债务人，存折、存单或存款凭证是债务人出具的借据；存款客户是债权人，存折、存单或存款凭证是债权证书。存款合同的订立也须经过要约和承诺两个阶段，存款客户向存款机构提供的转账凭证或填写的存款条是要约，存款机构收妥存款资金入账，并向存款客户出具存单或进账单等是承诺。存单或进账单是存款债权的法律凭证，也是存款合同的表现形式。

存款合同是一种实践合同，故必须是存款客户将款项交付存款机构经确认并出具存款凭证后，存款合同方为成立。普通存款合同是在存款机构收到存款资金并出具存款凭证时成立。在网上银行，存取款的账户划拨通过电子数据的交换进行，电子数据的到达及被确认时间就是存款合同成立、变更或终止的时间。这样网上银行当事人之间需要对其金融电子数据的发出、到达、确认、反馈等的时间判断标准作出详细的约定。存款合同一般采用存款机构制定的格式合同，其内容包括存款客户名称、地址、币种、金额、利率、存期、计息方式、密码等等。

大陆法系国家认为存款合同的法律性质为消费寄托，存款人为寄托人，金融机构为受寄托人（保管人），货币资金为消费寄托之标的物。寄托，是指寄托人为实现某种目的，将物件交付给受寄托人暂时收管，受寄托人在约定的时间将该物件交还寄托人或其指定的人的行为。依寄托的物是否转移所有权，寄托分为一般寄托与消费寄托。我国《合同法》中的保管合同即为一般寄托，而未规定消费寄托。两类寄托的区别如下：①物的特性不同。消费寄托为种类物，即利用同类的物进行替换；一般寄托一般为特定物，即物在返还时不可用他物替换。当然一般寄托也可以保管种类物，《合同法》第 375 条、第 378 条就规定了保管货币或其他可替代物。②所有权存在方式不同。消费寄托转移所有权于受寄托人，即保管人可以占有、使用、收益、处分寄托人的物；而一般寄托则不转移所有权，保管人只占有此物，不得使用、收益和处分。这是两者最本质的差别。③有偿的方式不同。消费寄托获得的是标的物产生的收益，在存款中作为受托人的银行要向存款人支付存款利息。而一般寄托中，寄托人要支付寄托费用即服务费。④终极权利不同。在消费寄托中，寄托人不仅要取回原数量、质量相同的寄托物，而且拥有要求保管人支付一定利益的请求权，如果保管人破产，其寄托物将成为破产债权；而在一般寄托中，寄托人到期或即期取回原物或原物数量、质量、品质相同的物，如果寄托人破产，受托人依然拥有法律上的取回权。❶ 目前，我国《合同法》分则没有规定存款合同，保管合同也仅规定为一般寄托，未规定消费寄托。也就是说，我国法律对存款合同的性质未作明确规定。多数学者认为存款合同应是消费寄托合同。

一般情况下，活期储蓄存款的存折、定期存款的存单、单位存款的存款凭证

---

❶ 强力主编：《金融法学》，高等教育出版社 2003 年版，第 117—118 页。

等,均是存款的书面形式。但是,随着电子商务的发展,经济合同的书面形式不再局限于纸质载体,许多情况下表现为磁介质及其他载体中的电子数据。

四、存款业务规则

我国《人民银行法》、《商业银行法》和《银行业监督管理法》及有关行政法规规定了存款业务规则,主要有以下内容:

1.存款业务经营特许制。我国《银行业监督管理法》第 18 条规定,银行业金融机构业务范围内的业务品种,应当按照规定经国务院银行业监督管理机构审查批准或者备案。需要审查批准或者备案的业务品种,由国务院银行业监督管理机构依照法律、行政法规作出规定并公布。第 19 条规定,未经国务院银行业监督管理机构批准,任何单位或者个人不得设立银行业金融机构或者从事银行业金融机构的业务活动。我国《商业银行法》第 11 条第 2 款规定,未经国务院银行业监督管理机构批准,任何单位和个人不得从事吸收公众存款等商业银行业务,任何单位不得在名称中使用'银行'字样。这说明我国对存款业务经营实行许可制,即必须是经中国银监会审核批准,领取准予办理存款业务的《金融许可证》,具有存款业务经营范围的金融机构才能开展存款业务。

2.存款机构依法交存存款准备金、留足备付金。我国《商业银行法》第 32 条规定,商业银行应当按照中国人民银行的规定,向中国人民银行交存存款准备金,留足备付金。此规定的目的是为保障存款机构支付款的能力。

存款准备金是指金融机构为保证客户提取存款和资金清算需要而准备的在中央银行的存款。中央银行要求的存款准备金占其存款总额的比例就是存款准备金率。中央银行通过调整存款准备金率,可以影响金融机构的信贷扩张能力,从而间接调控货币供应量。我国从 2006 年 8 月 15 日起,存款类金融机构人民币存款准备金率执行 8% 的存款准备金率。

商业银行等存款机构必须留足备付金。备付金又称支付准备金,是商业银行和其他金融机构为保证存款支付和资金清算的清偿资金,主要表现为商业银行的库存现金和在中央银行的存款。我国于 1989 年建立了支付准备金制度,由中国人民银行核定各商业银行和其他金融机构的备付金比率。目前各金融机构备付金率不同,大致在 5%～11% 之间。1999 年 1 月 18 日,中国人民银行《关于严禁扣划金融机构备付金存款用于其他金融机构存款支付的通知》指出,根据《商业银行法》和有关金融法规,商业银行和其他金融机构在人民银行的备付金存款是其自有资金,任何单位和个人不得擅自动用。扣划金融机构备付金存款给其他金融机构特别是非法金融机构用于存款支付,不仅严重侵犯有关金融机构的自主经营权,而且也不利于从根本上防范和化解金融风险。

3.依法确定并公告存款利率。我国《商业银行法》第 31 条规定,商业银行应当按照中国人民银行规定的存款利率的上下限,确定存款利率,并予以公告。中国人民银行《人民币利率管理规定》(1999 年 3 月 2 日发布)规定,中国人民银行是国家利率管理的唯一机关,负责制定、调整各种利率,监督各存款机构执行情况,并对违反利率管理规定的机构实施行政处罚。

4.财政性存款专营。财政性存款和存款准备金是中国人民银行的信贷资金来源。任何机构不得占用财政性存款,各受托银行应全额划转人民银行。

5.吸收存款方式合法正当。商业银行应依法开展存款业务,不得采用提高或者降低利率以及采用其他不正当手段吸收存款。根据《商业银行法》第 74 条的规定,商业银行有违反规定提高或者降低利率以及采用其他不正当手段,吸收存款,发放贷款的,由国务院银行业监督管理机构责令改正,有违法所得的,没收违法所得,违法所得 50 万元以上的,并处违法所得 1 倍以上 5 倍以下罚款;没有违法所得或者违法所得不足 50 万元的,处 50 万元以上 200 万元以下罚款;情节特别严重或者逾期不改正的,可以责令停业整顿或者吊销其经营许可证;构成犯罪的,依法追究刑事责任。我国《刑法》第 176 条规定,非法吸收公众存款或者变相吸收公众存款,扰乱金融秩序的,处 3 年以下有期徒刑或者拘役,并处或者单处 2 万元以上 20 万元以下罚金;数额巨大或者有其他严重情节的,处 3 年以上 10 年以下有期徒刑,并处 5 万元以上 50 万元以下罚金。单位犯前款罪的,对单位判处罚金,并对其直接负责的主管人员和其他直接责任人员,依照前款的规定处罚。

6.存款人利益保护原则。我国《商业银行法》第 29 条、第 30 条、第 33 条、第 71 条和第 73 条,集中体现了对存款人利益的保护规则和原则。商业银行应当保证存款本金和利息的支付,不得拖延、拒绝支付存款本金和利息;商业银行办理个人储蓄存款业务,应当遵循存款自愿、取款自由、存款有息、为存款人保密的原则。对个人储蓄存款,商业银行有权拒绝任何单位或者个人查询、冻结、扣划,但法律另有规定的除外。对单位存款,商业银行有权拒绝任何单位或者个人查询,但法律、行政法规另有规定的除外;有权拒绝任何单位或者个人冻结、扣划,但法律另有规定的除外。商业银行破产清算时,在支付清算费用、所欠职工工资和劳动保险费用后,应当优先支付个人储蓄存款的本金和利息。《商业银行法》第 73 条规定,商业银行有下列情形之一,对存款人或者其他客户造成财产损害的,应当承担支付迟延履行的利息以及其他民事责任:①无故拖延、拒绝支付存款本金和利息的;②违反票据承兑等结算业务规定,不予兑现,不予收付入账,压单、压票或者违反规定退票的;③非法查询、冻结、扣划个人储蓄存款或者单位存款的;④违反本法规定对存款人或者其他客户造成损害的其他行为。

第二节
个人储蓄存款法

一、个人储蓄存款法概述

(一)储蓄存款立法

储蓄是指个人将其所有或合法持有的人民币或外币资金自愿存入中国境内储蓄机构的行为。因储蓄而形成的存款是储蓄存款。

调整储蓄关系的法律规范的总称为储蓄法。目前我国储蓄法律规范主要包括:《宪法》、《民法通则》、《商业银行法》、《储蓄管理条例》(1992 年 12 月 11 日国务院发布,1993 年 3 月 1 日起施行)、中国人民银行《关于执行〈储蓄管理条例〉的若干规定》(1993 年 1 月 12 日发布)。最高人民法院《关于人民法院依法有权查询、冻结和扣划邮政储蓄存款问题的批复》(1996 年 2 月 29 日),最高人民法院《关于银行储蓄卡密码被泄露导致存款被他人骗取引起的储蓄合同纠纷应否作为民事案件受理问题的批复》(2005 年 8 月 1 日起施行)。最高人民法院《关于银行擅自划拨法院已冻结的款项如何处理问题的函》(1989 年 3 月 26 日),中国人民银行、最高人民法院、最高人民检察院、公安部《关于查询、冻结、扣划企业事业单位、机关、团体银行存款的通知》(1993 年 12 月 11 日),最高人民法院《关于冻结单位银行存款六个月期限如何计算起止时间的复函》(1995 年 1 月 16 日),最高人民法院《关于产业工会、基层工会是否具备社团法人资格和工会经费集中户可否冻结划拨问题的批复》(1997 年 5 月 16 日),最高人民法院《关于人民法院能否对信用证开证保证金采取冻结和扣划措施问题的规定》(1997 年 9 月 13 日起施行),最高人民法院《关于在审理和执行民事、经济纠纷案件时不得查封、冻结和扣划社会保险基金的通知》(2000 年 2 月 18 日),最高人民法院《关于人民法院民事执行中查封、扣押、冻结财产的规定》(2005 年 1 月 1 日起施行),最高人民法院《关于证券监督管理机构申请人民法院冻结资金账户、证券账户的若干规定》(2005 年 5 月 1 日起施行)。

(二)储蓄机构

储蓄机构是指经中国银监会批准,具有储蓄业务经营资格的机构。目前,我国的储蓄机构有各商业银行、信用合作社办理储蓄业务的机构以及邮政企业依法办理储蓄业务的机构。

储蓄机构的设置应当按照国家有关规定报银行业监督管理委员会或其分支机构批准,并申领《金融机构营业许可证》。未经银行业监督管理委员会的批准,任何部门和单位以及居民个人不得经办个人储蓄存款业务和类似储蓄的业务。储蓄机构的更名、迁址、撤并,也应事先报当地银行业监督管理委员会分支机构,按规定程序批准后,方可正式对外公布。储蓄机构不具备法人资格。经中国银行业监督管理委员会批准,储蓄机构可以在企业、机关、学校、部队等单位设立代办网点,但不得开办联办所或网点。

二、储蓄原则和业务范围

(一)储蓄原则

我国《商业银行法》第 29 条规定,商业银行办理个人储蓄存款业务,应当遵循存款自愿、取款自由、存款有息、为存款人保密的原则。《储蓄管理条例》第 5 条也作出了同样规定。储蓄原则既是商业银行开展业务的守则,也是处理储户与银行关系的基本原则。

1.存款自愿原则。存款自愿是指个人将其所有或合法持有的货币资金是否存入储蓄机构、存在哪个金融机构、存款金额、存款种类、存款期限等都由储户自己选择决定。任何单位和个人不得以任何借口和方式干涉。存款自愿原则是以保护公民个人合法收入的所有权为基础的。

2.取款自由原则。取款自由是指储户对于存款有权按照自己的意愿自由决定取款的权利。取款自由包含储蓄机构在储户要求支取存款时,必须按照法律规定和双方的约定付款,不得以法律规定和双方约定以外的任何理由拒绝支付或者拖延支付,不得查询储户支取存款的目的和用途,也不得限制储户支取存款的金额。取款自由原则和存款自愿原则是紧密联系、不可分割的。

3.存款有息原则。存款有息是指储户对在金融机构的储蓄存款有按照国家规定的利率、计息方法、储蓄存款的种类和期限取得存款利息。储户将货币资金存入储蓄机构,为金融机构提供了经营资金来源,支援了国家经济建设,依法享有收益权。因此,储蓄机构应当按照国家规定的利率和计息方式向储户计付利息。

4.为储户保密原则。为储户保密是指储蓄机构对储户的姓名、住址、工作单位、存款来源、存款金额和支取情况、预留印鉴、密码等与储蓄存款相关的情况和资料,负有保密责任,不得泄露。除国家法律有明确规定外,不得代任何单位和个人查询储蓄存款的情况并提供资料。对个人储蓄存款,除法律另有规定外,商业银行有权拒绝任何单位或个人查询、冻结、扣划。为储户保密,才能保障储户的资金安全,防止存款被冒领或储户支取后被抢被盗等情况的发生,保证储户的财产权利不受侵犯。

(二)储蓄机构的业务范围

储蓄机构可以经营下列业务:

1. 人民币储蓄存款。

(1)活期储蓄存款。活期储蓄是指储户可随时存取的储蓄存款,一元起存,多存不限。活期储蓄又可分为活期存折储蓄、活期存单储蓄、活期支票储蓄、工资转存活期储蓄、定活两便储蓄、通存通兑活期储蓄六种。

(2)定期储蓄存款。定期储蓄存款又分为四种:一是以 50 元起存,多存不限,期限分为 3 个月、6 个月、1 年、2 年、3 年和 5 年六个档次,以存单记载的时间整存整取;二是每月存入一次,5 元起存的零存整取;三是一般 5000 元起存的存本取息;四是一般起存金额为 1000 元的整存零取。

(3)大额可转让定期存单。大额可转让定期存单是一种固定面额、固定期限、可以转让的大额存款凭证。由商业银行负责发行,非银行金融机构不得发行。发行对象为城乡个人及企业、事业单位,购买大额定期存单的资金应为个人资金及企业、事业单位的自有资金。大额可转让定期存单的期限为 3 个月、6 个月、9 个月、1 年,其利率高于同档次定期储蓄利率。大额可转让定期存单不得提前支取,不分段计息,不计逾期利息。大额可转让定期存单有记名式和不记名式两种。经中国银监会批准许可经营证券业务的金融机构,可以办理大额可转让定期存单转让业务。各银行均不得办理自己发行的大额可转让定期存单转让业务。记名大额可转让定期存单可以在发行单位办理挂失。

2. 外币储蓄业务。储蓄机构经外汇管理部门批准可以办理活期储蓄、整存整取等外币储蓄存款业务。

3. 个人通知存款。通知存款是指存款人在存入款项时不约定存期,支取时需提前通知金融机构,约定支取存款日期和金额方能支取的存款。中国人民银行颁布的《通知存款管理办法》(1999 年 1 月 3 日)规定,通知存款不论实际存期多长,按存款人提前通知的期限长短划分为 1 天通知存款和 7 天通知存款两个品种。个人通知存款的最低起存金额为 5 万元,最低支取金额为 5 万元。存款人需一次性存入,可一次或分次支取。个人通知存款采用记名存单形式。存单上不注明存期和利率,金融机构按支取日挂牌公告的相应利率水平和实际存期计息,利随本清。如遇以下情况,按活期存款利率计息:实际存期不足通知期限的,按活期存款利率计息;未提前通知而支取的,支取部分按活期存款利率计息;已办理通知手续而提前支取或逾期支取的,支取部分按活期存款利率计息;支取金额不足或超过约定金额的,不足或超过部分按活期存款利率计息;支取金额不足最低支取金额的,按活期存款利率计息。通知存款部分支取,留存部分高于最低起存金额的,需重新填写通知存款单或凭证,从原开户日计算存期;留存部分低于起存金额的予以清户,按清户日挂牌公告的活期存款利率计息,或根据存款人意愿转为其他存款。

4.代理业务。代理发售和兑付以居民个人为发行对象的国库券、金融债券、企业债券等有价证券;代理发工资和代收房租、水电费、煤气费、有线电视费、电话费、学费等服务性业务。

5.其他业务。如个人住房储蓄业务和个人定期储蓄存单小额质押贷款业务等。

三、储蓄业务规则

(一)个人存款账户实名制

中华人民共和国国务院于2000年3月20日发布《个人存款账户实名制规定》,自2000年4月1日起,我国开始实行个人存款账户实名制。2000年4月17日,中国人民银行发布了《关于〈个人存款账户实名制规定〉施行后有关问题处置意见的通知》,5月16日,发布了《关于严格执行〈个人存款账户实名制规定〉有关问题的通知》,2001年4月18日又发布了《关于〈个人存款账户实名制规定〉施行中有关问题处理意见的补充通知》,对个人存款账户实名制作了进一步的补充规定。

个人存款账户实名制,是指个人在金融机构开立个人存款账户时,应当使用实名。个人存款账户,是指个人在金融机构开立的人民币、外币存款账户,包括活期存款账户、定期存款账户、定活两便存款账户、通知存款账户以及其他形式的个人存款账户。《个人存款账户实名制规定》第5条规定,实名是指符合法律、行政法规和国家有关规定的身份证件上使用的姓名。实名证件具体是指:①居住在境内的中国公民,为居民身份证、临时居民身份证、户口簿和护照;对于极少数未办理居民身份证又不能提供户口簿的边远农村居民,应要求其提供所在村村民委员会开具的身份证明,但在该账户补办实名登记以前,其存款余额不得超过1万元人民币。②居住在境内的16周岁以下的中国公民,为户口簿;对于离开户口所在地外出就读的16周岁以下学生要求开立储蓄账户的,为解决其既无居民身份证又不能随身携带户口簿的问题,储蓄机构应凭本人学生证连同就读学校出具的证明为其开立人民币储蓄账户,办理小额存款。储蓄机构应登记发放学生证的学校名称、学生证号码,并将学校出具的证明附存款底单后留存。该账户在办理实名登记之前,其存款余额不得超过 1 万元人民币。③中国人民解放军军人、中国人民武装警察、军队(武装警察)离退休干部以及在解放军军事院校学习的现役军人,为军人身份证、武装警察身份证、离休干部荣誉证、军官退休证、文职干部退休证和军事院校学员证。④香港、澳门居民,为港澳居民来往内地通行证。⑤台湾居民,为台湾来往大陆通行证或者其他有效旅行证件。⑥居住在境内或境外的中国籍的华侨,可以是中国护照。⑦外国公民,为护照;外国边民,为护照或所在国制发的《边民出入境通行证》。⑧国家法律、行政法规和有关规定确定的其他身份证件。学生证、机动车驾驶证、介绍信以及法定身份证件的复印件不能作为实名证件使用。

在金融机构开立个人存款账户的,金融机构应当要求其出示本人身份证件,进行核对,并登记其身份证件上的姓名和号码。代理他人在金融机构开立个人存款账户的,金融机构应当要求其出示被代理人和代理人的身份证件,进行核对,并登记被代理人和代理人的身份证件上的姓名和号码。不出示本人身份证件或者不使用本人身份证件上的姓名的,金融机构不得为其开立个人存款账户。金融机构及其工作人员负有为个人存款账户的情况保守秘密的责任。金融机构不得向任何单位或者个人提供有关个人存款账户的情况,并有权拒绝任何单位或者个人查询、冻结、扣划个人在金融机构的款项;法律另有规定的除外。

(二)储蓄存款利率、计息、结息规则

储蓄存款利率由中国人民银行拟订,经国务院批准后公布,或者由国务院授权中国人民银行制定、公布。储蓄机构必须挂牌公告储蓄存款利率。未到期的定期储蓄存款,全部提前支取的,按支取日挂牌公告的活期储蓄存款利率计付利息;部分提前支取的,提前支取的部分按支取日挂牌公告的利率计付利息,其余部分到期时按存单开户挂牌公告的定期储蓄存款利率计付利息。逾期支取的定期储蓄存款,其超过原定存期的部分,除约定自动转存的外,按支取日挂牌公告的活期储蓄存款利率计付利息。

定期储蓄存款在存期内遇有利率调整,按存单开户挂牌公告的相应的定期储蓄存款利率计付利息。活期储蓄存款在存入期间遇有利率调整,按结息日挂牌公告的活期储蓄存款利率计付利息。活期储蓄每年 6 月 30 日为结息日,结算利息一次,并入本金起息,元以下尾数不计利息。全部支取活期储蓄存款,按清户日挂牌公告的活期储蓄存款利率计付利息。

储户认为储蓄存款利息支付有错误时,有权向经办的储蓄机构申请复核,经办的储蓄机构应当及时受理、复核。

被冻结的款项,不属于赃款的,冻结期间应计付利息,在扣划时其利息应付给债权单位;属于赃款的,冻结期间不计付利息,如冻结有误,解除冻结时应补计冻结期间利息。被没收的储蓄存款应上缴国库,银行在没收缴库时应采取转账方式,均不计付利息。被没收的储蓄存款缴库后,如果查出不应该没收,应当由原经办单位负责办理退库手续,将该项款退还原储户,并支付利息。上缴国库前期间的利息应由银行支付,上缴国库后期间的利息则由财政部门负担。

（三）提前支取、挂失规则

储户提前支取未到期的定期储蓄存款,必须向储蓄机构提交存单和本人的居民身份证或者户口簿、军人证、护照、居住证等身份证明。储户委托他人代为支取的,代取人还必须提交其身份证明。储蓄机构在验证存单开户人姓名与证件姓名一致后,方可办理提前支付手续。

存单（折）分为记名式和不记名式,记名式的存单（折）可挂失,不记名的不可以挂失。储户遗失记名式存单、存折或预留印鉴印章的,必须持本人的身份证明,并提供姓名、存款时间、种类、金额、账号及住址等有关情况,书面向原储蓄机构正式声明挂失止付。储蓄机构在确认该笔存款未被支取的前提下,方可受理挂失手续。挂失7天后,储户需与储蓄机构约定时间,办理补领新存单、存折或支取存款手续。如果储户不能亲自前往办理挂失手续,也可以委托他人代为办理,但被委托人要出示其身份证明。在特殊情况下,如储户不能办理书面挂失手续,储户也可以用口头或函电（电话、电报、信函）挂失,则必须在挂失5天之内补办书面挂失手续,否则挂失不再有效。储蓄机构受理挂失后,必须立即停止支付存款,但在受理挂失前或挂失失效后该笔存款已被他人支取的,储蓄机构不负责任。应注意的是,挂失可以由他人代理,但补领新的存款凭证或直接支取存款则须由储户本人亲自办理。

（四）查询、冻结、扣划个人储蓄存款规则

1.查询、冻结、扣划个人储蓄存款的法律规定。《商业银行法》第29条规定,对个人储蓄存款,商业银行有权拒绝任何单位和个人查询、冻结、扣划,但法律另有规定的除外。因此,只有法律规定的有权机关以法定程序可以查询、冻结、扣划个人储蓄存款。❶ 目前,根据我国《民事诉讼法》、《刑事诉讼法》、《行政诉讼法》、《税收征收管理法》、《行政监察法》、《海关法》、《国家安全法》、《银行业监督管理法》、《证券法》、《监狱法》等等的规定,人民法院、人民检察院、公安机

---

❶ 有权机关是指依照法律、行政法规的明确规定,有权查询、冻结、扣划单位或个人在金融机构存款的司法机关、行政机关、军事机关及行使行政职能的事业单位。

关、国家安全机关、税务机关、海关、银行业监督管理委员会、证券业监督管理委员会等有权依法查询或依法查询和冻结或依法查询、冻结、扣划个人储蓄存款。

目前,有权查询、冻结、扣划单位、个人存款的执法机关见表 5-1:

表 5-1　有权查询、冻结、扣划单位、个人存款的执法机关

单位名称	查询		冻结		扣划	
	单位	个人	单位	个人	单位	个人
人民法院	有权	有权	有权	有权	有权	有权
税务机关	有权	有权	有权	有权	有权	有权
海关	有权	有权	有权	有权	有权	有权
人民检察院	有权	有权	有权	有权	无权	无权
公安机关	有权	有权	有权	有权	无权	无权
国家安全机关	有权	有权	有权	有权	无权	无权
军队保卫部门	有权	有权	有权	有权	无权	无权
监狱	有权	有权	有权	有权	无权	无权
走私犯罪侦查机关	有权	有权	有权	有权	无权	无权
监察机关(包括军队监察机关)	有权	有权	无权	无权	无权	无权
审计机关	有权	无权	无权	无权	无权	无权
工商行政管理机关	有权	无权	暂停结算	暂停结算	无权	无权
证券业监督管理机关	有权	有权	有权	有权	无权	无权
银行业监督管理机关	有权	有权	有权申请冻结	有权申请冻结	无权	无权

2.查询、冻结、扣划个人储蓄存款的条件和程序。1980 年 11 月,中国人民银行、最高人民法院、最高人民检察院、公安部、司法部联合发布《关于查询、停止支付和没收个人在银行的存款及存款人死亡后的存款过户或支付手续的联合通知》;1993 年 1 月 12 日,中国人民银行发布《关于执行〈储蓄管理条例〉的若干规定》,这两个规章规定了查询、冻结、扣划个人储蓄存款的具体条件和程序。

2002 年 1 月 15 日,中国人民银行发布了《金融机构协助查询、冻结、扣划工作管理规定》,主要内容有:

(1)查询。查询是指金融机构依照有关法律或行政法规的规定以及有权机关查询的要求,将单位或个人存款的金额、币种以及其他存款信息告知有权机关的行为。❶ 人民法院、人民检察院、公安机关和国家安全部门等因侦查、起诉、

---

❶ 金融机构是指依法经营存款业务的金融机构(含外资金融机构),包括政策性银行、商业银行、城市和农村信用合作社、财务公司、邮政储蓄机构等。金融机构协助查询、冻结和扣划存款,应当在存款人开户的营业分支机构具体办理。

审理案件,需要向储蓄机构查询与案件直接有关的个人存款时,须向储蓄机构提出县级或县级以上人民法院、人民检察院、公安机关或国家安全机关等正式查询公函,并提供存款人的有关线索,如存款人的姓名、储蓄机构名称、存款日期等情况;办理协助查询业务时,经办人员应当核实执法人员的工作证件,以及有权机关县级以上(含本级,下同)机构签发的协助查询存款通知书。金融机构协助有权机关查询的资料应限于存款资料,包括被查询单位或个人开户、存款情况以及与存款有关的会计凭证、账簿、对账单等资料。对上述资料,金融机构应当如实提供,有权机关根据需要可以抄录、复制、拍照,但不得带走原件。金融机构协助复制存款资料等支付了成本费用的,可以按相关规定收取工本费。有权机关在查询单位存款情况时,只提供被查询单位名称而未提供账号的,金融机构应当根据账户管理档案积极协助查询;没有所查询的账户的,应如实告知有权机关。金融机构在协助有权机关办理完毕查询存款手续后,有权机关要求予以保密的,金融机构应当保守秘密。

(2)冻结。冻结,就是对个人储蓄存款实施的只进不出即不得支取的强制措施。协助冻结是指金融机构依照法律的规定以及有权机关冻结的要求,在一定时期内禁止单位或个人提取其存款账户内的全部或部分存款的行为。县级或县级以上的人民法院、人民检察院、公安机关因办案需要,应向银行出具正式的储蓄存款冻结通知书,经银行县支行(区办事处)一级核对后,通过所属储蓄所办理暂停支付储蓄存款手续,使储蓄存款处于强制留存状态。办理协助冻结业务时,金融机构经办人员应当核实以下证件和法律文书:有权机关执法人员的工作证件;有权机关县级以上机构签发的协助冻结存款通知书,法律、行政法规规定由有权机关主要负责人签字的,应当由主要负责人签字;人民法院出具的冻结存款裁定书、其他有权机关出具的冻结存款决定书。金融机构在协助冻结、扣划单位或个人存款时,应当审查以下内容:"协助冻结、扣划存款通知书"填写的需被冻结或扣划存款的单位或个人开户金融机构名称、户名和账号、大小写金额;"协助冻结、扣划存款通知书"上的义务人应与所依据的法律文书上的义务人相同;协助冻结或扣划存款通知书上的冻结或扣划金额应当是确定的。如发现缺少应附的法律文书,以及法律文书有关内容与"协助冻结、扣划存款通知书"的内容不符,应说明原因,退回"协助冻结、扣划存款通知书"或所附的法律文书。有权机关对个人存款户不能提供账号的,金融机构应当要求有权机关提供该个人的居民身份证号码或其他足以确定该个人存款账户的情况。冻结单位或个人存款的期限最长为6个月,期满后可以续冻。有权机关应在冻结期满前办理续冻手续;逾期未办理续冻手续的,视为自动解除冻结措施。有权机关要求对已被冻结的存款再行冻结的,金融机构不予办理并应当说明情况。在冻结期限内,只有在原作出冻结决定的有权机关作出解冻决定并出具解除冻结存款通知书的情况下,金融机构才能对已经冻结的存款予以解冻。被冻结存款的单位或个人对冻结提出异议的,金融机构应告知其与作出冻结决定的有权机关联系,在存款冻结期限内金融机构不得自行解冻。有权机关在冻结、解冻工作中发生错误,其上级机关直接作出变更决定或裁定的,金融机构接到变更决定书或裁定书后,应当予以办理。如果在停止支付期间,存款人因生活必需而需要提取存款时,银行应先与要求停止支付的机关联系,征得该机关的意见后,再根据实际情况具体处理。

（3）扣划。扣划是指人民法院、人民检察院、公安机关在办理经济犯罪或违法案件时,查明被告人的有关储蓄存款确系非法所得的赃款或经济纠纷中被冻结或被执行的存款,经人民法院判决可以没收或予以扣划该储蓄存款。扣划储蓄存款,应向银行提出正式生效的人民法院判决书,银行根据判决书办理没收划拨手续。金融机构办理协助扣划业务时,金融机构经办人员应当核实以下证件和法律文书:有权机关执法人员的工作证件;有权机关县团级以上机构签发的协助扣划存款通知书,法律、行政法规规定应当由有权机关主要负责人签字的,应当由主要负责人签字;有关生效法律文书或行政机关的有关决定书。金融机构协助扣划时,应当将扣好的存款直接划入有权机关指定的账户。有权机关要求提取现金的,金融机构不予协助。被没收的储蓄存款应上缴国库,银行在没收缴库时应采取转账方式,均不计付利息。

（五）存款人死亡后存款的过户或支取规则

中国人民银行《关于执行〈储蓄管理条例〉的若干规定》第40条规定:"储蓄存款的所有权发生争议,涉及办理过户或支付手续,应慎重处理。"

1.存款人死亡后,合法继承人为证明自己的身份和有权提取该项存款,应向储蓄机构所在地的公证处(未设公证处的地方向县、市人民法院——下同)申请办理继承权证明书,储蓄机构凭以办理过户或支付手续。该项存款的继承权发生争执时,由人民法院判处。储蓄机构凭人民法院的判决书、裁定书或调解书办理过户或支付手续。

2.存款人已死亡,但存单持有人没有向储蓄机构申明遗产继承过程,也没有持存款所在地法院判决书,直接去储蓄机构支取或转存存款人生前的存款,储蓄机构都视为正常支取或转存,事后而引起的存款继承争执,储蓄机构不负责任。

3.在国外的华侨和港澳台同胞等在国内储蓄机构的存款或委托银行代为保管的存款,原存款人死亡,其合法继承人在国内者,凭原存款人的死亡证明向储蓄机构所在地的公证处申请办理继承权证明书,储蓄机构凭以办理存款的过户或支付手续。

4.在我国定居的外国公民(包括无国籍者),存入我国储蓄机构的存款,其存款过户或提取手续,与我国公民存款处理手续相同。与我国订有双边领事协定的外国侨民应按协定的具体规定办理。

5.继承人在国外者,可凭原存款人的死亡证明和经我国驻该国使、领馆认证的亲属证明,向我国公证机关申请办理继承权证明书,储蓄机构凭以办理存款的过户或支付手续。继承人所在国如系禁汇国家,按上述规定办理有困难时,可由当地侨团、友好社团和爱国侨领、友好人士提供证明,并由我国驻该国使领馆认证后,向我国公证机关申请办理继承权证明书,储蓄机构再凭以办理过户或支付手续。继承人所在国如未与我国建交,应根据特殊情况,特殊处理。居住国外的继承人继承在我国境内储蓄机构的存款,能否汇出国外,按我国外汇管理条例的有关规定办理。

6.存款人死亡后,无法定继承人又无遗嘱的,经当地公证机关证明,按财政部门规定,全民所有制企事业单位、国家机关、群众团体的职工存款,上缴国库收归国有;集体所有制企事业单位的职工,可转归集体所有。此项上缴国库或转归集体所有的存款都不计利息。

(六)储蓄业务禁止规则

1.不得公款私存。任何单位和个人不得将公款以个人名义转为储蓄存款。公款的范围包括:凡列在国家机关、企事业单位会计科目的任何款项;各保险机构、企事业单位吸收的保险金款项;属于财政性存款范围的款项;国家机关和企事业单位的库存现金等。《商业银行法》第79条规定,将单位的资金以个人名义开立账户存储的,由国务院银行业监督管理机构责令改正,有违法所得的,没收违法所得,违法所得5万元以上的,并处违法所得1倍以上5倍以下罚款;没有违法所得或者违法所得不足5万元的,处5万元以上50万元以下罚款。

2.不得私款公存。国家开征储蓄存款利息所得税和实行个人存款账户实名制后,在银行存款业务中出现了"私款公存"现象。有关金融机构在严格执行存款实名制规定的同时,也要按规定对单位存款进行严格审查,不能擅自降低条件和简化程序。"公款私存"和"私款公存"都是违法行为。

3.不得使用不正当手段吸收储蓄存款。不正当手段主要是指:①以散发有价馈赠品为条件吸收储蓄存款;②发放各种名目的揽储费;③利用不确切的广告宣传;④利用汇款、贷款或其他业务手段强迫储户存款;⑤利用各种名目多付利息、奖品或其他费用。

（七）赔偿责任

储蓄机构侵犯储户合法权益，造成损失的，应依法承担赔偿责任。

四、储蓄业务代理

（一）储蓄业务代理的概念、类别以及特性

1.储蓄业务代理的概念和类别。从法律角度看，储蓄是一种具有双方权利与义务内容的合同行为，它是基于储户与银行之间在自愿协商一致的基础上达成的协议。储户与银行间的债权债务关系自储户在银行开户时成立，当储户在银行账户上的存款低于一定数额时，这种债权债务关系便终结。❶

由于储蓄是一项能够产生民事权利义务的法律行为，所以应能适用民法上的代理制度。所谓储蓄业务代理，是指代理人接受储户委托，以储户的名义实施与银行之间的储蓄活动的行为，具体包括代理开户、代理存款、代理挂失、代理取款等。

关于代理开户，根据国务院《个人存款账户实名制规定》（2000年4月1日起施行）第7条的规定，代理他人在金融机构开立个人存款账户的，金融机构应当要求其出示被代理人和代理人的身份证件，进行核对，并登记被代理人和代理人的身份证件上的姓名和号码。不出示本人身份证件或者不使用本人身份证件上的姓名的，金融机构不得为其开立个人存款账户。

关于代理存款，我国现有的储蓄管理法规和规章未作明确规定，但依据民法的代理原理和银行的实务操作，允许储户委托他人代为办理存款业务，代理人只需提供委托人和自己的身份证件即可。

关于代理挂失，根据中国人民银行《关于执行〈储蓄管理条例〉的若干规定》第37条的规定，储户的存单、存折如有遗失，必须立即持本人居民身份证明，并提供姓名、存款时间、种类、金额、账号及住址等有关情况，书面向原储蓄机构正式声明挂失止付。如储户本人不能前往办理，可委托他人代为办理挂失手续，但被委托人要出示其身份证明。至于代理存单挂失本身是否包含着代理补领新存单和支取存款的权利，中国人民银行在1997年11月7日《答复邮电部就办理挂失手续提出的有关问题》时指出："储户遗失存单后，委托他人代为办理挂失手续只限于代为办理挂失申请手续，挂失申请手续办理完毕后，储户必须亲自到储蓄机构办理补领新存单或支取存款手续。"依据该复函的规定，在存单补领环节排斥他人代理。

---

❶　吴志攀著：《金融法概论》，北京大学出版社2000年第四版，第129页。

关于密码挂失可否代理的问题,《储蓄管理条例》及其他有关规章均未提及,实践中银行一般均规定只能由储户本人办理,不允许由他人代为办理。依据中国人民银行相关批复的精神,储户应可委托他人办理密码挂失申请手续,但在重置密码环节必须由储户本人办理,不允许他人代理。

关于代理取款,《储蓄管理条例》第29条规定:"未到期的定期储蓄存款,储户提前支取的,必须持存单和存款人的身份证明办理;代储户支取的,代支取人还必须持其身份证明。"即代理人持被代理人和自己的身份证明以及存单,就可代储户提前支取存款。

2.储蓄业务代理的特性。

(1)代理人需出具双重的身份证明。根据国务院《储蓄管理条例》和中国人民银行《关于执行〈储蓄管理条例〉的若干规定》的相关规定,代理人代储户开户办理存款、挂失、提前支取时均需出具被代理人和代理人的身份证明。

(2)代理的适用范围受到限制。代理人可代储户进行开户、存款、取款、挂失等储蓄活动,但在存单挂失后的补领新存单和支取存款环节以及密码挂失后的重置密码环节,均规定必须由储户本人亲自办理,他人不得代理。关于在存单补领环节排斥代理制度,其原因在于补领环节是重新确认存款所有人的关键一环,储户的权利将会通过这一环节恢复行使,既关系到储户财产的安全,也关系到我国金融机构的良好信誉。如果允许他人代储户领取新存单,那么任何盗取他人存单记载事项者都可以凭伪造的居民身份证,谎称代储户办理挂失手续,待挂失期满后便可很容易得到一份新存单,然后将储户的存款取走,储户本人根本无法察觉。所以,限制代理人代储户补领新存单符合保障储户资金安全的基本原则。❶

(二)储蓄业务代理的理论冲突

1.如何确定授权的真实性和授权范围。代理是指代理人在代理权限范围内,以被代理人的名义和第三人独立为法律行为,由此产生的法律效果直接归属于被代理人的一种法律制度。代理包括委托代理、法定代理和指定代理。根据《民法通则》第65条的规定,民事法律行为的委托代理,可以用书面形式,也可以用口头形式。法律规定用书面形式的,应当用书面形式。书面委托代理的授权委托书应当载明代理人的姓名或者名称、代理事项、权限和期间,并由委托人签名或者盖章。

储蓄业务中的代理属于民法上的委托代理,代理人代理挂失、提前支取等

---

❶　王宪森、刘强:《储户存单被人冒领存单纠纷如何处理》,《法律适用》2001年第6期。

行为的基础是储户的授权委托。这种委托关系需要有适当的证明形式,银行可以据此审查授权是否真实,主体是否合法以及授权的具体范围。但是从目前的储蓄管理法规和规章来看,仅规定代理人需同时持本人身份证件和被代理人(储户)的身份证件前往办理相关代理事项,并未要求出具书面形式的授权委托书。而在现实生活中,身份证、户口簿等既有被伪造、冒用的可能,也有失窃和被他人占有的可能性,由此出现储户因存单遗失或被盗导致存款被无权代理人支取的情况。此种缺乏明示授权的代理现象无疑对确定授权的真实性和授权范围带来困难,一旦储户否认有过授权的意思表示,银行又难以证实代理人合法代理权的存在,无形中增加了付款风险。

退而言之,我们是否可以将代理人能够持有被代理人身份证件的事实理解为被代理人的默示授权?显然,这种默示授权推定没有法律依据,也不符合民法理论。❶ 授权行为是否可采用默示方式,应依意思表示解释的一般原则来认定。在非有代理权不能为民事法律行为的合同中,如未有特别约定或法律规定,通常应认为成立合同关系时含有授权的默示意思表示,例如在委托、承揽等合同中,可解释为成立合同关系时委托人、定作人同时向受托人、承揽人为授权行为,使其能完成约定的事务或工作。委托人采用默示方式授权的,其内容由该民事法律行为的性质决定。法官 Degraff 在美国 Teresa Brannen 诉 Parkersburg 汇兑银行上诉案的判例中认为,即使在紧急事件发生,银行不得不注意其危险信号的情况下,也不能产生默示的代理权,更不用说在其他一些并不是如此紧急的交易场合了。这一规则非常严格以致代理权不能被轻易推定,甚至被指定的一般代理人也不享有,除非代理事项或代理人职责的性质使得代理人为了实现其代理权,负有实施该行为的义务。银行如果未能注意到此种情形,就必须向善意第三人承担责任。代理关系中最基本的原理是代理人超越代理权限的行为对被代理人不产生拘束力。由此可见,代理人持有储户身份证件的行为并不符合默示授权的事由特征,代理人代储户进行储蓄活动并不是其行使其他明示代理职责所必须的,而是独立的代理事项,应具备被代理人的明示授权。换言之,代理人仅仅持有储户的身份证件和存单一定程度上构成无权代理,在储户提出代理权异议,银行又无法举证的情况下,银行应对善意第三人(储户)承担责任,因为代理人超越代理权限的行为非经追认不得约束被代理人。

2.代理权的限制是否合理。关于密码挂失的代理问题,密码是储户办理储蓄业务时进行身份识别的重要标志,甚至可能成为唯一的标志,密码既有保护

---

❶ 李有星著:《银行风险防治的法律研究》,浙江大学出版社 2002 年版,第 249 页。

储户资金安全的作用,又有支取存款的功能,对储户异常重要,见密码犹如见储户本人,所以密码具有较强的身份特征。密码挂失后,储户可凭新更换的密码,持存单办理存款支取等业务。如果允许他人代理密码挂失,则极容易发生冒领,所以对此应慎重对待,由储户亲自办理密码挂失的规定是合理的。

关于在存单补领环节排斥代理制度,有观点认为,挂失环节的代理制度体现了"方便储户、提高效率"的原则,而补领环节所强调的价值核心则是"确保储户财产安全","效率"与"安全"均反映了储户的利益要求,二者缺一不可。另有学者认为,在目前身份鉴别认证体系尚未有效建立的情况下,中国人民银行关于禁止代办挂失人补领新存单或支取款项的规定虽然有限制正当民事代理行为之嫌,但考虑到存款人存款的安全而牺牲其以委托挂失为基础的委托取款民事权利,不失为一个现实的选择。❶ 我们认为,不论是代理挂失、代理补领新存单还是代理提前支取存款,都属基本的民事委托代理行为,其行为的法律效力应当根据民法基本原理规范进行分析。

根据《民法通则》第 63 条第 3 款的规定,不得进行委托代理的行为限于"依照法律规定或者按照双方当事人约定,应当由本人实施的民事法律行为",具体包括:①具有人身性质的法律行为不得代理。例如立遗嘱、结婚登记、解除婚姻关系、收养子女、放弃继承或受遗赠、作者履行约稿合同、剧团履行演出合同等行为。②违法行为不得代理。违法行为之法律效果,不由当事人意思决定,而是基于法律直接规定而发生。法律不允许利用代理制度去侵害国家利益、他人利益和社会利益。③双方当事人约定应由本人亲自实施的民事行为不得代理。如加工承揽合同中,如果约定必须由加工人亲自完成全部加工承揽任务,那么加工人就必须亲自工作而不能委托他人代为完成。依据上述民法的代理原理,挂失后补领新存单和支取存款的行为并不具有人身性质和违法因素,法律法规也未作出禁止性规定(中国人民银行的复函不具有部门规章的法律效力,其规定对商业银行不应具有强制拘束力,也不能作为法院审理案件的依据),当事人对此亦无特殊约定,所以储户应有权利委托他人代理。如果仅出于保障资金安全,而在储户确有必要授权他人进行储蓄活动的情况下,一概排斥代理行为,则极大地限制了民事主体的意思自治,也违背代理制度设立的目的,不符合现今新的市场环境和交易方式的需要,其合法性与合理性均值得商榷。

值得注意的是,对于存单挂失后可否由他人代为补领这一问题,中国人民银行的态度已经有所改变。在该行 2003 年 1 月 20 日作出的《关于继承存款支

---

❶ 王亦平著:《银行法基本问题研究》,人民法院出版社 2005 年版,第 156 页。

取问题的批复》中明确规定："存款人死亡后,财产继承人因身在外地且年龄较大行动不便,不能提供存单时,可以委托他人代为办理存单挂失手续。财产继承人委托他人代为办理存单挂失手续时,受托人持有效财产继承证明、经公证的财产继承人授权其办理存单挂失的委托书、财产继承人与受托人的法定身份证件,并按规定提供存款有关内容,金融机构可以予以办理。上述挂失手续办理完毕后,财产继承人委托他人代为支取存款的,受托人持有效挂失证明、经过公证的财产继承人授权其办理支取存款的委托书、财产继承人与受托人的法定身份证件,并按规定提供存款有关内容,金融机构可以按照中国人民银行《关于执行〈储蓄管理条例〉的若干规定》中有关规定予以办理。"虽然这一规定仅适用于继承存款支取的有关手续,但实际上表明存单挂失后对新存单的补领并非绝对排斥代理的适用。

3. 银行对身份证件的审查责任。银行对于身份证件的审查义务是形式上的还是实质上的,近年来一直存在较大的争议。很多实际案例已经表明,一些不法分子正是利用了身份证件审查上的争议,通过伪造身份证件挂失储户存款,导致银行对其善意付款后,还不得不面对真正的储户主张支取存款的请求,从而面临双重付款的风险。

根据中国人民银行《对〈关于储蓄存款提前支取身份证及核对无误解释问题的请示〉的答复》、《关于定期存款提前支取应如何审查证件和处理业务问题的复函》和《关于办理存单挂失手续有关问题的复函》等文件,商业银行对身份证件只进行形式审查,不负有鉴别证件真伪的责任。但是,中国人民银行的复函不具有规章的法律效力,在法院审判中仅具有参考价值,而不能作为判案的依据,所以法院在此问题上的态度并不一致,在利益权衡上更倾向于保护储户的利益。最高人民法院《关于审理票据纠纷案件若干问题的规定》第 69 条规定:"如果付款人或者代理付款人未能识别出伪造、变造的票据或者身份证件而错误付款的,属于票据法第 57 条规定的'重大过失',给持票人造成损失的,应当承担民事责任。"虽然这一司法解释针对的是票据纠纷,但实践中很多法院将其扩大适用到储蓄存款合同纠纷领域。也有人从法律的经济分析角度,认为如果坚持银行绝对只承担形式审查义务,在取款人持明显伪造的身份证件冒领存款时漠不关心,发生损失后又让储户承担大部分甚至全部责任,显然不利于社会正义的最大化,因为这种制度安排的结果很容易使银行没有经济动力追求金融安全和储户的利益。❶

---

❶ 张炜主编:《银行业法制年度报告 2005》,法律出版社 2006 年版,第 130 页。

我们认为,从公平和客观的角度分析,银行不应承担对身份证件实质性审查的责任。首先,银行是经营货币的特殊企业,而非执法机关或司法机关,法律并未赋予其审查的权利,储蓄合同也未约定其审查的义务。其次,身份证的鉴别需要较高的专业技能和设施装备,而银行既不是身份证的发证机关,也不是专业鉴定部门,客观上不具备鉴别的资格和水平。同时,《个人存款账户实名制规定》第5条所列实名证件共有五大类,涉及面广,银行根本无法进行实质性审查。

4. 银行对代理权的举证责任。根据最高人民法院《关于民事诉讼证据的若干规定》第2条"当事人对自己提出的诉讼请求所依据的事实或者反驳对方诉讼请求所依据的事实有责任提供证据加以证明。没有证据或者证据不足以证明当事人的事实主张的,由负有举证责任的当事人承担不利后果"之规定,银行负有证明代理人系有权代理的举证责任。但由于目前代理挂失不需书面委托,银行作为交易的第三方,很难证明储户与代理人内部之间的委托代理关系,由此造成银行在诉讼中的举证困境,经常被法院判决承担民事赔偿责任。

有观点认为,作为银行业惯例和《储蓄管理条例》的要求,储蓄业务中委托代理的主要授权依据就是看代理人是否持有本人身份证件,并不要求出具其他授权文件。如果本人将身份证件交予他人,即足以让交易相对人产生信任感,认为持有本人身份证件之人即为持有本人合法授权的代理人,相应的,本人作为被代理人就应当承担有关代理行为的法律后果。法院要求银行就委托授权文件进行举证,与通行的储蓄业务惯例不符,实际上也加重了银行的责任。❶

我们认为,银行仅证明核查了代理人和被代理人的身份证件,并未完成对代理权的举证责任。被代理人的身份证件不具有代理证书的功能,光其本身无法确定授权的真实性和授权范围。尤其是,在现实生活中,身份证件有遗失、被盗或者被伪造的可能性,他人若是持非法占有的身份证件代理储户挂失,则事实上根本不存在代理权。在银行与储户的契约关系中,银行负有维护存款安全的主要责任,应当以善良管理人的谨慎从事业务活动,在储户无过错的情况下,错误付款不能算作储户的损失。如果没有证据证明是储户的过错造成存款被他人领取,银行就应承担保管存款不当的民事责任。所以,要求银行就委托授权的事实进行举证,是其保障储户资金安全的需要,法院并未加重银行的责任。

另一个与此相关的问题是表见代理问题,表见代理,是指代理人虽无代理权,但善意第三人在客观上有充分的理由相信代理人有代理权,并因此与代理

---

❶　李玫编著:《银行法案例选评》,对外经济贸易大学出版社2005年版,第78页。

人为民事法律行为,该项法律行为的效果直接归属于本人的法律制度。表见代理的构成要件包括两方面,即客观上须有使第三人相信代理人有代理权的情形(表见事实)和第三人主观上须为善意且无过失。如果仅从目前法律规章所规定的代理方式的范围内考虑,在代理人所提供的存单开户时间、存款人姓名、存款账号、存款种类、存款金额等诸项内容无误,并且同时持有完整的身份证件的情况下,应当说客观上就具备了使人相信其有代理权的条件。此外银行工作人员按照有关规章制度对代理人提供的有关证件和信息进行审核,应当属于善意无过失的相对人。但是,正如前文所述,由于储蓄业务中的代理缺乏明示授权,代理人持有双重身份证件的事实本身并不能推断出代理权的存在,所以认定是否构成表见代理应当从严判断,不能随意扩大其适用范围,否则银行错误付款的风险将转移至储户,这对储户存款的安全极为不利。因此,建议设立储蓄业务中代理的明示授权制度,储户在委托他人代理挂失或提前支取时,应出具书面授权委托书,载明代理人的姓名、代理事项、权限和期间,并由委托人签名或者盖章。紧急或特殊情况下只能口头委托的,也要有相关证据能证明口头委托的真实性,例如两个以上无利害关系人的见证等。必要时授权委托书得经有关单位或公证机关的认证证明,例如办理继承存款的代理挂失和支取手续时,代理人须持经公证的财产继承人授权其办理存单挂失和支取存款的委托书。

【资料与应用】 银行在办理存单业务中应负何责任

原告钱丽于 2000 年 11 月 13 日在被告某银行存款 45000 元,存期半年(自 2000 年 11 月 13 日至 2001 年 5 月 12 日),存款时钱丽提供了本人身份证并设立了密码。2001 年 5 月 13 日,存款到期后,原告持存单到被告银行支取存款时,被告之该款已被挂失取走。另查,2000 年 11 月底,原告的身份证丢失。2000 年 12 月 2 日,有人在被告营业部持钱丽的身份证办理该笔存款的挂失,并提供了原告的身份证复印件,填写了挂失申请书,输入密码无误后,被告工作人员为其办理了挂失手续。同年 12 月 9 日,该笔存款除转存 25000 元定活两便存款外,剩余本息被全部取走,次日,存入的 25000 元也被支取。

本案在审理过程中,被告向法院提出申请,要求对挂失申请书和利息清单上"钱丽"的签名是否是原告所写进行笔迹鉴定。该院委托了安徽省公安厅进行鉴定,结论为挂失申请书和利息清单上"钱丽"的签名不是原告所写。被告不服,提出重新鉴定申请,经淮北市人民检察院鉴定,确认挂失申请书第二联中的"2001、12、2"及"钱丽"字迹系钱丽本人书写。

在审理过程中,合议庭成员的意见发生了分歧。一种意见认为,原告钱丽在被告某银行营业部存款,其合法权益应受到法律保护。被告作为金融机构,负有严格按照法律法规的规定办理业务、切实保护储户合法权益的义务。被告在"他人"冒充原告挂失取款时，没有严格按照操作规程办理有关手续，即不是原告亲自办理挂失业务时，被告应当要求挂失人出具身份证明。由于被告工作人员对上述情况没有详细审查，导致原告的存款被冒领，故被告应对其过错行为承担相应的责任。对于被告先后两次提出的笔迹鉴定，由于相互矛盾，且原告不予认可，均不予以采信。原告要求被告赔偿存款45000元的理由充分，应予以支持。由于原告在其身份证丢失后未能及时声明作废，并未有妥善保管存款密码，对造成的损失亦应负一定责任，其要求赔偿利息、精神损失及公开赔礼道歉的诉讼请求不予支持。另一种意见认为，原告在办理存款手续后，丢失身份证未及时挂失，且"他人"是利用原告的密码和身份证办理挂失和提取现金的，因此，原告应自行承担存款被冒领的损失，银行不应负赔偿责任。最后，法院采纳了第一种意见，判决被告某银行赔偿原告钱丽45000元，对于原告的其他诉求不予支持。

钱丽将45000元人民币存入某银行，就享有对本金、利息的支付请求权，银行负有支付本金、利息的义务。中国人民银行《关于执行〈储蓄管理条例〉的若干规定》第37条规定，储户的存单、存折如有遗失，必须立即持本人居民身份证明，并提供姓名、存款时间、种类、金额、账号及住址等有关情况，书面向原储蓄机构正式声明挂失止付。储蓄机构在确认该笔存款未被支取的前提下，方可办理挂失手续。挂失7天后，储户需与储蓄机构约定时间，办理新存单或支取存款手续。如储户本人不能前往办理，可委托他人代为办理挂失手续，但被委托人要出示其身份证明。1997年11月7日，中国人民银行在答复中华人民共和国邮电部就办理挂失手续提出的有关问题时，对上述第37条作了专门解释："储户遗失存单后，委托他人代为办理挂失手续只限于代为办理挂失申请手续。挂失申请手续办理完毕后，储户必须亲自到储蓄机构办理补领新存单或支取存款手续。"

在本案中，最为关键的是银行能否证明系原告亲自到银行办理补领新存单或支取存款手续。由于从现有的证据来看，该银行所提供的证据尚不能证实挂失申请系原告所为，也不能证实该笔存款已给付原告本人，故该银行应承担举证不能的责任，应当给付原告的存款45000元。鉴于原告对其身份证丢失及密码泄漏负有不可推卸的责任，有一定的过错，故其要求赔偿利息、精神损失及公开赔礼道歉的诉讼请求不予支持。

第三节
单位存款法

一、单位存款的概念与种类

（一）单位存款的概念

单位存款是指各级财政金库和企业、事业单位、机关、部队和社会团体等单位，在银行或非银行金融机构的存款。由于我国在一定范围内实行货币管制，如现金管制、工资基金监督、外汇管理等，因而单位存款的最大特点是具有强制性。

（二）单位存款的种类

单位存款主要包括两大类，即企业存款和财政性存款。

1. 企业存款。企业存款是从事生产经营活动的各类企业（包括个体工商户）在生产和流通过程中，因货币资金收入和支出在数量和时间上不一致，使一部分货币资金暂时闲置而在银行和非银行金融机构形成的存款。企业存款主要由两部分构成：一部分是企业在银行或非银行金融机构结算账户上的存款，它是企业为保证生产经营活动正常进行所必须保有的支付准备金；另一部分则是企业在银行或非银行金融机构定期存款账户上的存款，它是企业扩大再生产积累基金的重要组成部分。

2. 财政性存款。财政性存款是指财政预算资金以及与财政预算资金有直接联系的各项资金在银行形成的存款。它主要来源于由财政部门集中起来，待分配或待使用的国民收入。财政性存款主要包括财政金库存款，地方财政预算外资金存款，国家机关、社会团体、事业单位、部队存款，以及国家对基本建设拨款转化的存款五大类。

二、单位存款规则

（一）单位存款一般规则

1. 强制性管理单位存款。各单位对于收入的人民币现金必须于当日送存其开户银行，当日送存确有困难的，应按其开户银行确定的时间送存，不得擅自保存；不得将收入的现金直接用于支付，即"坐支"现金；不得将单位的公款以个人名义存入储蓄机构。境内各单位对于经常项目的外汇收入应当卖给外汇指定银行，或者经批准在外汇指定银行开立外汇账户；对于资本项目的外汇收入应当在外汇指定银行开立外汇账户，也可以在经外汇管理机关批准后卖给外汇指定银行。

2.财政性存款归口。财政性存款是中国人民银行的信贷资金来源,中国人民银行委托各普通银行办理财政性存款的有关业务,而各普通银行必须将负责经办的财政性存款按规定缴存给中国人民银行,不得擅自动用和转移。中国人民银行 1994 年 2 月 15 日发布的《信贷资金管理暂行办法》也规定,财政性存款是人民银行的信贷资金来源。对于财政性存款,各级人民银行要督促受委托银行按规定全额划转人民银行。

3.对单位存款的支取和使用进行监督和控制。《现金管理暂行条例》及其实施细则、《支付结算办法》和《人民币单位存款管理办法》等规定,各单位对其在银行或非银行金融机构的存款使用可根据其开户银行核定的库存限额提取并使用现金;除在规定范围内,结算起点以下可以提取现金使用外,必须采取转账结算的方式使用其存款;对于到期的单位定期存款,也只能以转账的方式转入其基本账户,不得直接用于结算或支取现金;各单位在提取和使用存款时,应在有关结算凭证上填明用途,并接受其开户银行的监督。

4.单位存款人的合法权益保护。吸收存款的银行和非银行金融机构对于单位存款人的合法权益应充分予以尊重和维护,对于各单位存款的正常支取和使用不得进行干预;不得故意压票、无故退票;并应依法为存款人保密,不得违反国家法律、行政法规的规定为他人查询、冻结、扣划单位存款。

(二)人民币单位存款规则

1997 年 11 月 15 日,中国人民银行发布了《人民币单位存款管理办法》,对人民币单位存款的管理作出了具体的规定。

1.单位定期存款的规则。单位定期存款的期限分为 3 个月、半年、1 年三个档次,起存金额为 10000 元,多存不限。但是,财政拨款、预算内资金以及银行贷款不得作为定期存款存入金融机构。除大额可转让定期存单外,金融机构对单位定期存款实行定期存款账户的管理,即单位办理定期存款时,必须向金融机构提交开户申请书、营业执照正本、预留印鉴(包括单位财务专用章、法定代表人或主要负责人印章和财会人员章)等,并由接受存款的金融机构向存款单位开立"单位定期存款开户证实书",该"单位存款开户证实书"仅起到证实存款单位开户的作用,不得作为质押的权利凭证。存款单位对于定期存款一般应在到期时支取,也可以全部或部分提前支取,但只能提前支取一次。存款单位支取定期存款时,必须出具"单位存款开户证实书"并提供预留印鉴,存款所在金融机构审核无误后为其办理支取手续,对于到期支取或全部提前支取的应收回"单位存款开户证实书",对于部分提前支取的未支取部分不低于起存金额的,由金融机构按原存期开具新的"单位存款开户证实书",不足起存金额的予以清户。存款单位支取定期存款只能以转账的方式将存款转入其基本账户,不得直接用于结算或从定期存款账户中提取现金。单位定期存款在存期内按存款存入日挂牌公告的定期存款利率计付利息,遇利率调整,不分段计息。全部提前支取的,按支取日挂牌公告的活期存款利率计息;部分提前支取的,提前支取部分按支取日挂牌公告的活期存款利率计息,未支取的部分按原存款开户日挂牌公告的同档次定期存款利率计息;到期不支取的,逾期部分按支取日挂牌公告的活期存款利率计息。

2.单位活期存款、通知存款和协定存款的规则。金融机构对单位活期存款也实行账户管理。金融机构和开立活期存款账户的单位必须遵守《人民币银行结算账户管理办法》的有关规定。单位活期存款按结息日挂牌公告的活期存款利率计息,遇利率调整不分段计息。金融机构开办协定存款必须经中国人民银行批准,并遵守经中国人民银行核定的协定存款章程。协定存款利率由中国人民银行确定并公布。

金融机构开办通知存款必须经中国人民银行批准,并遵守中国人民银行核准的通知存款章程。《通知存款管理办法》规定,通知存款是指存款人在存入款项时不约定存期,支取时需提前通知金融机构,约定支取存款日期和金额方能支取的存款。通知存款不论实际存期多长,按存款人提前通知的期限长短划分为1天通知存款,即必须提前1天通知约定支取存款;7天通知存款,即必须提前7天通知约定支取存款两个品种。存款人提前通知金融机构约定支取通知存款的方式由金融机构与存款人自行约定。单位通知存款的最低起存金额为50万元,最低支取金额为10万元,存款人需一次存入,可以一次或分次支取,如部分支取,留存部分高于最低起存金额的,需重新填写存款凭证,从原开户日计算存期,留存部分低于起存金额的予以清户并按清户日挂牌公告的活期存款利率计息,或根据存款人意愿转为其他存款。通知存款凭证上不注明存期和利率,金融机构按支取日挂牌公告的相应利率水平和实际存期计息,利随本清。通知存款已经办理通知手续而不支取或在通知期限内取消的,通知期限内不计息。通知存款如遇以下情况,按活期存款利率计息:实际存期不足通知期限的,按活期存款利率计息;未提前通知支取的,支取部分按活期存款利率计息;已办理通知手续而提前支取或逾期支取的,支取部分按活期存款利率计息;支取金额不足或超过约定金额的,不足或超过部分按活期存款利率计息;支取金额不足最低支取金额的,按活期存款利率计息。

三、单位存款的变更、挂失规则

1.因存款单位人事变动,需要更换单位法定代表人章(或单位负责人章)或财会人员印章时,必须持单位公函及经办人身份证件向存款所在金融机构办理更换印鉴手续;如为单位定期存款,应同时出示金融机构为其开具的证实书。

2.因存款单位机构合并或分立,其定期存款需要过户或分户,必须持原单位公函,工商部门的变更、注销或设立登记证明及新印鉴(分户时还须提供双方同意的存款分户协议)等有关证件向存款所在金融机构办理过户或分户手续,由金融机构换发新证实书。

3.存款单位的密码失密或印鉴遗失、损毁,必须持单位公函,向存款所在金融机构申请挂失。金融机构受理挂失后,挂失生效。如存款在挂失生效前已被人按规定手续支取,金融机构不负赔偿责任。

4.存款单位迁移时,其定期存款如未到期转移,应办理提前支取手续,按支取日挂牌公布的活期利率一次性结清。

四、单位存款的查询、冻结与扣划

1993 年 12 月 11 日,中国人民银行、最高人民法院、最高人民检察院、公安部联合发布《关于查询、冻结、扣划企业事业单位、机关、团体银行存款的通知》,对公安机关、人民法院、人民检察院查询、冻结、扣划单位存款的条件和程序作了详细的规定。2002 年 1 月 15 日,中国人民银行发布了《金融机构协助查询、冻结、扣划工作管理规定》,对金融机构协助有权机关查询、冻结和扣划存款人在金融机构存款行为的管理作出了具体规定。

1.查询。人民法院因审查或执行案件,人民检察院、公安机关因查处经济违法案件,需要向银行查询有关机构与案件有关的银行存款或查阅有关的会计凭证、账簿等资料时,银行应积极配合。①查询人必须出示本人工作证或执行公务证和出具县以上人民法院、人民检察院、公安机关签发的"协助查询存款通知书";②银行行长或城市分理处、农村营业所或城市信用社主任签字后并指定银行有关业务部门凭此提供情况和资料,并派专人接待;③查询人对原件不得带走,可以抄录、复制或照相,并经银行盖章;④人民法院、人民检察院、公安机关对银行提供的情况和资料,应当依法保守秘密。

2.冻结。①人民法院因审理或执行案件,人民检察院、公安机关因查处经济犯罪案件,需要冻结有关机构与案件直接有关的一定数额的银行存款,必须出具县或县以上人民法院、人民检察院、公安机关签发的"协助冻结存款通知书"及司法人员本人工作证或执行公务证。②经银行行长或主任签字后,银行应当立即凭此并按照应冻结资金的性质,冻结被冻结机构当日在银行账户上的同额存款。③冻结存款只能在原账户冻结,不得转户。④如遇被冻结机构在银行账户上存款不足冻结数额时,银行应在 6 个月的冻结期内冻结被冻结单位在银行账户上可以冻结的存款,直到达到需要冻结的数额。⑤银行在受理冻结机构存款时,应审查"协助冻结存款通知书"填写的被冻结机构开户银行名称、户名和账号、大小写金额,如发现不符,应说明原因,退回通知书。⑥被冻结的款项在冻结期限内如需解冻,应以作出冻结决定的人民法院、人民检察院、公安机关签发的"解除冻结存款通知书"为依据,银行不得自行解冻。⑦冻结机构存款的期限不得超过 6 个月,有特殊原因需要延长的,人民法院、人民检察院、公安机关应当在冻结期满前办理继续冻结手续,但每次续冻期限最长不超过 6 个月;逾期不办理继续冻结手续的,视为自动撤销冻结。⑧人民法院、人民检察院、公安机关冻结机构存款发生失误,应及时予以纠正,并向被冻结的机构作出解释。⑨被冻结的款项不属于赃款的,冻结期间应计付利息,扣划其利息应付给债权单位;属于赃款的,冻结期间不计付利息;如冻结有误,解除冻结时应补计冻结期间利息。

3. 扣划。①人民法院审查或执行案件,人民检察院、公安机关对查处的经济犯罪案件作出不予起诉、撤销案件或结案处理的决定,在执行时需要银行协助扣划有关机构在银行的存款的,必须出具县或县以上人民法院、人民检察院、公安机关签发的"协助扣划存款通知书",并要随附人民法院发生法律效力的判决书、裁定书、调解书、支付令、制裁决定书副本或行政机关的行政处罚决定书副本,或人民检察院的不起诉决定书、撤销案件决定书副本,或公安机关的处理决定书、刑事案件立案报告表的副本。司法人员还应出示本人工作证或执行公务证。银行凭上述法律文书及证件立即扣划机构的有关存款。②银行受理扣划机构存款时,应审查"协助扣划存款通知书"填写的被执行机构的开户银行名称、户名和账号、大小写金额,如发现不符,或缺少应附的法律文书副本,以及法律文书副本有关内容与"协助扣划存款通知书"内容有不符的,应说明原因,退回"协助扣划存款通知书"和所附的法律文书副本。③被执行机构银行账户上当日无款或不足扣划的,银行应及时通知人民法院、人民检察院、公安机关,待机构账上有款时,尽快予以扣划。

4. 查询、冻结、扣划机构存款中几种特殊情况的处理。①作出查询、冻结、扣划的人民法院、人民检察院、公安机关与协助执行的银行不在同一辖区内的,可以直接到协助执行的银行办理查询、冻结、扣划机构存款,不受辖区范围的限制。②对于军队、武警部队一类保密单位开设的"特种预算存款"、"特种其他存款"和连队账户的存款,原则上不采取冻结或扣划等诉讼保全措施,但军队、武警部队的其余款项可以冻结或扣划。③人民法院、人民检察院、公安机关需要执行金融机构在中国人民银行的款项,应通知被执行的金融机构自动履行。对强制扣划,目前法律、法规尚无明确规定,只在中国人民银行 1991 年 8 月 16 日复函中规定不宜协助冻结和扣划。④两家以上的人民法院、人民检察院、公安机关对同一存款冻结、扣划时,银行应根据最先收取的"协助扣划存款通知书"办理冻结和扣划。在协助执行时,如对具体执行哪一个机关的通知有争议,由争议机关协商解决或由其上级机关决定。⑤银行人员违反有关法律规定,无故拒绝协助执行、擅自转移或解冻已冻结的存款,为当事人通风报信,协助其转移、隐匿财产的,应依照《民事诉讼法》的规定,承担妨害民事诉讼活动给予的民事制裁。

5.金融机构协助查询、冻结和扣划的管理。

(1)金融机构协助查询、冻结和扣划工作应当遵循依法合规、不损害客户合法权益的原则,建立健全的规章制度,切实加强协助查询、冻结、扣划的管理工作,并应在其营业机构确定专职部门或专职人员负责接待要求协助查询、冻结和扣划的有权机关,及时处理协助事宜。

(2)金融机构应当按照内控制度的规定建立和完善协助查询、冻结和扣划工作的登记制度,对有权机关名称,执法人员姓名和证件号码,金融机构经办人员姓名,被查询、冻结、扣划单位的名称,协助查询、冻结、扣划的时间和金额,相关法律文书名称及文号,协助结果等进行登记,并填写登记表。登记表应当在协助办理查询、冻结、扣划手续时填写,并由有权机关执法人员和金融机构经办人签字。金融机构应当妥善保存登记表,并严格保守有关国家秘密。

(3)金融机构在协助查询、冻结、扣划存款,涉及内控制度中的核实、授权和审批工作时,应当严格按内控制度及时办理相关手续,不得拖延推诿。对有权机关办理查询、冻结和扣划手续完备的,应当认真协助办理。在接到协助冻结、扣划存款通知书后,不得再扣划应当协助执行的款项用于收贷收息,不得向被查询、冻结、扣划单位通风报信,帮助隐匿或转移存款。

(4)有权机关下达的查询、冻结、扣划存款通知书与解除冻结、扣划存款通知书均应由其执法人员依法送达,金融机构不接受有权机关执法人员以外的人员代为送达的通知书。对两个以上有权机关对同一单位的同一笔存款采取冻结或扣划措施时,金融机构应当协助最先送达通知书的有权机关办理冻结、扣划手续。两个以上有权机关对金融机构协助冻结、扣划的具体措施有争议的,金融机构应当按照有关争议机关协商后的意见办理。

第四节
存单纠纷处理规则

一、存款关系效力的认定

(一)效力认定理论

存单是因储户与银行机构发生存款事实而由银行签发的凭证。存单基于存款关系而存在。存款关系本质上是一种资金合同关系,存款人将资金存入金融机构,而金融机构按双方约定的条件归还存款人。有效的存款关系基于两方面的考虑认定:一是作为合同的一种,有效存款关系的成立必须具备合同成立的一般要件;二是作为存款合同,还必须符合法定存款关系成立的特殊要件。具体讲,有效存款关系的法理构成要件包括以下几个方面:①双方意思表示真实、一致。存款人有向金融机构存款的真实意思表示,金融机构有接受存款的真实意思表示。②存在存款事实。存款人有向金融机构存款的事实,表现为存款人与金融机构之间确实存在资金的实际交付。③存款内容符合法律、法规规定。特别是利率约定符合法律规定。④存款凭证及印鉴真实、齐全。有的国家承认存单的票据属性,持票人持有效存单就可以要求银行支付存款,我国不承认存单的票据属性。最高人民法院《关于审理存单纠纷案件的若干规定》第5条明确规定:"人民法院在审理一般存单纠纷案件中,除应审查存单、进账单、对账单、存款合同等凭证的真实性外,还应审查持有人与金融机构间存款关系的真实性,并以存单、进账单、对账单、存款合同等凭证的真实性以及存款关系的真实性为依据,作出正确处理。"这一规定肯定了存单不同于票据,它不具备票据"见票无条件付款"的无因性和"出票行为创设债权"的设权性;同时,仅凭存单真实的印鉴齐全,不能判定存单的效力。

有效的存款关系的认定,既要考虑到其形式要件,同时也必须考虑到其实质要件。只有同时具备形式要件和实质要件,才能证明存款人和金融机构之间存款关系的成立。所谓形式要件,即指存单等凭证的真实性,包括存单式样、版面以及签章的真实性。所谓实质要件,即指存款关系的真实性,也就是存单持有人向金融机构交付存单所记载款项的真实性。

(二)有效存款关系的认定

有效存款关系下发生的存单是有效存单,持单人享有存单上的权利。具体

可分为：❶

1. 以现金形式交付的存款形成的存单效力。①存款人在金融机构营业场所向金融机构工作人员交付现金的，不论该工作人员是否将现金入账处理，均认为资金交付金融机构，存款关系成立。②存款人在金融机构营业场所以外的地方向持有金融机构有效介绍信或有效授权委托书的金融机构工作人员或其他人交付存款资金（不论该工作人员或其他人是否将现金交回金融机构入账），并由其开具盖妥金融机构公章或业务章的存单，存款关系即成立。③存款人在营业场所以外的地方，向仅持有盖妥金融机构公章或业务章之存单的非金融机构工作人员交付现金，并取得形式上真实的存单的，不能一概而论地认定存款资金交付金融机构。如果此人确系金融机构委托进行揽存，尽管事后此人没有将现金交回金融机构，也应认为存款关系成立；如果系盗用金融机构存单、印章，则存款关系不成立。

2. 以票据形式交付的存款的存单效力。存款人使用以其为收款人或被背书人的银行汇票、支票、银行本票，由存款人以存款为目的交付银行，银行通过票据结算收妥后，视为资金已存入银行，存款关系成立。

对于有效存款关系，金融机构承担向存款人偿还本金及法定利息的义务。金融机构与存款人之间关于高息的约定无效。存款人在存单约定的利息之外已事实取得利息的，应将事实取得的利息扣减本金，并以扣减的本金计算金融机构应偿还的本金及法定利息。

（三）无效存款关系的存单处理

无效存款关系是指不符合有效存款关系生效要件的存款关系。主要有：

1. 没有实际支付存款。

2. 以存单为表现形式的非法借贷。这里是指出资人将资金直接交用资人使用，或通过金融机构将资金交用资人使用，金融机构向出资人开具存单的行为。下列情况也是名为存款，实为非法借贷，其存款关系无效：①存款确实存入金融机构，但存款人指令或授权金融机构将资金转给第三人，金融机构确实将资金转给第三人，金融机构又向存款人开出存单的；②存款确实存入金融机构，存款人约定或事实上从第三人直接或间接收取该笔资金利息，金融机构向存款人开具存单的；③金融机构吸收存款人存款后，对同一笔业务重复开出数张金额与存款数相同的存款凭证，存款人将部分存款凭证交第三人使用，第三人将资金取走的，应认定存款人与第三人有借贷行为。

---

❶ 崔宇清著：《金融机构存款业务法律实务》，中国金融出版社 2001 年版，第 307—309 页。

3. 以存单为表现形式的委托贷款关系。存单具备形式要件,但存款人与用资人另签订有委托贷款协议,存款人资金确实交付给用资人,或者通过金融机构交付给用资人的,如果开具存单的金融机构具有从事委托贷款业务的资格,可认定存单无效,确认三方存在的是委托贷款关系,由用资人直接偿还存款人本金及利息。

(四)存款关系纠纷处理规定

1997 年 11 月 25 日,最高人民法院发布了《关于审理存单纠纷案件的若干规定》,对我国金融活动中的存款纠纷及其处理作出了规定。存款纠纷案件是指当事人以存款合同为凭证向人民法院起诉请求金融机构支付本金和利息的案件。存单纠纷案件包括一般存单纠纷、以存单为表现形式的借贷纠纷和存单质押纠纷三种类型。存单纠纷案件由被告住所地人民法院或出具存单、进账单、对账单或与当事人签订存款合同的金融机构住所地人民法院管辖。住所地与经常居住地不一致的,由经常居住地人民法院管辖。人民法院在受理存单纠纷案件后,如发现犯罪线索,应将犯罪线索及时书面告知公安或检察机关。如案件当事人因伪造、变造、虚开存单或涉嫌诈骗,有关国家机关已立案侦查,存单纠纷案件确须待刑事案件结案后才能审理的,人民法院应当中止审理。对于追究有关当事人的刑事责任不影响对存单纠纷案件审理的,人民法院应对存单纠纷依法及时进行认定和处理。

二、一般存单纠纷

一般存单纠纷案件是指当事人以存单或进账单、对账单、存款合同等凭证为主要证据向人民法院起诉和金融机构向人民法院提起的确认存单或进账单、对账单、存款合同等凭证无效的案件。

人民法院在审理此类案件中,应在坚持存款凭证的真实和存款关系的真实基础上依法处理。①持有人以真实凭证提起诉讼的,金融机构应对存款关系的真实性负举证责任。②持有人以真实凭证为证据提起诉讼的,金融机构以金融机构底单的记载内容与凭证记载内容不符为由进行抗辩的,人民法院应认定持有人与金融机构间存款关系成立,金融机构应当承担兑付款项的义务。③持有人以在样式、印鉴、记载事项上有别于真实凭证,但无充分证据证明系伪造或变造的瑕疵凭证提起诉讼的,持有人应对瑕疵凭证的取得提供合理的陈述。如持有人对瑕疵凭证的取得提供了合理陈述,而金融机构否认存款关系存在的,金融机构应当对持有人与金融机构间是否存在存款关系负举证责任。如金融机构有充分证据证明持有人未向金融机构交付上述凭证所记载的款项的,人民法院应当认定持有人与金融机构间不存在存款关系,判决驳回原告的诉讼请求;如金融机构不能提供证明存款关系不真实的证据,或仅以金融机构底单的记载内容与上述凭证记载内容不符为由进行抗辩的,人民法院应认定持有人与金融机构间存款关系成立,金融机构应当承担兑付款项的义务。④存单纠纷案件的审理中,如有充足证据证明存单、进账单、对账单、存款合同等凭证系伪造、变造,人民法院应在查明案件事实的基础上,依法确认该凭证无效,并可驳回持该凭证起诉的原告的诉讼请求或根据实际存款数额进行判决。

三、以存单为表现形式的借贷纠纷

以存单为表现形式的借贷纠纷实践中表现为三类,即以存单为表现形式的一般借贷纠纷、以存单为表现形式的委托贷款纠纷、以存单为表现形式的信托贷款纠纷。

1.以存单为表现形式的一般借贷纠纷。所谓以存单为表现形式的一般借贷纠纷指存款人将款项交于用资人使用,或通过金融机构将存款交于用资人使用,由金融机构向存款人出具存款凭证,在对资金使用过程中引起纠纷,而以存单为据向法院主张权利的案件。这类案件名为存款,实为借贷,其实质是用资人、出资人、金融机构之间三方恶意串通,规避企业之间不得相互借贷的法律规定。在此类案件中,存款人起诉金融机构的,用资人可作为第三人参加诉讼;存款人起诉用资人的,金融机构可作为第三人参加诉讼;公款私存的,真实的权利人应通知参加诉讼,与存单记载的个人为共同诉讼人。具体处理规则如下:

(1)出资人将资金(款项或票据)交付给金融机构,金融机构给出资人出具存单或进账单、对账单或与出资人签订存款合同,并将资金自行转给用资人的,金融机构与用资人对偿还出资人本金及利息承担连带责任;利息按同期存款利率计算至给付之日。

(2)出资人依照金融机构的指定将资金直接转给用资人,金融机构给出资人出具存单或进账单、对账单或与出资人签订存款合同的,首先由用资人偿还出资人本金及利息,金融机构对用资人不能偿还出资人本金及利息部分承担补充赔偿责任;利息按同期存款利率计算至给付之日。

(3)出资人将资金交付给金融机构,金融机构给出资人出具存单或进账单、对账单或与出资人签订存款合同,出资人再指定金融机构将资金转给用资人的,首先由用资人返还出资人本金和利息。利息按人民银行同期存款利率计算至给付之日。金融机构因其帮助违法借贷的过错,应当对用资人不能偿还出资人本金部分承担赔偿责任,但不超过不能偿还本金部分的40%。

(4)出资人未将资金交付给金融机构,而是自行将资金直接转给用资人,金融机构给出资人出具存单或进账单、对账单或与出资人签订存款合同的,首先由用资人返还出资人本金和利息。利息按人民银行同期存款利率计算至给付之日。金融机构因其帮助违法借贷的过错,应当对用资人不能偿还出资人本金部分承担赔偿责任,但不超过不能偿还本金部分的20%。

总之,最高人民法院在《关于审理存单纠纷案件的若干规定》第6条第2款中指出:以存单为表现形式的借贷,属于违法借贷,出资人收取的高额利差应充抵本金,出资人、金融机构与用资人因参与违法借贷均应承担相应的民事责任。可见最高人民法院对以存单为表现形式的借贷案件承担民事责任的归责原则采用的是过错责任原则,并视银行的过错程度,对银行承担的民事责任作了不同的规定。最高人民法院所列举的这四种情形,实际是"资金系出资人直接交付给用资人还是交付给银行再转交用资人"以及"资金借给用资人系出资人指令还是银行指令"这两个重要因素的排列组合情况,可以将四种情形以简单图表概括(表5-2,图示中A代表出资人,B代表银行,C代表用资人):

表5-2 存单纠纷责任表

资金流向图示		银行对参与违法借贷行为承担的责任
B指令	A→B B→C	连带责任:与用资人对偿还本息承担连带责任
B指令	A→C	补充责任:偿还用资人不能偿还本息的部分
A指令	A→B→C	补充责任:≤用资人不能偿还本金部分的40%
A指令	A→C	补充责任:≤用资人不能偿还本金部分的20%

注:此表源自上海市高级人民法院《关于当前本市法院审理存款、存单纠纷案件情况的通报》。

2.以存单为表现形式的委托贷款纠纷。委托贷款是指由政府部门、企事业单位及个人等委托人提供资金,由商业银行(即受托人)根据委托人确定的贷款对象、用途、金额、期限、利率等代为发放、监督使用并协助收回的贷款。商业银行开办委托贷款业务,只收取手续费,不得承担任何形式的贷款风险。以存单为表现形式的委托贷款纠纷表现为出资人与金融机构之间签订委托贷款协议,同时金融机构又向出资人出具存款合同凭证而发生的纠纷。在这类纠纷中,如果确有证据证实存在委托贷款关系,存款合同不能作为存款关系的凭证。委托贷款约定的利率,超过中国人民银行规定的部分无效。

对这类案件诉讼主体的确定如下:贷款人(受托人)可以借款合同纠纷为由向人民法院提起诉讼;贷款人坚持不起诉的,出资人(委托人)可以委托贷款协议的受托人为被告、以借款人为第三人向人民法院提起诉讼。

3.以存单为表现形式的信托贷款纠纷。信托贷款是国家允许金融机构在规定范围内吸收信托存款,委托人不指定借款人,由金融机构自行放贷的行为。以存单为表现形式的信托贷款纠纷表现为信托存款人与金融机构签订信托贷款协议,同时由金融机构出具存款凭证给出资人。出资人与金融机构间签订委托贷款协议后,由金融机构自行确定用资人的,人民法院应认定出资人与金融机构间成立信托贷款关系。信托贷款的收贷责任和风险按中国人民银行的规定,由贷款人承担。

四、存单质押纠纷

存单质押纠纷是指,存单持有人利用虚开或伪造的存单向他人质押等手段,骗取或占用质押权人财产,质押权人持存单向开具存单的金融机构要求以该存单项下的款项实现质押权,金融机构拒付从而引起纠纷。纠纷的表现及相应的责任承担有以下几种:

1.存单持有人以伪造、变造的虚假存单质押的,质押合同无效。接受虚假存单质押的当事人如以该存单质押为由要求金融机构兑付存款优先受偿的,人民法院应当判决驳回其诉讼请求,并告知其可另案起诉出质人。

2.存单持有人以金融机构开具的、未有实际存款或与实际存款不符的存单进行质押,以骗取或占用他人财产的,该质押关系无效。接受存单质押的人起诉的,该存单的持有人与开具存单的金融机构为共同被告。利用存单骗取或占用他人财产的存单持有人对侵犯他人财产权承担赔偿责任,开具存单的金融机构因其过错致他人财产权受损,对所造成损失承担连带赔偿责任。接受存单质押的人在审查存单的真实性上有重大过失的,开具存单的金融机构仅对所造成的损失承担补充赔偿责任。明知存单虚假还接受存单质押的,并具存单的金融机构不承担民事责任。若能证明虚开存单的行为是金融机构工作人员的个人犯罪行为且金融机构对此没有过错的,金融机构不应承担民事赔偿责任。

3.以金融机构核押的存单出质的,即使存单系伪造、变造、虚开,质押合同均为有效,金融机构应当依法向质权人兑付存单所记载的款项。

4.存单持有人以真实存单向贷款银行(非存单签发行)申请质押贷款,贷款行向存单签发行核实该存单,存单签发行确认了该存单的真实性,未在存单上签注"不得挂失、不提前支取"等字样。之后,存单持有人(质押人)将存单挂失并提前支取了款项。贷款到期不能偿还,贷款行持质押存单要求兑付以实现质押权,存单签发行以存单已挂失支取为由拒付,由此双方发生纠纷。此种情况下,存单签发行应对其受理存款人挂失而给贷款行造成的损失承担赔偿责任。

5.借款人借用他人真实存单,在未经存单出借人同意的情况下,用他人存单向金融机构质押贷款,该金融机构在未得到存单所有权人明示同意前便接受了质押。后借款人未能偿还贷款,金融机构要求以该质押存单实现其质押权,存单所有权人(存单出借人)出面阻止产生纠纷。存单借用人在未经存单所有权人同意的情况下擅自以该存单设定质押的,质押合同无效。金融机构应直接向借款人追索贷款,并要求其承担质押合同无效的过错责任。

【资料与应用】 代理挂失人支取存款,银行应否承担责任❶

1998 年 6 月 26 日,刘某在一家商业银行储蓄所存入了两笔整存整取存款,存单金额分别为 9000 元和 5000 元,期限为一年。1998 年 11 月 12 日,王某来到该商业银行储蓄所称存款人刘某的两张存单丢失,申请代理挂失。经该储蓄所工作人员询问,王某提供了存款开户时间、存款人姓名、存款账号、存款种类、存款金额等诸项内容,与存款人刘某两张存款单存根联上记载内容完全一致,并出示存款人刘某本人身份证和王某本人身份证。储蓄所经审核后为其提供了储蓄挂失申请书,由代理挂失人王某填写,办理了挂失止付手续。同年 11 月 21 日,王某再次来到该商业银行储蓄所,持挂失申请书和存款人刘某本人身份证以及王某本人身份证,申请并领取了补发的新存单,同时还要求提前支取新存单的全部存款。银行储蓄所工作人员核对身份证和挂失申请书相关内容一致,在补发存单背面记载了刘某和王某的身份证号码,然后依据《储蓄管理条例》的有关规定办理了提前支取手续。

1999 年 6 月,刘某持该商业银行原出具的两张储蓄存款单要求提取存款,银行以该存单已由王某代为办理挂失、补领新存单并提前支取为由拒绝支付。存款人刘某遂向法院提起诉讼,要求该商业银行支付存款本息。

法院审理认为:原告将其所有的钱款存入该商业银行,与被告之间即形成合同关系,当事人应当按照约定全面履行自己的义务,而该商业银行仅凭王某提供的原告及其本人的身份证以及存单账号、金额等有关情况,就为王某办理挂失、提前支取是不够的,还必须提供由原告签署的授权委托书,以确保存款人的利益不受侵害。被告举不出证明存款人与代挂失人、代提前支取人之间具有委托代理关系的证据,对未尽核实义务造成原告经济损失的后果依法应承担民事赔偿责任。依照《民法通则》第 106 条第 2 款、第 111 条的规定,判决被告赔偿原告经济损失 14000 元及利息。

问题:1.银行是否应当对未能鉴别出代理人所持的伪造身份证件承担责任? 2.代理挂失不需书面委托,银行如何证明代理人系有权代理?

---

❶ 张炜主编:《银行法律风险控制典型案例探析》,法律出版社 2004 年版,第 73 页。

第六章

贷 款 法

【内容提要】 贷款法系统介绍了贷款法基本制度、保证贷款法、抵押贷款法和质押贷款法律规定。贷款法基本制度介绍了贷款与分类、贷款基本规则、贷款基本程序、贷款期限和利率的管理、借款合同和借款担保规则。保证贷款法中阐述了贷款保证基本规则、借贷保证期间设定、最高额保证贷款和借新还旧的保证规定。抵押贷款法介绍了贷款抵押法基本规则、抵押贷款抵押权登记与抵押权标的物范围、抵押权与其他物权的冲突处理和最高额抵押规则。质押贷款法介绍了贷款质押法基本规则、贷款质押生效规则、特殊权利质押背书效力规则。

第一节
贷款法基本制度

一、贷款概念与分类

（一）贷款的概念

贷款是指金融机构依法把货币资金按一定的利率借给客户并约定期限偿还的一种信用活动。贷款是商业银行的资产业务，也是商业银行业务的核心。贷款是贷款人与借款人之间的债权债务关系。贷款人是债权人，借款人是债务人。贷款之债是合同之债，贷款人与借款人之间的权利义务关系通过借款合同来确定。

调整贷款关系的法律规范的总称是贷款法。贷款法主要规定贷款的主体（资格和条件）、种类、期限和利息、贷款发放的程序、债权保全与清偿、贷款管理制度、借款合同及其担保制度等内容。目前，我国的《民法通则》、《物权法》、《合同法》、《商业银行法》、《担保法》、《贷款通则》都是调整贷款关系的法律规范。

（二）贷款的分类

我国贷款主要有以下几种分类：

1. 按性质的不同，可分为商业性贷款和政策性贷款。商业性贷款是指经营商业性业务的商业银行和非银行金融机构，以营利为目的而向借款人发放的贷款。商业性贷款可以根据其自身的资金和资产状况，对贷款的对象、金额、期限、利率等方面自主作出决定。

政策性贷款是指政策性银行和经营政策性业务的非银行金融机构，以及受政策性银行委托的商业银行，按照国家产业政策和经济发展战略的要求，对属于国家扶持或鼓励的特定对象和项目发放的不以营利为目的的贷款。政策性贷款的贷款对象、金额、期限、利率等等，都要按照国家在一定时期的政策目标来具体确定。

2. 按贷款人发放的贷款来源，可分为自营贷款、委托贷款和特定贷款。自营贷款，指贷款人以合法方式筹集资金自主发放的贷款，其风险由贷款人承担，并由借款人收取本金和利息。委托贷款是指由政府部门、企事业单位以及个人等委托人提供资金，由贷款人（受托人）根据委托确定的贷款对象、用途、金额、期限、利率等代为发放、监督使用并协助收回的贷款。对于委托贷款，贷款人（即受托人）只收取手续费，不承担贷款风险，不得代垫资金。特定贷款，指经国务院批准，并对贷款可能造成的损失采取相应补救措施后责成国有独资商业银行发放的贷款，如救济扶贫贷款，此类贷款带有政策性贷款的性质，但又不是政策性贷款。

3. 按贷款期限的不同，可分为短期贷款、中期贷款和长期贷款。短期贷款是指贷款期限在 1 年以内（含 1 年）的贷款。中期贷款是指贷款期限在 1 年以上（不含 1 年），5 年以下（含 5 年）的贷款。长期贷款是指贷款期限在 5 年（不含 5 年）以上的贷款。

4. 按借款人是否提供担保，可分为信用贷款和担保贷款。信用贷款是指不要求借款人提供担保，而仅凭借款人的信誉发放的贷款。担保贷款是在借款人为贷款提供担保的前提下发放的贷款，又分为保证贷款、抵押贷款和质押贷款。保证贷款是指依照法律规定的保证方式以第三人承诺在借款人不能偿还贷款时，按约定承担一般保证责任或者连带责任而发放的贷款。抵押贷款是指依照法律规定的抵押方式以借款人或第三人的财产作为抵押物而发放的贷款。质押贷款是指依照法律规定的质押方式以借款人或第三人的动产或权利作为质物而发放的贷款。

5.按贷款资产质量(风险程度),分为正常、关注、次级、可疑和损失五类贷款。正常类贷款是指借款人能够履行合同,没有足够理由怀疑贷款本息不能按时足额偿还。关注类贷款是指借款人目前有能力偿还贷款本息,但存在一些可能对偿还产生不利影响的因素。次级类贷款是指借款人还款能力出现明显问题,完全靠其正常营业收入无法足额偿还贷款本息,即使执行担保,也可能会造成一定损失。可疑类贷款是指借款人无法足额还贷,即使执行担保,也肯定要造成较大损失。损失类贷款是指在采取所有可能的措施或一切必要的法律程序之后,本息仍然无法收回,或只能收回较少部分。

6.按贷款资金使用不同,可分为流动资金贷款和固定资金贷款。流动资金贷款是指贷款人为满足借款人在生产经营过程中合理的流动资金需要而发放的贷款。固定资金贷款是指贷款人为满足借款人固定资产的维修、更新改造、新建和扩建对资金的需要而发放的贷款,主要包括专用基金贷款、技术改造贷款和基本建设贷款三大类。

另外,按发放贷款人人数的不同划分,可分为单独贷款和银团贷款。按贷款货币种类的不同划分,可分为人民币贷款和外币贷款等等。

二、贷款基本规则

商业银行贷款业务的基本规则,用来全面规范商业银行的贷款业务。

1.贷款的原则。商业银行经营贷款业务,除应遵循效益性、安全性、流动性等有关基本原则外,还应遵循以下三项原则:①商业银行应根据国民经济和社会发展需要,在国家产业政策指导下开展贷款业务;②商业银行贷款,应当遵守资产负债比例的规定;③商业银行有权拒绝强令贷款,任何单位和个人不得强令商业银行发放贷款或者提供担保。

2.贷款审查规则。商业银行贷款,应当对借款人的借款用途、偿还能力、还款方式等情况进行严格审查。商业银行贷款,应当实行审贷分离、分级审批的制度。

3.贷款担保规则。商业银行的贷款分为担保贷款和信用贷款两大类。商业银行贷款,借款人应当提供担保。信用贷款严格限制使用。

4.贷款合同规则。商业银行决定对借款人发放贷款后,应当与借款人签订正式的贷款合同。

5.对关系人贷款限制的规则。《商业银行法》第40条规定了对关系人贷款的基本规则。对关系人贷款限制规则有两条:①对关系人不得发放信用贷款;②对关系人发放担保贷款的条件不得优于其他借款人同类贷款的条件。

6. 对借款人发放贷款的限制规则。银行不得对下列借款人发放贷款：①不具备法定贷款资格和条件的；②生产、经营或投资国家明文禁止的产品、项目的；③违反国家外汇管理规定的；④建设项目按国家规定应当报有关部门批准而未取得批准文件的；⑤生产经营或投资项目未取得环境保护部门许可的；⑥在实施承包、租赁、合并（兼并）、合作、分立、产权有偿转让、股份制改造等体制变更过程中，未清偿原有贷款债务、落实原有贷款债务或提供相应担保的；⑦有其他严重违法经营行为的。

7. 贷款对象行为限制的规则。对借款人行为有下列限制：①不得用贷款从事股本权益性投资，但国家另有规定的除外；②不得用贷款在有价证券、期货等方面从事投机经营；③不得套取贷款用于借贷，牟取非法收入；④不得向贷款人提供虚假的或者隐瞒重要事实的资产负债表、损益表等；⑤不得在一个贷款人同一辖区内的两个或两个以上的同级分支机构取得贷款；⑥不得违反国家外汇管理规定使用外币贷款；⑦除依法取得经营房地产资格的借款人以外，不得用贷款经营房地产业务；依法取得经营房地产资格的借款人，不得用贷款从事房地产投机；⑧不得采取欺诈手段骗取贷款。

三、贷款基本程序

贷款一般需经过贷款申请、信用评级、调查、审批、签订借款合同、发放贷款、贷款后检查、贷款归还八个程序。

1. 贷款申请。借款人向贷款人申请贷款必须填写包含借款金额、偿还能力、还款方式等主要内容的"借款申请书"，同时，借款人还应提供以下资料：借款人及保证人的基本情况；财政部门或会计（审计）事务所核准的上年度财务报告，以及申请借款前一期的财务报告；原有不合理占用的贷款纠正情况；抵押物、质物清单和有处分权人同意抵押、质押的证明及保证人拟同意保证的有关证明文件；项目建议书和可行性报告；贷款人认为需要提供的其他有关资料。

2. 借款人的信用评级。信用等级评估即信用评级，是对借款人经营状况的综合评估。贷款人评定借款人的信用等级，应当根据借款人的领导者素质、经济实力、资金结构、履约情况、经营效益和发展前景等因素，客观、公正、科学评估。对借款人的信用等级评估可以由各贷款人独立进行，内部掌握，也可以由有批准权的部门进行。贷款人可直接委托资信评估公司对借款人评估，也可以直接采用有效的评估结果。

3. 贷款调查。在评级后，贷款人的调查人员应当对借款人的信用等级以及借款的合法性、安全性、赢利性等情况进行调查；如是担保贷款，还应核实抵押物、质物、保证人情况,并测定贷款风险度。按惯例,企业信用等级分为五类,即 AAA 级、AA 级、A 级、B 级和 C 级,最高为 AAA 级。

4.贷款审批。贷款人应当建立审贷分离、分级审批的贷款管理制度。审查人员应当对调查人员提供的资料进行核实、评定,复测贷款风险,提出意见,按规定权限报批。

5.签订借款合同。经审查批准,贷款人应当与借款人签订书面借款合同,约定借款种类,借款用途、金额、利率,借款期限,还款方式,借、贷双方的权利、义务,违约责任和双方认为需要约定的其他事项。保证贷款应当由保证人与贷款人签订保证合同,或保证人在借款合同上载明与贷款人协商一致的保证条款,加盖保证人的法人公章,并由保证人的法定代表人或其授权代理人签署姓名。抵押贷款、质押贷款应当由抵押人、出质人与贷款人签订抵押合同、质押合同,需要办理登记的,应依法办理登记。

6.发放贷款。借款合同签订后,贷款人要按借款合同的约定按期发放贷款。贷款以借款人出具借据为准。贷款人不按合同约定按期发放贷款的,应当偿付违约金。借款人不按合同约定用款的,应偿付违约金。

7.贷款后检查。贷款发放后,贷款人应当对借款人执行借款合同的情况及经营情况进行追踪调查和检查,监督借款人按合同用款。

8.贷款归还。贷款人应当在短期贷款到期 1 个星期之前、中长期贷款到期 1 个月之前,向借款人发送还本付息通知单。借款人应当及时筹备资金,按照借款合同的约定,按时足额归还贷款本息。贷款人对逾期贷款要及时发出催收通知单,并应按规定加罚利息;对不能归还或者不能落实还本付息事宜的,应当督促归还或者依法提起诉讼或仲裁。借款人提前归还贷款,应当与贷款人协商。

四、贷款期限和利率的管理

1.贷款期限。贷款期限根据借款人的生产经营周期、还款能力和贷款人的资金供给能力由借、贷双方共同商议后确定,并在借款合同中载明。自营性贷款期限最长一般不得超过 10 年,超过 10 年应当报银行业监督管理委员会备案。

借款人不能按期归还贷款的,应当在贷款到期日之前向贷款人申请展期,是否展期由贷款人决定。申请保证贷款、抵押贷款、质押贷款展期的,还应当由保证人、抵押人、出质人出具同意的书面证明,已有约定的按照约定执行。除国家另有规定外,短期贷款展期期限累计不得超过原贷款期限,中期贷款展期期限累计不得超过原贷款期限的一半,长期贷款展期期限累计不得超过 3 年。借款人未申请展期或者申请展期未得到批准,其贷款从到期日次日起,转入逾期贷款账户。

2. 贷款利率。贷款人应当按照中国人民银行规定的贷款利率的上下限,确定每笔贷款利率,并在借款合同中载明。贷款人和借款人应当按借款合同和中国人民银行有关计息规定按期计收或交付利息。贷款的展期期限加上原期限达到新的利率期限档次时,从展期之日起,贷款利息按新的期限档次利率计收。逾期贷款按规定计收罚息。贷款人对于自营性贷款,除按中国人民银行的规定计收利息外,不得收取其他任何费用;对于委托贷款,除按中国人民银行的规定计收手续费外,不得收取其他任何费用。

根据 2003 年 12 月 10 日中国人民银行《关于人民币贷款利率有关问题的通知关于罚息利率问题》规定,自 2004 年 1 月 1 日起,逾期贷款(借款人未按合同约定日期还款的借款)罚息利率由现行按日 0.21‰ 计收利息,改为在借款合同载明的贷款利率水平上加收 30%～50%;借款人未按合同约定用途使用借款的罚息利率,由现行按日 0.5‰ 计收利息,改为在借款合同载明的贷款利率水平上加收 50%～100%。对逾期或未按合同约定用途使用借款的贷款,从逾期或未按合同约定用途使用贷款之日起,按罚息利率计收利息,直至清偿本息为止。对不能按时支付的利息,按罚息利率计收复利。❶

根据国家政策,为了促进某些产业和地区经济的发展,有关部门可以对贷款补贴利息。对有关部门贴息的贷款,承办银行应当自主审查发放,并根据有关规定严格管理。除国务院外,任何单位和个人无权决定停息、减息、缓息和免息。贷款人应当依据国务院决定,按照职责权限范围具体办理停息、减息、缓息和免息。

五、借款合同

借款合同又称借贷合同,是借款人向贷款人借款,到期返还借款并支付利息的合同。借款合同的立法有《合同法》(第 12 章)、《借款合同条例》、《贷款通则》、《贷款证管理办法》以及最高人民法院的相关司法解释。

---

❶ 最高人民法院《关于逾期付款违约金应当按照何种标准计算问题的批复》(自 1999 年 2 月 16 日起施行)规定,对于合同当事人没有约定逾期付款违约金标准的,人民法院可以参照中国人民银行规定的金融机构计收逾期贷款利息的标准计算逾期付款违约金。中国人民银行调整金融机构计收逾期贷款利息的标准时,人民法院可以相应调整计算逾期付款违约金的计算标准。参照中国人民银行 1996 年 4 月 30 日发布的银发〔1996〕156 号《关于降低金融机构存、贷款利率的通知》的规定,目前,逾期付款违约金标准可以按每日 0.4‰ 计算。

我国《合同法》第 197 条第 2 款规定,借款合同的内容包括借款种类、币种、用途、数额、利率、期限和还款方式等条款。《商业银行法》第 37 条也规定,商业银行贷款,应当与借款人订立书面合同。合同应当约定贷款种类、借款用途、金额、利率、还款期限、还款方式、违约责任和双方认为需要约定的其他事项。因此,金融机构借款合同主要包括以下内容:

1.借款种类。借款种类主要是根据借款人的行业性质和资金投向来划分的,因而它对借款用途、期限、利率以及还款资金来源和还款方式等合同其他条款的确定有着重要影响。

2.借款币种。合同中应明确约定标的物是人民币还是外币;是外币的,还应约定具体的外币种类。

3.借款用途。借款用途是指借款的投向和具体的使用范围。合同中对借款用途应加以明确、具体地约定。

4.借款金额。借款金额是指借贷货币数量的多少。借款金额的约定可以采取确定一笔金额,由借款人一次提款;也可以采取确定一笔总金额,由借款人依照合同约定的期限或条件分次提款等多种方式。但无论采取何种方式,其金额都必须确定。

5.借款利率。借款利率是指一定时期借款利息与借款本金之间的比率。借贷双方应根据中国人民银行规定的贷款利率的上下限,在合同中确定借款利率。

6.还款期限。还款期限是指借款人归还贷款的期限。借贷双方应根据借款种类、借款用途以及借款人的还款能力和贷款人的资金状况,在合同中约定还款期限。

7.还款方式。还款方式是指借款人归还借款所采用的方式。它主要包括:还款的形式,即是到期一次性还款,还是分期等额还款或逐年等额还款;偿还本金和利息的顺序;还款应履行的手续;还款所采用的结算方式等。

8.借款担保。借款担保是指为督促借款人履行借款合同所约定的义务,保障贷款人合同权利的实现,按照法律的规定在借款合同上设立的保障措施。根据我国《合同法》第 199 条的规定,订立借款合同,贷款人可以要求借款人提供担保。

9.违约责任。违约责任是指合同当事人不履行合同义务或者履行合同义务不符合合同约定所应承担的责任。违约责任也应是合同的主要内容。

10.借款合同争议的解决方式。解决合同争议有四种方式可供选择:和解、调解、仲裁、诉讼。和解是指当事人自行协商达成一致的解决方案。调解是指民间调解,不包括法庭调解和仲裁调解。申请仲裁必须达成仲裁协议,仲裁为一裁终局制。诉讼是解决争议的最后办法。我国人民法院对民事经济纠纷案件的审判实行两审终审制。借款合同的管辖权归贷款人所在地人民法院。仲裁机构出具的裁决书、调解书和人民法院出具的判决书、裁定书和调解书具有同等法律效力,一方当事人拒绝履行的,另一方当事人可以申请强制执行。借款合同争议的解决方式在合同中明确较好。

六、借款担保

在民法上,担保是指在民事活动中确保债权实现的一种保障措施,是对债务履行的保证,故又称为债的担保。广义的债的担保,包括债的一般担保和债的特别担保。债的一般担保可以理解为以债务人总的财产担保一般债权人的债权得以实现的担保。债作为一种信用关系,债务人须以自己的信用和财产来保证其债务的履行,债务人不履行其债务时应承担相应的民事责任,以保障债权人的合法权益。为保证债务人能以全部财产清偿其全部债权,法律赋予了债权人代位权和撤销权,也是债的一般担保。狭义的债的担保即债的特别担保,是保证特定债权人的债权得以实现的担保,是在债权之外设立的担保债权实现的担保,包括人的担保和物的担保,我国担保法规定的担保属于狭义的债的担保。

债的担保是指法律为保证特定债权人利益的实现而特别规定的以第三人的信用或以特定财产保障债务人履行债务,债权人实现债权的制度。我国民法规定的担保有保证、抵押、质押、留置、定金担保以及其他非典型担保。担保具有从属性,担保之债是为保证主债权的实现而由债务人或第三人向主债权人提供的担保,从属于被担保的债权。担保之债的产生、移转或消灭,均从属于被担保的债权。担保债权的成立以主债权的存在为前提,主债权移转时,担保债权也随主债权而移转,主债权消灭则担保债权也随之消灭。但法律另有规定的除外。担保具有补充性,只有在主债务人到期不履行或者发生当事人约定的实现担保物权的情形时,主债权人才能行使担保权,以实现其债权。如在一般保证中,主债权人只有在先执行主债务财产仍不足以清偿债务时,主债权人才能要求保证人清偿。在抵押和质押中,只有在主债务人到期未履行债务时,债权人才可以行使相应的担保物权。担保债权虽然具有从属性,但担保合同是独立于主合同的单独合同,担保债务是独立于主债务的单独债务。早期观点认为担保债权的效力依照法律规定或当事人的约定,可以不依附于被担保的债权而单独发生效力,被担保的债权不成立、无效或失效,对已经成立的担保债权不发生影响。但《物权法》第 172 规定："条设立担保物权,应当依照本法和其他法律的规定订立担保合同。担保合同是主债权债务合同的从合同。主债权债务合同无效,担保合同无效,但法律另有规定的除外。担保合同被确认无效后,债务人、担保人、债权人有过错的,应当根据其过错各自承担相应的民事责任。"

调整担保关系的法律是担保法,担保法是调整担保关系的法律规范的总称。担保法的调整对象主要是债权人和担保人之间的财产关系,担保人和被担保人之间的求偿关系。我国担保法规范主要指《民法通则》、《物权法》和《担保法》中关于担保的规定,具体为《担保法》、《物权法》和最高人民法院发布的《关于适用〈中华人民共和国担保法〉若干问题的解释》等法律及规范性文件。

【资料与应用】 同一债权既有保证又有第三人提供物的担保时该如何适用法律

1999 年 8 月 17 日,原告晋江工商银行与被告宏达建材厂签订一份借款合同。合同约定,晋江工商银行借给宏达建材厂 35 万元,借款用途为购买原料,期限自 1999 年 8 月 17 日至 2000 年 6 月 17 日,月利率为 0.6337%,按季度结息,逾期还款按日 0.21‰ 计收利息。被告黄××、郭×× 以其共有的房产作为抵押物,为宏达建材厂向晋江工商银行贷款最高限额 50 万提供抵押担保;被告鸿新陶瓷公司为宏达建材厂的贷款提供连带保证责任,保证期间自借款之日起至借款到期后 2 年。合同签订后,晋江工商银行依约发放贷款 35 万元。借款到期后,宏达建材厂只归还本金 5 万元及支付利息至 2001 年 12 月 20 日。被告黄××、郭××、鸿新陶瓷公司均没有按合同履行义务。晋江工商银行多次催讨未果,诉至法院。

晋江市法院认为,原告、被告双方签订的借款合同、保证合同、最高额抵押合同,均没有违反强制性法律规定,该借贷关系合法有效。四被告均已构成违约,应各自承担相应的违约责任。原告的诉讼请求合法有据,应予支持。被告鸿新陶瓷公司主张本案抵押担保物的价值远远超过原告主张的债权,其不应承担保证责任。因该担保物权不是由债务人自己提供的,而是由第三人提供的,故其主张不予采纳。一审法院判决:被告宏达建材厂应偿还本息,被告鸿新陶瓷公司对上述借款本息、罚息承担连带清偿责任,其在承担保证责任之后有权向被告宏达建材厂追偿,原告晋江工商银行对被告黄××、郭×× 提供的抵押物享有优先受偿权。鸿新陶瓷公司不服一审判决,提起上诉称:一审适用法律严重不当。最高人民法院《关于适用〈中华人民共和国担保法〉若干问题的解释》第 38 条规定"同一债权既有保证又有第三人提供物的担保的,债权人可以请求保证人或者物的担保人承担担保责任",说明债权人具有选择权,但只能其中一种,不能两者都选择。一审时,被上诉人晋江工商银行并没有行使选择权,因此只能适用《担保法》第 28 条"同一债权既有保证又有物的担保的,保证人对物的担保以外的债权承担保证责任"。据此,根据"物权优先于债权"的一般原理,由于本案的抵押物价值远远大于债务,作为保证人的上诉人依法不需要再承担法律责任。因此请求法院改判上诉人不承担保证责任或只对被上诉人黄××、郭××提供的抵押物以外的本案债权承担保证责任。被上诉人晋江工行辩称,本案设定的抵押物是第三人提供,与抵押物是借款人的情况不同,应适用《担保法》司法解释,物权优于债权不适用本案。泉州中级法院审理后认为,本案中的借款合同、保证合同、最高额抵押合同均确认有效。鸿新公司上诉请求不承担保证责任缺乏法律依据,不予采纳,鸿新公司应承担法律责任。至于鸿新公司应如何承担保证责任,由于本案的借款同时存在保证担保和房产抵押担保,根据《担保法》第 28 条"同一债权既有保证又有物的担保的,保证人对物的担保以外的债权承担保证责任",鸿新公司认为其只对房产抵押担保以外的债权承担保证责任的上诉请求,依法有据,应予采纳。虽然最高人民法院《关于适用〈中华人民共和国担保法〉若干问题的解释》第 38 条规定赋予债权人在主张权利时具有选择权,但对本案的处理,在《担保法》有明确规定的情况下,应当直接适用《担保法》的相关规定,不适用该司法解释。因此,一审法院对此的判决理由和实体处理,系适用法律不当,应予纠正。

　　问题:本案系《物权法》施行(2007 年 10 月 1 日)前裁判处理结果。如按照《物权法》第 176 条规定:"被担保的债权既有物的担保又有人的担保的,债务人不履行到期债务或者发生当事人约定的实现担保物权的情形,债权人应当按照约定实现债权;没有约定或者约定不明确,债务人自己提供物的担保的,债权人应当先就该物的担保实现债权;第三人提供物的担保的,债权人可以就物的担保实现债权,也可以要求保证人承担保证责任。提供担保的第三人承担担保责任后,有权向债务人追偿。"本案如何处理? 同一债权既有保证又有第三人提供物的担保时,该如何适用法律? 你认为如何处理才正确? 为什么?

第二节
保证贷款法

一、贷款保证基本规则

(一)保证与保证贷款

保证,是指保证人和债权人约定,当债务人不履行债务时,保证人按照约定履行债务或者承担责任的行为。保证贷款指按《担保法》规定的保证方式以第三人承诺在借款人不能偿还贷款时,按约定承担一般保证责任或者连带责任发放的贷款。

（二）保证合同

保证合同,是指保证人与债权人订立的在主债务人不履行其债务时,由保证人承担保证债务的协议。保证合同内容如下:①被保证的主债权种类、数额。②债务人履行债务的期限。③保证的方式。保证方式包括一般保证和连带责任保证,未约定时按连带责任保证处理。④保证担保的范围。⑤保证的期间。⑥双方认为需要约定的其他事项。双方认为需要约定的其他事项,主要是指赔偿损失的范围及计算方法、是否设立反担保等。

保证合同采取书面形式,具体为:①保证人与债权人就保证问题依法达成书面协议的,保证合同成立;②保证人以书面形式向债权人表示,当被保证人不履行债务时,由其代为履行或者承担连带责任并为债权人接受的,保证合同成立;③保证人在债权人与被保证人签订的订有保证条款的主合同上,以保证人的身份签字或者盖章;或者主合同中虽没有保证条款,但保证人在主合同上以保证人的身份签字或者盖章的,视为保证合同成立。最高人民法院《关于适用〈中华人民共和国担保法〉若干问题的解释》（简称为《〈担保法〉解释》）第22条规定,第三人单方以书面形式向债权人出具担保书,债权人接受且未提出异议的,保证合同成立。要特别说明的,类似保证函、担保函、承诺函、承诺书、保函之类的简易文件,只要其中意思表示明确,都可以成为保证担保的证据加以认定。

（三）保证责任

保证人的保证责任与保证方式相关。保证可分为一般保证和连带责任保证。所谓一般保证,是指当事人在保证合同中约定,债务人不能履行债务时,由保证人承担保证责任的保证。所谓连带责任保证,是指当事人在保证合同中约定保证人与债务人对债务承担连带责任的保证。这两种保证之间最大的区别在于保证人是否享有先诉抗辩权。在一般保证情况下,保证人享有先诉抗辩权,即一般保证的保证人在主合同纠纷未经审判或者仲裁,并就债务人财产依法强制执行仍不能履行债务前,对债权人可以拒绝承担保证责任。而在连带责任保证的情况下,保证人不享有先诉抗辩权,即连带责任保证的债务人在主合同规定的债务履行期届满没有履行债务的,债权人可以要求债务人履行债务,也可以要求保证人在其保证范围内承担保证责任。另外,当事人对保证方式没有约定或者约定不明确的,按照连带责任保证承担保证责任。

需要特别注意的是保证人不承担民事责任的情形。《担保法》第 30 条规定:"有下列情形之一的,保证人不承担民事责任:①主合同当事人双方串通,骗取保证人提供保证的;②主合同债权人采取欺诈、胁迫等手段,使保证人在违背真实意思的情况下提供保证的。"

(四)保证合同无效及所产生的责任

按照我国现行法的规定,保证合同可因下述原因而归于无效:①法人的分支机构、内部职能部门未经法人书面授权或者超出授权范围与债权人订立保证合同的,保证合同无效或部分无效;②主合同债权人一方或债权人与债务人双方采取欺诈、胁迫等手段,或者恶意串通,使保证人在违背真实意思情况下提供保证的,保证合同无效;③国家机关未经国务院批准而与债权人订立保证合同的,保证合同无效;④学校、幼儿园、医院等以公益为目的的事业单位与债权人订立保证合同的,保证合同无效;⑤保证合同是主合同的从合同,主合同无效,保证合同无效,保证合同另有约定的除外。在规定了主合同与担保合同之间的主从关系后,又作出"保证合同另有约定的除外"的规定,通常被视为独立担保的法律依据。独立担保包括独立保证和独立担保物权,在担保实务中经常体现为见索即付的担保、见单即付的担保、无条件不可撤销的担保、放弃先诉抗辩权和主合同一切抗辩权的担保等形式。由于独立担保的实质是否定担保合同的从属性,不再适用担保法律中为担保人提供的各种保护措施,诸如未经担保人同意而变更担保合同场合下担保人的免责,担保人因主债权债务合同无效、被撤销、诉讼时效或强制执行期限完成而产生的抗辩权,以及一般保证人独有的先诉抗辩权等,因此独立担保是一种担保责任非常严厉的担保。担保实务和审判实践对独立担保的适用范围存在争议。考虑到独立担保责任的异常严厉性,以及使用该制度可能产生欺诈和滥用权利的弊端,尤其是为了避免严重影响或动摇我国担保法律制度体系的基础,目前独立担保只能在国际商事交易中使用。《物权法》第 172 条第 1 款关于"但法律另有规定的除外"之规定,进一步表明当事人不能约定独立性担保物权的立场。因此,对于独立担保的处理,要坚持维护担保制度的从属性规则,在主合同有效的前提下,若当事人在非国际商事交易领域约定独立保证或独立担保物权,应当否定担保的独立性,并将其转换为有效的从属性连带保证或担保物权。

保证合同被确认无效后,债务人、担保人、债权人有过错的,应当根据其过错各自承担相应的民事责任。根据《〈担保法〉解释》第 7 条、第 8 条、第 9 条规定,其责任承担是:①主合同有效而担保合同无效,债权人无过错的,担保人与债务人对主合同债权人的经济损失,承担连带赔偿责任;债权人、担保人有过错的,担保人承担民事责任的部分不应超过债务人不能清偿部分的1/2。②主合同无效而导致担保合同无效,担保人无过错的,不承担民事责任;担保人有过错的,承担民事责任的部分不应超过债务人不能清偿部分的1/3。③担保人因无效担保合同向债权人承担赔偿责任后,可以向债务人追偿,或者在承担赔偿责任的范围内,要求有过错的反担保人承担赔偿责任。担保人可以根据承担赔偿责任的事实对债务人或者反担保人另行提起诉讼。

(五)保证责任消灭

保证责任消灭,指对已经存在的保证责任基于法律的规定或当事人的约定加以除去的现象。主要有:①主合同当事人双方恶意串通,骗取保证人提供保证的,保证人不承担保证责任。②主合同债权人采取欺诈、胁迫等手段,使保证人在违背真实意思的情况下提供保证的,保证人不承担保证责任。③保证合同约定债权人转让其债权时,保证责任免除,应依其约定,保证人不承担保证责任。④保证期间,债权人许可债务人转让债务,但未经保证人的同意,损害保证人利益的,保证人不再承担保证责任。⑤债权人与债务人协议变更主合同,但未经保证人同意,这极可能损害保证人的合法权益。对此种情况,依《担保法》第24条规定,保证人不再承担保证责任,除非当事人有相反的约定。但依《〈担保法〉解释》第30条规定,保证期间,债权人与债务人对主合同数量、价款、币种、利率等内容作了变动,未经保证人同意的,如果减轻债务人的债务的,保证人仍应当对变更后的合同承担保证责任;如果加重债务人的债务的,保证人对加重的部分不承担保证责任。债权人与债务人对主合同履行期限作了变动,未经保证人书面同意的,保证期间为原合同约定的或者法律规定的期间。债权人与债务人协议变动主合同内容,但并未实际履行的,保证人仍应当承担保证责任。⑥在一般保证的情况下,保证期间届满,债权人未对债务人提起诉讼或者申请仲裁的,保证人免除保证责任。在连带责任保证的情况下,保证期间届满,债权人未要求保证人承担保证责任的,保证人免除保证责任。另外,一般保证的保证人在主债权履行期间届满后,向债权人提供了债务人可供执行财产的真实情况的,债权人放弃或者怠于行使权利致使该财产不能被执行,保证人可以请求人民法院在其提供可供执行财产的实际价值范围内免除保证责任。⑦在同一债权既有保证又有物的担保的情况下,债权人放弃物的担保时,保证人在债权人放弃权利的范围内免除保证责任。⑧主合同当事人双方协议以新贷偿还旧贷,除保证人知道或者应当知道的外,保证人不承担民事责任。新贷与旧贷系同一保证人的,不适用前款的规定。

二、借贷保证期间设定

贷款人可与保证人设定保证期间。但是,期间设定不妥当也会给贷款人带来风险。

1. 未约定连续保证的保证期间。《担保法》规定,连续保证的保证期间未约定的,保证人可随时通知债权人终止保证合同。因此,贷款人如果未与保证人约定保证期间的,贷款人将严重丧失主动权,把保证合同的解除权让渡给保证人,从而使一定期间内发生的债权失去担保而面临风险。

2. 约定期间不明确。有的保证合同约定,保证人保证期间"至债务清偿之日止"。表面上看,它把保证人牢牢锁定在保证锁链中直至其承担清偿责任为止。其实这种约定极不明确。《〈担保法〉解释》规定:保证合同约定保证人承担保证责任直至主债务本息还清时为止等类似内容的,视为约定不明,保证期间为主债务履行期届满之日起 2 年。

3. 约定期间早于或等于借款归还期间。根据《担保法》的规定,保证期间起始于主债务履行期届满之日。如果当事人约定的保证期间早于或等于主债务的履行期,等于取消了保证期间,因为这时出现了保证期间的起始日早于或与届满日重叠。《〈担保法〉解释》第 32 条规定,保证合同约定的保证期间早于或者等于主债务履行期限的,视为没有约定,保证期间为主债务履行期届满之日起 6 个月。

三、最高额保证贷款

所谓最高额保证(又称循环保证或滚动保证),是指债权人与保证人之间就债务人在一定期间内连续发生的若干笔债务,确定一个最高限额,由保证人在此限额内对债务人履行债务作保证的协议。最高额保证具有如下特征:[1]

1. 最高额保证所保证的债务均为将来发生的债务。其他保证既可以是对现在已经存在的债务为保证,也可以是对将来发生的债务为保证,而最高额保证则均是对将来发生的债务,即在最高额保证合同订立之时,债务并没有发生。

2. 最高额保证所保证的债务为将来一定期间内所发生的债务。普通保证所保证的债务通常为确定的一笔债务,而且在保证合同订立之时,即予以明确,如为一笔数额为 10 万元的贷款为保证;而最高额保证则是对债务人在一定时

---

[1]　李国光、奚晓明、金剑峰、曹士兵著:《关于适用〈中华人民共和国担保法若干问题的解释〉理解与适用》,吉林人民出版社 2000 年版,第 121—122 页。

期所发生的债务为保证。

3.最高最额保证所保证的债务为连续发生的若干笔债务。最高额保证是对在一段时期内,发生的若干个具有连续性的债务为保证。其债务具有多次性,存在着多个实际发生的债权和债务。

4.最高额保证的保证人责任为期限届满时的责任。在最高额保证合同所约定的期间内,无论发生多少笔债务,也不论债务总额多大,保证人均不发生保证责任,只是在该合同约定的一定期间届满时,才发生保证责任。

5.最高额保证的保证人责任具有限额。虽然最高额保证的保证人是对主债务人在一定时期内连续发生的多笔债务为保证,但其所承担的保证责任是具有一定的限度的该最高额,即在最高额保证合同中所约定的最高限额。多次债务的总额累计可能大大地超过该最高额,但最终的结果则不应超过该最高额,即使最终债务人未能清偿的债务额超过该限额,保证人也仍在该额度内承担保证责任。

6.不定期最高限额保证合同终止的特殊性。《担保法》对不定期最高额保证合同的终止问题作了规定,即保证人可以随时书面通知债权人终止最高额保证合同。保证人对于不定期最高额保证享有随时终止权,保证人只要通知债权人其终止的要求,该最高额保证即告终止,并不需要债权人的同意。但是,为了保证债权人的利益,法律同时规定,对于保证人的通知到达债权人之前所发生的债权,保证人仍应承担保证责任。

四、借新还旧的保证

借贷合同期满后,借款人因经营不善等原因,无力还款,贷款人为体现账面上信贷资金的良性运作或考虑到借款人目前的困难等,采取与借款人订立新的借贷合同,重新发放借款人一定金额的贷款用于归还借款人原欠贷款人的本息。这种做法被称为借新还旧。借新还旧名义上是借款人还清了原借贷合同项下的本息,实质上贷款人与借款人仅更换了借贷的法律文件,借款人未还分文借款,贷款人实际上也未收回借款人拖欠的借款。

在新贷还旧贷的情况下,产生两个法律问题:一是新的贷款合同是否有效,二是保证人应如何承担责任。关于新的贷款合同效力有两种观点:一种认为无效,一种认为有效。从法律上看,以借新还旧虽不合适,但确是当事人之间真实意思体现,且法律、行政法规并没有禁止性的规定,认定贷款合同无效没有法律依据,因此,宜以有效合同对待为妥。关于保证人的责任承担问题,《〈担保法〉解释》第39条对借新还旧作出了一个统一的司法解释,即:"主合同当事人双方协议以新贷偿还旧贷,除保证人知道或者应当知道的外,保证人不承担民事责任。新贷与旧贷系同一保证人的,不适用前款的规定。"据此,一般认为,新贷与旧贷系同一保证人的,保证人仍应承担保证责任。

【案例】 2007 年 11 月 15 日杭州市光华橡胶材料有限公司(以下简称光华橡胶公司)与杭州市大车胎有限公司(以下简称大车胎公司)订立协议书约定:光华橡胶公司因购橡胶资金不足向工行邢台市营业部(以下简称营业部)贷款 2600 万元人民币;大车胎公司为光华橡胶公司 2600 万元贷款提供担保;光华橡胶公司购回橡胶后,按比市场价每吨低 100 元的价格销售给大车胎公司不低于价值 2600 万元的橡胶;大车胎公司收到橡胶后,尽快筹集 2600 万元的货款,交付光华橡胶公司,光华橡胶公司负责从营业部撤销 2600 万元的担保合同。2007 年 11 月 24 日,光华橡胶公司与营业部签订借款合同,主要约定:光华橡胶公司为购橡胶向营业部借款 2600 万元,借款期限自 2007 年 11 月 24 日至 2008 年 5 月 21 日止,月利率 6.045‰;光华橡胶公司有义务协助营业部与担保人签订担保合同。同日,大车胎公司与营业部签订担保合同。双方约定:本合同所担保的主债权为营业部依据主合同发放的 2600 万元贷款;保证方式为连带责任保证,同时还约定了保证范围和保证期间等内容。在借款合同、担保合同生效后,营业部于 2007 年 11 月 24 日向光华橡胶公司支付贷款 2600 万元。按营业部与光华橡胶公司在贷款前的协商意见,营业部于 27 日以特种转账凭证(用途记载为"还贷")分三笔将光华橡胶公司所借 2600 万元用于偿还橡胶材料公司因购橡胶申请的银行承兑汇票垫付款 2600 万元(该笔贷款不是大车胎公司担保)。

营业部于 2009 年 3 月 6 日向杭州市中级人民法院提出民事诉讼,要求法院判决被告光华橡胶公司偿还贷款 2600 万元及利息;大车胎公司承担连带保证责任。杭州市中级人民法院于 2009 年 5 月 16 日作出民事判决:被告光华橡胶公司偿还原告营业部贷款本金 2600 万元及利息;被告大车胎公司对以上给付款项承担连带清偿责任。大车胎公司不服,上诉至浙江省高级人民法院,该院经审理作出终审判决:撤销邢台市中级人民法院关于"大车胎公司对光华橡胶公司应给付营业部的贷款本金及利息承担连带清偿责任"的判决。

分析:"以贷还贷"保证合同的保证人有三种情况:①新贷旧贷是同一保证人。不论保证人是否知道或者应当知道主合同"以贷还贷"的事实,均应对新贷款承担保证责任。②旧贷为甲保证人,新贷为乙保证人。因新贷还了旧贷而使旧贷的保证人的保证责任消灭,从结果上看是新贷的保证人承担了旧贷的保证人的保证责任。③旧贷无保证人,新贷有保证人。旧贷无保证人,新贷有保证人,对债权人来说则由原来的无担保贷款变成了有担保贷款,对保证人来说等于直接承担了已经不能归还贷款的保证责任。在②③两种情况,不仅未征得保证人的同意,债权人与债务人串通实际变更主合同的贷款用途,而且保证人承担新贷保证的可能是一笔无法偿还的死债,让保证人在这种情况下承担保证责任,有违民法上的公平原则。因此,对于后两种情况的保证人,如果债权人没有将以贷还贷的事实告知新贷的保证人,则显系债权人与债务人双方恶意串通,欺骗保证人提供的担保,这时的新贷保证人不应承担任何责任。

最高人民法院《关于适用〈中华人民共和国担保法〉若干问题的解释》第39条规定:"主合同当事人双方协议以新贷还旧贷,除保证人知道或者应当知道的外,保证人不承担民事责任。新贷与旧贷系同一保证人的,不适用前款的规定。"对于债权人如何证明新贷保证人知道或者应当知道以贷还贷的事实,一是借款合同中的借款用途写明"借款还旧"、"以贷还贷"、"转贷"等或者写明"流动资金周转"(因归还旧贷亦属"流动资金周转"的范围),这足以证明保证人知道"以贷还贷"的事实。新贷的保证人在明知以贷还贷而自愿为其担保,无论保证人是属于上述哪种情况,保证人均不得主张免责。二是贷款合同中的借款用途为"购原材料"、"购×××"等,而债权人又不能举出其他有效证据来证明保证人知道或者应当知道以贷还贷的事实,并且保证人属于上述后两种情况的,保证人的责任应予免除。

第三节
抵押贷款法

一、抵押贷款法基本规则

（一）抵押贷款与抵押权

抵押是指为担保债务的履行,债务人或者第三人不转移财产的占有,将该财产抵押给债权人,债务人不履行到期债务或者发生当事人约定的实现抵押权的情形时,债权人有权就该财产优先受偿的法律制度。抵押财产既包括动产,也包括不动产。在借贷关系中的抵押贷款,系指按抵押方式以借款人或第三人的财产作为抵押财产发放的贷款。抵押权就是抵押财产优先受偿的权利。抵押权人在债务人不履行到期债务或者发生当事人约定的实现抵押权的情形时,有权依法律以抵押财产优先得到清偿,即抵押权人得排除无抵押权的债权人就抵押财产优先受偿;次序在先的抵押权人比次序在后的抵押权人优先受偿。

抵押担保因可以在债务不得履行或者发生当事人约定的实现抵押权的情

形时,将担保物变价受偿,因而被举为最理想且可靠的担保物权,有"担保之王"之称。

（二）抵押权的设立

抵押权依抵押行为而设立。抵押行为是当事人（主债权人和主债务人或第三人）以意思表示设定抵押权的双方民事法律行为,其具体表现形式为抵押合同。

1.抵押合同的设立。抵押合同的订立以被担保的主合同为依据,签约双方经要约、承诺过程而确立合同。当事人签订的抵押合同一般应当包括以下内容:①被担保债权的种类和数额;②债务人履行债务的期限;③抵押财产的名称、数量、质量、状况、所在地、所有权归属或者使用权归属;④担保的范围。抵押权所担保的范围包括原债权及利息、抵押权实现费用、违约金和损害赔偿金。对于抵押担保的范围,当事人可以有特别规定。除法律另有规定或者合同另有约定外,抵押合同自合同成立时生效;未办理抵押登记的,不影响合同效力。

2.抵押登记。法律对抵押权的设立,要求具备严格的形式要件。根据我国《物权法》第 187 条、188 条、第 189 条的规定,下述财产的抵押,应当办理抵押登记,抵押权自登记时设立:①建筑物和其他土地附着物;②建设用地使用权;③以招标、拍卖、公开协商等方式取得的荒地等土地承包经营权;④正在建造的建筑物。当事人以上述之外的其他财产抵押的,抵押权自抵押合同生效时设立;未经登记,不得对抗善意第三人。如以生产设备、原材料、半成品、产品、交通运输工具、正在建造的船舶、航空器抵押的,抵押权自抵押合同生效时设立,未经登记,不得对抗善意第三人。另外,依据《物权法》第 181 条规定,经当事人书面协议,企业、个体工商户、农业生产经营者可以将现有的以及将有的生产设备、原材料、半成品、产品抵押,债务人不履行到期债务或者发生当事人约定的实现抵押权的情形,债权人有权就实现抵押权时的动产优先受偿。这种动产抵押,应当向抵押人住所地的工商行政管理部门办理登记。抵押权自抵押合同生效时设立;未经登记,不得对抗善意第三人。

3.抵押权标的。抵押权的标的,习惯上称为抵押财产,它是指债务人或第三人提供担保的财产。下列财产可以作为抵押财产:①建筑物和其他土地附着物;②建设用地使用权;③以招标、拍卖、公开协商等方式取得的荒地等土地承包经营权;④生产设备、原材料、半成品、产品;⑤正在建造的建筑物、船舶、航空器;⑥交通运输工具;⑦法律、行政法规未禁止抵押的其他财产。对于上述财产,抵押人既可以将其中的一项财产单独抵押,也可以将几项财产一并抵押。但值得注意的是,以建筑物抵押的,该建筑物占用范围内的建设用地使用权一并抵押。以建设用地使用权抵押的,该土地上的建筑物一并抵押。抵押人未一并抵押的,未抵押的财产视为一并抵押。乡镇、村企业的建设用地使用权不得单独抵押。以乡镇、村企业的厂房等建筑物抵押的,其占用范围内的建设用地使用权一并抵押。此外,浮动抵押设定后,抵押的财产不断发生变化,直到约定或者法定的事由发生,抵押财产才确定。《物权法》第196条规定了浮动抵押的抵押财产自下列情形之一发生时确定:①债务履行期届满,债权未实现;②抵押人被宣告破产或者被撤销;③当事人约定的实现抵押权的情形;④严重影响债权实现的其他情形。

4. 不得抵押财产。下列财产不得抵押:①土地所有权。②耕地、宅基地、自留地、自留山等集体所有的土地使用权,但法律规定可以抵押的除外。原则上,集体土地使用权不得抵押,但上述所留的抵押人承包并经发包人同意的荒地使用权可以抵押。同时,《物权法》第183条也作了例外规定,即以乡镇、村企业的厂房等建筑物抵押的,其占用范围内的建设用地使用权一并抵押。③学校、幼儿园、医院等以公益为目的的事业单位、社会团体的教育设施、医疗卫生设施和其他社会公益设施。④所有权、使用权不明或者有争议的财产。⑤依法被查封、扣押、监管的财产。⑥法律、行政法规规定不得抵押的其他财产,例如违法、违章的建筑物不能抵押。

(三)抵押权当事人的权利

1. 抵押人的权利。抵押人在其财产设定抵押后,仍享有对抵押物的使用、收益和处分权:

(1)可以收取抵押物的孳息。

(2)抵押人的处分权。抵押人可行使其法律上处分权的主要有:①仍可就抵押物为他人设定抵押权。财产抵押后,该财产的价值大于所担保债权的余额部分,可以再次抵押,但不得超过其余额部分。②仍可转让其抵押物。在抵押期间,抵押人转让已办理登记的抵押物的,应当通知抵押权人并告知受让人转让物已抵押的情况。抵押人未通知抵押权人或者未告知受让人的,转让行为无效。

2. 抵押权人的权利。抵押权人的权利主要有:①抵押物的保全。由于抵押权人并不直接占有抵押物,因此法律赋予抵押权人保全抵押物的权利。在抵押人的行为足以使抵押物的价值减少时,抵押权人有权要求抵押人停止其行为。②抵押权的处分。抵押权人可以让与其抵押权,或就抵押权为他人提供担保。但由于抵押权的从属性,抵押权不得与债权分离单独转让或作为其他债权的担保。③优先受偿权。抵押物折价或拍卖、变卖后,抵押权人优先受偿。其价款超过债权数额的部分归抵押人所有,不足部分由债务人清偿。

二、抵押权登记与抵押权规则

(一)抵押权登记

抵押登记的效力分为登记为对抗要件和登记为生效要件。各国的立法普遍规定,抵押登记为对抗第三人的要件,而不作为抵押合同和抵押权的生效要件。我国《物权法》对抵押登记的法律效力,同时采用登记对抗要件和登记生效要件。对不动产和特殊动产抵押采取登记为生效要件,即未经登记的抵押不产生法律效力;动产抵押采取登记为对抗要件,即未经登记的抵押权在当事人之间有效力,只是不得对抗第三人。根据我国《物权法》第 187 条、188 条的规定,以建筑物和其他土地附着物抵押的;以建设用地使用权抵押的;以招标、拍卖、公开协商等方式取得的荒地等土地承包经营权的;以正在建造的建筑物抵押的,实行登记为生效要件。抵押合同的当事人办理了抵押登记的,才能产生设立抵押权的法律效果,登记是抵押权产生的要件,以上述以外的其他财产抵押的,实行登记为对抗要件。可以自愿办理抵押物登记。未办理抵押物登记的,只有债权的效力,不得对抗第三人。

值得肯定的是,《物权法》将物权变动与债权合同区分开来。依《物权法》第 15 条的规定,当事人之间订立有关设立、变更、转让和消灭不动产物权的合同,除法律另有规定或者合同另有约定外,自合同成立时生效;未办理物权登记的,不影响合同效力。根据该法第 187 条之规定,以动产抵押的,应当办理抵押登记。抵押权自登记时设立。也就是说,登记是物权变动的生效要件而非抵押合同的生效要件。

(二)借贷抵押权规则

债权人切实了解抵押权规则,才能有效行使权利,减少贷款损失风险。

1.抵押权的担保范围。依据《物权法》第 173 条规定,担保物权的担保范围包括主债权及其利息、违约金、损害赔偿金、保管担保财产和实现担保物权的费用。当事人另有约定的,按照约定。

2.抵押物上代位权。依据《物权法》第 174 条规定,担保期间,担保财产毁损、灭失或者被征收等,担保物权人可以就获得的保险金、赔偿金或者补偿金等优先受偿。被担保债权的履行期未届满的,也可以提存该保险金、赔偿金或者补偿金等。

3.抵押物的转让。依据《物权法》第 191 条规定,抵押期间,抵押人经抵押权人同意转让抵押财产的,应当将转让所得的价款向抵押权人提前清偿债务或者提存。转让的价款超过债权数额的部分归抵押人所有,不足部分由债务人清偿。抵押期间,抵押人未经抵押权人同意,不得转让抵押财产,但受让人代为清偿债务消灭抵押权的除外。

4. 抵押权处分的从属性。依据《物权法》第 192 条规定,抵押权不得与债权分离而单独转让或者作为其他债权的担保。债权转让的,担保该债权的抵押权一并转让,但法律另有规定或者当事人另有约定的除外。

5. 抵押权保护。依据《物权法》第 193 条规定,抵押人的行为足以使抵押财产价值减少的,抵押权人有权要求抵押人停止其行为。抵押财产价值减少的,抵押权人有权要求恢复抵押财产的价值,或者提供与减少的价值相应的担保。抵押人不恢复抵押财产的价值也不提供担保的,抵押权人有权要求债务人提前清偿债务。

6. 抵押权或抵押权顺位的放弃变更。依据《物权法》第 194 条规定,抵押权人可以放弃抵押权或者抵押权的顺位。抵押权人与抵押人可以协议变更抵押权顺位以及被担保的债权数额等内容,但抵押权的变更,未经其他抵押权人书面同意,不得对其他抵押权人产生不利影响。债务人以自己的财产设定抵押,抵押权人放弃该抵押权、抵押权顺位或者变更抵押权的,其他担保人在抵押权人丧失优先受偿权益的范围内免除担保责任,但其他担保人承诺仍然提供担保的除外。

7. 抵押权实现。依据《物权法》第 195 条规定,债务人不履行到期债务或者发生当事人约定的实现抵押权的情形,抵押权人可以与抵押人协议以抵押财产折价或者以拍卖、变卖该抵押财产所得的价款优先受偿。协议损害其他债权人利益的,其他债权人可以在知道或者应当知道撤销事由之日起一年内请求人民法院撤销该协议。抵押权人与抵押人未就抵押权实现方式达成协议的,抵押权人可以请求人民法院拍卖、变卖抵押财产。抵押财产折价或者变卖的,应当参照市场价格。

8. 抵押权对抵押财产的孳息。依据《物权法》第 197 条规定,债务人不履行到期债务或者发生当事人约定的实现抵押权的情形,致使抵押财产被人民法院依法扣押的,自扣押之日起抵押权人有权收取该抵押财产的天然孳息或者法定孳息,但抵押权人未通知应当清偿法定孳息的义务人的除外。前款规定的孳息应当先充抵收取孳息的费用。

9. 抵押权实现价款分配。依据《物权法》第 198 条规定,抵押财产折价或者拍卖、变卖后,其价款超过债权数额的部分归抵押人所有,不足部分由债务人清偿。

10.抵押权受偿顺位。依据《物权法》第 199 条规定,同一财产向两个以上债权人抵押的,拍卖、变卖抵押财产所得的价款依照下列规定清偿:①抵押权已登记的,按照登记的先后顺序清偿;顺序相同的,按照债权比例清偿;②抵押权已登记的先于未登记的受偿;③抵押权未登记的,按照债权比例清偿。

11. 建设用地使用权抵押权行使。依据《物权法》第 200 条规定,建设用地使用权抵押后,该土地上新增的建筑物不属于抵押财产。该建设用地使用权实现抵押权时,应当将该土地上新增的建筑物与建设用地使用权一并处分,但新增建筑物所得的价款,抵押权人无权优先受偿。

12. 农村涉地抵押权行使。依据《物权法》第 200 条规定,以招标、拍卖、公开协商等方式取得的荒地等土地承包经营权抵押的,或者依照本法第 183 条规定以乡镇、村企业的厂房等建筑物占用范围内的建设用地使用权一并抵押的,实现抵押权后,未经法定程序,不得改变土地所有权的性质和土地用途。《物权法》第 183 条规定,乡镇、村企业的建设用地使用权不得单独抵押。以乡镇、村企业的厂房等建筑物抵押的,其占用范围内的建设用地使用权一并抵押。

13. 抵押权效力及于主债权和抵押物全部。《〈担保法〉解释》第 71 条规定,主债权未受全部清偿的,抵押权人可以就抵押物的全部行使其抵押权。抵押物被分割或者部分转让的,抵押权人可以就分割或者转让后的抵押物行使抵押权。

14. 抵押权的效力及于主债权或者主债务被分割或者转让部分。《〈担保法〉解释》第 72 条规定,主债权被分割或者部分转让的,各债权人可以就其享有的债权份额行使抵押权。主债务被分割或者部分转让的,抵押人仍以其抵押物担保数个债务人履行债务。但是,第三人提供抵押的,债权人许可债务人转让债务未经抵押人书面同意的,抵押人对未经其同意转让的债务,不再承担担保责任。

三、抵押权与其他物权的冲突处理

由于在同一标的物上同时存在数个不同种类的物上担保权而各个担保物权人不为同一人,此时,就会出现担保物权的竞合,即物上担保权的冲突。例如,抵押权与质权、抵押权与留置权冲突。另外,由于同一标的物上作不同的担保物权设置,同一物上还可能出现不同类型的物权冲突,如抵押权与租赁权冲突。还有一种情况是抵押权与保证同时为某一债权担保,此间还存在保证与抵押权之间关系处理问题。上述冲突与关系如果处理不当就会给债权人造成损失。

（一）抵押权与租赁权

抵押权与出租权的效力关系，可分为如下两种情况：

1. 在出租的财产上设置抵押。这种情况出租在前，抵押在后，抵押人可以继续出租抵押物，而抵押权却不能对抗租赁权，抵押权的效力受到一定限制。《物权法》第190条规定，订立抵押合同前抵押财产已出租的，原租赁关系不受该抵押权的影响。这种情况，适用"抵押不破租赁"法则。

2. 将已抵押的财产进行出租。在这种情况下，抵押权成立在先，租赁权成立在后，但并非租赁合同对抵押权人不具有约束力，而只有经过登记的抵押权才可以对抗承租人的租赁权。《物权法》第190条规定，抵押权设立后抵押财产出租的，该租赁关系不得对抗登记的抵押权。另《〈担保法〉解释》第66条则规定，抵押人将已抵押的财产出租的，抵押权实现后，租赁合同对受让人不具有约束力。

（二）抵押权与抵押权之间的冲突

我国《担保法》第35条规定，抵押人所担保的债权不得超出其抵押物的价值。财产抵押后，该财产的价值大于所担保债权的余额部分，可以再次抵押，但不得超出其余额部分。这是有关重复抵押和再抵押的规定。重复抵押，是指抵押人就同一财产在同一价值范围内向两个以上的债权人设定抵押。再抵押，是抵押人在同一抵押物上设定数个抵押权，抵押所担保的数个债权的总额不超过抵押物的总价值。再抵押实质是就抵押物的余额再次抵押。再抵押必须就同一财产向数个债权人设定抵押，财产可以为一人所有，也可以为数人共有，但所有权主体只有一个。重复抵押与再抵押的区别在于，再抵押是同一抵押物的余额再次抵押，数个抵押权并不重叠；重复抵押是同一抵押物的价值再次抵押，数个抵押权互相重叠。这里涉及两个基本问题：一是重复抵押时，如何界定抵押权效力顺序；二是再抵押权利实现顺序。

根据《物权法》第199条和《〈担保法〉解释》第58条、第76条、第77条、第78条的规定，按以下规则处理：

1. 同一财产向两个以上债权人抵押的，拍卖、变卖抵押财产所得的价款依照下列规定清偿：①抵押权已登记的，按照登记的先后顺序清偿；顺序相同的，按照债权比例清偿；②抵押权已登记的先于未登记的受偿；③抵押权未登记的，按照债权比例清偿。

2. 当事人同一天在不同的登记部门办理抵押登记的，视为顺序相同。因登记部门的原因致使抵押物进行连续登记的抵押物第一次登记的日期，视为抵押登记的日期，并依此确定抵押权的顺序。

3. 同一动产向两个以上债权人抵押的，当事人未办理抵押物登记，实现抵押权时,各抵押权人按照债权比例受偿。

4.同一财产向两个以上债权人抵押的,顺序在先的抵押权与该财产的所有权归属一人时,该财产的所有权人可以以其抵押权对抗顺序在后的抵押权。

5.同一财产向两个以上债权人抵押的,顺序在后的抵押权所担保的债权先到期的,抵押权人只能就抵押物价值超出顺序在先的抵押担保债权的部分受偿。顺序在先的抵押权所担保的债权先到期的,抵押权实现后的剩余价值应予提存,留待清偿顺序在后的抵押担保债权。

(三)抵押权与质权、留置权冲突

《物权法》第239条规定,同一动产上已设立抵押权或者质权,该动产又被留置的,留置权人优先受偿。《〈担保法〉解释》第79条规定,同一财产法定登记的抵押权与质权并存时,抵押权人优先于质权人受偿。同一财产抵押权与留置权并存时,留置权人优先于抵押权人受偿。司法实践中同一财产上并存数个担保物权的有下列几种情形:①同一财产上抵押权与质权并存时,抵押权和质权都为约定担保物权,抵押权优先于质权,抵押权人优先于质权人受偿。②同一财产上抵押权与留置权并存时,留置权的效力优于抵押权。但是,留置权人经留置物所有人同意以留置物设定抵押的,抵押权的效力优于留置权。留置权为法定担保物权,具有对抗其他担保物权的效力,抵押权为约定担保物权,法定担保物权优于约定担保物权,为物权法上的原则。③同一财产上留置权与质权并存时,留置权的效力优于质权。但是,留置权人经留置物所有人同意以留置物设定质权的,质权的效力优于留置权。因为,标的物已由留置权人实际占有,质权人为间接占有人。质权与留置权并存的情况,例如仓单、提单会存在质押与留置并存。④同一财产上担保物权与优先权并存时,优先权的效力优于担保物权。但是,法律另有规定的除外。❶

优先权,是由法律规定的特种债权的债权人就债务人的全部或者特定财产优先受偿的担保物权,为债权人依法优先受偿的法定担保物权。优先权破除债权平等原则,其法律效力可以对抗普通债权甚至担保物权。优先权包括:①司法费用的优先权,例如破产费用。②债权人的优先权,例如职工工资和劳动保险费用。又如《合同法》第280条的建筑工程承包人的优先权,即建设工程的价值就该工程折价或者拍卖的价款优先受偿。③债务人的优先权,例如债务人及其所扶养家属的生活必需费用抚养费。④国库的优先权,例如债务人所欠税

---

❶ 李国光、奚晓明、金剑峰、曹士兵著:《关于适用〈中华人民共和国担保法若干问题的解释〉理解与适用》,吉林人民出版社2000年版,第283—286页。

款。我国担保法没有规定优先权,对优先权与抵押权竞合的效力未作规定。

(四)保证与抵押权并存以及多个抵押权时的关系

在银行贷款时,为同一债权有保证和抵押担保,或者就同一债权有两个以上的抵押人。这种状况本身对银行债权人是十分有利的,但是如果不懂规则,处理不当则反而会给银行造成损失,因此应防范这些风险,主要有三条:

1. 物保、人保并存。所谓物保、人保并存,是指对同一债权既有人的保证又有物的担保。我国《物权法》第176条规定:"被担保的债权既有物的担保又有人的担保的,债务人不履行到期债务或者发生当事人约定的实现担保物权的情形,债权人应当按照约定实现债权;没有约定或者约定不明确,债务人自己提供物的担保的,债权人应当先就该物的担保实现债权;第三人提供物的担保的,债权人可以就物的担保实现债权,也可以要求保证人承担保证责任。提供担保的第三人承担担保责任后,有权向债务人追偿。"这一规定否定了《担保法》第28条"同一债权既有保证又有物的担保的,保证人对物的担保以外的债权承担保证责任"的规定,赋予了合同当事人自行约定的权利。银行等债权人可以与担保人约定,"被担保的债权既有物的保证又有人的担保的,无论物的担保是由第三人提供还是由债务人自己提供,在债务人不履行到期债务或发生合同约定的情形时,债权人有权选择向保证人、物的担保人单独或同时主张权利",以落实双重保障。致使担保物的价值减少或者毁损、灭失的,视为债权人放弃部分或者全部物的担保。保证人在债权人放弃权利的范围内减轻或者免除保证责任。

2. 多个押抵押权。同一债权有两个以上抵押人的,债权人放弃债务人提供的抵押担保的,其他抵押人可以请求人民法院减轻或者免除其应当承担的担保责任。依据《物权法》第194条规定,抵押权人可以放弃抵押权或者抵押权的顺位。债务人以自己的财产设定抵押,抵押权人放弃该抵押权、抵押权顺位或者变更抵押权的,其他担保人在抵押权人丧失优先受偿权益的范围内免除担保责任,但其他担保人承诺仍然提供担保的除外。同一债权有两个以上抵押人的,当事人对其提供的抵押财产所担保的债权份额或者顺序没有约定或者约定不明的,抵押权人可以就其中任一或者各个财产行使抵押权。抵押人承担担保责任后,可以向债务人追偿,也可以要求其他抵押人清偿其应当承担的份额。

(五)抵押权与抵押物转让权的冲突处理

由于抵押权具有优先受偿的效力,因此,抵押物的转让自然也要受到一定限制。依据《物权法》第191条规定,抵押期间,抵押人经抵押权人同意转让抵押财产的,应当将转让所得的价款向抵押权人提前清偿债务或者提存。转让的价款超过债权数额的部分归抵押人所有,不足部分由债务人清偿。抵押期间,抵押人未经抵押权人同意,不得转让抵押财产,但受让人代为清偿债务消灭抵押权的除外。

四、最高额抵押规则

最高额抵押是对于将来发生的债权,预先确定一最高的限度设定的抵押权。一般抵押权是先有债权,然后再设定抵押权,而最高额抵押是为将来的债权而设定的抵押。《物权法》第203条规定,为担保债务的履行,债务人或者第三人对一定期间内将要连续发生的债权提供担保财产的,债务人不履行到期债务或者发生当事人约定的实现抵押权的情形,抵押权人有权在最高债权额限度内就该担保财产优先受偿。最高额抵押权设立前已经存在的债权,经当事人同意,可以转入最高额抵押担保的债权范围。因为最高限额并不是实际担保的债权额,因而在实行抵押权时,应当确定实际担保的债权数额,确定该数额的时间为决算期。如果抵押合同没有约定决算期,一般是在债权关系终了时确定债权额。另外,如果抵押合同中约定了最高额抵押的存续期间,该期间就是决算期。最高额抵押的设定,亦须进行登记。

最高额抵押所担保的债权,只有在决算期届满时才能确定其数额。最高额抵押担保的债权确定前,部分债权转让的,最高额抵押权不得转让,但当事人另有约定的除外。有下列情形之一的,抵押权人的债权确定:①约定的债权确定期间届满;②没有约定债权确定期间或者约定不明确,抵押权人或者抵押人自最高额抵押权设立之日起满两年后请求确定债权;③新的债权不可能发生;④抵押财产被查封、扣押;⑤债务人、抵押人被宣告破产或者被撤销;⑥法律规定债权确定的其他情形。把握最高额抵押时,要注意:①最高额抵押权所担保的债权范围,不包括抵押物因财产保全或者执行程序被查封后或债务人、抵押人破产后发生的债权。②《物权法》第205条规定,最高额抵押担保的债权确定前,抵押权人与抵押人可以通过协议变更债权确定的期间、债权范围以及最高债权额,但变更的内容不得对其他抵押权人产生不利影响。当事人对最高额抵押合同的最高限额、最高额抵押期间进行变更,以其变更对抗顺序在后的抵押权人的,人民法院不予支持。③最高额抵押权所担保的不特定债权在特定后,债权已届清偿期的,最高额抵押权人可以根据普通抵押权的规定行使其抵押权。抵押权人实现最高额抵押权时,如果实际发生的债权余额高于最高限额的,以最高限额为限,超过部分不具有优先受偿的效力;如果实际发生的债权余额低于最高限额的,以实际发生的债权余额为限对抵押物优先受偿。

第四节
质押贷款法

一、质押贷款法基本规则

(一)质押与质权

质押是指为担保债务的履行,债务人或者第三人将其动产出质给债权人占有的,债务人不履行到期债务或者发生当事人约定的实现质权的情形,债权人有权就该动产优先受偿的一种担保方式。债务人或者第三人为出质人,债权人为质权人,交付的动产为质押财产。质押贷款,系指按《物权法》规定的质押方式以借款人或第三人的动产或权利作为质物发放的贷款。

质权,是指为了担保债权的履行,债务人或第三人将其动产或权利移交债权人占有,当债务人不履行债务时,债权人有就其占有的财产或权利优先受偿的权利。质权是一种动产物权,对不动产不能设定质权。另外,权利也可以成为质权的标的,称权利质权。质权须移转质物的占有,质权以占有标的物为成立要件。在设立质权时,出质人(债务人或第三人)应当将质物的占有移交给质权人。

(二)动产质权

动产质权,是以动产为其标的物的质权。质权的设立,通常都是以合同进行的,其当事人是质权人和出质人。当事人签订的质权合同应采用书面形式,一般应包括以下内容:①被担保债权的种类和数额;②债务人履行债务的期限;③质押财产的名称、数量、质量、状况;④担保的范围;⑤质押财产交付的时间。法律、行政法规禁止转让的动产不得出质。在合同中,质权人在债务履行期届满前,不得与出质人约定债务人不履行到期债务时质押财产归债权人所有。质权自出质人交付质押财产时设立。质权人有权收取质押财产的孳息,但合同另有约定的除外。孳息应当先充抵收取孳息的费用。质权人在质权存续期间,未经出质人同意,擅自使用、处分质押财产,给出质人造成损害的,应当承担赔偿责任。质权人负有妥善保管质押财产的义务;因保管不善致使质押财产毁损、灭失的,应当承担赔偿责任。质权人的行为可能使质押财产毁损、灭失的,出质人可以要求质权人将质押财产提存,或者要求提前清偿债务并返还质押财产。

(三)权利质权

权利质权是为了担保债权清偿,就债务人或第三人所享有的权利设定的质权。权利质权除一些特殊问题外,准用动产质权的规定。因此,权利质权是一种准质权。能够作为权利质权的标的的权利,必须具有下列特征:①出质的权利必须是一种财产权利。②出质的权利必须是具有可转让性或交易性的财产权利。可转让性或可交易性是指通过市场交易换取实现其价值的财产权利。③质押的权利应以其权利证书为表现形式。权利质押是以无形或无体财产为标的而设定的,因而应有其特定的表现形式。如果没有体现财产权利的书面证明,出质人就无法向质权人交付权利。因此,各种权利证书如汇票、支票、股票、债券、专利证书、商标证书是进行权利质押的表现形式。④质押标的为特定化的动产。动产质物为特定物,非特定物不能成为质物。如特定化的金钱也可质押。

可依法作为权利质权的标的权利具体有:①汇票、支票、本票;②债券、存款单;③仓单、提单;④可以转让的基金份额、股权;⑤可以转让的注册商标专用权、专利权、著作权等知识产权中的财产权;⑥应收账款;⑦法律、行政法规规定可以出质的其他财产权利。

二、贷款质押生效规则

我们将贷款质押生效问题专门作为一个问题是因为在质押贷款环节中,如果质押本身不生法律效力,那么质押贷款的安全就无从说起,只有质押设立有效,贷款风险才能减少或避免。

(一)动产质权生效

按照《物权法》第212条的规定,质权自出质人交付质押财产时设立。因此,质押财产没有交付的动产质押不生效。

(二)权利质权生效

按照《物权法》的规定,权利质押要交付或办理登记手续才能生效,否则质押不生效。

1.一般权利质权自权利凭证交付质权人生效。《物权法》第225条规定,以汇票、支票、本票、债券、存款单、仓单、提单出质的,质权自权利凭证交付质权人时设立;没有权利凭证的,质权自有关部门办理出质登记时设立。以汇票、支票、本票、债券、存款单、仓单、提单的兑现日期或者提货日期先于主债权到期的,质权人可以兑现或者提货,并与出质人协议将兑现的价款或者提取货物提前清偿债务或者提存。

2.基金份额、股权质权登记生效。《物权法》第226条规定,以基金份额、股权出质的,当事人应当订立书面合同。以基金份额、证券登记结算机构登记的股权出质的,质权自证券登记结算机构办理出质登记时设立;以其他股权出质的,质权自工商行政管理部门办理出质登记时设立。基金份额、股权出质后,不得转让,但经出质人与质权人协商同意的除外。出质人转让基金份额、股权所得的价款,应当向质权人提前清偿债务或者提存。

3. 知识产权质权登记生效。《物权法》第227条规定,以注册商标专用权、专利权、著作权等知识产权中的财产权出质的,当事人应当订立书面合同。质权自有关主管部门办理出质登记时设立。知识产权中的财产权出质后,出质人不得转让或者许可他人使用,但经出质人与质权人协商同意的除外。出质人转让或者许可他人使用出质的知识产权中的财产权所得的价款,应当向质权人提前清偿债务或者提存。

4. 应收账款质权登记生效。《物权法》第228条规定,以应收账款出质的,当事人应当订立书面合同。质权自信贷征信机构办理出质登记时设立。应收账款出质后,不得转让,但经出质人与质权人协商同意的除外。出质人转让应收账款所得的价款,应当向质权人提前清偿债务或者提存。中国人民银行2007年9月26日通过的《应收账款质押登记办法》(自2007年10月1日起施行)规定,应收账款是指权利人因提供一定的货物、服务或设施而获得的要求义务人付款的权利,包括现有的和未来的金钱债权及其产生的收益,但不包括因票据或其他有价证券而产生的付款请求权。应收账款包括下列权利:①销售产生的债权,包括销售货物,供应水、电、气、暖,知识产权的许可使用等;②出租产生的债权,包括出租动产或不动产;③提供服务产生的债权;④公路、桥梁、隧道、渡口等不动产收费权;⑤提供贷款或其他信用产生的债权。中国人民银行征信中心(以下简称征信中心)是应收账款质押的登记机构。征信中心建立应收账款质押登记公示系统(以下简称登记公示系统),办理应收账款质押登记,并为社会公众提供查询服务。在同一应收账款上设立多个质权的,质权人按照登记的先后顺序行使质权。应收账款质押登记由质权人办理。质权人办理质押登记前应与出质人签订协议。协议应载明如下内容:①质权人与出质人已签订质押合同;②由质权人办理质押登记。质权人办理应收账款质押登记时,应注册为登记公示系统的用户。登记内容包括质权人和出质人的基本信息、应收账款的描述、登记期限。质权人应将本办法第8条规定的协议作为登记附件提交登记公示系统。出质人或质权人为单位的,应填写单位的法定注册名称、注册地址、法定代表人或负责人姓名、组织机构代码或金融机构代码、工商注册码等。出质人或质权人为个人的,应填写有效身份证件号码、有效身份证件载明的地址等信息。质权人可以与出质人约定将主债权金额等项目作为登记内容。质权人应将填写完毕的登记内容提交登记公示系统。登记公示系统记录提交时间并分配登记编号,生成应收账款质押登记初始登记证明和修改码提供给质权人。质权人自行确定登记期限,登记期限以年计算,最长不得超过 5 年。登记期限届满,质押登记失效。在登记期限届满前 90 日内,质权人可以申请展期。质权人可以多次展期,每次展期期限不得超过 5 年。登记内容存在遗漏、错误等情形或登记内容发生变化的,质权人应当办理变更登记。质权人在原质押登记中增加新的应收账款出质的,新增加的部分视为新的质押登记,登记时间为质权人填写新的应收账款并提交登记公示系统的时间。质权人办理登记时所填写的出质人法定注册名称或有效身份证件号码变更的,质权人应当在变更之日起 4 个月内办理变更登记。未办理变更登记的,质押登记失效。质权人办理展期、变更登记的,应当提交与出质人就展期、变更事项达成的协议。有下列情形之一的,质权人应自该情形产生之日起 10 个工作日内办理注销登记:①主债权消灭;②质权实现;③质权人放弃登记载明的应收账款之上的全部质权;④其他导致所登记质权消灭的情形。质权人凭修改码办理展期、变更登记、注销登记。出质人或其他利害关系人认为登记内容错误的,可以要求质权人变更登记或注销登记。质权人不同意变更或注销的,出质人或其他利害关系人可以办理异议登记。办理异议登记的出质人或其他利害关系人可以自行注销异议登记。出质人或其他利害关系人应在异议登记办理完毕的同时通知质权人。出质人或其他利害关系人自异议登记之日起 15 日内不起诉的,征信中心撤销异议登记。征信中心应按照出质人或其他利害关系人、质权人的要求,根据生效的法院判决或裁定撤销应收账款质押登记或异议登记。质权人办理变更登记和注销登记、出质人或其他利害关系人办理异议登记后,登记公示系统记录登记时间、分配登记编号,并生成变更登记、注销登记或异议登记证明。质权人、出质人和其他利害关系人应当按照登记公示系统提示项目如实登记。质权人、出质人提供虚假材料办理登记,给他人造成损害的,应当承担相应的法律责任。任何单位和个人均可以在注册为登记公示系统的用户后,查询应收账款质押登记信息。出质人为单位的,查询人以出质人完整、准确的法定注册名称进行查询。出质人为个人的,查询人以出质人的身份证号码进行查询。征信中心根据查询人的申请,提供查询证明。质权人、出质人或其他利害关系人、查询人可以通过证明编号在登记公示系统对登记证明和查询证明进行验证。

三、特殊权利质押背书效力规则

《物权法》规定如汇票、支票、本票、债券、存款单、仓单、提单出质的,质权自权利凭证交付之时设立,而未规定背书、核押等,但《票据法》等法律明确规定票据质押,应当在票据背面书写"质押"字样。为解决《物权法》规定与其他专门法规定间的矛盾,银行贷款办理质押时,应注意以下几点:

1. 汇票、本票、支票质押的,应在票据背面书写记载"质押"字样。《物权法》规定以汇票、支票、本票出质的,质权自权利凭证交付质权人时设立,而未规定是否背书质押。票据法规定票据可以设定质押,质押时应当以背书记载"质押"字样。被背书人依法实现其质权时,可以行使汇票权利。票据由出质人持有转为质权人持有,应当质押背书。只有背书,才能产生出质的法律效果。在票据转让的过程中,如果票据出质就引起票据转让即为中断。因为质权人只是取得了质权,并未取得票据的所有权,所以没有再背书转让或者出质的权利,质权人以出质票据再作背书转让或者背书质押的无效。票据上只背书记载"质押"字样,出质人未在票据上签章的,不具有背书质押的效力。未经背书质押的票据,不得对抗第三人。另外,要特别注意:当事人以记载"不得转让"字样的票据出质的,质押无效。根据最高人民法院《关于审理票据纠纷案件若干问题的规定》第 53 条的规定,出票人在票据上记载"不得转让"字样,其后手以此票据进行贴现、质押的,通过贴现、质押取得票据的持票人主张票据权利的,人民法院不予支持。据《〈担保法〉解释》第 98 条规定,以汇票、支票、本票出质,出质人与质权人没有背书记载"质押"字样,以票据出质对抗善意第三人的,人民法院不予支持。

2. 公司债券出质的背书质押。《〈担保法〉解释》第 99 条规定,以公司债券出质的,出质人与质权人没有背书记载"质押"字样,以债券出质对抗公司和第三人的,人民法院不予支持。公司债券,是指公司依照法定程序发行的、约定在一定期限还本付息的有价证券。记名公司债券质权的设定,除根据《担保法》规定订立质押合同、交付权利凭证外,还应在债券背书"质押"字样,并将质权人的姓名或者名称及住所记载于公司债券存根簿,才能对抗公司及第三人。无记名公司债券质权的设定,持有人在依法设立的证券交易所将债券交付给质权人后即发生质押的效力。

3. 存单质押的背书、核押问题。存款单,是指银行等金融机构发给存款人的证明其债权的单据。可以质押的存款单主要是指各类定期存款单。实践中可挂失的存款单出质后,出质人又到存款单签发银行挂失,然后将现金提走,侵害债权人的利益,使质权落空。为防止这种情况的发生,以存款单出质的,应当有合同、背书、核押或者登记程序予以公示。以存款单出质的,出质人与质权人应当订立质押合同或者背书记载质押字样。存单出质经签发银行核押或者登记的,再行挂失造成存款流失的,签发银行应承担民事责任。未经背书质押的存款单,不得对抗第三人。

4.证券债权出质后再背书转让或者质押的效力。以票据、债券、存款单、仓单、提单出质的,质权人再转让或者质押的无效。除前述的票据、债券、存款单在设置出质时需要背书记载"质押"外,仓单、提单出质也以背书质押为妥。仓单,是指仓库保管人在接受寄托物品以后向寄托人填发的单据。仓单的性质是有价证券,行使仓单上记载的权利或者对权利进行处分,必须占有仓单。仓单为物品证券。以仓单出质的,出质人与质权人应订立质押合同或者背书记载质押字样。未经背书质押的仓单,不得对抗第三人。另外,根据《合同法》第387条的规定,仓单是提取仓储物的凭证。存货人或者仓单持有人在仓单上背书并经保管人签字或盖章的,可以转让、提取仓储物。故仓单需背书和核质。❶ 提单为物品证券,根据《海商法》的规定,提单是指用以证明海上货物运输合同和货物已经由承运人接受或者装船,以及承运人保证据以交付货物的单证。可以质押的提单主要是指可以转让的提单,即指示提单和不记名提单。以提单出质的,出质人与质权人应订立质押合同或者背书记载质押字样。未经背书质押的提单,不得对抗第三人。

总之,当事人以汇票、支票、本票、债券、存款单、仓单、提单等依法可以转让的权利出质的,出质人应当向质权人背书质押并转移权利凭证的占有。

四、质权人权利与义务

1.质权人收取孳息权。质权人有权收取质押财产的孳息,但合同另有约定的除外。孳息应当先充抵收取孳息的费用。

2.质权人擅自使用、处分质押财产责任。质权人在质权存续期间,未经出质人同意,擅自使用、处分质押财产,给出质人造成损害的,应当承担赔偿责任。

3.质权人妥善保管质押财产义务。质权人负有妥善保管质押财产的义务;因保管不善致使质押财产毁损、灭失的,应当承担赔偿责任。质权人的行为可能使质押财产毁损、灭失的,出质人可以要求质权人将质押财产提存,或者要求提前清偿债务并返还质押财产。

4.质权人要求担保和处置权。因不能归责于质权人的事由可能使质押财产毁损或者价值明显减少,足以危害质权人权利的,质权人有权要求出质人提供相应的担保;出质人不提供的,质权人可以拍卖、变卖质押财产,并与出质人

---

❶ 李国光主编:《合同法释解与适用》(下册),新华出版社1999年版,第1820页。

通过协议将拍卖、变卖所得的价款提前清偿债务或者提存。

5.质权人的责任转质。质权人在质权存续期间,未经出质人同意转质,造成质押财产毁损、灭失的,应当向出质人承担赔偿责任。学理上,根据是否经出质人同意,质物的转质可以分为承诺转质和责任转质。承诺转质是指质权人经出质人许可,为担保自己或者他人的债务,以其占有的质押财产为第三人再设定较自己质权有优先效力的新质权。责任转质是指质权人在质权存续过程中,不经出质人同意而将质物转质于第三人,并由质权人承担责任。

6.质权放弃权。质权人可以放弃质权。债务人以自己的财产出质,质权人放弃该质权的,其他担保人在质权人丧失优先受偿权益的范围内免除担保责任,但其他担保人承诺仍然提供担保的除外。

7.质权实现。债务人履行债务或者出质人提前清偿所担保的债权的,质权人应当返还质押财产。债务人不履行到期债务或者发生当事人约定的实现质权的情形,质权人可以与出质人协议以质押财产折价,也可以就拍卖、变卖质押财产所得的价款优先受偿。质押财产折价或者变卖的,应当参照市场价格。

8.质权人怠于行使权利的责任。出质人可以请求质权人在债务履行期届满后及时行使质权;质权人不行使的,出质人可以请求人民法院拍卖、变卖质押财产。出质人请求质权人及时行使质权,因质权人怠于行使权利造成损害的,由质权人承担赔偿责任。

9.质押财产价款分配。质押财产折价或者拍卖、变卖后,其价款超过债权数额的部分归出质人所有,不足部分由债务人清偿。

【资料与应用】 **1.证券登记机构登记规则导致质押权人损失风险**

上市公司的股份出质的,不论是法人股权、国有股权和流通股票出质,都需要进行登记。但由于上海证券中央登记结算公司(下称登记公司)设置的登记规则也可使贷款银行等质权人权益受损。这个风险很值得深思,现通过一实例说明之:1998年8月2日,浙江二轻工贸公司向中信实业银行杭州分行天水支行质押贷款600万元,借款到期日为2001年7月31日。同时,浙江省二轻企业集团以所持有的2516894股"宁波富达"(600724)法人股股票提供质押担保。出质人、质权人和借款人三方共同签订(99)信银天质借字1号《质押借款合同》,并对该合同作了公证。在发放贷款前,出质人与质权人于1999年7月28日在登记公司办理了证券质押登记,并取得了编号为8H2990158号的《记名证券质押登记证明书》。该证明书写明:质押证券名称:宁波富达;质押证券数量2516894股。备注:法人股。质押期限为1999年7月28日起至2001年7月31日止(注:此外质押期间届满期与借款期届满期同日不妥)。证明书上同时还有格式化的质押说明,其内容是:①质物是指该登记表所记载的证券数量,不包括出质证券的送股、配股、转配权及红利。质押期内,如质物数量需要变化,应由质押双方协议后向本公司办理质押变更登记。②出质人清偿债务后,质权人应向本公司出具质物返还通知书。③质押期届满,质权人未受清偿的,可以与出质人协议处置质物,但处置方式不得违反国家有关法规及上海证券交易所和本公司业务规则。协议不成的,质权人可向人民法院提起诉讼。④本说明与主合同及质押合同有关条款有不同的,以本说明为准。⑤出质人和质权人已经了解并同意上述说明的各款内容。

2000年3月15日,宁波富达股份有限公司发布1999年分配方案公告:每10股送2股,公积金转增8股(相当于10送10),并于3月20日实施股权登记。正当质权人考虑如何处理新增的2516894股票之际,质权人得到消息:在宁波富达实施10送10后,2000年4月,杭州市信托投资公司通过杭州市中级人民法院执行庭强制将其中新增的2516894股股票划走,以抵偿浙江省二轻企业集团欠市信托投资公司的债务。至此,质权人原质押的2516894股在实施10送10前的每股净资产为2.5元,分配后是每股净资产为1.25元。显然,银行债权受到危险。后质权人以新增股票2516894股被划走是侵犯质权人质权,被划走的2516894股新增股系已设质的2516894股"宁波富达"法人股本身及其孳息,其权利应属质权人等为由,要求杭州市中级人民法院执行回转。法院认为质权人的理由不能成立,不予执行回转。

至此,值得考虑的问题是:《质押借款合同》第15条规定,乙方(质权人)有权收取质物(质押权利)的孳息,冲抵收取孳息的费用后用于清偿其所担保的债权。质权人对2516894股股权也办理了登记,为什么在实施10送10后,新增的2516894股不是当然地由质权人作为孳息享有,而是在未对新增的2516894股办理质押登记前被划走了呢?原因在于质权人与出质人在登记公司办理质押登记申请表中,有与上述"质押说明"完全相同的内容,且申请人为质权人与出质人对"质押说明"无条件确认。否则,登记公司就不予办理登记。若该种局面不改变,上市公司股权质押,往往会遇到类似上述风险,从而遭受损失。解决办法只有登记公司修改规则、质权人密切注意质物变化,依法办理质押登记等手续。

2. 按揭贷款

按揭是购房者以所购房屋作为抵押物向银行获取贷款,银行以其自有资金发放贷款的一种住房消费信贷方式。中国内地的按揭,指不能或不愿一次性支付房款的购房人将其与房产商之房地产买卖合同项下的所有权益抵押于按揭银行,或将其因与房产商之买卖合同而取得的房地产抵押于按揭银行,按揭银行将一定数额的款项贷给购房人并以购房人名义将款项交由房产商所有的行为之总称。按揭中必须有银行的介入,它是银行、购房者、住房开发公司三方共同参与的买卖楼宇的融资业务活动。按揭银行介入的目的是为了促进房地产交易的完成。

住房按揭有现房按揭和期房按揭。现房按揭是将标的物即所购房屋的有关产权凭证先交贷款银行收执,履约完毕按揭解除后,购房人才能得回交存在贷款银行手中的有关权利凭证。期房按揭是在设定按揭的房产竣工后,按揭权人能以实体存在的房屋作为按揭人还款的担保。

3. 按揭中的法律关系

住房按揭设定的基本过程如下:首先,购房人与开发商签订住房买卖合同,有效的住房买卖合同是成立按揭合同的前提;然后,购房人交付首期购房款;之后,购房者向银行申请贷款;最后,购房者与银行签订住房按揭合同。为了保证银行债权的实现,银行往往要求开发商作为担保人,因此,我国的按揭合同中往往涉及两个合同关系和三方当事人。①两个合同关系指住房买卖合同和住房按揭合同。两个合同的标的物具有同一性,即购房者所购的房屋本身。因此,两个合同关系密切,互相作用互相依存。住房买卖合同是住房按揭合同设定的前提,没有买卖合同则没有按揭合同;住房按揭合同可以说是住房买卖合同的补充,它使住房买卖合同的履约成为可能。任何一个合同的违约都可能导致另外一个合同无法履行。②三方当事人是指开发商、购房人和贷款银行。

三方当事人之间的关系是:①购房人与开发商之间的买卖关系。双方权利义务具体表现在住房买卖合同中。②购房人和银行之间的借贷关系。购房人是债务人,银行是债权人。③购房人和银行之间的按揭担保关系。购房人是按揭人,银行是按揭权人。④如果存在开发商作为按揭保证人的话,银行与开发商之间存在担保关系。

4. 商品房买卖合同与商品房担保贷款合同关系

以担保贷款为付款方式的商品房买卖合同的当事人一方请求确认商品房买卖合同无效或者撤销、解除合同的,如果担保权人作为有独立请求权第三人提出诉讼请求,应当与商品房担保贷款合同纠纷合并审理;未提出诉讼请求的,仅处理商品房买卖合同纠纷。担保权人就商品房担保贷款合同纠纷另行起诉的,可以与商品房买卖合同纠纷合并审理。商品房买卖合同被确认无效或者被撤销、解除后,商品房担保贷款合同也被解除的,出卖人应当将收受的购房贷款和购房款的本金及利息分别返还担保权人和买受人。

第七章

支付结算法

【内容提要】 支付结算法系统介绍支付结算法概述、银行结算账号法、汇兑、托收与信用证法和银行保函的规定。支付结算法概述介绍支付结算的概念与分类、结算的中介机构、结算工具与结算方式、支付结算原则和支付结算的一般规则。银行结算账号法阐述银行结算账户的概念和分类、银行结算账户管理的基本原则、银行结算账户的开立、银行结算账户的使用、银行结算账户的变更与撤销规定。汇兑、托收与信用证法一节介绍汇兑、托收承付和信用证法律规定。系统介绍信用证的概念和特征、信用证的主要内容、信用证的业务程序、信用证当事人及其相互关系、信用证的种类、银行的责任和免责、信用证欺诈例外原则以及我国有关审理信用证纠纷案件的规定。银行保函介绍银行保函的概念、保函当事人、保函的种类、保函的主要内容和办理程序。

第一节
支付结算法概述

一、支付结算的概念与分类

结算又称清算,是指由于商品交易、劳务供应、资金调拨及其他行为而发生的货币收付行为。支付结算是指单位、个人在社会经济活动中使用票据、信用卡和汇兑、托收承付、委托收款等结算方式进行货币给付及其资金清算的行为。❶ 办理支付结算是银行(包括城乡信用合作社)的主要中间业务之一。在法律意义上,货币收付行为实际是当事人各方债权债务的清算和了结。

调整结算关系的法律规范的总称是结算法,它确立在资金收付活动中,结算当事人与银行之间的权利义务关系。主要规定结算的性质、任务、原则、体制、结算账户、结算方式、结算规则、违反结算法的法律责任等。关于结算的法律规范主要有《商业银行法》,中国人民银行发布的《境内外汇账户管理办法》(1997 年 10 月 7 日发布,1997 年 10 月 15 日起施行)、《支付结算办法》(1997 年 9 月 19 日颁布,1997 年 12 月 1 日起施行)、《国内信用证结算办法》(1997 年 7 月 22 日发布,1998 年 8 月 1 日起施行)、《关于严禁利用信用卡、银行卡、支付卡违规套取现金的通知》(1998 年 4 月 1 日)、《银行卡业务管理办法》(1999 年 1 月 5 日发布,1999 年 3 月 1 日起施行)、《银行卡联网联合业务规范》(自 2001 年 4 月 15 日起实施)、《人民币银行结算账户管理办法》(2003 年 4 月 10 日发布,2003 年 9 月 1 日起施行)。

按照不同的标准,结算可以分为不同的类别:

1. 按结算采用货币的形态不同划分,可分为现金结算和非现金结算。现金结算是指当事人直接用现金进行货币收付的行为。非现金结算是指通过银行将款项从付款单位的账户划转到收款单位的账户来完成货币收付的行为,故又称转账结算或银行结算。在我国,单位之间的往来超过结算起点(人民币 1000 元)的一律通过转账结算。

2. 按结算支付工具的不同划分,分为票据结算和非票据结算。票据结算是以票据(汇票、本票、支票)作为支付工具来清结货币收付的行为。非票据结算是客户之间以结算凭证为依据来清结货币收付的行为。如信用卡结算、汇兑结算等。

3. 按结算运行环节的不同划分,分为银行结算和银行清算。银行结算是指客户委托银行货币收付所发生的客户与银行之间的托收和承付活动。银行清算则是指不同银行及同一银行的不同分支机构之间即银行间的结算票据传递、

---

❶ 1999 年 1 月 5 日发布、同年 3 月 1 日起施行的《银行卡业务管理办法》(相应废止1996 年《信用卡业务管理办法》),实际是用银行卡的大概念替代信用卡的小概念来表述的,银行卡包含信用卡,此处信用卡也可写为银行卡。银行卡,是指由商业银行(含邮政金融机构,下同)向社会发行的具有消费信用、转账结算、存取现金等全部或部分功能的信用支付工具。商业银行未经中国人民银行批准不得发行银行卡。

交换、清算活动。银行清算一般是通过中央银行票据交换清算中心来进行。

4.按结算发生范围的不同划分，分为国内结算和国际结算。国内结算是指国内客户因民商事往来而发生的货币收付行为。国内结算又分为同城结算和异地结算两种。国际结算是指就国际因清结债权债务所进行的货币收付行为。国际结算主要采用信用证、托收和汇款三种方式。

二、结算的中介机构、结算工具与结算方式

1.结算的中介机构。银行是支付结算和资金清算的中介机构。未经中国人民银行批准的非银行金融机构和其他单位不得作为中介机构经营支付结算业务。但法律、行政法规另有规定的除外。中国人民银行履行中央银行职能办理金融机构之间的清算，企业集团财务公司办理成员单位间的内部转账结算，城乡信用合作社则分别办理各自客户间的结算。

2.结算工具。结算工具是结算载体，表现为票据、信用卡等凭证。票据和结算凭证是办理支付结算的工具。单位、个人和银行办理支付结算，必须使用按中国人民银行统一规定印制的票据凭证和统一规定的结算凭证。未使用按中国人民银行统一规定印制的票据，票据无效；未使用中国人民银行统一规定格式的结算凭证，银行不予受理。

3.结算方式。结算方式指使用支付工具划拨款项的方式，即办理结算的程序和方法。包括当事人、金额、时间、地点、原因、凭证及凭证的传递过程。现行结算方式有 8 种，即汇票、本票、支票、信用证、信用卡、托收承付、汇兑、委托收款。

三、支付结算原则

支付结算原则是单位、个人和银行在办理支付结算时都必须遵守的基本准则。我国银行结算原则在 1959 年修订的银行结算办法中规定为钱货两清，维护收、付双方的正当权益，银行不垫款三项。1997 年 9 月发布的《支付结算办法》第 16 条规定的结算三原则是：恪守信用，履约付款；谁的钱进谁的账，由谁支配；银行不垫款原则。

1.恪守信用，履约付款。这一原则是民法"诚实信用原则"在支付结算中的具体表现。原则要求参与经济活动的各方当事人在结算过程中必须履行合同约定义务，收款人按约定发货或提供服务，付款方按约定付款，银行保证及时准确地划转款项。

2.谁的钱进谁的账，由谁支配。银行作为资金支付清算的中介机构，在支

付结算过程中处于受托人地位,其在办理结算时必须遵循委托人的意愿,按照委托人的委托,保证所收款项支付给委托人确定的收款人;对客户的资金,除国家法律另有规定(如依法查封、冻结)外,必须由客户自主支配。未经客户委托或同意,不得接受其他单位、个人或银行自身对其资金支配和使用的干预和侵犯。

3.银行不垫款。原则厘清银行与客户之间的资金界限。原则要求银行在办理支付结算中只是充当支付中介,负责客户之间的资金转移,而不能在结算中为客户垫付资金。其实质是要求付款人支付时必须在银行存款账户中保存有足够的款项保证支付;银行在办理结算时,只负责将结算的款项从付款人的账户上划转到收款人的账户上。

四、支付结算的一般规则

1.开立银行账户。单位、个人办理支付结算,必须在商业银行开立银行账户。单位、个人和银行均须按《人民币银行结算账户管理办法》和《境内外汇账户管理规定》的规定开立和使用账户。

2.足够的资金保证支付。在银行开立存款账户的单位和个人办理支付结算,账户内须有足够的资金保证支付,但支付结算另有规定的除外。没有开立存款账户的个人向银行交付款项后,也可以通过银行办理支付结算。

3.统一结算凭证。办理支付结算,必须使用按中国人民银行统一规定印制的票据和其他结算凭证。未使用按中国人民银行统一规定印制的票据,票据无效;未使用中国人民银行统一规定格式的结算凭证,银行不予受理。

4.结算凭证记载事项规范。对票据和结算凭证的记载事项要求:①名称,单位和银行的名称应当记载全称或规范化简称。②签章,单位、银行签章为该单位、银行的盖章加其法定代表人或其授权代理人的签名或盖章。个人应为个人本名的签名或盖章。③金额,金额以中文大写和阿拉伯数字同时记载,两者必须一致;两者不一致的票据无效,两者不一致的结算凭证银行不予受理。④金额、出票或签发日期、收款人名称不得更改,更改的票据无效;更改的结算凭证银行不予受理。对其他记载事项,原记载人可以更改,更改时应当由原记载人在更改处签章证明。

5.签章和其他记载事项真实。票据和结算凭证上的签章和其他记载事项应当真实,不得伪造、变造。伪造是指无权限人假冒他人或虚构他人名义签章的行为,签章的变造属于伪造。变造是指无权更改票据内容的人,对票据上签章以外的记载事项加以改变的行为。

6.交验有效身份。办理支付结算需要交验的个人有效身份证件,是指居民身份证、军官证、警官证、文职干部证、士兵证、户口簿、护照等法定的身份证件。

第二节
银行结算账户法

一、银行结算账户的概念和分类

中国人民银行先后颁布了三个银行账户管理办法,分别是1977年10月28日发布的《银行账户管理办法》,1994年10月11日修订的《银行账户管理办法》,2003年4月10日发布的《人民币银行结算账户管理办法》,自2003年9月1日起施行。《人民币银行结算账户管理办法》就银行结算账户的定义及种类,管理原则,存款账户的开立、使用、变更、撤销,法律责任等作了规定。

银行结算账户,是指银行为存款人开立的办理资金收付结算的人民币活期存款账户。存款人是指在中国境内开立银行结算账户的机关、团体、部队、企业、事业单位、其他组织(以下统称单位)、个体工商户和自然人;银行是指在中国境内经人民银行批准经营支付结算业务的政策性银行、商业银行(含外资独资银行、中外合资银行、外国银行分行)、城市信用合作社、农村信用合作社。

银行结算账户,根据不同的标准可以有不同的分类:

1.以存款人不同为标准,银行结算账户分为单位银行结算账户和个人银行结算账户。所谓单位银行结算账户是指存款人以单位名称开立的账户。个体工商户凭营业执照以字号或经营者姓名开立的银行结算账户视同单位结算账户予以管理。个人银行结算账户是指存款人凭个人身份证件以自然人的名称开立的银行账户。个人包括中国公民(含港、澳、台居民)和外国公民。个人因投资、消费使用各种支付工具,包括借记卡、信用卡在银行开立的银行结算账户,纳入个人银行结算账户管理。邮政储蓄机构办理银行卡业务开立的账户也纳入个人银行结算账户管理。

2.以单位银行结算账户用途的不同为标准,银行结算账户分为基本存款账户、一般存款账户、临时存款账户、专用存款账户。基本存款账户是存款人办理日常转账结算和现金收付的账户。一般存款账户是存款人因借款或其他结算需要,在基本存款账户开户银行以外的银行营业机构开立的银行结算账户。临时存款账户是存款人因临时需要并在规定期限内使用而开立的银行结算账户。专用存款账户是存款人按照法律、行政法规和规章,对其特定用途资金进行专项管理和使用而开立的银行结算账户。中国人民银行对存款人开立基本存款账户、临时存款账户和预算单位开立专用账户实施核准制度,即存款人应向中国人民银行当地分支机构申请"开户登记证",之后才可凭此向商业银行申请开立账户。但存款人因注册验资需要开立的临时存款账户除外。

3. 以开户地的不同为标准,可分为本地银行结算账户和异地银行结算账户。本地银行结算账户是指存款人在注册地或住所地开立的银行结算账户,存款人一般应开设本地银行结算账户;异地银行结算账户是指存款人在符合规定的条件下在异地(跨省、市、县)开立的银行结算账户。

二、银行结算账户管理的基本原则

银行结算账户管理遵守以下基本原则:

1. 自主开立结算账户原则。存款人根据业务需要可以选择在注册地、住所地,或异地开立账户,也可以自主选择开户商业银行开立账户,银行也可以自主选择存款人。除国家法律、行政法规和国务院规定外,任何单位和个人不得强令存款人到指定银行开立银行结算账户。

2. 一个基本存款账户原则。单位银行结算账户的存款人只能在银行开立一个基本存款账户,不能多头开立基本存款账户。这一原则主要是为了加强现金管理。

3. 账户开立核准原则。中国人民银行负责基本存款账户、临时存款账户和预算单位专用存款账户开户登记证的管理。存款人开立基本存款账户、临时存款账户和预算单位开立专用存款账户实行核准制度,经中国人民银行核准后由开户银行核发开户登记证。

4. 合法使用结算账户原则。银行结算账户的开立和使用应当遵守法律、行政法规,不得利用银行结算账户进行偷逃税款、逃废债务、套取现金、洗钱及其他违法犯罪活动。

5. 银行结算账户信息保密原则。银行应依法为存款人的银行结算账户信息保密。对单位银行结算账户的存款和有关资料,除国家法律、行政法规另有规定外,银行有权拒绝任何单位或个人查询。对个人银行结算账户的存款和有关资料,除国家法律另有规定外,银行有权拒绝任何单位或个人查询。

6. 银行结算账户监管原则。中国人民银行作为银行结算账户的监督管理部门,依法对银行结算账户的开立、使用等进行监管,并对有关违规行为依法查处。

三、银行结算账户的开立

《人民币银行结算账户管理办法》第2章详细规定了银行结算账户的开立的规则,具体是:

1.基本存款账户的开立。基本存款账户是存款人因办理日常转账结算和现金收付需要开立的银行结算账户。单位银行结算账户的存款人只能开立一个基本存款账户。

(1)开立基本存款账户的主体资格条件。下列存款人,可以申请开立基本存款账户:①企业法人;②非法人企业;③机关、事业单位;④团级(含)以上军队、武警部队及分散执勤的支(分)队;⑤社会团体;⑥民办非企业组织;⑦异地常设机构;⑧外国驻华机构;⑨个体工商户;⑩居民委员会、村民委员会、社区委员会;⑩单位设立的独立核算的附属机构;⑪其他组织。

(2)开立基本存款账户应提交的证明文件。存款人申请开立基本存款账户,应向银行出具下列证明文件:①企业法人,应出具企业法人营业执照正本。②非法人企业,应出具企业营业执照正本。③机关和实行预算管理的事业单位,应出具政府人事部门或编制委员会的批文或登记证书和财政部门同意其开户的证明;非预算管理的事业单位,应出具政府人事部门或编制委员会的批文或登记证书。④军队、武警团级(含)以上单位以及分散执勤的支(分)队,应出具军队军级以上单位财务部门、武警总队财务部门的开户证明。⑤社会团体,应出具社会团体登记证书,宗教组织还应出具宗教事务管理部门的批文或证明。⑥民办非企业组织,应出具民办非企业登记证书。⑦外地常设机构,应出具其驻在地政府主管部门的批文。⑧外国驻华机构,应出具国家有关主管部门的批文或证明;外资企业驻华代表处、办事处应出具国家登记机关颁发的登记证。⑨个体工商户,应出具个体工商户营业执照正本。⑩居民委员会、村民委员会、社区委员会,应出具其主管部门的批文或证明。⑪独立核算的附属机构,应出具其主管部门的基本存款账户开户登记证和批文。⑫其他组织,应出具政府主管部门的批文或证明。前述存款人如为从事生产、经营活动纳税人的,还应出具税务部门颁发的税务登记证。

(3)开立基本存款账户的程序。按《人民币银行结算账户管理办法》的规定,存款人申请开立单位银行结算账户时,可由法定代表人或单位负责人直接办理,也可授权他人办理。由法定代表人或单位负责人直接办理的,除出具相应的证明文件外,还应出具法定代表人或单位负责人的身份证件;授权他人办理的,除出具相应的证明文件外,还应出具其法定代表人或单位负责人的授权书及其身份证件,以及被授权人的身份证件。

存款人申请开立基本存款账户时,应填制开户申请书,并提交规定的证明文件;银行应对存款人的开户申请书填写的事项和证明文件的真实性、完整性、合规性进行认真审查,对开户申请书填写的事项齐全、符合开立基本存款账户条件的,应将存款人的前述文件和银行审核意见等开户资料报送人民银行当地分支行,经其核准后办理开户手续(即实行核准制);人民银行应于2个工作日内对银行报送的基本存款账户的开户资料的合规性予以审核,符合开户条件的,予以核准;不符合开户条件的,应在开户申请书上签署意见,连同有关证明文件一并退回报送银行。

2.一般存款账户的开立。凡开立基本存款账户的存款人均可以开立一般存款账户,且开立一般存款账户没有数量上的限制。

存款人申请开立一般存款账户,应向银行出具下列证明文件:①开立基本存款账户规定的证明文件;②基本存款账户开户登记证;③存款人因向银行借款需要,应出具借款合同;④存款人因其他结算需要,应出具有关证明。

3.专用存款账户的开立。对下列资金的管理与使用,存款人可以申请开立专用存款账户:①基本建设资金;②更新改造资金;③财政预算外资金;④粮、棉、油收购资金;⑤证券交易结算资金;⑥期货交易保证金;⑦信托基金;⑧金融机构存放同业资金;⑨政策性房地产开发资金;⑩单位银行卡备用金;⑪住房基金;⑫社会保障基金;⑬收入汇缴资金和业务支出资金;⑭党、团、工会设在单位的组织机构经费;⑮其他需要专项管理和使用的资金。

4.临时存款账户的开立。存款人有下列情况的,可以申请开立临时存款账户:①设立临时机构;②异地临时经营活动;③注册验资。

5.个人银行结算账户的开立。个人银行结算账户是自然人因投资、消费、结算等而开立的可办理支付结算业务的存款账户。有下列情况的,可以申请开立个人银行结算账户:①使用支票、信用卡等信用支付工具的;②办理汇兑、定期借记、定期贷记、借记卡等结算业务的。自然人可根据需要申请开立个人银行结算账户,也可以在已开立的储蓄账户中选择并向开户银行申请确认为个人银行结算账户。存款人申请开立个人银行结算账户时,应填制开户申请书,并提交规定的证明文件;银行应对存款人的开户申请书填写的事项和证明文件的真实性、完整性、合规性进行认真审查;符合开立条件的,银行应办理开户手续,并于开户之日起5个工作日内向人民银行当地分支行备案。

申请开立个人银行结算账户,存款人应向银行出具下列证明文件:①中国居民,应出具居民身份证或临时身份证;②中国人民解放军军人,应出具军人身份证件;③中国人民武装警察,应出具武警身份证件;④香港、澳门居民,应出具港澳居民往来内地通行证;⑤台湾居民,应出具台湾居民往来大陆通行证或者其他有效旅行证件;⑥外国公民,应出具护照;⑦法律、法规和国家有关文件规定的其他有效证件。银行为个人开立银行结算账户时,根据需要还可要求申请人出具户口簿、驾驶执照、护照等有效证件。

四、银行结算账户的使用

1. 银行结算账户的使用规则。

(1)基本存款账户。基本存款账户是存款人的主办账户,存款人日常经营活动的资金收付及其工资、奖金和现金的支取,应通过该账户办理。

(2)一般存款账户。一般存款账户用于办理存款人借款转存、借款归还和其他结算的资金收付。该账户可以办理现金缴存,但不得办理现金支取。

(3)专用存款账户。专用存款账户用于办理各项专用资金的收付。但受以下规定限制:①单位银行卡账户的资金必须由其基本存款账户转账存入。该账户不得办理现金收付业务。②财政预算外资金、证券交易结算资金、期货交易保证金和信托基金专用存款账户不得支取现金。③基本建设资金、更新改造资金、政策性房地产开发资金、金融机构存放同业资金账户需要支取现金的,应在开户时报人民银行当地分支行批准;人民银行当地分支行应根据国家现金管理的规定审查批准。④粮、棉、油收购资金,社会保障基金,住房基金和党、团、工会经费等专用存款账户支取现金,应按照国家现金管理的规定办理。⑤收入汇缴账户除向其基本存款账户或预算外资金财政专用存款账户划缴款项外,只收不付,不得支取现金;业务支出账户除从其基本存款账户拨入款项外,只付不收,其现金支取必须按照国家现金管理的规定办理。

(4)临时存款账户。用于办理临时机构以及存款人临时经营活动发生的资金收付。临时存款账户支取现金,应按照国家现金管理的规定办理;注册验资的临时存款账户在验资期间只收不付,注册验资资金的汇缴人应与出资人的名称一致。临时存款账户应根据有关开户证明文件确定的期限或存款人的需要确定其有效期限。存款人在账户的使用中需要延长期限的,应在有效期限内向开户银行提出申请,并由开户银行报人民银行当地分支行核准后办理展期。临时存款账户的有效期最长不得超过 2 年。

(5)个人银行结算账户。用于办理个人转账收付和现金存取。按《人民币银行结算账户管理办法》的规定,下列款项可以转入个人银行结算账户:①工资、奖金收入;②稿费、演出费等劳务收入;③债券、期货、信托等投资的本金和收益;④个人债权或产权转让收益;⑤个人贷款转存;⑥证券交易结算资金和期货交易保证金;⑦继承、赠与款项;⑧保险理赔、保费退还等款项;⑨纳税退还;⑩农、副、矿产品销售收入;⑩其他合法款项。

2.银行结算账户结算规定。

(1)单位银行结算账户启用。存款人开立单位银行结算账户,自正式开立之日起3个工作日后,方可办理付款业务。但注册验资的临时存款账户转为基本存款账户和因借款转存开立的一般存款账户除外。

(2)单位支付给个人。单位从其银行结算账户支付给个人银行结算账户的款项,每笔超过5万元的,应向其开户银行提供下列付款依据:①代发工资协议和收款人清单;②奖励证明;③新闻出版、演出主办等单位与收款人签订的劳务合同或支付给个人款项的证明;④证券公司、期货公司、信托投资公司、奖券发行或承销部门支付或退还给自然人款项的证明;⑤债权或产权转让协议;⑥借款合同;⑦保险公司的证明;⑧税收征管部门的证明;⑨农、副、矿产品购销合同;⑩其他合法款项的证明。

(3)完税证明。从单位银行结算账户支付给个人银行结算账户的款项应纳税的,税收代扣单位付款时应向其开户银行提供完税证明。

(4)转入其个人银行结算账户。个人持出票人为单位的支票向开户银行委托收款或持申请人为单位的银行汇票和银行本票向开户银行提示付款,将款项转入其个人银行结算账户的,应当提供有关收款依据。

(5)依据原件办理结算。单位银行结算账户支付给个人银行结算账户款项的,银行应按规定认真审查付款依据或收款依据的原件,并留存复印件,按会计档案保管;未提供相关依据或相关依据不符合规定的,银行应拒绝办理。

(6)银行与存款人核对账务。银行结算账户的存款人收到对账单或对账信息后,应及时核对账务并在规定期限内向银行发出对账回单或确认信息。

(7)储蓄账户不办理转账结算。储蓄账户仅限于办理现金存取业务,不得办理转账结算。

(8)按照规定使用。存款人应按照规定使用银行结算账户办理结算业务,不得出租、出借银行结算账户,不得利用银行结算账户套取银行信用。

五、银行结算账户的变更与撤销

1.银行结算账户的变更。存款人更改名称,但不改变开户银行及账号的,应于5个工作日内向开户银行提出银行结算账户的变更申请,并出具有关部门的证明文件。单位的法定代表人或主要负责人、住址以及其他开户资料发生变更时,应于5个工作日内书面通知开户银行并提供有关证明。银行接到存款人的变更通知后,应及时办理变更手续,并于2个工作日内向人民银行报告。

2. 银行结算账户的撤销。银行结算账户的撤销是指存款人因开户资格或其他原因终止银行结算账户使用的行为。

(1)撤销事由。存款人有下列情形之一的,应向开户银行提出撤销银行结算账户的申请:①被撤并、解散、宣告破产或关闭的;②注销、被吊销营业执照的;③因迁址需要变更开户银行的;④其他原因需要撤销银行结算账户的。

(2)撤销程序。存款人发生被撤并、解散、宣告破产或关闭,或被注销、被吊销营业执照等主体资格终止的情形,申请撤销银行结算账户的,应于5个工作日内向开户银行提出撤销申请。其中,存款人申请撤销基本存款账户的,存款人基本存款账户的开户银行应自撤销银行结算账户之日起2个工作日内将撤销该基本存款账户的情况书面通知该存款人其他银行结算账户的开户银行;存款人其他银行结算账户的开户银行,应自收到通知之日起2个工作日内通知存款人撤销有关银行结算账户;存款人应自收到通知之日起3个工作日内办理其他银行结算账户的撤销。

银行得知存款人主体资格终止情况,而存款人超过规定期限未主动办理撤销银行结算账户手续的,银行有权停止其银行结算账户的对外支付。

(3)银行结算账户撤销其他规定。主要是《人民币银行结算账户管理办法》第52～56条的规定:①未获得工商行政管理部门核准登记的单位,在验资期满后,应向银行申请撤销注册验资临时存款账户,其账户资金应退还给原汇款人账户。注册验资资金以现金方式存入,出资人需提取现金的,应出具缴存现金时的现金缴款单原件及其有效身份证件。②存款人尚未清偿其开户银行债务的,不得申请撤销该账户。③存款人撤销银行结算账户,必须与开户银行核对银行结算账户存款余额,交回各种重要空白票据及结算凭证和开户登记证,银行核对无误后方可办理销户手续。存款人未按规定交回各种重要空白票据及结算凭证的,应出具有关证明,造成损失的,由其自行承担。④银行撤销单位银行结算账户时应在其基本存款账户开户登记证上注明销户日期并签章,同时于撤销银行结算账户之日起2个工作日内,向人民银行报告。⑤银行对一年未发生收付活动且未欠开户银行债务的单位银行结算账户,应通知单位自发出通知之日起30日内办理销户手续;逾期视同自愿销户,未划转款项列入久悬未取专户管理。

第三节
汇兑、托收与信用证法

一、汇兑

(一)汇兑的概念

汇兑是汇款人委托银行将其款项支付给收款人的结算方式。单位和个人的各种款项的结算,均可使用汇兑结算方式。汇兑分为信汇、电汇两种。信汇是银行使用邮寄凭证划转款项,结算时间较长,费用较低。电汇是使用电报划转款项,结算时间短,但费用较高。目前,电汇因电报取消而不再使用,大量采用电子资金划拨方式进行。

(二)汇兑的结算程序

汇兑的结算程序有:①汇款人委托开户银行汇款,签发信汇或电汇凭证;②汇款人开户银行将汇出款项划转收款人开户银行;③收款人开户银行通知收款人汇款已入账或通知收款人来银行领取汇款;④收款人根据有关凭证一次或分次使用款项。

(三)汇兑基本规则

1.汇出规则。

(1)汇兑凭证记载事项。汇款人委托银行办理汇兑,应向汇出银行填写信、电汇凭证。汇兑凭证上须有下列记载事项:①表明"信汇"或"电汇"字样;②无条件付款的委托;③确定的金额;④收款人名称;⑤汇款人名称;⑥汇入地点、汇入行名称;⑦汇出地点、汇出行名称;⑧委托日期;⑨汇款人签章。汇兑凭证上欠缺前述记载事项之一的,银行不予受理。

汇兑凭证上记载收款人为个人的,收款人需要到汇入银行领取汇款,汇款人应在汇兑凭证上注明"留行待取"字样;留行待取的汇款,要指定单位的收款人领取汇款的,应注明收款人的单位名称;信汇凭收款人签章支取的,应在信汇凭证上预留其签章;汇款人确定不得转汇的,应在汇兑凭证备注栏注明"不得转汇"字样;汇款人和收款人均为个人,需要在汇入银行支取现金的,应在信、电汇凭证上填写"现金"字样和汇款金额。

(2)汇款回单。汇出银行受理汇兑凭证,经审查无误后,应及时向汇入银行办理汇款,并向汇款人签发汇款回单。该回单只作为汇出行受理汇款的依据,不能作为该笔汇款已转入收款人账户的证明。

2.汇兑支取规则。

(1)对开立存款账户的收款人,汇入银行应将汇给收款人的款项直接转入其账户,并向其发出收款通知。收款通知是银行确已收到并转入收款人账户的凭证。

(2)未在银行开立账户的收款人,凭信汇、电汇取款通知单,在汇兑凭证上收款人签章处签章,并注明身份证件名称、号码及发证机关,银行审查无误后,以收款人的姓名开立应解汇款及临时存款账户,该账户只付不收,付完清户,不计付利息。

(3)支取现金的,信汇、电汇凭证上必须有按规定填明的"现金"字样;未填明"现金"字样,需支取现金的,由汇入银行按国家现金管理规定审查支付。

(4)收款人需要委托他人向汇入银行支取款项的,应在取款通知上签章,注明本人身份证件名称、号码、发证机关和"代理"字样以及代理人姓名;代理人代理取款时,也应在取款通知上签章,注明其身份证件名称等,并同时交验代理人和被代理人的身份证件。

(5)转账支付的,应由原收款人向银行填写支款凭证,并由本人交验其身份证件办理支付款项;该账户的款项只能转入单位或个体工商户的存款账户,严禁转入储蓄和信用卡账户。

(6)转汇的,应由原收款人向银行填写信、电汇凭证,并由本人交验其身份证件;转汇的收款人必须是原收款人。

3.退汇规则。

(1)汇款人对汇出款项要求退汇时,应备正式函件或本人身份证,连同原信、电汇回单向汇出银行申请退汇,由汇出银行通知汇入银行,经汇入银行证实汇款确未支付,方可退汇。

(2)汇入银行对于收款人拒绝接受的汇款,应立即办理退汇。

(3)汇入银行对于发出取款通知,经过 2 个月仍无法交付的汇款,也可主动办理退汇。

二、托收承付

(一)托收承付的概念

托收承付是指根据购销合同由收款人发货后,委托银行向异地付款人收取款项,由付款人向银行承认付款的结算方式。办理托收承付结算的款项,必须是商品交易,以及因商品交易而产生的劳务供应的款项。代销、寄销、赊销商品的款项,不得办理托收承付。

（二）托收承付的基础和凭证

1.托收承付的基础。托收承付的基础是：①收付双方使用托收承付结算必须签有购销合同，并在合同上订明使用托收承付结算方式。②收款人办理托收，必须具有商品确已发运的证件。没有发运证件的，特殊情况可凭其他有关证件办理托收。③托收承付结算金额起点每笔10万元，新华书店系统每笔起点为1000元。

2.托收承付凭证。托收承付要签发托收承付凭证，这种凭证必须记载下列事项：①表明"托收承付"的字样；②确定的金额；③付款人名称及账号；④收款人名称及账号；⑤付款人开户银行名称；⑥收款人开户银行名称；⑦托收附寄单证张数或册数；⑧合同名称、号码；⑨委托日期；⑩收款人签章。托收承付凭证上欠缺上列事项之一的，银行不予受理。

（三）托收承付的过程

托收承付的过程包括托收和承付两个阶段：

1.托收。收款人按照签订的购销合同发货后，将托收凭证并附发运证件或其他有关证明和交易单证送交开户银行，委托银行办理托收。收款人开户银行接到托收凭证及其附件后，应按规定认真进行审查，必要时，还应查验收、付款人签订的购销合同。凡不符合要求或违反购销合同发货的，不能办理托收。

2.承付。付款单位开户银行接到托收凭证后，应及时通知付款单位安排资金，及时付款。付款单位接到其开户银行的付款通知和附件后，应在承付期内进行审核。承付采取验单付款和验货付款两种。由收付双方在合同中约定选用。验单付款的承付期为3天，从付款单位开户银行发出付款通知的次日算起；验货付款的承付期为10天，从运输部门向付款单位发出提货通知的次日起算。付款单位在承付期内未向银行表示拒付，银行即视同承付，并在承付期满的次日主动划转款项；付款期内付款单位向银行表示承付，银行应立即办理划款。

（四）逾期付款

付款单位在承付期满日银行停止营业前，如无足够资金支付货款时，其不足部分为逾期未付款项，按逾期付款金额每天0.5‰计扣赔偿金。赔偿金实行定期扣付，每月计算一次，于次月3日内单独划给收款人。付款人开户银行对逾期未付的托收凭证，负责进行扣款的期限为3个月（从承付期满日算起）。3个月满时付款人仍无足够资金付清欠款，银行于次日通知付款人将有关交易单证在2日内退回银行，银行退回收款人开户银行并转交收款人。逾期不退回托收有关单证的，按应付结算金额对其处每天0.5‰（即万分之五），但不低于50

元的罚款,并暂停其对外办理结算业务。

(五)拒绝付款

付款单位在承付期内拒绝付款或部分拒绝付款,应出具拒付理由书。拒付理由须为下列其中之一:①没有签订购销合同或购销合同未订明托收承付结算方式的款项。②未经双方事先达成协议,收款人提前交货或因逾期交货付款人不再需要该项货物的款项。③未按合同规定的到货地址发货的款项。④代销、寄销、赊销商品的款项。⑤验单付款发现所列货物的品种、规格、数量、价格与合同规定不等,或货物已到,经检验货物与合同规定或发货清单不符的款项。⑥验货付款,经查验货物与合同规定或与发货清单不符的款项。⑦货款已支付或计算有错误的款项。银行应认真审查拒付理由,并查验合同。对于付款人提出拒绝付款的手续不全、依据不足,理由不符合规定和不属于上述 7 种拒付情况的,或超过承付期拒付的,银行均不得受理,应实行强制扣款。银行同意拒付的,应在拒付理由书上签注意见,并将拒付理由书、拒付证明和有关单证邮寄收款人开户银行转交收款人。❶

三、信用证

(一)信用证的概念和特征

信用证(letter of credit,L/C)是银行应买方(开证申请人)的请求,开给卖方(受益人)的一种保证银行在满足信用证要求的条件下承担付款责任的书面凭证。信用证在国际贸易中普遍使用,在我国,国内信用证也在采用。❷

信用证作为一种国际贸易中广泛使用的支付方式,具有以下特征:

1.以银行信用为基础的支付方式。这是信用证不同于汇付和托收的一个重要特点。汇付和托收都是以商业信用为基础,而信用证以开证行的信用为基础,信用证一经开立,开证行就负有第一性的付款责任,无论申请人是否向开征行付款赎单,开证行须依约对受益人(卖方)履行其付款责任。故信用证是银行信用取代商业信用,是开证行的一种付款保证。

2.信用证是单据交易。信用证交易与买卖关系分离,是国际货物买卖整个

---

❶ 收款人开户银行对逾期尚未划回,又未收到付款人开户银行寄来逾期付款通知书或拒付理由书的托收款项,应当及时发出查询。付款人开户银行应积极查明,及时答复。

❷ 国内信用证是一种不可撤销、不可转让的跟单信用证,适用于国内企业之间的商品交易的转账结算,不得支取现金。《国内信用证结算办法》第 2 条规定,信用证是指开证行依照申请人的申请开出的,凭符合信用证条款的单据支付的付款承诺。

交易环节中的一个独立的买卖,单据买卖。在信用证交易中,银行从卖方购进单据,再由买方付款赎单。银行在决定是否向受益人付款时无需对信用证项下单据所涉及的货物、劳务和履约情况进行实质审查,只对单据本身进行审核,银行的付款责任仅以其所提交的单据表面上与信用证规定相符为条件,即使申请人提货后发现货物与合同不符或单据不符,也与银行无关。而买方作为开证申请人对银行在此情况下垫付的货款负有补偿的义务。因此,卖方要取得信用证项下的货款,就必须如期向银行提交信用证要求的合格单据,否则,即使卖方交付的货物完全符合合同,银行也有权拒付。

3. 信用证具有独立性,即独立于国际货物买卖合同或其他合同。信用证的开立依据是销售合同或其他合同,但两者相互独立。信用证一旦开出,便与国际货物买卖合同或其他合同相脱离而独立存在,成为与合同独立的一项确定的书面付款承诺,不再受国际货物买卖合同内容的约束,也不受开证行与开证申请人之间的合同关系的约束。银行办理信用证业务,仅以信用证受益人(卖方)是否履行信用证条款为依据,只要卖方提交的单据在表面上符合信用证的要求,银行就必须凭单付款。

4. 信用证适用严格相符原则。严格相符原则,也称单证相符原则,要求卖方提供的所有单据必须在表面文义上与信用证规定的完全一致,并且单据之间无矛盾,即“单证相符,单单相符”。如果单据表面上与信用证不符,存在不符点,银行可以拒领单证,拒付款项,而银行对于单据的形式、正确性、真实性不予审核。如果银行接受了卖方不合格的单据,则买方就有权拒绝付款赎单。但严格相符不等于绝对相符。如《跟单信用证统一惯例》第 39 条规定,凡“约”、“大概”、“大约”或类似语意用于有关信用证金额或数量或单价时,允许对此有不超过 10%的增减幅度。除非信用证规定货物的指定数量不得有增减外,在所支付的款项下不超过信用证金额的条件下,货物数量准许有 5%的增减幅度。但是,当信用证上规定的数量是以包装单位或个数计数时,此项增减幅度则不适用。对此,银行仍须承担付款义务。

为统一规范国际信用证,国际商会于 1929 年首次颁布了《跟单信用证统一惯例》(uniform customs and practice for documentary credit,简称 UCP),供各国银行和银行公会采用。该惯例至今已修订过 6 次,目前使用的是 2006 年通过并于 2007 年 7 月 1 日生效的修订本,通称为国际商会第 600 号出版物(UCP600)。UCP600 仅是一项选择性的国际惯例,不具有必须适用的强制力,当事人可自愿选择适用或任意修改有关的内容以约束当事人的行为,只有信用证中明确规定对其适用,该惯例才对信用证有约束力。

（二）信用证的主要内容

信用证的基本内容一般包括以下几个方面：

1.信用证本身的说明。如信用证的种类、信用证号码、开证申请人、开证行、通知行、受益人、议付行、付款行、汇票最高金额、开证日期、有效期和到期地点等。

2.对货物的要求。如货物名称、品种、规格、数量、包装、价格、生产国别、制造厂商等。

3.对运输的要求。如装运的最后期限、起运港与目的港、运输方式、可否分批装运和中途转运等。

4.对单据的要求。单据包括货物单据、运输单据等。运输单据中的提单，是代表货物所有权的凭证。

5.特别要求。这是根据进口国政治、经济、贸易和运输情况或每笔具体交易需要作出的规定。

6.开证行对通知行、议付行的指示条款。

7.责任文句。如开证行对受益人或汇票持有人的付款保证等。

8.声明。在国际贸易中，信用证一般声明：本信用证根据《跟单信用证统一惯例》（UCP600）开立。

9.开证行代表签字或在信用证上加注密押。按《国内信用证结算办法》的规定，签发信用证应包括以下条款：①开证行名称及地址；②开证日期；③信用证编号；④不可撤销、不可转让信用证；⑤开证申请人的名称和地址；⑥受益人名称及地址（一般为卖方）；⑦通知行名称；⑧信用证有效期及有效地点；⑨交单期；⑩信用证金额；⑪付款方式；⑫运输条款；⑬货物描述；⑭单据条款；⑮其他条款；⑯开证行保证文句。

（三）信用证的业务程序

信用证的业务运作步骤如下：①进口商与出口商双方在货物销售合同中订立信用证支付条款。②进口商在当地银行填写开证申请书，根据合同内容填写各项规定和要求，并交纳押金或提供其他保证，由银行开立信用证。③开证行将信用证航寄或电传给接受委托的出口商所在地通知行。④通知行核对函开信用证签字、印鉴无误，或电传信用证密押相符，判明信用证真实后，将信用证转交受益人。⑤受益人审核信用证与合同相符后，按信用证规定装运货物，备齐各项单据，开出跟单汇票，在信用证有效期内，送请议付行议付。议付行审核单据与信用证规定相符合，扣除汇票议付日至信用证到期日的利息，垫付货款给受益人。⑥议付行将汇票和单据寄付款行索偿。付款行审核单据无误后，付

给议付行款项。⑦开证行通知开证申请人付款赎单。⑧申请人付款赎单取得全套单据后提货。❶

(四)信用证当事人及其相互关系

1.信用证当事人。信用证一般情况下会涉及以下基本当事人:

(1)开证申请人,根据合同要求向银行申请开立信用证的人,即国际货物买卖合同中的买方,他是支付关系中承担付款责任的债务人。

(2)开证行,接受开证申请人委托或为其自身开立信用证的银行,通常是买方所在地银行。

(3)通知行,接受开证行的委托,负责将信用证通知受益人的银行,通常为受益人所在地银行,通知行一般与开证行有业务往来。

(4)受益人,信用证上指定的有权享有信用证权益的人,即国际货物买卖合同中的卖方,是支付关系中的债权人。

(5)付款行,信用证上指定的承担最后付款责任的银行,通常是开证行本身,也可是指定开证行以外的其他银行作为付款行。

(6)议付行,愿意买入或贴现受益人按信用证所开立的汇票的银行,议付行可以是通知行,或开证行指定的银行,也可以是任何愿意议付货款的非指定的银行。

(7)保兑行,应开证行的要求在不可撤销信用证上加具自己保兑责任的银行。在具体业务中,保兑行往往由通知行充任,此时,该通知行不仅有义务将信用证通知受益人,并且还承担了首要的付款责任。

(8)受让人,又称第二受益人,是受受益人转让而使用信用证的人。

(9)偿付行,又称清算银行,在信用证中指定的代开证行向议付行或付款行清偿垫款的银行。

在信用证交易中,因同一家银行在信用证中可以承担多项义务,充任多重身份。如通知行既可是通知行,又可是议付行,如果通知行愿意,也可是保兑行;开证行既开立信用证,又是付款行,所以,实际信用证交易中并不完全具有上述全部当事人。

2.信用证当事人之间的关系。

(1)开证申请人与受益人之间的关系。开证申请人为国际货物买卖合同的买方,受益人为卖方,双方是买卖合同关系。在合同中如果规定以信用证方式支付,买方就应按合同的规定开立信用证,卖方则应按合同规定发货并提供约

❶ 李仁真主编:《国际金融法》,武汉大学出版社1999年版,第339—340页。

定的单据。

（2）开证申请人与开证行之间的关系。双方是一种以开证申请书为表现形式的独立于买卖合同的合同关系。开证申请人按合同规定的内容申请开证行开立信用证，并支付手续费及提供担保，银行接受申请并开出信用证，就承担了对受益人保证付款的责任，也享有要求开证申请人偿还他所垫付的款项收取利息和开证费用的权利，而开证申请人也不能以信用证以外的理由要求开证行撤回已开立的信用证。

（3）开证行与受益人之间的关系。开证行与受益人之间的关系因信用证的性质不同而有所区别：如果开立的是不可撤销的信用证，当信用证送达受益人而受益人接受时，在开证行与受益人之间就形成对双方有约束力的独立的合同关系，这种合同既独立于买卖合同，也独立于买方与开证方之间建立的合同关系。如果开立的是可撤销的信用证，开证行与受益人之间不存在对双方有约束力的合同关系，受益人不能因此取得信用证项下独立请求权，可撤销的信用证在议付行议付单据前，可以随时由开证行撤销，而无须事先通知受益人。在实践中，一般开立的是不可撤销的信用证。

（4）通知行与有关当事人之间的关系。通知行主要与开证行和受益人发生关系。通知行与开证行之间是委托代理关系。通知行接受开证行的委托，代理开证行将信用证通知受益人，并由开证行支付佣金给通知行。通知行与受益人之间不存在合同关系。两者的关系实际上代理关系中的外部关系，即代理人与第三人的关系，代理行为的效力直接归于被代理人，代理人不对第三人承担任何责任。按照 UCP600 的规定，通知行对于任何通知、信件或单据在传递过程中发生的延误或过失所引起的一切后果概不负责。

（5）议付行与有关当事人之间的关系。议付行按信用证规定的条件对信用证受益人开出的汇票议付后，议付行即取得汇票合法持有人的地位，此时，议付行与其他当事人的关系实际上是一种票据关系。在信用证交易中，议付行主要与开证行和受益人发生关系。

议付行与开证行之间是持票人和付款人的关系。议付行作为持票人对汇票享有权利，有权凭合格单据要求开证行支付汇票金额。开证行只有在议付行提交的单据与信用证不符时，才可以拒绝付款。

议付行与受益人之间是票据关系中持票人和出票人的关系。但由于他们之间是基于信用证而产生，所以与一般的票据关系有一定的差异。作为持票人，议付行的主要权利是追索权。在信用证业务中，议付行行使追索权的条件是，议付行在接受了受益人提交的单据并已付清金额后开证行倒闭，或开证行因其他原因拒付,在这种情况下,议付行均有权向受益人追回货款。对议付行的追索权,受益人可以通过在汇票上注明"对出票人无追索权"来排除自己的责任。一旦议付行接受这种汇票,则丧失追索权。

信用证当事人之间的关系如图 7-1 所示。

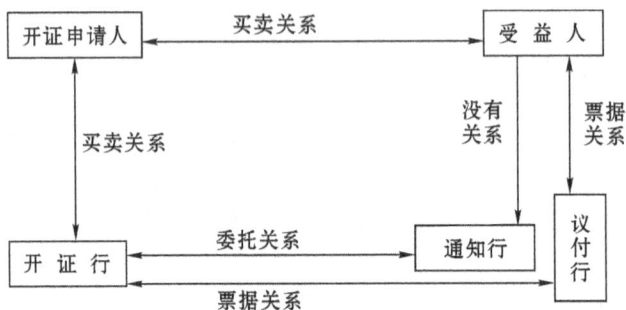

图 7-1　信用证当事人之间的关系

(五)信用证的种类

根据不同标准,信用证可分为不同类型:

1.可撤销信用证和不可撤销信用证。根据开证银行的保证性质,信用证可分为可撤销信用证和不可撤销信用证。可撤销信用证指在信用证有效期内,开证行不必事先通知受益人,也不必征得受益人同意,可随时修改或取消的信用证。此种信用证开证行并未提供付款保证,在国际贸易中极少使用。不可撤销信用证指信用证一经开出并经通知受益人,在信用证有效期内,未经受益人及有关当事人(如议付行、保兑行)的同意,开证行不得单方面修改或撤销的信用证。不可撤销的信用证为收款人提供了较为可靠的保障,是国际贸易中使用最广泛的信用证。依 UCP600 的规定,信用证中应注明是可撤销的还是不可撤销的,信用证上没有注明是可撤销的信用证的,视为不可撤销的信用证。

2.跟单信用证与光票信用证。根据付款依据为何种凭证,信用证分为跟单信用证和光票信用证。跟单信用证指凭跟单汇票或仅凭单据付款的信用证。单据指代表货物所有权或证明货物已经发运的单据。信用证有时规定卖方可不必开立汇票,银行可只凭单据付款。跟单信用证在国际贸易中使用较普遍。光票信用证指凭不附单据的汇票付款的信用证。此种信用证在国际贸易中极少使用,主要用于买卖交易尾款或非贸易的结算。

3.保兑信用证和不保兑信用证。在不可撤销信用证中,按其是否有其他银行保证兑付,可划分为保兑信用证和不保兑信用证。保兑信用证指开证行开出的信用证由另一家银行保证兑付的信用证。保兑一般是受益人对开证银行资信不够了解或不足以信任时,或对进口国家的政治、经济有顾虑时提出的这种要求。信用证经另一家银行保兑后,保兑行就和开证行一样承担保证付款的责任,相当于本身开证,不论开证行发生什么变化,保兑行都不得片面撤销其保兑。另外,经保兑的信用证必是不可撤销的信用证,可撤销的信用证不可加保兑。不保兑信用证指未经另一银行加以保证兑付的信用证。

4. 即期信用证和远期信用证。根据信用证付款时间的不同,可分为即期信用证和远期信用证。即期信用证指允许受益人开立即期汇票,开证行或议付行于见票后即付款的信用证。远期信用证指受益人仅可开立远期汇票,开证行或议付行在汇票指定的付款到期日支付货款的信用证。远期信用证中的远期汇票要先经承兑才能获得付款。

5. 可转让信用证和不可转让信用证。根据信用证能否转让,可分为可转让信用证和不可转让信用证。可转让信用证指受益人可将信用证的部分或全部权利转让给第三人的信用证。在通过中间商进行贸易时,常提出开立可转让信用证的要求,以便将信用证的权利转让给实际供货人。可转让的信用证必须在信用上注明"可转让"的字样。可转让信用证只能作一次转让,在信用证准许分批装运的条件下,可转让信用证可以个别办理转让,此项分割办理转让的总额仍视作信用证第一次转让。信用证的转让并不等于合同随之转让,因此,如果第二受益人不履行合同,第一受益人仍须对其与买方签订的合同负责。不可转让信用证指受益人不能将信用证的权利转让给他人的信用证。在国际贸易中,卖方为了保障收到货款的安全,以及在对第三方的资信不了解的情况下免受损失,一般不接受可转让信用证。

(六)银行的责任和免责

1. 银行的责任。银行对信用证具有审单的义务,在审单时须坚持单证相符、单单相符原则。即受益人提交的单据必须在表面上符合信用证条款,而且单据之间也应相互一致,否则银行有权拒绝接受受益人提交的单据,并拒绝付款、承兑或议付。UCP600 第 13 条规定,银行必须合理谨慎地审核信用证规定的一切单据,以确定是否表面与信用证条款相符合。UCP600 第 14 条规定,如单据表面与信用证条款不符,可以拒绝接受。总之,单单相符、单证相符是银行付款的条件,银行只进行表面审单,坚持严格相符原则。

2. 银行的免责。根据 UCP600 第 15~18 条的规定,银行对以下事项免责:①对单据有效性的免责。银行对任何单据的形式、完整性、准确性、真伪性或法律效力,或对于单据上规定的或附加的一般性和/或特殊性条件,概不负责;银行对于任何单据中有关的货物描述、数量、质量、状况、包装、交货、价值或存在概不负责;银行对于货物的发货人、承运人、运输行、收货人或保险人或其他任何人的诚信、行为、疏忽、清偿能力、执行能力或信誉也概不负责。②对文电传递的免责。银行对任何文电、信函或单据在传递中发生延误或遗失所造成的后果,或对于任何电讯在传递中发生的延误、残缺或其他差错,概不负责。银行对专门性术语的翻译或解释上的错误,也不负责,银行保留将信用证条款原文照转而不翻译的权利。③不可抗力。银行对于天灾、暴动、骚乱、叛乱、战争或银行本身无法控制的任何其他原因,或对于任何罢工或停工而中断营业所引起的一切后果,概不负责。除非特别授权,银行在恢复营业后,对于在营业中断期间已逾期的信用证,将不再据以进行付款、承担延期付款责任、承兑汇票或议付。④对被指示方行为的免责条款。开证行有效执行开证申请人的指示而利用中间行的服务,是代开证申请人办理的,其一切风险均由申请人承担。即使银行主动选择其他银行办理业务,如果发出的指示未被执行,银行对此也不负责。一方指示另一方提供服务时,被指示方因执行指示而产生的一切费用,包括手续费、费用、成本费或其他开支,均由发出指示的一方承担。当信用证规定上述费用由指示方以外的一方负担,而这些费用又未能收回时,亦不能免除最终仍由指示方支付此类费用的责任。外国法律和惯例使银行负有某种义务或责任时,银行有权从开证申请人处得到赔偿。

(七)信用证欺诈例外原则

信用证独立原则和严格相符原则是信用证的两条基本原则。信用证欺诈例外指即使受益人交付的单据表面上严格与信用证相符,一旦银行或开证申请人具有确切的证据证明受益人在交易中欺诈或提供了伪造的单据,银行有权不对欺诈性单据付款;开证申请人有权请求法院颁发禁止令或其他措施禁止银行对受益人付款;或在付款后仍有追索权。❶ 对于信用证欺诈问题,《跟单信用证统一惯例》并未作出规定,而是留待各国国内法去解决。鉴于国际贸易中此类欺诈不断发生,有些国家的法律和判例认为,在承认信用证独立原则的同时,也允许有例外,如果卖方(受益人)确有欺诈行为,买方可以要求法院下令禁止银行对信用证付款。信用证欺诈例外原则首先在美国法院的判例中提出,美国《统一商法典》对信用证欺诈及补救方法有成文法规定。

理论上,信用证欺诈主要有四种:①伪造单据,包括提单、商业发票、保险单、产地证明书、质量证明书、商检证明书等;②受益人在单据中作欺诈性陈述,也称伪造单据内容,如以没有价值的货物充作合同货物;③提单欺诈行为,包括

---

❶ 曹建明、陈治东主编:《国际经济法专论》第二卷,法律出版社 2000 年版,第 148 页。

倒签提单、预借提单和凭保函换取清洁提单；④伪造信用证本身，或伪造、变更信用证的条件。❶

最高人民法院《关于审理信用证纠纷案件若干问题的规定》（下简称《信用证规定》）对信用证欺诈问题作了具体规定。根据该规定，凡有下列情形之一的，应当认定存在信用证欺诈：①受益人伪造单据或者提交记载内容虚假的单据；②受益人恶意不交付货物或者交付的货物无价值；③受益人和开证申请人或者其他第三方串通提交假单据，而没有真实的基础交易；④其他进行信用证欺诈的情形。开证申请人、开证行或者其他利害关系人发现有上述规定的欺诈情形，并认为将会给其造成难以弥补的损害时，可以向有管辖权的人民法院申请中止支付信用证项下的款项。

人民法院认定存在信用证欺诈的，应当裁定中止支付或者判决终止支付信用证项下款项，但有下列情形之一的除外：①开证行的指定人、授权人已按照开证行的指令善意地进行了付款；②开证行或者其指定人、授权人已对信用证项下票据善意地作出了承兑；③保兑行善意地履行了付款义务；④议付行善意地进行了议付。

当事人在起诉前申请中止支付信用证项下款项符合下列条件的，人民法院应予受理：①受理申请的人民法院对该信用证纠纷案件享有管辖权；②申请人提供的证据材料证明存在本规定第 8 条的情形；③如不采取中止支付信用证项下款项的措施，将会使申请人的合法权益受到难以弥补的损害；④申请人提供了可靠、充分的担保；⑤不存在上述例外的情形。当事人在诉讼中申请中止支付信用证项下款项的，应当符合上述第②、③、④、⑤项规定的条件。

人民法院接受中止支付信用证项下款项申请后，必须在 48 小时内作出裁定；裁定中止支付的，应当立即开始执行。人民法院作出中止支付信用证项下款项的裁定，应当列明申请人、被申请人和第三人。当事人对人民法院作出中止支付信用证项下款项的裁定有异议的，可以在裁定书送达之日起 10 日内向上一级人民法院申请复议。上一级人民法院应当自收到复议申请之日起 10 日内作出裁定。复议期间，不停止原裁定的执行。

人民法院在审理信用证欺诈案件过程中，必要时可以将信用证纠纷与基础交易纠纷一并审理。当事人以基础交易欺诈为由起诉的，可以将与案件有关的开证行、议付行或者其他信用证法律关系的利害关系人列为第三人；第三人可以申请参加诉讼，人民法院也可以通知第三人参加诉讼。人民法院通过实体审

---

❶ 左海聪著：《国际贸易法》，法律出版社 2004 年版，第 162 页。

理,认定构成信用证欺诈并且不存在本规定第 10 条的情形的,应当判决终止支付信用证项下的款项。

(八)我国有关审理信用证纠纷案件的规定

2005 年 10 月 24 日,我国最高人民法院通过了《关于审理信用证纠纷案件若干问题的规定》的司法解释,自 2006 年 1 月 1 日起施行。

1.《信用证规定》的适用范围。所谓信用证纠纷案件,是指在信用证开立、通知、修改、撤销、保兑、议付、偿付等环节产生的纠纷。信用证业务从开证申请人申请开立到开证行最终完成付款,往往要涉及多个环节,这些环节中产生的各种纠纷均属于信用证纠纷,适用本规定的调整范围。此外,开证申请人与开证行之间因申请开立信用证而产生的欠款纠纷、委托人和受托人之间因委托开立信用证产生的纠纷、担保人为申请开立信用证或者委托开立信用证提供担保而产生的纠纷以及信用证项下融资产生的纠纷,也适用本规定。人民法院在审理信用证纠纷案件时,当事人约定适用相关国际惯例或者其他规定的,法院尊重当事人的选择,从其约定;当事人没有约定的,法院适用国际商会《跟单信用证统一惯例》或者其他相关国际惯例。然而,《跟单信用证统一惯例》等国际惯例并不能解决所有信用证法律关系中的问题,因此,有些问题还是要依据国内的民商事法律来解决。因申请开立信用证而产生的欠款纠纷、委托开立信用证纠纷和因此产生的担保纠纷以及信用证项下融资产生的纠纷应当适用中华人民共和国相关法律。涉外合同当事人对法律适用另有约定的除外。

2.关于信用证的独立性和单证审查标准。信用证的独立抽象性原则和严格相符原则是信用证制度的两大基本原则。此前《民法通则》对此原则只作了原则性的规定,导致各级人民法院在理解和适用该原则时的不一致,《信用证规定》明确了信用证法律关系独立于基础交易关系的原则,并明确了信用证项下单证审查的标准。开证行在作出付款、承兑或者履行信用证项下其他义务的承诺后,只要单据与信用证条款、单据与单据之间在表面上相符,开证行应当履行在信用证规定的期限内付款的义务。当事人以开证申请人与受益人之间的基础交易提出抗辩的,人民法院不予支持。

人民法院在审理信用证纠纷案件中涉及单证审查的,应当根据当事人约定适用的相关国际惯例或者其他规定进行;当事人没有约定的,应当按照国际商会《跟单信用证统一惯例》以及国际商会确定的相关标准,认定单据与信用证条款、单据与单据之间是否在表面上相符。因此,我国明确了信用证项下单证审查适用"严格相符"标准,而非"实质相符"标准。但"严格相符"标准也并非"镜像"标准,信用证项下单据与信用证条款之间、单据与单据之间在表面上不完全一致，但并不导致相互之间产生歧义的，不应认定为不符点。

此外，开证行有独立审查单据的权利和义务，有权自行作出单据与信用证条款、单据与单据之间是否在表面上相符的决定，并自行决定接受或者拒绝接受单据与信用证条款、单据与单据之间的不符点。开证行发现信用证项下存在不符点后，可以自行决定是否联系开证申请人接受不符点。开证申请人决定是否接受不符点，并不影响开证行最终决定是否接受不符点。开证行和开证申请人另有约定的除外。开证行向受益人明确表示接受不符点的，应当承担付款责任。开证行拒绝接受不符点时，受益人以开证申请人已接受不符点为由要求开证行承担信用证项下付款责任的，人民法院不予支持。

3. 关于信用证项下保证责任的承担。信用证项下担保产生的纠纷案件主要集中在保证人为信用证项下款项提供保证的情况下产生的纠纷上，《信用证规定》仅对保证这一担保方式作出规定。保证人以开证行或者开证申请人接受不符点未征得其同意为由请求免除保证责任的，人民法院不予支持。保证合同另有约定的除外。开证申请人与开证行对信用证进行修改未征得保证人同意的，保证人只在原保证合同约定的或者法律规定的期间和范围内承担保证责任。保证合同另有约定的除外。

【资料与应用】 1. 受益人能否以不可抗力为由，要求银行凭单据付款

A 银行应 B 公司要求开立一份信用证，信用证规定："数量为 1 万吨，3～7 月份分批装船，每月装运 2000 吨。"该信用证的受益人在 3～5 月份每月装运 2000 吨，银行已分批凭单付款。第四批货物原定 6 月 15 日装运出口，但由于遭受台风袭击，第四批货物迟延至 7 月 8 日才装船运出。当受益人凭 7 月 8 日的装船提单向银行议付时，遭银行拒付，后来受益人又以"不可抗力"为由要求银行付款，亦遭银行拒绝。

信用证是独立于买卖合同的法律文件，本案中虽然买方可根据买卖合同或依有关贸易法律和惯例的规定，要求买方免除其不能履行或迟延履行合同的责任，但其无权要求银行议付不符合信用证规定的单据。根据 UCP600 的规定，一个分批交货的信用证，如果其中任何一批交货未按时装运，除非开证人给开证行另行授权，否则以后各批交货均告失效。本案中由于第四批货物未按时装船，因而导致以后各批交货信用证均告失效。同时，根据 UCP600 的规定，银行不承认受益人因不可抗力而改变信用证条件的权利。因此，本案中的受益人并不能以不可抗力为由要求银行对其提交的 7 月 8 日已交货单据付款；银行对该单据有拒收和拒绝付款的权利。

2. 关于信用证开证保证金的司法解释

信用证开证保证金属于有进出口经营权的企业向银行申请向国外(境外)方开立信用证而备付的具有担保支付性质的资金。为规范冻结、扣划信用证保证金的行为,维护各方当事人的利益,最高人民法院发布了《关于人民法院能否对信用证开证保证金采取冻结和扣划措施问题的规定》(1997年9月13日起施行),内容是:①人民法院在审理或执行案件时,依法可以对信用证开证保证金采取冻结措施,但不得扣划。如果当事人认为人民法院冻结和扣划的某项资金属于信用证开证保证金的,应当提供有关证据予以证明。人民法院审查后,可按以下原则处理:对于确系信用证开证保证金的,不得采取扣划措施;如果开证银行履行了对外支付义务,根据该银行的申请,人民法院应当立即解除对信用证开证保证金相应部分的冻结措施;如果申请开证人提供的开证保证金是外汇,当事人又举证证明信用证的受益人提供的单据与信用证条款相符时,人民法院应当立即解除冻结措施。②如果银行因信用证无效、过期,或者因单证不符而拒付信用证款项并且免除了对外支付义务,以及在正常付出了信用证款项并从信用证开证保证金中扣除相应款项后尚有剩余,即在信用证开证保证金账户存款已丧失保证金功能的情况下,人民法院可以采取扣划措施。③人民法院对于为逃避债务而提供虚假证据证明属信用证开证保证金的单位和个人,应当根据民事诉讼法的有关规定严肃处理。

第四节
银行保函

一、银行保函的概念

银行保函是银行与委托人约定,当委托人到期不能偿还某项合同债务,或者因违约等原因不能支付款项时,由银行代其向债权人偿还债务或代为付款,银行收取一定的委托费用的业务。

保函一经出具,即具有法律约束力。在保函履行期间,只有发生了法律规定或者双方约定的情况,才允许变更或者撤销。被担保的事项完成,受托银行应当及时将出具的保函收回并注销。

二、保函当事人

1.申请人。申请人是向担保银行申请开立保函的人。

2.担保行。担保行即开立保函的银行。当申请人不能履约时,担保银行必须履行保函所承诺的担保责任。

3.受益人。受益人是有权根据保函向担保银行索偿的人。

4.通知行。通知行是受担保银行的委托将保函通知给受益人的银行。

5.指示行。指示行是开出反担保函并要求另一家银行据此转开保函的银行。

6.转开行。转开行是按指示的要求,凭指示行的反担保向受益人开出保函的银行。为便于索偿,通常规定必须由当地银行出具保函才可接受。因此,担保银行必须委托当地银行代理开立保函。转开行依据反担保函,及时准确地向受益人开出保函。保函一经开出,转开行即要代理担保行履行义务。

7.保兑行。保兑行是对保函或者反担保函加具保兑的银行。转开行为了保证向指示行收汇的安全,通常要求其开出的反担保函必须经保函货币结算地国家的大银行加具保兑。保兑行一经完成保兑,即对受益人和转开行负有付款责任。

8.偿付行。偿付行是受指示行的委托向转开行支付担保款项的银行。偿付行可凭指示行的授权对受益人的索偿付款。

三、保函的种类

(一)无条件保函

无条件担保,是指当主债务合同因种种原因导致无效时,保证人不能免除担保责任;而且当主债务合同出现违约情况时,债权人不必以先向借款人追偿为条件,即可直接要求保证人履行义务。无条件担保是相对于普通保函而言,普通保函是以债权人先行向债务人追索为条件担保。

(二)不可撤销保函

不可撤销担保是在债权人的要求下,保证人放弃一般担保中的抗辩权,承诺不单方面不经债权人同意而解除担保,或者对债务的担保不因债权人的变更行为而撤销。不可撤销保函是相对于保证人放弃抗辩权的普通保函而言的。实务中,债权人特别是外国债权人通常要求担保银行出具"无条件和不可撤销的保函"。债权人往往要求以解释条款作专门说明,如"本行作为第一债务人,无条件的、不可撤销的担保付款",或"本行作为主债务人而不是作为单纯的担保人承诺付款"。如在保函中强调反担保、汇率风险、保函未经同意不得转让、债权人未履行合同义务则保函自行失效等。

当然,债权人也可以要求不放弃本应享有的抗辩权,在谈判担保合同时,可以争取到比较有利的条款,如债务宽限期、不承担提前偿付债务的担保责任、担保索赔限额、不放弃抗辩权、不许转让主合同和担保合同等。

(三)履约类保函

履约保函主要有:

1.投标保函。投标保函是为了防止投标人得标后不签署合同,招标人要求投标人在投标时提供银行的保证书,保证投标人中标后履行有关的义务。保证的主要内容是:不修改原报价,不撤回投标,按照招标规定与招标人签订合同,并按期提交履约保函。如投标人未能履行义务,担保银行承担赔偿责任等。

2.履约保函。履约保函是银行应债权人或者债务人的请求,为保证当事人一方全面正确地履行合同义务,而开给另一方的担保函。这种保函运用广泛,如劳务合作和工程招标等。保函金额一般为合同金额的5%～10%。

3.预付款保函。预付款保函是进口方或者招标商在支付预付款时,为防止出口商或者承包商日后不履行合同而损失预付款,要求其提供银行担保,如果出现违约,银行则保证归还预付款。

4.租赁保函。租赁保函是银行接受承租人委托向出租人开出的保函,保证承租人履行租赁合同义务,按时支付租赁费。否则,由银行承担赔偿责任。

5.付款保函。付款保函是银行为进口方向出口方开具的保证进口方在收到货物后,经检验合格即向出口方支付货款的担保函。付款保函有即期付款和远期付款两种,远期付款条件下交易的付款保函具有融资性质,也属于融资保函。

6.来料加工保函。来料加工保函是了保证进口方按照合同约定以进口原材料加工装配,并按合同规定将成品交付指定人,防止进口方不能如期偿还进口原辅料和机器设备价款,进口方应出口方的要求委托银行开立的担保函。如果出现违约不能支付价款,则由银行承担责任。

7.承包工程保函。承包工程保函是承包人应招标人或顾主的要求,委托银行开立保证承包人按照承包合同约定的质量、工期完工的担保函。

8.维修保函。维修保函是承包工程的业主为保证当工程质量不符合合同规定,而承包方又不能维修时,由担保银行支付一定金额的担保函。

9.质量保函。质量保函是某些重要工业产品出口时,为了保证货物的质量,进口方要求出口方提供银行担保,保证当货物质量不符合合同规定又不能更换或维修时,由出口方银行按保函金额赔付进口方。

10.留置金保函。留置金保函是对国际大型工程项目远期付款中的最后一部分留置金,买方同意先支付给卖方,但卖方应提供银行担保,保证如货物或工程质量有残次时,银行把预扣的留置金退还买方。

(四)融资保函

融资保函主要有:

1.延期付款保函。延期付款保函是银行保证在陆续收到国外装船单据达到合同金额一定比例的半年或一年后开始分次付款。

2.海关保函。海关保函是国际承包工程中工程所在地国海关要求承包方银行出具的担保函,保证承包方在工程完工后,一定将施工器械撤回。否则,将由银行支付这笔税金。

3.保释金保函。保释金保函是为了保释因撞损海港码头设施或其他船舶,或者因走私等行为触犯所在国法律而被扣留的船只,由船方向银行申请开给当地法院的担保函。

4.透支保函。透支保函是驻在国外的工程承包公司或企业分支机构为了得以向当地银行融通资金,开设透支账户,其国内总公司向银行申请提供担保,保证该公司按透支协议约定的时间及时向给予透支的银行汇划透支资金。

5.借款保函。借款保函是债务人约请的银行向贷款银行提供的,保证在借款人不能依约偿还贷款本息时,由保证银行代为履行付款责任的担保函。

四、保函的主要内容和办理程序

(一)保函内容

保函的基本内容有:①申请人的名称;②受益人的名称和地址;③保函承保的合同或标书;④保函承保金额;⑤保证人的责任和受益人的义务;⑥保函有效期;⑦仲裁条款;⑧保函的编号和开出日期;⑨其他事项。

(二)保函的办理程序

1.委托单位提出书面申请。企业需要银行提供信用担保时,需正式提出书面申请并提交有关合同及附件。

2.担保银行审查评估。银行业务部门审查人员对委托人提出的申请和有关合同资料进行初步审查,同意后交调查人员对材料中有关内容和数据的可靠性、风险性进行调查评估。

3.上报审批、签署协议。银行对外开立保函,属于负债。开展担保业务必须在授权范围内进行,并得到上级银行的审查批准。批准后,担保银行应当与委托人签署担保协议书,明确各方的权利义务。

4.交存保证金和有关费用。委托人要向银行交纳一定数额的保证金,不能足额交纳保证金的要向银行提供反担保,也可以就保证金不足部分设定抵押。

担保收费一般包括手续费和担保费两部分。

5.出具保函。银行按担保协议确定的原则填制保函,法人代表签字并加盖公章。保函一旦正式生效,有关各方不得随意变更或撤销。

6.办理担保登记。金融机构办理对外担保,应当按中国人民银行《境内机构对外提供外汇担保管理办法》中的规定办理登记、展期、核销手续。

【资料与应用】 见索即付担保

见索即付担保是指银行应申请人委托,为保证申请人对基础合同债务的履行对受益人所作的、只凭受益人在规定的期限内提出书面索赔或符合规定要求的单据就向其支付约定金额或约定金额以内的款项的独立于基础合同关系的书面承诺。见索即付保函具有无条件性、独立性、确定性和单据化的特性。1992年国际商会458号《见索即付担保统一规则》规定,见索即付保函,不管其如何命名,是指由银行、保险公司或其他组织或个人以书面形式出具的,表示只要凭付款要求声明或符合担保文件规定就可从他那里获得付款的保证、担保或其他付款承诺。

第八章

银行卡与网络银行法

【内容提要】 银行卡与网络银行法系统介绍银行卡基本理论、银行卡当事人法律关系、银行卡发行、账户及交易管理和网络银行法规定。银行卡基本理论介绍银行卡概念、银行卡的分类。银行卡当事人法律关系阐述银行卡当事人法律关系发生的基础、当事人范围、发卡人和特约商户的法律关系、银行卡当事人权利与义务。银行卡发行、账户及交易管理一节介绍银行卡的发行、计息和收费标准、银行卡使用规则、销户与挂失规则、银行卡的风险管理规则。网络银行法介绍网络银行及其发展现状、网络银行相关法律问题、电子资金划拨规则和电话银行的法律问题。

第一节
银行卡基本理论

一、银行卡概念

银行卡是商业银行或非银行金融机构（一般是专业信用卡公司）向单位和个人发行的,持卡人凭此向特约单位购物、消费和向银行存取现金、转账结算,且具有消费信用功能的特制载体卡片。银行卡又称为信用卡,一般用磁性材料制成。银行卡卡面应当载有以下要素:发卡银行一级法人名称、统一品牌名称、品牌标识（专用卡除外）、卡号（IC 卡除外）、持卡人使用注意事项、客户服务电话、持卡人签名条（IC 卡除外）等。作为一种信用工具,银行卡具有如下功能:转账结算的支付功能、储蓄存款功能、汇兑功能和消费贷款功能。银行卡有三方当事人:持卡人、发卡人和特约商户。

银行卡最早起源于美国。20 世纪 20 年代,美国的商店为促销而发行商业信用卡。1952年,美国加州富兰克林国民银行首次发行银行信用卡,把信用卡纳入了银行体系,从此得以迅速发展。我国从1986年6月中国银行珠江分行在国内发行第一张信用卡以来,尤其是1993年开始实施"金卡工程"以来,银行卡业务发展很快,各大商业银行先后发行了各自的银行卡,主要有工商银行的牡丹卡、中国银行的长城卡、农业银行的金穗卡、建设银行的龙卡、交通银行的太平洋卡等。

银行卡业务涉及当事人较多,操作过程复杂,技术性强,风险性较大,尤其是伪造银行卡诈骗资金活动危害甚大。对银行卡业务管理的主要内容是严格银行卡发行审查和加强透支管理。相关法规有1997年12月1日起施行的《支付结算办法》(专章规定了信用卡)、1999年3月1日施行的《银行卡业务管理办法》(取代了1996年4月1日起施行的《信用卡业务管理办法》)、2001年3月29日中国人民银行发布的《银行卡联网联合业务规范》等。

二、银行卡的分类

银行卡最通常的分类包括信用卡和借记卡。信用卡和借记卡的明显区别在于,借记卡不允许透支,而信用卡则允许透支。

1.信用卡。信用卡是银行卡的主要形式。按是否向发卡银行交存备用金,信用卡分为贷记卡、准贷记卡两类。

贷记卡是指发卡银行给予持卡人一定的信用额度,持卡人可在信用额度内先消费、后还款的信用卡。准贷记卡是指持卡人须先按发卡银行要求交存一定金额的备用金,当备用金账户余额不足支付时,可在发卡银行规定的信用额度内透支的信用卡。

2.借记卡。借记卡按功能不同分为转账卡(含储蓄卡,下同)、专用卡、储值卡、联名/认同卡。借记卡不具备透支功能。转账卡是实时扣账的借记卡,具有转账结算、存取现金和消费功能。专用卡是具有专门用途、在特定区域使用的借记卡,具有转账结算、存取现金功能。专门用途是指在百货、餐饮、饭店、娱乐行业以外的用途。储值卡是指发卡银行根据持卡人要求将其资金放至卡内储存,交易时直接从卡内扣款的预付钱包式借记卡。联名/认同卡是商业银行与营利性机构/非营利性机构合作发行的银行卡附属产品,其所依附的银行卡品种必须是已经中国人民银行批准的品种,并应当遵守相应品种的业务章程或管理办法。发卡银行和联名单位应当为联合持卡人在联名单位用卡提供一定比例的折扣优惠或特殊服务;持卡人领用认同卡表示对认同单位事业的支持。

【资料与应用】 中国人民银行严禁利用信用卡、银行卡、支付卡等新的结算工具违规套取现金

中国人民银行 1998 年发布的《关于严禁利用信用卡、银行卡、支付卡违规套取现金的通知》规定：①凡在工商行政管理部门登记注册的单位必须在银行开立基本存款账户，单位的信用卡、银行卡、支付卡在使用过程中需要存入资金的，必须从其基本存款账户转入，不得交存现金，不得将销货款存入。各开户银行对客户持有的单位信用卡、银行卡、支付卡一律不得支付现金。对于存入单位信用卡、银行卡、支付卡的转账支票，必须将收款单位账户户名写清楚，不得将其信用卡、银行卡、支付卡的开户银行作为收款人。②任何部门、企业和单位不得将公款转入个人信用卡、银行卡、支付卡账户内。除代发工资和支付小额劳务报酬外，各开户银行不得办理开户单位以转账方式进入个人信用卡、银行卡、支付卡账户内的各项存款。对利用信用卡、银行卡、支付卡等新的结算工具公款私存的，各金融机构一经发现，必须立即转为对公存款，对转入的公款一律不得计付利息，并按照《商业银行法》第 77 条的规定予以处罚。③个人信用卡、银行卡、支付卡持卡人提取现金时，取现金额必须符合发卡银行规定的限额。超过规定限额的，必须取得发卡银行的授权。授权的最高限额不得超过个人信用卡、银行卡、支付卡账户备用金存款金额。开户银行一律不得对个人信用卡、银行卡、支付卡透支支付现金。

第二节
银行卡当事人法律关系

一、银行卡当事人法律关系发生的基础

银行卡当事人法律关系发生的基础是基于银行卡交易流程所发生的交易关系。银行卡交易流程大致是：

银行卡交易由银行卡申请人向发卡机构申领银行卡，发卡行收到银行卡申请人的申请后，对申请的有关事项进行审核，并决定是否发卡。发卡行同意后，即进行制卡，并将制作完成的银行卡交付申请人。申请人收到发卡银行的银行卡后，即可持该银行卡到特约商户签账消费，并同时享有延后付款的权利。

特约商户按它与收单行之间的约定，接受银行卡签账消费。特约商户在接受持卡人签账消费后，向收单行请求付款。收单行在支付款项给特约商户后，汇总请求付款的金额，将请求付款的数据传送至清算组织，清算组织则定期将

收单机构传送的请求付款数据明细表汇整后,分类传送予各发卡行。

发卡行在付款给收单行后,会根据请求付款明细将账目归入到各持卡人账户,并在结账日后,将持卡人应付款项打印账单明细,寄交各持卡人。而持卡人在收到账单后,应于缴款期限内缴清全部消费款,或选择动用循环信用,仅缴纳最低应缴款项。当然在采取牵连说的发卡银行,持卡人还可以以基础交易存在问题,请求发卡机构暂停付款。

对于在国外可使用的国际卡,发卡行必须与国外的银行签订合约,才可使用发卡行的持有人在该家国外银行当地的特约商户持卡消费,这家国外银行就是发卡行的收单行。国内发卡行若一家一家去签约,是无法实现的,只能通过国际授权清算网络才能实现。例如 VISA 全球授权清算网络,它在 VISA 全球2.1 万家会员银行之间架起了桥梁,通过各自与 VISA 签约构筑成一个有保证的清算体系,并使各家会员银行享受到资源共享的益处。在这个结算流程过程中,当持卡人在特约商户的 POS 机上刷卡后,特约商户会通过电话及电脑网络向收单行提出交易授权,收单行随之会向发卡行或国际授权清算网络提出交易授权,在发卡行确认了消费者身份之后,会向收单行批准交易授权,而最终收单行会向商户批准交易授权。这一套复杂的授权批准过程,通过 VISA 全球授权清算网络只需要几秒钟。

二、当事人范围

在标准的国际信用卡消费交易中涉及五个相关关系人,他们是持卡人、特约商户、收单银行、国际清算组织(如 VISA、MASTER)和发卡行。但各种卡在交易中,并不是当然的全部具有五个相关关系人,如美国运通公司发行的美国运通信用卡及台湾大来国际信用卡股份有限公司发行的大来卡等,其在国内交易的当事人包括发卡机构、持卡人及特约商户三方,在我国大陆发行的国内卡也基本上涉及发卡银行、持卡人和特约商户三方❶。

1.发卡银行,是将其银行卡发行给持卡人并处理销售点电子转账及相关事项的银行。

2.持卡人,即消费者。他们持有可用于消费或取现的银行卡。

3.特约商户,与收单行签约提供 POS 服务的商户。

4.收单银行,代理发卡机构,对特约商户的请求付款经审核签账无误后给予付款,然后再向发卡银行清算的金融机构。

---

❶ 张卓其著:《电子银行》,高等教育出版社 2002 年版,第 100 页。

5.国际清算组织,是指国际银行卡的结算流程过程中产生的,连接发卡银行和收单银行的一种清算机构。

三、发卡人和特约商户的法律关系

(一)几种观点

发卡人和特约商户的法律关系主要有以下几种观点:债权让与说、委托代理说、债务承担说和担保付款说等。在不同的学说中,按照它与原因关系(持卡人与特约商户的买卖、服务等)是否存在牵连,一般可以分为两类:一是给付关系与原因关系相牵连,原因关系中如持卡人与特约商户买卖或服务等消费关系的成立、变更、解除等事由会影响到特约商户与发卡银行;另一则是给付关系独立于原因关系之外,不受原因关系的成立、变更、解除等事由的影响,也就是原因关系中所生的抗辩事由不会对发卡银行与特约商户的给付产生抗辩。

(二)给付关系与原因关系相牵连

1.债权让与说。认为银行卡交易是由特约商户将其对持卡人刷卡消费形式的债权让与发卡银行,发卡银行向特约商户支付债权让与价金后,发卡行向持卡人请求还款。按大来银行卡公司的规定,发卡银行同意购买持卡人的签账单,并且按单付款给特约商户;而签账单之账款支付后,可全权负责处理收取有关账款的总额。若因签账单上记录错误,使该条交易无法向有关银行卡持卡人收回,发卡银行有权拒绝承认该交易,并有权请求返还其支付给特约商户的货款。

2.委托代理说。认为银行卡交易是由特约商户将其对持卡人因刷卡消费所产生的价金或酬金债权委托发卡银行代为收取,发卡银行向持卡人请求还款时处于特约商户的代理人地位。该学说认为,银行卡交易关系中仅有持卡人与特约商户之原因关系以及特约商户与发卡银行之间的给付关系,在发卡银行与持卡人之间在银行卡业务中没有直接的法律关系。此时发卡银行,是特约商户的代理人的地位向持卡人收取签账金额,发卡银行机构对持卡人并无直接请求权。同样是,如果持卡人与特约商户之间原因法律关系有争议,持卡人可能主张撤销与特约商户之间的买卖合同,或持卡人以商品瑕疵为由拒付消费签账款等,可以对抗发卡银行。

3.债务承担说。该学说认为,发卡银行承担持卡人对特约商户所负的债务,成为债务人。在特约商户向发卡银行主张债权并由发卡银行清偿债务后,构成法定的债权转移,发卡银行在清偿范围内承受债权人权利成为新债权人。

债务承担可分为免责的债务承担与并存的债务承担。❶ 按此说认为,持卡人用以抗辩特约商户的事由,在发卡银行承担了债务后成为新的债权人,持卡人可以以原抗辩事由对抗新债权人。

(三)给付关系与原因关系独立理论

独立的学说理论认为,持卡人与特约商户买卖或服务等消费关系的成立、变更、解除等事由不会影响到特约商户与发卡银行的支付关系。其中,独立担保说认为发卡银行在收到符合规定使用的银行卡签购单后愿意立即付款予特约商户,属于独立于持卡人与特约商户间原因关系的担保付款义务。这种担保付款义务与被担保的债务,即持卡人对特约商户所负的债务不具有从属性,只要持卡人和特约商户依照规定使用和受理银行卡,发卡银行就应付款,而不管持卡人与特约商户之间消费关系是否有瑕疵或其他抗辩事由,义务人承担的是第一性的付款义务。银行卡只是代替现金的支付工具,其功能并未超过现金,纵然是以银行卡消费而与特约商户因商品本身品质发生争议,应与发卡银行无关。

(四)法律关系评说

牵连说,其优点在于对持卡人的利益保护力度大,但使发卡银行陷入特约商户与持卡人买卖或是服务关系的纠纷中,如持卡人在购物后发现商品有瑕疵,要求发卡银行对该购物账单停止支付的问题。担保契约说充分发挥了银行的信用功能,强调发卡银行对特约商户所负的担保付款义务应该独立于持卡人与特约商户之间的基础原因关系,一旦持卡人依照规定使用银行卡,发卡银行基于该事由就应该负付款义务,而不问持卡人与特约商户之间基础关系是否成立或有其他抗辩事由,即发卡银行对特约商户负有无条件付款义务。履行担保契约的前提是当持卡人以银行卡签章消费后,发卡银行就应当履行其与特约商户的特约合作协议,向特约商户付款。牵连说中特约商户丧失向持卡人的价金请求权所带来的种种问题,担保契约说都可以避免,发卡银行不能主张原因关系的抗辩而拒绝向特约商户付款,特约商户除了对发卡银行的请求权以外,还享有对持卡人的债权。已经作了给付的,嗣后发生特约商户与持卡人因物的瑕疵引起的纠纷,发卡银行也不能主张原因关系向特约商户要求返还。

在银行卡实践中,各国采用的学说是不同的。在信用制度比较发达的国家,更多的是采取牵连说中的一种,侧重于对消费者的利益保护;在信用制度相对比较不完善的国家,为有利于发卡银行的利益保护和交易的安全、快速进行,

---

❶ 杨淑文著:《新型契约与消费者保护法》,中国政法大学出版社 2002 年版,第 63 页。

则通常采用独立说。❶

四、银行卡当事人的权利与义务

（一）发卡银行的权利与义务

根据《银行卡业务管理办法》第 51、52 条的规定，发卡银行的权利与义务为：

1. 发卡银行的权利。①发卡银行有权审查申请人的资信状况、索取申请人的个人资料，并有权决定是否向申请人发卡及确定信用卡持卡人的透支额度；②发卡银行对持卡人透支有追偿权；③发卡银行对不遵守其章程规定的持卡人，有权取消其持卡人资格，并可授权有关单位收回其银行卡；④发卡银行对储值卡和 IC 卡内的电子钱包可不予挂失。

2. 发卡银行的义务。①发卡银行应当向银行卡申请人提供有关银行卡的使用说明资料，包括章程、使用说明及收费标准。现有持卡人亦可索取上述资料。②发卡银行应当设立针对银行卡服务的公平、有效的投诉制度，并公开投诉程序和投诉电话。发卡银行对持卡人关于账务情况的查询和改正要求应当在 30 天内给予答复。③发卡银行应当向持卡人提供对账服务。按月向持卡人提供账户结单，在下列情况下发卡银行可不向持卡人提供账户结单：已向持卡人提供存折或其他交易记录；自上一份月结单后，没有进行任何交易，账户没有任何未偿还余额；已与持卡人另行商定。④发卡银行向持卡人提供的银行卡对账单应当列出以下内容：交易金额、账户余额（贷记卡还应列出到期还款日、最低还款额、可用信用额度）；交易金额记入有关账户或自有关账户扣除的日期；交易日期与类别；交易记录号码；作为支付对象的商户名称或代号（异地交易除外）；查询或报告不符账户的地址或电话号码。⑤发卡银行应当向持卡人提供银行卡挂失服务，应当设立 24 小时挂失服务电话，提供电话和书面两种挂失方式，书面挂失为正式挂失方式。并在章程或有关协议中明确发卡银行与持卡人之间的挂失责任。⑥发卡银行应当在有关卡的章程或使用说明中向持卡人说明密码的重要性及丢失的责任。⑦发卡银行对持卡人的资信资料负有保密的责任。

（二）持卡人的权利与义务

1. 根据《银行卡业务管理办法》第 53、54 条的规定，发卡银行的权利与义务为：①持卡人享有发卡银行对其银行所承诺的各项服务的权利，有权监督服务质量并对不符服务质量进行投诉；②申请人、持卡人有权知悉其选用的银行卡

---

❶ 孙苏胜：《银行卡当事人权利义务研究》，浙江大学 2005 年硕士学位论文，第 36 页。

的功能、使用方法、收费项目、收费标准、适用利率及有关的计算方式;③持卡人有权在规定时间内向发卡银行索取对账单、并有权要求对不符账务内容进行查询或改正;④借记卡的挂失手续办妥后,持卡人不再承担相应卡账户资金变动的责任,司法机关、仲裁机关另有判决的除外;⑤持卡人有权索取信用卡领用合约,并应妥善保管。

2.持卡人的义务。①申请人应当向发卡银行提供真实的申请资料并按照发卡银行规定向其提供符合条件的担保;②持卡人应当遵守发卡银行的章程及《领用合约》的有关条款;③持卡人或保证人通讯地址、职业等发生变化,应当及时书面通知发卡银行;④持卡人不得以和商户发生纠纷为由拒绝支付所欠银行款项。

第三节
银行卡发行、账户及交易管理

一、银行卡的发行

根据《银行卡业务管理办法》银行卡业务审批的规定,银行卡的发行规范为:

1.发卡机构的资格与条件。发卡机构须是经中国银行业监督管理委员会及其分支机构批准的商业银行或其他金融机构。开办银行卡业务须具备规定条件:①开业3年以上,具有办理零售业务的良好业务基础;②符合中国人民银行颁布的资产负债比例管理监控指标,经营状况良好;③已就该项业务建立了科学完善的内部控制制度,有明确的内部授权审批程序;④合格的管理人员和技术人员、相应的管理机构;⑤安全、高效的计算机处理系统;⑥发行外币卡还须具备经营外汇业务的资格和相应的外汇业务经营管理水平;⑦中国银行业监督管理委员会规定的其他条件。符合条件的商业银行应向中国银监会申请,提交申请报告、银行卡章程、内控制度、中国银监会科技主管部门出具的有关系统安全性和技术标准合格的测试报告等材料。中国银监会批准。商业银行分支机构开办信用卡业务应上报辖区内中国银监会分支机构备案。

2.银行卡章程。银行卡章程是发卡机构制定的并经中国银监会批准备案的银行卡业务的基本法律文件。章程应有以下主要内容:①卡的名称、种类、功能、用途;②卡的发行对象、申领条件、申领手续;③卡的使用范围(包括使用方面的限制)及使用方法;④卡的账户适用的利率、面向持卡人的收费项目及标准;⑤发卡银行、持卡人及其他有关当事人的权利、义务;⑥中国银监会要求的其他事项。

3.银行卡的申领。

(1)凡在中国境内金融机构开立基本存款账户的单位应凭开户许可证申领单位卡。单位卡可申领若干张,持卡人资格由申领单位法定代表人或其委托的代理人书面指定和注销。

凡具有完全民事行为能力的个人应凭本人有效身份证件申领个人卡。个人卡的主卡持卡人可为其配偶及年满18周岁的亲属申领附属卡,申领的附属卡最多不得超过两张,也有权要求注销其附属卡。

(2)发卡银行可根据申请人的资信程度,要求其提供担保。担保的方式可采用保证、抵押或质押。

(3)银行卡申请、领用合约是发卡银行向银行卡持卡人提供的明确双方权责的契约性文件,持卡人签字,即表示接受其中各项约定。商业银行发展受理银行卡的商户,应当与商户签订受理合约。受理合约不得包括排他性条款。受理合约中的手续费率标准低于规定标准的不受法律保护。发卡银行应当本着权利与义务对等的原则制订银行卡申请表及信用卡领用合约。

二、计息和收费标准

银行卡的计息包括计收利息和计付利息,均按照《金融保险企业财务制度》的规定进行核算。发卡银行对准贷记卡及借记卡(不含储值卡)账户内的存款,按照中国人民银行规定的同期同档次存款利率及计息办法计付利息。发卡银行对贷记卡账户的存款、储值卡(含IC卡的电子钱包)内的币值不计付利息。

贷记卡持卡人非现金交易享受如下优惠条件:①免息还款期待遇。银行记账日至发卡银行规定的到期还款日之间为免息还款期。免息还款期最长为60天。持卡人在到期还款日前偿还所使用全部银行款项即可享受免息还款期待遇,无须支付非现金交易的利息。②最低还款额待遇。持卡人在到期还款日前偿还所使用全部银行款项有困难的,可按照发卡银行规定的最低还款额还款。

贷记卡持卡人选择最低还款额方式或超过发卡银行批准的信用额度用卡时,不再享受免息还款期待遇,应当支付未偿还部分自银行记账日起,按规定利率计算的透支利息。贷记卡持卡人支取现金、准贷记卡透支,不享受免息还款期和最低还款额待遇,应当支付现金交易额或透支额自银行记账日起,按规定利率计算的透支利息。

发卡银行对贷记卡持卡人未偿还最低还款额和超信用额度用卡的行为,应当分别按最低还款额未还部分、超过信用额度部分的 5％收取滞纳金和超限费。贷记卡透支按月计收复利,准贷记卡透支按月计收单利,透支利率为日利率0.5‰,并根据中国人民银行的此项利率调整而调整。

商业银行办理银行卡收单业务应当按下列标准向商户收取结算手续费:①宾馆、餐饮、娱乐、旅游等行业不得低于交易金额的 2％;②其他行业不得低于交易金额的 1％。

跨行交易执行下列分润比例:①未建信息交换中心的城市,从商户所得结算手续费按发卡行 90％、收单行 10％的比例进行分配;商业银行也可以通过协商,实行机具分摊、相互代理、互不收费的方式进行跨行交易。②已建信息交换中心的城市,从商户所得结算手续费,按发卡行 80％、收单行 10％、信息交换中心 10％的比例进行分配。

持卡人在 ATM 机跨行取款的费用由其本人承担,并执行如下收费标准:①持卡人在其领卡城市之内取款,每笔收费不得超过 2 元人民币;②持卡人在其领卡城市以外取款,每笔收费不得低于 8 元人民币。从 ATM 机跨行取款所得的手续费,按机具所有行 70％、信息交换中心 30％的比例进行分配。

商业银行代理境外银行卡收单业务应当向商户收取结算手续费,其手续费标准不得低于交易金额的 4％。境内银行与境外机构签订信用卡代理收单协议,其分润比率按境内银行与境外机构分别占商户所交手续费的 37.5％和 62.5％执行。

三、银行卡使用规则

1.交易使用有效凭据。发卡银行依据密码等电子信息为持卡人办理的存贷款、转账结算等各类交易所产生的电子信息记录,均为该项交易的有效凭据。发卡银行可凭交易明细记录或清单作为记账凭证。银行卡通过联网的各类终端交易的原始单据至少保留 2 年备查。

2.转账、消费结算规则。持卡人可持银行卡在特约单位购物消费。持卡人凭卡购物消费时,需将银行卡和身份证一并交特约单位经办人。IC 卡、照片卡免验身份证。

特约单位经办人员受理银行卡时,应审查下列内容:确为本单位可受理的信用卡;银行卡在有效期内,未列入"止付名单";签名条上没有"样卡"或"专用卡"字样;银行卡无打洞、剪角、毁坏或涂改的痕迹;持卡人身份证或卡片上的照片与持卡人相符;卡片正面的拼音姓名与卡片背面的签名身份证上的姓名一致。

特约单位受理银行卡审查无误的,应在签购单上压卡,填写实际结算金额、用途、持卡人身份证号码、特约单位名称和编号。如超过支付限额的,应向发卡银行授权并填写授权号码,交持卡人签名确认,同时核对其签名与卡片背面签名是否一致,无误后,将信用卡、身份证和第一联签购单交还给持卡人。审查发现问题的,应及时与签约银行联系,征求处理意见。特约单位在每日营业终了,应将当日受理的银行卡签购单汇总,计算手续费和累计金额,并填写汇(总)计单和进账单,连同签购单一并送交收单银行办理进账。收单银行一般是特约单位的开户银行。

持卡人要求退货的,特约单位应使用退货单压(刷)卡,并将退货单金额在当日签购单累计金额中抵减,退货单随签购单一并送交收单银行。收单银行接到特约单位送交的各种单据,经审查无误后,为特约单位办理进账,并与发卡银行清算资金。发卡银行(或代理银行)收到收单银行通过同城票据交换或本系统联系划转的各种单据后,为持卡人办理付款手续。

持卡人在异地凭卡通过银行向收款人办理转账时,银行应按特约单位的有关处理规定处理。单位银行卡可办理商品交易和劳务供应款项的结算,但不得透支;超过中国人民银行规定起点的,应当经中国人民银行当地分行办理转汇。

3. 银行卡现金存取规则。个人持卡人或其代理人交存现金,应在发卡银行或其代理银行办理。持卡人凭银行卡在发卡银行或代理银行交存现金的,银行应在存款单上压卡,经审查并收妥现金后,将存款单回单联及银行卡交给持卡人。持卡人委托他人在不压卡的情况下代办交存现金的,代理人应在银行卡存款单上填写持卡人的卡号、姓名、存款金额等内容,并将现金送交银行办理交存手续。

持卡人在银行支取现金时,应将银行卡和身份证一并交发卡银行或代理银行。IC卡、照片卡免验身份证。发卡银行或代理银行压(刷)卡后,填写取现单,经审查无误,交持卡人签名确认。超过支付限额的,代理银行应向发卡银行授权,并在取现单上填写授权号码。办理付款手续后,将现金、信用卡、身份证和取现单回单联交给持卡人。

发卡银行对贷记卡的取现应当每笔授权,每卡每日累计取现金不得超过2000元人民币。

发卡银行应当对持卡人在自动柜员机(ATM)取款设定交易上限,每卡每日累计提款不得超过5000元人民币。储值卡的面值或卡内市值不得超过1000元人民币。

单位卡账户的资金一律从其基本存款账户转账存入,不得交存现金,不得将销货收入的款项存入其账户。个人卡账户的资金以其持有的现金存入或以其工资性款项及属于个人的劳务报酬收入转存入。不得将单位的款项存入个人卡账户。

四、银行卡销户与挂失规则

（一）销户规则

持卡人在还清全部交易款项、透支本息和有关费用后,可申请办理销户。销户时,单位人民币卡账户的资金应当转入其基本存款账户,单位外币卡账户的资金应当转回相应的外汇账户,不得提取现金。

持卡人还清透支本息后,属于下列情况之一的可以办理销户:①银行卡有效期满45天后,持卡人不更换新卡的;②银行卡挂失满45天后,没有附属卡又不更换新卡的;③信誉不佳,被列入止付名单,发卡银行已收回其银行卡45天的;④持卡人因故死亡,发卡银行已收回其银行卡45天的;⑤持卡人要求销户或担保人撤销担保,并已交回全部银行卡45天的;⑥信用账户两年(含)以上未发生交易的;⑦持卡人违反其他规定,发卡银行认为应该取消资格的。发卡银行办理销户,应当收回银行卡。有效卡无法收回的,应当将其止付。

（二）挂失规则

银行卡遗失或被盗,持卡人应立即持本人身份证或其他有效证明,就近向发卡银行或代办银行申请挂失,并按规定提供有关情况,办理挂失手续。持卡人申请挂失后,找回银行卡的,可申请撤销挂失止付。

五、银行卡的风险管理规则

发卡银行应当对银行卡持卡人的资信状况进行定期检查,并应当根据资信状况的变化调整其信用额度。发卡银行应当建立授权审批制度,明确对不同级别内部工作人员的授权权限和授权限额。发卡银行应当加强对止付名单的管理,及时接收和发送止付名单。通过借记卡办理的各项代理业务,发卡银行不得为持卡人或委托单位垫付资金。

发卡银行信用卡业务风险控制:①同一持卡人单笔透支发生额个人卡不得超过2万元(含等值外币)、单位卡不得超过5万元(含等值外币)。②同一账户月透支余额个人卡不得超过5万元(含等值外币),单位卡不得超过发卡银行对该单位综合授信额度的3%。无综合授信额度可参照的单位,其月透支余额不得超过10万元(含等值外币)。③外币卡的透支额度不得超过持卡人保证金(含储蓄存单质押金额)的80%。④从本办法施行之日起新发生的180天(含

180 天,下同)以上的月均透支余额不得超过月均总透支余额的 15%。

准贷记卡的透支期限最长为 60 天。贷记卡的首月最低还款额不得低于其当月透支余额的 10%。

发卡银行通过下列途径追偿透支款项和诈骗款项:①扣减持卡人保证金、依法处理抵押物和质物;②向保证人追索透支款项;③通过司法机关的诉讼程序进行追偿。

【资料与应用】 1.关于信用卡持卡人付款抗辩权

按照英国《消费信用法》的规定,如果买回商品后,在拿回家使用后 7 天内发现瑕疵,不仅可以要求特约商户立即更换新品,同时也可以向发卡银行提出拒付货款的要求。发卡银行会在与持卡人订立的合同中,可否加入"持卡人对于服务或货物质品质、数量、价金等有所争议或有退货情形发生的时,均与银行无关,持卡人不得以此作为不支付消费账款或费用的抗辩理由"的条款,存在争议。显然该条款对于发卡银行是有利的,但是否对持卡人显失公平,则是值得研究的。有观点认为特约商户是发卡机构所选择的,是发卡机构的代理人,所以代理人(商店)的产品或服务的问题,发卡银行当然要负责,并且发卡银行监督及控制商店服务品质的能力也应比持卡人强,所以应赋予持卡人拒付权❶。一般的立法不允许排除消费者的权利。如英国《消费信用法》规定,发卡者对于有缺陷的产品和服务要负有责任,其第 75 条规定了在债权人(发卡银行)与债务人(持卡者)之间及债权人与供应者(特约商户)之间的权利与义务问题,该条规定,债权人对于供应者的过错负有责任。

2.信用卡冒用

2002 年 5 月 3 日上午,林某装有准贷记金穗卡和身份证的钱包遗失,卡内资金为 10000 元。3 日 12:00 林某向银行挂失时,因该行放假,只进行了口头挂失。4 日上午 8:00 林某到发卡行办理书面挂失,发现卡内资金仅有 50 元。经查,该卡在 5 月 3 日 12:30—15:30 之间,在温州好又多超市刷卡 8 次,合计刷卡金额 9500 元。林某向法院提起诉讼,请求好又多超市返还 9500 元并要求发卡银行负连带赔偿责任。一审法院认为,发卡银行同林某签订的金穗贷记卡合约约定,挂失以书面挂失为准,故在办理书面挂失前发卡银行没有保证不被支付的义务,不承担责任。信用卡冒用人在好又多超市的单据上的签字笔迹与原告在申领信用卡时的签名笔迹明显不同,被告工作人员没有认真核对签名的一致性,便与之发生交易,存在过错。一审判决,好又多超市承担 60% 的赔偿责任。

---

❶ 李凌燕著:《消费信用法律研究》,法律出版社 2000 年版,第 113 页。

3. 银行卡挂失

2003 年 7 月,金某在河南省某机场遗失了牡丹银行卡,遗失后他在发卡银行中国工商银行温州分行办理了书面挂失手续,后来发现在挂失后 24 小时内,在河南商丘仍发生一笔消费支付 350 元。金某要求工商银行赔偿损失。工商银行认为,根据中国工商银行牡丹银行卡章程规定,挂失起到挂失后 24 小时内,风险由持卡人承担,工商银行拒绝赔偿损失。

4. 密码的法律效力

2001 年 8 月,王某在手机上收到一条自称叫张某发送的短信,称有海关拍卖本田汽车低价出售,价格 15 万元,要求有银行存款证明资信状况方能交易。8 月 20 日,王某在农行北京分行 A 支行开立的借记卡内存入 15 万元,并于次日告知了张某。张某称要验证存款的真实性,要求王某将卡号和银行卡密码告诉他,王某如实告之。8 月 23 日,王某准备去厦门提车,行前到银行查一下存款,发现 15 万元没了。经公安机关侦察发现,张某真名钱某,在取得了王某借记卡的卡号和密码后,通过电脑制造了一张仿真卡,并伪造了王某的身份证,于 8 月 22 日到农行温州分行下属 B 支行将款取走。在 B 支行取款凭证上的名字虽为王某,经确认为钱某书写。王某同 A 支行签订的协议约定,"持卡人必须妥善保管金穗卡和个人密码,对使用密码进行的交易负全部责任";金穗卡章程规定,"凡使用密码进行的交易,发卡机构均视为持卡人本人行为"。一审法院认为,根据王某同 A 支行签订的协议,因其泄露密码而产生的交易应当视同为王某本人支取存款行为,王某将借记卡密码告知钱某,造成卡内资金被取行为的发生,故判决驳回王某的诉讼请求。二审法院认为,A 支行同王某签订的协议属格式条款,该条款明显减轻 A 支行的责任,故认定为无效。B 支行在办理存款支取业务时,未能核实钱某的真实身份,存在一定的过错,B 支行为 A 支行的代理行,故其责任由 A 支行承担。王某将卡号和密码告诉他人,也有一定过错,故撤销一审判决,由 A 支行承担 50% 责任,王某承担 50% 责任。

5. 银行卡暂停支付

2004 年 1 月 18 日,张某以刷卡消费的方式在某商店购买了一辆自行车,价格为 1005 元。回家后,发现该自行车质量有问题,向商店要求退货,商店不肯,发生纠纷。随后,张某以商店同他发生纠纷为由,向发卡银行要求,暂停支付 1005 元给商店。发卡银行认为,银行卡领用合约中约定买卖关系发生纠纷不影响银行卡支付为由,拒绝了张某的请求。

第四节
网络银行法

一、网络银行及其发展现状

网络银行,又称为网上银行❶、互联网银行、电子银行、在线银行,是指通过因特网或其他电子通讯手段提供各种金融服务的银行机构或虚拟网站。一般意义上的网络银行包括三个要素:①具备因特网或其他电子网络以及传真机、电话机等通讯手段;②有电子金融服务的提供者;③有电子金融服务的消费者,如以电子通讯消费的各类终端和用户,或虚拟网站的各类金融服务代理商等。网络银行所提供的产品和服务主要包括:提存款服务、信贷服务、账户管理、理财服务、电子单据支付以及提供电子货币等电子支付工具服务。

自 1997 年 4 月招商银行在我国首先开办网上银行业务以来,其网上企业银行系统用户已达万家之多。据统计显示,我国目前网上银行用户已近千万户,每年仅通过网上银行流通的资金超过千亿元。2004 年,中国银行企业网上银行交易量达 13468 亿元,占全行境内电子汇兑业务总量的 15.79%,比上年增长 612%;资金汇划笔数达 115.09 万笔,同比增长 280%。企业网上银行服务已覆盖 500 多家海外分支机构和国内所有机构网点。目前,网上银行在操作层面简化了操作流程,新增并优化了许多网上银行功能,如向个人客户推出了短信示警、快速查询等新的服务,为企业客户新增了批量、脱机、定时、频率等灵活丰富的操作模式。

由于我国的技术水平和法律支持不够,网络银行的发展还存在较多风险,如:技术风险、安全风险、信用风险、道德风险、操作风险、法律风险等。在法律层面,除了 2001 年的《网上银行业务管理暂行办法》以及 2005 年 4 月 1 日开始实施的《中华人民共和国电子签名法》外,我国电子商务及网络银行单行法律法规的制定基本处于空白状态,且《网上银行业务管理暂行办法》效力层级过低,网络银行发展还有诸多法律问题有待解决。

二、网络银行相关法律问题

(一)网络银行的市场准入、市场退出法律问题

1.网络银行的市场准入问题。银行业是一个经营风险性极高的行业,世界

---

❶ 网上银行业务,是指银行通过因特网提供的金融服务。

各国对银行业的进出问题都规定了严格的许可制度,我国也不例外。从 2004 年 2 月 1 日起实施的《银行业监督管理法》规定,在中国境内设立商业银行的,应当经过国务院银行业监督管理机构审查批准。《商业银行法》同时规定了设立商业银行应当具备的五个条件。这种严格的市场准入制度,对我国这种银行业发展不很完善的国家来说是必要的。但是,在互联网技术和信息革命的推动下,网络银行市场进入成本大大降低,削弱了传统商业银行所享有的竞争优势,这种相对公平的竞争可能会吸引更多的非银行机构进入这个领域。严格的市场准入制度显然与网络银行灵活、便捷的设立方式相矛盾。

2.网络银行的市场退出问题。任何一家银行的倒闭或者破产,都可能引发"多米诺"连锁反应,引起整个社会的金融动荡。为此,《银行业监督管理法》和《商业银行法》都对银行业的市场退出问题做出了明确的规定。但与传统银行相比,网络银行更容易受突发事件的影响并发生经营风险。因此,如何解决网络银行的退出问题对银行业的稳健发展至关重要。

(二)网络银行的安全性与客户隐私权的保护问题

网络银行运营的主要问题是安全性问题,黑客利用网络环境进行数据欺骗、网络病毒及利用网络从事各种犯罪活动是网络安全的严重阻碍。

网络银行的安全性和保密性直接涉及客户的隐私权问题。现代科学技术和网络技术的发展大大增加了侵犯客户隐私权的几率和范围。一些网络犯罪分子通过利用各种交互式的、可调的、宽频带通讯网络,对客户信息进行窃取进而侵犯客户的隐私权。如何保护客户的合法权益,维护公众对网络银行的信心,也是网络银行发展中的重要问题。

(三)网络银行与票据法律制度的冲突

我国 1995 年颁布的《票据法》要求的是纸制化的票据形式,并不包括网络银行中使用的电子票据。《票据法》规定基本的票据行为需经过当事人签章才有效,这种情况下,经过数字签章的电子票据的效力问题就难以确定。该法同时规定,合法的票据行为产生相应的票据权利,但是在网络银行中的票据行为方式同传统票据行为方式迥然不同,根本不存在《票据法》所要求的那种书面的票据形式,电子票据替代了传统的书面票据,客户密码代替了签章。另外,票据的背书转让、承兑、提示付款等行为同样存在与网络银行的冲突问题。但 2004 年 8 月 28 日修改的《票据法》仍没有就电子票据效力等问题做出规定,传统《票据法》已不适应网络银行业务发展的需要。

(四)网络银行的许可和监管缺乏规则

网络银行可以是通过新设而成立的网上银行,也可以是在原有的商业银行内部通过因特网而开展网络银行业务。目前,我国还没有通过新设设立而成立网络银行。对于后一种情况,我国《银行业监督管理法》仅规定了"检查银行业金融机构运用电子计算机管理业务数据的系统",对于如何操作法律尚未给出明确规定。而《网上银行业务管理暂行办法》也仅仅是从设立、法律责任等方面给出规定,且大多是行政规定,对由网络银行特殊性引起的操作层面的风险监管,缺乏规则。

网络银行是一个技术支撑的特殊银行,确立健全而有效的监管制度十分重要。目前,网络银行监管存在的问题还有:①因特网技术的更新换代速度快,监管当局对技术和信息的掌握程度有待提高,同时被监管的网络银行总是能凭借网络的虚拟性、广泛性与多样性找到"监管真空"从而规避应有的监管;②在传统的金融监管中,现场检查是规制与防范金融风险中的紧要一环,然而由于网络银行的虚拟性,这种附带有虚拟色彩的金融交易的合规性检查的难度加大。可见,网络银行监管法律规则需要完善。

(五)网络银行的法律责任规则不明

在网络银行的交易过程中,网络银行与客户之间要签订一份"网络银行服务协议"。在此过程中,发出服务协议的公告行为属于要约邀请,客户提出申请的行为是要约,银行同意和接受申请的行为属于承诺。在这种情况下,网络银行与客户之间就形成了一种合同关系。这种合同关系和传统合同关系的不同点在于,这种合同关系是通过无纸化协议和虚拟的网络空间建立的。此时,若客户由于网络交易而受到损失,网络银行应当承担什么法律责任?适用何种归责原则?客户的损失如何赔偿等规则不明,网络银行的法律责任规则需要解决。

三、电子资金划拨规则

(一)电子资金划拨的概念与特征

电子资金划拨,是指客户(包括银行本身)运用电子货币(包括银行卡、数字货币、网络货币等)向银行提供的计算机网络系统(包括 ATM 柜员机、POS 销售终端、网络银行或银行间清算组织)发出支付命令,所进行的资金划拨。

电子资金划拨系统分为小额电子资金划拨系统与大额电子资金划拨系统两种。小额电子资金划拨系统,又称零售电子资金划拨系统,主要通过 ATM 和 POS 完成,它是为零散客户服务的。ATM 安装于银行营业厅内外及一些商业网点,供银行客户存取现金。POS 则是安装于大型商场或零售商店中,与银行主机联网的多功能终端,供消费者将其银行账号的资金划拨至商户的银行账户。小额电子资金划拨须通过银行卡这种电子货币方能运行。客户向 ATM 和 POS 插卡和输入密码后方能向其发出支付指令进行资金划拨。小额电子资金划拨主要涉及银行与其客户之间的关系。大额电子资金划拨系统,又称批发电子资金划拨系统,是为货币、黄金、外汇、商品市场的经纪商与交易商及商业银行等大客户服务的电子资金划拨系统。

电子资金划拨具有无因性和不可撤销性,这是其法律特征。电子资金划拨中,客户输入指令时不得亦无需注明划拨原因,一经划拨完成收款人即取得资金的完整权利。而无论其基础关系合法与否。这是电子划拨安全性、简单性、迅捷性的要求。

(二)电子资金划拨法律适用的原则

电子资金划拨就其实质而言仍是银行支付结算的中间业务。当事人之间仍是支付结算关系和合同关系。因此,对电子资金划拨的法律规范的基本原则仍应适用《商业银行法》、《支付结算办法》和《合同法》的规定,只是在一些具体规则上应有所区别。我国《合同法》第 11 条规定了合同的书面形式应包括数据电文,包括电传、电子数据交换和电子邮件。电子资金划拨就是以电子数据交换的形式进行的。这为电子资金划拨合同适用合同法奠定了法律基础。2005 年 4 月 1 日,《电子签名法》正式实施,部门规章《电子认证服务管理办法》也同步实施,这两部法律法规的出台为网络银行法律体系构建开了好头。所谓电子签名,是指数据电文中以电子形式所含、所附用于识别签名人身份并表明签名人认可其中内容的数据。数据电文,是指以电子、光学、磁或者类似手段生成、发送、接收或者储存的信息。民事活动中的合同或者其他文件、单证等文书,当事人可以约定使用或者不使用电子签名、数据电文。当事人约定使用电子签名、数据电文的文书,不得仅因为其采用电子签名、数据电文的形式而否定其法律效力。《电子签名法》确立了电子签名的法律效力;规范了电子签名行为;明确了认证机构的法律地位及认证程序;规定了电子签名的安全保障措施;明确除四种情况外,电子签名及数据电文同纸质化的签名、盖章具有相同的法律效力。

(三)电子资金划拨的当事人及其权利义务

电子资金划拨法律关系与普通纸面资金划拨中的当事人基本相同,主要有:①付款人,也称发端人,他是向银行发出划拨指令的人,往往也是债务人。②付款人银行,也称发端人银行,是接受付款人划拨指令的银行。当付款人本身就是银行时,银行就是发端人。③收款人,也称受益人,是发端人指定的划拨资金的受益人,往往就是债权人,是整个资金划拨活动的终点。④收款人银行,也称受益人银行,是直接向收款人支付资金的银行。⑤中介银行,也称中间银行,是整个电子资金划拨的中间传递环节。在一项电子资金划拨中,中介银行可能有一家或多家,也有可能一家也没有。⑥银行间清算组织。当其直接接受作为付款人的银行指令时,其地位相当于付款人银行;当其直接向作为收款人的银行支付时,其地位相当于收款人银行;在其他情况下,其相当于中介银行。

电子资金划拨当事人可以分为三种:即发送人、接收银行和收款人。发送人,又称指令人,是向接收银行发出指令的人;接收银行,又称被指令人,是发送人指令发往并接收的银行。发端人、发端人银行及中间银行都可以是发送人;而发端人银行、中间银行及受益人银行都可以是接收银行。收款人不是真正意义的电子资金划拨法律关系的当事人,他只是基于电子资金划拨的基础关系与付款人之间存在权利义务关系。发送人的权利是要求接受银行按指令的时间及时将指定金额的资金划拨给指定的收款人,如果接收银行没有履行义务,发送人有权要求其承担违约责任,赔偿损失。相应的,接收银行的权利是要求发送人支付所划拨的资金及划拨费用,其义务是按照发送人的指令完成资金划拨。

（四）电子资金划拨的业务程序

电子资金划拨的业务程序,大致经过以下几个阶段:①发端人与受益人签订合同,约定通过电子资金划拨方式支付款项;②发端人向发端人银行签发支付命令;③发端人银行接收支付命令;④发端人银行接受支付命令;⑤发端人就支付命令向发端人银行作出支付;⑥发端人银行签发支付命令;⑦中间银行接收支付命令;⑧中间银行接受支付命令;⑨发端人银行与中间银行结算;⑩中间银行签发支付命令;⑪受益人银行接收支付命令;⑫受益人银行接受支付命令;⑬中间银行与受益人银行结算;⑭受益人银行贷记受益人账户,以此向受益人支付。

（五）未经授权划拨的责任承担

未经授权划拨是指银行根据欺诈人而非资金的所有人的指令所进行的电子资金划拨。由此产生的损失当不能破案或破案后诈骗人已将资金挥霍而无法追回时,客户和银行谁来承担责任。

在银行与客户之间建立了合理的安全程序的情况下,如果银行收到的指令经过了安全程序的证实,由这一指令的所产生的后果应由客户承担。在客户与银行间没有约定安全程序的情况下,除非一方当事人对于损失产生有重大过失,由有重大过失的一方当事人承担全部损失外,基于公平原则一般应由当事人分担实际损失。应用广泛的信用卡是最有可能出现未经授权而被支付的电子货币。以此为例说明很有意义。当客户的信用卡被盗或者遗失而没有通知银行时，信用卡被他人非法使用进行资金划拨，如果信用卡的非法持有人是通过 ATM 柜员机进行资金划拨的，由于 ATM 交易是通过密码验证进行的，只要非法持有人使用密码通过了安全程序，银行即可认为所收到的指令是合法客户发出，由此产生的后果应由客户自行承担。如果信用卡的非法持有人是通过柜台进行资金划拨，由于柜台交易有时无须提供密码，银行只核对签字或者持卡人的相貌，要求银行绝对准确地进行审查显然是不可能的。客户对于自己的信用卡遗失被盗而怠于通知银行所产生的损失是有责任的。但如据此免除银行的责任又会导致对客户的不公平，以及银行疏于审查而没有责任约束。因此，除非出现银行未尽谨慎审查义务或者客户不慎泄露密码等重大过失，应由客户和银行分担损失。美国《小额电子资金划拨法》规定，客户在信用卡被盗或遗失 2 日内通知银行，对所发生的未经授权划拨银行最高承担 500 美元的损失，如客户在银行发出交易报表后 60 日内没有通知银行，则全部损失由客户承担。

（六）错误支付命令的损失承担

错误支付命令是指在支付命令的内容上存在错误，或在支付命令的传递中出现了差错，主要有支付命令错误、指定受益人、支付金额错误、支付命令重复等几种情况。美国《统一商法典》第 4A 编规定，如果发送人遵循了与接收银行间关于检验错误支付命令的安全程序，而接收银行没有遵循安全程序，则因错误支付命令导致的损失应由接收银行承担。如果接收银行遵循了安全程序，则因错误支付命令导致的损失应由发送人承担。

（七）电子资金划拨的违约责任

电子资金划拨中，因接收银行的原因，导致电子资金划拨未完成，或银行未执行、迟延执行、未适当执行支付命令的情况下，每一个发送人包括发端人及电子资金划拨链条中支付命令的每一个后继发送人，均依合同法的规定有权向接收银行主张违约责任承担及损害赔偿责任的承担。但责任大小、间接损失如何计算则是一个敏感的问题。美国 Evra 公司诉瑞士银行案是一个著名的判例。原告 Evra 公司要通过电子资金划拨向船主支付货物费，被告是电子资金划拨的中间银行。1973 年 4 月 26 日，被告因没有完成原告一项 27000 美元的支付命令，给原告造成 210 万美元的利润损失，原告就此对被告提起诉讼。受理该案的美国联邦地区法院认定被告存在疏忽行为，根据伊利诺斯州法律判定它对原告的利润损失承担损害赔偿责任。被告辩称：它不可能预见因不履行义务所产生的损失数额，因而不应对根据利润损失计算的间接损失承担责任。最终，美国第七巡回上诉法院驳回了原告对瑞士银行的诉讼请求，理由是："瑞士银行没有足够信息去推断如果它丢失一张 27000 美元的支付命令,它将面临超过 200 万美元的赔偿责任。"这场旷日持久的讼事,以限制银行的责任而告终。我国合同法的规定与该判例确定的原则是一致的。《合同法》第 112 条规定:"当事人一方不履行合同义务或者履行义务不符合合同约定,给对方造成损失的,损失赔偿应当相当于因违约所造成的损失,包括合同履行后可以获得的利益,但不得超过违反合同一方订立合同时预见到或者应当预见到的因违反合同可能造成的损失。"因此,在我国银行所承担的赔偿责任包括利润损失,但是以违约方订立合同时预见或应当预见的损失为限。这种损失的限度,应是电子资金划拨的资金的利息及划拨费用。因为银行在接受资金划拨时只收取了很小比例的划拨费用,如果因此要求银行在包括划拨资金本金的限度内承担赔偿责任是银行无法预见到的,也是不合理的。

四、电话银行的法律问题

(一)电话银行及其业务纠纷

电话银行也称直接银行,是指银行与客户无需通过柜台而通过电话直接办理有关业务。电话银行业务一般包括自助(或自动)电话银行、人员服务电话银行和电话直销银行。具体业务范围主要包括转账、私人理财、金融投资、小额借贷等。

电话银行业务是通过口头方式(即电话对话)进行,没有书面依据(凭证),而口头交易较之书面交易差错率为高,一旦出现纠纷,举证就十分困难。从发达国家和我国的电话银行实践看,产生纠纷主要有:①外汇买卖纠纷。如在外汇买卖服务中,将"买"误为"卖"或将"卖"误为"买",导致客户遭受汇价损失。②股票交易纠纷。如将"买"误为"卖"或将"卖"误为"买"而引发纠纷。③数额误解引起纠纷。如将"5 万"误为"50 万"而产生纠纷。④账号差错引起纠纷。如将此账号资金误入另一账号等等。

(二)电话银行的法律问题

1.用合同明确权利义务。银行与客户应签订电话银行业务合同文件,如电话银行章程、服务规则等,对客户和银行在电话银行业务中的权利义务进行详细的规定。主要内容应包括以下几项:①客户应妥善保管电话银行密码,如因泄露、失窃或其他原因致使他人使用密码而使客户遭受损失,由客户自己承担,与银行无关,但银行内部员工与客户串通窃用者除外;②客户应在一定期限内(如 3 个月)对所进行的电话银行操作进行查询,若有疑问应通知银行,过期不通知视为放弃异议权;③银行应当提供快捷准确的服务,如因银行过错(列举过错类型)导致客户损失应由银行承担;④银行的免责条款,如不可抗力(自然灾害、战争)等。

2.保留身份识别和录音判别证据。在电话银行中,密码是银行识别客户的唯一依据。只要能提供正确的密码,银行就视提供者为该账户电话银行的合法客户,由此而引发的一切法律后果由客户自己承担。因此,密码的正确使用与否是银行与客户的一个基本归责原则。电话银行应设有先进的同步中央录音系统,对正在进行的电话银行交易(对话)进行同步录音,并将录音资料存放一定时间。

【资料与应用】 1.调包银行卡

先是偷看他人取款时输入的银行卡密码,再以教人使用银行卡为由调换银行卡,然后盗窃他人卡内存款。近日,以此方法两次盗窃他人 1 万元存款的何××,被广西柳州市鱼峰区人民法院以盗窃罪判处有期徒刑三年,并处罚金2000 元。现年 40 岁的柳州市无业人员何××,在 1989 年 3 月因犯强奸罪被鱼峰区人民法院判处有期徒刑 10 年。2004 年 9 月 4 日 11 时,何××伙同他人经预谋后,至柳州市驾鹤路中国农业银行第一分理处柜员机前,偷看韦某输入银行卡的密码,并以教其使用银行卡为由,调换其银行卡,后用韦某的卡从柜员机上盗走人民币 5000 元。同年 10 月 12 日 13 时许,何××伙同他人至柳州市鱼峰路鱼峰商业城中国农业银行柜员机前,采用上述同样方法盗走王某人民币5000 元。2004 年 10 月 14 日,何××被公安机关抓获。案发后何××请求其家属退赔了人民币 1 万元给被害人。法院审理认为,被告人何××的行为已构成盗窃罪。被告人何××能够退赔被害人的经济损失,并自愿认罪,可酌情从轻处罚。

2.妨害信用卡管理罪

《刑法》第 177 条规定,有下列情形之一,妨害信用卡管理的,处 3 年以下有期徒刑或者拘役,并处或者单处 1 万元以上 10 万元以下罚金;数量巨大或者有其他严重情节的,处 3 年以上 10 年以下有期徒刑,并处 2 万元以上 20 万元以下罚金:①明知是伪造的信用卡而持有、运输的,或者明知是伪造的空白信用卡而持有、运输,数量较大的;②非法持有他人信用卡,数量较大的;③使用虚假的身份证骗领信用卡的;④出售、购买、为他人提供伪造的信用卡或者以虚假的身份证明骗领信用卡的。窃取、收买或者非法提供他人信用卡信息资料的,依照前款规定处罚。银行或者其他金融机构的工作人员利用职务上的便利,犯第 2 款罪的,从重处罚。

3. 信用卡诈骗罪

《刑法》第 196 条规定,有下列情形之一,进行信用卡诈骗活动,数额较大的,处 5 年以下有期徒刑或者拘役,并处 2 万元以上 20 万元以下罚金;数额巨大或者有其他严重情节的,处 5 年以上 10 年以下有期徒刑,并处 5 万元以上 50 万元以下罚金;数额特别巨大或者有其他特别严重情节的,处 10 年以上有期徒刑或者无期徒刑,并处 5 万元以上 50 万元以下罚金或者没收财产:①使用伪造的信用卡,或者以虚假的身份证明骗领信用卡的;②使用作废的信用卡的;③冒用他人信用卡的;④恶意透支的。

前款所称恶意透支,是指持卡人以非法占有为目的,超过规定限额或者规定期限透支,并且经发卡银行催收后仍不归还的行为。盗窃信用卡并使用的,依照《刑法》第 264 条(盗窃罪)的规定定罪处罚。

第九章

票 据 法

【内容提要】 本章系统介绍票据法概述、票据法基本制度、汇票法律制度和本票支票法律制度。重点介绍以下问题：票据的概念与特征，票据法的概念及特征，票据法律关系的概念及其与非票据关系的区别和联系，票据行为的概念、特征及种类，票据行为的实质要件和形式要件，票据权利的种类及其与利益偿还请求权的区别，票据权利的补救，票据抗辩的概念及种类，汇票的概念及其与本票、支票的异同点，汇票的票据行为及其法律效力，追索权的概念及其行使，违反票据法的法律责任。

第一节
票据法概述

一、票据概述

(一)票据的概念

票据有广义和狭义之分。广义的票据是指以证明或设定权利为目的而制成的各种书面凭据，如股票、债券、发票、提单、汇票、本票、支票等各种凭据。狭义的票据则是指出票人依据票据法签发的、由自己无条件支付或委托他人无条件支付一定金额给收款人或持票人的一种有价证券。我国票据法规定的票据是狭义的票据，具体包括三种：汇票、本票和支票。德、法、日等国票据法则不含支票。

(二)票据的法律特征

票据的法律特征表现为以下几方面：

1.票据是设权证券。证券依其权利的发生与证券的关系的不同，可以分为设权证券和证权证券两种。所谓证权证券,是指仅用于证明证券上权利的存在的证券。这类证券上的权利早在证券做成之前就产生了,证券本身只用于证明该权利的存在。设权证券是指权利在证券做成时创设的证券,证券权利在生成之后与证券密不可分,一旦证券灭失或毁损而无法提示时,该证券权利也将随之而无法行使。票据就属于典型的设权证券。

2. 票据是金钱债权证券。证券依其权利的法律性质的不同,可以分为物权证券、债权证券和社员权证券三种。物权证券持有人享有的权利是证券表明的物权,如提单、仓单上所表彰的是持单人对提单、仓单所载之物的支配权。社员权证券是用以证明社员权利的,如证明公司股东权的股票就属此类证券。债权证券所表示的权利是证券持有人要求他人为或不为一定行为的请求权。根据其表示的债权的具体内容,债权证券又可以分为金钱债权证券和物品债权证券。金钱债权证券是表示一定金额的金钱给付的请求权的证券;物品债权证券是表示一定物品支付的请求权的证券。票据是以一定金额的金钱给付请求权为内容的证券。因此,票据是金钱债权证券。

3. 票据是无因证券。证券依其所表现的权利与该权利发生原因之间关系的不同,可以分为有因证券和无因证券。有因证券是指证券上载明的权利以证券发行原因、证券外法律关系的存在和证券无瑕疵为条件的证券。绝大多数有价证券都是有因证券。无因证券是指证券上权利不受原因关系是否存在或是否有瑕疵影响的证券。票据权利的成立,不必以债权人与债务人的原因关系的成立为前提。票据关系与这种原因关系可以各自独立。持票人持有的票据只要具备要式条件,便可行使票据人的权利。例如,A 签发票据给 B,B 转让给 C,C 向 A 行使追索权时,A 不能以他与 B 的原因关系无效或 B 未履行原因关系中的义务加以拒绝;C 向付款人请求付款时,无需证明他与 B 之间的原因关系。票据的无因性是票据流通性的保障。最高人民法院《关于审理票据纠纷案件若干问题的规定》第 14 条规定票据为无因证券。

4. 票据是文义证券。证券依其权利与记载文义的关系的不同,可以分为文义证券和非文义证券。非文义证券是指证券上权利的内容不完全依证券上的文字内容来决定的证券;文义证券是指证券上所创设的权利和义务,均依证券上记载的文字内容来确定,不受证券上文字以外事项的影响。票据是文义证券。票据上的权利必须严格按票据上所记载的文字内容来确定,即使票据上所记载的文义有错误,也不允许用票据以外的事项来证明并予以修改。例如,某票据上所记载的收款人为"红星皮鞋厂",但收款人实际应为"鸿兴皮鞋厂",这时该收款人即不得以"笔误"为由,凭合同文本等其他的证明要求付款人付款。

票据的文义性意义在于维护善意持票人的正当权益,以保护交易安全。

5.票据是要式证券。证券依其是否必须根据法定形式制作才能有效,可分为要式证券和不要式证券。票据是典型的要式证券。票据必须根据法定形式制作才能有效。各种票据除必须采用书面形式外,还必须标明其票据种类,严格依票据法的规定记载应载明的事项,如出票人姓名、票据金额、付款人和收款人名称或姓名等等。票据如不符合这些法定形式,则该票据无效。票据的要式性使其有别于一般债权凭证。票据的要式性也是出于保护交易安全的目的。

6.票据是返还证券。证券依债权人实现权利后是否将证券交还给义务人的不同,可分为返还证券和非返还证券。返还证券是指债权人实现证券所载权利后必须将证券返还给义务人才能使双方的权利义务关系消灭的证券;非返还证券是指,债权人实现证券所载权利后不交还证券给义务人,而双方的权利义务关系也能消灭的证券。票据的占有性和提示性决定了票据必然是返还证券,即权利人在实现票据权利后,必须将票据返还给义务人。付款人是主债务人时,付款后票据关系消灭;付款人是次债务人时,付款后可凭该票据向主债务人追索。

(三)票据的功能

票据是商品经济发展到一定阶段的产物。作为支付结算工具之一,票据在社会经济生活中具有重要的不可替代的作用:

1.汇兑功能。从前由于交通的不便,汇票曾经在很长一段时间里成为异地交易中代替现金的最佳选择,这也是票据最早具有的功能,它能够解决现金支付在空间上存在的障碍。由于邮政汇款和信用证的广泛使用,使票据的汇兑功能多少有些失色,然而由于票据本身所具有的完全有价证券这一本质特征,票据的汇兑功能将永远存在。

2.支付功能。汇票、本票作为汇兑工具的功能逐渐形成以后,在交易中以交付票据代替现金支付的方式逐渐流行起来,从而形成了票据的支付作用。以票据代替现金进行支付,可节省交易双方点钞的时间及避免点钞出现的错误。

3.流通功能。由于票据的转让无需通知其债务人,只要票据要式具备就可交付或背书转让票据权利。而且背书转让时,背书人对票据的付款负有连带保证责任,背书次数越多,则保证人越多,该票据的可靠性就越强。所以,票据作为流通证券,其流通性在西方国家和货币不相上下。

4.结算功能。票据的结算功能是支付功能的延伸。当当事人互相持有对方所出的票据而发生相互支付时,票据可以用来抵消相互间的债务,从而起到结算的作用。

5.融资功能。票据的融资作用是指票据筹集资金的作用。票据的融资作用主要是通过票据贴现来实现的。所谓票据贴现,指未到期票据的买卖行为,即未到期票据的持票人通过卖出票据(即转让票据权利)来获得所需要的资金,实现融资的目的。票据还可以转贴现、再贴现,多次进行资金融通。票据融资已成为现代金融市场的一个重要组成部分。

二、票据法

（一）票据法的概念与特征

票据法是调整票据关系及票据运作中产生的非票据关系的法律规范的总称。

票据法以票据关系以及特定的在票据运作中产生的非票据关系为调整对象。票据关系是因为票据的签发、转让、承兑、参加承兑、保证等票据行为所形成的以金钱利益为内容的财产关系。票据运作中产生的非票据关系也是平等主体间的财产关系,非票据关系不是由票据行为引起,但与票据行为有牵连,对票据的有效运作而言不可缺少。票据运作中产生的非票据关系经票据法调整便上升为以权利义务为内容的法律关系。

《票据法》于 1995 年 5 月 10 日通过,并于 1996 年 1 月 1 日起施行。该票据法共分 7 章 111 条。其中第 1 章总则、第 2 章汇票、第 3 章本票、第 4 章支票、第 5 章涉外票据的法律适用、第 6 章法律责任、第 7 章附则。2000 年 2 月 24 日,最高人民法院通过了《关于审理票据纠纷案件若干问题的规定》,对票据纠纷案件的受理和管辖、票据保全、举证责任、票据权利及抗辩、失票救济、票据背书、票据保证、法律适用、法律责任等问题作出了解释。

票据法与其他民事法律部门相比较,有三个比较鲜明的特征:票据法的强制性、票据法的技术性和票据法的国际统一性。

（二）票据法体系及其立法体例

票据法的体系主要包括法国票据法体系、德国票据法体系及英美票据法体系三大类。

1.法国票据法体系。法国是世界上最早进行票据立法的国家。法国票据法立法者认为票据不仅仅是运输现金的工具,而且是证明当事人之间基础关系的契约,所以票据关系与其基础关系不能分离。同时,法国票据法不太注重票据形式,对票据款式没有作出严格的规定。由于法国票据法没有将票据关系与其基础关系分离而不利于票据流通和信用职能的发挥,使之无法适应现代社会经济生活的需要,因此,法国于 1935 年在参考日内瓦《统一汇票本票法公约》相关规定的基础上,于 1936 年将修订后的商法公布实施。法国在票据立法体例上采分立主义,即票据只包括汇票、本票,支票分开单独立法。与法国票据法体系相同的国家有:比利时、希腊、波兰、埃及、西班牙、意大利和拉丁美洲的许多国家。

2.德国票据法体系。德国票据法体系与法国体系不同,它强调票据的信用和流通两大作用,着重规定了票据作为信用工具和流通工具所发生的各种权利义务关系。为发挥票据的信用作用、确保商业贸易的安全,德国票据法规定了严格的票据款式,确定票据关系与其基础关系完全分离,票据原因的效力与票据关系本身无关,不能基于票据原因的无效、被撤销或其他理由而对抗善意的持票人。1930 年日内瓦《统一汇票本票法公约》和《统一支票法公约》批准通过后,德国立法也作了相应的修改,并于 1933 年 6 月颁布了新的《德国票据法》和《德国支票法》。可见,德国票据法体系在立法体例上,也采分立主义,即将支票分开立法。

与德国票据法体系相同的国家主要有瑞典、挪威、丹麦、奥地利、匈牙利、瑞士、土耳其、日本、苏联等国。意大利、葡萄牙等国是法国法体系,兼采德国法体系。

3.英美票据法体系。英美票据法体系主要以 1882 年英国的《票据法》和 1896 年美国的《统一流通证券法》为基础,其特点与德国法体系相类似,注重票据上的信用和流通,强调票据关系与其基础关系的完全分离。不过与法国法体系和德国法体系相比较,英美票据法体系采取比较自由的票据法律制度,对于票据形式主要侧重于票据在实际运用方面的便利,而不像德国票据法系那样崇尚形式。在立法体例上采合并主义即三票合一的立法体例。属于英美法系的国家有英国、美国、加拿大、澳大利亚、印度等。

(三)我国涉外票据的法律适用

涉外票据,是指出票、背书、承兑、保证、付款等行为中,既有发生在中国境内又有发生在境外的票据。

涉外票据法律适用:①中国缔结或参加的国际条约同本法有不同规定的,适用国际条约的规定,但中国声明保留的条款除外。②本法和国际条约没有规定的,可以适用国际惯例。③票据债务人的民事行为能力,适用其本国法;依其本国法为无民事行为能力或为限制民事行为能力而依行为地法为完全民事行为能力的,适用行为地法。中国《民法通则》第 11 条规定:"18 周岁以上的公民是成年人,具有完全民事行为能力,可以独立进行民事活动,是完全民事行为能力人。16 周岁以上不满 18 周岁的公民,以自己的劳动收入为主要生活来源的,视为完全民事行为能力人。"④汇票、本票出票时的记载事项,适用出票地法;支票出票时的记载事项,适用出票地法,经当事人协议,也可以适用付款地法。⑤票据的背书、承兑、付款和保证行为,适用行为地法。⑥票据的提示期限,有关拒绝证明的方式,出具拒绝证明的期限,适用付款地法。英国及我国香港地区,要求支票在合理期限内提示付款。德国、日本、韩国等国,是要求支票自出票日起 8 日内(德)或 10 日内(日、韩)提示付款;对于应在另一国支付的支票,均要求同洲为 20 日内,不同洲为 70 日内。我国要求支票自出票日起 10 日内提示付款。⑦票据追索权的行使期限,适用出票地法。⑧票据丧失时,失票人请求保全票据权利的程序,适用付款地法律。

【资料与应用】 "支票不是钱"案

原告王某依据与被告某公司达成的口头买卖合同向该公司供货,被告收货后交给原告一张票面金额 30000 元的银行转账支票,该支票文义表示上无瑕疵。原告持票到银行要求付款遭拒,理由是支票空头。原告遂依票据追索权纠纷起诉被告,被告答辩称 30000 元的支票是支付预付款,原告并没有按约定供货,所以才拒绝付款。此时原告才意识到供货时没有留取必要的收货凭证。法院经审理后认为,根据《票据法》第 13 条的规定,作为出票人的被告有权依据基础关系对持票人即原告进行抗辩。票据债务人对与其有直接债权债务关系的持票人提出抗辩,持票人应当提供相应的证据证明已经履行了约定义务。现因原告没有提供其根据口头买卖合同向被告供应了价值 30000 元货物的相关证据,因此,原告应承担举证不能的法律后果。最后,法院判决驳回了原告的诉讼请求。

票据因其具有的无因性、文义性和流通性,作为支付手段被广泛地应用在买卖合同中,但在笔者审理的诸多因买卖合同而起的票据追索权纠纷中,卖方总有一个错误认识,就是认为"支票就是钱",所以卖方在收到支票后总是将收货凭证交还买方,以示双方账款两清。殊不知这种结算方式隐藏了大量的交易风险。"支票不是钱",就是因为持票人要证明如何得到支票或为得到支票付出了什么。根据我国《票据法》第 13 条的规定,票据债务人可以对不履行约定义务的与自己有直接债权债务关系的持票人进行抗辩。这就是说,凡是在票据的基础关系中具有合同义务的持票人,必须在向票据债务人履行了自己的合同义务后,才能对票据债务人享有票据权利,否则,在其行使票据权利时,票据债务人可以对其抗辩。最高人民法院《关于审理票据纠纷案件若干问题的规定》第 10 条规定,票据债务人依照《票据法》第 13 条的规定,对与其有直接债权债务关系的持票人提出抗辩,人民法院合并审理票据关系和基础关系的,持票人应当提供相应的证据证明已经履行了约定义务。也就是说,票据债务人依据基础关系对持票人进行抗辩后,持票人则负有证明已经履行约定义务的责任。

第二节
票据法基本制度

一、票据法律关系

(一)票据法律关系及其构成

票据法律关系,是指由票据法所确认和规范的、基于票据当事人的票据行为而发生的票据上的权利义务关系。

票据法律关系同其他法律关系一样,主要由主体、客体和内容所构成。

1.主体。票据法律关系的主体是票据法律关系的参加者或称票据当事人,即票据上的债权人和债务人。票据上的当事人主要有:出票人、付款人、收款人、持票人、承兑人、背书人、保证人、参加人(包括参加承兑人和参加付款人)等。根据不同的标准,可以将票据当事人分成以下几类。

(1)以是否随出票行为的出现而存在为标准,票据当事人可分为基本当事人和非基本当事人。基本当事人是指票据发生时就存在的当事人,如汇票和支票中的出票人、收款人和付款人;本票中的出票人和收款人。非基本当事人是指票据签发后以其他票据行为参加票据关系的当事人,如背书人、保证人、参加付款人、预备付款人等。

(2)以其相互间的位置不同,票据当事人可分为前手和后手。这种前后手之分是相对的。例如,出票人甲将票据交付给收款人乙,乙通过背书将票据转让给丙,丙又将票据转让给丁,丁成为最后持票人。这就构成了一个由甲至丁的连续系列。在这个连续系列中,相对于丙来说,甲和乙都是丙的前手,而丁则是丙的后手。前手和后手的区分意义在于,票据的当事人在行使追索权时,只能由后手向前手追索,而前手不能向后手追索。

(3)以是否持有票据而分为持票人和非持票人。持票人一般就是债权人。非持票人则是指未实际占有和控制票据的人。

(4)以其在票据之债中所处的位置不同,票据当事人可分为债权人和债务人。债权人是指因为一定票据行为而享有向票据债务人请求支付票据金额的权利的人,主要为收款人和持票人。债务人是指因为一定票据行为而负有向持票人支付票据金额义务的人。债务人又分为第一债务人和第二债务人。第一债务人又称主债务人,是负有付款义务的人,如承兑人、本票的出票人。第二债务人又称偿还债务人,是负有担保付款义务的人,如出票人、背书人、保证人等。在票据关系中,当持票人向第一债务人主张债权遭到拒绝时,可向第二债务人行使追索权,请求支付票据金额及利息和有关合理费用。

2.客体。票据关系的客体是指票据当事人的权利和义务所共同指向的对象。由于票据是金钱债权证券,票据关系的客体就是一定数量的货币,而不可能是别的物品。

3.内容。票据关系的内容是指票据当事人因票据行为依法享有的权利和承担的义务。票据权利是指票据权利人依法为实现票据债权而为一定行为或要求他人为一定行为的可能性,包括付款请求权和追索权。票据义务,又称票据责任,是指票据义务人依法为或不为一定行为的必要性,一般指票据义务人向持票人支付票据金额的义务。

(二)非票据法律关系

虽然票据法主要研究的是票据法律关系,但是,票据的形成必然基于很多原因和条件,如买卖、赠与、继承、存款、欠债等,在这些活动中所发生的债权债务关系虽然不是票据法律关系,但是它们与票据有着密切的联系,甚至是票据产生的必不可少的基础。因此,这些权利义务关系也是票据法必须研究的内容。这些法律关系往往被统称为非票据法律关系。非票据法律关系是指与票据和票据行为有密切关系,但不是基于票据行为而产生的债权债务关系。非票据法律关系大致可以分为两类,即票据法上的非票据法律关系和民法上的非票据法律关系。

1.票据法上的非票据法律关系。票据法上的非票据法律关系,是指由票据法直接规定,与票据行为有联系但不是由票据行为本身所产生的法律关系。这种法律关系并不由票据行为本身所产生,但票据法为了保护票据债权人的利益,对有关的权利和义务关系作了一系列的特别规定。票据法上的非票据法律关系与票据法律关系的区别,主要在于前者直接由票据法规定而产生,而后者则因当事人的票据行为所引起;前者权利的行使不以持有票据为必要,而后者则须以持有票据为前提。

票据法上的非票据法律关系主要包括:

(1)票据的正当权利人对法律规定不得享有票据权利之人行使票据返还权而发生的关系。我国《票据法》规定,凡是以欺诈、偷盗和胁迫等手段取得票据的,不得享有票据权利。此时正当权利人可以对相关人行使票据返还请求权。

(2)因时效届满或手续欠缺而丧失票据上权利的持票人对出票人或承兑人行使利益偿还请求权而发生的关系。票据权利的期限有严格的法律规定,如果权利人不遵守此规定,则丧失票据权利,但仍可基于民事关系享有返还相应利益的权利。

(3)票据的付款人付款后请求持票人交还票据的关系。由于票据属于返还证券,持票人若获得付款,应当在票据上签收,并将票据交还付款人。

(4)汇票持票人请求出票人发行汇票复本的关系。

(5)汇票持有人请求接受复本的人交出该复本的关系。

2.民法上的非票据法律关系(票据基础关系)。民法上的非票据法律关系,是指由民法规范来调整的,与票据有关但非基于票据行为而产生的法律关系。这类关系本身并不是票据法律关系的一种,而是作为产生票据法律关系的基础和前提条件而存在于票据法律关系之外的一种关系。所以,民法上的非票据法律关系又被称为票据基础关系。票据基础关系与票据关系不同。票据关系是一种形式关系或抽象关系,即仅由出票人发出票据、收款人取得票据而形成。至于当事人为何授受票据,即授受票据的原因或实质则不属于票据法律关系的范围,而由票据基础关系来加以说明。票据的基础关系在票据授受之前即已存在,是票据关系产生的前提。但是,票据关系一旦形成即与基础关系相分离,至于基础关系是否存在和有效,对票据关系不产生影响。

票据基础关系主要有三种:票据原因关系、票据资金关系和票据预约关系。

(1)票据原因关系又称票据原因,是指当事人之间授受票据的原因。它是一种存在于出票人与收款人、背书人与被背书人之间的民事法律关系,通常为经济流转关系,例如买卖、赠与等合同关系。前文提及票据的特点之一是无因性,此因即为原因关系。由于票据是完全的无因证券,因此原因关系的瑕疵不会影响票据的效力,无论当事人之间因何种关系而为票据行为,一旦票据关系成立,票据就独立于票据的原因关系而存在。

(2)票据资金关系是指存在于汇票出票人与付款人之间、支票出票人与银行(付款人)之间的基础关系,如存款、承诺、欠债等。汇票或支票的出票人之所以委托付款人付款,付款人之所以愿意付款或承兑,就是因为他们之间存在有资金关系。由于资金关系也是民法上的一种关系,与票据关系相互独立,因此资金关系的瑕疵也不能影响票据关系的效力。票据权利人的权利不问资金关系的存在与否或者有效与否均得以成立。例如,承兑人在对汇票进行承兑以后,即使未受领资金也必须承担付款的责任。

(3)票据预约关系是票据当事人之间就出票人发出的票据种类、票据上的有关记载事项事先进行约定所形成的关系。票据的当事人之间有了原因关系后,在发出票据之前,会就票据的发行及让与,包括票据的种类、金额、到期日、有无记名、有无利息、付款地点等事项达成协议。这样出票人签发的票据才能满足当事人的需要。票据预约主要存在于出票人和收款人之间、背书人与被背书人之间。由于预约关系主要是一种民法上的合同关系,因此违反预约关系并不会使违约者承担票据责任,而是民事责任。

二、票据行为

(一)票据行为的概念与特征

票据行为有广义和狭义之分。广义的票据行为指以产生、变更和消灭票据上权利义务关系为目的的法律行为。它包括出票、背书、改写、涂销、付款、保证、承兑、参加承兑、保付、参加付款等。狭义的票据行为指发生票据上债务的法律行为,即以负担票据债务为目的,而在票据上为意思表示的法律行为,一般指出票、背书、保证、承兑、参加承兑、保付六种。本章所介绍的票据行为是指狭义的票据行为。

票据行为与一般法律行为相比,有以下特征:

1. 要式性。由于票据是一种要式证券,票据行为也必须是要式行为。行为人必须按照法定款式、方式和手续实施票据行为,否则就不能发生票据行为人所预期的法律后果。票据行为的要式性是由票据的高度流通性所决定的,只有将票据行为规定成具体、明确的要式行为,才能保证票据形式、内容统一,提高流通的速度与效率。票据行为的要式性具体表现在三个方面:

(1)签章。签章是行为人对其行为负责的表示,是确定票据义务主体的方式。无论何种票据行为,行为人必须签名、盖章或签名加盖章。只有在签章后,该票据行为才发生法律效力。

(2)书面表现形式。由于票据是文义证券,所以每一种票据行为都要以书面形式记载下来,口头形式不发生票据法上的效力。除此以外,票据行为在票据上记载的位置也是一定的,如出票、承兑一般应记载于票据的正面,背书则应记载于票据的背面或票据的粘单上。

(3)款式。款式是票据应记载的内容和对此内容的记载方式。各种票据行为都有一定的款式,票据行为必须依法定款式进行,如果款式不符合法律规定,票据权利将受到严重影响,甚至导致票据无效。

2. 文义性。文义性是指票据行为的内容均依票据上所记载的文义而定,即使该项记载与行为的真意或实际情形不符,也不允许当事人以票据以外的证明予以变更或补充。例如，某一张票据上记载的出票日期是 2000 年 1 月 5 日，而实际出票日期是 2001 年 1 月 5 日，则对于该票据，只能以 2000 年 1 月 5 日作为出票日期并以此确定票据的提示期间、到期日等。强调票据行为文义性的目的仍在于保护善意持票人，从而促进票据的流通。

3. 无因性。无因性又称抽象性，是指票据行为与作为其发生前提的原因关系相分离，因此票据行为的效力不受原因关系存在与否及是否有效力的影响。票据行为一旦成立，行为人之间的实质关系是否有效、是否存在都不影响票据行为的效力，持票人无须证明给付原因就可以行使票据权利。所以，票据行为只须具备抽象的形式就能生效，而不必考虑其产生的实质原因。

票据行为的无因性原则对于促进票据流通、保障善意持票人的权利有着重要的意义，当然也会带来票据欺诈和票据滥用的隐患。对此，《票据法》第 10 条规定："票据的签发、取得和转让，应当遵循诚实信用的原则，具有真实的交易关系和债权债务关系。票据的取得，必须给付对价，即应当给付票据双方当事人认可的相对应的代价。"这一规定固然表现了我国票据法对票据运作安全的高度重视，但同时也会损害票据运作的快捷与效率，这实际上是违背了票据行为的无因性原则，因此受到理论界和实务界相当多的批评。

4. 独立性。票据行为的独立性，是指当票据上有多个票据行为时，各个票据行为分别依票据上所载文义独立发生效力，互不影响。作为流通证券，票据上所为的各种票据行为是否无效或可撤销的事由，一般持票人难以得知。如果持票人在取得票据时必须弄清前手的票据行为是否有问题，则票据的效力无从确定，票据的信用无法维持，就会使票据的流通受到阻碍。为避免这种情况，有必要确立票据行为的独立性，一个行为的无效或有瑕疵，均不影响其他行为的效力。例如，无票据行为能力人在票据上签名的无效，并不影响其他签名的效力；代理无效、保证无效、伪造签名等行为均不影响其他真实签名下的票据行为的有效。

然而，票据行为的独立性并不意味着票据责任的独立性，相反，票据责任具有连带性。《票据法》第 68 条第 1 款、第 2 款规定："汇票的出票人、背书人、承兑人和保证人对持票人承担连带责任"，"持票人可以不按照汇票债务人的先后顺序，对其中任何一人、数人或全体行使追索权。"因此，一张票据上的所有票据行为人，对持票人来讲属于共同债务人，当持票人向票据债务人行使追索权时，票据债务人之间为连带的票据责任，且为同位的连带责任。所以，票据行为虽然是独立的，但由此而产生的票据责任却是连带的。

（二）票据行为的种类

票据行为可以分为主票据行为和从票据行为两大类：

1.主票据行为，是指能够引起票据法律关系发生的行为。主票据行为仅指出票行为，即出票人签发票据并将其交付给收款人的票据行为。只有出票行为有效成立，该票据才能有效存在；若出票行为无效，票据本身即为无效。在无效票据上随后所为的其他一切票据行为均为无效。所以，主票据行为又被称为基本票据行为。

出票行为必须具备三个条件：①开票，即出票人制作票据；②要式，即出票任必须按法定形式制作票据，否则无效；③交付，即出票人将票据交付收款人。

票据只有经过交付才算完成出票行为。如果只有开票行为而无交付行为，票据仍然无效。

2.从票据行为，是指能够引起票据法律关系变更或消灭的行为，包括背书、承兑、保证等。由于这些行为要以出票为前提，要附属于主票据行为而存在，所以又称附属票据行为。

（1）背书。背书是指在票据背面或者粘单上记载有关事项并签章的票据行为。通过背书转让其票据权利的人为背书人，接受经过背书的票据的人为被背书人。持票人通过背书可以将票据权利转让给他人或者将一定的票据权利授予他人行使。背书人在实施背书后对票据债务人承担有担保责任和连带责任，被背书人代替持票人成为新的持票人，取得票据债权。票据出票后的转让流通主要就是通过背书进行的。汇票、本票和支票都可以有背书行为。

（2）承兑。《票据法》第38条规定："承兑是指汇票付款人承诺在汇票到期日支付汇票金额的票据行为。"承兑是汇票独有的票据行为，本票和支票均无承兑这一票据行为。承兑是使汇票上付款人的义务和持票人的权利得以确定的重要程序。

对持票人来说，是否提示承兑是持票人的自由，但提示承兑和不提示承兑具有不同的法律后果，持票人若未在一定期限内向付款人提示付款，持票人将丧失对其前手的追索权。对付款人来说，是否承兑也是付款人的自由，付款人承兑之前或者付款人拒绝承兑，出票人是主债务人；付款人一旦承兑，就成为汇票的主债务人，到期必须付款，否则就要承担相应的票据责任。

（3）保证。保证是指票据债务人以外的其他人，表示在被保证的票据债务人不履行其票据上的义务时，由其代为履行责任的行为。保证承担票据债务的人，是票据保证人。保证行为只适用于汇票和本票；支票中银行为付款人，所以无保证制度。为了增加票据的可靠性，提高票据的信用度，各国票据法都规定

233

了保证制度。持票人既可以向被保证人及其前手要求也可以向保证人要求清偿票据债务。保证人在清偿票据债务后,也可以继续行使持票人对被保证人及其前手的追索权,票据保证制度为票据权利人又添加了一重保险。

从票据行为除了《票据法》所规定的背书、承兑、保证四种票据行为之外,在日内瓦统一票据法中,还规定了参加与保付。

参加是一种特殊的票据行为,是票据关系以外的人为防止特定的票据债务人受到追索,而主动参加到票据关系中来,代替特定的票据债务人承担票据义务的行为。参加的行为人称为参加人,因参加人的介入而免受追索的票据债务人称为被参加人。参加人可以是票据上事先记载的预备付款人,也可以是票据以外的第三人。参加分为参加承兑和参加付款两种,在票据到期前有可能发生追索时,参加人既可参加承兑也可参加付款;在票据到期后发生追索时,参加人只能参加付款。参加行为只存在于汇票和本票中,支票中没有参加行为。因为参加制度很少使用,所以我国对参加制度未做规定。

保付也是一种特殊的票据行为,是指作为支票付款人的付款银行,在支票上进行保付文句及保付日期的记载,完成签名并将支票交付持票人,从而表明保证支付票款的行为。保付的付款银行,为保付人。鉴于我国银行信用风险较小,我国票据法目前没有规定支票保付制度。

(三)票据行为的要件

票据行为作为一种法律行为,必须具备法定要件,才能成立和生效。票据行为构成要件可以分为实质要件和形式要件。

1.实质要件。票据行为的实质要件,适用民法中关于民事行为成立要件的规定。其内容包括行为人的票据行为能力和票据意思表示两个方面。

(1)票据行为能力。票据行为能力因自然人和法人而有不同。自然人的行为能力按其年龄和智力状况可以分为完全行为能力、限制行为能力和无行为能力三种。一般而言,完全行为能力人的票据行为是有效的,无行为能力人所为的票据行为无效,限制行力能力人只能从事与其年龄智力相应的票据行为。但在通常情况下,无行为能力人和限制行为能力人的票据行为应由其法定代理人代理方为有效。法人的票据行为能力与其权利能力范围一致,一般要通过其法人机关或法定代表人来实施。

(2)票据意思表示。意思表示是民事法律行为成立的必要条件之一。票据行为成立同样以票据意思表示为要件,并要求行为人的意思表示必须真实、合法,否则不生效力。因此,票据法规定对虚伪、非法的意思表示,如因欺诈、胁迫、恶意通谋等情况所作的意思表示不予保护。

2.形式要件。由于票据行为具有无因性、要式性、文义性的特点,因此票据法对票据行为的形式要件做了严格的规定,票据行为必须符合票据法有关书面格式、记载事项、签章、交付的规定,才能有效成立。

(1)书面形式。是指通过用纸面书写方式来固定票据意思表示的形式。由于对票据行为形式要件的要求远远超过对票据行为实质要件的要求,因此票据法对票据行为书面上的要求也比一般要式法律行为的书面要求更为严格。票据法除了对票据的格式、印制、票据记载的内容和方式做出了规定之外,甚至对书写票据的墨汁都做出了要求。可见,票据行为是严格的要式行为。

(2)记载事项。由于票据是文义证券,记载事项对于债权的实现和债务的履行有着重要的意义。根据记载事项的效力不同,可将其分为必要记载事项、任意记载事项、不产生票据效力的记载事项和不得记载事项四种。必要记载事项,是指法律规定应该记载的事项。任意记载事项,是指记载与否,概由票据当事人决定,但一经记载,即发生票据法上效力的事项。不产生票据效力的记载事项,又称记载无益事项。这类记载事项的法律后果既不产生票据法上的效力,也不产生其他法律效力。记载使票据无效的事项,也称有害记载事项,是指行为人一经记载就使整个票据无效的事项。如汇票出票人记载"货到验收合格后付款",会因为记载本身有悖于票据的无因性而导致整个票据无效。

(3)签章。票据是一种要式证券,签章是票据应记载事项之一,同时也是票据行为人承担票据责任的必要表示方法。因此,各国票据法都规定,任何一种票据行为均应由行为人在票据上签名。但是考虑到我国票据实践中习惯于以盖章表示身份,所以《票据法》规定自然人在票据上既可签名,也可盖章,还可以既签名又盖章;法人和其他使用票据的单位在票据上的签章为该法人或者该单位的盖章加其法定代表人或者其授权的代理人的签章。法人和自然人在票据上的签名,应为该当事人的本名。单位盖章,应为该单位的公章或财务专用章或票据专用章。

(4)交付。所谓交付,是指票据行为人将票据交付给相对人持有的行为。由于票据是提示证券和占有证券,所以无论是出票,还是背书、承兑、保证等均须交付到相对人手中,才算完成票据行为,相对人才能据以行使票据权利。

(四)票据行为的代理

1.票据行为代理的概念及其条件。法律行为可以由他人代理,票据行为作为一种法律行为也可以由他人代理。但是由于票据行为的文义性、无因性、流通性等特征,使得票据行为的代理具有其自身的特征。票据行为的代理是指代理人基于法律的规定或者被代理人(本人)的授权,在票据上载明其是本人的代

理人,并在票据上签名,代本人实施票据行为的一种法律行为。票据代理的成立要件如下:

(1)明示本人的名义,即代理人必须在票据上表明被代理人的姓名或名称,否则,不发生代理的法律后果。这正是由票据的文义性特征所决定的。

(2)表明为本人代理的意思,即代理人代本人为票据行为时,必须在票据上明确表示代理的意思。

(3)代理人签章,即代理人在票据上记载自己的姓名或名称并盖章,否则不成立代理,本人也不承担票据责任。

(4)须经本人授权,这是票据代理行为成立的基础。

2.越权代理。越权代理是指票据行为代理人超出代理权范围而为的票据行为。对于越权代理的票据行为,除非本人事后追认,否则越权代理部分应由越权代理人自己承担责任。但是,本人对代理权的限制不得对抗善意第三人,善意第三人仍可请求本人对越权部分负责。

3.无权代理。无权代理是指代理人无代理权而以代理人的名义在票据上签章的行为。《票据法》第5条第2款规定:"没有代理权而以代理人名义在票据上签章的,应当由签章人承担票据责任。"

4.表见代理。表见代理是指代理人虽没有获得本人明确授权,但客观上有足以使第三人相信其有代理权的理由而为的票据代理行为。

表见代理的成立必须具备主、客观两方面的要件。主观上要求相对人须为善意,即不知行为人无代理权或超越代理权;客观上要求具备足以使相对人相信有代理权的理由。如果具备主观要件,本人应当承担票据责任;若只具备客观要件,即第三人明知代理人无代理权或超越代理权而仍与其为票据行为,本人可对该第三人提出抗辩,但不得以此对抗其他善意的第三票据取得人。为了保护善意持票人的权利,表见代理成立时,持票人既可向本人主张权利,更可依据票据法向无权代理人主张权利,行为人不得以表见代理成立而主张抗辩。

三、票据权利

(一)票据权利的概念与种类

1.票据权利的概念及其特征。根据《票据法》第4条第4款的规定,票据权利是指持票人向票据债务人请求支付票据金额的权利,包括付款请求权和追索权。

票据权利,又称"票据上的权利"或"票据上的债权",它是通过票据债务人的票据行为而产生,由票据债权人享有的权利。它与"票据法上的权利"不同。

"票据法上的权利"是由票据法直接规定的权利,一般指票据权利以外的其他票据法上的权利,如付款人的交出票据请求权、汇票持票人的发给复本请求权以及利益偿还请求权等。

票据权利是一种民事权利,具有债权的一般特征,即特定性、相对性、强制性、有偿性等。但票据权利作为一种特殊的债权,又有其自身的法律特征:

(1)票据权利的内容具有固定性。票据一经出票人签发并交付给收款人后,票据记载的金额、日期、收款人名称等就不得更改。票据行为人在票据上签章后,均须按票据记载事项承担责任。

(2)票据权利具有证券性。由于票据行为的无因性、要式性和独立性,因此而产生的票据权利就成为一种比一般债权效力更强的权利,即证券性权利。该种权利一经产生,就同证券(票据)密不可分。只有取得证券,才能取得票据权利;也只有依据证券,才能行使票据权利。

(3)票据的权利主体具有单一性。由于票据权利与票据本身的不可分割性,不可能有两个以上的所有人同时占有同一张票据。因此,就同一票据来说,也就不可能同时存在两个以上的票据权利人。

(4)票据权利的转让具有任意性。票据权利转让的任意性,是指持票人有权根据自己的意志转让票据权利,而无需征得票据债务人的同意,也无需通知债务人,只要持票人完成转让行为,予以交付,则发生票据转让的效力。

(5)票据权利是二次性权利。票据权利虽属金钱债权,但又不同于一般的金钱债权。金钱债权通常仅为一次性权利,而票据债权则有可能成为二次性权利,即权利人可能对两个以上的不同债务人行使请求权。其应首先承担债务的债务人为主债务人,其他债务人则为从债务人(或称偿还债务人、次债务人)。权利人首先应向主债务人行使请求权,即付款请求权;如未获付款时,则可向从债务人行使追索权,亦即偿还请求权。

2.票据权利的种类。票据权利包括付款请求权和追索权两类。

(1)付款请求权。付款请求权是指票据债权人请求票据主债务人或其他付款义务人按照票载金额支付金钱的权利。付款请求权是第一次请求权,其权利主体是持票人,其主债务人是汇票的承兑人、本票的出票人及支票的付款人。其他付款义务人是参加付款人、参加承兑人、担当付款人等。票据债权人在向前述债务人提示票据行使付款请求权未得到实现时,才可以行使追索权。

(2)追索权。追索权是指持票人于不获付款或不获承兑或其他法定原因发生时,在保全票据权利的基础上,向除主债务人以外的前手请求偿还票据金额及其损失的权利。被追索人已为清偿,而对另外的相对人再行使追索权,称为再追索权。由于这个请求是在第一次请求未果后的再次请求,所以将其称为第二次请求权,是票据权利的再次行使。追索权的追索对象包括出票人、背书人、保证人和承兑人,他们作为票据债务人对持票人承担连带责任。因此,持票人可以不按照汇票债务人的先后顺序,对其中的任何一人、数人或者全体行使追索权。从追索权的支付内容上来看,债务人应支付的除了票载金额外,还应包括票载金额利息、作成拒绝证书的费用等,因此,追索权又被称为偿还请求权。

(二)票据权利的取得

1.票据权利的取得方式。票据权利的取得可分为原始取得和继受取得两种。

(1)原始取得。票据权利的原始取得是指持票人不经其他任何前手权利人,而最初取得票据。它又可分为出票取得和善意取得两种。

1)出票取得。出票取得指出票人制作票据,并将票据交付收款人,收款人由此取得票据权利。在实践中有时会发生出票人的签章系伪造的情形。此时,若票据权利在外观上已成立,则收款人仍然原始取得该权利。只不过由于出票人本人未签章,出票人可据此向收款人抗辩,从而使收款人原始取得的票据权利无法实现。

2)善意取得。善意取得,亦称票据的即时取得,指受让人不知道让与人无处分票据的权利而取得票据的所有权。票据权利的善意取得必须具备四个条件:①必须依票据法规定的转让方法而取得,即依背书或交付而取得的票据权利。②必须是从无处分权人处取得票据,且无处分权人必须是受让人的直接前手,否则不成立持票人的善意取得。③票据取得人受让时必须为善意。若持票人在受让票据时明知,或应当知道而没有知道处分人无处分权而受让票据的,不成立善意取得,持票人不能获得票据权利。④受让人支付了对价。

若满足上述四项条件,善意取得成立,持票人即可取得票据权利。在此情况下,无论原持票人丧失票据的原因如何,均不得向善意取得人请求返还,也不得以让与人无票据处分权的事实来对抗善意取得人。例如,甲的票据被乙偷去,或是甲遗失其票据,为乙拾得。乙将票据依背书方式转让给丙。如丙为善意无重大过失并已付出合理代价,丙即取得票据权利,成为票据的真正权利人,而甲的权利消灭。至于甲的损失,则通过向乙请求损害赔偿来解决。并且,除非有法律特别规定,出票人不得对善意取得人行使抗辩权。但在这里有一个例外,如果票据让与人无票据行为能力,因其意思表示不能生效,则受让人不能主张善意取得而享有票据上的权利。

(2)继受取得。票据权利的继受取得是指持票人通过某种法律行为从有票据处分权的人处取得票据。票据权利的继受取得分为两种情况:

1)票据法上的继受取得。票据法上的继受取得是指持票人依背书或交付的方式,从有处分权人处取得票据权利;或票据保证人因履行保证义务、被追索人因偿还追索金额而取得票据权利。这是基于票据法的规定而取得的票据权利,是继受取得中取得票据权利最为普通的方法。

2)非票据法上的继受取得。非票据法上的继受取得是指持票人非基于票据法所规定的方式而取得票据权利,例如因继承、赠与、税收、公司合并等原因而取得的票据权利。但是由于在这种情形下,持票人获得票据权利并未支付对价,所以票据法规定,对于非票据法上的继受取得,持票人的票据权利不得优于其前手。即若前手的权利因违法或有瑕疵而受影响或丧失,则该持票人的权利也因此受影响或丧失。这里的前手是指在票据签章人或者持票人之前签章的其他票据债务人。例如,甲向乙签发一张票载金额为1万元的票据,作为向乙的购货付款;乙将该票据背书给丙,作为对丙的赠与;当乙未依约履行对甲的供货义务时,甲可以对丙的付款请求作出拒绝,以对乙的抗辩理由对抗丙。

2.票据权利的取得条件。虽然票据属于无因证券,但根据我国《票据法》第10条的规定,并非只要持有票据就自然享有票据权利,持票人取得票据权利须满足一定的条件:

(1)票据的取得,应当遵循诚实信用的原则,具有真实的交易关系和债权债务关系。

(2)票据的取得,必须给付对价,即应当给付票据双方当事人认可的相对应的代价。

(3)取得票据的手段必须合法。因欺诈、偷盗或者胁迫等手段取得票据的,或者明知有前列情形,出于恶意取得票据的,不得享有票据权利。持票人因重大过失取得不符合票据法规定的票据的,也不得享有票据权利。

当然,如前所述,我国《票据法》第10条的规定因与票据的无因性相悖,妨碍了票据信用功能的发挥,在理论界颇受非议。

(三)票据权利的消灭

票据权利的消灭是指因发生一定的法律事实而使票据权利不复存在。票据权利消灭以后,票据上的债权债务关系也随之消灭。在一般情况下,票据权利可因履行、免除、抵消等事由的发生而消灭。这里主要说明票据权利因时效而消灭的情形,主要包括以下四项:

(1)持票人对票据的出票人和承兑人的权利,自票据到期日起2年。

(2)持票人对支票出票人的权利,自出票日起6个月。

(3)持票人对前手的追索权,在被拒绝承兑或者被拒绝付款之日起6个月。

（4）持票人对前手的再追索权，自清偿日或者被提起诉讼之日起 3 个月。

（四）票据权利的行使与保全

票据权利的行使是指票据权利人向票据债务人提示票据，请求其履行票据债务的行为。如请求承兑、提示票据请求付款、行使追索权等。票据权利的保全，是指票据权利人为防止其票据权利的丧失，依票据法规定所为的行为。如：为防止付款请求权与追索权因时效而丧失，而提起诉讼以中断时效的行为；为防止追索权的丧失，采取作成拒绝证明的行为；遵期提示，即票据持有人，向付款人出示票据，请求付款。

无论是票据权利的行使，还是票据权利的保全，都涉及在何地、何时进行的问题。我国《票据法》第 16 条规定："持票人对票据债务人行使票据权利，或者保全票据权利，应当在票据当事人的营业场所和营业时间内进行，票据当事人无营业场所的，应当在其住所进行。"此处的票据当事人是指对票据债务承担义务的承兑人、付款人、保证人、出票人或前手背书人等。所称住所，按《民法通则》的规定"法人以它的主要办事机构所在地为住所"，公民则"以他的户籍所在地的居住地为住所，经常居住地与住所不一致的，经常居住地视为住所"。

（五）利益返还请求权

票据权利的行使规定有严格的要式性，且其时效很短，因此票据权利人如因手续的欠缺或时效的届满，就会失去票据权利。而票据债务人（出票人、承兑人等）则会因此而额外获得一笔资金利益。例如甲签发一张支票给乙，乙背书转让给丙，丙又转让给丁，票据付款人为 A。由于丁在票据时效期间内未行使权利，票据权利丧失，无法向 A 请求付款，这样甲得到了乙交付的货物，而其在 A 账户上的款项却没有划出。为了救济这种不公平的情形，大陆法系国家的票据法一般都规定有利益返还请求制度，利益返还请求权是该制度的核心。

所谓利益返还请求权，也称为受益返还请求权，是指当票据权利因时效经过或保全手续欠缺而归于消灭时，合法持票人要求出票人或者承兑人在其所获利益限度内返还其利益的权利。这种权利是票据法为了救济持票人在票据权利丧失后的利益而特别规定的权利，所以，利益偿还请求权不是票据权利，而是一种独立的票据法上的权利。由于利益偿还请求权是为了平衡当事人之间的权利义务，使持票人因为票据权利丧失所受到的损失得到一定的补偿而设定的，因此，补偿的程度应该以出票人或者承兑人因此而得到的利益为限，如果出票人或承兑人并没有因此而受益却也要返还未支付票据金额相当的利益，那只能使补偿人付出未得到的利益，从而导致新的不公平。例如，甲向乙签发金额为 100 万元票据用以购买货物，货物价值 100 万元，乙向甲交付了价值为 70 万元的货物,后乙将该票据背书转让给丙,丙又转让给丁,丁因超过票据时效而丧失了票据权利,甲在银行账户上的相应款项因丁不能行使票据权利而未划出去,甲因此获益。丁可向甲行使利益偿还请求权。但是甲只收到了 70 万元的货物,因此甲获得的额外利益是 70 万元,只承担向丁返还 70 万元利益金额的义务。

四、票据的伪造、变造和更改

由于具有无因性和文义性的特点,票据在流通过程中很容易被非法利用构成票据欺诈,使票据当事人的合法利益受到严重侵害。票据伪造和票据变造就是票据欺诈行为最典型的两种表现形式。

（一）票据伪造

票据伪造,是指以行使票据为目的,假冒他人或者虚构人的名义在票据上签章,伪为票据行为的违法行为。包括票据本身的伪造和票据上签名的伪造。前者是指假冒他人或虚构人的名义进行出票行为,这种伪造的票据是无效的票据;后者是指假冒他人或虚构人的名义进行出票行为以外的其他票据行为,是在真实票据上所为的票据伪造行为,比如某公司职员盗用公司印章签发支票、票据拾得人假冒票据权利人在票据上背书等。

如上所述,伪造票据除了对票据本身的伪造之外,对票据上签名的伪造并不导致票据及票据上其他真实签章的无效。在这种情形下,票据伪造的法律后果表现如下:

1. 对伪造人而言,他在票据上的签章为假冒签章,此签章行为不具有票据法上的效力,故而伪造人不承担票据责任。但是,该签章行为属于严重的违法行为,既触犯了刑法又触犯了民法,所以,该伪造人须承担刑事责任和民事赔偿责任。

2. 对被伪造人而言,由于他自己没有在票据上签章也未授权他人代其签章,因而他无须对该签章负票据责任。除非有可归责于被伪造人的事由,比如他与伪造人恶意串通、应当防范但有疏忽等,被伪造人也不负其他法律责任。

3. 对票据上的其他真实签章人而言,基于"票据行为独立性"原则,一行为无效一般不影响其他行为的效力,真实签章人不因为票据上存在伪造行为而免责。正如《票据法》第 14 条第 2 款的规定,伪造行为的无效不影响真实签章所为的票据行为的效力。因此,票据上的其他真实签章人须承担票据文义载明的票据债务。

4. 对持票人而言,他对于伪造人和被伪造人都不能主张票据权利。如果所持票据上有真实签章人,他只能向该签章人行使票据权利。倘若票据上无真实签章人,持票人只能依民法向伪造人主张民事赔偿。

5.对负有付款债务的付款人(如汇票的承兑人或者本票的出票人)而言,他若没能辨认出票据上签章的真伪而对持票人付了款,只要持票人合法,该付款行为有效,付款人不得以票据上有虚假签章为由而请求退还。该付款人由此遭致的损失,也只能寻求民法上的救济。

(二)票据变造

所谓票据变造,是指以行使票据为目的,没有变更权限之人变更票据上除签章之外其他记载事项的违法行为。如某持票人将票据金额由 5 万元改写为 50 万元、某人将他人票据上记载的付款地由"山西"改为"陕西"等。

在法律后果上,我国《票据法》规定:"票据上其他记载事项被变造的,在变造之前签章的人,对原记载事项负责;在变造之后签章的人,对变造之后的记载事项负责;不能辨别是在票据被变造之前或者之后签章的,视同在变造之前签章。"

(三)票据更改

票据的更改是指有更改权限的人依照票据法的规定更改票据上记载事项的行为。更改权人,限于原记载人。如出票人更改出票时记载的付款人,背书人更改背书时记载的"不得转让"事项等。法律允许依照票据法的规定对票据进行变更。

构成票据更改的要件有:更改应当由原记载人进行;原记载人只能更改票据法允许更改的记载事项;原记载人更改票据时应当签章证明。

根据《票据法》第 4 条的规定,票据出票人制作票据,应当按照法定条件在票据上签章,并按照所记载的事项承担票据责任。其他票据债务人在票据上签章的,按照票据所记载的事项承担票据责任。票据文义有更改时,更改前的签章人,依原有文义负责,更改后的签章人,依更改后的文义负责。

五、票据抗辩

(一)票据抗辩的概念

票据抗辩是指票据债务人根据票据法的规定对票据债权人拒绝履行义务的行为。亦即票据债务人对票据债权人的请求,提出一定的合法事由予以对抗,并依此而拒绝履行票据义务的行为。这里的合法事由称为抗辩事由。提出抗辩,并依此而拒绝履行票据义务的权利称为抗辩权。在实务中,一般是票据的承兑人、付款人和其他债务人对票据债权人提出的承兑或付款请求,就持票人的实体权利和票据记载上的瑕疵提出抗辩理由,拒绝付款或者暂时不予付款,这是票据债务人的一种自力救济方法,其能行使的抗辩方法越多,对债务人就越有利。

(二)票据抗辩的种类

依抗辩的事由及其效力不同,票据抗辩可分为物的抗辩和人的抗辩两类。

1.物的抗辩。物的抗辩是指因票据本身所存在的事由而发生的抗辩。由于该抗辩的事由来自于票据这个"物"本身,因而称为对物抗辩;由于该抗辩的事由对一般持票人均可以提出,因而又称为绝对抗辩或客观抗辩。对物抗辩是一种效力较强的抗辩,不管持票人取得票据时为善意或恶意,均可与之相对抗,因而,通常认为对物抗辩在一定程度上妨碍了票据流通,主张尽可能缩小对物抗辩的范围,以保障票据流通的安全。

依提出抗辩的债务人的不同,物的抗辩分为两类:

(1)一切票据债务人(被请求人)可以对一切票据债权人(持票人)行使的抗辩。这类抗辩包括:①票据无效的抗辩。如欠缺票据上应记载的事项或记载了不得记载的事项。②依票据记载不能提出请求的抗辩。如票据记载的到期日未至,票据上记载的付款地与持票人请求付款的地点不符。③票据权利已经消灭的抗辩。如已依法付款或依法提存。④票据失效的抗辩。如该票据已被作出除权判决等。

(2)只有特定债务人可以提出,但可以对抗一切债权人的抗辩。包括:①对无权代理所作的抗辩。对于他人未经本人授权而代理本人所为的票据行为,本人就该票据不承担任何责任,可提出非为本人而为的抗辩。②保全手续欠缺的抗辩。如持票人须在规定的期间内作成拒绝证书,才能保全对前手的追索权的场合,票据权利人未能履行该保全手续时,即丧失其权利,而票据义务人得因此主张抗辩。③否定票据行为有效成立的抗辩。如就无行为能力人所为的票据行为,得主张无效而提出抗辩。④依票据记载而提出的抗辩。如提示的票据是伪造的票据,则票据上被伪造签名者可提出抗辩。⑤票据权利对该债务人因时效已过而消灭的抗辩等。

2.人的抗辩。人的抗辩是指因票据债务人与特定的票据权利人之间的法律关系而发生抗辩。由于这种抗辩是基于票据当事人之间的关系,而非基于票据本身发生的,因而称为对人抗辩;由于这种抗辩仅与特定的当事人之间的关系有关,仅能对特定的票据权利人主张,因而又称为相对抗辩或主观抗辩。与对物抗辩相比,对人抗辩的范围相对地较为广泛,只要在当事人之间存在着一定的抗辩事由,即可以主张抗辩。

按照抗辩人的不同，人的抗辩也可分为两类：

(1)一切票据债务人可以对特定的债权人行使的抗辩。包括：①债权人欠缺实质上的受领资格的抗辩。如票据债权被法院扣押禁止付款、持票人被法院宣告破产等。②票据债权人欠缺形式上的受领资格的抗辩。如对背书不连续的持票人，一切票据债务人可拒绝向其履行票据债务。

(2)特定债务人可以向特定的债权人行使的抗辩。这里的特定债权人与特定债务人是指双方当事人间具有直接的关系。这类抗辩包括：①基于基础关系原因而提起的抗辩，如直接当事人间欠缺对价的抗辩、欠缺原因关系的抗辩、原因关系因非法而无效的抗辩等。我国《票据法》第13条第2款，第10条第1款、第2款就作出了这类规定。②基于票据关系原因而提起的抗辩。如直接当事人之间发生债权债务抵消或债务免除的情形，票据债务人可对持票人行使抗辩。

(三)票据抗辩的限制和例外

1.票据抗辩的限制。票据抗辩的提出，使票据权利人的权利陷入不稳定的状态，从而可能造成票据流通障碍。为了保障票据的流通性和安全性，各国票据法对票据抗辩作出限制。票据抗辩的限制，或称票据抗辩的切断制度，是指票据流转给直接当事人以外的其他人后，直接当事人之间的抗辩原则上被切断。亦即不得以直接当事人之间的抗辩事由对抗非直接当事人。由于物的抗辩是一种绝对抗辩，对于一切票据债权人都可提起，故票据抗辩的切断不可能存在于对物的抗辩中。而人的抗辩是相对抗辩，是对特定债权人提起的抗辩，债权人变了，抗辩事由也就被切断。故票据抗辩的限制仅存在于人的抗辩中。

2.票据抗辩限制的例外。票据抗辩限制制度的确立是为了维护票据交易安全。所以，对于票据转让中的非交易行为不必适用票据抗辩限制的规定；对于票据交易中的恶意行为无维护之必要；至于交易中的重大过失，基于公平和诚实原则亦不应以票据抗辩限制制度去维护。因此，各国法律在确立票据抗辩限制制度的同时，又对此作了例外性的规定。我国票据法亦如此。根据我国《票据法》的规定，票据抗辩限制的例外主要有这样两类情形：

(1)持票人恶意或基于重大过失取得票据的，不受抗辩限制制度的保护。票据抗辩的限制制度目的在于保护善意第三人。如果持票人在取得票据时明知该票据权利存有瑕疵(即票据债务人有抗辩权)，或者持票人在取得票据时有重大过失的(即应当知道票据权利有瑕疵，但出于疏忽等而不知的)，法律对其无特殊保护的必要，从而不能获得票据抗辩切断的利益。

(2)持票人无对价取得票据的，不受抗辩限制制度的保护。我国《票据法》

第 11 条第 1 款规定:"因税收、继承、赠与可以依法无偿取得票据的,不受给付对价的限制。但是,所享有的票据权利不得优于其前手的权利。"据此,无对价取得票据的,票据债务人得以自己与持票人前手的抗辩事由来对抗持票人。法律所以作出这样的规定,是因为税收、赠与、继承等无偿行为均不是一种商事交易行为,无须对票据债务人作出抗辩切断的限制。

六、票据丧失的法律救济

票据丧失是指持票人非自愿地失去了对票据的占有,包括绝对丧失(如因被火烧、水浸、撕毁等等原因而灭失)和相对丧失(如因本人丢失、他人盗走等等原因而转入他人之手)。

由于票据是设权证券、占有证券、提示证券,票据权利与票据密不可分。一旦票据丧失,票据权利的实现就会受到影响。为此,各国票据法都规定了票据丧失后的补救措施。我国《票据法》第 15 条也规定了挂失止付、公示催告和普通诉讼三种形式。以上三种补救措施,无论采取哪一种,均必须符合以下三个条件:①必须有丧失票据的事实,亦即票据因灭失、遗失、被盗等原因而使票据权利人脱离对票据的占有;②失票人必须是真正的票据权利人;③丧失的票据必须是未获付款的有效票据。否则,不得行使以下票据权利的补救措施。

1.挂失止付。挂失止付是指失票人在票据丧失以后,以止付通知的方式告知付款人或代理付款人票据丧失的情形,并请求付款人在法律规定的止付期间内暂时停止支付的救济方法。我国《票据法》第 15 条第 1 款规定:"票据丧失,失票人可以及时通知票据的付款人挂失止付,但是,未记载付款人或者无法确定付款人及其代理付款人的票据除外。"

根据《支付结算办法》的有关规定,可以挂失止付的票据包括已承兑的商业汇票、支票、填明"现金"字样和代理付款人名称的银行汇票,以及填明"现金"字样的银行本票。失票人在挂失时,应填写挂失止付通知书并签章。其挂失止付通知书应记载票据丧失的时间、地点、原因,票据的种类、号码、金额、出票日期、付款日期、付款人名称、收款人名称,挂失止付人的姓名、营业场所或住所及联系的方法等事项。付款人或者代理付款人收到挂失止付通知书后,经查明票据确实未付款时,应立即暂停支付。否则,应承担民事赔偿责任。但是,付款人或者代理付款人自收到挂失止付通知书之日起 12 日内没有收到人民法院的止付通知书的,自第 13 日起,持票人提示付款并依法向持票人付款的,不再承担责任。

挂失止付并不是票据丧失后票据补救的必经程序,它只是失票人在丧失票据后可以采取的一种暂时的预防措施,以防止票据被冒领或骗取。因此,失票人既可以在票据丧失后先采取挂失止付,再紧接着申请公示催告或提起诉讼;也可以直接申请公示催告,并由法院受理后发出止付通知;或直接向法院提起诉讼。

关于各类票据挂失止付的程序,在中国人民银行 1995 年 12 月 17 日发布的《关于施行〈中华人民共和国票据法〉有关问题的通知》的第 6 条中作了具体规定。

2. 公示催告。公示催告是指出票人在丧失票据后申请票据无效而使票据权利与票据相分离的一种制度。我国《票据法》第 15 条第 3 款规定:"失票人应当在通知挂失止付后 3 日内,也可以在票据丧失后,依法向人民法院申请公示催告……"《民事诉讼法》更专章规定了票据丧失后的公示催告程序。

(1)申请。失票人向票据支付地的基层人民法院提出公示催告的申请,写明票面金额、出票人、持票人、背书人等票据主要内容和申请的理由及事实等。票据的支付地是指票据的履行地;银行汇票以出票人所在地为支付地;商业汇票以承兑人或付款人所在地为支付地;银行本票以出票人所在地为支付地;支票以出票人开户银行所在地为支付地。

(2)法院审查申请。经审查申请不符合要求时,裁定驳回申请;申请符合要求时,即决定受理申请,应当同时通知支付人停止支付,并在 3 日内发出公告,催促利害关系人申报权利。

(3)公示催告。公示催告的期间,由人民法院根据情况决定,但不得少于 60日。在公示催告期间发生以下效力:支付人收到人民法院停止支付的通知,应当停止支付;转让票据权利的行为无效;利害关系人应向法院申报权利。

如有利害关系人申报权利的,人民法院收到利害关系人的申报后,应当裁定终结公示催告程序,并通知申请人和支付人。申请人或申报人可以向人民法院起诉。

(4)除权判决。公示催告期满无人申报权利时,申请人可请求人民法院作出除权判决,即以判决宣告票据无效。判决应当公告,并通知支付人。自判决公告之日起,申请人有权向支付人请求支付。经除权判决后,票据无效。

所以,除权判决的法律后果在于使票据丧失后取得票据的人丧失票据权利,即使是善意取得票据的人也不例外。

3. 普通诉讼。普通诉讼指失票人向人民法院提起民事诉讼,要求法院判定付款人向其支付票据金额的措施。《票据法》第 15 条第 3 款规定:"失票人应当在通知挂失止付后 3 日内,也可以在票据丧失后,……向人民法院提起诉讼。"

最高人民法院《关于审理票据纠纷案件若干问题的规定》第 35 条和第 36 条规定,失票人在丧失票据后,在票据权利时效届满之前,在提供相应担保的情况下,可以请求出票人补发票据,或者请求债务人付款。如果出票人拒绝补发票据,或者债务人拒绝付款,则失票人可以因此向人民法院提起诉讼。在此类诉讼中,原告为失票人,被告为与失票人具有票据债权债务关系的出票人、拒绝付款的票据付款人或者承兑人。此外,如果行为人采用欺诈、胁迫、抢夺、恐吓等非法手段剥夺票据所有人对票据的占有,则失票人有权向非法持有票据的人提起诉讼,要求返还票据。在此类诉讼中,原告为失票人,被告为非法持有票据的人。在失票人选择诉讼途径使自己的票据权利获得最终救济的情况下,失票人应当向人民法院提供有关证明,说明自己曾经持有票据、该票据上的有关记载事项,同时还应说明自己丧失票据的情形。失票人在起诉时还应当提供担保,担保的数额相当于所失票据载明的金额❶。

【资料与应用】 1. 票据承兑人拒付案

1999 年 6 月 22 日,某保温瓶厂开具了一张以该厂为出票人、某建筑公司为收款人、某工商银行为承兑人的银行承兑汇票,票面金额为 20 万元,汇票到期日为 1999 年 12 月 21 日。1999 年 8 月 24 日,该汇票几经背书由某饮料公司持有,该公司向某农业银行申请贴现,农业银行在受理并支付了贴现金额后,取得了该张汇票。汇票到期后,由于工作人员的失误,农业银行未能在法定期限内提示付款,亦未在汇票到期后的 2 年内行使追索权,致使其票据权利丧失。

保温瓶厂因资不抵债,于汇票时效期限届满后宣告破产。2002 年 2 月 26 日,工商银行向保温瓶厂破产清算组提出申请,要求将保温瓶厂按照承兑协议交付给工商银行的 20 万元用于准备支付票据权利人的款项退还给保温瓶厂,并因保温瓶厂在破产前欠其贷款而要求对该 20 万元优先受偿。2002 年 10 月 23 日,农业银行持汇票到工商银行要求付款被拒绝,遂于次日诉至法院,向工商银行主张票据利益返还请求权。

对于此案的解决有两种意见。一种意见认为,不应支持农业银行的请求。理由在于:利益偿还请求制度设立的目的在于,用出票人所获得的额外利益来补偿持票人的损失,使得失衡的利益得到均衡。本案中工商银行并未享有利益,若支持农业银行的诉讼请求,将导致新的利益不平衡。第二种意见认为,应当支持农业银行的诉讼请求。因为我国《票据法》第 18 条应明确规定:"持票人因超过票据权利时效或者因票据记载事项欠缺而丧失票据权利的,仍享有民事

---

❶ 参见最高人民法院《关于审理票据纠纷案件若干问题的规定》第 38 条。

权利,可以请求出票人或者承兑人返还其与未支付的票据金额相当的利益。"

问题:利益偿还请求权的行使是否以出票人或承兑人获得利益为要件。请以此展开思考和讨论。

2.申请公示催告

某公司以一张银行承兑汇票(已经 A 银行承兑)向 A 银行通过邮寄方式提示付款,A 银行门岗在邮政回执上签了字,但 A 银行会计部门未收到该汇票,后经 A 银行多方查找,均未找到。A 银行致函某公司要求该公司向法院申请公示催告,某公司认为汇票遗失的责任在于 A 银行而拒不申请。

对 A 银行能否以持票人身份申请公示催告存在分歧意见:一种意见认为,A 银行不能申请公示催告。其理由为,A 银行是遗失汇票的承兑人和付款人,不是票据持有人,A 银行向人民法院申请公示催告不符合《中华人民共和国民事诉讼法》第 193 条的规定。另一种意见认为,A 银行可以申请公示催告。其主要理由在于:某公司通过邮政部门已经将票据交给了 A 银行,A 银行将票据遗失后其身份符合《民事诉讼法》第 193 条中规定的持票人定义。

《民事诉讼法》第 193 条规定,按照规定可以背书转让的票据持有人,因票据被盗、遗失或者灭失,可以向票据支付地的基层人民法院申请公示催告。最高人民法院《关于适用〈中华人民共和国民事诉讼法〉若干问题的意见》第 226 条、《民事诉讼法》第 193 条规定的票据持有人,是指票据被盗、遗失或者灭失前的最后持有人。从上述规定可以看出,有权向人民法院申请公示催告的权利人是票据持有人,本案中某公司将其持有的票据通过邮寄途径已经交付给了 A 银行,A 银行门岗的签收即证明了这一点,该交付行为使票据由某公司持有而转变为 A 银行持有。至于 A 银行因内部原因致使票据遗失与某公司无涉,而恰恰由于这一点,使 A 银行成为票据持有人,故而 A 银行有权申请公示催告。

第三节
汇票法律制度

一、汇票概述

(一)汇票的概念

汇票是支付工具中最为重要的一种,是指由出票人签发的,委托付款人在见票时或者在指定日期无条件支付确定的金额给收款人或持票人的票据。

与其他票据相比,汇票具有以下特征:

1.汇票关系的基本当事人有三方,即出票人、收款人、付款人。这一点与本票不同,本票的出票人与付款人是同一人。与支票不同的是汇票的付款人没有限制性要求。

2.汇票的出票人必须与付款人具有真实的委托付款关系。这与本票的自付性质不同。我国《票据法》规定,汇票的出票人必须与付款人之间具有真实的委托付款关系。

3.汇票必须经过承兑。承兑是汇票独有的法律特征,这一点使它区别于本票和支票。

4.汇票在付款期限上,除了见票即付外,还有其他规定期限。如定日付款、出票后定期付款、见票后定期付款等。而本票和支票一般是见票即付。

(二)汇票的分类

汇票以不同的标准,可作不同的分类:

1.依出票人身份的不同,可将汇票分为银行汇票和商业汇票。银行汇票是指由出票银行签发的,由其在见票时按照实际结算金额无条件支付给收款人或者持票人的票据。银行汇票是由银行签发的,签发的条件是汇款人须将款项预先存在银行,在存款之后或存款的同时通知银行将一定的款项转往指定的地点,并将汇票交给汇款人,后者持票在指定银行办理转账或提取现金。由于银行汇票的出票人和付款人均为银行,其支付具有银行信用保证,是最可靠的支付工具,所以在商业购销活动中最受供货方的欢迎。

商业汇票是由出票人签发的,委托付款人在指定日期无条件支付确定的金额给收款人或者持票人的票据。商业汇票的出票人为银行以外的企业和其他组织。其付款人可以是银行,也可以是银行以外的企业或其他组织。

商业汇票按承兑人的不同,又可分为银行承兑汇票和商业承兑汇票。银行承兑汇票是由收款人或承兑申请人签发,并由承兑申请人向开户银行申请,经银行审查同意承兑的票据。这种汇票因为是银行承兑,有银行的信用作担保,收款人或持票人的票据权利能得到比较可靠的保障,是接受合同给付比较欢迎的高质量汇票。商业承兑汇票是由收款人签发,经付款人承兑,或由付款人签发并承兑的票据。其付款人为银行以外的企业和其他组织。由于商业承兑汇票是由付款人自己承兑,一旦出现支付不能时.收款人或被背书人的票据权利将得不到银行信用的支持,因而这是一种信用程度比较低的票据,其流通性远远逊于银行汇票。

2.依记载权利人名称方式的不同,汇票可分为记名汇票、指示汇票和无记名汇票。记名汇票又称抬头汇票,是指出票人在票据上载明收款人姓名或名称的汇票。这种汇票的特点在于,出票人须在票据制作完成后将票据交付给票载的收款人,以后的受让人则必须以背书的连续性来证明自己的票据权利。

指示汇票是指出票人除在汇票上载明收款人姓名或名称外,还记载"或其指定人"字样的汇票。

无记名汇票是指在汇票上不记载收款人的姓名或名称,或仅记载"付于来人"字样的汇票。就无记名汇票而言,凡持票人都可享有票据权利,有权直接向付款人请求承兑和请求付款。我国目前不承认无记名汇票。

3.依汇票到期日的不同,汇票可分为即期汇票和远期汇票。即期汇票是指见票即付的汇票,以持票人提示汇票之日作为汇票到期日。这种汇票的持票人可以随时行使自己票据权利,在此之前无须提前通知付款人准备履行义务。

远期汇票是指必须在约定日期(出票日以外)才能请求付款的汇票。远期汇票又可分为:①定期汇票,即出票人发行汇票时记载某一确定日期为到期日的汇票。②计期汇票,指以出票日后一定期间为到期日的汇票,如写明"自出票日起二个月内付款"的汇票。③注期汇票,又称见票后定期付款的汇票,即以承兑后一定期间为到期日的汇票。如写明"见票后 3 个月内付款"的汇票。④分期付款汇票,即将票面金额分成若干部分,并分别指定到期日的汇票。

4.依票据当事人资格是否重叠为标准,可分为一般汇票和变式汇票。一般汇票是指汇票的出票人、付款人及收款人分别为三个独立的行为主体,三者的身份不发生重叠的汇票。

变式汇票是指出票人、付款人及收款人中有一人兼任数个票据当事人身份的汇票。变式汇票又可分为三种:①指己汇票,又称己受汇票,是指出票人兼为收款人的汇票。②对己汇票,又称己付汇票,是指出票人兼为付款人的汇票。我国的银行汇票就是对己汇票。③付受汇票,是指付款人兼为收款人的汇票。我国票据法虽未对此三种汇票作规定,但并不禁止,且实践中也存在这三种汇票。

5.依汇票的付款要求不同,汇票可分为光票和跟单汇票。光票,指在付款时不需要附带任何其他单据即可发生付款效力的汇票。光票多在异地交易中使用,卖方以买方为付款人而签发,当持票人向付款人提示付款时,只需提交汇票本身即可。

跟单汇票,顾名思义,即必须附随一些单据才能发生付款效力的汇票。在实践中,跟单汇票到期付款时,不仅需要提示汇票本身,还需提示随汇票所附的各种单据,如提单、商业发票、保险单等等,才能获得付款。

6.汇票分类的其他形式。除了上述汇票的分类之外,还可按签发地点和支付地点的不同分为国内汇票和国际汇票;按使用货币的不同,可分为本国货币汇票和外国货币汇票等。汇票作这些分类,并不等于当事人只可在这些汇票之中选择其一,而是根据需要同时选择几种汇票的类型,综合在一张汇票上,例如在国内长期供货合同中,付款方可选择远期的商业汇票,供货方可要求对方提供即期的银行汇票等。这虽然是汇票种类的选择,实际上是当事人具体的合同条件,是合同谈判的对象之一。

(三)汇票的当事人

所谓汇票当事人,是指在汇票法律关系中享有票据权利,承担票据责任者。其中,享有票据权利的当事人为汇票权利人,承担汇票责任的当事人为汇票债务人。汇票权利人就是持票人,汇票债务人包括汇票上载明的付款人、承兑人、背书人、保证人等。根据各当事人在汇票法律关系中所处的位置不同,可将其分为基本当事人与非基本当事人两种。基本当事人是指在票据签发时就存在的当事人,一般包括出票人、收款人和付款人,其名称均记载于汇票的正面。非基本当事人,主要指背书转让人、保证人和参加人等。

二、汇票的主票据行为

(一)汇票出票的概念及其记载事项

汇票的出票,又称汇票的发票,是指出票人签发票据并将其交付给收款人的票据行为。可见出票实际包括两个行为:一是出票人依照票据法的规定作成票据,即在原始票据上记载法定事项并签章;二是交付票据,即将做成的票据交付给他人占有。两者相辅相成,缺一不可。

(二)汇票的记载事项

汇票的记载事项分为应记载事项、得记载事项和不得记载事项。

1.应记载事项。

(1)绝对应记载事项。根据我国《票据法》规定,汇票的绝对应记载事项有以下七项:

1)表明“汇票”的字样。汇票必须记载名称以示与其他票据有别,并使出票人明确其票据上的责任。汇票字样不限于“汇票”二字,“汇兑券”、“汇单”等足以表明汇票性质的文字也可。实际上,由于我国使用的是中国人民银行统一规定印制的票据格式,票据的名称已经印制在票据的正面上方,表明票据种类的文字已无需出票人自己记载。

2)无条件支付的委托。票据既为无因证券、流通证券,则汇票上的金额必须无条件支付,不得附带任何条件。至于如何表达无条件,法律并无限制。在我国的票据使用实践中,与表明票据种类的文字一样,无条件支付的委托或无条件付款的相应文句已经印制在统一的票据格式上,不需要出票人另行记载。例如,在商业承兑汇票上,该文句是:"本汇票请予以承兑并于到期日付款",在银行承兑汇票上无条件支付的委托文句是"本汇票请你行承兑,到期无条件付款"。

3)确定的金额。金额即汇票票据债权的标的。关于这一记载事项,读者应注意三个问题:①由于票据是金钱债权证券,因此只能记载一定数量的货币,而不能记载具有一定价值的其他财产,例如"价值 10 万元的房屋"。②由于票据为文义证券,因此作为债权标的的金额必须确定。若金额为选择性记载,如"付 1000 元或 2000 元",则汇票无效。③票据金额应当以中文大写和阿拉伯数字同时记载,两者必须一致,并且未经更改;两者不一致的或经过更改的,汇票无效。

4)付款人名称。出票时必须记载付款人的名称,以确定法律责任。

5)收款人名称。由于我国不承认无记名汇票,所以汇票必须写明收款人的名称,包括收款人的账号和开户银行。

6)出票日期。汇票出票时应记载出票日期。出票日期可证明出票人在出票时是否有行为能力、代理人有无超出代理期限,以及计算到期日等。

7)出票人签章。出票人不仅要记载其名称,而且必须亲自签章,以表明其真实意思。

(2)相对应记载事项。根据我国《票据法》的规定,汇票的相对应记载事项主要包括以下三项:

1)付款日期。又称到期日,是指确定汇票债权人行使权利及债务人履行义务的时间。汇票没有记载付款日期的,视为见票即付的汇票。

2)付款地。汇票未记载付款地的,付款地为付款人的营业场所、住所或经常居住地。

3)出票地。汇票未记载出票地的,应以出票人的营业场所、住所或经常居住地为出票地。

2.得记载事项。我国《票据法》允许票据当事人在票据上记载其他事项,但该记载事项不具有汇票上的效力。

3.不得记载事项。汇票的不得记载事项如前所述。

(三)汇票出票的效力

出票人依照票据法的规定完成出票行为之后,即产生票据上的效力。具体说来,表现为以下几个方面:

1.对出票人的效力。出票人签发汇票后.即承担保证该汇票承兑和付款的责任。出票人在汇票得不到承兑或付款时,应当向持票人清偿法律规定的金额和费用。在实践中,出票人可能会在汇票上记载免除承兑或担保责任,但是该记载无效。

2. 对收款人的效力。出票完成,收款人即取得票据上的权利,即付款请求权和追索权。付款请求权是一种期待权,只有经过承兑后才能成为现实的权利。追索权是一种附条件的权利,只有在遭到承兑拒绝和付款拒绝时才可以行使的权利。

3. 对付款人的效力。出票是一种单方法律行为,其只能为他人设权而不能使其承担义务。因此,出票行为仅使付款人获得了付款的资格(可能性),并未使付款成为其义务。只有当付款人承兑后,付款人才负有付款义务,而称为汇票的主债务人。这样就变成了收款人和付款人之间的直接的权利义务关系。如果付款人拒绝承兑,即使他与出票人事先有资金关系存在,持票人也只能向出票人追索。

三、汇票的从票据行为

汇票的从票据行为包括背书、承兑、保证和付款等。

(一)背书

1. 背书的概念与分类。背书是指持票人在票据背面或其粘单上记载有关事项并签章的票据行为。持票人通过背书并交付汇票,可将汇票权利转让给他人,也可将一定的汇票权利授予他人行使。其中,做背书转让的持票人为背书人,接受票据受让背书的人为被背书人,被背书人接受票据后可以再次背书,称为再背书。根据我国《票据法》的规定,记名汇票一律得采用背书方式转让。我国《支付结算办法》规定,注明"现金"字样的银行汇票、银行本票和支票不得背书。

依背书目的的不同可将背书分为转让背书和非转让背书两大类。

(1)转让背书,是指以转让票据权利为目的的背书。大多数的背书属于此类。转让背书又可分为一般转让背书和特殊转让背书。

一般转让背书是具有完全的无限制效力的转让背书。其依记载事项完全与否,又可分为完全背书和空白背书。完全背书或称记名背书,是指需要载明被背书人名称并有背书人签章的背书。空白背书是指不记载被背书人名称的背书,又称无记名背书。我国票据法不承认无记名背书。

特殊转让背书是转让效力受到一定限制的背书,包括禁止转让的背书、期后背书、回头背书等。

禁止转让的背书,指背书人在票据上记载"不得转让"的字样,禁止被背书人再背书转让该票据的背书。禁止转让背书对票据权利不构成妨害和不良限制,仅表示背书人只对被背书人负票据担保责任而不对其他人保证承兑、付款的意思。

期后背书,指在票据被拒绝承兑、付款或超过付款提示期限之后的背书转让。期后背书是违反法律禁止性规定的行为,是无效行为。期后背书仅使持票人对期后背书人有票据权利,而对其他票据债务人无票据权利。

回头背书,指以票据上的债务人为被背书人的转让背书,又称"还原背书"、"逆背书"。回头背书具备一般背书的各种效力,包括权利转移、证明效力和担保效力。但在追索权的行使上,当持票人为出票人时,对其前手无追索权;持票人为背书人的,对其后手无追索权。

(2)非转让背书。非转让背书,指持票人以转让票据权利以外的其他目的而为的背书,又分为委任背书和设质背书。委任背书是指背书人以委托被背书人代为收取票据款项为目的,在票据背后记载"委托收款"字样的背书。根据我国《票据法》第35条第1款规定,委任背书的被背书人有权代背书人行使被委托的汇票权利。但是,被背书人不得再以背书转让汇票权利。设质背书是指背书人以票据上的权利为被背书人设定质权为目的,在票据背后记载"质押"字样的背书。根据《票据法》第35条第2款规定,被背书人依法实现其质权时,可以行使汇票权利。

2.背书的格式。背书的格式主要涉及背书的记载事项问题,主要应注意以下两个问题:

(1)应记载事项。各国票据法均规定,背书应记载背书人签章,被背书人名称(空白背书除外)和背书日期。背书未记载日期的,视为在汇票到期日前背书。

(2)不得记载事项。我国《票据法》第33条规定,背书不得附有条件,背书时附有条件的,所附条件不具有汇票上的效力。将汇票金额的一部分转让的背书或者将汇票金额分别转让给两人以上的背书无效。

3.背书的连续。背书的连续,是指在票据转让中,转让汇票的背书人和受让汇票的被背书人在汇票上的签章依次前后衔接。即本次背书人应是前一次背书的被背书人。对此,我们可以通过表9-1来认识。

表 9-1　背书的连续

被背书人:乙	被背书人:丙	被背书人:丁
背书人:甲	背书人:乙	背书人:丙

背书连续应以下列原则认定:①各次背书应都是形式上有效的背书。实质上的无效并不影响背书的连续,如丙拾得由出票人甲签发给收款人乙的汇票后,伪造乙的签名将票据背书转让给自己,后又将该汇票背书转让给丁,则承兑人不得以背书不连续为由拒绝向丁付款。②连续的背书应为同一性质的背书,即同一汇票的背书中,转让背书和非转让背书并存时,仅以转让背书的连续来认定背书的连续。

背书连续的效力,分为对持票人的效力和对付款人的效力。就持票人而言:①背书连续产生证明力,可证明持票人享有票据权利;②背书形式上不连续,而实质上连续,即以其他合法方式取得汇票的,必须依法举证,以实质连续证明背书连续后可以主张汇票权利。例如,A 公司为了进行生产,从 B 公司购买了一批原材料,并且签发了一张以其开户行 G 银行为付款人、以 B 公司为收款人的远期汇票,出票时 G 进行了承兑。后来,B 公司为本公司的员工购买劳保用品,又将该汇票背书转让给了 C 公司。在该汇票到期之前,C 公司由于经营不善被 D 公司吞并,债权债务全部归属于 D 公司,D 公司取得了上述汇票。并且于汇票到期日之前将上述汇票背书转让给了一家为自己供应原材料的 E 公司。对于这张汇票,我们会发现,其背书在形式上是不连续的,即在 C 公司与 D 公司间发生了断层。但是,由于 D 公司将 C 公司吸收合并了,实际上这两家公司已经合二为一,成为了一个人。所以,C 与 D 的背书在实质上是连续的。持票人只要持有关部门出具的证明文件仍然可以主张汇票权利。③形式和实质均不连续时,持票人只能行使追索权或利益偿还请求权,如持票人因继承而获得票据的,持票人则只能通过利益偿还请求权来实现债权。我国《票据法》第31 条第 1 款规定了对持票人的效力。

就付款人的效力而言:①付款人应负查验背书是否连续的责任;②背书不连续而付款时,造成的损失由付款人负责。

4. 背书的效力。或称背书后的法律后果,包括转让背书的效力和非转让背书的效力两种。

(1)转让背书的效力有三:一是通过背书将票据权利由背书人转移给被背书人。二是背书人负有担保责任,即后手应当对其直接前手背书的真实性负责;背书人以背书转让汇票后,即承担保证其后手所持汇票承兑和付款的责任;

255

背书人在汇票得不到承兑或者付款时,应当向持票人清偿法律规定的金额和费用;对被拒绝承兑、被拒绝付款或者超过付款提示期限的汇票进行背书转让的,背书人应当承担汇票责任。三是权利证明的效力,即持票人只须以背书的连续即可证明其取得票据权利。

(2)非转让背书的效力因其种类的不同而不同,就委任背书而言,背书的效力只产生对被背书人代理权的授予,而不生票据权利的转移。因此,被背书人有权代背书人行使被委托的汇票权利,如再为委任背书,但不得为转让背书。就设质背书而言,也不发生权利转移的效力,而只使被背书人取得对票据权利的质权,只有在被背书人依法实现其质权时,才可以行使汇票权利。

(二)承兑

1.承兑的概念。承兑是指汇票付款人承诺在汇票到期日支付汇票金额的票据行为。付款人承兑汇票后,作为汇票承兑人,便成为汇票的主债务人,应当承担到期付款的责任。它是汇票所特有的一种制度,本票和支票都无承兑这一附属票据行为。

2.承兑的分类。承兑的分类一般有两种:①依承兑有无限制,分为单纯承兑和不单纯承兑。前者是指不附加任何条件的承兑,后者是指对汇票上记载的文义加以变更或限制而为的承兑,又可分为一部承兑和附条件承兑。我国《票据法》第43条不承认附条件承兑,附有条件的,视为拒绝承兑,对一部承兑则未作规定。②依承兑的方式不同,分为正式承兑和略式承兑,前者又称完全承兑,是指在汇票正面记载承兑文句,并由付款人签章的承兑行为,后者是指付款人只签章而无承兑文句的承诺行为。我国《票据法》第42条只承认正式承兑。

3.承兑的程序。四种到期日的汇票中,除见票即付的汇票无需承兑外,其他三种到期日的汇票均需承兑。汇票承兑程序一般包括三个步骤:提示承兑、承兑或拒绝承兑和交还汇票。

(1)持票人提示承兑。提示承兑是指持票人在承兑期限内,向付款人出示汇票,请求予以承兑的行为。提示本身并不是一种票据行为,而是承兑的前提和条件,是行使和保全票据权利的手段。定日付款或出票后定期付款的汇票,持票人应当在汇票到期前向付款人提示承兑。见票后定期付款的汇票,则应在出票日起1个月内向付款人提示承兑。汇票未按规定期限提示承兑的,持票人将丧失对其前手的追索权。

(2)付款人承兑或拒绝承兑。持票人遵期向付款人提示汇票请求承兑时,付款人应在一定的时间内作出承兑或拒绝承兑的决定。付款人对向其提示承兑的汇票,应当自收到提示承兑的汇票之日起3天内承兑或表示拒绝承兑。付款人收到持票人提示承兑的汇票时,应当向持票人签发收到汇票的回单。回单上应当记明汇票提示承兑的日期并签章。

付款人决定承兑的,应当依照《票据法》第42条的规定,在汇票正面记载"承兑"字样和承兑日期并签章;见票后定期付款的汇票,应当在承兑时记载付款日期。拒绝承兑在国外一般只须口头表示并退票即可。但在我国,依《票据法》第62条第2款的规定,付款人拒绝承兑的,必须出具拒绝证明或者退票理由书,否则,要承担由此而产生的民事责任。

(3)交还汇票。承兑人完成承兑记载后,应当立即将已承兑的汇票交还持票人,持票人则应向承兑人交还回单。汇票只有交还给持票人承兑才告最终完成。

4.承兑的效力。承兑的效力是指承兑时当事人之间发生的票据法上的权利义务。承兑对付款人而言,付款人在承兑后应当承担到期付款的责任;对持票人而言,汇票一经承兑,持票人的期待权就成为现实权。除时效完成之外,在任何情况下持票人都不会丧失付款请求权;对出票人和背书人而言,付款人承兑汇票之后,出票人和汇票上的所有背书人都免受期前追索。拒绝承兑是持票人行使期前追索的法定原因之一。

(三)保证

1.保证的概念。票据保证是指票据债务人以外的第三人,以担保特定债务人履行票据债务为目的,而在票据上所为的一种附属票据行为。保证的作用在于加强持票人票据权利的实现,促进票据流通。

票据保证与普通保证相比较,具有其自身的特点:①票据保证是一种附属票据行为;②票据保证具有独立性;③票据保证人承担连带保证责任,不得行使先诉抗辩权;④票据保证人应为原票据债务人以外的人;⑤票据保证是一种要式行为。

2.保证的分类。保证可进行多重分类。依担保的金额为标准划分,保证可分为全部保证和部分保证;依保证人的人数为标准划分,保证可分为单独保证和共同保证;依"保证文句"记载与否,可分为全式保证和略式保证。

3.票据的成立。保证人为出票人、承兑人保证的,应将保证事项记载在票据正面,保证人为背书人保证的,应将保证事项记载在票据的背面或粘单上。保证事项应包括"保证"字样、保证人名称和住所、被保证人名称、保证日期、保证人签章等。但保证人在汇票或者粘单上未记载被保证人名称的,已承兑的汇票,以承兑人为被保证人;未承兑的汇票,以出票人为被保证人。保证人未记载保证日期的,以出票日期为保证日期。保证不得附有条件,附有条件的,不影响保证人的保证责任。

保证人必须是由票据债务人以外的他人担任。依照《票据管理实施办法》的规定,保证人是指具有代为清偿票据债务能力的法人、其他组织或者个人。国家机关、以公益为目的的事业单位、社会团体、企业法人的分支机构和职能部门不得为保证人;但法律另有规定的除外。

4.保证的效力。保证人对合法取得汇票的持票人所享有的汇票权利,承担保证责任。被保证的汇票,保证人应当与被保证人对持票人承担连带责任。汇票到期后,被保证人不能付款的,持票人有权向保证人请求付款,保证人应当无条件付款。保证人清偿汇票债务后,代位取得汇票权利,可以行使持票人对被保证人及其前手的追索权。保证为共同保证的,保证人之间承担连带责任。

(四)付款

1.付款的概念及其效力。票据付款有广义和狭义之分。广义的付款是指一切票据债务人向票据权利人支付票据金额的行为。狭义的付款是指付款人或担当付款人向票据权利人支付票据金额的行为。此处所讲的付款是指狭义的付款。

付款是一种消灭票据债权债务关系的行为。其效力是:付款人依法足额付款后,全体票据债务人的责任,包括付款责任和担保责任都被解除。由于付款行为不必在票据上为任何意思表示,付款后即可收回票据,消灭票据关系,所以,有学者说它不是票据行为,只是一种准票据行为。

2.付款的分类。依付款方式的不同,付款可分为全部付款和部分付款,但我国法律目前不承认部分付款。依付款时间的不同,付款又可分为到期付款和期外付款。前者是指在法定或约定的提示期间内的付款。后者是指在付款期间以外的付款,又可分成期前付款和期后付款。

3.付款的程序。

(1)提示付款。由于票据属提示证券,所以付款的第一步就是要向付款人提示付款,即持票人在法定的日期内向付款人出示票据,行使付款请求权以保全票据权利。这个法定日期,依我国《票据法》第53条的规定,采用期间主义而非期日主义。即见票即付的汇票,自出票日起1个月内向付款人提示付款;定日付款、出票后定期付款或者见票后定期付款的汇票,在到期日起10日内向承兑人提示付款。持票人未按照规定期限提示付款的,持票人将丧失对其前手的追索权。但持票人在下列情况可不为付款提示:①付款人拒绝承兑,无须再为提示;②票据丧失,只能通过公示催告或普通诉讼来救济;③因不可抗力不能在规定期限提示,可直接行使追索权;④付款人、承兑人主体资格消灭,持票人无法提示。

（2）票据支付。关于票款支付，我国《票据法》第54条规定付款人必须在持票人提示付款的当日足额付款，即即时付款，不得分期或延期付款。另依该法第58条的规定，付款人在到期日前，对定日付款、出票后定期付款或者见票后定期付款的汇票提前付款的，由付款人自行承担所产生的责任。

付款人及其代理付款人（指根据付款人的委托，代其支付票据金额的银行和城乡信用合作社）在付款时，负有审查的义务。即应当审查持票人提示的汇票背书是否连续，并应审查提示付款人的合法身份证明或者有效证件。付款人及其代理付款人以恶意或者重大过失付款的，应当自行承担责任。根据最高人民法院《关于审理票据纠纷案件若干问题的规定》，付款人或者付款代理人未能识别出伪造、变造的票据或者身份证件而错误付款的，属重大过失。同时，持票人有过错的，也应承担相应的民事责任。

（3）收回汇票。汇票是返还证券，付款人付款后，有向持票人收回汇票的权利。对持票人拒不记载"收清"字样和签章的，付款人可拒绝付款。我国《票据法》第55条规定："持票人获得付款的，应当在汇票上签收，并将汇票交给付款人。持票人委托银行收款的，受委托的银行将代收的汇票金额转账收入持票人账户，视同签收。"

四、追索权

（一）追索权的概念和特征

追索权，又称偿还请求权，是指持票人在汇票到期不获付款或期前不获承兑或有其他法定原因发生时，向其前手请求偿还票据金额及其损失的权利。在追索权关系中，其当事人分为追索权人和被追索权人。前者是指行使追索权的人，也就是持票人；后者也称偿还义务人，是指有偿还持票人票据金额及其损失的责任的人，包括出票人、背书人、保证人、承兑人等，他们原则上对持票人负有连带清偿责任。持票人可以向他们中的任何一个人行使追索权。但持票人为出票人时，对其前手无追索权，只对承兑人有追索权；持票人为背书人时，对其后手无追索权；禁止背书人对其直接被背书人的后手不负票据责任，即不受追索。

追索权的特征有以下五个：①追索原因的法定性，即只有发生了到期不获付款、期前不获承兑或其他法定原因时，才产生追索权；②追索权行使的前提性，即只有持票人履行了保全手续后才可以行使追索权；③追索对象的可选择性，即被追索人不以持票人的直接前手为限，而可由追索权人自由选择其前手中的任何一个进行追索；④追索权主体的可变更性，即被追索人履行了票据义务后成为持票人，可再次向其前手行使追索权，从而使追索权主体发生更替；⑤追索权的可转移性，即追索权不像一般债权那样，行使一次得到满足后就消灭，而是由追索权人（持票人）不断地向其前手追索，直至票据上最后债务人偿还后，整个票据关系消灭后，追索权才消灭。

（二）追索权的种类

1.依据追索权行使时间的不同，追索权可分为期前追索权和到期追索权。期前追索权，是指到期日之前票据因拒绝承兑或因承兑人、付款人死亡、逃匿、破产、终止或其他法定原因，不获承兑时，持票人行使的追索权。到期追索权，是指票据到期而被拒绝付款时，持票人行使的追索权。

2.依据追索权行使主体的不同，追索权可分为最初追索权和再追索权。最初追索权，是指持票人所行使的追索权。再追索权，是指被追索人清偿追索金额后依法获得并行使的追索权。两者的区别在于：第一，消灭时效不同；第二，追索金额不同，再追索权的追索金额及范围大于最初追索权。

3.追索权行使的要件。追索权是一种票据权利，但是追索权不是绝对的票据权利，而是一种附条件的票据权利。只有符合法律规定的条件，持票人才能行使追索权。根据我国《票据法》的规定，追索权行使的要件包括实质要件和形式要件。

（1）实质要件。追索权行使的实质要件，是指票据法规定的持票人得以行使追索权的原因，亦称为"追索权行使的原因"。《票据法》第61条规定，汇票到期日前有下列原因之一的，即具备了行使追索权的实质要件：①汇票到期被拒绝付款；②汇票于到期日前被拒绝承兑；③承兑人或付款人于汇票到期日前死亡或逃匿等；④承兑人或者付款人被依法宣告破产或承兑人或付款人因违法被责令终止业务活动。

（2）形式要件。保全追索权是行使追索权的法定必要前提条件。保全追索权的行为表现为按照票据法的规定履行法定手续，所以称为追索权行使的形式要件。主要包括：①按规定的期限提示承兑和提示付款。我国《票据法》规定，汇票未按规定期限提示承兑的，持票人丧失对其前手的追索权。可见，持票人在规定期限内保全追索权是下一步向其前手行使追索权的必要程序。②按规定取得拒绝证明、退票理由书和其他合法证明。这些证明是保全追索权的证据。票据法所称的拒绝证明包括拒绝承兑、拒绝付款的证明。按照《票据法》第62条的规定，拒绝证明应由承兑人或付款人出具。退款理由书是付款人（或付款人开户银行）出具的拒绝付款的证书。因承兑人或者付款人死亡、逃匿或者其他原因,持票人不能取得拒绝证明的,可以依法取得其他有关证明,如医院或有关单位出具的承兑人、付款人的死亡证明,司法机关出具的承兑人、付款人的逃匿证明,公证机关出具的具有证明效力的文书等。承兑人或者付款人被人民法院宣告破产的,人民法院的有关司法文书具有拒绝证明的效力。承兑人或者付款人因违法被责令终止业务活动的,有关行政主管部门的处罚决定具有拒绝证明的效力。拒绝证明上应记载的事项为:拒绝人和被拒绝人的名称、姓名;提示日期或者无法提示的原因;拒绝事由;提示地点;做成日期等,制作人应签章。拒绝证明应作成于汇票凭证粘单上或依附于汇票凭证、粘单的其他纸张上,并在粘接处进行作成人的签章。

4.行使追索权的程序。持票人符合行使追索权的要件后,可依法行使追索权,以便获得偿还。追索权行使的程序主要如下:

(1)通知拒绝事由。持票人行使追索权的第一步就是,按法定期限及时将拒绝事由通知其前手,该前手也应在法定期限通知其再前手,依次通知。或者持票人也可同时通知各汇票债务人。通知必须是书面形式。未按期限通知虽然不丧失追索权,但应以汇票金额为限赔偿因此而产生的损失。

(2)债务人自动偿还。被追索人收到通知后,可以主动向持票人清偿。对于被追索人的自动偿还,持票人不得拒绝,如果持票人拒绝自动偿还的,应负迟延受领的责任。被追索人自动偿还后获得持票人的追索权,可以行使再追索权,这样可以避免追索金额的不断扩大而致将来确定为追索对象的不利。

(3)确定追索对象。由于出票人、背书人、承兑人和保证人对持票人承担连带责任。所以,持票人在发出通知后,如没有被追索人自动偿还,持票人可依法自行确定追索对象。

(4)请求偿还。持票人确定追索对象后,即可向其请求偿还追索金额,包括汇票的本金,偿还汇票金额到期日或付款提示日起至清偿日止的利息,取得有关拒绝证明和发出通知书的费用等。请求偿还的具体途径可以是诉讼,也可以非诉讼方式解决。

(5)受领追索金额及履行交还义务。被追索人偿还的追索金额应由持票人受领。持票人在受领追索金额时,应依票据法的规定交出汇票和所有有关证明,并出具所收到的利息和费用的收据。持票人不履行其交还义务的,被追索人有权拒付相应金额。持票人受领金额并履行交还义务后追索程序完结,随之是再追索程序的进行。

再追索权人可以向前手进行再追索。再追索的程序与持票人追索的程序相同;只是再追索金额大于追索金额。因为每次再追索都会在上次再追索金额上加上利息和费用。

5.追索权的效力与丧失。追索权的效力是指追索权行使的效力,它包括对追索人和对被追索人两方面的法律后果。追索权的丧失则是指因发生法定事由而导致追索权消灭的情况。

(1)追索权的效力。对于追索权人而言,追索权的行使和受偿将使得追索权人的汇票上债权实现,使得其享有的汇票上权利归于消灭。但此项权利消灭并不意味着汇票上权利的绝对消灭,而可能导致被追索人的代位权。

对于被追索人而言,追索权的行使和实现将导致被追索人的债务因履行而消灭,但它也并不意味着汇票上其他第二债务人的债务均归于消灭。另一方面,追索权的行使和实现将使得履行了债务的被追索人代位取得了汇票上的再追索权;这就是说,在汇票经初次追索而受偿的情况下,再追索权人的前手仍负有汇票上债务,这一被追索的债务直至出票人最终履行了清偿责任后方被完全消灭。

(2)追索权的丧失。追索权除可因权利行使和实现而消灭外,还可能因法定事由的发生而归于消灭。根据我国票据法的规定,可导致汇票上追索权丧失的法定事件主要包括两种情况:①追索权可因未经合法提示保全而丧失。依现行法规的规定,持票人如在法律规定的提示期间内未作承兑提示或付款提示的,其追索权将因未经保全而丧失。我国票据法上的这一规定实际上将追索权的成立限制在严格的条件范围内。②追索权还可因其时效期间届满而消灭。这就是说,持票人对其一般前手的追索权自被拒绝兑付之日起的6个月内,对出票人的追索权自出票日起的2年之内如未经行使的,将归于消灭;再追索人对其前手的再追索权自其初次清偿日或被提起诉讼之日起3个月内如未经行使,也将归于消灭。

第四节
本票支票法律制度

一、本票法基本制度

(一)本票的概念

本票是指出票人签发的,承诺自己在见票时无条件支付确定的金额给收款人或者持票人的票据。在国外,本票依持票人的不同,可分为银行本票和商业本票,而《票据法》只承认银行本票,亦即银行签发的承诺自己在见票时无条件支付确定的金额给收款人或者持票人的票据。

(二)本票与汇票的比较

本票与汇票有许多相同之处,所以,世界上许多国家将本票与汇票放在一部法典当中。当然,两者也有区别。

本票与汇票的不同点可概括为:①当事人不同。本票的当事人仅有出票人和收款人;汇票的当事人还包括付款人。②付款人不同。本票由出票人无条件自行承担付款的责任,为自付证券;而汇票的付款人受出票人委托,无条件承担一定金额的支付,出票人仅负担保承兑和付款的责任,为他付证券。③承兑不同。本票中收款人无须请求承兑;汇票中付款人承担债务,必须经过承兑才负担付款义务。④出票人责任不同。本票中出票人负支付票据金额的绝对责任;而汇票中出票人为票据金额的最后偿还义务人,承兑人负支付的绝对责任。

(三)本票的格式

本票是一种要式证券,因此,我国《票据法》对本票上的记载事项作了明文规定。本票必须记载以下事项:①表明"本票"的字样;②无条件的支付承诺;③确定的金额;④收款人名称;⑤出票日期;⑥出票人签章。

本票上未记载上述规定事项之一的,本票无效。同时,《票据法》要求本票上记载付款地、出票地等事项的,应当清楚、明确。本票上未记载付款地的,以出票人的营业场所为付款地;本票上未记载出票地的,以出票人的营业场所为出票地。

(四)本票行为的法律规范

本票行为包括出票、背书、保证、付款以及追索权的行使等,其基本法律规定同汇票。另外,《票据法》及有关法规还规定,本票的出票人必须具有支付本票金额的可靠资金来源,并保证支付;本票的出票人限于经人民银行批准办理本票业务的银行机构;本票出票人在持票人提示见票时,必须承担付款责任;本票的付款期限自出票日起最长不得超过2个月;本票的持票人未按照规定提示见票的,丧失对出票人以外的前手的追索权。

二、支票的法律规定

(一)支票的概念、种类及其特征

支票是出票人签发的,委托办理支票存款业务的银行或者其他金融机构在见票时无条件支付确定的金额给收款人或者持票人的票据。

我国《支付结算办法》规定支票有三类:①现金支票,指票据正面印有"现金"字样、只能用来支取现金的支票;②转账支票,指票据正面印有"转账"字样、只能用来转账的支票;③普通支票,指票据上未印有"现金"或"转账"字样的、既可用来支取现金也可用来转账的支票。但是,普通支票左上角划两条平行线的,则为划线支票。划线支票只能用来转账,不得支取现金。

支票与本票、汇票相比,具有以下特征:

1.付款人要求不同。支票的付款人仅限于办理支票存款业务的银行或者其他金融机构。这与汇票有明显区别,汇票的付款人不局限于金融机构,其他具有支付汇票金额的可靠资金来源的任何企业都可以充当汇票关系的付款人。

2.支票不必经过承兑,不存在承兑行为。而汇票在出票时或者出票后必须经过承兑。

3.支票是委付证券,是一种支付命令。而本票是自付证券,是一种支付承诺。这是支票和本票的显著区别。

4.支票必须见票即付。见票即付是支票付款的唯一形式,而汇票、本票则有定期、定日等多种付款形式。

(二)支票的法定事项

支票具有要式性,它必须具有《票据法》规定的要件才能有效。按《票据法》规定,支票必须记载下列事项:①表明"支票"的字样;②无条件支付的委托;③确定的金额;④付款人名称;⑤出票日期;⑥持票人签章。支票上未记载上述事项之一的,其支票无效。

另外,《票据法》还规定,支票上的金额可以由出票人授权补记,未补记前的支票,不得使用;支票上未记载收款人名称的,经出票人授权可以补记;支票未记载付款地的,付款人的营业场所为付款地;支票上未记载出票地的,出票人的营业场所、住所或者经常居住地为出票地;出票人可以在支票上记载自己为收款人;支票的付款人为支票上记载的出票人开户银行。

(三)支票行为的法律规范

支票的票据行为包括出票、背书、付款以及追索权的行使。这些行为除应遵循《票据法》总则及对汇票相关行为的有关规定外,还必须遵守以下规定:

1.开立支票存款账户,申请人必须使用其本名,并提交证明其身份的合法证件。账户开立和支票领用,应当有可靠的资信,并存入一定的资金。开立支票存款账户,申请人应当预留其本名的签名式样和印鉴。

2.支票的出票人所签发的支票金额不得超过其付款时在付款人处实有的存款金额。出票人签发的支票金额超过其付款时在付款人处实有的存款金额的,为空头支票。禁止签发空头支票。支票的出票人不得签发与其预留本名的签名式样或者印鉴不符的支票。

3.出票人必须按照签发的支票金额承担保证向该持票人付款的责任。出票人在付款人处的存款足以支付支票金额时,付款人应当在当日足额付款。

4.支票限于见票即付,不得另行记载付款日期。另行记载付款日期的,该记载无效。支票的持票人应当自出票日起 10 月内提示付款;异地使用的支票,其提示付款的期限由人民银行另行规定。超过提示付款期限提示付款的,付款人可以不予付款;付款人不予付款的,出票人仍应对持票人承担票据责任。

5.付款人依法支付支票金额的,对出票人不再承担委托付款的责任,对持票人不再承担付款的责任。但是,付款人以恶意或者有重大过失付款的除外。

【资料与应用】 汇票欺诈案

1997 年 8 月,A 公司与新加坡 B 商签订了一份进口胶合板的合同。合同总金额为 700 万美元,支付方式为托收项下付款交单。合同写明,允许分批装运胶合板。按照合同规定,第一批价值为 60 万美元的胶合板准时到货。经检验,A 公司认为质量良好,对双方合作很满意。但在第二批交货期前,新加坡 B 商向 A 公司提出:"鉴于 A 公司资金周转困难,允许 A 公司对 B 商开出的汇票远期付款,汇票的支付条款为:见票后一年付款 700 万美元。但要求该汇票要请中国某国有商业银行的某市分行承兑。承兑后,B 商保证将 700 万美元的胶合板在一年内交货。A 公司全部收货后,再付 B 商 700 万美元货款。A 公司对此建议欣然接受。A 公司认为只要承兑了一张远期汇票,就可以得到货物,并在国内市场销售。这是一笔无本生意,而且货款还可以投资。但令 A 公司始料不及的是,B 商将这张由中国某国有商业银行某市分行承兑的远期汇票在新加坡美国一家银行贴现了 600 万美元,从此一张胶合板都不交给 A 公司了。事实上,B 商将这笔巨款骗到手后就无影无踪了。一年后,新加坡美国银行将这张承兑了的远期票据请中国某国有商业银行某市分行付款。尽管 B 商没有交货,承兑银行却不得以此为理由拒绝向善意持票人美国银行支付票据金额。本票金额巨大,中国某国有商业银行报请上级批准,由我方承兑银行付给美国银行 600 万美元而结案。

对于这张由新加坡 B 商作为出票人和收款人的汇票,经中国某国有商业银行的某市分行承兑后成为汇票的付款人。A 公司与 B 商之间的胶合板买卖合同是该票据的原因关系,因此 B 商向 A 公司开出远期付款命令。而 A 公司在某国有商业银行某市分行有账户往来关系,即存款于该银行。它们之间的这种资金关系使得该行某市分行愿意向 A 公司提供信用,承兑了这张远期汇票。美国银行与 B 商之间有对价关系,美国银行善意地付了 600 万美元的对价而成为受让人,从而成为这张汇票的善意持票人。但票据的最大特点就是,票据法律关系一经形成,即与基础关系相分离。票据基础关系的存在和有效与否并不对善意持票人的票据权利而产生影响。所以,B商实际上没有交货,或者A公司没有足够的美元存在银行,都不影响美国银行对承兑人的付款请求权。对美国银行来说,这张票据上并没有写什么胶合板,只有一句话:"见票后一年付700万美元。"票据法律关系应依票据法的规定加以解决,票据基础关系则应以民法规定加以解决。B商正是利用了票据的特性才行骗得逞的。

第十章

货 币 法

【内容提要】 本章包括人民币法、外汇法、金银法以及反洗钱法四大类内容。人民币法、外汇法、金银法是货币法律制度中的传统项目,反洗钱法是为应对日益严重的洗钱犯罪的需要而出现的,我国已制定了《反洗钱法》。电子货币是货币未来的发展趋势,有关货币的法律制度也急需适应时代发展的需要。目前,理论界就对有关电子交易法以及电子支付法等相关内容进行深入研究,有关电子货币的发行、流通、安全等问题备受关注,也是未来货币法研究的方向。

第一节
人民币法

一、货币以及货币法的概念

货币是从商品世界中分离出来、起一般等价物作用的商品,是商品生产和商品交换长期发展的产物。货币作为一般等价物的这个本质特征是不同社会形式所共有的,但其表现形式却是不断变化的:由足值的金属货币例如金、银到足值货币的代表例如纸币,最后到不可兑换的信用货币。信用货币的最显著特征是其本身价值远远低于其货币价值。信用货币是不可兑现的,但足值货币的代表是可兑现的。信用货币只是一种符号,通过法律确定其偿付债务时必须被接受,即法偿货币。而电子货币的发展给货币法律制度提出了新的挑战。

货币立法是最早的国内法的组成部分。综观世界各国的货币立法,其内容主要包括以下几个方面:①通过法律使货币定型,规定货币的成分、重量、价值,统一货币的各种形态;②确定铸币权的归属,通常由民间铸造、地方铸造,最后归中央政权统一铸造,成为国家货币主权的基础;③货币的管理和保护,监督货币的使用情况,保障其法定价值,禁止伪造及私自熔铸,违者重罚;④货币的法定流通范围通常是国家权力管辖范围,地方铸币只在当地使用。货币是国家用法律形式规定的支付手段和流通工具,它的面额价值,由国家给予保证,故称法偿货币,通常指金属铸币、纸币和辅币。货币一越出国内流通领域,便失去了在这一领域内获得的价值标准,铸币、辅币和价值符号等地方形式,又恢复原来的贵金属块的形式❶。

二、货币制度

货币制度简称"币制",是指一个国家或地区以法律形式确立的货币发行与流通的结构形式。

（一）货币制度的构成

货币制度主要是由货币金属、货币种类、货币单位、货币的铸造、发行与流通程序及金准备制度等要素构成。

1.货币金属。货币金属是建立货币制度的基础,选择什么样的金属作为本位币的材料,就会构成什么样的货币本位制度,这是由国家法律确定的,但受制于客观经济发展需要的制约。货币金属是指一个国家或地区的法律所规定的,用于铸造货币的金属材料。在金属货币制度下,确定何种金属作为货币金属,是建立货币制度的首要步骤,也是建立货币制度的基础。在金属货币制度下,用于铸造货币的金属材料的价值,与用该金属铸造成的金属货币的价值相同。

2.货币种类。货币种类是指法律所确定的流通中货币的种类及其法律地位和支付能力。流通中货币的种类通常分为主币(本位币)和辅币。

本位币是一国的基本通货。在金属货币流通的条件下,本位币是按照国家规定的货币单位所铸成的铸币,又叫做铸币。本位币的面值与实际金属价值是一致的,是足值的货币。本位币具有无限法偿能力。无限法偿能力是指法律对货币所赋予的无限支付能力,即每次支付中的金额不受限制,无论支付的金额有多大,都受到法律的保护,被支付人不得拒绝接受。本位币可以在国家集中铸造的前提下自由铸造。这种自由铸造是指公民有权把货币金属送到国家造币厂铸成本位币,不受数量限制。造币厂代铸货币,不收或只收取少量的铸造费。

辅币是主币以下的小额通货,供日常零星交易与找零之用。辅币与主币有固定的兑换比例。目前各国货币大都采用 1 元币等于 100 辅币的兑换比例。

---

❶ 盛愉、周学:《货币理论与法律实践》,法律出版社 1989 年版,第 80 页。

例如,1 美元＝100 美分,1 人民币元＝100 分。英国在 1971 年以前规定 1 英镑＝20 先令,1 先令＝12 便士,1971 年 2 月以后统一定为 1 英镑＝100 便士。辅币与主币之间的比例关系及其法偿的能力,由法律所规定。铸造辅币一般用铜、镍、铝等贱金属。这是因为贵金属价值含量大,不容易铸成小额零钱,而且辅币流通频繁,磨损厉害,如果用贵金属铸造,会使社会财富有较大的损失。

3. 货币单位。即规定货币单位的名称及其所含的货币金属的重量,也称为价格标准。例如,英国的货币单位定名为"镑",根据 1816 年 5 月的金币本位法案规定,1 英镑含成色 11/12 的黄金 123.27447 格令(合 7.97 克)。

4. 货币的铸造、发行与流通的程序。货币的铸造、发行与流通的程序及其管理是指法律所确定的本国或本地区货币的发行权、发行机构、发行程序及其管理。

5. 金准备制度。金准备制度就是黄金储备制度,是货币制度的重要组成部分,也是一国货币稳定的基础。黄金储备主要有三项用途:①作为国际支付手段的准备金,即作为世界货币的准备金;②作为应对国内金属流通变化的准备金;③作为支付存款和银行券等的准备金。当今世界已经不存在流通的金属货币,而且纸币也不需要兑换黄金,金准备的后两项用途已经消失,但第一项用途仍被各国沿用至今。

(二)货币制度的演变与发展

多数国家的货币制度经历了银本位制、金银复本位制、金本位制和不兑现的信用货币本位制四个阶段。

1. 银本位制。银本位制是以白银为货币金属,以银币为本位币的一种货币制度,是历史上最早出现、实施时间最长的一种货币制度。在这种货币制度下,白银可以流通,黄金不是货币金属,不进入流通。

2. 金银复本位制。在金银复本位制下,法律规定金、银两种贵金属都是铸造本位币的材料,可以自由输出、输入。金币和银币可同时流通,都可以自由铸造,都具有无限清偿能力。

复本位制按照金银两种金属的不同关系又可以分为平行本位制、双本位制和跛行本位制三种。

(1)平行本位制。平行本位制即金币和银币是按照它们所含的金银实际价值进行流通的。这种货币制度的缺点是显而易见的。因为在金银复本位制下,商品具有金币和银币表示的双重价格,金银市场比价波动必然引起商品双重价格比例波动,给商品交易带来很多麻烦。

(2)双本位制。为了克服平行本位制的问题和困难,国家便以法律规定金币和银币之间的固定比价,即金币和银币是按法定比价进行流通和交换的。例如,法国曾规定1金法郎=15.5银法郎。这样做虽然可以避免双本位制带来的弊病,但又违背了价值规律。当金银的法定比价与市场比价不一致时,就产生了"劣币驱逐良币"的现象。由于这一现象是由16世纪英国财政大臣托马斯·格雷欣发现并提出的,所有又将这样的现象称为"格雷欣法则"。

"格雷欣法则"即"劣币驱逐良币"规律,是指在金属货币流通条件下,当一个国家同时流通两种实际价值不同而法定比价不变的货币时,实际价值高的货币(也称良币)必然被人熔化、收藏或输出而退出流通,而实际价值低的货币(也称劣币)反而充斥市场。

例如:当国家规定1金币=15银币的法定比价,而市场价为1金币=16银币,则

1.25金币=20银币(按市场价)

20银币=1.5金币(按法定价)

1.5金币-1.25金币=0.25金币

人们会将多得的金币收藏、熔化或输出国外。如此循环往复,必然使流通中的金币越来越少,银币则充斥市场。这一规律告诉我们,一个国家在同一时期内只能流通一种货币。如果同时使用两种货币,在金属货币流通条件下,就会出现"劣币驱逐良币"现象。

(3)跛行本位制。为了解决"劣币驱逐良币"现象,部分国家又采用跛行本位制,即金、银币都是本位币,但国家规定金币能自由铸造,而银币不能自由铸造,并规定银币不具有无限清偿能力,金币和银币按法定比价交换。这种货币制度中的银币实际上已成了辅币。这种跛行本位制是金银复本位制向金单本位制的过渡形式。

3.金本位制。金本位制是指以黄金作为本位货币的一种货币制度。其主要形式可以分为金币本位制、金块本位制、金汇兑本位制三种。

(1)金币本位制。金币本位制是指以黄金为货币金属的一种典型的金本位制度。其特征是:①金币可以自由铸造,而其他金属货币(包括银币)则限制铸造;②金币可以自由流通,价值符号(辅币和银行券)可以自由兑换为金币;③黄金在各国之间可以自由地输出、输入。

(2)金块本位制。金块本位制又称生金本位制,是没有金币流通的金本位制度。其特点是:①废除了金币可以自由铸造、自由流通的规定;②银行券代替金币流通;③规定了银行券的含金量,银行券可以兑换金块,但这种兑换的起点都很高。

（3）金汇兑本位制。金汇兑本位制又称为虚金本位制。在这种货币制度下,规定银行券不能直接兑换为黄金,银行券只能与外汇兑换,然后用外汇在外国兑换黄金。实质上是一种附庸的货币制度,在对外贸易和财政金融上必然受到与其相联系的国家的控制,一般为殖民地所采用。第一次世界大战后,德国、意大利、中国、波兰等实行这种制度。

第二次世界大战结束前夕,在美国的布雷顿森林召开的国际货币会议上确立的"布雷顿森林体系",实际上是一种全球范围的金汇兑本位制。这一体系规定各国货币与美元挂钩,美元与黄金挂钩,以美元为中心的货币制度。直到1973年,由于美国宣布美元与黄金脱钩,金汇兑本位制才正式停止。

4.不兑现的信用货币本位制。不兑现的信用货币制度是指以纸币为本位币,且纸币不能兑换黄金的货币制度。这是当今世界各国普遍实行的一种货币制度。其基本特点是:①不兑现的信用货币,一般是由中央银行发行的,并由国家法律赋予无限清偿的能力。②货币不与任何金属保持等价关系,也不能兑换黄金,货币发行一般不以金银为保证,也不受金银的数量控制。③货币是通过信用程序投入流通领域,货币流通是通过银行的信用活动进行调节,而不像金属货币制度下,由金属货币进行自发地调节。银行信用扩张,意味着货币流通量增加;银行信用紧缩,意味着货币流通的减少。④当国家通过信用程序所投放的货币超过了货币需要量,就会引起通货膨胀,这是不兑现的信用货币流通所特有的经济现象。⑤流通中的货币不仅指现钞,银行活期存款也是通货。

不兑现的信用货币制度的优势是:①纸币发行不受黄金供给的限制,可以根据经济发展的实际需要调整货币供应量;②纸币是用纸作为货币材料,价值含量很低,即使有了磨损,也不会造成社会财富的巨大浪费;③纸币还具有易于携带、保管,支付准确等好处。这些都是金属货币所不及的。

由于纸币是货币金属的价值符号,不同于金属货币,所以纸币有其特殊的流通规律,这一规律体现的是纸币和货币金属之间的比例关系,用公式表示如下:

单位纸币所代表的货币金属量（即单位纸币的购买力水平）＝流通中所必需的货币金属量／流通中的纸币总量

如果流通中所必需的货币金属量总值为100亿元,而流通的纸币总量是200亿元,那么单位纸币所代表的货币金属量价值就是0.50元。由此可见,国家有任意发行纸币的权力,但无法改变纸币流通规律,发行过多,必然导致币值下跌,甚至使货币制度崩溃。

三、人民币法定地位

1948 年 12 月 1 日,中国人民银行在石家庄正式成立,同时发行人民银行券,即人民币。人民币制度是信用货币制度,它具有信用货币制度的一切特征。《人民银行法》第 16 条规定:"中华人民共和国的法定货币是人民币。以人民币支付中华人民共和国境内的一切公共的和私人的债务,任何单位和个人不得拒收。"国务院于 2000 年 2 月 3 日发布的《中华人民共和国人民币管理条例》(下称《人民币管理条例》)在第 3 条也作了相同的规定。这些规定很明确地概括出了人民币的法律地位,即人民币是我国的法定货币,也是我国唯一的合法货币;人民币具有无限清偿的能力,并由国家强制力保证流通。人民币的这一法律地位主要是从三个方面表现出来的:

1. 人民币是我国的唯一合法货币。在我国,市场上只允许人民币流通。除因有涉外因素而有法律、行政法规的特殊规定外,在我国境内的一切货币支付、计价、结算、计账、核算等,都必须以人民币进行或者以人民币为本位。

2. 人民币的主币和辅币均具有无限法偿的能力。由于人民币的主币和辅币均由中国人民银行代表国家国家统一发行,我国法律也从未对人民币辅币的每次支付金额作出限制性规定,因此,人民币主币和辅币均具有无限法偿的能力。任何社会组织和个人均不得以任何理由拒绝接受任何一种面额的人民币。

人民币的单位是"元"。它是我国计价结算的基本单位。人民币的符号为"￥",读做"元"。人民币的辅币单位为"角"和"分"。根据《人民币管理条例》第 4 条第 1 款的规定,人民币辅币"角"和"分"与主币之间的换算比率分别采取 10 进位制和 100 进位制;而辅币之间的换算比例则采取 10 进位制。

3. 人民币是不兑现的信用货币。人民币自发行之日起,国家就没有宣布它的法定"含金量",它也不以黄金、白银等贵金属为价值基础。《人民币管理条例》第 4 条第 2 款明确规定:"人民币依其面额支付。"因此,人民币是不兑现的信用货币。

四、人民币的发行法律制度

货币发行由广义和狭义之分。广义的货币发行是指货币发行机构(其中主要是指发行银行),向社会投放、回笼、调拨、销毁、保管货币和调节货币流通的总称。它在具体的表现形式上就是货币发行机构向流通领域投放货币的行为。

货币发行根据其发行主体对货币发行权是否享有独占性,划分为集中发行和分散发行。集中发行是指货币的发行权属于一个发行机构,通常是由中央银行依法独占,其他机构均无权发行货币。目前,集中发行属于主流发行模式,被世界上的大多数国家和地区所采用。分散发行是指货币的发行权并不是由一个发行机构所独占,而是由两个以上的机构所分享。例如,在德国,10马克以下钞票的发行权属于德意志联邦银行与联邦政府,其中联邦政府为主要发行机构。

(一)人民币的发行权与发行机关

根据《人民银行法》、《人民币管理条例》的规定,人民币的发行权属于国务院。人民币的发行计划、发行数额,人民币纸币和硬币的种类、版别和式样,均由国务院决定批准。

中国人民银行是国家管理人民币的主要机关,也是我国唯一的货币发行机关。它曾经国务院授权统一印制、发行人民币,管理人民币流通。

(二)人民币发行的原则

合理控制和调节市场上的货币流通量,保持人民币币值的相对稳定,是国民经济稳定协调发展和社会稳定的基本保证。人民币的发行必须坚持以下原则:

1.集中统一发行原则。集中统一发行原则是指人民币的发行权集中于国务院。国务院授权中国人民银行统一发行,并作为我国唯一的货币发行机关垄断人民币的发行权。人民币发行的集中统一是我国货币制度的核心。

2.经济发行原则。经济发行原则是指国务院和中国人民银行要根据国家经济的发展对货币供应量的需求发行人民币,使市场上的货币流通量与商品流通量基本相适应,避免用发行人民币的方式来弥补财政赤字或缓解财政支出紧张,保证货币流通的正常进行和人民币币值的稳定。

3.计划发行原则。计划发行原则是指国务院和中国人民银行要根据国民经济发展的客观需要,正确制定与批准货币发行计划,有计划地发行人民币。我国没有建立人民币发行的法定发行准备制度,人民币的发行既没有法定的担保要求,也没有法定的法定限额。中国人民银行应该根据经济发展对年度货币供应量的客观需要,正确制订货币发行计划,报经国务院批准后组织实施。

(三)人民币的印制与入库

人民银行总行根据国家核准的货币发行计划,结合损伤货币销毁和发行基金库存变动等因素,制订货币需要量计划,由货币印制管理部门根据货币需要量计划,编制货币印制计划并组织实施。因特殊情况需要调整计划,必须经过批准。货币印制单位必须按照国家货币印制要求严格货币印制管理。各种券别的印制数量须控制在货币印制计划允许范围内。货币印制单位按计划完成的所有合格货币,必须全数解缴总行指定发行库。超货币印制计划允许范围未能解缴的合格货币,必须妥善管理,保证安全,等候处理。货币印制单位完成的所有合格货币,任何人不得动用;货币印制单位在货币印制过程中的所有不合格品,必须按规定全数销毁。货币印制单位须配合人民银行做好反假、查错及货币票样管理工作。票样和票样鉴别手册的印制均按总行通知执行。

(四)损伤人民币的销毁

损伤货币的销毁由总行授权分行负责,集中办理。如分行集中销毁有困难,可在若干二级分行设置销毁点,并报总行备案。销毁工作由销毁点行组成领导小组办理,分行签发销毁命令并派销毁专职稽查员监销。分行须于2月底前上报当年分券别的销毁计划(统一附式三),并按总行核批数执行。如需追加,须事先报总行同意。人民银行对专业银行交存的损伤货币必须进行复点。复点的全过程必须有3名以上(含3名)工作人员在场。复点现场不得存放私人财物,无关人员不准进入。复点中发现差错,经查找确非本行责任,由3名以上证明和行领导审查签章,将原封签、腰条、证明和所错款项,一并划转差错封签行处理。销毁点行对基层人民银行上解的损伤货币进行复点。发现差错,比照第十六条人民银行对开户专业银行方式处理。1角以上面额的损伤纸币,一律在纸幅左右两端各打一个洞。打洞凿下的损伤纸币碎片,须随同损伤纸币销毁。

损伤硬币销毁,必须严格比照损伤纸币销毁要求办理。损伤货币销毁前,应再清点一次捆数,无误后才能销毁。

(五)人民币的发行与回笼

人民银行的货币发行主要通过专业银行的现金收付业务活动实现。专业银行存取款必须在人民银行开立存款户。人民银行在营业时间内,对专业银行办理现金存取业务。专业银行在人民银行每一营业日内,原则上只能有一次交存或支取现金(交存损伤币时不受此限),并以整捆(50元、100元可整把,但须当面清点)、总金额"千元"为单位出入库。专业银行向人民银行存取现金,以开户专业银行为单位办理;开户专业银行下属基层处(所)的现金,由开户专业银行调剂后统一向人民银行存取。专业银行根据核定的年度现金计划,在月前5日向开户人民银行报送分类券别的月度用款计划。因特殊情况,可以追加计划。专业银行向人民银行支取现金时,应填写现金支票。支取的现金,必须控制在专业银行存款余额内。专业银行向人民银行交款时,应填制现金交款单,方可送交人民银行办理。专业银行交存人民银行的现金,必须按损伤货币挑剔标准进行挑残,分开完整币和损伤币,经过复点并贴本行封签。对未按规定进行整点的现金,不予受理。凡办理现金出纳业务的人民银行应建立业务库,匡算业务周转限额并报上级行核准。人民银行业务库向发行库取款时应填制"发行基金往来"科目现金收入传票,并控制在业务周转限额以内。限额不足须先向上级行申请,超过限额应填制"发行基金往来"科目现金付出传票缴入发行库。人民银行凡发生货币发行、回笼业务,均应于发生日分别逐级上报总行(分行月后5日为上月月度整理期)。月度"发行基金对账单"则必须与会计部门"发行基金往来"科目发生额核对一致,并经会计部门盖章后逐级上报。

(六)人民币发行库与发行基金的管理

人民币发行库是中国人民银行机构的重要组成部分,是中国人民银行为保管货币发行基金而设置的金库,由中国人民银行根据经济发展和业务需要决定设置。发行库是人民银行为国家保管发行基金的金库,依次分为总库、分库、中心支库、支库四级。发行库依法办理发行基金、金银和其他有价证券的保管、调运,负责损伤、残缺人民币的兑换和销毁等工作。根据本法及《中国人民银行货币发行管理制度(试行)》的规定,发行库的主要职能是:①保管人民币发行基金;②办理人民币发行基金出入库和各银行及其他金融机构的现金存取业务;③办理人民银行业务库现金收付业务;④负责回笼现金的整理清点等。发行库由人民银行根据经济发展和业务需要决定设置。根据需要,总行在部分地区设置重点库和委托分库代总库保管发行基金。重点库和委托分库保管的发行基金归总行直接调拨。发行库的主要职责是:①保管人民币发行基金、金银实物和总行指定的代保管品;②办理人民币发行基金出入库;③办理开户单位现金存取款业务;④监督、管理有关开户单位交存现金的数量。

各级发行库主任,均由同级人民银行行长兼任。货币发行部门根据库主任的授权,负责管理发行库日常业务。总行重点库主任由所在分行行长兼任。发行库对保管的发行基金实行严格的管理。发行基金调拨手续的印证采用预留印鉴的办法。发行基金调拨行取送发行基金,必须携带根据调拨命令填制的发行基金调拨凭证、发行基金调拨专用介绍信、本人工作证件,方能办理。办理出库时,由调出库填制发行基金运送凭单。发行库凡发生出入库业务,必须在当日营业终了结库,保证账实相符。发行库实行双人管库、同进同出制度。对办理库务业务(包括临时从事出入库业务)的人员,经发行库行审查,发给出入库标志、证件(临时人员使用后收回),以严格管理。发行库建立检查制度。有查库资格的仅限于上级行查库介绍信注明人员和发行库行有关人员。上级行和发行库行定期、不定期对辖内发行库和本行库进行检查。

发行基金是指人民银行为国家保管的、准备向市场发行的人民币票券,是调节市场货币流通的准备基金。其来源,一是人民银行总行所属印制企业按计划印制、送缴总行总库的新人民币;二是开户专业银行和人民银行业务库缴存人民银行发行库的回笼款。

发行基金调拨是组织货币投放的准备工作,是发行库与发行库之间发行基金的转移。发行基金调拨实行"适当集中,合理摆布,灵活调拨"的方针。发行基金调拨,原则上采取逐级负责的办法。紧急情况下,采取先凭规定代号的电报(电传)调拨命令执行,后签书面调拨命令方式办理。为了保证货币发行的高度统一和保持货币的稳定,国家规定了严格的货币发行制度和发行纪律,没有上级库批准的出库限额和调拨命令,任何地区、任何单位、任何个人都无权动用发行基金,擅自动用货币发行基金的,要受到国家法律的制裁。

五、人民币的流通法律制度

(一)现金管理制度

现金管理是指金融机构依照国家有关规定,对法定范围内的现金收入、支出及库存进行的监督和管理。1988 年 9 月 27 日,国务院颁布了《现金管理暂行条例》,使得我国的现金管理走上了依法管理的道路。

(二)现金管理的对象

根据《现金管理暂行条例》,凡在银行和其他金融机构(以下简称开户银行)开立账户的机关、团体、部队、企业、事业单位和其他单位(以下简称开户单位),除在《现金管理暂行条例》规定的范围内可以使用现金外,应当通过开户银行进行转账结算。即凡在银行和其他金融机构(简称开户银行)开立账户的机关、团体、部队、企业、事业单位和其他单位(简称开户单位),都必须实行现金管理。

此后人民银行发布的《现金管理暂行条例实施细则》(1988 年 9 月 27 日)对其进行了解释,第 2 条规定:"开户银行包括:各专业银行,国内金融机构,经批准在中国境内经营人民币业务的外资、中外合资银行和金融机构。企业包括:国家企业、城乡集体企业(包括村办企业)、联营企业、私营企业(包括个体工商户、农村承包经营户)。中外合资和合作经营企业原则上执行本细则,具体管理办法由人民银行各省、自治区、直辖市分行根据当地实际情况制订。部队、公安系统所属的保密单位和其他保密单位的现金管理,原则上执行本细则。具体管理办法和其他单位可以有所区别。"第 4 条"各开户单位的库存现金都要核定限额。库存现金限额应当由开户单位提出计划,报开户银行审批。经核定的库存现金限额,开户单位必须严格遵守。部队、公安系统的保密单位和其他保密单位的库存现金限额的核定和现金管理工作检查事宜,由其主管部门负责,并由主管部门将确定的库存现金限额和检查情况报开户银行。各开户单位的库存现金限额,由于生产或业务变化,需要增加或减少时,应向开户银行提出申请,经批准后再行调整"。

(三)现金管理的机构

根据《现金管理暂行条例实施细则》第 3 条规定,中国人民银行总行是现金管理的主管部门。各级人民银行要严格履行金融主管机关的职责,负责对开户银行的现金管理进行监督和稽核。开户银行负责现金管理的具体执行,对开户单位的现金收支、使用进行监督管理。一个单位在几家银行开户的,只能在一家银行开设现金结算户,支取现金,并由该家银行负责核定现金库存限额和进行现金管理检查。当地人民银行要协同各行开户银行,认真清理现金结算账户,负责将开户单位的现金结算户落实到一家开户银行。这是一种由人行来监管开户银行,开户银行再监督开户单位的制度。

(四)对开户单位现金收支的管理

《现金管理暂行条例》规定,开户单位之间的经济往来,除了《现金管理暂行条例》规定的范围以外,应当通过开户银行进行转账结算。开户单位之间的经济往来,必须通过银行进行转账结算。根据国家有关规定,开户单位只可在下列范围内使用现金:①职工工资、各种工资性津贴;②个人劳动报酬,包括稿费和讲课费及其他专门工作报酬;③支付给个人的各种奖金,包括根据国家规定颁发给个人的各种科学技术、文化艺术、体育等各种奖金;④各种劳保、福利费用以及国家规定的对个人的其他现金支出;⑤收购单位向个人收购农副产品和其他物资支付的价款;⑥出差人员必须随身携带的差旅费;⑦结算起点以下的零星支出;⑧确实需要现金支付的其他支出(因采购地点不确定、交通不便、抢险救灾以及其他特殊情况,办理转账结算不够方便、必须使用现金的开户单位,要向开户银行提出书面申请,由本单位财务部门负责人签字盖章,开户银行审查批准后,予以支付现金)。

此外,还规定开户单位的现金收入必须于当天送交开户银行,当日送交确有困难的,由开户银行确定送交的时间。此外,开户单位支取现金,只能从本单位的现金库存中支付或从开户银行提取,不得从本单位的现金收入中直接支付(即坐支)。

(五)开户银行的现金管理权限

为了保证现金管理制度的正常运转,《现金管理暂行条例》规定了开户银行的一系列监督开户单位现金收支的手段。首先,开户银行核定开户单位的库存现金限额。开户银行应当根据实际需要,核定开户单位 3～5 天的日常零星开支所需的库存现金限额。边远地区和交通不便地区的开户单位的库存现金限额可以多于 5 天,但不得超过 15 天的日常零星开支。其次,开户银行应当加强柜台审查。例如应该审查开户单位提取现金时,是否写明用途,该用途是否符合条例的规定等等。再次,开户银行还有权定期或不定期的对开户单位的现金收支情况进行检查。各开户单位要向银行派出的检查人员提供有关资料,如实反映情况。最后,开户银行还可以对开户单位违反条例的行为,依照中国人民银行的规定,予以处罚。其处罚的手段主要有警告、罚款、责令其停止违反活动、在一定期限内停止对该单位的贷款或者停止对该单位的现金支付。

(六)大额现金支付管理

1997 年 4 月 4 日,中国人民银行制定了《大额现金支付登记备案规定》,并于 1997 年 7 月 1 日起施行。中国人民银行省、自治区、直辖市分行根据当地情况制定具体实施办法,并于 1997 年 6 月底前报总行备案。大额现金支付登记备案规定如下:

1.凡办理现金收付业务的商业银行、城市合作银行、城乡信用社(以下简称开户银行)都必须建立大额现金支付登记备案制度。

2.实行登记备案的范围限于机关、团体、企业、事业单位、其他经济组织和个体工商户以及外国驻华机构(以下简称开户单位)的大额现金支付,工资性支出和农副产品采购现金支出除外。对居民个人提取储蓄存款暂不实行登记备案。

3.大额现金的数量标准由中国人民银行各省、自治区、直辖市分行根据当地开户单位正常、零星的现金支出的实际确定,并报中国人民银行总行备案。

4.开户单位在提取大额现金时,要填写有关大额现金支取登记表格,表格的主要内容应包括支取时间、单位、金额、用途等。开户银行要建立台账,实行逐笔登记,并于季后 15 日内报送中国人民银行当地分支行备案。

5.开户银行对本行签发的超过大额现金标准、注明"现金"字样的银行汇票、银行本票,视同大额现金支付,实行登记备案制度。

6.开户银行要配备专门人员或指定兼职人员,做好这项工作,经常分析大额现金支付情况,发现疑问,及时检查。对重大涉嫌案件要报告中国人民银行当地分支行,对开户单位违反规定提取大额现金,或故意化整为零、逃避监管的,要给予相应的制裁。

7.中国人民银行各级分支行要定期检查开户银行执行大额现金支付登记备案规定的情况,对于开户银行不按规定建立台账,不按期向人民银行报送备案的,视情节轻重,给予严肃处理,并责令其限期改正。

8.中国人民银行各省、自治区、直辖市分行要按季对辖区内大额现金支付情况进行分析和汇总,并报送中国人民银行总行。如遇有重大问题,要及时报告。

(七)现金库存限额管理

为满足实际经济生活的需要,国家允许开户单位保留一定的库存现金,以满足在结算点以下支付必需的日常零星开支。经核定的库存现金限额,开户单位必须严格遵守。需要增加或者减少库存现金限额的,应当向开户银行提出申请,由开户银行核定。开户银行根据实际需要,原则上以开户单位3~5天的日常零星开支所需核定库存现金限额。边远地区和交通不发达地区的开户单位的库存现金限额,可以适当放宽,但最多不得超过15天的日常零星开支。对没有在银行单独开立账户的附属单位也要实行现金管理,必须保留的现金,也要核定限额,其限额包括在开户单位的库存限额之内。

商业和服务行业的找零备用现金也要根据营业额核定定额,但不包括在开户单位的库存现金限额之内。

(八)现金收支管理

转账结算凭证在经济往来中,具有同现金相同的支付能力。开户单位在销售活动中,不得对现金结算给予比转账结算优惠待遇;不得拒收支票、银行汇票和银行本票。机关、团体、部队、全民所有制和集体所有制企业事业单位购置国家规定的专项控制商品,必须采取转账结算方式,不得使用现金。

开户单位现金收支应当依照下列规定办理:①开户单位现金收入应当于当日送存开户银行。当日送存确有困难的,由开户银行确定送存时间。②开户单位支付现金,可以从本单位库存现金限额中支付或者从开户银行提取,不得从本单位的现金收入中直接支付(即坐支)。因特殊情况需要坐支现金的,应当事先报经开户银行审查批准,由开户银行核定坐支范围和限额。坐支单位应当定期向开户银行报送坐支金额和使用情况。③开户单位根据本条例第5条和第6条的规定,从开户银行提取现金,应当写明用途,由本单位财会部门负责人签字盖章,经开户银行审核后,予以支付现金。④因采购地点不固定,交通不便,生产或者市场急需,抢险救灾以及其他特殊情况必须使用现金的,开户单位应当向开户银行提出申请,由本单位财会部门负责人签字盖章,经开户银行审核后,予以支付现金。

开户单位必须建立健全现金账目,逐笔记载现金支付,账目要日清月结,做到账款相符。不准用不符合财务制度的凭证顶替库存现金;不准单位之间相互借用现金;不准谎报用途套取现金;不准利用银行账户代其他单位和个人存入或支取现金;不准将单位收入的现金以个人名义存入储蓄;不准保留账外公款(即小金库);禁止发行变相货币,不准以任何票券代替人民币在市场上流通。

一个单位在几家银行开户的,由一家开户银行负责现金管理工作,核定开户单位库存现金限额。

六、人民币的出入境管理制度

为了加强国家货币出入境管理,维护国家金融秩序,适应改革开放的需要,配合我国的外汇管理制度,1993年1月20日国务院发布了《中华人民共和国国家货币出入境管理办法》。根据本办法以及《人民币管理暂行条例》,中国公民和外国人出入境可以携带一定金额的人民币,取消了新中国成立以来的一直禁止人民币出入国境的制度。国家对货币出入境实行限额管理制度。中国公民出入境、外国人入出境,每人每次携带的人民币不得超出限额。具体限额由中国人民银行规定。携带国家货币出入境的,应当按照国家规定向海关如实申报。不得在邮件中夹带国家货币出入境。不得擅自运输国家货币出入境。违反国家规定运输、携带、在邮件中夹带国家货币出入境的,由国家有关部门依法处理;情节严重,构成犯罪的,由司法机关依法追究刑事责任。

第二节
外汇法

一、外汇与外汇市场

(一)外汇

外汇,即国外汇兑,本意是由于国际的债权债务结算所引起的货币兑换行为。这里"外汇"是一个动词。随着国际经济往来的深入,以及各国对国际汇兑行为的管理制度的建立,需要给予"外汇"一名词性质的解释,即:外汇主要是指外国货币,还同时包括以外国货币表示的用以进行国际结算的支付手段。

在我国,立法上采用了列举的方式给外汇加以定义。1996年《中华人民共和国外汇管理条例》所称外汇,是指下列以外币表示的可以用作国际清偿的支付手段和资产:①外国货币,包括纸币、铸币;②外币支付凭证,包括票据、银行存款凭证、邮政储蓄凭证等;③外币有价证券,包括政府债券、公司债券、股票等;④特别提款权、欧洲货币单位;⑤其他外汇资产。

1. 外汇具有的特点是:外汇必须以外国货币来表示;在国外必须能得到偿

付；必须是可以自由兑换的货币。也就是说，以不可兑换的货币表示的支付手段，不能作为外汇。目前在外汇市场上交易量比较大的外汇主要品种：美元、欧元、日元、英镑、港币等等。

2. 外汇可以根据不同的标准进行分类。

(1)按照外汇进行兑换时的受限制程度，可分为自由兑换外汇、有限自由兑换外汇和记账外汇。自由外汇又称现汇，是指不需要货币当局批准，可以自由兑换成任何一种外国货币或用于第三国支付的外国货币及其支付手段。具有可自由兑换性的货币都是自由外汇，国际债权债务的清偿主要使用自由外汇，自由外汇中使用最多的是美元、欧元、日元、英镑、澳大利亚元等货币。有限自由兑换外汇，则是指未经货币发行国批准，不能自由兑换成其他货币或对第三国进行支付的外汇。国际货币基金组织规定凡对国际性经常往来的付款和资金转移有一定限制的货币均属于有限自由兑换货币。世界上有一大半的国家货币属于有限自由兑换货币，包括人民币。记账外汇，又称清算外汇或双边外汇、协定外汇，是指不经货币当局批准，不能自由兑换成其他货币或用于第三国支付的外汇。它是签有清算协定的国家之间，由于进出口贸易引起的债权债务不用现汇逐笔结算，而是通过当事国的中央银行账户相互冲销所使用的外汇。计账外汇虽不能自由运用，但它也代表国际债权债务，往往签约国之间的清算差额也要用现汇进行支付。

(2)根据外汇的来源与用途不同，可以分为贸易外汇、非贸易外汇和金融外汇。贸易外汇，也称实物贸易外汇，是指来源于或用于进出口贸易的外汇，即由于国际的商品流通所形成的一种国际支付手段。非贸易外汇是指贸易外汇以外的一切外汇，即一切非来源于或用于进出口贸易的外汇，如劳务外汇、侨汇和捐赠外汇等。金融外汇与贸易外汇、非贸易外汇不同，是属于一种金融资产外汇。

(3)根据外汇汇率的市场走势不同，外汇又可区分为硬外汇和软外汇。外汇就其特征意义来说，总是指某种具体货币，如美元外汇是指以美元作为国际支付手段的外汇；英镑外汇是指以英镑作为国际支付手段的外汇；日元外汇是指以日元作为国际支付手段的外汇，等等。在国际外汇市场上，由于多方面的原因，各种货币的币值总是经常变化的，汇率也总是经常变动的，因此根据币值和汇率走势我们又可将各种货币归类为硬货币和软货币(也称强势货币和弱势货币)。由于各国国内外经济、政治情况千变万化，各种货币所处硬货币、软货币的状态也不是一成不变的，经常是昨天的硬货币变成了今天的软货币，昨天的软货币变成了今天的硬货币。

(4)根据交割期限,可分为即期外汇和远期外汇。交割,是指本币和外币所有者相互交换货币所有权的行为,也就是外汇买卖中外汇的实际收支活动。即期外汇指外汇买卖成交后在两个工作日内交割完毕的外汇。远期外汇指买卖双方根据外汇买卖合同,不需立即进行交割,而是在将来某一时间进行交割的外汇。

(5)根据外汇管理对象,可分为居民外汇和非居民外汇。居民外汇指居住在本国境内的机关、团体、企事业单位、部队和个人,以各种形式所持有的外汇。居民通常指在某国或地区居住期达一年以上者,但是外交使节及国际机构工作人员不能列为居住国居民。各国一般对居民外汇管理较严。非居民外汇指暂时在某国或某地区居住者所持有的外汇,如外国侨民、旅游者、留学生、国际机构和组织的工作人员、外交使节等以各种形式持有的外汇。在我国,对非居民的外汇管理比较松,允许其自由进出国境。

(二)有关外汇的基本术语

1.外汇管制。外汇管制制国家直接控制外汇兑换的数量和价格。由于许多国家存在着外汇管制,就衍生出了货币能否自由兑换的关系,按照货币可兑换的程度,可以分为:①完全自由兑换货币,指在国际结算、信贷、储备三方面都能为国际社会所普遍接受和承认,例如美元、英镑、日元等;②不完全自由兑换货币,指只能在国内厂商及公众才能不受限制地用本国货币从金融机构购买外汇;③有限度可兑换货币,介于完全和不完全自由兑换之间的体制,在交易方式、资金用途、支付方式等方面采取一定限制;④完全不可兑换货币。

2.硬货币和软货币。硬货币指在国际金融市场上汇价坚挺并能自由兑换、币值稳定、可以作为国际支付手段或流通手段的货币。主要有美元、英镑、日元、欧元等。软货币指在国际金融市场上汇价疲软,不能自由兑换他国货币,信用程度低的国家货币,主要有印度卢比、越南盾等。

3.现钞汇率。又称现钞买卖价。是指银行买入或卖出外币现钞时所使用的汇率。银行在收兑外币现钞时使用的汇率,稍低于其他外汇形式的买入汇率;而银行卖出外币现钞时使用的汇率则于外汇卖出价相同。

4.现汇汇率。分买入汇率和卖出汇率。买入汇率又称外汇买入价,是指银行向客户买入外汇时所使用的汇率。一般的,外币折合本币数较少的那个汇率是买入汇率,它表示买入一定数额的外汇需要付出多少本国货币。卖出汇率又称外汇卖出价,是指银行向客户卖出外汇较多的那个汇率是卖出汇率,它表示银行卖出一定数额的外汇需要收回多少本国货币。

5.基准利率。基准利率是指本国货币与基准货币或关键货币的汇率。各国在制定本国汇率时,由于外币种类很多,通常选择某种货币作为关键货币,首先制定本币对此种货币的汇率,叫做基准汇率;然后根据基准汇率套算出本币对其他货币的汇率。关键货币一般是指一个世界货币,被广泛用于计价、结算、储备货币、可自由兑换、国际上可普遍接受的货币。目前作为关键货币的通常是美元,把本国货币对美元的汇率作为基准汇率。

人民币基准汇率是由中国人民银行根据前一日银行间外汇市场上形成的美元对人民币的加权平均价,公布当日主要交易货币(美元、日元和港币)对人民币交易的基准汇率,即市场交易中间价。

6.外汇指定银行挂牌价。中国人民银行公布的人民币基准汇率是各外汇指定银行之间以及外汇指定银行与客户(包括企业和个人)之间进行外汇与人民币买卖的交易基准汇价。各外汇指定银行以美元交易基准汇价为依据,根据国际外汇市场行情自行套算出人民币对美元、港币、日元以外各种可自由兑换货币的中间价,在中国人民银行规定的汇价浮动幅度内自行制定外汇买入价、外汇卖出价以及现钞买入价和现钞卖出价,并对外挂牌。

(三)外汇市场

外汇交易是同时买入一对货币组合中的一种货币而卖出另外一种货币。外汇交易是以货币对的形式交易,例如欧元/美元(EUR/USD)或美元/日元(USD/JPY)。

外汇交易市场,也称为"Forex"或"FX"市场,是世界上最大的金融市场,平均每天超过15000亿美元的资金在当中周转,相当于美国所有证券市场交易总和的30余倍。对于投机者来说,最好的交易机会总是交易那些最通常交易的货币,叫做"主要货币"。当今大约每日交易的85%是这些主要货币,包括美元、日元、欧元、英镑、瑞士法郎、加拿大元和澳大利亚元。

这是一个即时的24小时交易市场,外汇交易每天从悉尼开始,并且随着地球的转动,全球每个金融中心的营业日将依次开始。首先是东京,然后伦敦和纽约。与其他金融市场不同的是,外汇交易投资者需要对无论是白天或者晚上发生的经济、社会和政治事件而导致的外汇波动做出准确及时的应对措施。

外汇交易市场是一个超柜台(OTC)或"银行内部"交易市场,因为事实上外汇交易是交易双方通过电话或者一个电子交易网络而达成的,外汇交易不象股票和期货交易市场那样,不是集中在某一个交易所里进行的。

二、外汇管理法律制度

（一）外汇管理的概念

外汇管理，是指一国为使其国际收支与汇率能在符合本国利益的水平上保持平衡与稳定，指定或授权中央银行运用各种手段，包括法律的、行政的、经济的措施，对在其国境内和管辖范围内的外汇收、支、存、兑等进行管理。

外汇管理的对象，一般分为人（包括自然人和法人）和物。人的对象划分为居民与非居民。一般而言，外汇管理对居民较严，对非居民较松。物的对象包括外国货币与其他外币支付工具，如各种外币票据、有价证券、贵金属等，本国货币携出入国境或用作国际支付工具时也属管理的对象。

外汇管理的具体方式基本上有两种：一是直接管理，二是间接管理。两种方式既可以单独使用，也可以配合使用。从外汇管理的宽严程度看，可分三种：一为严格外汇管理；二为部分外汇管理；三为基本不加管理。我国是实行外汇管制的国家，称之为外汇管理。

（二）我国经常项目外汇的管理

根据国际货币基金协定第8条的规定，经常项目可兑换包括进口付汇及与进出口活动有关的费用、劳务支出、正常的短期银行业务的支付、贷款利息和投资利润支出、数额不大的偿还贷款本金或摊提直接投资的折旧支付，及数额不大的赡家汇款等。1996年4月1日，《中华人民共和国外汇管理条例》公布并实施。1996年7月1日起《结汇、售汇及付汇管理规定》施行。到1996年底，我国实现了人民币经常项目下的可兑换，取消了对经常性国际交易支付和转移的汇兑限制。

1.经常项目外汇收支。经常项目是指国际收支中经常发生的交易项目。经常项目外汇收支包括贸易收支、劳务收支和单方面转移等。

贸易收支，是一国出口商品所得收入和进口商品的外汇支出的总称。贸易收支对经常项目乃至整个国际收支产生直接影响。

劳务收支是指对外提供劳务或接收劳务而引起的货币收支。其内容庞杂，包括：①海陆空运输的旅客、货物，对外提供或接收的通讯，对外提供港口码头；②旅游收支，本国人到外国或外国人到本国旅游观光的交通费、食宿费、门票费、纪念品费等一切旅游收支；③金融机构对外服务的手续费、利息、保险费；④对国外直接投资与间接投资的股息、利润、利息；⑤外交官的生活费支出、办公费、邮电费、广告费等。

单方面转移是指一国对外单方面的无对等的无偿的支付。分为私人单方面转移和政府单方面转移两类。前者是侨民汇款、年金、个人或团体赠与；后者指政府之间的相互援助及政府赠与收支。

在我国实际工作中，习惯将劳务收支和单方面转移统称为非贸易外汇收支。我国国际收支平衡表中的对外贸易、非贸易往来、无偿转让三个项目，实际上就是国际上习惯上称的贸易收支、劳务收支、单方面转移。

2.经常项目外汇收入。具体包括：出口或先支后收转口货物及其他交易行为收入的外汇；境外贷款项下国际招标中标收入的外汇；海关监管下境内经营免税商品收入的外汇；交通运输（包括各种运输方式）及港口（包括海港、空港）、邮电（不包括国际汇兑款）、旅游、广告、咨询、展览、寄售、维修等行业及各类代理业务提供商品或服务收入的外汇；行政、司法机关收入的各项外汇规费、罚没款等；土地使用权、著作权、商标权、专利权、非专利技术、商誉等无形资产转让收入的外汇；境外投资企业汇回的外汇利润、对外经援项下收回的外汇和境外资产的外汇收入；对外索赔收入的外汇、退回的外汇保证金等；出租房地产和其他外汇资产收入的外汇；保险机构受理外汇保险所得外汇收入；取得《经营外汇业务许可证》的金融机构经营外汇业务的净收入；经营境外承包工程、向境外提供劳务、技术合作及其他服务业务的公司，如对外勘测、设计、咨询、招标业务的公司，在上述业务项目进行过程中收到的业务往来外汇；经批准经营代理进口业务的外（工）贸公司，从事外轮代理、船务代理、国际货运代理、船舶燃料代理、商标代理、专利代理、版权代理、广告代理、船检、商检代理业务的机构代收待付的外汇；境内机构暂收待结或暂收待付项下的外汇，包括境外汇入的投标保证金、履约保证金，先收后支的转口贸易收汇，邮电部门办理国际汇兑业务的外汇汇兑款；一类旅行社收取的国外旅游机构预付的外汇；铁路部门办理境外保价运输业务收取的外汇和海关收取的外汇保证金、抵押金；经交通部批准，从事国际海洋运输业务的远洋运输公司，经外经贸部批准从事国际货运的外运公司和租船公司在境内外经营业务所收入的外汇；捐赠协议规定用于境外支付的捐赠外汇；外国驻华使领馆、国际组织及其他境外法人驻华机构的外汇；居民个人及来华人员个人的外汇。

3.经常项目外汇支出。具体包括：贸易进口支付；进口项下的预付货款支付；出口项下的佣金（回扣）；进出口项下的运输费、保险费；进口项下的尾款；进出口项下的资料费、技术费、信息费等从属费用；从保税区购买商品以及购买国外入境展览展品的用汇；专利权、著作权、商标、计算机软件等无形资产的进口；出口项下对外退赔外汇；境外承包工程所需的投标保证金；民航、海运、铁道部门（机构）支付境外国际联运费、设备维修费、站场港口使用费、燃料供应费、保险费、非融资性租赁费及其他服务费用;民航、海运、铁道部门(机构)支付国际营运人员伙食、津贴补助;邮电部门支付国际邮政、电信业务费用;转口贸易项下先支后收发生的对外支付;偿还外债利息和外债转贷款利息;财政预算内的机关、事业单位和社会团体的非贸易非经营性用汇;在境外举办展览、招商、培训及拍摄影视片等用汇;对外宣传费、对外援助费、对外捐赠外汇、国际组织会费、参加国际会议的注册费、报名费;在境外设立代表处或办事机构的开办费和经费;国家教委国外考试协调中心支付境外的考试费;企业的出国费用;个人因私用汇(具体包括:出境探亲、会亲、定居、旅游和自费留学、朝觐的用汇;自费出境参加国际学术会议、作学术报告、被聘任教等,对方不提供旅途零用费的用汇;缴纳国际学术团体组织会员费的用汇;从境外邮购少量药品、医疗器具等特殊用汇的;出境定居后,因生病或其他事故的用汇;出境定居后,需将离休金、离职金、退休金、退职金、抚恤金、人民币存款利息、房产出租收入的租金及其他资产收益汇出境外的用汇;出境定居后,无工资收入的境内居民需换外汇的;未满14周岁儿童出国定居的用汇);境内机构支付境外的股息;外商投资企业利润、红利的汇出;外商投资企业外籍员工的工资及其他合法收入汇出;驻华机构及来华人员的合法人民币收入汇出境外;驻华机构及来华人员由外国或者港澳等地区携入或者在中国境内购买的自用物品、设备、用具等,出售后所得合法人民币款项的汇出。

4. **按《结汇、售汇及付汇管理规定》的规定,凡是出口贸易项下的收汇都必须结汇。**人民币在经常项目可兑换后,新的《结汇、售汇及付汇管理规定》,为防止资本项目外汇通过经常项目结汇,在第 6 条第(1)项规定,境内机构出口贸易项下外汇结汇,必须按规定的程序和凭相应的有关凭证办理:①以跟单信用证/保函和跟单托收方式结算的贸易出口收汇,出口单位须凭合同及上述结算方式规定的有效商业单据和出口核销单编号到银行办理结汇。②以汇款方式结算的贸易出口收汇,银行凭正本收汇核销单办理结汇或者入账。为了区分汇入款的性质,出口单位报关后,须将盖有海关"验讫"章的核销单、发票及汇票副本送收汇行存查,并要求进口方在汇款附言中加注核销单号码;出口收汇后,在进行国际收支申报时,需区分外汇性质并提供有关凭证编号。银行对申报为出口收汇的,须经与相应编号的核销单核对一致后办理结汇或者入账;同时在核销单正本上签注结汇日期和金额,并注明"汇款结汇或入账"字样,加盖业务公章;银行还须将核销单和结汇、入账凭证复印件留存 2 年备查。③出口项下预收货款结汇或入账,银行凭未加盖海关"验讫"章的正本出口收汇核销单办理;同时在核销单正本上签注结汇日期和金额,并注明"预收货款结汇或入账"字样,加盖业务公章;银行还须将核销单和结汇、入账凭证复印件留存 2 年备查。④出口押汇结汇,须比照信用证项下结汇办理。⑤出口信用保险和其他出口货物保险所得的理赔款等,银行凭出口收汇核销单结汇或入账。银行按上述①、②、③、⑤条规定结汇或入账后,应当在结汇水单或收账通知上注明相应的核销单编号。

对境内机构未申报外汇性质的外汇,以及出口项下汇入汇款和预收货款未提供正本出口收汇核销单或核对不清的,收款行不得办理结汇或者进入境内机构外汇账户,应当原币划入银行暂收专户,并自收汇日起 3 个工作日内通知收汇单位提供上述收汇凭证确认。对于自银行通知日起 25 个工作日内仍不能提供收汇凭证的,银行须按规定的表格按月汇总,在每月初 5 个工作日内报当地外汇局。暂收专户的外汇不计息,未经批准不得汇出。

5.境内机构获得出口项下退赔外汇的已冲减出口收汇核销证明。根据《结汇、售汇及付汇管理规定》第 13 条第(11)项的规定,境内机构出口项下对外退赔外汇,持结汇水单或者收账通知、索赔协议、理赔证明和已冲减出口收汇核销的证明从其外汇账户中支付或者到外汇指定银行兑付。退赔外汇是指出口单位收到全部或部分出口货款后,由于退货、损坏、短装、产品质量不合格、终止合同及有关的贸易诉讼等原因,依双方协议由出口单位退还或者赔偿进口商的货款或者损失而需汇出的外汇。已冲减"出口收汇核销证明"是指外汇局为审核退赔外汇的真实性和相应冲减出口单位的出口收汇核销实绩而向出口单位出具的、外汇指定银行凭以为出口单位办理退赔外汇售付的、加盖"监督收汇"章的证明。

境内机构按下列情况分别提供有关单据向外汇局提出申请,外汇局凭以审核退赔外汇的真实性后,相应冲减出口单位的出口收汇实绩并出具"出口收汇核销证明"。

(1)已出口报关且已办理核销的,须向外汇局提供下列有效单据:出口合同;退赔协议及有关证明材料;出口收汇核销单(退税专用联);外汇局要求的其他材料。

(2)已交单未办理核销的,须向外汇局提供外汇指定银行结汇水单(或收账通知)及上述(1)中所列材料。

(3)已报关出口未交单的,须向外汇局提供下列材料:出口货物报关单;商业发票;汇票副本;外汇指定银行结汇水单(或收账通知)。

(4)出口货物未报关但已预收全部或部分货款后,因故终止执行合同,出口单位需向进口商支付退赔外汇的,出口商须向外汇局提供下列材料:出口合同正本;终止执行合同证明;外汇指定银行结汇水单(或收账通知);进口方付款通知。

(三)我国资本项目外汇的管理

1.资本项目外汇收支。资本项目是指国际收支中因资本输出和输入而产生的资本与负债的增减项目,包括直接投资、各类贷款、证券投资等。

资本项目的外汇收入包括:①境外法人或自然人作为投资汇入的收入;②境内机构境外借款,包括外国政府贷款、国际金融组织贷款、国际商业贷款等;③境内机构发行外币债券、股票取得的收入;④境内机构向境外出售房地产及其他资产的收入;⑤经国家外汇管理局批准的其他资本项目下外汇收入。

境内机构资本项目的外汇支出包括:①偿还外债本金;②对外担保履约用汇;③境外投资;④外商投资企业的外汇资本金的增加、转让或以其他方式处置;⑤外商投资企业依法清算后的资金汇出;⑥外商投资企业外方所得利润在境内增资或者再投资;⑦投资性外商投资企业外汇资本金在境内增投资;⑧本国居民的资产向境外转移;⑨向境外贷款。

2.外商投资企业的外汇资本金办理增加、转让或以其他方式处置的手续。外商投资企业注册资本增加、转让或者以其他方式处置,须首先凭下列材料向外汇局申请:注册会计师事务所验资报告;董事会的决议;原项目审批部门的批准文件;外商投资企业外汇登记证;外汇局要求提供的其他材料;外商投资企业注册资本的转让,还应提供转让双方签订的注册资本转让协议。

外汇局审核上述材料无误后,向外商投资企业签发核准件;外汇指定银行凭外汇局的核准件为该企业办理售汇或者从其外汇账户中支付的手续。

3.外商投资企业的外方投资者以外汇或者人民币所得利润在境内再投资或者增资。第一,外商投资企业的外方投资者以外汇或者人民币利润在境内进行再投资,须持下列材料向所在地外汇局申请:注册会计师事务所的验资报告;年度财务查账报告;完税证明;董事会关于分配利润的决议;外方对以利润进行再投资的确认件;外商投资企业外汇登记证;外汇局要求提供的其他材料。第二,外商投资企业外方所得利润在境内增资,除提供上述所列材料外,还必须提供项目审批部门批准增资的有关文件。所在地外汇局审核上述材料无误后,出具外方所得利润在境内再投资或者增资的证明,作为新设立的外商投资企业办理工商注册和注册会计师事务所验资的有效凭证。经营外汇业务的银行凭外汇局出具的证明,允许外商投资企业从其外汇结算账户或者外汇资本金账户中支付。

4.投资性外商投资企业用其外汇投资款在境内投资。投资性外商投资企业的外汇投资款在境内投资的,须凭下列材料向外汇局申请,经批准后,方可办理外汇资金划拨手续:注册会计师事务所验资报告;新投资企业的批准文件及工商营业执照、经批准的合同、章程;投资性外商投资企业董事会关于该项境内投资项目的决议;外商投资企业外汇登记证;外汇局要求提供的其他材料。

(四)法律责任

根据《中华人民共和国外汇管理条例》第39～51条的规定,违反外汇管理制度的,依法承担相应的法律责任。有下列逃汇行为之一的,由外汇管理机关责令限期调回外汇,强制收兑,并处逃汇金额30%以上5倍以下的罚款;构成犯罪的,依法追究刑事责任:①违反国家规定,擅自将外汇存放在境外的;②不按照国家规定将外汇卖给外汇指定银行的;③违反国家规定将外汇汇出或者携带出境的;④未经外汇管理机关批准,擅自将外币存款凭证、外币有价证券携带或者邮寄出境的;⑤其他逃汇行为。

有下列非法套汇行为之一的,由外汇管理机关给予警告,强制收兑,并处非法套汇金额30%以上3倍以下的罚款;构成犯罪的,依法追究刑事责任:①违反国家规定,以人民币支付或者以实物偿付应当以外汇支付的进口货款或者其他类似支出的;②以人民币为他人支付在境内的费用,由对方付给外汇的;③未经外汇管理机关批准,境外投资者以人民币或者境内所购物资在境内进行投资的;④以虚假或者无效的凭证、合同、单据等向外汇指定银行骗购外汇的;⑤非法套汇的其他行为。

未经外汇管理机关批准,擅自经营外汇业务的,由外汇管理机关没收违法所得,并予以取缔;构成犯罪的,依法追究刑事责任。经营外汇业务的金融机构擅自超出批准的范围经营外汇业务的,由外汇管理机关责令改正,有违法所得,没收违法所得,并处违法所得1倍以上5倍以下的罚款;没有违法所得的,处10万元以上50万元以下的罚款;情节严重或者逾期不改正的,由外汇管理机关责令整顿或者吊销经营外汇业务许可证;构成犯罪的,依法追究刑事责任。

外汇指定银行未按照国家规定办理结汇、售汇业务的,由外汇管理机关责令改正,通报批评,没收违法所得,并处10万元以上50万元以下的罚款;情节严重的,停止其办理结汇、售汇业务。

经营外汇业务的金融机构违反人民币汇率管理、外汇存贷款利率管理或者外汇交易市场管理的,由外汇管理机关责令改正,通报批评,有违法所得的,没收违法所得,并处违法所得1倍以上5倍以下的罚款;没有违法所得的,处10万元以上50万元以下的罚款;情节严重的,由外汇管理机关责令整顿或者吊销经营外汇业务许可证。

私自买卖外汇、变相买卖外汇或者倒买倒卖外汇的,由外汇管理机关给予警告,强制收兑,没收违法所得,并处违法外汇金额 30% 以上 3 倍以下的罚款;构成犯罪的,依法追究刑事责任。

境内机构违反外汇账户管理规定,擅自在境内、境外开立外汇账户的,出借、串用、转让外汇账户的,或者擅自改变外汇账户使用范围的,由外汇管理机关责令改正,撤销外汇账户,通报批评,并处 5 万元以上 30 万元以下的罚款。

境内机构违反外汇核销管理规定,伪造、涂改、出借、转让或者重复使用进出口核销单证的,或者未按规定办理核销手续的,由外汇管理机关给予警告,通报批评,没收违法所得,并处 5 万元以上 30 万元以下的罚款;构成犯罪的,依法追究刑事责任。

当事人对外汇管理机关的处罚决定不服的,可以自收到处罚决定通知书之日起 15 日内向上一级外汇管理机关申请复议;上一级外汇管理机关应当自收到复议申请书之日起 2 个月内作出复议决定。当事人对复议决定仍不服的,可以依法向人民法院提起诉讼。

【资料与应用】 1. 宁"6.16"专案——为游客境外赌博提供非法买卖外汇服务

辽宁丹东地区破获的首个不法分子利用丹东每年出国务工、探亲及前往境外赌博的游客较多、对外汇资金兑换需求较大的特点而进行的非法买卖外汇案件。辽宁省公安机关经过近 1 年的跟踪调查,掌握了以牟某、闫某、曹某为首的两大地下钱庄的基本经营情况。2005 年 6 月 16 日,牟某指派闫某准备与甘肃省的马某进行外汇交易时,被公安机关当场抓获,缴获用于交易的美元 61 万元、日元 6300 万元。随后,公安机关又将其他 5 名犯罪嫌疑人抓获,共缴获、冻结资金折合人民币 2000 多万元。

2. "6.19"专案——利用非居民账户非法买卖外汇

近年来北京地区破获的规模最大的外国不法商贩勾结国内不法商人,利用非居民账户大肆进行非法买卖外汇活动的案件。以中国银行北京分行营业部为中心的雅宝路地区成为倒汇人员的聚集地,交易辐射到全国各地,其背后极可能隐藏着有组织、有规模的地下钱庄。北京市公安机关通过 3 个多月的调查取证和侦查工作,于 2005 年 9 月 12 日,在全市范围内开展了一次大规模的打击外汇非法交易专项行动,摧毁了 3 个非法买卖外汇犯罪团伙,当场抓获犯罪嫌疑人 41 名(包括 5 名外国人),缴获、冻结资金折合人民币 2800 多万元。

第三节
金银法

一、金银管理法律制度

(一)金银管理的方式

为了确保金银市场交易的正常有序进行,杜绝各种违规交易的发生,世界各国以及国际各大黄金市场都在不断建立和完善针对金银市场的监督管理机制。监管方式主要有以下三种:

1. 自律管理。所谓自律管理是指该类黄金市场的监管主要以自律为主,这是由该类市场形式的特殊性所决定的。

2. 行政监管。所谓行政监管是指依靠国家行政机关或政府授权的部门、职能机构等来对黄金市场进行管理。我国金银管理的主要机关是中国人民银行。中央银行在执行金银管理职责时主要做以下工作:中国人民银行负责管理国家金银储备;负责金银的收购与配售;会同国家物价主管机关制定和管理金银收购与配售价格;会同国家有关主管机关审批经营(包括加工、销售)金银制品、含金银化工产品以及从含金银的废渣、废液、废料中回收金银的单位(以下统称经营单位),管理和检查金银市场;监督条例的实施。行政监管是各国国内金银市场监管的主要方式。

3. 法律监管。法律监管是指通过制定、修改、颁布有关的金银法律法规对金银市场进行管理。法律监管是行政监管的前提条件和法律依据。

(二)金银法与金银管理

金银法是调整金银生产和流通活动中所产生的社会关系的法律规范的总称,也就是指作为国家金银主管机关的人民银行,在宪法和法律规定的职权范围内,运用法律手段管理全国金银事业活动的总概括。目前,我国现行的金银管理法律法规主要是1983年国家颁布的《中华人民共和国金银管理条例》(下称《金银管理条例》)和《中华人民共和国金银管理条例施行细则》。

所谓金银管理就是指国家授权的政府机关依据有关法律法规、规章制度等对金银的收购、配售、经营以及进出国境进行的管理。

二、我国金银管理制度的内容

(一)金银管理的对象

我国金银管理的贵金属包括:①矿藏生产金银和冶炼副产金银;②金银条、

块、锭、粉；③金银铸币；④金银制品和金基、银基合金制品；⑤化工产品中含的金银；⑥金银边角余料及废渣、废液、废料中含的金银。属于金银质地的文物，按照《中华人民共和国文物法》的规定管理。对于铂的管理，按照国家有关规定进行，例如对外贸易经济合作部、海关总署 1999 年 6 月 25 日联合颁布的《关于铂金及铂金制品加工贸易审批和出口发证问题的通知》等。

（二）金银的收购管理

我国的金银收购管理主要包括以下几个方面：

1. 金银的收购，统一由中国人民银行办理。除经中国人民银行许可、委托的以外，任何单位和个人不得收购金银。

2. 从事金银生产（包括矿藏生产和冶炼副产）的厂矿企业、农村社队、部队和个人所采炼的金银，必须全部交售给中国人民银行，不得自行销售、交换和留用。前款所列生产单位，对生产过程中的金银成品和半成品，必须按照有关规定加强管理，不得私自销售和处理。

3. 国家鼓励经营单位和使用金银的单位，从伴生金银的矿种和含金银的废渣、废液、废料中回收金银。前款所列单位必须将回收的金银交售给中国人民银行，不得自行销售、交换和留用。但是，经中国人民银行许可，使用金银的单位将回收的金银重新利用的除外。

4. 境内机构从国外进口的金银和矿产品中采炼的副产金银，除经中国人民银行允许留用的或者按照规定用于进料加工复出口的金银以外，一律交售给中国人民银行，不得自行销售、交换和留用。

5. 个人出售金银，必须卖给中国人民银行。

6. 一切出土无主金银，均为国家所有，任何单位和个人不得熔化、销毁或占有。单位和个人发现的出土无主金银，经当地文化行政管理部门鉴定，除有历史文物价值的按照《中华人民共和国文物法》的规定办理外，必须交给中国人民银行收兑，价款上缴国库。

7. 公安、司法、海关、工商行政管理、税务等国家机关依法没收的金银，一律交售给中国人民银行，不得自行处理或者以其他实物顶替。没收的金银价款按照有关规定上缴国库。

（三）金银的配售管理

我国的金银配售管理主要包括以下几个方面：

1. 凡需用金银的单位，必须按照规定程序向中国人民银行提出申请使用金银的计划，由中国人民银行审批、供应。中国人民银行应当按照批准的计划供应，不得随意减售或拖延。

2. 中华人民共和国境内的外资企业、中外合资企业以及外商,订购金银制品或者加工其他含金银产品,要求在国内供应金银者,必须按照规定程序提出申请,由中国人民银行审批予以供应。

3. 使用金银的单位,必须建立使用制度,严格做到专项使用、结余交回。未经中国人民银行许可,不得把金银原料(包括半成品)转让或者移作他用。

4. 在金银管理条例规定范围内,中国人民银行有权对使用金银的单位进行监督和检查。使用金银的单位应当向中国人民银行据实提供有关使用金银的情况和资料。

(四)金银的出入境管理

我国的金银的出入境管理主要包括以下几个方面:

1. 携带金银进入中华人民共和国国境,数量不受限制,但是必须向入境地中华人民共和国海关申报登记。

2. 携带或者附带金银出境,中华人民共和国海关凭中国人民银行出具的证明或者原入境时的申报单登记数量查验放行;不能提供证明的或者超过原入境时申报登记数量的,不许出境。

3. 携带在中华人民共和国境内供应旅游者购买的金银饰品(包括镶嵌饰品、工艺品、器皿等)出境,中华人民共和国海关凭国内经营金银制品的单位开具的特种发货票查验放行。无凭据的,不许出境。

4. 在中华人民共和国境内的中国人、外国侨民和无国籍人出境定居,每人携带金银的限额为:黄金饰品 1 市两(31.25 克),白银饰品 10 市两(312.50 克),银质器皿 20 市两(625 克)。经中华人民共和国海关查验符合规定限额的放行。

5. 中华人民共和国境内的外资企业、中外合资企业,从国外进口金银作产品原料的,其数量不限;出口含金银量较高的产品,须经中国人民银行核准后放行。未经核准或者超过核准出口数量的,不许出境。

(五)对经营单位和个体金银匠的管理

我国对经营单位和个体金银匠的管理主要包括以下几个方面:

1. 申请经营(包括加工、销售)金银制品、含金银化工产品以及从含金银的废渣、废液、废料中回收金银的单位,必须按照国家有关规定和审批程序,经中国人民银行和有关主管机关审查批准,在工商行政管理机关登记发给营业执照后,始得营业。

2. 经营单位必须按照批准的金银业务范围从事经营,不得擅自改变经营范围,不得在经营中克扣、挪用和套购金银。

3. 金银质地纪念币的铸造、发行由中国人民银行办理,其他任何单位不得铸造、仿造和发行。金银质地纪念章(牌)的出口经营,由中国人民银行和中华人民共和国对外经济贸易部分别办理。

4. 委托、寄售商店,不得收购或者寄售金银制品、金银器材。珠宝商店可以收购供出口销售的带有金银镶嵌的珠宝饰品,但是不得收购、销售金银制品和金银器材。金银制品由中国人民银行收购并负责供应外贸出口。

5. 边疆少数民族地区和沿海侨眷比较集中地区的个体银匠,经县或者县级以上中国人民银行以及工商行政管理机关批准,可以从事代客加工和修理金银制品的业务,但不得收购和销售金银制品。

6. 国家允许个人邮寄金银饰品,具体管理办法由中国人民银行会同中华人民共和国邮电部制定。

(六)奖励与惩罚

根据我国《金银管理条例》及其实施细则的有关规定有下列事迹的单位或者个人,国家给予表彰或者适当的物质奖励:①认真执行国家金银政策法令,在金银回收或者管理工作中做出显著成绩的;②为保护国家金银与走私、投机倒把等违法犯罪行为坚决斗争,事迹突出的;③发现出土无主金银及时上报或者上交,对国家有贡献的;④将个人收藏的金银捐献给国家的。

对违反《金银管理条例》等有关规定的下列行为,根据情节轻重,分别由中国人民银行、工商行政管理机关和海关按照各自的职责权限给予以下处罚:

(1)擅自收购、销售、交换和留用金银的,由中国人民银行或者工商行政管理机关予以强制收购或者贬值收购。情节严重的,工商行政管理机关可并处以罚款,或者单处以没收。工商行政管理机关可另处以吊销营业执照。

(2)私自熔化、销毁、占有出土无主金银的,由中国人民银行追回实物或者由工商行政管理机关处以罚款。

(3)违反本条例第17条规定擅自改变使用用途或者转让金银原材料的,由中国人民银行予以警告,或者追回已配售的金银。情节严重的,处以罚款直至停止供应。

(4)未经批准私自经营的,或者擅自改变经营范围的,或者套购、挪用、克扣金银的,由工商行政管理机关处以罚款或者没收。情节严重的,可并处以吊销营业执照、责令停业。

(5)将金银计价使用、私相买卖、借贷抵押的,由中国人民银行或者工商行政管理机关予以强制收购或者贬值收购。情节严重的,由工商行政管理机关处以罚款或者没收。

(6)违反有关金银进出国境管理规定或者用各种方法偷运金银出境的,由海关依据本条例和国家海关法规处理。

(7)违反"公安、司法、海关、工商行政管理、税务等国家机关依法没收的金银,一律交售给中国人民银行,不得自行处理或者以其他实物顶替。没收的金银价款按照有关规定上缴国库"规定的,由中国人民银行予以收兑。对直接责任人员由有关单位追究行政责任。

(8)违反《金银管理条例》规定,已构成犯罪行为的,由司法机关依法追究刑事责任。

三、我国金银市场

(一)白银市场

1999年10月18日中国人民银行发布了《关于白银管理改革有关问题的通知》,通知规定:①按照社会主义市场经济的要求,取消白银统购统配的管理体制,放开白银市场,允许白银生产企业与用银单位产销直接见面。②取消对白银生产企业免征增值税和拨付白银地勘资金的特殊政策。增值税征收办法由国家税务总局具体制定。③取消对白银制品加工、批发、零售业务的许可证管理制度(银币除外),对白银生产经营活动按照一般商品的有关规定管理。④支持和鼓励国内白银生产企业有计划地组织白银出口,出口白银(银币、白银制品和国家库存白银除外)按外经贸部制定的《白银出口管理暂行办法》办理(办法另发)。⑤适当限制白银及其制品进口。进口白银及其制品按照我行和海关总署制定的《白银进口管理暂行办法》办理(办法另发)。⑥利用现有的有色金属交易市场组织白银上市交易。具体实施方案将由国家经贸委负责组织制定。⑦为平稳推进白银管理体制改革,至1999年底前,人民银行仍适当保留白银收购、配售业务。从2000年1月1日起,人民银行不再办理白银收购、配售业务。⑧在保留白银收购、配售业务期间,人民银行收购的白银应达到国家技术监督局颁布的现行国家标准一号银和二号银的质量要求。配售白银继续按人民币和外汇两种方式供应。白银收售价格由人民银行参照国际市场及国内供求状况制定。

(二)黄金市场

中国人民银行、国家经贸委、国家工商行政管理总局、国家税务总局发出的《关于规范黄金制品零售市场有关问题的通知》,改革黄金制品零售管理审批制,取消黄金制品零售业务许可证管理制度,实行核准制。经营黄金制品(包括K金制品)零售(专营、兼营)业务的单位,应经所在地人民银行分行、营业管理部,省会(首府)城市中心支行,深圳市中心支行核准,并领取《经营黄金制品核准登记证》。当地工商行政管理机关和税务部门凭人民银行核发的《核准登记证》办理营业执照、税务登记和消费税认定登记手续。个体工商户办理代客维修以旧换新业务、单位开展"三废"回收金业务,不需办理《核准登记证》,应到所在地工商行政管理机关注册,领取营业执照后,方可营业。

申请经营黄金制品零售业务,应具备下列条件:①依据有关法律、行政法规设立的企业法人。②具有独立、完整的会计财务核算部门和制度。③具有合格的经营管理人员。④具有一定的注册资本(金)。专营店注册资本金不得少于100万元;兼营黄金制品零售业务的大中型综合商场注册资本金不得少于500万元。⑤具有固定的营业场所和符合安全条件的库房。专营店营业场所面积不得少于60平方米。兼营黄金制品零售业务的大中型综合商场营业面积应不低于3000平方米,其中经营黄金制品零售业务场所面积不得低于40平方米。民族地区专营或兼营黄金制品零售业务的资金和营业面积可根据上述原则适当放宽。

《核准登记证》按年度进行审核换证。工商行政管理机关和税务机关凭当年人民银行颁发的《核准登记证》办理年审和年度认证的有关手续。黄金制品零售业务实行定点管理,经营单位应按照核准的经营范围从事经营活动,不得采用承包、租赁、转让、试销、代销、传销等经营方式。经营单位销售的黄金制品,必须盖有生产企业的戳记代号和含金量标记,并配有标签牌,注明生产厂家、重量及含金量。含金量千分数不小于999的称为千足金,应打千足金印记或按实际含量打印记;含金量千分数不小于990的称为足金,应打足金印记或按实际含量打印(GOLD999或G990);含金量百分数小于99的称为K金,应打K金数印记或按实际含量打印记(K金饰品含金量每K为4.15%)。

拍卖行拍卖黄金制品、单位举办黄金制品展览(展销)会,应经人民银行当地分行、营业管理部、省会城市中心支行或深圳市中心支行核准。举办全国性或国际性黄金展览(展销)会应报人民银行总行核准,并按照国家有关法律、法规规定办理相关审批、登记手续。

第四节 反洗钱法

一、反洗钱的概念

洗钱的原意是把脏污的硬币清洗干净。20世纪20年代,美国芝加哥一黑手党金融专家买了一台投币式洗衣机,开了一家洗衣店。他在每晚计算当天的洗衣收入时,就把其他非法所得的钱财加入其中,再向税务部门申报纳税。这样,扣去应缴的税款后,剩下的其他非法所得钱财就成了他的合法收入。这就是"洗钱"一词的来历。

洗钱行为是指采用转换、转让、转移、获取、占有、使用等方式隐瞒和掩饰犯罪所得及其收益的来源和性质,以使犯罪所得表面合法化的行为。也就是指将严重犯罪的违法所得及其收益清洗为表面合法所得,将"黑钱"清洗为"白钱"的违法行为。洗钱活动一般具有以下主要特点:①明确的目的性。洗钱往往是有目的、有计划的犯罪活动,洗钱犯罪分子一般都是经过精心策划,不仅明知或应知是犯罪所得,而且每一步都有明确的部署、目标和报酬。②特定的辅助性。洗钱犯罪都伴随着特定的上游犯罪,即为了掩盖上游犯罪所得的非法性而进行洗钱犯罪活动,因此洗钱犯罪往往针对来源于各种严重犯罪所得,来辅助上游犯罪逃避法律的惩罚。③行为的隐蔽性。一般的经济犯罪形式上是"使用来源合法的资金行非法之事",而洗钱犯罪与其他经济类犯罪不同,它形式上往往是"使用来源非法的资金行合法之事",加之犯罪分子有意消灭犯罪线索和证据,使得在合法形式的掩护下洗钱犯罪行为具有极强的隐蔽性。根据《中华人民共和国反洗钱法》(以下简称《反洗钱法》)第 2 条的规定,反洗钱是指为了预防通过各种方式掩饰、隐瞒毒品犯罪、黑社会性质的组织犯罪、恐怖活动犯罪、走私犯罪、贪污贿赂犯罪、破坏金融管理秩序犯罪、金融诈骗犯罪等犯罪所得及其收益的来源和性质的洗钱活动,依照法律规定采取相关措施的行为。

二、我国洗钱与反洗钱立法

(一)洗钱状况

近年来,随着走私、毒品、贪污贿赂等犯罪不断发生,非法转移资金活动大量存在,中国的洗钱问题日渐突出,不仅破坏中国金融秩序,而且危害到经济安全和社会稳定。在中国内地,每年通过地下钱庄洗出去的"黑钱"至少高达 2000 亿元。据中国反洗钱监测分析中心提供的资料显示,截至 2005 年年末,该中心对外移送可疑交易线索共 683 份,涉及人民币 1378 亿元,美元 10 多亿元,交易 7 万余笔,账户 4926 个。猖獗的洗钱活动已成为国际公害,现在世界上每年的洗钱数量大约相当于世界经济总量的 2%~5%,跨国作业是洗钱犯罪的主要方式。

目前,中国常见的五种洗钱形式是:

1.利用金融机构。包括:伪造商业票据;通过证券业和保险业洗钱;用票据开立账户进行洗钱;利用银行存款的国际转移进行洗钱;信贷回收;利用期货、期权洗钱。

2.通过投资办产业的方式。包括:成立匿名公司,隐瞒公司的真实所有人❶;向现金密集行业投资;利用假财务公司、律师事务所等机构进行洗钱。

3.通过商品交易活动。为了达到尽快改变犯罪收入的现金形态的目的,购置贵金属、古玩以及珍贵艺术品。

4.利用一些国家和地区对银行账户保密的限制。这些地方允许建立空壳公司等匿名公司,并且因为公司享有保密的权利,了解这些公司的真实情况非常困难。

5.其他洗钱方式。包括:走私;利用"地下钱庄"和民间借贷转移犯罪所得。

洗钱使资金游离于监管之外,脱离了银行的监管系统,为贩毒者、腐败的政府官员以及其他罪犯的运作和发展提供了动力。故有专家说,腐败已经成为中国最大的社会污染,而"洗钱"正在助长这种污染。一些不法分子通过洗钱,把国有资产变成自己腰包的钱,造成国有资产的流失❷;通过洗钱,腐败分子把地下收入变成合法收入,非法所得变成合法所得,洗钱成为助长腐败的温床。在震惊中外的厦门远华走私洗钱案中,赖昌星走私集团就通过一系列走私链条,将贩卖物资所得大量人民币现金,通过地下钱庄,再勾结跨境洗钱集团将资金汇给走私集团境外账户。

(二)反洗钱立法

2002 年 9 月 17 日,中国人民银行制定了《金融机构反洗钱规定》、《人民币大额和可疑支付交易报告管理办法》、《金融机构大额和可疑外汇资金交易报告

---

❶ 成克杰洗钱案:曾任广西壮族自治区政府主席、全国人大常委会原副委员长成克杰因受贿罪被执行死刑,这是新中国历史上因经济犯罪被处以极刑的职位最高的领导干部。成克杰利用张静海等不法分子采用非常隐蔽的手法来清洗黑钱,其洗钱途径如下:成克杰将受贿所得 4109 万元交给香港商人张静海,张静海利用香港公司的名义,将款项转入成克杰以其情妇李平的名义在香港注册的一家空壳公司,该空壳公司通过做假账,以缴纳企业所得税和个人所得税为代价将资金洗白,并转入成克杰指定的银行账户。

❷ 许超凡等人洗钱案:中国银行广东开平支行前行长许超凡与其两位继任者余震东、许国俊等人利用职权,在 9 年内贪污挪用公款 4.83 亿美元,是新中国成立以来我国最大的监守自盗案。被盗窃资金通过洗钱被转入许超凡等人在香港和加拿大的个人账户。许超凡等人将贪污挪用款项以投资的名义投入开平涤纶集团新建厂,再利用公司间资金往来的方式,经该厂的银行账户转至他们设立并控制的香港潭江实业有限公司,进而通过该公司将资金以公司经营所得的形式转至香港或海外的其他账户。

管理办法》(简称一个规定、两个办法,均自 2003 年 3 月 1 日施行)。1997 年的《中华人民共和国刑法》第 191 条规定了洗钱犯罪,2006 年 6 月 29 日对洗钱犯罪的刑法规定作了修正,将洗钱罪的上游犯罪作了扩展。2006 年 10 月 31 日,全国人大常委会通过了《中华人民共和国反洗钱法》,自 2007 年 1 月 1 日生效。

三、我国反洗钱法

(一)《反洗钱法》主要内容

1.反洗钱法结构与适用范围。制定反洗钱法是为了预防洗钱活动,维护金融秩序,遏制洗钱犯罪及相关犯罪。《反洗钱法》内容共 7 章 37 条,分别是第 1 章总则;第 2 章反洗钱监督管理;第 3 章金融机构反洗钱义务;第 4 章反洗钱调查;第 5 章反洗钱国际合作;第 6 章法律责任;第 7 章附则。

《反洗钱法》适用于反洗钱活动,还适用于对涉嫌恐怖活动资金的监控(其他法律另有规定的适用其规定)。洗钱行为中一般是将不法的钱通过违规手段运作成看似合法的钱,通常称为将"黑钱"洗成了"白钱";而为恐怖行为提供融资行为的活动,还牵涉到一些本来是合法的钱,转化成支持恐怖行为的资金来源,这被称之为"白钱"洗成了"黑钱"。国际上最具影响力的反洗钱国际组织——金融行动特别工作组就提出了关于"反恐融资"的 8 条新建议——《打击恐怖融资 8 条特别建议》,专门打击和切断支持恐怖行为的资金链条。

2.反洗钱法总体原则。《反洗钱法》第 3~8 条规定了反洗钱的总体原则。具体为:

(1)金融机构与特定非金融机构履行反洗钱义务原则。作为现代社会资金融通的主渠道,银行、证券、保险等金融系统是洗钱的易发、高危领域。但金融机构并不是洗钱的唯一渠道,随着金融监管制度的不断严格和完善,洗钱逐步向非金融机构渗透。因此,在中华人民共和国境内设立的金融机构和按照规定应当履行反洗钱义务的特定非金融机构,应当依法采取预防、监控措施,建立健全客户身份识别制度、客户身份资料和交易记录保存制度、大额交易和可疑交易报告制度,履行反洗钱义务。金融机构,是指依法设立的从事金融业务的政策性银行、商业银行、信用合作社、邮政储汇机构、信托投资公司、证券公司、期货经纪公司、保险公司以及国务院反洗钱行政主管部门确定并公布的从事金融业务的其他机构。非金融机构主要指房地产销售机构、贵金属和珠宝交易机构、拍卖企业、律师事务所、会计师事务所等。应当履行反洗钱义务的特定非金融机构的范围、其履行反洗钱义务和对其监督管理的具体办法,由国务院反洗钱行政主管部门会同国务院有关部门制定。

（2）反洗钱监督管理工作统一主管、分工负责与相互配合原则。国务院反洗钱行政主管部门负责全国的反洗钱监督管理工作。国务院有关部门、机构在各自的职责范围内履行反洗钱监督管理职责。国务院反洗钱行政主管部门，国务院有关部门、机构和司法机关在反洗钱工作中应当相互配合。法律规定的反洗钱行政主管部门指的是中国人民银行。

（3）对客户身份资料和交易信息保密、专用原则。对依法履行反洗钱职责或者义务获得的客户身份资料和交易信息，应当予以保密；非依法律规定，不得向任何单位和个人提供。反洗钱行政主管部门和其他依法负有反洗钱监督管理职责的部门、机构履行反洗钱职责获得的客户身份资料和交易信息，只能用于反洗钱行政调查。司法机关依照本法获得的客户身份资料和交易信息，只能用于反洗钱刑事诉讼。

（4）提交大额交易和可疑交易报告保护原则。履行反洗钱义务的机构及其工作人员依法提交大额交易和可疑交易报告，受法律保护。

（5）举报与举报保密原则。任何单位和个人发现洗钱活动，有权向反洗钱行政主管部门或者公安机关举报。接受举报的机关应当对举报人和举报内容保密。

3. 反洗钱监督管理。

（1）国务院反洗钱行政主管部门职责。国务院反洗钱行政主管部门组织、协调全国的反洗钱工作，负责反洗钱的资金监测，制定或者会同国务院有关金融监督管理机构制定金融机构反洗钱规章，监督、检查金融机构履行反洗钱义务的情况，在职责范围内调查可疑交易活动，履行法律和国务院规定的有关反洗钱的其他职责。

国务院反洗钱行政主管部门的派出机构在国务院反洗钱行政主管部门的授权范围内，对金融机构履行反洗钱义务的情况进行监督、检查。

（2）国务院有关金融监督管理机构职责。国务院有关金融监督管理机构参与制定所监督管理的金融机构反洗钱规章，对所监督管理的金融机构提出按照规定建立健全反洗钱内部控制制度的要求，履行法律和国务院规定的有关反洗钱的其他职责。

（3）反洗钱信息中心职责与信息获取。国务院反洗钱行政主管部门设立反洗钱信息中心，负责大额交易和可疑交易报告的接收、分析，并按照规定向国务院反洗钱行政主管部门报告分析结果，履行国务院反洗钱行政主管部门规定的其他职责。国务院反洗钱行政主管部门为履行反洗钱资金监测职责，可以从国务院有关部门、机构获取所必需的信息，国务院有关部门、机构应当提供。

(4)定期通报反洗钱工作情况。国务院反洗钱行政主管部门应当向国务院有关部门、机构定期通报反洗钱工作情况。

(5)海关通报。海关发现个人出入境携带的现金、无记名有价证券超过规定金额的,应当及时向反洗钱行政主管部门通报。应当通报的金额标准由国务院反洗钱行政主管部门会同海关总署规定。

(6)向侦查机关报告。反洗钱行政主管部门和其他依法负有反洗钱监督管理职责的部门、机构发现涉嫌洗钱犯罪的交易活动,应当及时向侦查机关报告。

(7)金融机构准入的前置要求——反洗钱内部控制制度的方案。国务院有关金融监督管理机构审批新设金融机构或者金融机构增设分支机构时,应当审查新机构反洗钱内部控制制度的方案;对于不符合本法规定的设立申请,不予批准。

4.金融机构反洗钱义务。《反洗钱法》第15~22条规定了金融机构的反洗钱义务,具体是:

(1)建立健全反洗钱内部控制制度。金融机构应当依照《反洗钱法》规定建立健全反洗钱内部控制制度,金融机构的负责人应当对反洗钱内部控制制度的有效实施负责。金融机构应当设立反洗钱专门机构或者指定内设机构负责反洗钱工作。

(2)建立客户身份识别制度。金融机构应当按照规定建立客户身份识别制度。金融机构在与客户建立业务关系或者为客户提供规定金额以上的现金汇款、现钞兑换、票据兑付等一次性金融服务时,应当要求客户出示真实有效的身份证件或者其他身份证明文件,进行核对并登记。客户由他人代理办理业务的,金融机构应当同时对代理人和被代理人的身份证件或者其他身份证明文件进行核对并登记。与客户建立人身保险、信托等业务关系,合同的受益人不是客户本人的,金融机构还应当对受益人的身份证件或者其他身份证明文件进行核对并登记。金融机构不得为身份不明的客户提供服务或者与其进行交易,不得为客户开立匿名账户或者假名账户。金融机构对先前获得的客户身份资料的真实性、有效性或者完整性有疑问的,应当重新识别客户身份。任何单位和个人在与金融机构建立业务关系或者要求金融机构为其提供一次性金融服务时,都应当提供真实有效的身份证件或者其他身份证明文件。金融机构通过第三方识别客户身份的,应当确保第三方已经采取符合《反洗钱法》要求的客户身份识别措施;第三方未采取符合《反洗钱法》要求的客户身份识别措施的,由该金融机构承担未履行客户身份识别义务的责任。金融机构进行客户身份识别,认为必要时,可以向公安、工商行政管理等部门核实客户的有关身份信息。

（3）建立客户身份资料和交易记录保存制度。金融机构应当按照规定建立客户身份资料和交易记录保存制度。在业务关系存续期间,客户身份资料发生变更的,应当及时更新客户身份资料。客户身份资料在业务关系结束后、客户交易信息在交易结束后,应当至少保存5年。金融机构破产和解散时,应当将客户身份资料和客户交易信息移交国务院有关部门指定的机构。客户身份资料和交易记录保存制度的具体办法,由国务院反洗钱行政主管部门会同国务院有关金融监督管理机构制定。

（4）执行大额交易和可疑交易报告制度。金融机构应当按照规定执行大额交易和可疑交易报告制度。金融机构办理的单笔交易或者在规定期限内的累计交易超过规定金额或者发现可疑交易的,应当及时向反洗钱信息中心报告。金融机构大额交易和可疑交易报告的具体办法,由国务院反洗钱行政主管部门制定。2003年3月1日施行的《人民币大额和可疑支付交易报告管理办法》、《金融机构大额和可疑外汇资金交易报告管理办法》,设定了"大额"和"可疑交易"的标准,以人民币为例,以下三种情形下属于人民币大额交易:①法人、其他组织和个体工商户之间金额100万元以上的单笔转账支付;②金额20万元以上的单笔现金收付,包括现金缴存、现金支取和现金汇款、现金汇票、现金本票解付;③个人银行结算账户之间以及个人银行结算账户与单位银行结算账户之间金额20万元以上的款项划转等交易。

（5）开展反洗钱培训和宣传工作。金融机构应当按照反洗钱预防、监控制度的要求,开展反洗钱培训和宣传工作。

5.反洗钱调查。《反洗钱法》第23~26条规定了反洗钱调查,具体是:

（1）反洗钱调查主体与调查人员。国务院反洗钱行政主管部门或者其省一级派出机构发现可疑交易活动,需要调查核实的,可以向金融机构进行调查,金融机构应当予以配合,如实提供有关文件和资料。调查可疑交易活动时,调查人员不得少于2人,并出示合法证件和国务院反洗钱行政主管部门或者其省一级派出机构出具的调查通知书。调查人员少于2人或者未出示合法证件和调查通知书的,金融机构有权拒绝调查。

（2）调查询问与询问笔录。调查可疑交易活动,可以询问金融机构有关人员,要求其说明情况。询问应当制作询问笔录。询问笔录应当交被询问人核对。记载有遗漏或者差错的,被询问人可以要求补充或者更正。被询问人确认笔录无误后,应当签名或者盖章;调查人员也应当在笔录上签名。

（3）调查查阅、复制与封存措施。调查中需要进一步核查的,经国务院反洗钱行政主管部门或者其省一级派出机构的负责人批准,可以查阅、复制被调查对象的账户信息、交易记录和其他有关资料;对可能被转移、隐藏、篡改或者毁损的文件、资料,可以予以封存。调查人员封存文件、资料,应当会同在场的金融机构工作人员查点清楚,当场开列清单一式两份,由调查人员和在场的金融机构工作人员签名或者盖章,一份交金融机构,一份附卷备查。

(4)临时冻结措施与解除冻结。调查仍不能排除洗钱嫌疑的,应当立即向有管辖权的侦查机关报案。客户要求将调查所涉及的账户资金转往境外的,经国务院反洗钱行政主管部门负责人批准,可以采取临时冻结措施。侦查机关接到报案后,对已依照前款规定临时冻结的资金,应当及时决定是否继续冻结。侦查机关认为需要继续冻结的,依照刑事诉讼法的规定采取冻结措施;认为不需要继续冻结的,应当立即通知国务院反洗钱行政主管部门,国务院反洗钱行政主管部门应当立即通知金融机构解除冻结。临时冻结不得超过48小时。金融机构在按照国务院反洗钱行政主管部门的要求采取临时冻结措施后48小时内,未接到侦查机关继续冻结通知的,应当立即解除冻结。

6. 反洗钱国际合作。中华人民共和国根据缔结或者参加的国际条约,或者按照平等互惠原则,开展反洗钱国际合作。国务院反洗钱行政主管部门根据国务院授权,代表中国政府与外国政府和有关国际组织开展反洗钱合作,依法与境外反洗钱机构交换与反洗钱有关的信息和资料。涉及追究洗钱犯罪的司法协助,由司法机关依照有关法律的规定办理。

7. 法律责任。《反洗钱法》第30～33条规定了法律责任,具体是:

(1)反洗钱机构与工作的人员不依法履行职责的行为的法律责任。反洗钱行政主管部门和其他依法负有反洗钱监督管理职责的部门、机构从事反洗钱工作的人员有下列行为之一的,依法给予行政处分:①违反规定进行检查、调查或者采取临时冻结措施的;②泄露因反洗钱知悉的国家秘密、商业秘密或者个人隐私的;③违反规定对有关机构和人员实施行政处罚的;④其他不依法履行职责的行为。

(2)金融机构未按照规定开展内部反洗钱工作的法律责任。金融机构有下列行为之一的,由国务院反洗钱行政主管部门或者其授权的市一级以上派出机构责令限期改正;情节严重的,建议有关金融监督管理机构依法责令金融机构对直接负责的董事、高级管理人员和其他直接责任人员给予纪律处分:①未按照规定建立反洗钱内部控制制度的;②未按照规定设立反洗钱专门机构或者指定内设机构负责反洗钱工作的;③未按照规定对职工进行反洗钱培训的。

(3)金融机构未按照规定履行反洗钱义务等的法律责任。金融机构有下列行为之一的,由国务院反洗钱行政主管部门或者其授权的设区的市一级以上派出机构责令限期改正;情节严重的,处 20 万元以上 50 万元以下罚款,并对直接负责的董事、高级管理人员和其他直接责任人员,处 1 万元以上 5 万元以下罚款:①未按照规定履行客户身份识别义务的;②未按照规定保存客户身份资料和交易记录的;③未按照规定报送大额交易报告或者可疑交易报告的;④与身份不明的客户进行交易或者为客户开立匿名账户、假名账户的;⑤违反保密规定,泄露有关信息的;⑥拒绝、阻碍反洗钱检查、调查的;⑦拒绝提供调查材料或者故意提供虚假材料的。金融机构有上述行为,致使洗钱后果发生的,处 50 万元以上 500 万元以下罚款,并对直接负责的董事、高级管理人员和其他直接责任人员处 5 万元以上 50 万元以下罚款;情节特别严重的,反洗钱行政主管部门可以建议有关金融监督管理机构责令停业整顿或者吊销其经营许可证。对有前述规定情形的金融机构直接负责的董事、高级管理人员和其他直接责任人员,反洗钱行政主管部门可以建议有关金融监督管理机构依法责令金融机构给予纪律处分,或者建议依法取消其任职资格、禁止其从事有关金融行业工作。违反《反洗钱法》规定,构成犯罪的,依法追究刑事责任。

(二)《人民币大额和可疑支付交易报告管理办法》

1.适用范围。经中国人民银行批准在中华人民共和国境内设立的政策性银行、商业银行、城乡信用社及其联合社、邮政储汇机构办理支付交易业务应遵守本办法。

人民币支付交易,是指单位、个人在社会经济活动中通过票据、银行卡、汇兑、托收承付、委托收款、网上支付和现金等方式进行的以人民币计价的货币给付及其资金清算的交易。大额支付交易,是指规定金额以上的人民币支付交易。下列支付交易属于大额支付交易:①法人、其他组织和个体工商户(以下统称单位)之间金额 100 万元以上的单笔转账支付;②金额 20 万元以上的单笔现金收付,包括现金缴存、现金支取和现金汇款、现金汇票、现金本票解付;③个人银行结算账户之间以及个人银行结算账户与单位银行结算账户之间金额 20 万元以上的款项划转。

可疑支付交易,是指交易的金额、频率、流向、用途、性质等有异常情形的人民币支付交易。下列支付交易属于可疑支付交易:①短期(指 10 个营业日以内)内资金分散转入、集中转出或集中转入、分散转出;②资金收付频率及金额与企业经营规模明显不符;③资金收付流向与企业经营范围明显不符;④企业日常收付与企业经营特点明显不符;⑤周期性发生大量资金收付与企业性质、业务特点明显不符;⑥相同收付款人之间短期(指 10 个营业日以内)内频繁发生资金收付;⑦长期闲置的账户原因不明地突然启用,且短期(指 10 个营业日以内)内出现大量资金收付;⑧短期(指10个营业日以内)内频繁地收取来自与其经营业务明显无关的个人汇款;⑨存取现金的数额、频率及用途与其正常现金收付明显不符;⑩个人银行结算账户短期(指10个营业日以内)内累计100万元以上现金收付;⑪与贩毒、走私、恐怖活动严重地区的客户之间的商业往来活动明显增多,短期(指10个营业日以内)内频繁发生资金支付;⑫频繁开户、销户,且销户前发生大量资金收付;⑬有意化整为零,逃避大额支付交易监测;⑭中国人民银行规定的其他可疑支付交易行为;⑮金融机构经判断认为的其他可疑支付交易行为。

2. 主管部门。中国人民银行及其分支机构负责支付交易报告工作的监督和管理。中国人民银行建立支付交易监测系统,对支付交易进行监测。

3. 大额和可疑支付交易报告。金融机构在办理支付结算业务时,发现其客户有本办法上述情形的,应记录、分析该可疑支付交易,填制《可疑支付交易报告表》后进行报告,并且按照银行会计档案管理的规定保管支付交易记录。金融机构对可疑支付交易需要进一步核查的,应及时向中国人民银行报告。中国人民银行查询可疑支付交易时,有关金融机构应负责查明,及时回复,并记录存档。

大额转账支付由金融机构通过相关系统与支付交易监测系统连接报告。大额现金收付由金融机构通过其业务处理系统或书面方式报告。可疑支付交易由金融机构进行柜面审查,通过书面方式或其他方式报告。

金融机构办理大额转账支付,由各金融机构于交易发生日起的第2个工作日报告中国人民银行总行。大额现金收付,由金融机构于业务发生日起的第2个工作日报送人民银行当地分支,并由其转报中国人民银行总行。

政策性银行、国有独资商业银行、股份制商业银行的营业机构发现可疑支付交易的,应填制《可疑支付交易报告表》并报送一级分行。一级分行经分析后应于收到《可疑支付交易报告表》后的第2个工作日报送中国人民银行当地分行、营业管理部、省会城市中心支行,同时报送其上级行。城市商业银行、农村商业银行、城乡信用合作社及其联合社、外资独资银行、中外合资银行和外国银行分行营业机构发现可疑支付交易的,应填制《可疑支付交易报告表》并报送中国人民银行当地分行、营业管理部、省会(首府)城市中心支行和其他地市中心支行。中国人民银行其他地市中心支行于收到《可疑支付交易报告表》后的第2个工作日报送所在省的中国人民银行分行、营业管理部、省会(首府)城市中心支行。

金融机构的营业机构经过分析人民币支付交易,对明显涉嫌犯罪需要立即侦查的,应立即报告当地公安机关,同时报告其上级单位。

中国人民银行分行、营业管理部、省会(首府)城市中心支行应分析金融机构报送的《可疑支付交易报告表》。需要金融机构补充资料或进一步作出说明的,应立即通知金融机构说明情况。中国人民银行分行、营业管理部、省会(首府)城市中心支行应对金融机构报送的《可疑支付交易报告表》按周汇总,每周第一个工作日向中国人民银行总行报告。对重大的可疑支付交易,应立即报告中国人民银行总行。

4.罚则。中国人民银行和各金融机构不得向任何单位或个人泄露可疑支付交易信息,但法律另有规定的除外。中国人民银行的工作人员违反本规定的,依法给予行政处分。金融机构未按规定审查开户资料为个人开立结算账户的,由中国人民银行给予警告,并处以 1000 元以上 5000 元以下罚款。情节严重的,取消其直接负责的高级管理人员的任职资格。

金融机构有下列情形之一的,由中国人民银行责令限期改正,给予警告。逾期不改正的,可以处以 3 万元以下罚款:①未按规定对开户资料进行审查,致使单位开立虚假银行结算账户的;②未按规定建立存款人信息数据档案或收集的存款人信息数据不完整的;③未按规定保存客户交易记录;④未按本办法对支付交易进行审查和报告的;⑤对明知或应知的可疑支付交易不报告的;⑥违反第 21 条的规定泄露可疑支付交易信息的。

金融机构工作人员参与伪造开户资料,为存款人开立银行结算账户,协助进行洗钱活动的,应当给予纪律处分;构成犯罪的,移交司法机关依法追究刑事责任。金融机构违反本办法规定,情节严重的,由中国人民银行停止核准其开立基本存款账户,暂停或停止其部分或全部支付结算业务,并取消该金融机构直接负责的高级管理人员的任职资格。

(三)《金融机构反洗钱规定》

1.主管部门。中国人民银行是金融机构反洗钱工作的监督管理机关。中国人民银行设立金融机构反洗钱工作领导小组,履行下列职责:①统一监管、协调金融机构反洗钱工作;②研究和制定金融机构的反洗钱战略、规划和政策,制定反洗钱工作制度,制定大额和可疑人民币资金交易报告制度;③建立支付交易监测系统,对支付交易进行监测;④研究金融机构反洗钱工作的重大疑难问题,提出解决方案与对策;⑤参与反洗钱国际合作,指导金融机构反洗钱工作的对外合作交流;⑥其他应由中国人民银行履行的反洗钱监管职责。国家外汇管理局负责对大额、可疑外汇资金交易报告工作进行监督管理。国家外汇管理局制定大额、可疑外汇资金交易报告制度。

2.客户身份登记制度。金融机构应建立客户身份登记制度,审查在本机构办理存款、结算等业务的客户的身份。金融机构不得为客户开立匿名账户或假名账户,不得为身份不明确的客户提供存款、结算等服务。金融机构为个人客户开立存款账户、办理结算的,应当要求其出示本人身份证件,进行核对,并登记其身份证件上的姓名和号码。代理他人在金融机构开立个人存款账户的,金融机构应当要求其出示被代理人和代理人的身份证件,进行核对,并登记被代理人和代理人的身份证件上的姓名和号码。对不出示本人身份证件或者不使用本人身份证件上的姓名的,金融机构不得为其开立存款账户。金融机构为单位客户办理开户、存款、结算等业务的,应当按照中国人民银行有关规定要求其提供有效证明文件和资料,进行核对并登记。对未按照规定提供本单位有效证明文件和资料的,金融机构不得为其办理存款、结算等业务。金融机构应当按照下列规定期限保存客户的账户资料和交易记录:①账户资料,自销户之日起至少 5 年;②交易记录,自交易记账之日起至少 5 年。交易记录包括账户持有人、通过该账户存入或提取的金额、交易时间、资金的来源和去向、提取资金的方式等。账户资料和交易记录的保存按照国家有关会计档案管理的规定执行。

3.罚则。金融机构违反本规定,有下列行为之一的,由中国人民银行责令限期改正,给予警告;逾期不改正的,可以处以 3 万元以下罚款;情节严重的,可以取消其直接负责的高级管理人员的任职资格:①未按照规定建立反洗钱内控制度的;②未按照规定设立专门机构或者指定专门机构负责反洗钱工作的;③未按照规定要求单位客户提供有效证明文件和资料,进行核对并登记的;④未按照规定保存客户的账户资料和交易记录的;⑤违反规定将反洗钱工作信息泄露给客户和其他人员的;⑥未按照规定报告大额交易或者可疑交易的。

经营外汇业务的金融机构,对大额购汇、频繁购汇、存取大额外币现钞等异常情况不及时报告的,依照《金融违法行为处罚办法》第 25 条的规定处罚。

(四)《金融机构大额和可疑外汇资金交易报告管理办法》❶

1.适用范围。境内经营外汇业务的金融机构(以下简称金融机构)应当按照本办法规定,向国家外汇管理部门报告大额和可疑外汇交易情况。大额外汇资金交易,系指交易主体通过金融机构以各种结算方式发生的规定金额以上的外汇交易行为。可疑外汇资金交易,系指外汇交易的金额、频率、来源、流向和用途等有异常特征的交易行为。

金融机构为客户开立外汇账户,应当遵守《个人存款账户实名制规定》和

---

❶ 本办法下列用语的含义如下:"频繁"系指外汇资金交易行为每天发生 3 次以上或每天发生持续 5 天以上。"大量"系指接近上述规定的大额外汇资金的报告标准限额的金额。"短期"系指 10 个营业日以内。"以上"、"以下",均包括本数。

《境内外汇账户管理规定》,不得为客户设立匿名外汇账户或明显以假名开立外汇账户。金融机构为客户办理外汇业务应当核对其真实身份信息,主要包括单位名称、法定代表人或负责人姓名、身份证件及其号码、开户的证明文件、组织机构代码、住所、注册资本、经营范围、经营规模、账户的日平均收付发生额等信息和个人银行账户存款人的姓名、身份证件及其号码、住所、职业、经济收入、家庭状况等信息。金融机构应当将所有大额和可疑外汇资金交易记录,自交易日起至少保存 5 年。

2. 主管部门。国家外汇管理局及其分支局(以下简称外汇局)负责大额和可疑外汇资金交易报告工作的监督和管理。

3. 大额外汇资金交易。下列外汇交易属于大额外汇资金交易:①当日存、取、结售汇外币现金单笔或累计等值 1 万美元以上;②以转账、票据或银行卡、电话银行、网上银行等电子交易以及其他新型金融工具等进行外汇非现金资金收付交易,其中,个人当天单笔或累计等值外汇 10 万美元以上,企业当天单笔或累计等值外汇 50 万美元以上。

4. 可疑外汇现金交易。下列外汇交易属于可疑外汇现金交易:①居民个人银行卡、储蓄账户频繁存、取大量外币现金,与持卡人(储户)身份或资金用途明显不符的;②居民个人在境内将大量外币现金存入银行卡,在境外进行大量资金划转或提取现金的;③居民个人通过现汇账户在国家外汇管理局审核标准以下频繁入账、提现或结汇的;④非居民个人频繁携带大量外币现金入境存入银行后,要求银行开旅行支票或汇票带出的;⑤非居民个人银行卡频繁存入大量外币现金的;⑥企业外汇账户中频繁有大量外币现金收付,与其经营活动不相符的;⑦企业外汇账户没有提取大量外币现金,却有规律地存入大量外币现金的;⑧企业频繁发生以现金方式收取出口货款,与其经营范围、规模明显不符的;⑨企业用于境外投资的购汇人民币资金大部分为现金或从非本单位银行账户转入的;⑩外商投资企业利润汇出的购汇人民币资金大部分为现金或从其他单位银行账户转入的;⑪外商投资企业以外币现金方式进行投资的。

5. 可疑外汇非现金交易。下列外汇交易属于可疑外汇非现金交易:①居民个人外汇账户频繁收到境内非同名账户划转款项的;②居民个人频繁收到从境外汇入的大量外汇再集中原币种汇出,或集中从境外汇入大量外汇再频繁多笔原币种汇出的;③非居民个人外汇账户频繁收到境外大量汇款,特别是从生产、贩卖毒品问题严重的国家(地区)汇入款项的;④居民、非居民个人外汇账户有规律出现大额资金进账,第二日分笔取出,然后又有大额资金补充,次日又分笔取出的;⑤企业通过其外汇账户频繁大量发生在外汇局审核标准以下的对外支付进口预付货款、贸易项下佣金等；⑥企业通过其外汇账户频繁大量发生以票汇(支票、汇票、本票等)方式结算的出口收汇的；⑦企业一些休眠外汇账户或平常资金流量小的外汇账户突然有异常外汇资金流入，并且外汇资金流量短期内逐渐放大的；⑧企业通过其外汇账户频繁发生大量资金往来，与其经营性质、规模不相符的；⑨企业外汇账户频繁发生大量资金收付，持续一段时间后，账户突然停止收付；⑩企业外汇账户资金流动以千位或万位为单位的整数资金往来频繁；⑪企业外汇账户资金快进快出，当天发生额很大，但账户余额很小或不保留余额；⑫企业外汇账户在短时间内收到多笔小额电汇或使用支票、汇票存款后，将大部分存款汇出境外；⑬境内企业以境外法人或自然人名义开立离岸账户，且资金呈有规律流动；⑭企业从一个离岸账户汇款给多个境内居民，并以捐赠等名义结汇，其资金的划转和结汇均由一人或少数人操作的；⑮外商投资企业年利润汇出大幅超出原投入股本或明显与其经营状况不符；⑯外商投资企业在收到投资款后，在短期内将资金迅速转到境外，与其生产经营支付需求不符；⑰与走私、贩毒、恐怖活动等犯罪严重地区的金融机构附属公司或关联公司进行对销存款或贷款交易；⑱证券经营机构指令银行划出与交易、清算无关外汇资金的；⑲经营B股业务的证券经营机构通过银行频繁大量拆借外汇资金的；⑳保险机构通过银行频繁大量对同一家境外投保人发生赔付或退保行为。

6.核查对象。金融机构应当对符合下列情形的外汇现金交易进行核查，发现涉嫌洗钱的，应及时以纸质文件上报并附相关附件：①外汇账户的支出金额与当日或前一日的现金存款额基本吻合；②将多笔外汇或人民币现金分别存入他人外币储蓄账户，同一账户所有人同时收取相应数额的人民币或外汇；③企业频繁使用大量人民币现钞购汇。

金融机构应当对符合下列情形的外汇非现金交易进行核查，发现涉嫌洗钱的，应及时以纸质文件上报并附相关附件：①居民个人办理个人实盘买卖业务时，频繁转换币种，明显不谋求营利的；②居民个人外汇账户频繁收到境外汇入的外汇后，要求银行开旅行支票或汇票的；③非居民个人外汇账户频繁作出订购或兑现大量旅行支票或汇票的；④企业在开立外汇账户时多次拒绝向银行提供有关开户所需的证明文件或不愿提供一般信息的；⑤企业集团内部外汇资金往来划转超出实际业务交易金额的；⑥企业结、售汇单证不全，结、售汇金额突然增大，结、售汇频率加快或者结、售汇金额明显超过其正常经营水平的；⑦企业在银行办理出口入账手续时，无有效商业单据却频繁领取结汇水单(核销专用联)，或拒绝提供有效商业单据而频繁领取结汇水单(核销专用联)的；⑧企业频繁、大量发生捐赠、广告、会展等收汇、结汇及付汇，与其业务范围明显不符的;⑨企业频繁、大量发生买卖专有技术、商标权等无形资产项下的收汇、结汇及付汇,与其业务经营明显不符的;⑩企业支付的运保费及佣金明显与其进出口贸易不符的;⑪企业经常存入旅行支票及外币汇票存款,特别是此类支票及汇票是境外开具,与其经营状况不符的;⑫企业突然还清逾期外汇贷款,而款项来源不明或与客户背景不相符的;⑬企业申请以其机构或第三者拥有的资产或信用作为贷款的担保,而这些资产来源不明或与客户背景不相符的;⑭利用无贸易背景信用证或其他方式在境外融资的;⑮企业在办理外汇买卖业务时,在明知有损失的情况下,仍坚持办理的;⑯企业要求进行本外币间的掉期业务,而其资金的来源和用途不明的;⑰外商投资企业外方投入资本金数额超过批准金额或借入的直接外债,从无关联企业的第三国汇入;⑱外商投资企业外方投入资本金或借入外债结汇的人民币转入证券等投资领域的银行账户,与其经营状况不符的;⑲金融机构外汇现金账户收、付金额与外汇存款规模明显不符,或波动明显超过外汇存款的变化幅度;⑳金融机构系统内外汇资金往来账户收支与日常业务经营状况明显不符;㉑金融机构同业往来账户,在岸与离岸业务往来账户,与境外分支机构的往来账户收付情况与日常业务经营状况明显不符;㉒金融机构与其关联企业的外汇信贷、结算业务在短期内急剧增加或减少的;㉓金融机构以大额外币现金投保的;㉔银行等金融机构职员以合理理由怀疑的任何外汇资金交易。

7. 时限。金融机构设在省会、自治区首府、直辖市的一级分支机构为主报告机构,省会、自治区首府、直辖市没有一级分支机构的,由金融机构总部指定主报告机构。金融机构各分支机构应于每月初 5 个工作日内汇总上月大额和可疑外汇资金交易情况,逐级上报至主报告机构。同时报送外汇局当地分支局。各主报告机构应于每月 15 日前汇总各省、自治区、直辖市内上月大额和可疑外汇资金交易情况,报所在地的国家外汇管理局省、自治区、直辖市分局。各金融机构总部应于每月 5 日前将自身发生的上月大额和可疑外汇资金交易情况报外汇局当地分支局。

金融机构对大额和可疑外汇资金交易进行审核、分析,发现涉嫌犯罪的,应于发现之日起 3 个工作日内报当地公安部门并报送外汇局分支局。

国家外汇管理局省、自治区、直辖市分局将金融机构上报的大额和可疑外汇资金交易汇总情况于每月 20 日前报告国家外汇管理局总局;对涉嫌犯罪的外汇资金交易应当及时移送当地公安部门,并上报总局。

8. 罚责。金融机构有下列情形之一的,由外汇局责令改正,给予警告,可以处以 1 万元以上 3 万元以下罚款:①未按规定报告大额或可疑外汇资金交易的;②未按规定保存大额或可疑外汇资金交易记录的;③违反规定泄露大额或可疑外汇资金交易信息的;④未按规定审查开户资料为单位开立外汇账户的。

金融机构未按规定审查开户资料为个人开立外汇账户的,由外汇局责令改正,给予警告,可以处以 1000 元以上 5000 元以下罚款。

金融机构违反《金融机构大额和可疑外汇资金交易报告管理办法》,情节严重造成重大损失的,外汇局可以暂停或停止其部分或全部结售汇业务。

【资料与应用】 1. 反洗钱基本原则

巴塞尔银行委员会《关于防止犯罪分子利用银行系统洗钱的原则声明》对银行业的反洗钱提出了四项基本原则,即了解你的客户原则、遵守法律原则、与执法机关、司法机关全面合作原则和职员培训原则。我国反洗钱法的适用范围不只限于银行,也不限于证券、保险等金融机构,还包括特定行业的非金融结构,反洗钱范围更为广泛,应当遵循的主要原则如下:①合法审慎原则。合法审慎原则是对反洗钱工作的总体原则要求。所有负有反洗钱义务的金融机构和特定非金融机构及其从业人员,都应当遵循高尚的道德标准,严格遵守有关的法律与法规,认真谨慎地履行应尽的义务。如果有正当、合理理由怀疑交易与洗钱或其他犯罪活动有关,应当拒绝向客户提供服务,并履行报告义务。反洗钱主管部门、有关部门和行业监管部门、有关机构及其人员同样应依法审慎地履行反洗钱监管职责。②预防监控原则。预防监控原则是建立反洗钱预防监控制度的主要原则。对于金融机构、特定非金融机构及其从业人员来说,只有将法律规定反洗钱的各项义务转化为预防监控制度,才能切实有效地履行反洗钱职责义务。预防监控原则分为以下具体原则:一是了解你的客户原则,又称识别客户原则;二是保存记录原则;三是报告大额和可疑交易信息原则;四是内部监控原则。③协调配合原则。协调配合原则是建立反洗钱协调机制的指导原则。④保密原则。保密原则是反洗钱工作得以高效有序进行的重要保证。反洗钱的核心是收集、分析、报告、移送和调查可疑交易信息。可疑交易信息既可能是犯罪线索,也可能是合法的个人隐私或商业秘密。为了既能有效预防和打击洗钱犯罪,又能保护商业秘密和个人隐私,反洗钱必须履行保密原则。

2. 中国洗钱犯罪第一案:为毒贩洗黑钱❶

汪照协助他人用 520 万元港币的毒资购得广州百叶林木有限公司 60% 股权,并运送毒资作为转让款,后又将上述公司更名成立新公司,并以经营木业为名,采取亏损账目的手段,将毒品犯罪所得转为合法收益。这是我国第一起以

---

❶ 参见 2005 年 9 月 15 日《中国青年报》。

"洗钱罪"定罪的案件。2004年3月5日,广州市海珠区人民法院以"洗钱罪"一审判处汪照有期徒刑1年零6个月,汪照表示服判,未提出上诉。

2002年1月,汪照结识了在广州开装饰公司的区丽儿,之后两人关系日益密切,并以姐弟相称。同年8月,区丽儿告诉汪照:"我弟弟(区伟能)在加拿大很有钱,有些是不正当得来的,现在想把钱搞回国内,转为正常收入。"

于是,汪照专门找了广州市交通局和海关的领导,亲自开车到深圳接了区伟能和一男子,钱就放在后备箱。在车上,汪照听说区伟能带了520万港元和10万美元回国。这样,汪照顺利从香港接区伟能安全过关。

汪照随后建议:钱用来开一家木材厂,把钱合法化。2002年8月,汪照以区伟能、区丽儿两人的毒品犯罪所得港币520万元,购得广州百叶林木有限公司60%的股权,并将该公司更名为广州市腾盛木业有限公司,由区丽儿任该公司法人代表,汪照挂名出任该公司董事长,每月领取人民币5000元以上的工资,和2000元电话费、3000元汽油费。区丽儿还送给汪照一辆价值88万元的奔驰越野汽车。2003年3月16日,被告人汪照及同案人被公安机关抓获。2004年3月3日,广州市海珠区人民检察院指控,汪照在明知同案人区伟能、区丽儿从事毒品犯罪并想将其违法所得转为合法收益的情况下,仍建议并参与将毒品犯罪所得购入工厂经营,并转为合法收益。

海珠区人民法院审理认为,汪照的行为触犯了《中华人民共和国刑法》第191条第(五)项的规定,已构成洗钱罪。汪照曾因犯罪被判处有期徒刑,刑罚执行完毕后5年再犯罪,是累犯,本应从重处理。但因汪照在共同犯罪中起辅助作用,是从犯,依法应从轻处罚。鉴于以上情节,法院依法对汪照判处有期徒刑1年零6个月,并没收其违法所得奔驰越野汽车一辆。

汪照的两位律师辩称,本案的证据不足,汪照不构成洗钱罪。理由是,洗钱罪的前提必须是被告人明知是毒品犯罪的违法所得,检察机关的证据不能证明汪照"明知"520万港元是毒资。根据汪照的供述,区氏姐弟一直没有告诉他钱是贩毒所得。他没有洗钱罪的"主观故意",缺乏犯罪构成要件。汪照是根据自己的分析和判断,认为投资款是毒资,所以不能认定被告人是"明知"。况且,当时区伟能还没有被定罪,且起诉的罪名也不是洗钱罪,而是贩毒罪。辩护人一致认为,在其他同案人未被认定的情况下,只有被告人的供述,不足以认定被告人犯洗钱罪。

据检察官出示的证据显示,区伟能是一名跨国大毒枭,在中国香港、加拿大、东南亚等地都有活动。有一次,区伟能和一名老挝人左某商量怎样开辟一条从缅甸、老挝到广州运毒的新路线。他们设想,利用木材厂的生意,将一些木材挖空,把毒品藏在里面,然后运到国内。这些证据证明,汪照当时也在场,其确实知道区伟能是毒贩。鉴于此情况,检察官认为汪照当庭翻供,试图推翻自己对公安、检察机关的供述,建议法庭对其加重量刑。

2004年3月5日,汪照最后还是以"洗钱罪"定罪。结案时,区伟能的贩毒案还没有判下来,投资款项是否为毒资,尚未确认。

问题:你对本案处理有何想法?

3. 洗钱罪

《刑法》第191条规定,明知是毒品犯罪、黑社会性质的组织犯罪、恐怖活动犯罪、走私犯罪、贪污贿赂犯罪、破坏金融管理秩序犯罪、金融诈骗犯罪的所得及其产生的收益,为掩饰、隐瞒其来源和性质,有下列行为之一的,没收实施以上犯罪的所得及其产生的收益,处5年以下有期徒刑或者拘役,并处或者单处洗钱数额5%以上20%以下罚金;情节严重的,处5年以上10年以下有期徒刑,并处洗钱数额5%以上20%以下罚金:①提供资金账户的;②协助将财产转换为现金、金融票据、有价证券的;③通过转账或者其他结算方式协助资金转移的;④协助将资金汇往境外的;⑤以其他方法掩饰、隐瞒犯罪所得及其收益的来源和性质的。

单位犯前款罪的,对单位判处罚金,并对其直接负责的主管人员和其他直接责任人员,处5年以下有期徒刑或者拘役。

第十一章

证　券　法

【内容提要】　证券法系统阐述证券与证券法、证券市场主体法、证券发行与证券承销、证券上市与证券交易、上市公司收购法律制度。证券与证券法一节介绍证券主要为股票、债券、投资基金券、金融衍生证券和特殊证券的投资合同。在证券市场主体法一节中介绍了证券市场主体涉及的发行人、投资人、证券交易所、证券公司、证券登记结算机构、证券交易服务机构、证券业协会法律规定。证券发行与证券承销一节介绍证券发行基本理论、证券发行审核制度的注册制与核准制、证券发行的程序规定,介绍证券发行、证券承销。证券上市与证券交易一节介绍证券上市理论、证券上市程序、证券交易的一般规则、持续信息公开、证券交易禁止性行为的内幕交易、短线操作、市场操纵、虚假陈述、欺诈客户、信用交易、账外交易、挪用公款买卖证券、资金违规流入股市、国有企业违规买卖股票等以及证券市场因虚假陈述引发的民事赔偿规定。在上市公司收购法律制度一节中介绍上市公司收购的一般规则、上市公司的善意、敌意、恶意收购、要约收购和协议收购规定。

第一节
证券与证券法

一、证券的概念

　　证券是记载并代表一定权利的凭证的通称,是用来证明证券的持有者按证券所载内容取得相应权益的凭证。证券有广义、狭义之分。广义证券包括有价证券与证据证券。有价证券包括货币证券、财物证券和投资证券。货币证券主要是汇票、支票、本票;财物证券,主要是栈单、提货单、货运凭证;投资证券,主要是股票、债券、投资基金、商业票据；证据证券，主要是借据、收据、保险单。

狭义证券仅指有价证券中的投资证券（股票、债券、投资基金），由证券法调整。财物证券由民商法、海商法与运输法调整。证据证券中的借据、收据由民法调整，保险单由保险法调整。货币证券（汇票、支票、本票）由票据法调整。我国证券市场上发行交易的证券品种有股票、公司债券、证券投资基金券、政府债券和企业债券等，此外，还发行了金融债券、国家建设债券。

证券法上的证券属于资本证券。资本证券的主要形式表现为股票、债券和投资基金券三大类。各种衍生证券，一些权利证书或者凭证也可能作为证券法上的证券对待，如新股认购权利证书、新股权利证书，以及各种证券之股款缴纳凭证等。这些证书或凭证因可以在证券市场上流通，证券法上通常将其视为证券。

二、证券种类

理论上的证券可以分为股票、债券、投资基金券以及金融衍生证券四大类。

1.股票。股票是股份公司发给股东的入股凭证，是股东借以取得股息，行使管理权，取得清盘资产，或在证券市场上转让的有价证券。无纸化股票成为现今股票的主要形式。所谓无纸化股票是指以电子和通讯技术为载体的股票。这种股票没有纸张，只是记录保存在电子计算机系统中，并通过电子和通讯技术展开保管、发行、登记、交易、清算、交割等活动。股票具有收益性、流通性、非返还性和风险性等特点。股票按不同标准可以分为若干种：普通股和优先股；国有股、法人股、社会公众股；人民币普通股（A股）、境内上市外资股（B股）和境外上市外资股（如有H股、N股和S股）。

2.债券。债券有公司债券与可转换公司债券、政府债券、金融债券。

3.证券投资基金券。证券投资基金券是基金投资人持有基金单位的凭证。证券投资基金是一种利益共享、风险共担的集合证券投资方式，即通过发行基金单位，集中投资者的资金，由基金托管人托管，由基金管理人管理和运用资金，从事股票、债券等金融工具投资。在我国，基金托管人必须由合格的商业银行担任，基金管理人必须由专业的基金管理公司担任。根据基金单位是否可增加或赎回，可分为开放式基金和封闭式基金。

4.衍生证券。从股票、债券等比较传统的投资工具（原生资产）中衍生出来的各种投资工具，统称衍生证券。例如从股票中派生出的股票期货、股票期权、股票指数期货、股票指数期权等；从债券中派生出的债券期货和与债券或利率相关的其他形式的投资组合。衍生证券的共同特征是保证金交易，即只要支付一定比例的保证金就可以进行全额交易,不需实际上的本金转移,合约的了结一般也采取现金差价结算的方式进行,只有在期满日以实物交割方式履行的合约才需要买方交足货款。因此,衍生证券的交易具有杠杆效应。保证金越低,杠杆效应越大,风险也就越大。

最常见也最典型的衍生证券是期权。期权交易的全称是期货选择权交易,是指购买者在支付一定数额的权利金后即拥有在一定时间内或在特定日期以一定价格购买或出售一定数量的相关商品合同的权利,但不负有必须买进或卖出的义务的一种交易方式。期权是一种买卖选择权,即在约定的期限内以约定的价格买入或者卖出某种证券的权利。期权分为看涨期权、看跌期权和双向期权。看涨期权,又称为买入期权或买方期权,是指购买者向出售者支付一定数额的权利金后,就享有在合约规定的有效期限内按照确定的价格向出售者买进一定数量的商品期货合同的权利,但不负有必须买进的义务。看跌期权,又称为卖出期权或卖方期权,是指购买者向出售方支付一定数量的权利金后,就享有在合约规定的有效期限内按照确定的价格向出售者卖出一定数量的商品期货合同的权利,同样不负有必须卖出的义务。双向期权,又称为双重期权,是指购买者向出售方支付一定数量的权利金后,就享有在合约规定的有效期限内按照确定的价格向出售者买进一定数量的商品期货合同的权利,同时又享有在规定的有效期限内按照确定的价格向出售者卖出一定数量的相关商品期货合同的权利。双重期权相当于同时买进了一个看涨期权和一个看跌期权,是在同一履约价格水平上的看涨期权与看跌期权的双重运用。双重期权的购买者享有同时买进或卖出的权利,而出售者则同时负有卖出与买进的义务。

期权的价值首先取决于行权价与市场价的比较,当市价高于行权价时,看跌期权的价值为零,看涨期权有价值;当市价低于行权价时,看涨期权的价值为零,看跌期权有价值。其次,期权的价值又取决于行权价与市场价之间的差距,差距越大,期权的价值越高;差距越小,期权的价值越低。此外,期权还有期限性,权利人不在约定的期限内行权,他的期权便过期作废。

三、特殊证券的投资合同

除股票、债券、衍生证券和投资基金的证券外,还有一种类似股票的投资份额或权益分享的特殊证券。这种证券的特点是行为人通过向社会不特定的对象融资,签发期待的权益凭证,投资者因出资投资于一项共同的风险事业而取得的主要通过他人的努力而赢利的权益(凭证)。在我国,对以发行该种凭证而融资的行为通常以非法集资来处理。在美国有投资合同的理论,并有相关规则来处理。

在美国,根据其《1933年证券法》(the Securities Act of 1933)第2节(2)规定,所谓的"证券"是指,各种票据,股票,库存股票、证券期货、担保债券、无担保债券,债务凭证、权益证书或者参与某种利润分配协议的证书、担保信托证书、发起协议或者股份认购证书、可转让股权、投资合同、表决权信托凭证、证券存托凭证、油矿、气矿或者其他矿藏开采权未分割部分的权益;以及证券的卖出期权、买入期权、买空卖空期权,或者优先权、存款凭证,或者证券组合和指数(包括其所产生的任何利息或者价值);以及在全国性证券交易所对外汇,或者任何通常被视为"证券"的权益或者工具的卖出期权、买入期权、买空卖空期权,或者优先权,或者认购或者购买上述任何种类的临时的或者中介性的收据、担保、保证等各种权益证明。

法律没有就投资合同的定义和含义作出规定或说明,而是根据法院解释来理解。投资合同基本的鉴定标准被表述为"一个人将他的钱投入到普通企业并期望从发起人或第三人的努力中获得利润"❶。这一标准由如下一些因素构成:①要有金钱投入;②投入普通企业;③利润期望;④纯粹是由他人做出的努力,即由他人经营管理。

为理解投资合同和在特定情形下被认为是证券的各种权益问题,以1946年美国联邦最高法院所判的国家证券与交易委员会(简称证交委)诉豪易公司为例说明。被告在美国佛罗里达州开发了大片柑橘园林,每年将这些园林的一半留给自己,将另一半分块出售给广大的投资者。被告与每位投资者签订两份合同:一份是出售园林的土地买卖合同;另一份是投资者将所买得的果园委托给被告进行管理的管理服务合同。土地买卖合同一经签订,被告即将所售地块的地契交给投资者。管理服务合同的签订不作要求,投资者完全可以自己管理,或者委托被告以外的其他人管理。但是投资者都是外地人,自己跑老远去管理那一小片果林显然不现实,只有委托他人管理。因为被告的技术和设备比较优越,所以85%的人还是跟被告签订了管理服务合同❷。

美国《1933年证券法》规定发行证券必须依法登记和披露,否则不得发行。美国证交委认为佛罗里达的这个开发商出售的园林利益其实是一种证券,应当按照美国证券法的要求进行登记和披露。开发商没有这样做,违反了证券法。证交委认为案中的土地买卖合同加上地契和管理服务合同合起来构成了证券

---

❶ 施天涛著:《商法学》,法律出版社2003年版,第290页。

❷ 朱锦清著:《证券法学》,北京大学出版社2004年版,第24页。

法上所说的投资合同。于是,证交委对开发商提起诉讼。而开发商则认为它出售的是果园而不是证券,不需要按证券法登记披露。双方各持己见,官司一直打到联邦最高法院。

法院对投资合同下的定义:投资合同是指将钱投资到一项共同的事业中,期望完全依赖发起人或者其他人的努力来赢利。至于投资者在这项共同事业中的份额是用一张正式的证书来表示还是采取简单记账的方式予以记录,或者是以合同的形式存在,那都是无关紧要的。本案中的土地买卖合同和管理服务合同具有四方面特点:①投资者出了钱。②投资于公司开发的同一个项目。这些钱投入了由同一家公司开发的同一个项目——果园开发。③营利目的。投资者投资的目的不是占有和使用土地而是营利。④他人经营管理。投资者买了土地之后并不打算自己开发,而是通过管理服务合同将园林土地委托给他人管理,自己在投资之后准备坐收渔利。法院指出,被告并不是在单纯地出售土地,而是在提供一种通过投资开发柑橘园林而赚钱的机会;买方也不是为了占有和开发土地而购买的——事实上这也是不现实的,而完全是因为投资回报的吸引才慷慨解囊的,整个园林开发依然处于被告的管理和控制之下。因此,这样的土地买卖就是证券法上所说的投资合同,属于证券,应当受证券法的调整,按照证券法的要求进行登记和披露❶。

对于开发果园、庄园的集资活动,我国政府采取的是以非法集资查处了结;属于非法集资的,不受法律保护,应予查禁和取缔。1999 年 2 月,国土资源部、司法部、中国人民银行、国家工商行政管理局联合发出了《关于加强对"果园、庄园"等农林开发活动管理的通知》(国土资发〔1999〕40 号)和《关于严禁利用庄园开发进行非法集资的紧急通告》(银发〔1998〕509 号),明确了其非法集资的行为性质。

四、我国证券法上的证券

我国《证券法》没有给证券定义❷,但 2005 年 10 月 27 日修订通过的《证券法》第 2 条规定,在中华人民共和国境内,股票、公司债券和国务院依法认定的其他证券的发行和交易,适用本法;本法未规定的,适用《公司法》和其他法律、行政法规的规定。政府债券、证券投资基金份额的上市交易,适用本法;其他法

---

❶ 朱锦清著:《证券法学》,北京大学出版社 2004 年版,第 25 页。

❷ 有学者认为证券是因投资于一项共同的风险事业而取得的主要通过他人的努力而赢利的权益(凭证)。

律、行政法规有特别规定的,适用其规定。证券衍生品种发行、交易的管理办法,由国务院依照本法的原则规定。可见,《证券法》涉及了股票、公司债券、政府债券、证券投资基金、证券衍生品种以及国务院依法认定的其他证券。

针对果园开发、房地产开发项目以及含有证券发行的情况,为明确和规范证券发行和非法集资的界限,以利于证券法的有效实施,我国《证券法》规定了证券公开发行的情形以及未经依法核准,公开发行证券的法律责任。《证券法》第 10 条规定,公开发行证券,必须符合法律、行政法规规定的条件,并依法报经国务院证券监督管理机构或者国务院授权的部门核准;未经依法核准,任何单位和个人不得公开发行证券。有下列情形之一的,为公开发行:①向不特定对象发行证券;②向累计超过 200 人的特定对象发行证券;③法律、行政法规规定的其他发行行为。非公开发行证券,不得采用广告、公开劝诱和变相公开方式。《证券法》第 188 条规定,未经法定机关核准,擅自公开或者变相公开发行证券的,责令停止发行,退还所募资金并加算银行同期存款利息,处以非法所募资金金额 1%以上 5%以下的罚款;对擅自公开或者变相公开发行证券设立的公司,由依法履行监督管理职责的机构或者部门会同县级以上地方人民政府予以取缔。对直接负责的主管人员和其他直接责任人员给予警告,并处以 3 万元以上30 万元以下的罚款。

五、证券法

证券法与公司法是一对孪生姊妹,又是两个交叉的法律。公司法中有关股票、债券的规范也属证券法的范畴,即证券法与公司法两个法律的这一部分规范又是相互衔接、相互补充共同适用的。一国的证券法与公司法均属国内法,又属涉外法。证券法与投资法是两个相邻的法律,投资法调整直接投资,证券法调整间接投资。

《证券法》于 1998 年 12 月 29 日通过,后经 2004 年 8 月 28 日修正和 2005年 10 月 27 日修订。2005 年修订后的《证券法》自 2006 年 1 月 1 日起施行。《证券法》共 12 章 240 条,分别为第 1 章总则;第 2 章证券发行;第 3 章证券交易;第 4 章上市公司的收购;第 5 章证券交易所;第 6 章证券公司;第 7 章证券登记结算机构;第 8 章证券服务机构;第 9 章证券业协会;第 10 章证券监督管理机构;第 11 章法律责任;第 12 章附则。

我国《证券法》第 3 条到第 9 条确立了证券法的几项基本原则,即:公平、公开、公正原则;平等、自愿、有偿、诚实信用原则;守法原则;分业经营管理原则;政府统一监管与行业自律管理与审计监督相结合的原则。

【资料与应用】 是证券发行还是非法集资

辽宁神农庄园有限公司位于沈阳市于洪区大潘镇,成立于 1999 年 8 月,法定代表人孙成森。该公司于今年 5 月份开始搞生态猪托养工程。具体方式为:至少预付 6700 元(10 头猪)托养费,合同签订后每四个月回报投资额 10%,即680 元。到第 8 个月,再回报 10%。到 12 个月再回报 10%,同时返还本金 6700元。即投入 6700 元一年后的回报率为投资额的 30.45%。

辽宁神农庄园有限公司未经金融机构批准以托养生态猪的形式,面向不特定群众变相吸收公众存款,许诺给予高额回报。该公司的行为符合我国《刑法》第 176 条规定的变相吸收公众存款罪构成要件的特征。对此,沈阳市政府金融工作办公室会同中国人民银行沈阳分行、辽宁省银监局、沈阳市工商局、公安局等部门的有关人员,代表市查处非法集资活动领导小组,向辽宁神农庄园有限公司副总经理蔡忠凯宣布了《责令停止非法集资活动通知》,责令该公司必须立即停止非法集资活动,同时责令该公司立即向公安机关提供所有集资有关资料和账目,对已经发生的以托养名义募集到的集资款,在 15 日内向集资群众退还。

第二节
证券市场主体法

一、证券市场与发行人

证券市场是由一系列交易设施所构成,供发行者筹集资金和投资者转让所持证券收回本金的市场。证券市场包括证券发行市场和证券交易市场。证券发行市场,又称"一级市场"或"初级市场",是指由发行者、投资者及证券公司(或投资银行)三者构成,以包销或代销方式发行证券的市场。证券交易市场,或称证券流通市场,也称"二级市场"或"次级市场",是指买卖已发行证券的市场。交易市场是由证券出让者、交易场所、证券购买者三者构成的市场。证券市场主体涉及发行人、投资人、证券交易所、证券公司、证券登记结算机构、证券交易服务机构、证券业协会。

发行人是指为融资而发行证券的主体。不论是股票还是公司债券的发行,也不论是公开发行,还是非公开发行,都有发行人。如发行股票的主体是股份有限公司。

二、投资人

投资人有证券发行阶段和证券交易阶段的差异。我国《证券法》没有对投资人问题作出规定,但对证券交易的限制主体作有规定。一般而言,证券的投资者,包括个人投资者和机构投资者。证券投资人具有广泛性。

法律对特定从事证券交易的人设定了一定的限制,包括如下几种情况:

1.《证券法》第 43 条规定的人员。证券交易所、证券公司和证券登记结算机构的从业人员、证券监督管理机构的工作人员以及法律、行政法规禁止参与股票交易的其他人员,在任期或者法定限期内,不得直接或者以化名、借他人名义持有、买卖股票,也不得收受他人赠送的股票。任何人在成为前述所列人员时,其原已持有的股票,必须依法转让。

2.《证券法》第 45 条规定的机构和人员。为股票发行出具审计报告、资产评估报告或者法律意见书等文件的证券服务机构和人员,在该股票承销期内和期满后 6 个月内,不得买卖该种股票。除前述规定外,为上市公司出具审计报告、资产评估报告或者法律意见书等文件的证券服务机构和人员,自接受上市公司委托之日起至上述文件公开后五日内,不得买卖该种股票。

3.《公司法》第 142 条规定的上市公司股东、董事、监事、高级管理人员。《公司法》第 142 条规定,发起人持有的本公司股份,自公司成立之日起 1 年内不得转让。公司公开发行股份前已发行的股份,自公司股票在证券交易所上市交易之日起 1 年内不得转让。公司董事、监事、高级管理人员应当向公司申报所持有的本公司的股份及其变动情况,在任职期间每年转让的股份不得超过其所持有本公司股份总数的 25%;所持本公司股份自公司股票上市交易之日起 1 年内不得转让。上述人员离职后半年内,不得转让其所持有的本公司股份。

三、证券交易所

证券交易所是依据国家有关法律设立的,为证券的集中竞价和有组织的交易提供场所、设施和规则的特殊法人。证券交易所既不直接买卖证券,也不决定证券价格,而只为买卖证券的当事人提供场所和各种必要的条件及服务。证券交易所在证券法中占有重要位置,其主要内容为:

1.证券交易所的性质。各国的证券交易所的组织形式归结为两种类型:会员制和公司制证券交易所。会员制证券交易所是非营利性的事业法人,公司制证券交易所是采取股份有限公司的组织形式。《证券法》第 102 条规定,证券交易所是为证券集中交易提供场所和设施,组织和监督证券交易,实行自律管理的法人。证券交易所的设立和解散,由国务院决定。设立证券交易所必须制定章程。证券交易所章程的制定和修改,必须经国务院证券监督管理机构批准。证券交易所可以自行支配的各项费用收入,应当首先用于保证其证券交易场所和设施的正常运行并逐步改善。实行会员制的证券交易所的财产积累归会员所有,其权益由会员共同享有,在其存续期间,不得将其财产积累分配给会员。

2.证券交易所的组织机构及人员。证券交易所设理事会。证券交易所设总经理1人,由国务院证券监督管理机构任免。有《公司法》第147条规定的情形或者下列情形之一的,不得担任证券交易所的负责人:①因违法行为或者违纪行为被解除职务的证券交易所、证券登记结算机构的负责人或者证券公司的董事、监事、高级管理人员,自被解除职务之日起未逾5年;②因违法行为或者违纪行为被撤销资格的律师、注册会计师或者投资咨询机构、财务顾问机构、资信评级机构、资产评估机构、验证机构的专业人员,自被撤销资格之日起未逾5年。

因违法行为或者违纪行为被开除的证券交易所、证券登记结算机构、证券服务机构、证券公司的从业人员和被开除的国家机关工作人员,不得招聘为证券交易所的从业人员。证券交易所的负责人和其他从业人员在执行与证券交易有关的职务时,与其本人或者其亲属有利害关系的,应当回避。

3.证券交易所的运作规则。进入证券交易所参与集中竞价交易的,必须是具有证券交易所会员资格的证券公司。投资者应当与证券公司签订证券交易委托协议,并在证券公司开立证券交易账户,以书面、电话以及其他方式,委托该证券公司代其买卖证券。投资者通过其开户的证券公司买卖证券的,应当采用市价委托或者限价委托。证券公司根据投资者的委托,按照时间优先的规则提出交易申报,参与证券交易所场内的集中竞价交易;证券登记结算机构根据成交结果,按照清算交割规则,进行证券和资金的清算交割,办理证券的登记过户手续。证券公司接受委托或者自营,当日买入的证券,不得在当日再行卖出。证券交易所应当为组织公平的集中竞价交易提供保障,即时公布证券交易行情,并按交易日制作证券市场行情表,予以公布。

因突发性事件而影响证券交易的正常进行时,证券交易所可以采取技术性停牌的措施;因不可抗力的突发性事件或者为维护证券交易的正常秩序,证券交易所可以决定临时停市。证券交易所采取技术性停牌或者决定临时停市,必须及时报告国务院证券监督管理机构。

证券交易所对在交易所进行的证券交易实行实时监控,并按照国务院证券监督管理机构的要求,对异常的交易情况提出报告。证券交易所应当对上市公司及相关信息披露义务人披露信息进行监督,督促其依法及时、准确地披露信息。证券交易所根据需要,可以对出现重大异常交易情况的证券账户限制交易,并报国务院证券监督管理机构备案。

证券交易所应当从其收取的交易费用和会员费、席位费中提取一定比例的金额设立风险基金。风险基金由证券交易所理事会管理。风险基金提取的具体比例和使用办法,由国务院证券监督管理机构会同国务院财政部门规定。证券交易所应当将收存的风险基金存入开户银行专门账户,不得擅自使用。

证券交易所依照证券法律、行政法规制定上市规则、交易规则、会员管理规则和其他有关规则,并报国务院证券监督管理机构批准。

四、证券公司

证券公司是指依照《公司法》和《证券法》规定设立的经营证券业务的有限责任公司或者股份有限公司。《证券法》第 125 条规定,经国务院证券监督管理机构批准,证券公司可以经营下列部分或者全部业务:①证券经纪;②证券投资咨询;③与证券交易、证券投资活动有关的财务顾问;④证券承销与保荐;⑤证券自营;⑥证券资产管理;⑦其他证券业务。在《证券法》第 127 条规定了不同的证券公司业务必须有相应的注册资本最低限额要求。证券公司经营《证券法》第 125 条第①~③项业务的,注册资本最低限额为人民币 5000 万元;经营第④~⑦项业务之一的,注册资本最低限额为人民币 1 亿元;经营第④~⑦项业务中两项以上的,注册资本最低限额为人民币 5 亿元。证券公司的注册资本应当是实缴资本。国务院证券监督管理机构根据审慎监管原则和各项业务的风险程度,可以调整注册资本最低限额,但不得少于前述规定的限额。

1.证券公司的设立与管理。设立证券公司,应当具备下列条件:①有符合法律、行政法规规定的公司章程;②主要股东具有持续赢利能力,信誉良好,最近 3 年无重大违法违规记录,净资产不低于人民币 2 亿元;③有符合本法规定的注册资本;④董事、监事、高级管理人员具备任职资格,从业人员具有证券从业资格;⑤有完善的风险管理与内部控制制度;⑥有合格的经营场所和业务设施;⑦法律、行政法规规定的和经国务院批准的国务院证券监督管理机构规定的其他条件。

证券公司经营证券经纪、证券投资咨询、与证券交易、证券投资活动有关的财务顾问业务的,注册资本最低限额为人民币 5000 万元;经营证券承销与保荐、证券自营、证券资产管理、其他证券业务之一的,注册资本最低限额为人民币 1 亿元;经营证券承销与保荐、证券自营、证券资产管理、其他证券业务中两项以上的,注册资本最低限额为人民币 5 亿元。证券公司的注册资本应当是实缴资本。

国务院证券监督管理机构应当自受理证券公司设立申请之日起 6 个月内,依照法定条件和法定程序并根据审慎监管原则进行审查,作出批准或者不予批准的决定,并通知申请人;不予批准的,应当说明理由。证券公司设立申请获得批准的,申请人应当在规定的期限内向公司登记机关申请设立登记,领取营业执照。证券公司应当自领取营业执照之日起 15 日内,向国务院证券监督管理机构申请经营证券业务许可证。未取得经营证券业务许可证,证券公司不得经营证券业务。

证券公司不得为其股东或者股东的关联人提供融资或者担保。

证券公司的董事、监事、高级管理人员,应当正直诚实,品行良好,熟悉证券法律、行政法规,具有履行职责所需的经营管理能力,并在任职前取得国务院证券监督管理机构核准的任职资格。有《公司法》第 147 条规定的情形或者下列情形之一的,不得担任证券公司的董事、监事、高级管理人员:①因违法行为或者违纪行为被解除职务的证券交易所、证券登记结算机构的负责人或者证券公司的董事、监事、高级管理人员,自被解除职务之日起未逾 5 年;②因违法行为或者违纪行为被撤销资格的律师、注册会计师或者投资咨询机构、财务顾问机构、资信评级机构、资产评估机构、验证机构的专业人员,自被撤销资格之日起未逾 5 年。

因违法行为或者违纪行为被开除的证券交易所、证券登记结算机构、证券服务机构、证券公司的从业人员和被开除的国家机关工作人员,不得招聘为证券公司的从业人员。国家机关工作人员和法律、行政法规规定的禁止在公司中兼职的其他人员,不得在证券公司中兼任职务。

证券公司缴纳的资金及其他依法筹集的资金组成证券投资者保护基金,证券公司从每年的税后利润中提取交易风险准备金,用于弥补证券交易的损失,其提取的具体比例由国务院证券监督管理机构规定。

2.证券公司的经营业务规则。证券公司应当建立健全内部控制制度,采取有效隔离措施,防范公司与客户之间、不同客户之间的利益冲突。证券公司必须将其证券经纪业务、证券承销业务、证券自营业务和证券资产管理业务分开办理,不得混合操作。证券公司的自营业务必须以自己的名义进行,不得假借他人名义或者以个人名义进行。证券公司的自营业务必须使用自有资金和依法筹集的资金。证券公司不得将其自营账户借给他人使用。证券公司依法享有自主经营的权利,其合法经营不受干涉。

证券公司客户的交易结算资金应当存放在商业银行,以每个客户的名义单独立户管理。具体办法和实施步骤由国务院规定。证券公司不得将客户的交易结算资金和证券归入其自有财产。禁止任何单位或者个人以任何形式挪用客户的交易结算资金和证券。证券公司破产或者清算时,客户的交易结算资金和证券不属于其破产财产或者清算财产。非因客户本身的债务或者法律规定的其他情形,不得查封、冻结、扣划或者强制执行客户的交易结算资金和证券。

证券公司办理经纪业务,应当置备统一制定的证券买卖委托书,供委托人使用。采取其他委托方式的,必须作出委托记录。客户的证券买卖委托,不论是否成交,其委托记录应当按照规定的期限,保存于证券公司。证券公司接受证券买卖的委托,应当根据委托书载明的证券名称、买卖数量、出价方式、价格幅度等,按照交易规则代理买卖证券,如实进行交易记录;买卖成交后,应当按照规定制作买卖成交报告单交付客户。证券交易中确认交易行为及其交易结果的对账单必须真实,并由交易经办人员以外的审核人员逐笔审核,保证账面证券余额与实际持有的证券相一致。证券公司为客户买卖证券提供融资融券服务,应当按照国务院的规定并经国务院证券监督管理机构批准。

证券公司办理经纪业务,不得接受客户的全权委托而决定证券买卖、选择证券种类、决定买卖数量或者买卖价格。证券公司不得以任何方式对客户证券买卖的收益或者赔偿证券买卖的损失作出承诺。证券公司及其从业人员不得未经过其依法设立的营业场所私下接受客户委托买卖证券。

证券公司的从业人员在证券交易活动中,执行所属的证券公司的指令或者利用职务违反交易规则的,由所属的证券公司承担全部责任。

证券公司应当妥善保存客户开户资料、委托记录、交易记录和与内部管理、业务经营有关的各项资料,任何人不得隐匿、伪造、篡改或者毁损。上述资料的保存期限不得少于 20 年。

3. 对证券公司的监管措施。证券公司应当按照规定向国务院证券监督管理机构报送业务、财务等经营管理信息和资料。国务院证券监督管理机构有权要求证券公司及其股东、实际控制人在指定的期限内提供有关信息、资料。证券公司及其股东、实际控制人向国务院证券监督管理机构报送或者提供的信息、资料,必须真实、准确、完整。

国务院证券监督管理机构认为有必要时,可以委托会计师事务所、资产评估机构对证券公司的财务状况、内部控制状况、资产价值进行审计或者评估。具体办法由国务院证券监督管理机构会同有关主管部门制定。

证券公司的净资本或者其他风险控制指标不符合规定的,国务院证券监督管理机构应当责令其限期改正;逾期未改正,或者其行为严重危及该证券公司的稳健运行、损害客户合法权益的,国务院证券监督管理机构可以区别情形,对其采取下列措施:①限制业务活动,责令暂停部分业务,停止批准新业务;②停止批准增设、收购营业性分支机构;③限制分配红利,限制向董事、监事、高级管理人员支付报酬、提供福利;④限制转让财产或者在财产上设定其他权利;⑤责令更换董事、监事、高级管理人员或者限制其权利;⑥责令控股股东转让股权或者限制有关股东行使股东权利;⑦撤销有关业务许可。证券公司整改后,应当向国务院证券监督管理机构提交报告。国务院证券监督管理机构经验收,符合有关风险控制指标的,应当自验收完毕之日起 3 日内解除对其采取的前款规定的有关措施。证券公司的股东有虚假出资、抽逃出资行为的,国务院证券监督管理机构应当责令其限期改正,并可责令其转让所持证券公司的股权。在前述规定的股东按照要求改正违法行为、转让所持证券公司的股权前,国务院证券监督管理机构可以限制其股东权利。

证券公司的董事、监事、高级管理人员未能勤勉尽责,致使证券公司存在重大违法违规行为或者重大风险的,国务院证券监督管理机构可以撤销其任职资格,并责令公司予以更换。

证券公司违法经营或者出现重大风险,严重危害证券市场秩序、损害投资者利益的,国务院证券监督管理机构可以对该证券公司采取责令停业整顿、指定其他机构托管、接管或者撤销等监管措施。在证券公司被责令停业整顿、被依法指定托管、接管或者清算期间,或者出现重大风险时,经国务院证券监督管理机构批准,可以对该证券公司直接负责的董事、监事、高级管理人员和其他直接责任人员采取以下措施:①通知出境管理机关依法阻止其出境;②申请司法机关禁止其转移、转让或者以其他方式处分财产,或者在财产上设定其他权利。

4.证券公司通常的违法行为。

(1)证券公司承销或者代理买卖未经核准擅自公开发行的证券。

(2)违反证券承销业务规定的行为。

(3)擅自设立证券公司或者非法经营证券业务。

(4)聘任不具有任职资格、证券从业资格的人员。

(5)故意提供虚假资料,隐匿、伪造、篡改或者毁损交易记录,诱骗投资者买卖证券。

(6)违法为客户买卖证券提供融资融券。

(7)提供自己或者他人的证券交易账户。

(8)假借他人名义或者以个人名义从事证券自营业务。

（9）证券公司违背客户真实意思的交易和非交易行为。

（10）挪用客户的资金或者证券、擅自为客户买卖证券。

（11）接受客户的全权委托买卖证券、对客户买卖证券的收益或者赔偿损失承诺。

（12）私下接受客户委托买卖证券。

（13）未经批准经营非上市证券的交易。

（14）非正常营业。

（15）擅自设立、收购、撤销分支机构，或者合并、分立、停业、解散、破产，或者在境外设立、收购、参股证券经营机构。

（16）超出业务许可范围经营证券业务。

（17）不依法分开办理，混合操作。

（18）骗取证券业务许可和严重违法行为。

（19）拒不向报送或者提供经营管理信息和资料，或者报送、提供的经营管理信息和资料有虚假记载、误导性陈述或者重大遗漏。

（20）提供融资或者担保。股东有过错的，在按照要求改正前，国务院证券监督管理机构可以限制其股东权利；拒不改正的，可以责令其转让所持证券公司股权。

违反上述规定，构成犯罪的，依法追究刑事责任。违反上述规定，应当承担民事赔偿责任和缴纳罚款、罚金，其财产不足以同时支付时，先承担民事赔偿责任。违反法律、行政法规或者国务院证券监督管理机构的有关规定，情节严重的，国务院证券监督管理机构可以对有关责任人员采取证券市场禁入的措施。证券市场禁入是指在一定期限内直至终身不得从事证券业务或者不得担任上市公司董事、监事、高级管理人员的制度。

五、证券登记结算机构

证券登记结算机构为证券交易提供集中的登记、托管与结算服务，是不以营利为目的的法人。设立证券登记结算机构必须经国务院证券监督管理机构批准。设立证券登记结算机构，应当具备下列条件：①自有资金不少于人民币2亿元；②具有证券登记、托管和结算服务所必须的场所和设施；③主要管理人员和业务人员必须具有证券从业资格；④国务院证券监督管理机构规定的其他条件。证券登记结算机构的名称中应当标明证券登记结算字样。

证券登记结算机构履行下列职能：①证券账户、结算账户的设立；②证券的存管和过户；③证券持有人名册登记；④证券交易所上市证券交易的清算和交收;⑤受发行人的委托派发证券权益;⑥办理与上述业务有关的查询;⑦国务院证券监督管理机构批准的其他业务。

证券登记结算采取全国集中统一的运营方式。证券持有人所持有的证券,在上市交易时,应当全部存管在证券登记结算机构。证券登记结算机构不得将客户的证券用于质押或者出借给他人,不得挪用客户的证券。证券登记结算机构应当向证券发行人提供证券持有人名册及其有关资料。证券登记结算机构应当根据证券登记结算的结果,确认证券持有人持有证券的事实,提供证券持有人登记资料。证券登记结算机构应当保证证券持有人名册和登记过户记录真实、准确、完整,不得隐匿、伪造、篡改或者毁损。证券登记结算机构应当妥善保存登记、存管和结算的原始凭证及有关文件和资料。重要的原始凭证的保存期不得少于 20 年。

六、证券服务机构

证券交易服务机构包括证券投资咨询机构、财务顾问机构、资信评级机构、资产评估机构、会计师事务所。证券交易服务机构从事证券服务业务,必须经国务院证券监督管理机构和有关主管部门批准。投资咨询机构、财务顾问机构、资信评级机构从事证券服务业务的人员,必须具备证券专业知识和从事证券业务或者证券服务业务 2 年以上经验。

证券服务机构为证券的发行、上市、交易等证券业务活动制作、出具审计报告、资产评估报告、财务顾问报告、资信评级报告或者法律意见书等文件,应当勤勉尽责,对所制作、出具的文件内容的真实性、准确性、完整性进行核查和验证。其制作、出具的文件有虚假记载、误导性陈述或者重大遗漏,给他人造成损失的,应当与发行人、上市公司承担连带赔偿责任,但是能够证明自己没有过错的除外。

1.证券投资咨询机构。证券投资咨询机构,也称"证券投资顾问机构",是指依法成立的,为证券投资人或者客户提供证券投资分析、预测或者建议,以营利为目的的经济组织。我国的证券投资咨询公司主要有两类:一是专门从事证券咨询业务的专营咨询机构,另一类是兼作证券投资咨询业务的兼营咨询机构。

证券投资咨询机构的从业人员不得从事下列行为:①代理委托人从事证券投资;②与委托人约定分享证券投资收益或者分担证券投资损失;③买卖本咨询机构提供服务的上市公司股票;④利用传播媒介或者通过其他方式提供、传播虚假或者误导投资者的信息;⑤法律、行政法规禁止的其他行为。有前述所列行为之一,给投资者造成损失的,依法承担赔偿责任。从事证券服务业务的投资咨询机构和资信评级机构,应当按照国务院有关主管部门规定的标准或者收费办法收取服务费用。

2.财务顾问机构。财务顾问(简称FC)业务,是指根据客户的自身需求,站在客户的角度,利用公司的产品和服务及其他社会资源,为客户的财务管理、投融资、兼并与收购、资产重组及债务重组、发展战略等活动提供的咨询、分析、方案设计等服务。财务顾问机构通常以有限公司出现,从事财务顾问业务。服务的内容包括设立公司治理结构,设计改制重组方案,策划和实施收购兼并项目,策划境内外股权和债券融资,设计管理层收购方案,处置不良资产,确定投资方向和风险管理等。财务顾问通常出具财务顾问报告。财务顾问机构从事证券服务业务,必须经国务院证券监督管理机构和有关主管部门批准。

3.证券资信评级机构。证券资信评级机构是依法设立的对证券质量进行评价从而确定证券投资价值的以营利为目的的经济组织。资信评级机构是一个承担特殊责任的社会性咨询服务机构,它不经营证券的发行与买卖,仅向证券投资者和证券市场提供某一证券的信用等级评定结果。按国际上通行的做法,资信评级机构对证券信用等级进行评定一般采取三等九级制,最高为AAA级,最低为C级。

4.会计师事务所。会计师事务所是注册会计师执行业务的工作机构。注册会计师本着独立审计的要求,对证券发行人的会计报表发表审计意见,提出书面审计报告。注册会计师需针对不同的审计结果,出具:①无保留意见的审计报告;②保留意见的审计报告;③否定意见的审计报告;④无法表示审计意见的审计报告。

5.律师事务所。律师事务所是注册律师执行业务的工作机构。律师在证券市场中主要是通过提供法律咨询,起草必备的文件,出具法律意见书等体现自身的作用,律师的参与有利于促进和推动证券市场的法制化。

6.资产评估机构。从事证券业务的资产评估机构是指对股票公开发行、上市交易的公司资产进行评估和开展与证券业务有关的资产评估业务的专门机构。资产评估机构必须按照执业规则规定的工作程序出具报告,对其所出具报告内容的真实性、准确性和完整性进行核查和验证,并就其负有责任的部分承担连带责任。

七、证券业协会

证券业协会是证券业的自律性组织,是社会团体法人。证券公司应当加入证券业协会。证券业协会的权力机构为由全体会员组成的会员大会。

证券业协会履行下列职责：①教育和组织会员执行证券法律、行政法规；②依法维护会员的合法权益，向证券监督管理机构反映会员的建议和要求；③收集整理证券信息，为会员提供服务；④制定会员应遵守的规则，组织会员单位的从业人员的业务培训，开展会员间的业务交流；⑤对会员之间、会员与客户之间发生的证券业务纠纷进行调解；⑥组织会员就证券业的发展、运作及有关内容进行研究；⑦监督、检查会员行为，违反法律、行政法规或者协会章程的，按照规定给予纪律处分；⑧证券业协会章程规定的其他职责。证券业协会设理事会。理事会成员依章程的规定由选举产生。

八、证券监督管理机构

国务院证券监督管理机构履行下列职责：①依法制定有关证券市场监督管理的规章、规则，并依法行使审批或者核准权；②依法对证券的发行、上市、交易、登记、存管、结算，进行监督管理；③依法对证券发行人、上市公司、证券交易所、证券公司、证券登记结算机构、证券投资基金管理公司、证券服务机构的证券业务活动，进行监督管理；④依法制定从事证券业务人员的资格标准和行为准则，并监督实施；⑤依法监督检查证券发行、上市和交易的信息公开情况；⑥依法对证券业协会的活动进行指导和监督；⑦依法对违反证券市场监督管理法律、行政法规的行为进行查处；⑧法律、行政法规规定的其他职责。国务院证券监督管理机构可以和其他国家或者地区的证券监督管理机构建立监督管理合作机制，实施跨境监督管理。

国务院证券监督管理机构依法履行职责，有权采取下列措施：①对证券发行人、上市公司、证券公司、证券投资基金管理公司、证券服务机构、证券交易所、证券登记结算机构进行现场检查；②进入涉嫌违法行为发生场所调查取证；③询问当事人和与被调查事件有关的单位和个人，要求其对与被调查事件有关的事项作出说明；④查阅、复制与被调查事件有关的财产权登记、通讯记录等资料；⑤查阅、复制当事人和与被调查事件有关的单位和个人的证券交易记录、登记过户记录、财务会计资料及其他相关文件和资料；对可能被转移、隐匿或者毁损的文件和资料，可以予以封存；⑥查询当事人和与被调查事件有关的单位和个人的资金账户、证券账户和银行账户；对有证据证明已经或者可能转移或者隐匿违法资金、证券等涉案财产或者隐匿、伪造、毁损重要证据的，经国务院证券监督管理机构主要负责人批准，可以冻结或者查封；⑦在调查操纵证券市场、内幕交易等重大证券违法行为时，经国务院证券监督管理机构主要负责人批准,可以限制被调查事件当事人的证券买卖,但限制的期限不得超过 15 个交易日;案情复杂的,可以延长 15 个交易日。

国务院证券监督管理机构依法履行职责,进行监督检查或者调查,其监督检查、调查的人员不得少于 2 人,并应当出示合法证件和监督检查、调查通知书。监督检查、调查的人员少于 2 人或者未出示合法证件和监督检查、调查通知书的,被检查、调查的单位有权拒绝。

国务院证券监督管理机构的人员不得在被监管的机构中任职。

【资料与应用】 1. 中学生炒股赔本案

15 岁的中学生张某对股票非常感兴趣,感觉炒股赚钱很快。2004 年 8 月,他偷偷将家中的存款提出 10000 元,在某证券交易所建立了股东账户。没想到几次交易后,张某不但分文未赚,反亏 8800 元。此事被其父母得知后,要求证券交易所赔偿。证券交易所表示,股票买卖,有赔有赚,不能赔偿。张某的父母遂向法院起诉。

审理中,有两种意见。第一种意见认为,证券交易所不应赔偿,应驳回起诉。理由是张某所受损失,是股票交易的正常风险,且证券交易所并不清楚张某未成年,主观上也没有过错,不应赔偿张某的损失,应驳回起诉。第二种意见认为,证券交易所应返还张某所受损失 8800 元。理由是从事股票交易,系一项比较复杂的民事活动,张某系限制民事行为能力人,张某的年龄、智力与从事股票交易不相适应,应由他的法定代理人代理,或者征得他的法定代理人的同意后进行。依我国《民法通则》第 58 条规定,其与证券交易所建立的股票买卖关系无效;根据《民法通则》第 61 条规定,民事行为被确认为无效后,当事人因该行为取得的财产,应当返还给受损失的一方。因此,证券交易所应返还张某所受损失 8800 元。

问题:你认为应如何处理?为什么?

2. 证券公司与客户之间的法律关系性质和内容

在证券交易中,代理客户买卖证券,从事中介业务的证券公司,为具有法人资格的证券经纪人。投资者在证券公司开立证券和资金账户。证券公司接受客户从事证券买卖的委托(要约)的意思表示,乃为一种承诺,也就标志着双方行纪合同法律关系的建立。证券公司根据客户的委托,以自己的名义,为客户而进行证券买卖。证券公司立于行纪人地位,而客户则立于委托人地位。

第三节
证券发行与证券承销

一、证券发行

证券发行是指证券发行人依照法定条件和程序发售证券的一种法律行为，是证券发行人与证券认购者之间的一种证券买卖关系。证券发行应当遵循公开、公平、公正的原则，遵循当事人具有平等的法律地位，遵守自愿有偿和诚实信用的原则，以及遵守法律、行政法规的原则。为此，《证券法》第10～36条对证券发行作出了规定。

二、证券发行的分类

1. 直接发行和间接发行。依发行是否借助证券发行中介机构的不同，证券发行可分为直接发行和间接发行。直接发行是指发行人直接向投资者出售证券，自己承担发行证券的责任和风险的发行方式。这种方式发行费用低廉。间接发行是指发行人把证券发行委托给一家或几家证券发行中介机构，由其代理发行，中介机构赚取差价收益或手续费的发行方式。

2. 公募发行和私募发行。依发行对象的不同，证券发行可分为公募发行和私募发行。公募发行即公开发行，是发行者向不特定的社会公众广泛出售证券的行为；发行人公开发行证券时，一般采取间接发行方式，委托承销机构承销。《证券法》第10条规定的公开发行包括：①向不特定对象发行证券；②向累计超过200人的特定对象发行证券；③法律、行政法规规定的其他发行行为。私募发行即非公开发行，是指面向少数特定的投资者发行证券的行为。私募发行的对象一般包括三类：①专业投资机构，如投资基金、保险公司等；②与公司有密切关联的公司、金融机构；③公司内部人员和与公司有业务联系的人员如股东、职员、公司顾问。非公开发行证券，不得采用广告、公开劝诱和变相公开方式。

3. 设立发行和增资发行。依发行的目的不同，可以分为设立发行和增资发行。设立发行是指在公司设立时发行股份。增资发行，或称为新股发行是指已经成立的公司因生产经营需要追加资本而发行股份。增资发行也有两种方法：一种是有偿增资发行，由投资者出资认购（向原有的股东发售为配股），一种是无偿增资发行，由公司的公积金或盈余转为资本，发行对象通常是公司的原有股东（即送红股）。

4. 平价发行、溢价发行和折价发行。依发行价格与证券票面金额或贴现金额的关系不同,证券发行可分为平价发行、溢价发行、折价发行。平价发行,又称面值发行,是指证券发行价格与票面金额相同的发行;溢价发行是指证券发行价格高于票面金额的发行;折价发行是指证券发行价格低于票面金额的发行。

5.股票发行、债券发行和基金证券发行。按照发行证券的种类,可以分为股票发行、债券发行和基金证券发行。

三、证券发行审核制度

证券发行审核制度主要有两种:注册制与核准制。

1.注册制。注册制,又称申报制、登记制、公开主义或形式主义,是指发行人在发行证券时,应依法全面、准确地把投资人做出投资决策所需的重要信息资料进行充分完全的披露,向证券主管机关申报;而证券主管机关对证券发行人发行证券并不作实质性的审查,而仅对发行条件作形式要件的审查,审查的内容为发行人资料的真实性、准确性和完整性;发行人公开和申报有关信息材料后,若未受到证券主管机关的阻止,即可发行证券❶。

注册制的理论依据是❷:证券发行只受信息公开制度的约束,证券管理机构的职责是审查信息资料的全面性、真实性、准确性和及时性,政府并不对证券自身的价值作出任何判断。投资者根据公开的信息作出选择,风险自负。投资者对自己的决策负有最大的责任,是绝对理性的,可以依据已经公开的信息按照自己的判断做出理性分析,从而做出正确的投资决策。投资者要求发行人承担法律责任的前提是发行人违反信息公开义务和注册制度。

实行注册制,表明投资决策的责任在于投资者,而非证券主管机关。注册制的设立与一国的法律传统是一脉相承的。一般而言,坚持政府较少干预经济的国家往往实行注册制。

2.核准制。核准制,又称实质审查主义或实质管理原则,是指发行人不仅要依法全面、准确地把投资人做出投资决策所需的重要信息予以充分完全的披露,而且必须合乎法律、法规规定的实质条件,证券发行人只有在得到主管机关的核准承认后,才可开始发行证券;而证券主管机关不仅审查发行人公开信息的真实性、准确性和完整性,而且对证券的投资价值进行实质性审查。

---

❶ 施天涛著:《商法学》,法律出版社 2003 年版,第 310—311 页。

❷ 范健主编:《商法》(第二版),高等教育出版社、北京大学出版社 2002 年版,第 417 页。

核准制的理论依据是:证券发行涉及公共利益和社会安全,审核机构应在公开原则基础上,考察发行者的具体情形,并由此作出是否符合发行实质条件的价值判断。核准制承认投资者是理性的,但认为投资者并非是完全理性的,而是存在着一定缺陷。即使是颇具投资经验的机构投资者,也经常会被发行人的信息资料所蒙蔽,更何况投资经验欠缺的社会公众投资者。证券主管机关为了维护证券市场的正常秩序,有必要禁止不具有投资价值的证券发行,以切实保护投资者的利益。

核准制也是与一国的法律传统一脉相承的。实行核准制的国家往往认为政府应该维护市场秩序,干预经济运行,保护证券交易的公平性。

3.我国的核准制。我国《证券法》第 10 条规定,公开发行证券,必须符合法律、行政法规规定的条件,并依法报经国务院证券监督管理机构或者国务院授权的部门核准;未经依法核准,任何单位和个人不得向社会公开发行证券。由此可见,我国实行的是核准制。我国的核准制并不意味着政府对发行人的经营与收益的一种担保承诺,当然也无须对投资者的投资风险承担责任。《证券法》第 27 条规定,股票依法发行后,发行人经营与收益的变化,由发行人自己负责;由此变化引致的投资风险,由投资者自行负责。

四、证券发行的程序

1.证券发行申请。公开发行股票,必须依照证券法规定的条件,报经国务院证券监督管理机构核准。发行人必须向国务院证券监督管理机构提交证券法规定的申请文件和国务院证券监督管理机构规定的有关文件。发行公司债券,必须依照证券法规定的条件,报经国务院授权的部门核准。发行人必须向国务院授权的部门提交证券法规定的申请文件和国务院授权的部门规定的有关文件。上市公司发行可转换为股票的公司债券,除应当符合公开发行公司债券的条件外,还应当符合证券法关于公开发行股票的条件,并报国务院证券监督管理机构核准。

发行人依法申请公开发行证券所提交的申请文件的格式、报送方式,由依法负责核准的机构或者部门规定。为证券发行出具有关文件的证券服务机构和人员,必须严格履行法定职责,保证其所出具文件的真实性、准确性和完整性。发行人申请首次公开发行股票的,在提交申请文件后,应当按照国务院证券监督管理机构的规定预先披露有关申请文件。

2.核准。公开发行股票,由国务院证券监督管理机构核准。发行公司债券,由国务院授权的部门核准。上市公司发行可转换为股票的公司债券,应当符合本法关于公开发行股票的条件,并报国务院证券监督管理机构核准。国务院证券监督管理机构依照法定条件负责核准股票发行申请。核准程序应当公开,依法接受监督。

国务院证券监督管理机构或者国务院授权的部门应当自受理证券发行申请文件之日起 3 个月内,依照法定条件和法定程序作出予以核准或者不予核准的决定,发行人根据要求补充、修改发行申请文件的时间不计算在内;不予核准的,应当说明理由。国务院证券监督管理机构或者国务院授权的部门对已作出的核准证券发行的决定,发现不符合法定条件或者法定程序,尚未发行证券的,应当予以撤销,停止发行。已经发行尚未上市的,撤销发行核准决定,发行人应当按照发行价并加算银行同期存款利息返还证券持有人;保荐人应当与发行人承担连带责任,但是能够证明自己没有过错的除外;发行人的控股股东、实际控制人有过错的,应当与发行人承担连带责任。

3.发行。证券发行申请经核准,发行人应当依照法律、行政法规的规定,在证券公开发行前,公告公开发行募集文件,并将该文件置备于指定场所供公众查阅。发行证券的信息依法公开前,任何知情人不得公开或者泄露该信息。发行人不得在公告公开发行募集文件前发行证券。股票依法发行后,发行人经营与收益的变化,由发行人自行负责;由此变化导致的投资风险,由投资者自行负责。上市公司发行新股,应当符合证券法有关发行新股的条件,可以向社会公开募集,也可以向原股东配售。

4.承销。证券承销是一种间接发行证券的方式,我国证券发行实行承销方式。发行人向不特定对象公开发行的证券,法律、行政法规规定应当由证券公司承销的,发行人应当同证券公司签订承销协议。证券承销业务采取代销或者包销方式。证券代销是指证券公司代发行人发售证券,在承销期结束时,将未售出的证券全部退还给发行人的承销方式。证券包销是指证券公司将发行人的证券按照协议全部购入或者在承销期结束时将售后剩余证券全部自行购入的承销方式。

五、股票与公司债券发行

1.股票发行。我国《证券法》第 12 条规定,设立股份有限公司公开发行股票,应当符合《公司法》规定的条件和经国务院批准的国务院证券监督管理机构规定的其他条件,向国务院证券监督管理机构报送募股申请和下列文件:①公司章程;②发起人协议;③发起人姓名或者名称,发起人认购的股份数、出资种类及验资证明;④招股说明书;⑤代收股款银行的名称及地址;⑥承销机构名称及有关的协议。依照规定聘请保荐人的,还应当报送保荐人出具的发行保荐书。法律、行政法规规定设立公司必须报经批准的,还应当提交相应的批准文件。

我国《证券法》第13条规定,公司公开发行新股,应当符合下列条件:①具备健全且运行良好的组织机构;②具有持续赢利能力,财务状况良好;③最近3年财务会计文件无虚假记载,无其他重大违法行为;④经国务院批准的国务院证券监督管理机构规定的其他条件。上市公司非公开发行新股,应当符合经国务院批准的国务院证券监督管理机构规定的条件,并报国务院证券监督管理机构核准。

我国《证券法》第14条规定,公司公开发行新股,应当向国务院证券监督管理机构报送募股申请和下列文件:①公司营业执照;②公司章程;③股东大会决议;④招股说明书;⑤财务会计报告;⑥代收股款银行的名称及地址;⑦承销机构名称及有关的协议。依照本法规定聘请保荐人的,还应当报送保荐人出具的发行保荐书。

公司对公开发行股票所募集资金,必须按照招股说明书所列资金用途使用。改变招股说明书所列资金用途,必须经股东大会作出决议。擅自改变用途而未作纠正的,或者未经股东大会认可的,不得公开发行新股,上市公司也不得非公开发行新股。

2.公司债券的发行。公司债券,是指公司依照法定程序发行、约定在一定期限还本付息的有价证券。公司债券,可以为记名债券,也可以为无记名债券。有资格发行公司债券的是:符合法律要求的股份有限公司和有限责任公司。

发行公司债券的条件有初次发行和再次发行公司的不同。根据《证券法》第16条规定,初次公开发行公司债券,应当符合下列条件:①股份有限公司的净资产不低于人民币3000万元,有限责任公司的净资产不低于人民币6000万元;②累计债券余额不超过公司净资产的40%;③最近3年平均可分配利润足以支付公司债券1年的利息;④筹集的资金投向符合国家产业政策;⑤债券的利率不超过国务院限定的利率水平;⑥国务院规定的其他条件。公开发行公司债券筹集的资金,必须用于核准的用途,不得用于弥补亏损和非生产性支出。

申请公开发行公司债券,应当向国务院授权的部门或者国务院证券监督管理机构报送下列文件:①公司营业执照;②公司章程;③公司债券募集办法;④资产评估报告和验资报告;⑤国务院授权的部门或者国务院证券监督管理机构规定的其他文件。依照规定聘请保荐人的,还应当报送保荐人出具的发行保荐书。

再次发行公司债券除了应当符合首次发行公司债券的条件之外,还应当遵守证券法上关于再次发行公司债券的限制性规定。根据《证券法》第18条的规定,有下列情形之一的,不得再次公开发行公司债券:①前一次公开发行的公司债券尚未募足;②对已公开发行的公司债券或者其他债务有违约或者延迟支付本息的事实,仍处于继续状态;③违反证券法规定,改变公开发行公司债券所募资金的用途。

《证券法》第16条第2款规定,上市公司发行可转换为股票的公司债券,除应当符合公开发行公司债券规定的条件外,还应当符合关于公开发行股票的条件,并报国务院证券监督管理机构核准。

六、证券的承销

1.证券承销方式。证券承销是指证券承销机构根据其与证券发行人之间签订的承销协议,为证券发行人发售证券,证券发行人向证券承销机构支付报酬或手续费的一种证券发行方式。公开发行证券一般都采取间接发行的方式。我国的有关法律、法规均明确地规定,公开发行证券,应当由依法设立的证券经营机构承销。承销商在实践中的称谓不同,有的称为投资银行,有的称为商人银行。我国的证券公司中注册资本在1亿元以上的,才可以从事证券承销业务。

证券承销有代销和包销方式,有独家承销和承销团承销的方式。证券代销,又称尽力承销,是指证券公司代发行人发售证券,在承销期结束后,将未售出的证券全部退还给发行人的承销方式。在代销中,发行人与承销商是委托代理关系。发行人是被代理人,承销商是代理人。因此,承销商以发行人的名义销售证券,所有的权利义务当然地归于发行人。证券包销是指证券公司将发行人的证券按照协议全部购入或者在承销期结束时将售后剩余证券全部自行购入的承销方式。相应的,包销又可分为定额包销与余额包销。定额包销,又称确定的承销,是指证券承销商将发行人的证券按照协议全部购入的证券承销方式。在证券定额包销中,承销商与发行人之间的法律关系是买卖关系。证券承销商是买方,证券发行人是卖方。证券承销商要取得证券的所有权,必须支付所取得证券的对价。余额包销,是指证券承销商将发行人在承销结束时的售后剩余证券全部自行购入的承销方式。实质上,余额包销是将代销和定额承销结合起来的一种承销方式。包销的费用高于代销,包销的报酬是承购价格与发行价格之差。在包销的情况下,由于发行人不承担发行失败的风险,即发行人将证券交付给承销商后,不管将来证券的销售情况如何,承销商都要向发行人支付约定的款项,因此,发行人可以迅速、稳妥地实现筹资目的。

根据《证券法》第32条规定,向不特定对象公开发行的证券票面总值超过人民币5000万元的,应当由承销团承销。承销团应当由主承销和参与承销的承销商组成。承销团承销,又称联合承销或银团承销,是指由两个或者两个以上的证券公司共同接受发行人的委托,共同承销发行人所发售证券的一种承销方式。承销团承销是相对于单个承销商承销而言的一种承销方式,承销团通常在一种证券的发行量巨大,单个承销机构往往不能或者不愿单独承担发行风险的情况下组建的。在承销团中,通常有一家承销商担任主承销商或者承销总干事,负责承销的全面事务和协调承销售团成员的关系,并对发行人负责。承销团成员一般不对发行人直接负责,他们只对主承销商负责,并按照自己分担的承销份额承担发售责任和获取承销报酬。

2.证券承销商的义务。①核查义务。我国《证券法》第31条规定,证券公司承销证券,应当对公开发行募集文件的真实性、准确性和完整性进行核查;发现有虚假记载、误导性陈述或者重大遗漏的,不得进行销售活动;已经销售的,必须立即停止销售活动,并采取纠正措施。承销商的核查义务又称为尽职调查义务,或称细节调查义务,指承销商在证券承销时,应当依照本行业公认的业务标准和道德规范,对证券发行人及市场的有关情况,对有关文件的真实性、准确性和完整性进行核查、验证等专业调查的义务。②先行出售给认购人义务。《证券法》第33条规定,证券的代销、包销期限最长不得超过90日。证券公司在代销、包销期内,对所代销、包销的证券应当保证先行出售给认购人,证券公司不得为本公司预留所代销的证券和预先购入并留存所包销的证券。③上报备案和发行失败的协助义务。我国《证券法》第36条规定,公开发行股票,代销、包销期限届满,发行人应当在规定的期限内将股票发行情况报国务院证券监督管理机构备案。按一般情况,发行人将股票发行情况报国务院证券监督管理机构备案时,证券公司承担协助义务。股票发行采用代销方式,代销期限届满,向投资者出售的股票数量未达到拟公开发行股票数量70%的,为发行失败。发行人应当按照发行价并加算银行同期存款利息返还股票认购人。此时证券公司应当承担协助义务。

【资料与应用】 1.股票承销交易同格鲁曼改变美国电话电报公司的评级之间关系案

美国证券监管和司法部门对安然公司欺诈事件展开调查。案件涉及美国电话电报公司、花旗集团和该集团旗下的所罗门美邦公司。纽约州司法部长办公室已经向美国电话电报公司发出传票,并要求该公司提供它在2000年4月指派所罗门美邦公司承销大宗股票的交易文件。这笔交易之所以引起怀疑,与在世界通信公司案件调查中被传讯到国会作证的电信分析师杰克·格鲁曼有关。格鲁曼曾经长期不看好美国电话电报公司,但他在 1999 年 11 月突然把该公司的评级提高,所罗门美邦公司此后不久获得了美国电话电报公司大额股票的承销权,并由此取得可观的服务费。为此,司法部正在调查这笔股票承销交易同格鲁曼改变美国电话电报公司的评级之间有无关系。花旗集团的主管人员也涉嫌参与此事。

2. 美国的经验值得借鉴——《1933 年证券法》立法简史

从 1929 年 9 月 1 日到 1932 年 7 月 1 日,美国全国市场上的证券总值从 900 亿美元下跌到 160 亿美元。很多人的财富顷刻之间化为乌有。1933 年罗斯福当政之后,采纳了凯恩斯的宏观经济调节理论,实行新政,开始了国家对私有经济的干预和调节。《1933 年证券法》背后的哲学思想是自由竞争的市场经济,而不是政府包办干预的哲学。证券法由哈佛法学院的一位年轻教授和两位律师在两天之内起草。当那位年轻教授在星期四晚上从哈佛的所在地——麻省的剑桥镇乘火车去华盛顿哥伦比亚特区时,他还留着下星期一的课准备回来上。这三个人从星期五开始起草,到星期六晚上就完成了初稿。

起草的证券法没有规定一种证券必须在质量上达到何种规格才能上市,而只是要求发行者对证券的质量进行充分合理的披露。政府主管部门还是有权取消证券的登记,但是其理由必须是披露不够或者有误导的倾向,而不能是因为证券的质量有问题。也就是说,买卖还是自由的,不管某种东西的质量多么糟糕,它的主人都有权把它拿到市场上去出售,政府无权干涉。但是由于证券这种商品的特殊性,政府要求你把它的质量充分地公开,以防止欺骗,使市场健康运行。这一基本思想与在计划经济下由政府控制市场的哲学具有本质的不同。它以市场为主,政府只在不得已之处进行干预,起一种辅助性的作用,作为对自由经济的补充。这样,罗斯福总统在毅然实行新政,干预私有经济的同时,恰当地把握了分寸,没有矫枉过正。

《1933 年证券法》的中心思想是公开。公司发行自由,政府无权禁止,它只能要求发行人披露自己的业务情况。这是市场经济贸易自由的典范。《1933 年证券法》第 11 条规定了公开失真资料的民事责任,上当受骗的投资者可以起诉有关责任人,请求损害赔偿。

第四节
证券上市与证券交易

一、证券上市

（一）证券上市的概念

证券上市是指已经依法发行的证券经证券交易所批准后，在交易所公开挂牌交易的法律行为。证券上市，是连接证券发行和证券交易的桥梁。

（二）证券上市条件

1.股票上市的条件。股票上市的基本标准（基准）通常包括：规模基准；经营年限基准；经营基础基准；股权分布基准；业绩记录；最低的净资产值；其他基准等内容。我国《证券法》第50条规定，股份有限公司申请股票上市，应当符合下列条件：①股票经国务院证券监督管理机构核准已公开发行。②公司股本总额不少于人民币3000万元。③公开发行的股份达到公司股份总数的25％以上；公司股本总额超过人民币4亿元的，公开发行股份的比例为10％以上。④公司最近3年无重大违法行为，财务会计报告无虚假记载。证券交易所可以规定高于前款规定的上市条件，并报国务院证券监督管理机构批准。国家鼓励符合产业政策并符合上市条件的公司股票上市交易。

2.公司债券上市的条件。我国《证券法》第57条规定，公司申请公司债券上市交易，应当符合下列条件：①公司债券的期限为1年以上；②公司债券实际发行额不少于人民币5000万元；③公司申请债券上市时仍符合法定的公司债券发行条件。

（三）证券上市的程序

证券上市程序包括申请核准、订立上市合同、公告上市和挂牌交易4个主要步骤。即由证券发行公司提出上市申请，有关部门进行审查，核准后由发行公司与证券交易所订立上市合同，商定证券上市日期、上市费用的缴纳、上市公告等细节后将证券上市挂牌交易。

1.申请审核同意。证券上市的前提是发行公司提出上市申请。发行公司应向哪个部门提出上市申请，则与不同的上市审查制度有关。目前，世界上存在着两种证券上市审查基本制度。一种是授权上市制，就是由证券主管机关批准上市；另一种叫做申报上市制，就是由证券交易所决定证券上市与否，审核同意上市，并向主管机关申报备案。

《证券法》采用申报上市制。《证券法》第48条规定，申请证券上市交易，应当向证券交易所提出申请,由证券交易所依法审核同意,并由双方签订上市协议。证券交易所根据国务院授权的部门的决定安排政府债券上市交易。

《证券法》第52条规定,申请股票上市交易,应当向证券交易所报送下列文件:①上市报告书;②申请股票上市的股东大会决议;③公司章程;④公司营业执照;⑤依法经会计师事务所审计的公司最近3年的财务会计报告;⑥法律意见书和上市保荐书;⑦最近一次的招股说明书;⑧证券交易所上市规则规定的其他文件。

2.签署证券上市合同。证券经审核同意在证券交易所上市后,上市公司应与证券交易所签订证券上市合同。上市合同是由证券交易所依照法律规定预先制作、具有固定格式、报经主管机关核准的、明确证券交易所与上市公司之间权利义务关系的协议。

3.公告上市。上市公告是公司股票上市前的重要信息资料披露的方式制度。《证券法》第53条规定,股票上市交易申请经证券交易所审核同意后,签订上市协议的公司应当在规定的期限内公告股票上市的有关文件(通常在上市交易的5日前),并将该文件置备于指定场所供公众查阅。《证券法》第54条规定,签订上市协议的公司除公告前条规定的文件外,还应当公告下列事项:①股票获准在证券交易所交易的日期;②持有公司股份最多的前10名股东的名单和持股数额;③公司的实际控制人;④董事、监事、高级管理人员的姓名及其持有本公司股票和债券的情况。

4.挂牌交易。在我国,经依法审核同意上市交易的证券均在上海证券交易所或深圳证券交易所挂牌交易。

(四)证券上市的暂停与终止

证券交易所决定暂停或者终止证券上市交易的,应当及时公告,并报国务院证券监督管理机构备案。

1.证券上市的暂停。证券上市的暂停有三种形式:申请上市暂停、法定上市暂停和自动上市暂停。

申请上市暂停指上市公司主动向证券交易所请求暂停其证券上市交易的行为。上市公司可以依据与证券交易所签署的上市协议提出停牌申请,证券交易所应当暂停其股票交易。其申请原因可能是上市公司计划重组,也可能是派发利息等。

法定上市暂停指发生了法律、法规和规章规定的暂停上市原因时,由证券上市的审核机构或证券交易所决定暂停证券上市交易的行为。我国《证券法》第55条规定,上市公司有下列情形之一的,由证券交易所决定暂停其股票上市交易：①公司股本总额、股权分布等发生变化不再具备上市条件；②公司不按照规定公开其财务状况，或者对财务会计报告作虚假记载，可能误导投资者；③公司有重大违法行为；④公司最近 3 年连续亏损；⑤证券交易所上市规则规定的其他情形。

我国《证券法》第 60 条规定，公司债券上市交易后，公司有下列情形之一的，由证券交易所决定暂停其公司债券上市交易：①公司有重大违法行为；②公司情况发生重大变化不符合公司债券上市条件；③公司债券所募集资金不按照核准的用途使用；④未按照公司债券募集办法履行义务；⑤公司最近 2 年连续亏损。

自动上市暂停是指上市证券在具备法定条件时，其上市交易自动暂停。如在证券交易价格实行涨跌停板制度下，一旦交易报价超出规定的涨跌幅度，该证券的交易自动暂停。

2.证券上市的终止。证券上市的终止也有三种形式，即：申请上市终止、法定上市终止和自动上市终止。我国《证券法》第 56 条规定，上市公司有下列情形之一的，由证券交易所决定终止其股票上市交易：①公司股本总额、股权分布等发生变化不再具备上市条件，在证券交易所规定的期限内仍不能达到上市条件；②公司不按照规定公开其财务状况，或者对财务会计报告作虚假记载，且拒绝纠正；③公司最近三年连续亏损，在其后一个年度内未能恢复赢利；④公司解散或者被宣告破产；⑤证券交易所上市规则规定的其他情形。

公司债券上市交易的公司有重大违法行为、未按照公司债券募集办法履行义务情形经查实后果严重的，或者有公司情况发生重大变化不符合公司债券上市条件、公司债券所募集资金不按照核准的用途使用、公司最近 2 年连续亏损情形的，在限期内未能消除的，由证券交易所决定终止其公司债券上市交易。公司解散或者被宣告破产的，由证券交易所终止其公司债券上市交易。

自动上市终止。债券于本息兑付日前一定期间自动终止上市。

对证券交易所作出的不予上市、暂停上市、终止上市决定不服的，可以向证券交易所设立的复核机构申请复核。

二、证券交易

证券交易是发生在当事人之间的，在法定的交易场所，依照特定的交易方式，对依法发行的证券进行买卖的行为。在证券交易中，买入证券的人向卖出证券的人支付价金并获得证券，卖出证券的人向买入证券的人交付证券并收取价金。

（一）证券交易的一般规则

1.非依法发行的证券不得买卖。我国《证券法》第37条规定,证券交易当事人依法买卖的证券,必须是依法发行并交付的证券。非依法发行的证券,不得买卖。在市场上交易的任何证券都必须是合法的证券,即已经法定的主管部门核准或批准且已经发行的证券。

2.转让期限有限制性规定的证券,在限定期内不得买卖。依法发行的股票、公司债券及其他证券,法律对其转让期限有限制性规定的,在限定的期限内不得买卖。有转让限定期的证券,主要是指公司发起人从公司成立起1内持有的本公司股票,大股东从持股比例达5％之日起6个月内持有的股票不得买卖等。

3.证券从业人员不得买卖股票。证券交易所、证券公司、证券登记结算机构从业人员、证券监督管理机构工作人员和法律、行政法规禁止参与股票交易的其他人员,在任期或者法定限期内,不得直接或者以化名、借他人名义持有、买卖股票,不得收受他人赠送的股票。任何人在成为上述所列人员时,其原已持有的股票,必须依法转让。另外,为股票发行出具审计报告、资产评估报告或者法律意见书等文件的证券服务机构和人员,在该股票承销期内和期满后6个月内,不得买卖该种股票。为上市公司出具审计报告、资产评估报告或者法律意见书等文件的证券服务机构和人员,自接受上市公司委托之日起至上述文件公开后5日内,不得买卖该种股票。

4.应在证券交易所挂牌交易。我国《证券法》第39条规定,依法公开发行的股票、公司债券及其他证券,应当在依法设立的证券交易所上市交易或者在国务院批准的其他证券交易场所转让。经依法审核同意上市交易的证券均在上海证券交易所或深圳证券交易所挂牌交易。已挂牌交易的证券只有依法律特别规定的情形,才可在证券交易所以外进行买卖。除此一律在交易所内公开进行。

5.集中竞价交易方式。我国《证券法》第40条规定,证券在证券交易所上市交易,应当采用公开的集中交易方式或者国务院证券监督管理机构批准的其他方式。集中交易方式中的竞价交易是多个买主与多个卖主之间,出价最低的卖主与进价最高的买主达成的交易。证券交易所的竞价方式包括口头申报竞价、上报申报竞价、专柜书面竞价以及电脑竞价等方式。集中竞价实行价格优先和时间优先的原则。所谓价格优先,即买方出价高的优先于买方出价低的,卖方出价低的优先于卖方出价高的,多数卖方中出价最低的与多数买方中出价最高的优先成交,以此类推,连续竞价。所谓时间优先,是指出价相同时,以最先出价者优先成交。

6.依法融资或者融券交易。我国《证券法》第42条规定,证券交易以现货和国务院规定的其他方式进行交易。证券公司不得违反规定从事向客户融资或者融券的证券交易活动。融资融券交易,即信用交易、保证金交易。融资交易,又称保证金买空交易,是指投资者在缴纳了部分保证金后,由证券经纪商垫付余额并代为买进证券的活动。买进的证券必须寄存在经纪商处,投资者应向经纪商支付全额佣金和贷款利息。融券交易,又称保证金卖空交易,是指投资者在缴纳了部分保证金后,由证券经纪商贷给证券并代为售出的活动。售出证券的价款作为贷给证券的抵押寄存在经纪商处。我国《证券法》第205条规定,证券公司违反本法规定,为客户买卖证券提供融资融券的,没收违法所得,暂停或者撤销相关业务许可,并处以非法融资融券等值以下的罚款。对直接负责的主管人员和其他直接责任人员给予警告,撤销任职资格或者证券从业资格,并处以3万元以上30万元以下的罚款。

7.依法为客户所开立的账户保密。我国《证券法》第44条规定,证券交易所、证券公司、证券登记结算机构必须依法为客户所开立的账户保密。

8.证券交易合理收费。证券交易费用一般均指税赋之外的证券交易当事人应当缴纳的各项费用。证券交易的收费必须合理,并公开收费项目、收费标准和收费办法。证券交易的收费项目、收费标准和管理办法由国务院有关主管部门统一规定。证券交易所、证券公司不得在规定以外收取任何费用。

9.持股5%应当报告。我国《证券法》第86条规定,通过证券交易所的证券交易,投资者持有或者通过协议、其他安排与他人共同持有一个上市公司已发行的股份达到5%时,应当在该事实发生之日起3日内,向国务院证券监督管理机构、证券交易所作出书面报告,通知该上市公司,并予公告;在上述期限内,不得再行买卖该上市公司的股票。投资者持有或者通过协议、其他安排与他人共同持有一个上市公司已发行的股份达到5%后,其所持该上市公司已发行的股份比例每增加或者减少5%,应当依照前款规定进行报告和公告。在报告期限内和作出报告、公告后2日内,不得再行买卖该上市公司的股票。

10.大股东短线交易股票收益归入公司。持股5%以上的股东在法定期限内不得进行反向操作,反向操作所得收益归公司所有。所谓反向操作是指持股达到5%以上的股东,将其所持有的该公司的股票在买入后6个月内卖出,或者在卖出后6个月内又买入的行为。公司董事会对有这种反向操作行为的股东,应当行使收益"归入权"。公司董事会不按规定执行,其他股东有权要求董事会执行。如不按规定执行,致使公司遭受损害的,董事会对公司承担连带赔偿责任。我国《证券法》第47条规定,上市公司董事、监事、高级管理人员,持有上市公司股份5%以上的股东,将其持有的该公司的股票在买入后6个月内卖出,或者在卖出后6个月内又买入,由此所得收益归该公司所有,公司董事会应当收回其所得收益。但是,证券公司因包销购入售后剩余股票而持有5%以上股份的,卖出该股票不受6个月时间限制。公司董事会不按照前述规定执行的,股东有权要求董事会在30日内执行。公司董事会未在上述期限内执行的,股东有权为了公司的利益以自己的名义直接向人民法院提起诉讼。公司董事会不按照前述的规定执行的,负有责任的董事依法承担连带责任。

(二)持续信息公开

1.信息公开含义。信息公开就是证券发行人或上市公司按照法定要求将自身财务、经营等情况向证券管理部门报告,并向社会公众投资者公告的活动,又叫做信息披露。从证券发行、证券上市到证券交易期间,信息公开必须一直进行。我国《证券法》中关于"持续信息公开"的内容是持续信息公开的主要法律依据,但其中也包含了初始信息公开的部分内容。《证券法》第63条规定,发行人、上市公司依法披露的信息,必须真实、准确、完整,不得有虚假记载、误导性陈述或者重大遗漏。

2.持续信息公开的内容。持续信息公开的主要内容有上市公告书、定期报告和临时报告。其中,定期报告包括年度报告和中期报告;临时报告,包括重大事件公告和收购与合并公告。定期报告与临时报告是在证券交易期间的信息披露。

(1)上市公告书。上市公告书是指上市公司按照国家有关法律、法规、规章、政策和证券交易所业务规则的要求,于其证券上市前,就其公司及证券上市的有关事宜,通过指定的报刊向社会公众公布的信息披露文件。

(2)季度报告。季度报告是中期报告的一种,但不是《证券法》中规定的公司定期报告。在习惯上,将季度报告与中期报告和年度报告并列。季度报告注重披露公司新发生的重大事项,一般不重复已披露过的信息。对已经在前一个定期报告或者是临时报告中披露过的重大事项,只需注明该报告刊载的报刊、互联网网站的名称与刊登日期。公司应在会计年度前3个月、9个月结束后的30日内编制季度报告。

(3)中期报告。中期报告是依法编制的反映公司上半年生产经营状况及其他各方面基本情况的法律文件。股票或者公司债券上市交易的公司,应当在每一会计年度的上半年结束之日起2个月内,向国务院证券监督管理机构和证券交易所提交中期报告,并予公告。

(4)年度报告。年度报告是依法编制的反映公司整个会计年度生产经营状况及其他各方面基本情况的法律文件。股票或公司债券上市交易的公司应当在每一会计年度结束之日起 4 个月内向国务院证券监督管理机构和证券交易所提交年度报告,并予公告。

(5)临时报告。临时报告是依法编制的反映公司重大事件的法律文件。重大事件是上市公司发生的可能对股票交易价格产生较大影响而投资者尚未得知的事件。上市公司发生重大事件时,应当立即将有关该重大事件的情况向国务院证券监督管理机构和证券交易所提交临时报告,并予以公告,说明事件的实质。

我国《证券法》第 67 条规定,发生可能对上市公司股票交易价格产生较大影响的重大事件,投资者尚未得知时,上市公司应当立即将有关该重大事件的情况向国务院证券监督管理机构和证券交易所报送临时报告,并予公告,说明事件的起因、目前的状态和可能产生的法律后果。

3.持续信息公开的操作规程。

(1)公开的文件不得有虚假记载、误导性陈述或者重大遗漏。所谓虚假记载,是指将不真实的情况说成是真实的情况;所谓误导性陈述,是指文件起草人利用夸大事实诱导投资者相信的语言宣传自己的情况;所谓重大遗漏,是指一些与投资者利益密切相关而没有在有关法律文件中反映出来的重大信息。我国《证券法》第 69 条规定,上市公司董事、高级管理人员应当对公司定期报告签署书面确认意见。上市公司监事会应当对董事会编制的公司定期报告进行审核并提出书面审核意见。上市公司董事、监事、高级管理人员应当保证上市公司所披露的信息真实、准确、完整。《证券法》第 68 条规定,发行人、上市公司公告的招股说明书、公司债券募集办法、财务会计报告、上市报告文件、年度报告、中期报告、临时报告以及其他信息披露资料,有虚假记载、误导性陈述或者重大遗漏,致使投资者在证券交易中遭受损失的,发行人、上市公司应当承担赔偿责任;发行人、上市公司的董事、监事、高级管理人员和其他直接责任人员以及保荐人、承销的证券公司,应当与发行人、上市公司承担连带赔偿责任,但是能够证明自己没有过错的除外;发行人、上市公司的控股股东、实际控制人有过错的,应当与发行人、上市公司承担连带赔偿责任。

(2)公开文件的公告和置备。依法必须披露的信息,应当在国务院证券监督管理机构指定的媒体发布,同时将其置备于公司住所、证券交易所,供社会公众查阅。目前中国证券监督管理委员会指定的进行有关证券交易信息披露的报刊主要有《中国证券报》、《上海证券报》、《证券时报》以及《证券市场周刊》等。

(3)指定专人负责持续信息公开事务。上市公司应当指定专人负责信息公开事务。

(4)对持续信息公开的监督。国务院证券监督管理机构要对上市公司的年度报告、中期报告、临时报告以及公告的情况进行监督,对上市公司分派或者配售新股的情况进行监督,对上市公司控股股东及其他信息披露义务人的行为进行监督。证券监督管理机构、证券交易所、保荐人、承销的证券公司及有关人员,对公司依照法律、行政法规规定必须作出的公告,在公告前不得泄露其内容。

(三)禁止的证券交易行为

证券交易禁止性行为包括内幕交易、短线操作、市场操纵、虚假陈述、欺诈客户、信用交易、账外交易、挪用公款买卖证券、资金违规流入股市、国有企业违规买卖股票等。证券交易所、证券公司、证券登记结算机构、证券服务机构及其从业人员对证券交易中发现的禁止的交易行为,应当及时向证券监督管理机构报告。

1.禁止内幕交易。内幕交易,又称为内线交易、内部交易或者知情交易,是指知悉证券交易内幕信息的知情人员或者非法获取内幕信息的其他人员,买入或者卖出所持有的该公司的证券,或者泄露该信息或者建议他人买卖该证券的行为。内幕交易为法律所禁止。我国《证券法》第73条规定,禁止证券交易内幕信息的知情人和非法获取内幕信息的人利用内幕信息从事证券交易活动。

内幕人员,又称为内幕信息的知情人、内部人,指由于其地位或雇佣关系可接触到内幕信息的人。根据《证券法》第74条规定,证券交易内幕信息的知情人包括:①发行人的董事、监事、高级管理人员;②持有公司5%以上股份的股东及其董事、监事、高级管理人员,公司的实际控制人及其董事、监事、高级管理人员;③发行人控股的公司及其董事、监事、高级管理人员;④由于所任公司职务可以获取公司有关内幕信息的人员;⑤证券监督管理机构工作人员以及由于法定职责对证券的发行、交易进行管理的其他人员;⑥保荐人、承销的证券公司、证券交易所、证券登记结算机构、证券服务机构的有关人员;⑦国务院证券监督管理机构规定的其他人。

内幕信息,是指证券交易活动中,涉及公司的经营、财务或者对该公司证券的市场供求有重大影响的尚未公开的信息。根据我国《证券法》第75条规定,证券交易活动中,涉及公司的经营、财务或者对该公司证券的市场价格有重大影响的尚未公开的信息,为内幕信息。下列信息皆属内幕信息:①《证券法》第67条第2款所列重大事件;②公司分配股利或者增资的计划;③公司股权结构的重大变化;④公司债务担保的重大变更;⑤公司营业用主要资产的抵押、出售或者报废一次超过该资产的30%;⑥公司的董事、监事、高级管理人员的行为可能依法承担重大损害赔偿责任;⑦上市公司收购的有关方案;⑧国务院证券监督管理机构认定的对证券交易价格有显著影响的其他重要信息。

《证券法》第67条第2款所列重大事件是:①公司的经营方针和经营范围的重大变化;②公司的重大投资行为和重大的购置财产的决定;③公司订立重要合同,可能对公司的资产、负债、权益和经营成果产生重要影响;④公司发生重大债务和未能清偿到期重大债务的违约情况;⑤公司发生重大亏损或者重大损失;⑥公司生产经营的外部条件发生的重大变化;⑦公司的董事、1/3以上监事或者经理发生变动;⑧持有公司5%以上股份的股东或者实际控制人,其持有股份或者控制公司的情况发生较大变化;⑨公司减资、合并、分立、解散及申请破产的决定;⑩涉及公司的重大诉讼,股东大会、董事会决议被依法撤销或者宣告无效;⑪公司涉嫌犯罪被司法机关立案调查,公司董事、监事、高级管理人员涉嫌犯罪被司法机关采取强制措施;⑫国务院证券监督管理机构规定的其他事项。

我国《证券法》第76条规定,证券交易内幕信息的知情人和非法获取内幕信息的人,在内幕信息公开前,不得买卖该公司的证券,或者泄露该信息,或者建议他人买卖该证券。持有或者通过协议、其他安排与他人共同持有公司5%以上股份的自然人、法人、其他组织收购上市公司的股份,本法另有规定的,适用其规定。内幕交易行为给投资者造成损失的,行为人应当依法承担赔偿责任。

2. 禁止操纵市场。操纵市场,又称为操纵行情,其实就是操纵证券的市场价格,是指某一个人或者某一集团,利用其资金优势、信息优势或者持股优势或者滥用职权影响证券市场,人为地制造证券行情,即抬高、压低甚至稳定某种证券的价格水平,使证券市场供需关系无法发挥其自动调节作用,诱使一般投资者盲目跟从、参与买卖,从而为自己谋取利益的行为。操纵市场有两种手段:一是炒作股票,二是散布信息。操纵市场这种证券欺诈行为为各国法律所禁止。我国《证券法》第77条规定,禁止任何人以下列手段操纵证券市场:①单独或者通过合谋,集中资金优势、持股优势或者利用信息优势联合或者连续买卖,操纵证券交易价格或者证券交易量;②与他人串通,以事先约定的时间、价格和方式相互进行证券交易,影响证券交易价格或者证券交易量;③在自己实际控制的账户之间进行证券交易,影响证券交易价格或者证券交易量;④以其他手段操纵证券市场。操纵证券市场行为给投资者造成损失的,行为人应当依法承担赔偿责任。

操纵证券市场行为给投资者造成损失的,行为人应当依法承担赔偿责任。因操纵市场而受到损害的相对投资者或者交易人有权利提出损害赔偿之诉讼。

3. 禁止虚假陈述。虚假陈述是指证券市场的主体和参与者以及机构和相关人员在证券活动中做出虚假陈述或者信息误导的行为。为禁止证券虚假陈述,我国证券法做出了一系列规定。《证券法》第 69 条规定,发行人、上市公司公告的招股说明书、公司债券募集办法、财务会计报告、上市报告文件、年度报告、中期报告、临时报告以及其他信息披露资料,有虚假记载、误导性陈述或者重大遗漏,致使投资者在证券交易中遭受损失的,发行人、上市公司应当承担赔偿责任;发行人、上市公司的董事、监事、高级管理人员和其他直接责任人员以及保荐人、承销的证券公司,应当与发行人、上市公司承担连带赔偿责任,但是能够证明自己没有过错的除外;发行人、上市公司的控股股东、实际控制人有过错的,应当与发行人、上市公司承担连带赔偿责任。《证券法》第 78 条规定,禁止国家工作人员、传播媒介从业人员和有关人员编造、传播虚假信息,扰乱证券市场。禁止证券交易所、证券公司、证券登记结算机构、证券服务机构及其从业人员,证券业协会、证券监督管理机构及其工作人员,在证券交易活动中作出虚假陈述或者信息误导。各种传播媒介传播证券市场信息必须真实、客观,禁止误导。《证券法》第 193 条规定,发行人、上市公司或者其他信息披露义务人未按照规定披露信息,或者所披露的信息有虚假记载、误导性陈述或者重大遗漏的,由证券监督管理机构责令改正,给予警告,处以 30 万元以上 60 万元以下的罚款。

虚假陈述行为人应当承担相应的法律责任,这种责任包括民事责任、行政责任和刑事责任。我国《证券法》中的行政责任和刑事责任规定相对充足,而有关证券民事赔偿的制度缺少。理论上要求证券法中也体现民事赔偿是一般,行政或刑事的惩罚是例外;赔偿为主,惩罚为辅的立法模式。为正确审理证券市场因虚假陈述引发的民事赔偿案件,最高人民法院于 2002 年 12 月 26 日通过了最高人民法院《关于审理证券市场因虚假陈述引发的民事赔偿案件的若干规定》(以下简称《规定》),并于 2003 年 3 月 1 日起施行。《规定》对虚假陈述民事案件的适用范围、受理与管辖、诉讼方式、虚假陈述的认定、归责与免责事由、共同侵权责任、损失认定等问题进行了具体规定,使得虚假陈述民事赔偿案件的审理更加具有可操作性。

证券市场虚假陈述,是指信息披露义务人违反证券法律规定,在证券发行或者交易过程中,对重大事件做出违背事实真相的虚假记载、误导性陈述,或者在披露信息时发生重大遗漏、不正当披露信息的行为。虚假记载，是指信息披露义务人在披露信息时，将不存在的事实在信息披露文件中予以记载的行为。误导性陈述，是指虚假陈述行为人在信息披露文件中或者通过媒体，做出使投资人对其投资行为发生错误判断并产生重大影响的陈述。重大遗漏，是指信息披露义务人在信息披露文件中，未将应当记载的事项完全或者部分予以记载。不正当披露，是指信息披露义务人未在适当期限内或者未以法定方式公开披露应当披露的信息。提起虚假陈述损害赔偿民事诉讼须经过一定的前置程序，即投资者提起虚假陈述的民事诉讼必须以该虚假陈述行为已经经过行政处罚或者经过法院刑事判决为前提，否则，法院将拒绝受理。

虚假陈述证券民事赔偿案件的被告，应当是虚假陈述行为人，包括：①发起人、控股股东等实际控制人；②发行人或者上市公司；③证券承销商、证券上市推荐人；④会计师事务所、律师事务所、资产评估机构等专业中介服务机构；⑤发行人或者上市公司、证券承销商、证券上市推荐人负有责任的董事、监事和经理等高级管理人员以及会计师事务所、律师事务所、资产评估机构等专业中介服务机构的直接责任人；⑥其他做出虚假陈述的机构或者自然人。

证券民事赔偿案件的原告可以选择单独诉讼或者共同诉讼方式提起诉讼。多个原告因同一虚假陈述事实对相同被告提起的诉讼，既有单独诉讼也有共同诉讼的，人民法院可以通知提起单独诉讼的原告参加共同诉讼。多个原告因同一虚假陈述事实对相同被告同时提起两个以上共同诉讼的，人民法院可以将其合并为一个共同诉讼。共同诉讼的原告人数应当在开庭审理前确定。原告人数众多的可以推选2～5名诉讼代表人，每名诉讼代表人可以委托1～2名诉讼代理人。诉讼代表人应当经过其所代表的原告特别授权，代表原告参加开庭审理，变更或者放弃诉讼请求、与被告进行和解或者达成调解协议。

投资人具有以下情形的，人民法院应当认定虚假陈述与损害结果之间存在因果关系：①投资人所投资的是与虚假陈述直接关联的证券。②投资人在虚假陈述实施日及以后，至揭露日或者更正日之前买入该证券。所谓虚假陈述实施日，是指做出虚假陈述或者发生虚假陈述之日。所谓虚假陈述揭露日，是指虚假陈述在全国范围发行或者播放的报刊、电台、电视台等媒体上，首次被公开揭露之日。所谓虚假陈述更正日，是指虚假陈述行为人在中国证券监督管理委员会指定披露证券市场信息的媒体上，自行公告更正虚假陈述并按规定履行停牌手续之日。③投资人在虚假陈述揭露日或者更正日及以后，因卖出该证券发生亏损，或者因持续持有该证券而产生亏损。

被告举证证明原告具有以下情形的，人民法院应当认定虚假陈述与损害结果之间不存在因果关系:①在虚假陈述揭露日或者更正日之前已经卖出证券;②在虚假陈述揭露日或者更正日及以后进行的投资;③明知虚假陈述存在而进行的投资;④损失或者部分损失是由证券市场系统风险等其他因素所导致;⑤属于恶意投资、操纵证券价格的。

发起人、发行人或者上市公司对其虚假陈述给投资人造成的损失承担民事赔偿责任。发行人、上市公司负有责任的董事、监事和经理等高级管理人员对该损失承担连带赔偿责任。但有证据证明无过错的,应予免责。

实际控制人操纵发行人或者上市公司违反证券法律规定,以发行人或者上市公司名义虚假陈述并给投资人造成损失的,可以由发行人或者上市公司承担赔偿责任。发行人或者上市公司承担赔偿责任后,可以向实际控制人追偿。实际控制人违反证券法规定虚假陈述,给投资人造成损失的,由实际控制人承担赔偿责任。

证券承销商、证券上市推荐人对虚假陈述给投资人造成的损失承担赔偿责任。但有证据证明无过错的,应予免责。负有责任的董事、监事和经理等高级管理人员对证券承销商、证券上市推荐人承担的赔偿责任负连带责任。但有证据证明无过错的,应予免责。专业中介服务机构及其直接责任人违反证券法规定虚假陈述,给投资人造成损失的,就其负有责任的部分承担赔偿责任。但有证据证明无过错的,应予免责。

其他做出虚假陈述行为的机构或者自然人,违反证券法规定,给投资人造成损失的,应当承担赔偿责任。

虚假陈述行为人在证券发行市场虚假陈述,导致投资人损失的,投资人有权要求虚假陈述行为人赔偿损失;导致证券被停止发行的,投资人有权要求返还和赔偿所缴股款及银行同期活期存款利率的利息。

虚假陈述行为人在证券交易市场承担民事赔偿责任的范围,以投资人因虚假陈述而实际发生的损失为限。投资人实际损失包括:①投资差额损失;②投资差额损失部分的佣金和印花税。所涉资金利息,以买入至卖出证券日或者基准日,按银行同期活期存款利率计算。

投资人在基准日及以前卖出证券的,其投资差额损失,以买入证券平均价格与实际卖出证券平均价格之差,乘以投资人所持证券数量计算。投资人在基准日之后卖出或者仍持有证券的,其投资差额损失,以买入证券平均价格与虚假陈述揭露日或者更正日起至基准日期间,每个交易日收盘价的平均价格之差,乘以投资人所持证券数量计算。

投资差额损失计算的基准日,是指虚假陈述揭露或者更正后,为将投资人应获赔偿限定在虚假陈述所造成的损失范围内,确定损失计算的合理期间而规定的截止日期。基准日分别按下列情况确定:①揭露日或者更正日起,至被虚假陈述影响的证券累计成交量达到其可流通部分100％之日。但通过大宗交易协议转让的证券成交量不予计算。②按前项规定在开庭审理前尚不能确定的,则以揭露日或者更正日后第30个交易日为基准日。③已经退出证券交易市场的,以摘牌日前一交易日为基准日。④已经停止证券交易的,可以停牌日前一交易日为基准日;恢复交易的,可以①项规定确定基准日。

投资人持股期间基于股东身份取得的收益,包括红利、红股、公积金转增所得的股份以及投资人持股期间出资购买的配股、增发股和转配股,不得冲抵虚假陈述行为人的赔偿金额。已经除权的证券,计算投资差额损失时,证券价格和证券数量应当复权计算。

4.禁止欺诈客户。欺诈客户是指证券公司及其从业人员在证券交易活动中诱骗投资者买卖证券以及其他违背投资者真实意愿、损害其利益的行为。

我国《证券法》第79条规定,禁止证券公司及其从业人员从事下列损害客户利益的欺诈行为:①违背客户的委托为其买卖证券;②不在规定时间内向客户提供交易的书面确认文件;③挪用客户所委托买卖的证券或者客户账户上的资金;④未经客户的委托,擅自为客户买卖证券,或者假借客户的名义买卖证券;⑤为牟取佣金收入,诱使客户进行不必要的证券买卖;⑥利用传播媒介或者通过其他方式提供、传播虚假或者误导投资者的信息;⑦其他违背客户真实意思表示,损害客户利益的行为。

欺诈客户行为给客户造成损失的,行为人应当依法承担赔偿责任。

5.其他禁止的行为。

(1)信用交易。信用交易又称为"保证金交易",指客户按照法律规定,在买卖证券时只向证券公司交付一定的保证金,由证券公司提供融资或融券进行交易。我国证券交易以现货及国务院规定的其他方式进行交易。证券公司不得违法从事向客户融资或融券的证券交易活动。

(2)账外交易。在证券交易中,禁止法人非法利用他人账户从事证券交易;禁止法人出借自己或者他人的证券账户。禁止法人以个人名义开立账户,买卖证券。

(3)禁止资金违规流入股市。如禁止黑钱进入股市洗钱,禁止违规的银行资金进入股市。

(4)挪用公款买卖证券。在证券交易中,禁止任何单位或者个人挪用公款买卖证券。挪用公款买卖证券的危害是:①损害国家和集体的利益,造成公有资产的流失;②扰乱证券市场秩序。由于公款往往数额较大,一旦入市将造成证券市场的波动,不利于维持正常的证券交易秩序。

(5)国有企业买卖上市交易的股票。国有企业和国有资产控股的企业买卖上市交易的股票,必须遵守国家有关规定。

【资料与应用】 1.违规担保未披露案

浙大海纳科技股份有限公司大量违规担保未披露,涉及金额3.69亿元。2004年8月5日,公司与中油龙昌共同为关联方南京恒牛工贸实业有限公司(以下简称"南京恒牛")的3500万元银行借款提供连带责任担保,担保期限自2004年10月29日起两年;2004年8月6日,公司与中油龙昌共同为关联方南京恒牛的4850万元银行借款提供担保,担保期限至2004年12月6日;2004年9月3日,公司与中油龙昌共同为关联方南京恒牛的3000万元银行借款提供担保,担保期限至2005年3月3日;2004年5月31日,公司为关联方中油飞天实业投资开发有限公司的8000万元银行借款提供连带责任担保,担保期限自借款合同债务履行期届满之日起两年;2004年6月18日,公司为武汉民生石油液化器有限公司的3000万元银行借款提供担保,担保期限自借款到期之次日起两年;2005年2月1日,原控股股东浙江大学企业集团控股有限公司(以下简称"浙大集团")因珠海经济特区溶信投资有限公司(以下简称"溶信投资")和海南皇冠假日滨海温泉酒店有限公司(以下简称"海南皇冠")受让上市公司股权的50%价款未付,起诉溶信投资、海南皇冠、福建三农、中油龙昌、中国飞天实业(集团)有限公司,要求支付股权转让余款。上市公司及控股子公司杭州海纳半导体有限公司为上述企业向浙大集团履行债务提供连带保证责任,涉案金额1.46亿元;因上述担保事项被相关银行提起诉讼,公司部分资产已被司法冻结或查封,包括银行存款、房产、公司持有的浙大网新信息控股有限公司、杭州海纳半导体有限公司、杭州杭鑫电子工业有限公司等公司的股权及杭州海纳的部分设备。上述担保事项公司未履行必要的决策程序和信息披露义务,对担保导致的诉讼和资产的冻结、查封情况也未及时进行公告。

2.金帝建设操纵案

自1996年11月1日起,辽宁省建设集团公司(以下简称建设集团)利用4个机构账户和47个个人账户,采取多头开户、分仓等手段,在13~16元间连续大量买入辽宁金帝建设集团股份有限公司(以下简称金帝建设)"金帝建设"股票。截至1997年4月1日,建设集团已持有"金帝建设"股票979万股,占流通股的48.95%、占总股本的12.26%,使该股票价格由14.29元涨至25元,涨幅近75%。4月2日建设集团利用金帝建设董事会决议公布分配预案的利好消息大量出货,至 4 月 9 日,所持"金帝建设"股票已全部抛出,共获利 6552.6 万元。

3. 内幕交易案

某证券经纪商的一位合伙人从克梯司赖特公司的一位董事那里获知该公司的董事会刚刚开会决定削减红利。这位合伙人马上为他的客户抛售了他们所持有的克梯司赖特公司的股票,随后,削减红利的决定公布,股票价格下跌。美国证交委在对此案的裁决中说,如果允许一个内部人或者获取了内幕信息的人在不公开的情况下利用内幕信息营利,那是极不公平的。

4. 内幕赔偿案

得克萨斯湾硫磺公司经过钻井发现了丰富的海底矿藏,尽管开采这些矿藏在经济上是否有利可图还有待论证。公司领导和职员们马上在市场上买进了大量的本公司股票,还把信息泄露给亲朋好友,让他们也买进该公司的股票。证交委以第 101v5 条规则为依据向法院提起诉讼。法院在判词中指出:任何一个掌握公司内幕信息的人都不得利用他的便利条件去牟取私利,他必须或者将信息公布于众,或者——如果他不愿意公开信息或者需要为公司保守机密的话——克制自己不从事交易,也不得建议别人买卖公司的股票。因此,所有利用内幕信息购买公司股票的人都必须将所获利润重新吐出来。同时,那些泄露信息的人应当与接受信息并买卖证券的人一起负连带责任。

第五节
上市公司收购

一、公司收购的含义

公司收购指的是一个公司经由收买股票或股份等方式,取得另一公司的控制权或管理权,另一公司仍然存续而不必消失的行为。这里取得另一公司控股权和管理权的公司就叫作收购方或收购公司或进攻性公司,另一公司则叫作目标公司或被收购公司。在公司收购中,交易的主体是收购公司与目标公司股东,交易的对象是目标公司股权,收购方最终取得的是对目标公司的控制权。

公司收购不同于公司兼并。公司兼并是指经由转移公司所有权的方式,一个或多个公司的全部资产与责任都转为另一公司所有。两者的区别在于:①兼并发生在两个公司之间,是一公司与另一公司之间合作的结果;收购则是一公司或个人与另一公司股东之间的交易。②兼并完全出于双方公司的真实意愿,没有丝毫强迫或欺诈,是双方平等协商、自愿合作的结果;而收购中收购者和被收购公司的关系则不尽一样。有时,被收购公司管理层响应收购并积极合作,有时则会拒绝收购,拒绝收购时双方则形成一种强迫与抗拒、收购与反收购的不合作关系。③兼并是特定的双方当事人通过合同的方式进行交易,双方的权利义务通过协议规定下来;收购则是通过特定的一方向不特定的股票持有人发出要约并接受承诺的方式,从股东手中直接购得有表决权的股票。④兼并是全部资产或股权的转让,而收购则有部分收购和全部收购的区别。⑤在兼并的情况下,被兼并公司作为一个法律实体消失;而收购,在非全部被收购的情况下,被收购公司仅仅是控股权的转移,其作为一个法律实体的地位不变并继续经营下去,其与第三人的关系也可维系如旧。⑥兼并主要由公司法调整,而收购则主要接受证券法管制。

上市公司收购,是指收购人通过在证券交易所的股份转让活动持有一个上市公司的股份达到一定比例、通过证券交易所股份转让活动以外的其他合法途径控制一个上市公司的股份达到一定程度,导致其获得或者可能获得对该公司的实际控制权的行为。我国《证券法》在其第4章中专门规定了上市公司的收购。中国证券监督管理委员会于2006年7月31日公布《上市公司收购管理办法》,自2006年9月1日起施行。

二、上市公司收购的一般规则

1.采取集中竞价收购方式、要约收购或者协议收购的方式。我国《证券法》第85条规定了上市公司收购可以采取要约收购、协议收购及其他合法方式。《上市公司收购管理办法》第5条则规定,收购人可以通过取得股份的方式成为一个上市公司的控股股东,可以通过投资关系、协议、其他安排的途径成为一个上市公司的实际控制人,也可以同时采取上述方式和途径取得上市公司控制权。收购人包括投资者及与其一致行动的他人。上市公司收购可以由一人(自然人或法人)单独进行,亦可以由数人共同进行。单独收购的收购人可以是单一的自然人或公司。在共同收购中,共同收购人可能包括有与收购人存在着关联关系的关联公司,也可能包括其他亲朋好友,或者其他任何相关的人,如公司董事、财务顾问、合伙人等。

2.权益公开规则。任何人通过证券交易所的股票交易持有或者通过协议其他安排与他人共同持有一个上市公司总股份达到5%时,无论其是否具有收购的意图,均需暂停购买且依法定要求公开其持股情况。此谓权益公开规则,也称5%规则。一般投资者在市场上买卖股票,只要不超过一个上市公司总股份 5%的比例,都不适用这一规则。上市公司流通的股份通常数量大且比较分散,投资者能够通过二级市场购股达到 5%的比例,说明有一定的经济实力,同时也意味着此投资者在公司决策方面将会产生一定影响。在国外,持股 5%或 5%以上的投资者通常被称为大股东,法律上均要求其承担一定的附加义务。公开权益则是大股东的主要义务之一。我国《证券法》第 86 条规定,通过证券交易所的证券交易,投资者持有或者通过协议、其他安排与他人共同持有一个上市公司已发行的股份的 5%时,应当在该事实发生之日起 3 日内,向国务院证券监督管理机构、证券交易所做出书面报告,通知该上市公司,并予以公告;在上述规定的期限内,不得再行买卖该上市公司的股票。

3.台阶规则。台阶规则要求投资者通过证券交易所的证券交易持有一个上市公司已发行股份 5%以后,每增加或者减少持有一定比例时,均需暂停买卖该公司的股票,且需依法定要求公开其持股变化情况。我国《证券法》现规定增加或减少的一定比例亦为 5%。法律设置台阶规则的目的在于,控制大股东买卖股票的节奏,让上市公司及其大股东的有关信息作广泛的传播和充分的消化,使投资者有时间慎重考虑作出继续持有或立即售出的选择。

4.强制要约规则。强制要约规则要求,通过证券交易所的证券交易,投资者持有或者通过协议、其他安排与他人共同持有一个上市公司已发行的股份达到 30%时,继续进行收购的,应当依法向该上市公司所有股东发出收购上市公司全部或者部分股份的要约。这一规则的理论依据是:在当今上市公司股权日益分散的情况下,持有一个上市公司 30%股份的股东,已基本上取得了该公司的控制权。该股东不但可以依据公司章程自由选派高级管理人员,对公司的日常经营、管理作出决定,而且在市场上进一步购买该公司的股票以达到绝对控股地位也并不是一件难事,小股东因此被剥夺了应享有的权利,实际上处于任人支配的地位。从公平的角度说,小股东享有将其持有的股票以合理的价格强制卖给大股东的权利。

5.终止上市规则。终止上市规则要求,收购要约的期限届满,收购人如果持有的被收购公司的股份数达到该公司已发行的股份总数的 75%以上的,该上市公司的股票就应在证券交易所终止上市。根据我国《证券法》的规定,股票上市的条件之一是上市公司公开发行的股份必须达到公司股份总数的 25%以上,公司股本总额超过人民币 4 亿元的,公开发行股份的比例为 10%以上。投资者通过收购掌握了 75%以上的股份,说明目标公司已经失去了维持上市的资格,因而应终止上市。投资者如果收购的最终目标不是合并目标公司,一般应将股份收购的数量控制在 75%以下,以保持目标公司在证券市场上的融资功能。

6.强制接受规则。强制接受规则要求,收购要约的期限届满,收购人如果持有的被收购公司的股份数达到该公司已发行的股份总数的90％以上的,其余仍持有被收购公司股票的股东,有权向收购人以收购要约的同等条件出售其股票,收购人应当无条件的受让。收购人如果持有目标公司90％以上的股份,该公司的股份已经不能在证券市场上流通,其余持股股东的权利已经受到相当程度的限制。为了保障小股东权益的实现,法律赋予小股东向大股东强制出售所持股份的权利。

7.同等条件收购规则。采取要约收购方式的,收购人在收购要约期限内,不得采取要约规定以外的形式和超出要约的条件买卖目标公司的股票。竞价收购与协议收购不受此规则约束。被收购公司的董事、监事、高级管理人员对公司负有忠实义务和勤勉义务,应当公平对待收购本公司的所有收购人。被收购公司董事会针对收购所做出的决策及采取的措施,应当有利于维护公司及其股东的利益,不得滥用职权对收购设置不适当的障碍,不得利用公司资源向收购人提供任何形式的财务资助,不得损害公司及其股东的合法权益。

8.股份转让限制。上市公司收购要受到证券法的限制,在上市公司收购中,收购人对所持有的被收购公司的股票,在收购行为完成后的6个月内不得转让。限制收购人在收购完成之后转让股份,有利于保持目标公司股权结构的相对稳定,公司的经营能够正常进行。如果投资者为公司法人,当该公司通过上市公司收购获取目标公司的控股权后,目标公司就成为收购公司的子公司,而收购公司则成为目标公司的母公司。收购公司通过已经取得的对目标公司的控股权,可以将目标公司撤销。被撤销公司的原有股票,由收购人依法更换。

9.不得收购上市公司。任何人不得利用上市公司的收购损害被收购公司及其股东的合法权益。有下列情形之一的,不得收购上市公司:①收购人负有数额较大债务,到期未清偿,且处于持续状态;②收购人最近3年有重大违法行为或者涉嫌有重大违法行为;③收购人最近3年有严重的证券市场失信行为;④收购人为自然人的,存在《公司法》第147条规定情形;⑤法律、行政法规规定以及中国证监会认定的不得收购上市公司的其他情形。

10.不得损害被收购公司或者其他股东的合法权益。被收购公司的控股股东或者实际控制人不得滥用股东权利损害被收购公司或者其他股东的合法权益。被收购公司的控股股东、实际控制人及其关联方有损害被收购公司及其他股东合法权益的,上述控股股东、实际控制人在转让被收购公司控制权之前,应当主动消除损害;未能消除损害的,应当就其出让相关股份所得收入用于消除全部损害做出安排,对不足以消除损害的部分应当提供充分有效的履约担保或安排,并依照公司章程取得被收购公司股东大会的批准。

三、上市公司的善意、敌意、恶意收购

1.善意收购。善意收购一般是指被收购公司的董事会一致同意向其股东们推荐接受收购。

2.敌意收购。敌意收购是与善意收购相对的一种收购方式,是指在目标公司不愿意的情况下,当事人双方采用各种攻防策略,通过收购、反收购的激烈战斗完成的收购行为,以强烈的对抗性为其基本特征。在一般情况下,目标公司原来的大股东及经营管理人员是不愿意放弃自己对公司的控股权,不愿意看到公司被人控制、兼并。因而进攻性公司与目标公司围绕收购与反收购、兼并与反兼并展开激烈的斗争往往难以避免,从而使敌意收购成为股市中一种常见的收购方式。

敌意收购中,收购方常用策略有:①心理战。即通过散布某些对目标公司不利的信息,使投资者降低对该公司的信心,纷纷抛售其股票,从而乘机大量收购。②间谍战。即通过各种间谍途径刺探、获取目标公司的重要情报,从而采取相应的措施将其击败。③套险。即乘甲公司全力收购乙公司之际,大量收购甲公司股票,以求同时实现对甲、乙两公司的控制。反收购方会采用毒丸计划,所谓毒丸即股东对公司股份或债券的购买权。采用在公司章程或内部章程中设立一些条款,增加收购者获得公司控制权的困难。如交错选举董事条款。采用白衣骑士(White Knight),即收购发生后,目标公司经营者往往寻找一个更能友好合作的公司,使其以更高的价格向目标公司的股东发出收购要约,以挫败敌意收购者。

3.恶意收购。恶意收购是对立于善意收购和敌意收购的非法收购行为,而善意收购与敌意收购则是合法的收购行为。恶意收购是违反国家有关法律而进行的收购行为,是那种蓄谋已久、通过不正当的手段如幕后交易、联手操纵、欺诈行为、散布谣言等,事先未作充分信息披露和声明而采取突然袭击的形式掌握某公司控股权或合并某公司,使有关当事人和广大投资者、社会公众利益受到不正当、不公平的损害的行为。恶意收购具有突袭性、掠夺性和欺骗性。收购方常常会制造种种假象或不真实的信息披露来骗取银行的贷款,或用金钱贿赂有关人士与官员。

四、要约收购

1.要约收购概念与特征。要约收购也即公开收购,是指投资者通过向某一

上市公司所有股东发出公开收购要约的方式,以对该公司控股或者兼并为目的而取得该公司股份的行为。在我国,上市公司的上市股份只能在证券交易所内进行交易,而非上市股份则只能在其他依法设立的证券交易场所进行交易。要约收购是一种特殊的证券交易行为,其标的为上市公司的全部依法发行的股份。

收购要约具有公开性、公平性、期限法定性、排他性等特征:

(1)公开性。根据《证券法》第88条规定,收购要约必须向目标公司所有股东发出。要约人一般并不知道哪些人是目标公司的股东,而且这些股东也是不断变化的。因此,收购要约是一种向不特定人发出的要约。收购人一旦公告其收购要约,目标公司的所有股东均可进行承诺。收购要约必须公告,这就是收购要约的公开性。

(2)公平性。根据《证券法》第92条规定,收购要约中提出的各项收购条件,适用于被收购公司所有股东。也就是说,要约人不能区别对待目标公司的股东,应该给予目标公司所有股东平等的待遇。这就是收购要约的公平性。

(3)期限性。根据《证券法》第90条规定,收购要约的期限不得少于30日,并不得超过60日。证券法为收购要约的期限既设定了上限,又设定了下限。原则上,公开收购要约的期限是允许展延的。

(4)排他性。根据《证券法》第93条规定,采取要约收购方式的,收购人在收购期限内,不得卖出被收购公司的股票,也不得采取要约规定以外的形式和超出要约的条件买入被收购公司的股票。也就是说,要约收购是排除了协议收购和在公开市场进行的收购之外的一种公司收购形式。

(5)比例收购。收购上市公司部分股份的收购要约应当约定,被收购公司股东承诺出售的股份数额超过预定收购的股份数额的,收购人按比例进行收购。

2.要约收购的启动。根据《证券法》第88条规定,通过证券交易所的证券交易,投资者持有或者通过协议、其他安排与他人共同持有一个上市公司已发行的股份达到30%时,继续进行收购的,应当依法向该上市公司所有股东发出收购上市公司全部或者部分股份的要约。收购上市公司部分股份的收购要约应当约定,被收购公司股东承诺出售的股份数额超过预定收购的股份数额的,收购人按比例进行收购。《证券法》第96条规定,采取协议收购方式的,收购人收购或者通过协议、其他安排与他人共同收购一个上市公司已发行的股份达到30%时,继续进行收购的,应当向该上市公司所有股东发出收购上市公司全部或者部分股份的要约。但是,经国务院证券监督管理机构免除发出要约的除外。

可见,投资者对目标公司的持股比例达到30％时,如果要继续增加其持股比例,只能采取要约收购的方式,而不能再通过证券交易所买卖目标公司的股份。即持股比例的30％是要约收购的启动起点。关于30％持股比例,包括一致行动关系的投资者共同持有一家公司的股份。在公司收购的情况下,其关联公司持有的股份,均应合并计算。

3.要约收购义务的豁免。有下列情形之一的,收购人可以向中国证监会提出豁免申请:①上市公司股份转让在受同一实际控制人控制的不同主体之间进行,股份转让完成后的上市公司实际控制人未发生变化,且受让人承诺履行发起人义务的;②上市公司面临严重财务困难,收购人为挽救该公司而进行收购,且提出切实可行的重组方案的;③上市公司根据股东大会决议发行新股,导致收购人持有、控制该公司股份比例超过30％的;④基于法院裁决申请办理股份转让手续,导致收购人持有、控制一个上市公司已发行股份超过30％的;⑤中国证监会为适应证券市场发展变化和保护投资者合法权益的需要而认定的其他情形。

中国证监会自收到符合规定的申请文件之日起5个工作日内未提出异议的,当事人可以向证券交易所和证券登记结算机构申请办理股份转让和过户登记手续。收购人提出豁免申请的,应当聘请律师事务所就其所申请的具体豁免事项出具专业意见;在特定情况下,申请豁免的收购人还应当聘请财务顾问等专业机构出具专业意见。

4.收购要约规则。

(1)要约收购报告与公告。以要约收购方式进行上市公司收购的,收购人必须事先向国务院证券监督管理机构报送上市公司收购报告书,同时提交证券交易所。证券交易所可以根据证券市场管理的需要,做出被收购公司挂牌交易股票暂停交易的决定。

《证券法》第89条规定,要约收购报告书应当载明下列事项:①收购人的名称、住所。②收购人关于收购的决定。③被收购的上市公司名称。④收购目的。收购人应当在要约收购报告书中说明有无终止被收购公司上市的意图。有终止上市意图的,应当在要约收购报告书的显著位置做出特别提示。⑤收购股份的详细名称和预定收购的股份数额。⑥收购的期限、收购的价格。⑦收购所需资金额及资金保证。⑧报送上市公司收购报告书时所持有被收购公司股份数占该公司已发行的股份总数的比例。

收购人应当聘请律师对其要约收购报告书内容的真实性、准确性、完整性进行核查,并出具法律意见书。收购人应当聘请财务顾问等专业机构对收购人的实际履约能力做出评判。财务顾问的专业意见应当予以公告。

公告收购要约属于证券市场信息公开的一部分。收购人应当在依法报送上市公司收购报告书之日起15日后,公告其收购要约。在上述期限内,国务院证券监督管理机构发现上市公司收购报告书不符合法律、行政法规规定的,应当及时告知收购人,收购人不得公告其收购要约。即国务院证券监督管理机构收到要约收购报告书后15日内未提出异议的,收购人可以公告其收购要约文件。

(2)目标公司董事会行动。董事会要首先将其对收购要约的意见告知给目标公司的股东们,并且同时将所聘请的独立顾问的咨询意见也通知给股东们。目标公司董事会必须要对收购方(要约人)陈述的有关目标公司及雇员的处理意见作出评论,并将其意见和评论通知给目标公司的股东们。

被收购公司董事会应当在收购人发出收购要约后10日内,将被收购公司董事会报告书与独立财务顾问的专业意见一并报送中国证监会,同时抄报上市公司所在地的中国证监会派出机构,抄送证券交易所,并予以公告。被收购公司董事会报告书应当就是否接受收购要约向股东提出建议,被收购公司的独立董事应当单独发表意见,一并予以公告。收购人对收购要约条件做出重大更改的,被收购公司董事会应当就要约条件的更改情况报送补充报告书,独立董事应当发表补充意见,一并予以公告。

被收购公司的董事、监事、高级管理人员针对收购行为所做出的决策及采取的措施,不得损害公司及其股东的合法权益。收购人做出提示性公告后,被收购公司董事会除可以继续执行已经订立的合同或者股东大会已经做出的决议外,不得提议如下事项:①发行股份;②发行可转换公司债券;③回购上市公司股份;④修改公司章程;⑤订立可能对公司的资产、负债、权益或者经营成果产生重大影响的合同(但是公司开展正常业务的除外);⑥处置、购买重大资产,调整公司主要业务,但是面临严重财务困难的公司调整业务或者进行资产重组的除外。

(3)收购价格。收购人确定要约收购价格,应当遵循以下原则:①要约收购挂牌交易的同一种类股票的价格不低于下列价格中较高者,在提示性公告日前6个月内,收购人买入被收购公司挂牌交易的该种股票所支付的最高价格;在提示性公告日前30个交易日内,被收购公司挂牌交易的该种股票的每日加权平均价格的算术平均值的90%。②要约收购未挂牌交易股票的价格不低于下列价格中较高者,在提示性公告日前6个月内,收购人取得被收购公司未挂牌交易股票所支付的最高价格;被收购公司最近一期经审计的每股净资产值。特殊情况下需要对上述价格确定原则做调整执行的,收购人应当事先征得中国证监会同意。收购人提出的收购价格显失公平的,中国证监会可以要求其做出调整。收购人以现金进行支付的,应当在做出提示性公告的同时,将不少于收购总金额 20％的履约保证金存放在证券登记结算机构指定的银行账户,并办理冻结手续。收购人以依法可以转让的证券进行支付的,应当在做出提示性公告的同时,将其用以支付的全部证券交由证券登记结算机构保管;但是根据证券登记结算机构的业务规则不在保管范围内的除外。收购人取消收购计划,未涉及不当行为调查的,可以申请解除对履约保证金的冻结或者对证券的保管。

(4)收购要约的撤回、撤销、变更。收购人向中国证监会报送要约收购报告书后,在发出收购要约前申请取消收购计划的,在向中国证监会提出取消收购计划的书面申请之日起 12 个月内,不得再次对同一上市公司进行收购。所谓要约的撤销,是指要约人在要约生效以后,将该项要约取消,从而消灭要约的效力。我国《证券法》第 91 条规定,在收购要约确定的承诺期限内,收购人不得撤销其收购要约。收购人需要变更收购要约的,必须事先向国务院证券监督管理机构及证券交易所提出报告,经批准后,予以公告。

(5)要约的预受。收购人应当委托证券公司向证券登记结算机构申请办理预受要约股票的临时保管。证券登记结算机构临时保管的预受要约股票,在要约收购期间不再进行任何形式的转让。

(6)竞争要约。在要约收购的有效期间,可能会出现竞争要约。出现竞争要约时,被收购公司董事会应当公平对待所有要约收购人。拟发出竞争要约的收购人,最迟不得晚于初始要约期满前 5 日向中国证监会报送要约收购报告书,同时抄报上市公司所在地的中国证监会派出机构,抄送证券交易所,通知被收购公司,并就要约收购报告书摘要做出提示性公告;中国证监会收到要约收购报告书后 15 日内未提出异议的,收购人可以公告其收购要约文件。

(7)收购要约的履行。要约收购期满,收购人应当按照收购要约规定的条件购买被收购公司股东预受的全部股份;预受要约股份的数量超过预定收购数量时,收购人应当按照同等比例收购预受要约的股份。收购要约期满后 3 个工作日内,接受委托的证券公司应当向证券登记结算机构申请办理股份转让结算和过户登记手续,解除对超过预定收购比例的股票的临时保管。

收购要约期满后 3 个工作日内,收购人应当向中国证监会报送关于收购情况的书面报告,同时抄报上市公司所在地的中国证监会派出机构,抄送证券交易所,通知被收购公司,并予以公告。

5.收购要约期满的法律后果。

(1)股票终止上市交易。收购期限届满,被收购公司股权分布不符合上市条件的,该上市公司的股票应当由证券交易所依法终止上市交易。收购要约的期限届满,收购人持有的被收购公司的股份数额达到该公司已发行的股份总数的75%以上的,该上市公司的股票应当在证券交易所终止上市交易。因为,收购人持有目标公司的75%以上的股份,那么该公司被其他社会公众持有的股份比例就低于25%,不再符合公司上市的规定。

(2)强制接受规则。当公开收购获得成功后,应当赋予收购者一个再次收购的机会,或者说,为其提供一种取得异议少数股东股份的手段。同时,为少数股东提供一个出售其少数股份的机会和手段。由于这种收购具有强制性,故称之为强制收购。如收购人在收购了目标公司股东90%的股份时可以强制收购少数股东的剩余股份。

根据我国《证券法》第97条规定,收购期限届满,被收购公司股权分布不符合上市条件的,该上市公司的股票应当由证券交易所依法终止上市交易;其余仍持有被收购公司股票的股东,有权向收购人以收购要约的同等条件出售其股票,收购人应当收购。收购要约的期限届满,上市公司的股票应当由证券交易所依法终止上市交易的,其余仍持有被收购公司股票的股东,有权向收购人以收购要约的同等条件出售其股票,收购人应当收购。

6.公司形式变更或解散。收购行为完成后,被收购公司不再具备股份有限公司条件的,应当依法变更企业形式。在上市公司收购中,收购人持有的被收购的上市公司的股票,在收购行为完成后的12个月内不得转让。收购行为完成后,收购人与被收购公司合并,并将该公司解散的,被解散公司的原有股票由收购人依法更换。为了保住被收购公司的上市地位,有些收购方在进行收购时千方百计地计算、设计,只收购被收购公司的60%～70%的股份,使得结果既收购成功,又不使被收购公司丧失上市地位。

五、协议收购

(一)协议收购概念与特征

上市公司的协议收购,是指投资者在证券交易场所之外与目标公司的股东就股票价格、数量等方面进行协商,购买目标公司的股票,以期达到对目标公司的控股或兼并目的。采取协议收购方式进行上市公司收购时,收购人可以依照法律、行政法规的规定同被收购公司的股东以协议方式进行股权转让。

协议收购的特征有:①协议收购不具有要约收购的公开性。在协议收购中,收购人与目标公司股东进行协商股份转让事宜,通常是秘密的。②协议收购不具有要约收购的公平性。协议收购的双方当事人可以自由协商收购条件,收购协议是双方当事人的真实意思表示。③协议收购不具有要约收购的期限性。④协议收购不具有要约收购的排他性。协议收购人在同目标公司股东协商的同时,还可以在证券市场上通过集中竞价交易买卖目标公司的股票。

(二)协议收购的限制

限制表现在《证券法》第96条规定,采取协议收购方式的,收购人收购或者通过协议、其他安排与他人共同收购一个上市公司已发行的股份达到30%时,继续进行收购的,应当向该上市公司所有股东发出收购上市公司全部或者部分股份的要约。但是,经国务院证券监督管理机构免除发出要约的除外。涉及国家授权机构持有的股份的转让,或者须经行政审批方可进行的股份转让,协议收购相关当事人应当在获得有关主管部门批准后,方可履行收购协议。

(三)协议收购规则

1.收购协议的报告与公告。以协议方式收购上市公司时,达成协议后,收购人必须在3日内将其收购协议向国务院证券监督管理机构及证券交易所做出书面报告,并予公告;在未做出公告前不得履行收购协议。收购协议只有公告后才能履行。

2.董事会意见。被收购公司收到收购人的通知后,其董事会应当及时就收购可能对公司产生的影响发表意见,独立董事在参与形成董事会意见的同时还应当单独发表意见。被收购公司董事会认为有必要的,可以为公司聘请独立财务顾问等专业机构提供咨询意见。被收购公司董事会意见、独立董事意见和专业机构意见一并予以公告。独立董事应当要求公司聘请独立财务顾问等专业机构提供咨询意见,咨询意见与独立董事意见一并予以公告。财务顾问费用由被收购公司承担。

3.收购协议的履行、股份转让和过户。以协议收购方式进行上市公司收购的,收购人应当在达成收购协议的次日向中国证监会报送上市公司收购报告书,同时抄报上市公司所在地的中国证监会派出机构,抄送证券交易所,通知被收购公司,并对上市公司收购报告书摘要做出提示性公告。中国证监会在收到上市公司收购报告书后15日内未提出异议的,收购人可以公告上市公司收购报告书,履行收购协议。涉及国家授权机构持有的股份的转让,或者须经行政审批方可进行的股份转让,协议收购相关当事人应当在获得有关主管部门批准后,方可履行收购协议。协议收购相关当事人应当按照证券交易所和证券登记结算机构的业务规则和要求,申请办理股份转让和过户登记手续。未按照规定履行报告、公告义务或者未按照规定提出申请的,证券交易所和证券登记结算机构不予办理股份转让和过户登记手续。

4.股票的保管与资金的存放。以协议收购方式进行上市公司收购,相关当事人应当委托证券登记结算机构临时保管拟转让的股票,并将用于支付的现金存放于证券登记结算机构指定的银行账户。

(四)受让人获得公司控制权协议转让程序

以协议收购方式转让一个上市公司的挂牌交易股票,导致受让人获得或者可能获得对该公司的实际控制权的,应当按照以下程序办理:

1.公告上市公司收购报告书后,相关当事人应当委托证券公司申请办理股份转让和过户登记手续;接受委托的证券公司应当向证券交易所和证券登记结算机构申请拟收购部分的暂停交易和临时保管;予以暂停交易和临时保管的,应当做出公告;证券交易所可以根据证券市场管理的需要,做出被收购公司挂牌交易股票暂停交易的决定。

2.受让人应当在提出股份转让申请的次日,就转让协议事宜以及接受委托的证券公司名称做出公告,并通知该上市公司。

3.证券交易所在收到股份转让申请后3个工作日内完成审核,对所申请的股份转让做出予以确认或者不予确认的决定。

4.证券交易所对所申请的股份转让予以确认的,由接受委托的证券公司代表转让双方向证券登记结算机构申请办理股份过户登记手续,受让人在过户登记手续完成后2个工作日内做出公告;证券交易所不予确认的,接受委托的证券公司应当在收到证券交易所通知的当日,将不予确认的决定通知转让双方和被收购公司,并代表转让双方向证券登记结算机构申请解除对该部分股票的临时保管;出让人应当在获悉不予确认决定后2个工作日内做出公告。

5.股份转让过户登记手续完成后,由接受委托的证券公司代表受让人向证券登记结算机构申请解除该部分股票的临时保管,受让人在提出解除保管申请后的2个工作日内做出公告,该部分股票在证券交易所恢复交易。

【资料与应用】 浙大海纳收购案

浙大海纳1999年在深圳上市时,其发起人便是由浙江大学企业集团控股有限公司、浙江省科技风险投资公司以及4个自然人共同发起。其中,浙大企业集团以浙大半导体材料厂、中控公司、快威科技公司三家企业投入,占62.44%的股份。浙大海纳由此成为第一家以自然人参股发起的上市公司,并成为当时国内独此一家的单晶硅高科技概念股。

2003年2月14日,珠海经济特区溶信投资公司和海南皇冠假日滨海温泉酒店有限公司,采取一致行动同浙大企业集团签订《股权转让协议》,海南皇冠公司受让 2160 万股,占浙大海纳注册资本的 24%;珠海经济特区溶信投资有限公司(珠海溶信公司)受让 2560 万股,占浙大海纳注册资本的 28.4%。转让价款将近 3 亿元,浙大企业集团仅保留 10%的股份。2003 年 3 月 5 日,教育部以教技发函[2003]11 号批复《关于同意浙江浙大海纳股份有限公司股权转让的批复》批准股权转让。2003 年 6 月 20 日浙大企业集团与海南皇冠公司、珠海经济特区溶信投资有限公司分别签订"股权托管协议"。浙大企业集团将 2160 万股,占浙大海纳注册资本的 24%股权委托海南皇冠公司管理。将 2560 万股,占浙大海纳注册资本的 28.4%的股权委托珠海经济特区溶信投资公司管理。2004 年 2 月 5 日,国务院国有资产监督管理委员会以国资产权[2004]60 号《关于批复浙江浙大海纳股份有限公司国有股转让有关问题的函》批复教育部,同意转让。2004 年 3 月 10 日中国证券登记结算有限公司深圳分公司办理过户《过户登记确认书》,浙大企业集团将 2160 万股,占浙大海纳注册资本的 24%股权过户给海南皇冠公司。将 2560 万股,占浙大海纳注册资本的 28.4%的股权过户给珠海经济特区溶信投资公司。2004 年 3 月 31 日公告书。

　　海南皇冠股权结构是,福建三农持有其 25%股份,上海原创投资发展有限公司持有 42%股份,其中原创投资由徐云申、陈文荣、纪鸿三位自然人控制,分别持有 40%、30%和 30%股份。福建三农的实际控制者就是飞天系的旗舰企业——西安飞天科工贸集团公司。徐云申此前是福建三农的副总经理,也是西安飞天的高管。就在飞天收购海南皇冠酒店股权的同一天——2003 年 1 月 2 日,徐云申辞去福建三农副总经理职位。浙大海纳的二股东就是飞天。珠海溶信持股只比海南皇冠多出 4 个百分点,珠海溶信受飞天集团控制,换而言之,海纳的实际控制人就是飞天。浙大海纳 2005 年 4 月 29 日的公告明确称,浙大海纳的实际控制人就是"飞天系"的"掌门人"邱忠保,其描绘的浙大海纳与实际控制人之间的产权及控制关系显示,珠海溶信的控制者自然人叶用权与白静姝均属邱忠保的一致行动人。

　　问题:浙大海纳的协议收购与《证券法》规定的协议收购规则比较,有什么问题?

第十二章

保险法

【内容提要】 保险的架构是建立在"危险分散"、"大数法则"、"公平合理"、"收支平衡"的基础之上,它最基本的职能在于管理风险,补偿损失,保证被保险人在未来获得保障。通过对保险法基本理论、保险合同法、财产保险合同、人身保险合同的相关法律知识的介绍,了解保险的概念、构成条件及保险的分类;知晓保险法的概念及内容、保险法的基本原则和我国保险立法的进程;掌握保险合同的概念、法律特征,订立保险合同的程序,保险利益,保险合同当事人及关系人和辅助人,保险合同的解释原则、理赔和索赔程序,投保人的告知义务及保险人的说明义务,保险合同的履行、变更、解除和终止等内容;了解财产保险合同的概念、特征及分类、主要内容及效力,掌握人身保险合同的概念、特征及主要内容、人身保险合同的常用条款。

第一节
保险法基本理论

一、保险与保险法

(一)保险

1.保险的概念。保险是舶来品,英文称之为 insurance,有经济上和法律上两种意义。经济意义上的保险,是指对特定危险事故所造成的财产损失给予补偿或对约定事件的出现实现给付的一种救济保障制度,其目的在于稳定生产,确保人民生活安定。法律意义上的保险,根据《保险法》第 2 条规定:"本法所称的保险,是指投保人根据合同约定,向保险人支付保险费,保险人对于合同约定的可能发生的事故因其发生所造成的财产损失承担赔偿保险金责任,或者当被

367

保险人死亡、伤残、疾病或者达到合同约定的年龄、期限等条件时承担给付保险金责任的商业保险行为。"在法律上,认为保险是一种契约,或为由契约而发生的债权债务关系,是一种双方有偿合同关系。我国保险法对保险的概念界定的含义可以从三方面来理解:保险是一种经济补偿制度;保险是双方当事人之间的合同行为;保险是由财产保险和人身保险两个部分组成。

2. 保险的构成要件。根据保险的定义,构成保险应当具备四个要件:

(1)保险必须有危险存在。危险的存在是构成保险制度的第一要件,因此,在一定意义上可以说,"无危险,无保险"。但是,并非任何危险都可构成保险危险,作为保险对象的危险必须具备如下特征:①危险发生与否具有不确定性。不可能发生或者肯定要发生的危险,不能构成保险危险。②危险发生的时间不能确定。③危险所导致的后果不能确定。④危险的发生对投保人或者被保险人来说,必须是非故意的。如果保险危险是当事人故意造成的,则不构成保险危险。因为保险危险最大的特点是具有或然性,是在当事人意料之外偶然发生的。另外,由保险标的物本身所造成的危险,也不属于保险危险。根据保险合同当事人双方的约定明确下来的,如果没有加以特别说明的危险不属于保险人的保险责任范围;另外,诸如战争、核辐射污染等频率和损失结果难以预测的危险,保险人不承担赔偿或给付保险金的责任。

(2)保险必须有多数人参加。保险是分散危险,消化损失的制度,必须有多数人参加,通过广大投保人共同投保而筹集资金,建立集中的保险基金,保险人只有拥有雄厚的保险基金,才能在约定的灾害事故发生时利用经济补偿手段予以赔偿。所谓"多数人",并没有具体的规定,参加的人数越多,每个人的分摊金就越合理,保险金就越雄厚,保险公司的赔偿能力就越强,其经营就越稳定。

(3)保险必须对危险事故所致损失进行补偿。保险并不是保证危险不发生、不遭受损失,而是对危险发生后遭受损失予以经济补偿。补偿的方式主要靠支付货币即保险金来实现。

(4)因危险发生而引起的损失,必须在经济上能够计算价值。在财产保险中对危险事故引起的损失,一般通过估价来确定;在人身保险中对危险事故引起的损失,因人的身体无价的特点,通常采用定额保险的办法。在订立人身保险合同时就将其可能损失确定下来,事故发生后就认为确定的损失是实际损失,由保险人支付保险金。

3. 保险的分类。保险分类标准甚多,并无严格的规定,最常见的有以下几种:

(1)根据保险标的不同进行分类,可以分为财产保险和人身保险,这也是我国保险法规定的基本险别。财产保险,是以物质财产或其他财产利益为保险标的的保险。财产保险业务包括财产损失保险、责任保险、信用保险、保证保险和农业保险以及上述保险业务的再保险业务等。人身保险是以人的寿命和身体为保险标的的保险。早期的人身保险仅保死亡事故，现已扩大到生存和意外事故。人身保险业务包括人寿保险、疾病（健康）保险、意外伤害保险、生存保险等以及上述保险业务的再保险业务等。

（2）根据保险的实施形式进行分类，可以分为强制保险和自愿保险。强制保险，又称法定保险，是由国家法律、法规直接规定必须进行的保险。但强制保险的范畴大于法定保险，法定保险是强制保险的主要形式。实行强制保险的原因主要有：①该保险具有明显的公益性，办此险种有助于保护社会公共利益。例如，机动车辆第三者责任保险、雇主责任保险等就属于强制保险。②国家为了便于某项政策的实施。这种保险依据法律规定产生，具有全面性、法定性和自发性等特点。自愿保险，是指投保人和保险人在平等自愿、协商一致基础上签订保险合同而建立的保险法律关系。商业保险一般采用自愿保险形式。

（3）按保险设立是否以营利为目标进行分类，可以分为商业保险和社会保险。社会保险是指国家基于社会保障政策的需要，不以营利为目的而举办的一种福利保险。社会保险属于法定保险，一般由社会保障立法予以规范，其费用主要来源于国家财政资金或企事业单位资金或经费。主要项目包括退休金保险、失业保险、工伤保险和生育保险。商业保险，是指社会保险以外的普通保险，它以营利为目的，其资金主要来源于投保人交纳的保险费，一般受保险法规范。从《保险法》第 2 条规定可以看出，我国《保险法》规定的保险，以商业保险为限。

（4）按保险人承担的责任次序分类，可以分为原保险和再保险。原保险是指保险人对被保险人因保险事故所造成的损失，承担直接的原始的赔偿责任的保险，也称第一次保险。再保险，就是对原保险的保险责任再予以承保的保险。也就是保险人将自己承保业务中的一部分或全部的危险责任给另一个保险人承担，以减轻保险人自身所负担的经济赔偿责任，在保险危险责任转移的时候，原保险人必须把已经收取的保险费的部分或全部转让给再保险人。所以说，再保险是保险的保险。

（二）保险法概述

1.保险法的概念。保险法是以保险关系为调整对象的各种法律规范的总称。保险法有广义和狭义之分，狭义的保险法是指保险法典，即《中华人民共和国保险法》；广义的保险法它不仅包括保险法典，而且还包括其他法律、法规中有关保险的规定。保险法既是组织法，又是活动法，其内容一般包括保险业法、保险合同法和保险特别法。

(1)保险业法,是保险企业的基本法,是关于保险业的组织及对其进行监督管理的法律规范。其内容是有关保险组织的设立、经营、管理、监督、破产、解散和清算等规定。我国 1985 年 3 月 3 日国务院颁布的《保险企业管理暂行条例》和 2000 年 1 月 3 日中国保监会公布的《保险公司管理规定》,就属这一类法规。《保险法》全面系统地规定了对保险业进行监督和管理的有关内容,构成了我国保险业法的基本框架。

(2)保险合同法,又称保险契约法,是保险法的核心内容。它是关于保险关系双方当事人权利义务的法律。一般包括保险合同的订立、履行、终止、变更、解除和保险合同纠纷的处理等事项。目前我国尚无一部完整的保险合同法,1983 年 9 月 1 日国务院发布的《中华人民共和国财产保险合同条例》,对财产保险合同作了具体的规定;1992 年 11 月 7 日颁布、1993 年 7 月 1 日实施的《中华人民共和国海商法》(以下简称《海商法》),对海上保险合同作了专门的规定;我国《保险法》对保险合同的总则、财产保险合同和人身保险合同等都作了全面系统的规定,从而确立了我国保险合同法的基本体系和内容。

(3)保险特别法,是指保险合同法典以外的具有商法性质的,调整某一种保险法律关系的规范。这类法律一般以保险合同法为依据,但更为具体、细致,是各种具体保险经营活动的直接依据。我国《海商法》第 12 章关于海上保险合同的规定,属于保险特别法的范畴。由于海上保险合同通常被纳入海商法学的研究范畴,故本章对海上保险合同不予专门论述。

(4)社会保险法,又称劳动保险法,是指调整因补偿劳动者由于偶然事故减少或丧失劳动能力或丧失劳动机会所形成的社会保障关系的法律规范。由于社会保险往往为国家经营,而且具有非营利性和强制性等特点,与商业保险迥异,因此,各国都另行制定法律予以调整,学者也都将其排斥在通常所说的保险法之外,故本章对社会保险法也不予专门论述。

2.保险法的基本原则。我国《保险法》第 4 条规定:"从事保险活动必须遵守法律、行政法规,尊重社会公德,不得损害社会公共利益。"第 5 条规定:"保险活动当事人行使权利、履行义务应当遵循诚实信用原则。"据此,我国保险法的基本原则有以下三个:

(1)合法性原则。保险作为市场经济的一项重要活动,必须在法制的框架下进行。保险合同当事人必须依法进行保险活动,同时保险监管也应当确立依法监管的原则。合法性原则是进行保险活动应当遵守的最基本的原则。

(2)尊重社会公德和不得损害社会公共利益原则。从事保险活动首先必须遵循合法性原则,在此基础上,要尊重社会公德,遵循不得损害社会公共利益原则。这是保险活动得以合法、正常进行的基点。

（3）诚实信用原则。诚实信用是我国保险法的一项基本原则，主要体现为保险人应履行说明义务和投保人应履行如实告知义务和遵守保险合同中的保证条款等。

二、我国的保险立法

1995 年 6 月 30 日第八届全国人民代表大会常务委员会第十四次会议通过，于 1995 年 10 月 1 日正式施行的《保险法》，是一部集保险合同法与保险业法为一体的保险法律。2000 年 1 月 3 日，中国保监会根据《公司法》和《保险法》等法律，公布了《保险公司管理规定》，共 10 章 119 条，对保险机构、保险经营、保险条款和保险费率、保险资金管理及运用、保险公司偿付能力、再保险和监督检查等作了更加详细的规定。2002 年 3 月 15 日，中国保监会颁布了《关于修改〈保险公司管理规定〉有关条文的决定》，对相关条文作了修改。2000 年 8 月 4 日、2001 年 11 月 16 日，中国保监会又分别制定了《保险兼业代理管理暂行办法》、《保险代理机构管理规定》、《保险经纪公司管理规定》和《保险公估机构管理规定》。2001 年 12 月 5 日，国务院第 49 次常务会议通过了《中华人民共和国外资保险公司管理条例》，并于 2001 年 12 月 12 日公布，2002 年 2 月 1 日起施行，共 7 章 40 条，该条例是我国第一部关于外资保险公司监督管理的行政法规。中国保监会还于 2004 年 3 月 15 日通过《中华人民共和国外资保险公司管理条例实施细则》，并自 2004 年 6 月 15 日起施行。2002 年 10 月 28 日，第九届全国人民代表大会常务委员会第三十次会议通过了关于修改《保险法》的决定。2009 年 2 月 28 日，第十一届全国人民代表大会常务委员会第七次会议修订，经修订后的《中华人民共和国保险法》是一部全新的保险法。

第二节
保险合同法

一、保险合同的概念、法律特征

（一）保险合同的概念

保险合同又称保险契约。它是保险关系双方之间订立的一种具有法律约束力的协议。《保险法》第 10 条第 1 款规定了保险合同的概念，"保险合同是投保人与保险人约定保险权利义务关系的协议。"保险合同所约定的权利义务关系,实质内容在于:一方当事人(投保人)应当依约定向另一方当事人(保险人)支付费用,而另一方当事人对于合同约定的可能发生的事故发生后造成的损失承担赔偿责任,或者当指定的人死亡、伤残、疾病或者生存到合同约定的年龄、期限等条件时承担给付责任。❶

保险合同根据当事人双方的协定,由投保人向保险人缴纳保险费,保险人在保险事故发生造成所保利益损失时,承担经济赔偿责任,或者在约定的事故出现时履行给付保险金的一种法律行为。因此,保险合同是对保险当事人双方都有约束力的双方民事法律行为,它具有两种不同性质:一种是补偿契约,即保险人只在约定事故发生后,根据被保险人遭受实际的程度时,给予赔偿是损失补偿性质。一种是给付契约,即只要合同订明的特定事件出现后(包括一定期限的届满),保险人就有履行给付的义务。

(二)保险合同的法律特征

保险合同是合同的一种,它除具有一般合同的共同特征外,还具有自身的法律特征。

1.保险合同是双务有偿合同。保险合同当事人按照合同的约定互负义务,投保人按约定向保险人支付保险费,并以此为代价将一定范围内的危险转移给保险人。保险人在合同约定的保险事故发生时或在保险期限届满时,向投保人(或被保险人、受益人)支付保险金。

但保险合同这种双务性质与一般买卖合同的双务性质不同,在买卖合同中,双方的义务都是确定的,一方交钱,一方交货,但在保险合同中投保人的债务是确定的,保险费一定要支付,但是保险人承担的债务(指财产损失赔偿金的支付)是不确定的,是决定于偶然事故的发生与否,也就是以偶然事故的出现为发生保险人的债务的条件。因此原则上不适用双务合同中"同时履行"的原则,即投保人不能因保险人未支付赔偿金而拒绝支付保险金。

实际上保险人的义务应该说是对投保人提供经济上的保障。这种经济上的保障,对投保人来说是一种期待的利益,投保人的支付正是取得这种期待利益的对价。所以也有将保险合同称为保障性合同。

2.保险合同是一种附合合同。附合合同是指当事人一方对相对方事先已确定的合同条款只能表示同意或不同意,接受或不接受的合同,又称格式合同、标准合同。

保险合同的附合性,是保险业发展的客观需要。由于保险业对保险费率的

---

❶ 王保树主编:《中国商事法》,人民法院出版社 2001 年版,第 572 页。

计算、统计、责任范围的确定、出险的理赔等十分复杂并且技术性高,更由于投保人人数众多而且还不固定,因而保险人通常情况下都是在事先提出保险合同条款,供投保人决定是否参加保险。

由于保险人制定保险合同同时赋予了附合性质,使得投保人、被保险人处于不利的地位,为了保护被保险人和受益人的合法权益,故保险合同的条款必须符合公平、平等原则,对有关条款解释有模棱两可的地方,当事人发生争议的,法律上一般作对被保险人和受益人有利的解释。我国《保险法》第 30 条规定:"采用保险人提供的格式条款订立的保险合同,保险人与投保人、被保险人或者受益人对合同条款有争议的,应当按照通常理解予以解释。对合同条款有两种以上解释的,人民法院或者仲裁机构应当作出有利于被保险人和受益人的解释。"

3. 保险合同是射幸合同。所谓"射幸",本意是指碰运气的意思。在保险合同订立时,投保人承担缴纳保险费的义务是确定的,而保险人给付保险金的义务是不确定的,它取决于保险事故是否发生,即保险人的给付义务是以保险事故的发生为前提的。保险合同的"射幸"特征依赖于偶然的机会,这种机会是基于保险事故的不确定性。但是须强调一点,射幸是针对单个保险合同而言的,就保险合同整体来说,保险人收取的保费总额与其应承担的赔偿金数额原则上是相等的,因为保险费与保险赔偿额的关系是依据概率精确计算出来的,所以就保险合同整体来说,不具有偶然性。

4. 保险合同是非保单的要式合同。保险合同必须采用书面的要式合同,但保险合同的成立没有要求必须采取保险单的形式。《保险法》第 13 条规定:"投保人提出保险要求,经保险人同意承保,保险合同成立。保险人应当及时向投保人签发保险单或者其他保险凭证。保险单或者其他保险凭证应当载明当事人双方约定的合同内容。当事人也可以约定采用其他书面形式载明合同内容。依法成立的保险合同,自成立时生效。投保人和保险人可以对合同的效力约定附条件或者附期限。"从这一规定中可以看出,保险合同并不是必须采用保险单的形式,也可以采用其他保险凭证或其他书面协议的形式。

严格地说,保险单或保险凭证并不是合同本身,而仅是作为经过口头或书面洽谈所缔结合同的一种证据文书而已。《中华人民共和国合同法》第 13 条规定:"当事人订立合同,采取要约、承诺方式。"第 25 条规定:"承诺生效时合同成立。"出具保险单仅是法律规定的保险人的义务,仅是保险合同的证据。投保人提出投保要求,经保险人同意承保,保险合同即告成立。

5. 保险合同是最大诚信合同。保险人的危险补偿责任在很大程度上依赖于当事人的诚实信用,所以,"最大诚信"既是对投保人的要求,也是对保险人的要求。它一方面要求投保人在订立合同时,对保险人的询问及有关标的的情况如实告知保险人,在保险标的的危险增加时通知保险人。因为保险合同效力取决于投保人或者被保险人的信息披露程度,保险标的一般情况下由被保险人控制,被保险人的任何非善意的行为将可能构成保险标的危险程度的增加或者促成保险危险的发生。另一方面,它要求保险人必须向投保人就保险合同的内容,特别是保险合同中约定的有关保险人的责任免除条款向投保人作出明确说明,并在约定的保险事故发生时,履行赔偿或给付保险金的义务。因为投保人对保险业务比较陌生,有可能不知道免责条款的存在,或者不了解免责条款的法律意义,而且保险人在订立保险合同过程中处于优势地位,并有较丰富的实践经验,可能事先拟订一些不利于被保险人的格式条款。例如,应某因患心脏病休息在家,期间应某于 2004 年 4 月投保 10 份总保额为 2000 元、期限 20 年的简易人身保险,投保时隐瞒了病情。2005 年 5 月应某心脏病发作,不幸去世。应某的妻子作为受益人请求保险公司给付保险金。本案中保险公司是否应履行给付责任?本案保险公司不应给付保险金。承保简易人身保险的保险公司并不检查被保险人的身体,而仅凭投保单中有关内容的陈述决定是否承保。投保人在简易人身保险投保单填写中必须承担如实告知的义务,投保人如有隐瞒事实,保险公司不负给付责任。本案中投保人应某违反了诚实信用原则。明知自己因患心脏病休息在家,却隐瞒病情,没有履行如实告知义务,违反了诚实信用原则,所以保险公司不应给付保险金。

二、保险合同的主体

保险合同和其他合同一样必须有订立合同的当事人,作为合同规定的权利、义务承担的主体。保险合同的当事人就是投保人和保险人。但保险合同也有与一般合同不同之点,一般合同多为当事人自己的利益而订立,保险合同则可为自己的利益亦可为他人的利益而订立,因除投保人外,有时还有受益人的存在。不仅如此,保险合同是保障合同,保障的对象即意外事件在其财产或其身体上发生的人,也是与保险合同有重要关系的被保险人。所以又将受益人与被保险人,作为保险合同的关系人。保险合同的投保人、被保险人、保险人、受益人,通常均在合同中明确载明。

(一)保险合同的当事人

1.保险人,也称承保人。保险人是指与投保人订立保险合同,并按照合同约定承担赔偿或给付保险金责任的保险公司。因此保险人经营保险业除取得经营资格外,还须在规定的经营范围内进行。在我国保险人专指保险公司。

2.投保人,又称要保人,保单持有人。投保人是指与保险人订立保险合同,并按照保险合同约定负有支付保险费义务的人。投保人应具备下列三个要件:

(1)有权利能力和行为能力。签订保险合同与一般合同一样,要求当事人具有权利能力和行为能力;无权利能力的法人或无行为能力的自然人与保险人订立的保险合同无效。

(2)投保人对保险标的具有保险利益。这是对投保人在资格上的另一限制。所谓保险利益是指投保人对保险标的具有的法律上承认的利益。

(3)投保人负有缴纳保险费的义务。保险合同是有偿合同,投保人取得经济补偿的代价就是缴纳保险费。

(二)保险合同关系人

1.被保险人。被保险人是指其财产或者人身受保险合同保障,享有保险金请求权的人。投保人可以为被保险人。一般来说,被保险人应具备下列两个要件:

(1)被保险人是保险事故发生时遭受到损失的人。在财产保险中,被保险人必须是财产的所有人或其他权利人。在人身保险中,被保险人是对他本身的寿命和身体取得保险保障的人,由于人身保险合同是以人的寿命和人的身体为保险标的,因此被保险人只能是自然人。

(2)被保险人是享有保险金请求权的人。在保险合同中,被保险人所享有的最重要的权利就是保险金请求权。因为保险合同标的是被保险人的财产或人身,在保险事故发生时理应受到保障。虽然在人身保险中有受益人存在的情况下,由受益人享有保险金请求权,但受益人享有的保险金请求权是被保险人让与的,其来源是被保险人享有的保险金请求权。可以说,没有被保险人的保险金请求权,亦无受益人的受益权。

2.受益人,也称保险金受领人。受益人是指人身保险合同中由被保险人或者投保人指定的享有保险金请求权的人。投保人、被保险人可以为受益人。需要特别注意的是,一般来说,在财产保险中不发生受益人的问题,被保险人即受益人,受益人通常存在于人身保险中。❶

(1)受益人的法律资格。受益人可以是投保人或被保险人,也可以是被保险人或投保人指定的其他人。受益人可以是任何人,法律上没有资格限制。与被保险人有利害关系以及与被保险人没有任何利害关系的人,均可以被指定为

---

❶ 覃有土主编:《商法学》,中国政法大学出版社 2002 年版,第 362 页。

受益人。任何自然人、法人及其他合法的经济组织可作为受益人。自然人中无民事行为能力人、限制民事行为能力人,甚至未出生的胎儿(须以出生后存活为必要条件)均可指定为受益人。

(2)受益人的指定。由投保人或被保险人指定。投保人指定受益人时,须经被保险人同意。依照《保险法》第39条规定,投保人为与其有劳动关系的劳动者投保人身保险,不得指定被保险人及其近亲属以外的人为受益人。被保险人为无民事行为能力人或限制民事行为能力人,可以由其监护人指定受益人。

(3)受益人的变更。《保险法》第41条规定:"被保险人或者投保人可以变更受益人并书面通知保险人。保险人收到变更受益人的书面通知后,应当在保险单或者其他保险凭证上批注或者附贴批单。投保人变更受益人时须经被保险人同意。"

在人身保险合同中,受益人所得的保险金不属于被保险人的遗产。《保险法》第42条规定:"被保险人死亡后,有下列情形之一的,保险金作为被保险人的遗产,由保险人依照《中华人民共和国继承法》的规定履行给付保险金的义务:①没有指定受益人,或者受益人指定不明无法确定的;②受益人先于被保险人死亡,没有其他受益人的;③受益人依法丧失受益权或者放弃受益权,没有其他受益人的。受益人与被保险人在同一事件中死亡,且不能确定死亡先后顺序的,推定受益人死亡在先。"

受益人享有的受益权是一种期待权,在保险事故发生时,才能变为现实的财产权。也即只有保险事故发生时,受益人才能取得收益权,且受益人在发生保险事故时必须生存。

(4)受益人顺序及份额的确定。《保险法》第40条规定:"被保险人或者投保人可以指定一人或者数人为受益人。受益人为数人的,被保险人或者投保人可以确定受益顺序和受益份额;未确定受益份额的,受益人按照相等份额享有受益权。"

(5)受益人受益权的丧失。《保险法》第43条规定:"投保人故意造成被保险人死亡、伤残或者疾病的,保险人不承担给付保险金的责任。投保人已交足二年以上保险费的,保险人应当按照合同约定向其他权利人退还保险单的现金价值。受益人故意造成被保险人死亡、伤残、疾病的,或者故意杀害被保险人未遂的,该受益人丧失受益权。"例如,2001年12月30日,某石化公司向某保险公司投保平安福寿险,每位员工保额为1万元,收益人栏为"法定"。2002年5月5日晚上7时,该公司的职工杨某因小事与丈夫争吵、打骂,最后被丈夫扼死。杨某新婚才一月,无子女,父母均健在。当晚,杨某的丈夫向公安局自首。现公安局已结案,定性为"激发性故意杀人罪"。该案的受益人如何确定? 本案的杨某丈夫作为受益人之一,杀妻动机并不是以骗取保险金为目的,公安机关已将该案定性为"激发性故意杀人罪",所以保险公司因杨某非投保人行为致死必须承担给付保险金的责任。但根据我国《保险法》"受益人故意造成被保险人死亡或伤残的,丧失受益权",杨某的丈夫丧失受益权。《保险法》第 39 条规定:"人身保险的受益人由被保险人或投保人指定。"在本案中,杨某所在公司在投保时指定受益人为"法定",根据我国《继承法》的相关规定,杨某的法定继承人为配偶、子女、父母。杨某无子女,其丈夫已丧失受益权,其父母健在,所以本案保险金的受益权应归属杨某父母。

(三)保险合同的辅助人

保险合同的订立和履行涉及专门知识和技术,因此除当事人、关系人外还得有辅助人。辅助人有三种:保险代理人、保险经纪人和保险公估人。

1. 保险代理人。保险代理人是根据保险人的委托,向保险人收取代理手续费,并在保险人授权范围内代办保险业务的单位和个人。保险代理人根据保险人的授权代办保险业务的行为,由保险人承担责任。保险法上的代理人具有特定的意义,通常指保险人的代理人。保险代理人包括专业代理人、兼业代理人和个人代理人。专业代理人是指专门从事保险代理业务的保险代理公司。兼业代理人是指受保险人委托,在从事自身业务的同时,指定专人为保险人代办保险业务的单位。个人代理人是指根据保险人委托,向保险人收取代理手续费,并在保险人授权的范围内代办保险业务的人。

保险代理制度完全适用民事代理的一般规定,但它又是一种特殊的代理制度,与一般的民事代理有不同之处。

(1)保险代理人与保险人在法律上视为同一人。保险代理人以自己的名义与投保人签订的保险合同,产生的一切权利义务都由保险人承担。即使代理人的行为侵害了他人的利益也对保险人有约束力。例如,保险代理人在未经保险人同意的情况下,签订了保险合同,保险人不得以代理人越权而又否认合同的效力。《保险法》第 117 条规定:"保险代理人是根据保险人的委托,向保险人收取佣金,并在保险人授权的范围内代为办理保险业务的机构或者个人。保险代理机构包括专门从事保险代理业务的保险专业代理机构和兼营保险代理业务的保险兼业代理机构。"《保险法》第 127 条规定:"保险代理人根据保险人的授权代为办理保险业务的行为,由保险人承担责任。保险代理人没有代理权、超越代理权或者代理权终止后以保险人名义订立合同,使投保人有理由相信其有代理权的,该代理行为有效。保险人可以依法追究越权的保险代理人的责任。"

（2）保险代理人所知道的事情，都假定为保险人所知，保险人不得以投保人未履行如实告知义务而拒绝保险赔偿。

保险代理制度在国际上已经广泛采用，我国也采用保险代理制度开展保险业务。根据我国《保险代理人管理规定（试行）》，个人保险代理人员必须参加保险代理人资格考试并获得《保险代理人资格证书》。

2. 保险经纪人。保险经纪人是指基于投保人的利益，为投保人与保险人订立保险合同提供中介服务，并依法收取佣金的人。因保险经纪人在办理保险业务中的过错，给投保人、被保险人造成损失的，由保险经纪人承担赔偿责任。保险经纪人与保险代理人虽然同为保险活动的辅助人，但两者有着明显的不同：一是保险经纪人以自己的名义进行保险经纪活动，而保险代理人一般是以保险人的名义进行代理活动；二是保险经纪人的保险经纪活动所产生的责任由保险经纪公司承担，而保险代理的代理活动所产生的责任由保险人承担。

3. 保险公估人。是指受保险当事人的委托并收取合理费用，代为办理保险的评估、勘验、鉴定、估损以及理赔计算等业务，并出具公估报告书的保险中介服务机构。保险公估人从事保险公估活动必须严格遵守国家的有关法律、行政法规，坚持公平、公开、公正的原则。保险公估机构不得从事保险代理或保险经纪活动。因保险公估人的过错，给保险人或被保险人造成损失的，由保险公估人依法承担民事赔偿责任。

三、保险利益

（一）保险利益的概念

保险利益，又称可保利益，是指投保人对保险标的具有的法律上承认的利益。订立保险合同的目的不是保险标的本身，而是保障被保险人对保险标的所具有的利益，这种利益就是保险利益。它可以是投保人对其保险标的所具有的某种经济上的利益，也可以是投保人依法或依合同所承担的责任、义务而产生的利害关系。

而保险标的是指作为保险对象的财产及其有关利益或者人的寿命和身体。保险标的或者为财产和财产利益，或者为人身和人身利益，但投保人或被保险人对之应有利害关系。《保险法》第 12 条规定："人身保险的投保人在保险合同订立时，对被保险人应当具有保险利益。财产保险的被保险人在保险事故发生时，对保险标的应当具有保险利益。人身保险是以人的寿命和身体为保险标的的保险。财产保险是以财产及其有关利益为保险标的的保险。被保险人是指其财产或者人身受保险合同保障，享有保险金请求权的人。投保人可以为被保险人。保险利益是指投保人或者被保险人对保险标的具有的法律上承认的利益。"

(二)保险利益的构成要件

保险利益可分为财产上的保险利益和人身上的保险利益两类,由于两者意义与范围不同,因而构成要件上也不同。

1. 财产保险的保险利益构成要件。在财产保险合同中,凡是因财产发生危险事故而可能遭受损失的人,均为对该项财产具有一定的保险利益的人,包括财产所有人、经营管理人或对某项财产有直接利害关系的人。财产保险合同保险利益有财产上的现有利益、由现有利益而产生的期待利益、责任利益几种。所以,财产保险的保险利益构成要件为:

(1)必须是属于经济上的利益。即能以金钱估计的利益。因为财产保险的目的是为了补偿被保险人所遭受的经济上的损失。

(2)必须是为法律所认可的利益。即不能以不法利益作为保险利益。

(3)必须是可以确定的利益。所谓确定包含两层意思,即已经确定的现有利益或者是将来可以确定的期待利益。

《保险法》第48条规定:"保险事故发生时,被保险人对保险标的不具有保险利益的,不得向保险人请求赔偿保险金。"

2. 人身保险的保险利益构成要件。在人身保险合同中,凡一方的继续生存对他方具有现实的或预期的经济利益,即认为具有保险利益。我国《保险法》第31条规定:"投保人对下列人员具有保险利益:①本人;②配偶、子女、父母;③前项以外与投保人有抚养、赡养或者扶养关系的家庭其他成员、近亲属。除前款规定外,被保险人同意投保人为其订立合同的,视为投保人对被保险人具有保险利益。订立合同时,投保人对被保险人不具有保险利益的,合同无效。"对人身保险合同中的保险利益,我国《保险法》采用了英美立法例,又不完全同于英美法,采取利益和同意兼顾的原则。

构成人身保险上的保险利益应具备两个要件:①被保险人同意投保人为其投保。②投保人与被保险人存在一定的关系,具有保险利益。如婚姻关系,如夫妻双方可以为对方投保;血缘关系。如子女可以为父母投保,父母也可以为子女投保,但除此以外,对于家庭其他成员或近亲属,投保人必须与之有抚养、赡养和扶养的关系,才具有保险利益;本人。投保人对自身的生老病死当然具有切身经济利益,因此,当然具有保险利益。例如,王某与陈某是大学时最要好的朋友,但毕业后长期未联系。2002年某日,王某忽遇陈某,聊谈中得知陈某经济情况不佳,想予以帮助,又恐陈某不好意思接受,便到保险公司自称是陈某的亲戚为陈某投办了一份健康保险。结合保险利益的原理,看本案合同的有效性。本案中的保险合同无效。因为对保险标的有无保险利益是投保人能否投保和保险合同是否有效的评定标准。结合《保险法》第 12 条和第 31 条之规定,王某作为投保人对本案的保险标的显然不具备保险利益且未经被保险人陈某的同意,保险合同无效。

四、保险合同的订立

(一)订立的程序

《保险法》第 13 条规定:"投保人提出保险要求,经保险人同意承保,保险合同成立。"据此,订立保险合同的程序主要为投保和承保两个步骤。

1.投保。投保是投保人向保险人提出确定的、明确的订立保险合同的意思表示,即提出保险要求。从合同的订立程序上来说,投保是一种保险要约。

2.承保。承保是保险人完全同意投保人提出的保险要约的行为,亦即保险承诺。

保险合同的标准化,使保险合同的订立通常表现为投保人的要约和保险人的承诺。

(二)保险合同的形式

各国保险立法一般均规定保险合同应当采用书面形式。《保险法》第 13 条规定:"保险人应当及时向投保人签发保险单或者其他保险凭证。保险单或者其他保险凭证应当载明当事人双方约定的合同内容。当事人也可以约定采用其他书面形式载明合同内容。依法成立的保险合同,自成立时生效。投保人和保险人可以对合同的效力约定附条件或者附期限。"

根据我国保险法的规定和国际惯例,订立保险合同的书面形式主要有以下几种。

1.投保单。它是经投保人据实填写交给保险人而成为其表示意愿同保险人订立保险合同的书面要约。投保单一般由保险人事先统一的格式印刷而成,投保人在填写投保单时,必须坚持诚实信用的原则。投保单经保险人接受,就成为保险合同的组成部分。

2.暂保单。它是保险经纪人或代理人在正式保险单签发之前出具给投保人的一种临时保险凭证。它表示保险经纪人或代理人已按投保人的要求及所列项目办理了保险手续,等待保险人出具正式保单。暂保单具有和正式保险单同等的法律效力,暂保单多使用于财产保险中,人寿保险一般并不使用暂保单。

3.保险单。又称保单,是保险人与投保人之间订立合同的凭证。保险单的内容与保险合同的基本条款大致相同。因此,在保险实践中,往往将保险单和保险合同相互通用。但严格来说,两者是有区别的。保险单并非保险合同本身,而是当事人经过口头或书面协商一致而成立的合同的正式的凭证而已,如果保险合同的主要条款已协商一致,保险合同即告成立,但此时保险单可能并未签发。因此,保险合同的成立与否并不取决于保险单的签发。

4.保险凭证。它是一种简化了的保险单,是保险人签发给投保人证明合同已订立的凭证。保险凭证形式简单,一般不印保险条款。其内容以同一险种保险单的内容为准,与保险单具有同等效力。目前,我国在国内货物运输保险中普遍使用保险凭证。

（三）保险合同的内容

《保险法》第18条规定,保险合同应当包括下列内容:

1.保险人名称和住所。保险人是保险合同当事人之一,保险合同对其名称和住所应当加以记载,以便于投保人、被保险人、受益人行使权利、履行义务。由于我国法律规定保险人是保险公司,而保险公司又是法人,所以保险人的名称应当使用经过工商行政管理机关核准登记的名称,保险人的住所应以其主要办事机构所在地为住所。

2.投保人、被保险人名称和住所,以及人身保险的受益人的名称和住所。投保人、被保险人、受益人作为保险活动的当事人,对其名称和住所加以记载同样是履行保险合同的需要。投保人、被保险人、受益人为自然人的,应当使用身份证或者户口簿所记载的姓名,并以其户籍所在地为住所,经常居住地与住所不一致的,经常居住地为住所。

3.保险标的,是指保险合同权利义务所指向的对象,是保险利益的载体,具体是指作为保险对象的财产及其有关利益或人的寿命或身体。它既是确定危险程度和保险利益的重要依据,也是决定保险种类、确定保险金额和选定保险费率的依据。

4.保险责任和责任免除。保险责任是指保险人按照保险合同的约定,在保险事故发生时所承担的赔偿或给付保险金的责任。保险责任和保险事故是密切联系在一起的,保险人承担保险责任的前提是保险事故的发生。责任免除条款是当事人协议排除和限制其未来保险责任的合同条款,具有约定性,是当事人双方协商同意的合同的组成部分。免责条款必须是明示的,不允许以默示方式作出。

5.保险期间和保险责任开始时间。保险期间又称保险期限,即保险人承担保险责任的期限,保险人只对保险期间内发生的保险事故承担保险责任。保险责任开始时间是指保险人开始承担保险责任的时间。大多数情况下保险期间的起始时间与保险责任的开始时间是一致的,但有时也不一致,所以在保险合同中对保险责任开始时间应另行规定。若两者时间不一致,则保险责任开始的时间才是被保险人真正享受保险合同保障的时间。例如,2003 年 10 月 29 日,某单位为全体职工投保了团体人身意外伤害保险,保险公司收取了保险费并当即签发了保险单。但是在保险单上列明的保险责任开始的时间是自 2003 年 11 月 1 日起至次年 10 月 30 日止。2003 年 10 月 30 日,该单位的职工李某外出不幸车祸身亡。事故发生后,李某的亲属向保险公司提出了索赔申请,但保险公司拒绝赔偿。在该案中保险合同明确规定了保险责任期间开始于 2003 年 11 月 1 日,而保险事故发生在 2003 年 10 月 30 日,正好在保险责任期间外,所以,保险公司对发生在保险责任期间之外的保险事故不承担保险责任。

《保险法》第 14 条规定:"保险合同成立后,投保人按照约定交付保险费;保险人按照约定的时间开始承担保险责任。"因此,保险合同的当事人可以在合同中约定保险责任开始的时间,该时间可以约定在合同生效前某一时间点,也可以约定在合同生效后某一时间点。

6. 保险金额。是指保险人承担赔偿或者给付保险金责任的最高限额,也是计算保险费的基数。保险金额是由投保人和保险人约定的,财产保险的保险金额不得超过保险价值,超过保险价值的,超过的部分无效;人身保险的保险金额,就是保险事故发生时,保险人实际所要给付的保险金。

7. 保险费以及支付办法。保险费是指投保人为使保险人承担保险责任而向保险人支付的费用,缴纳保险费是投保人的主要合同义务。保险费支付办法是指采用现金支付还是转账支付,使用人民币还是外币,一次付清还是分期付款,以及具体支付的时间,保险费的支付办法由保险合同约定。

8. 保险金赔偿或者给付办法。发生保险合同约定的保险事故,被保险人或受益人有权要求保险人赔偿或给付保险金。保险金的给付办法,保险合同有约定的按照约定;没有约定的,按照法律规定办理。

9. 违约责任和争议处理。违约责任是指保险合同当事人因其过错致使合同不履行或者不完全履行时,基于法律规定或者合同约定应当承担的法律后果。在保险合同中规定违约责任条款,可以保证合同的顺利履行。争议处理是指保险合同当事人在合同履行过程中发生争议的处理办法。

10. 订立合同的年、月、日。保险合同应当记载订立合同的时间,这对于确定投保人是否具有保险利益、保险合同是否有效、保险责任的开始时间以及计算保险期间等都具有重要作用。

投保人和保险人可以约定与保险有关的其他事项。

(四)保险合同条款的解释

《保险法》第30条规定:"采用保险人提供的格式条款订立的保险合同,保险人与投保人、被保险人或者受益人对合同条款有争议的,应当按照通常理解予以解释。对合同条款有两种以上解释的,人民法院或者仲裁机构应当作出有利于被保险人和受益人的解释。"我国《合同法》第41条规定:"对格式条款的理解发生争议的,应当按照通常理解予以解释。对格式条款有两种以上解释的,应当作出不利于提供格式条款一方的解释。格式条款和非格式条款不一致的,应当采用非格式条款。"

保险合同条款的解释必须遵守合同的通常理解解释原则。保险合同是一种附合合同,因合同条款多为保险人事先制订,因此又称之为定型化合同。因此,对保险合同的解释,在遵守普通的合同解释原则的同时,又要根据其自身的特殊性,进行公平、合理的解释。

1.意图解释原则。对于当事人缔结的保险合同所发生的争议,如何解释与之相关的保险合同的条款,应当首先考虑适用合同解释的一般原则。合同解释的一般原则为意图解释,解释合同的一般方法主要有文义解释、上下文解释、补充解释等。适用合同解释的一般原则解释保险合同争议,应当尊重当事人的意图表示、并尊重当事人选择使用的语言文字进行解释,不能通过解释随意扩充或者缩小保险合同的条款内容。解释合同时,应当遵循公平和诚实信用原则,首先按照通常理解,寻求缔约当事人的真意思,结合条文词句的含义、逻辑关系以及保险交易惯例等进行合理解释。对保险合同的文义解释,一般应按文句的普通意思去解释,但对某些具有特定含义的文句,则应按专业的含义进行统一解释,如死亡、地震、暴雨等,应按照专业术语的理解来解释。

虽然对保险合同解释时应尽量揭示当事人的真实意思,但一般应以书面的客观标准为基础。因此,进行意图解释时一般遵循以下规则:①书面约定与口头约定不一致时的,以书面约定为准;②投保单与保险单或者其他保险凭证不一致的,以保险单或者其他保险凭证载明的内容为准;③特约条款与格式条款不一致的,以特约条款为准;④保险合同的条款内容因记载方式或者时间不一致的,按照"批单"优于"正文"、"后批注"优于"前批注"、"加贴批注"优于"正文批注"、"手写"优于"打印"的规则解释。

2."疑义的利益"的解释原则。这是指当保险合同条款的用词发生疑义时或含义不明确时应作有利于被保险人的解释。这是我国《保险法》确立的保险合同条款解释原则。有利于被保险人的解释原则的确立是有客观依据的。首先,保险合同一般是依据保险方拟订的保险基本条款订立的,因此,保险人有责任也有义务将条款意思表达清楚。如果发生疑义,应由保险人承受其不利。其次,保险方应比被保险人更熟悉保险业务,应能准确地字斟句酌对保险合同条款的准确性承担更大的责任。如有歧义,也应由保险人承受其不利。但在适用该原则时不能无限扩大,甚至错误地认为凡是被保险人与保险人有争讼时,就要作有利于被保险人的判决。因为保险是一种特殊性质经济补偿制度。保险方所承担的危险赔偿责任实际上是由全体参加保险成员来分担的,对个别成员有利的,并非对全体成员有利,因此在适用"疑义的利益"原则时,必须合情合理。

适用这一原则时应注意以下三点:①这项原则适用于解释在保险人与投保人、被保险人或者受益人之间有争议的保险合同条款,对于没有发生争议的条款以及不是在保险人与投保人、被保险人或者受益人之间发生争议的条款,不适用这一解释原则;②这项原则只在法院或仲裁机关对有争议的保险合同条款作解释时适用;③在保险合同中的词语既可作有利于保险人的解释,又可作有利于被保险人的解释时,应作有利于被保险人的解释。

(五)投保人的告知义务与保险人的说明义务

1.投保人的告知义务。投保人的告知义务是指在保险合同订立时,针对保险人就保险标的或者被保险人的有关情况提出询问时,投保人负有如实告知的义务。

我国《保险法》第16条规定:"订立保险合同,保险人就保险标的或者被保险人的有关情况提出询问的,投保人应当如实告知。投保人故意或者因重大过失未履行前款规定的如实告知义务,足以影响保险人决定是否同意承保或者提高保险费率的,保险人有权解除合同。前款规定的合同解除权,自保险人知道有解除事由之日起,超过30日不行使而消灭。自合同成立之日起超过2年的,保险人不得解除合同;发生保险事故的,保险人应当承担赔偿或者给付保险金的责任。投保人故意不履行如实告知义务的,保险人对于合同解除前发生的保险事故,不承担赔偿或者给付保险金的责任,并不退还保险费。投保人因重大过失未履行如实告知义务,对保险事故的发生有严重影响的,保险人对于合同解除前发生的保险事故,不承担赔偿或者给付保险金的责任,但应当退还保险费。保险人在合同订立时已经知道投保人未如实告知的情况的,保险人不得解除合同;发生保险事故的,保险人应当承担赔偿或者给付保险金的责任。保险事故是指保险合同约定的保险责任范围内的事故。"法律之所以规定投保人的告知义务,是因为只有投保人或被保险人了解保险标的的真实情况,而保险公司一般只是依据投保人的告知来决定是否承保或保险费率水平。投保人的告知义务是诚实信用原则在保险合同中的具体体现。但是,投保人并不负担无限告知义务。一般而言,投保人应当告知保险人的重要事项,将直接影响保险费率的确定和危险发生的程度,因此应以保险人在投保书中列明或者在订立保险合同时询问的事项为限。投保人已经知道的事项,应当如实告知保险人。投保人应当知道的事项,因为投保人的过失或者疏忽而没有知道的,投保人仍然负有如实告知的义务;在订立保险合同时,投保人应当知道的事项事实上没有能够告知保险人,属于违反如实告知义务,在这种情况下,投保人一旦知道后应当立即告知保险人,或许可以补救。再者,虽然属于影响保险人是否同意承保或者据以确定保险费率的重要情况,但投保人不知道或者不应当知道的,投保人没有告知保险人的义务。

根据《保险法》的规定,当投保人故意或因重大过失未履行如实告知义务,足以影响保险公司决定是否同意承保或者提高保险费率的,保险公司有权解除合同。但为了防止保险公司滥用该解除权,新《保险法》对合同解除权的期限加以了限制,规定合同解除权"自保险人知道有解除事由之日起,超过 30 日不行使而消灭"。同时,《保险法》还借鉴国际惯例,增设了保险合同"不可抗辩"条款,规定"自合同成立之日起超过 2 年的,保险人不得解除合同"。即保险合同成立满 2 年后,保险公司不得再以该投保人未履行如实告知义务解除合同。此规则对于长期人寿保险合同项下的被保险人利益的保护意义重大,填补了现行保险法的空白。2003 年 5 月,某公司员工李某患癌症住院治疗,其家属怕李某担心,影响病情,一直未将真实病情告诉李某本人。李某手术后出院在家休养期间,听保险公司业务员陈某介绍保险公司人身保险相关事宜,便向陈某提出办理简易人身保险的申请。陈某代李某填写"健康状况"一栏时,对此项进行询问,但李某告知身体健康。李某拿到保险单后,每月如约按期缴纳了保险费。2005 年 4 月,李某癌症复发,经治疗无效死亡。李某之妻以指定受益人身份到保险公司请求给付保险赔偿金。保险公司在审查李某提交的有关证明时发现,李某病史上载明李某在投保时已患癌症并休养在家,即以李某投保时已患重症,不符合简易人身保险的规定为由拒绝给付保险金。李妻随后诉至人民法院。结合投保人的告知义务,法院会如何判决?本案保险公司不应承担保险金支付义务。虽然李某并不知道自己身患癌症,但其对自己曾住院之事实亦未告知保险公司,违背了作为投保人的如实告知义务,保险公司有权解除保险合同并拒付保险金。

2.保险人的说明义务。保险人的说明义务是指法律规定保险人在订立保险合同时,应将保险合同条款内容,向投保人陈述清楚的责任。基于最大诚实信用原则以及保险合同格式条款的性质,各国保险法都对保险人的说明义务进行了规定。我国《保险法》第 17 条规定:"订立保险合同,采用保险人提供的格式条款的,保险人向投保人提供的投保单应当附格式条款,保险人应当向投保人说明合同的内容。对保险合同中免除保险人责任的条款,保险人在订立合同时应当在投保单、保险单或者其他保险凭证上作出足以引起投保人注意的提示,并对该条款的内容以书面或者口头形式向投保人作出明确说明;未作提示或者明确说明的,该条款不产生效力。"《保险法》第 19 条规定:"采用保险人提供的格式条款订立的保险合同中的下列条款无效:①免除保险人依法应承担的义务或者加重投保人、被保险人责任的;②排除投保人、被保险人或者受益人依法享有的权利的。"

由于保险条款均已经过保险监督管理部门审批或备案,保险条款的公平合理性一般都是有高度保障的。但其中的责任免除条款,直接决定着事故发生后能否从保险公司获得赔偿,因此投保人应获得保险人的充分说明与解释。在投保单上,一般都设定有证明保险公司(业务人员)已履行对责任免除条款说明义务的专门签字栏,由投保人签字认可。如果保险业务人员未将责任免除条款作出说明,投保人不可草率地在该栏目签字,以免自己的权益受到损害。

五、保险合同的履行

(一)保险合同履行的概念

保险合同的履行,是指保险合同依法成立后,合同主体全面、适当履行约定义务的行为。

(二)投保人、被保险人和保险人的义务

1.投保人、被保险人的义务。

(1)缴纳保险费的义务。保险合同依法成立后,投保人须按合同约定的时间交付保险费,这是投保人最基本的义务。

(2)危险增加的通知义务。危险增加的通知义务,是指在保险合同的有效期内,保险标的危险程度增加的,投保人或被保险人应依照合同规定及时通知保险人。诚信原则要求被保险人对已经保险的财物须尽谨慎照看义务,发现原来的环境有了不利的变化时,应当判断该变化是否会对保险标的造成危险增加,及时通知保险人。如果投保人和被保险人没有履行危险增加的通知义务,保险人有权要求增加保险费或者解除合同,以使风险责任与风险收入相适应。我国《保险法》第 52 条规定,在合同有效期内,保险标的的危险程度显著增加的,被保险人应当按照合同约定及时通知保险人,保险人可以按照合同约定增加保险费或者解除合同。保险人解除合同的,应当将已收取的保险费,按照合同约定扣除自保险责任开始之日起至合同解除之日止应收的部分后,退还投保人。被保险人未履行前款规定的通知义务的,因保险标的的危险程度显著增加而发生的保险事故,保险人不承担赔偿保险金的责任。

(3)出险通知义务。出险通知义务,是指投保人、被保险人或者受益人知道保险事故发生后,应当及时通知保险人,以利后者及时勘查现场、搜集证据和确定事故性质,然后能够及时赔付。出险通知义务履行迟延的,保险人有权对投保人或被保险人因出险通知义务履行迟延而扩大的损失拒赔,但不能解除保险合同。如果出险通知义务未在规定期限内履行的,致使损失无法确定的,保险人保险责任可以免除。

(4)出险施救义务。出险施救义务,是指保险事故发生时,投保人或被保险人有责任尽力采取必要的措施,防止或减少损失。如果被保险人无动于衷没有采取措施防止损失的扩大,保险人可主张赔付抗辩权,双方有争议的,由保险公估人认定在实施抢救措施后保险标的可能发生的损失,被保险人无权就超过保险公估人认定的损失的部分请求赔偿。我国《保险法》第57条规定:"保险事故发生时,被保险人应当尽力采取必要的措施,防止或者减少损失。保险事故发生后,被保险人为防止或者减少保险标的的损失所支付的必要的、合理的费用,由保险人承担;保险人所承担的费用数额在保险标的损失赔偿金额以外另行计算,最高不超过保险金额的数额。"

2.保险人的义务。保险合同依法成立后,保险人应按照约定全面履行自己的义务,否则,要承担违约责任。保险人的主要义务有及时签发保险单、保险事故发生时赔偿或给付保险金、支付有关的费用。另外,还要履行通知、保密等附随义务。我国《保险法》第53条规定:"有下列情形之一的,除合同另有约定外,保险人应当降低保险费,并按日计算退还相应的保险费:①据以确定保险费率的有关情况发生变化,保险标的的危险程度明显减少的;②保险标的的保险价值明显减少的。"

(三)保险索赔、理赔与代位求偿

1.索赔与理赔的概念。索赔,是指投保人或被保险人在保险标的遭遇保险事故造成财产损失或人身伤亡时,根据保险合同条款的约定,请求保险人承担赔偿或给付保险金的法律行为。

理赔,是指保险人或委托理赔代理人在承保的保险标的发生保险事故,保险合同关系人提出索赔的请求后,根据保险合同条款的约定,审核保险责任并处理保险赔偿的法律行为。

　　索赔与理赔,是一个问题的两个方面,构成保险活动的重要环节,它们直接体现了保险的职能。索赔是保险合同关系人获得实际的保险保障并实现其保险权益的具体体现,理赔是保险人履行其保险赔偿义务的具体体现,二者都是保险合同主体实现权利,履行义务的关键环节。

　　2.保险索赔与理赔的程序。我国《保险法》第 22～28 条就索赔与理赔的程序作了如下规定:

　　(1)通知。《保险法》第 21 条规定:"投保人、被保险人或者受益人知道保险事故发生后,应当及时通知保险人。故意或者因重大过失未及时通知,致使保险事故的性质、原因、损失程度等难以确定的,保险人对无法确定的部分,不承担赔偿或者给付保险金的责任,但保险人通过其他途径已经及时知道或者应当及时知道保险事故发生的除外。"

　　(2)提供证明。保险事故发生后,按照保险合同请求保险人赔偿或者给付保险金时,投保人、被保险人或者受益人应当向保险人提供其所能提供的与确认保险事故的性质、原因、损失程度等有关的证明和资料。保险人按照保险合同的约定,认为有关的证明和资料不完整的,应当通知投保人、被保险人或者受益人补充提供有关的证明和资料。

　　(3)核定。我国《保险法》第 23、24、25 条规定,保险人收到被保险人或者受益人的赔偿或者给付保险金的请求后,应当及时作出核定;情形复杂的,应当在 30 日内作出核定,但合同另有约定的除外。保险人应当将核定结果通知被保险人或者受益人;对属于保险责任的,在与被保险人或者受益人达成赔偿或者给付保险金的协议后 10 日内,履行赔偿或者给付保险金义务。保险合同对赔偿或者给付保险金的期限有约定的,保险人应当按照约定履行赔偿或者给付保险金义务。保险人未及时履行前款规定义务的,除支付保险金外,应当赔偿被保险人或者受益人因此受到的损失。任何单位和个人不得非法干预保险人履行赔偿或者给付保险金的义务,也不得限制被保险人或者受益人取得保险金的权利。保险人依照规定作出核定后,对不属于保险责任的,应当自作出核定之日起 3 日内向被保险人或者受益人发出拒绝赔偿或者拒绝给付保险金通知书,并说明理由。保险人自收到赔偿或者给付保险金的请求和有关证明、资料之日起 60 日内,对其赔偿或者给付保险金的数额不能确定的,应当根据已有证明和资料可以确定的数额先予支付;保险人最终确定赔偿或者给付保险金的数额后,应当支付相应的差额。

　　(4)索赔时效。人寿保险以外的其他保险的被保险人或者受益人,向保险人请求赔偿或者给付保险金的诉讼时效期间为 2 年,自其知道或者应当知道保险事故发生之日起计算。人寿保险的被保险人或者受益人向保险人请求给付保险金的诉讼时效期间为 5 年,自其知道或者应当知道保险事故发生之日起计算。

3.代位求偿权。是指保险人在向被保险人支付保险金后,有权代被保险人向造成保险标的损害并负有赔偿责任的第三人请求赔偿的权利。代位求偿权只存在于财产保险中,人身保险中不存在代位求偿权。我国《保险法》第 60 条规定,因第三者对保险标的的损害而造成保险事故的,保险人自向被保险人赔偿保险金之日起,在赔偿金额范围内代位行使被保险人对第三者请求赔偿的权利。前款规定的保险事故发生后,被保险人已经从第三者取得损害赔偿的,保险人赔偿保险金时,可以相应扣减被保险人从第三者已取得的赔偿金额。保险人依照本条第一款规定行使代位请求赔偿的权利,不影响被保险人就未取得赔偿的部分向第三者请求赔偿的权利。

4.骗保处理。《保险法》第 27 条规定,未发生保险事故,被保险人或者受益人谎称发生了保险事故,向保险人提出赔偿或者给付保险金请求的,保险人有权解除合同,并不退还保险费。投保人、被保险人故意制造保险事故的,保险人有权解除合同,不承担赔偿或者给付保险金的责任;除本法第 43 条规定外,不退还保险费。保险事故发生后,投保人、被保险人或者受益人以伪造、变造的有关证明、资料或者其他证据,编造虚假的事故原因或者夸大损失程度的,保险人对其虚报的部分不承担赔偿或者给付保险金的责任。投保人、被保险人或者受益人有前三款规定行为之一,致使保险人支付保险金或者支出费用的,应当退回或者赔偿。《保险法》第 43 条规定,投保人故意造成被保险人死亡、伤残或者疾病的,保险人不承担给付保险金的责任。投保人已交足两年以上保险费的,保险人应当按照合同约定向其他权利人退还保险单的现金价值。受益人故意造成被保险人死亡、伤残、疾病的,或者故意杀害被保险人未遂的,该受益人丧失受益权。

5.再保险。我国《保险法》第 29 条规定,再保险接受人不得向原保险的投保人要求支付保险费。原保险的被保险人或者受益人不得向再保险接受人提出赔偿或者给付保险金的请求。再保险分出人不得以再保险接受人未履行再保险责任为由,拒绝履行或者迟延履行其原保险责任。

六、保险合同的变更、解除与终止

(一)保险合同的变更

保险合同的变更是指在保险合同存续期间,因一定法律事实而使合同的主体、内容及效力发生变化。

1.主体变更。保险合同主体的变更亦即当事人的变更,主要是投保人、被保险人的变更,而不是保险人的变更,这种实际上就是保险合同的转让。

至于主体变更的程序各国法律有两种不同的规定。一种是允许保险单随保险人标的的转让而自动转移;一种是保险单的转让要得到保险人的同意。我国对不同保险标的所规定的程序不同,对一般保险合同,保险合同主体的变更不得随着财产转移而自动变更,必须保险双方协商一致。例如,保险标的的转让应当通知保险人,经保险人同意继续承保后,依法变更合同。《海商法》第230条第1款也明确规定:"因船舶转让而转让船舶保险合同的,应当取得保险人同意。未经保险人同意,船舶保险合同从船舶转让时解除;船舶转让发生在航次之中的船舶保险合同至航次终了时解除。"

对货物运输的保险合同,可由投保人(或被保险人)背书转让。《海商法》第229条规定:"海上货物运输合同可以由被保险人背书或以其他方式转让,合同的权利、义务随之转移。"

2.内容变更。保险合同内容的变更 即约定事项的变更。包括保险责任范围和责任免除事项的变更、保险期限的变更、保险费交费数额、交付方式和交费期间的变更、当事人住所地或地址的变更、争议处理有关事项的变更等。我国《保险法》第20条规定,投保人和保险人可以协商变更合同内容。变更保险合同的,应当由保险人在保险单或者其他保险凭证上批注或者附贴批单,或者由投保人和保险人订立变更的书面协议。

3.效力变更。是指保险合同全部或部分无效,或失效后又复效。

(二)保险合同的解除

保险合同的解除是指在保险合同依法成立后,基于法定的或约定的事由,保险合同当事人行使解除权,从而使保险合同发生自始无效的后果的单方法律行为。保险合同依法成立后即具有法律约束力,当事人不得随意解除合同。当事人解除合同,应当依照法律的规定或者当事人的约定。基于法定事由解除保险合同的,为法定解除权;基于约定原因而解除保险合同的,为约定解除权。

保险合同的解除权一般由投保人行使,因为保险合同从根本上说是为分担投保人的损失而设,故赋予投保人以保险合同解除权可以很好地维护其利益。我国《保险法》第15条就规定:"除本法另有规定或者保险合同另有约定外,保险合同成立后,投保人可以解除保险合同,保险人不得解除合同。"

涉及保险合同解除的条文规定有:《保险法》第37条规定,合同效力依照本法第36条规定中止的,经保险人与投保人协商并达成协议,在投保人补交保险费后,合同效力恢复。但是,自合同效力中止之日起满 2 年双方未达成协议的,保险人有权解除合同。保险人依照前款规定解除合同的,应当按照合同约定退还保险单的现金价值。第 47 条规定,投保人解除合同的,保险人应当自收到解除合同通知之日起 30 日内,按照合同约定退还保险单的现金价值。第 49 条规定,保险标的转让的,保险标的的受让人承继被保险人的权利和义务。保险标的转让的,被保险人或者受让人应当及时通知保险人,但货物运输保险合同和另有约定的合同除外。因保险标的转让导致危险程度显著增加的,保险人自收到前款规定的通知之日起 30 日内,可以按照合同约定增加保险费或者解除合同。保险人解除合同的,应当将已收取的保险费,按照合同约定扣除自保险责任开始之日起至合同解除之日止应收的部分后,退还投保人。被保险人、受让人未履行本条第 2 款规定的通知义务的,因转让导致保险标的危险程度显著增加而发生的保险事故,保险人不承担赔偿保险金的责任。第 50 条规定,货物运输保险合同和运输工具航程保险合同,保险责任开始后,合同当事人不得解除合同。第 51 条规定,被保险人应当遵守国家有关消防、安全、生产操作、劳动保护等方面的规定,维护保险标的的安全。保险人可以按照合同约定对保险标的的安全状况进行检查,及时向投保人、被保险人提出消除不安全因素和隐患的书面建议。投保人、被保险人未按照约定履行其对保险标的的安全应尽责任的,保险人有权要求增加保险费或者解除合同。保险人为维护保险标的的安全,经被保险人同意,可以采取安全预防措施。第 52 条规定,在合同有效期内,保险标的的危险程度显著增加的,被保险人应当按照合同约定及时通知保险人,保险人可以按照合同约定增加保险费或者解除合同。保险人解除合同的,应当将已收取的保险费,按照合同约定扣除自保险责任开始之日起至合同解除之日止应收的部分后,退还投保人。被保险人未履行前款规定的通知义务的,因保险标的的危险程度显著增加而发生的保险事故,保险人不承担赔偿保险金的责任。第 54 条规定,保险责任开始前,投保人要求解除合同的,应当按照合同约定向保险人支付手续费,保险人应当退还保险费。保险责任开始后,投保人要求解除合同的,保险人应当将已收取的保险费,按照合同约定扣除自保险责任开始之日起至合同解除之日止应收的部分后,退还投保人。第 58 条规定,保险标的发生部分损失的,自保险人赔偿之日起 30 日内,投保人可以解除合同;除合同另有约定外,保险人也可以解除合同,但应当提前 15 日通知投保人。合同解除的,保险人应当将保险标的未受损失部分的保险费,按照合同约定扣除自保险责任开始之日起至合同解除之日止应收的部分后,退还投保人。

（三）保险合同的终止

保险合同的终止，是指在合同存续期内，基于法定的或约定的事由发生，法律效力完全消灭的法律事实。

导致保险合同终止的原因：

1.自然终止。自然终止：是指已生效的保险合同因发生法定或约定事由导致合同的法律效力当然地发生不复存在的情况。这些情况通常包括：①保险合同期限届满；②合同生效后承保的风险消失；③保险标的因非保险事故的发生而完全灭失；④合同生效后，投保人未按规定的程序将合同转让，由于投保人或被保险人已失去保险利益，使保险合同自转让之日起原有的法律效力不再存在。

2.因履约导致终止。因保险合同得到履行而终止是指在保险合同的有效期内，约定的保险事故已发生，保险人按照保险合同承担了给付全部保险金的责任，保险合同即告结束。

按照赔偿或给付金额是否累加，履约终止可分为以下两种不同的情况：第一种情况是在普通的保险合同中，无论一次还是多次赔偿或给付保险金，只要保险人历次赔偿或给付的保险金总数达到保险合同约定的保险金额时，并且保险期限尚未届满，保险合同均终止。第二种情况是在机动车辆保险和船舶保险合同中，保险人在保险有效期间赔付的保险金不进行累加，只有当某一次保险事故的赔偿金额达到保险金额时保险合同才终止。否则，无论一次还是多次赔偿保险金，只要保险人每次赔偿的保险金数目少于保险合同约定的保险金额，并且保险期限尚未届满，保险合同继续有效且保险金额不变。

【资料与应用】 保险公司拒赔假号牌轿车

北京知识安全工程中心称，2004年2月，该中心购买一辆奔驰牌小轿车，并在华安财产保险公司北京分公司为该车投保车辆损失险、第三者责任险及玻璃单独破碎险。当年6月7日，奔驰牌小轿车与一农用车相撞。结果，保险公司以保险车辆临时号牌是伪造为由拒绝承担赔偿责任。此后，北京知识安全工程中心自行将车辆修复，并支付修理费用257971元。法院依据被告的申请，对案件涉及的临时号牌进行了真伪鉴定。经鉴定，该临时号牌确为假号牌。保险公司认为，根据保险法的规定，投保人故意不履行如实告知义务的，保险人对于保险合同解除前发生的保险事故，不承担赔偿或者给付保险金的责任，并不退还保险费。而且保险合同也约定，发生保险事故时被保险车辆没有公安交通管理部门核发的行驶证和号牌，保险公司可免除赔偿责任。

法院经审理确定本案存在两个争议焦点:

其一,被告针对保险合同中的责任免除条款是否向原告履行了明确说明的义务。其二,被保险车辆使用伪造的临时号牌是否构成被告拒绝赔付的依据。就争议焦点一,法院认为原告与被告所签订的机动车辆保险合同是被告为了重复使用而预先拟定的,从形式上符合格式合同的法律特征。根据合同法的规定,采用格式合同条款订立合同的,提供格式条款的一方应当遵循公平原则确定当事人之间的权利义务,并采取合理方式提醒对方注意免除或者限制责任的条款,按照对方的要求,对该条款予以说明。这里所说的"明确说明"是指保险人除在保险单上提示投保人注意外,还应当对有关免责条款的概念、内容及法律后果等,以书面或口头形式向投保人或其代理人作出解释,以使投保人明了该条款的真实含义和法律后果。本案被告仅凭保险单上明示告知一栏中的相关提示,并不能证明被告已实际履行了"明确说明"的义务,因此认定本案保险合同中责任免除条款的规定对原告不发生效力,被告不能依据此条款的规定拒绝向原告支付保险理赔金。就争议焦点二,原、被告订立的机动车辆保险合同中已明确注明了待领机动车号牌,所以被告是明知被保险车辆的行驶号牌处于"待领"过程中。本案所涉及的临时号牌是汽车经销商提供给原告使用的,被告对此未持异议。临时号牌虽为假号牌,但被告不能证明原告在被保险车辆出险时,已经明知临时号牌系伪造的事实,因此也不能证明原告未履行如实告知的义务。因原告向被告投保的是车辆损失险,本案被保险车辆的出险情况属于车辆损失险的理赔范围,原告是否使用伪造的临时号牌,并不必然导致被保险车辆出险率的增加,同时也没有加重保险人的责任。因此,被告以原告使用伪造的临时号牌为由,拒绝向原告赔付修理费的理由也不能成立。遂判决被告华安财产保险公司北京分公司给付原告北京知识安全工程中心保险理赔金257971元。

第三节
财产保险合同

一、财产保险合同的概念及分类

(一)概念

财产保险合同,又称损失保险合同,是指以财产及其有关利益为保险标的而订立的保险合同。《保险法》第 12 条第 4 款规定:"财产保险是以财产及其有关利益为保险标的的保险。"财产保险是保险业务的主要组成部分,它起源于海上保险,此后在火灾保险范围内得以发展。18世纪以来的产业革命,导致各种工业保险和汽车保险的产生,并成为财产保险的重要内容,但现代意义上的财产保险合同发展到不仅以有形财产及利益作为财产保险合同的保险标的,而且以无形财产或利益作为财产保险合同的保险标的,因此,财产保险合同除有形财产保险外,还包括信用保险、保证保险和责任保险等。

财产保险合同除具有保险合同的一般特征外,还具有以下基本特征:

1. 财产保险合同的保险标的是财产及其有关利益。财产保险合同的标的除了有形财产以外,还应包括与物质财产有关的无形财产利益,例如,责任保险、保证保险、信用保险的保险标的均是无形财产利益。保险事故发生时,被保险人对保险标的不具有保险利益的,不得向保险人请求赔偿保险金。

2. 财产保险合同的保险金额由保险标的的价值所决定。保险价值即保险标的本身所具有的财产价值是确定财产保险合同的保险金额的根据,保险人承担赔偿保险金的最高限额不能超出保险价值,否则,超出部分无效。这是财产保险合同和人身保险合同很重要的一点区别。我国《保险法》第55条规定,投保人和保险人约定保险标的的保险价值并在合同中载明的,保险标的发生损失时,以约定的保险价值为赔偿计算标准。投保人和保险人未约定保险标的的保险价值的,保险标的发生损失时,以保险事故发生时保险标的的实际价值为赔偿计算标准。保险金额不得超过保险价值。超过保险价值的,超过部分无效,保险人应当退还相应的保险费。保险金额低于保险价值的,除合同另有约定外,保险人按照保险金额与保险价值的比例承担赔偿保险金的责任。

3. 财产保险合同是补偿性合同。在财产保险合同中,保险人承担的保险责任是以赔偿保险标的因保险事故所致损失为内容的。保险人履行该保险责任的前提,必须是保险标的因保险事故而遭受损失。相应的投保人可以通过财产保险合同获得保险补偿,而不能取得额外收益。我国《保险法》第56、57、58、59条规定,重复保险的投保人应当将重复保险的有关情况通知各保险人。重复保险的各保险人赔偿保险金的总和不得超过保险价值。除合同另有约定外,各保险人按照其保险金额与保险金额总和的比例承担赔偿保险金的责任。重复保险的投保人可以就保险金额总和超过保险价值的部分,请求各保险人按比例返还保险费。重复保险是指投保人对同一保险标的、同一保险利益、同一保险事故分别与两个以上保险人订立保险合同,且保险金额总和超过保险价值的保险。保险事故发生时,被保险人应当尽力采取必要的措施,防止或者减少损失。保险事故发生后,被保险人为防止或者减少保险标的的损失所支付的必要的、合理的费用,由保险人承担;保险人所承担的费用数额在保险标的损失赔偿金额以外另行计算,最高不超过保险金额的数额。保险事故发生后,保险人已支付了全部保险金额,并且保险金额等于保险价值的,受损保险标的的全部权利归于保险人;保险金额低于保险价值的,保险人按照保险金额与保险价值的比例取得受损保险标的的部分权利。

4.财产保险合同适用代位求偿原则。代位求偿权又称代位追偿权,是指在财产保险中,保险人在履行保险合同并赔偿被保险人的损失后,被保险人将保险标的的有关权利转让给保险人,保险人取得的在其赔付保险金的限度内向第三者(责任人)请求索赔的权利。保险代位求偿权有明确的法律规定。我国《保险法》第60条规定,因第三者对保险标的的损害而造成保险事故的,保险人自向被保险人赔偿保险金之日起,在赔偿金额范围内代位行使被保险人对第三者请求赔偿的权利。前款规定的保险事故发生后,被保险人已经从第三者取得损害赔偿的,保险人赔偿保险金时,可以相应扣减被保险人从第三者已取得的赔偿金额。保险人依照本条第1款规定行使代位请求赔偿的权利,不影响被保险人就未取得赔偿的部分向第三者请求赔偿的权利。

代位求偿权具有如下特征:①代位求偿权是一种转移债权,是被保险人对第三人所享有的损害赔偿请求权转移给保险人。②代位求偿请求权产生的必要条件是,被保险人因保险事故对第三者有赔偿请求权,即发生的事故必须属保险事故;保险事故的发生由第三者行为所致,且依法应承担损失赔偿责任;被保险人须对该第三者有索赔权。如果第三者与被保险人属同一家庭成员,有紧密的经济利害关系,则不产生代位求偿权。③代位求偿权之取得以保险人履行赔偿义务为前提,即保险人只有在支付保险金后才能行使。在保险人未向被保险人给付保险赔偿金以前,保险人无从取得代位求偿权。只有在保险公司履行了其赔偿义务之后,被保险人对致害的第三人所享有的赔偿请求权才发生转移。如果被保险人已经从第三人处获得赔偿,则可免去保险人的赔偿义务。④保险人行使代位求偿权时从第三者追偿的金额不得超过已支付的保险金,如有超过,超过部分应退还给被保险人。

被保险人有不得放弃代位求偿权相关的权利和尽力协助保险人向第三者追偿,不得影响或阻碍保险人行使代位求偿权义务。根据《保险法》第61条规定,保险事故发生后,保险人未赔偿保险金之前,被保险人放弃对第三者请求赔偿的权利的,保险人不承担赔偿保险金的责任。保险人向被保险人赔偿保险金后,被保险人未经保险人同意放弃对第三者请求赔偿的权利的,该行为无效。被保险人故意或者因重大过失致使保险人不能行使代位请求赔偿的权利的,保险人可以扣减或者要求返还相应的保险金。第62条规定,除被保险人的家庭成员或者其组成人员故意造成本法第60条第1款规定的保险事故外,保险人不得对被保险人的家庭成员或者其组成人员行使代位请求赔偿的权利。第63、64条规定,保险人向第三者行使代位请求赔偿的权利时,被保险人应当向保险人提供必要的文件和所知道的有关情况。保险人、被保险人为查明和确定保险事故的性质、原因和保险标的的损失程度所支付的必要的、合理的费用,由保险人承担。保险人所取得的代位求偿权,不影响被保险人就未取得赔偿的部分向第三者请求赔偿的权利。

(二)分类

财产保险合同主要有:

1.财产损失保险合同。是以补偿财产的损失为目的的保险合同,是所有的财产保险合同中,最典型、最具代表性的。按投保标的的不同,财产损失保险合同又可分为:①家庭财产保险合同;②企业财产保险合同;③运输工具保险合同;④运输货物保险合同。

2.责任保险合同。是指投保人或被保险人与保险人之间以被保险人依法所应负的赔偿责任为保险标的,明确相互权利、义务的协议。目前,世界各国开办的责任保险主要有以下四类:①产品责任保险;②公众责任保险;③雇主责任保险;④职业责任保险。我国《保险法》第65、66条规定:"保险人对责任保险的被保险人给第三者造成的损害,可以依照法律的规定或者合同的约定,直接向该第三者赔偿保险金。责任保险的被保险人给第三者造成损害,被保险人对第三者应负的赔偿责任确定的,根据被保险人的请求,保险人应当直接向该第三者赔偿保险金。被保险人怠于请求的,第三者有权就其应获赔偿部分直接向保险人请求赔偿保险金。责任保险的被保险人给第三者造成损害,被保险人未向该第三者赔偿的,保险人不得向被保险人赔偿保险金。责任保险是指以被保险人对第三者依法应负的赔偿责任为保险标的的保险。责任保险的被保险人因给第三者造成损害的保险事故而被提起仲裁或者诉讼的,被保险人支付的仲裁或者诉讼费用以及其他必要的、合理的费用,除合同另有约定外,由保险人承担。"

3.信用保险。又称商业信用保险合同,是指保险人对被保险人的信用放贷或信用售货的一种保证形式。它主要包括:①出口信用保险合同;②投资信用保险合同;③商业信用保险合同(主要包括贷款信用保险合同和消费信用保险合同)。

二、财产保险合同的主要内容

财产保险合同包括以下主要内容：

(一)保险标的

财产保险的标的是财产或经济利益。按照财产状况,财产保险的标的物可以分为以下三类:①可保财产,即承保人可以承保的财产;②特保财产,即根据当事人双方需要而约定的保险财产;③不保财产,即对于某些没有客观标准,损失可能性大或违反道德、法规的财产作为除外,不予保险。这类财产包括未经开发的自然资源、违章或违法生产或占有的财产、没有价值标准或难以鉴定其价值的票证、文件、技术资料等。

(二)保险金额

财产保险合同的保险金额,是投保人对保险标的的实际投保金额;也是保险人计算保险费的依据和承担赔偿责任的最高限额,财产保险合同中,对保险价值的估价和确定直接影响保险金额的大小。对不定值保险,保险金额是保险赔付的最高限额,保险赔付的实际金额以保险事故发生时保险利益的价值,即保险价值来确定,但最高不超过约定的保险金额。但对定值保险来说,保险金额就是保险赔付的金额。

(三)保险责任

保险责任是指投保人与保险人在财产保险合同中约定的,当保险标的受到所承保的保险危险侵袭而遭受损失时,保险人应承担的一种补偿给付责任。

在保险人履行财产损失补偿责任时,应当遵循三个原则:①财产损失发生在保险责任范围以内,对于超过保险人承保责任范围的损失,保险人不承担赔偿责任;②财产损失发生在财产保险合同约定的保险期限内;③财产损失补偿应以合同约定的保险金额为最高限额。

保险责任是被保险人寻求保险保障的目的所在,也是保险人的基本义务。保险责任可以分为以下几种:

1.基本责任。基本责任即保险责任,是指财产保险合同中载明的保险人承担保险赔偿责任的危险范围。不同种类财产保险合同具体承保的危险范围不一样,归纳起来可以概括为三大类:①自然灾害;②意外事故;③救助费用。

2.特约责任。特约责任是责任的附加,是指投保人和保险人协商,将基本责任以外的灾害事故附加一定的条件予以承保的赔偿责任,它实际是投保人和保险人一种特别约定,扩大了保险责任。

3.除外责任。除外责任是指保险人对某些危险所造成损失的免除责任,即某些危险不属于保险人承保的范围,这些危险发生造成被保险人的经济损失,保险人不承担赔偿给付责任。如战争、保险人的故意行为而造成的财产损失等。

三、财产保险合同的效力

财产保险合同依法成立后,就对合同当事人产生约束力,合同当事人应全面适当地履行自己的义务。

1. 投保人的义务。①缴纳保险费;②维护保险标的安全;③保险标的危险增加的通知义务;④危险发生的通知与防止或减少损失;⑤提供有关证明资料、单证。

2. 保险人的责任。①及时签发保险单或其他保险凭证;②承担损失赔偿责任。

四、机动车辆保险合同

(一)机动车辆保险概念

是指机动车辆所有人或者使用人向保险人支付保险费,在被保险车辆发生保险合同约定的损失,或者在被保险人或者被保险人允许的持有驾驶执照的人使用被保险车辆过程中,致使第三人发生保险合同规定范围内的损失因而被保险人应当对受害人承担损害赔偿责任时,保险人依照约定承担保险责任的保险。机动车辆保险所承保的是车辆损失险和第三者责任险。机动车辆保险一般包括汽车保险、摩托车保险和拖拉机保险等。

(二)车辆损失险

车辆损失险的责任范围包括:①保险车辆的损失。被保险人或其允许的合格驾驶员在使用保险车辆过程中,因下列原因造成保险车辆的损失,保险人负责赔偿:碰撞、倾覆;火灾、爆炸;外界物体倒塌、空中运行物体坠落、保险车辆行驶中平行坠落;雷击、暴风、龙卷风、暴雨、洪水、海啸、地陷、冰陷、崖崩、雪崩、雹灾、泥石流、滑坡;载运保险车辆的渡船遭受自然灾害(只限于有驾驶员随车照料者)。②合理费用。发生保险事故时,被保险人或其允许的合格驾驶员对保险车辆采取施救、保护措施所支出的合理费用,由保险人负责赔偿。但此项费用的最高赔偿金额以保险金额为限。

(三)机动车辆第三者责任保险

机动车辆第三者责任保险是指机动车所有人向保险人支付一定数额的保险费,在被保险人或者其允许的持有驾驶执照的人使用被保险机动车过程中,致使第三者发生保险合同范围内的人身和财产损失,被保险人应当对受害人负损害赔偿责任时,由保险人承担赔偿责任的保险。依照机动车第三者责任保险,被保险人为被保险机动车的所有人或者使用人,保险危险是被保险机动车发生的交通事故,保险标的为被保险人使用所造成的交通事故损害赔偿责任,保险人以保险合同约定的保险金额为限承担保险责任。机动车辆第三者责任保险为强制保险❶。第三者责任险的每次事故最高赔偿限额分五个赔偿档次:5万元、10万元、20万元、50万元、100万元,被保险人可以自愿选择投保。

被保险人或其允许的驾驶人员在使用保险车辆过程中发生意外事故,致使第三者遭受人身伤亡或财产直接损毁,依法应当由被保险人承担的经济赔偿责任,保险人负责赔偿。经保险人事先书面同意,被保险人因上述所列原因给第三者造成损害而被提起仲裁或者诉讼的,对应由被保险人支付的仲裁或者诉讼费用以及其他费用,保险人负责赔偿;赔偿的数额在保险单载明的责任限额以外另行计算,最高不超过责任限额的30%。

(四)除外责任

1. 保险车辆的下列损失,保险人不负责赔偿。包括:①自然磨损、锈蚀、故障、轮胎单独损坏;地震、人工直接供油、高温烘烤造成的损失;受本车所载货物撞击的损失;两轮及轻便摩托车停放期间翻倒的损失;遭受保险责任范围内的损失后,未经必要修理继续使用,致使损失扩大的部分。②自燃以及不明原因产生的火灾。自燃,即指保险车辆因本车电器、线路、供油系统、货物自身等发生问题造成火灾。③玻璃单独破碎。④保险车辆在淹及排气筒的水中启动或被水淹后操作不当致使发动机损坏。⑤保险车辆造成下列人身伤亡和财产损毁,不论在法律上是否应当由被保险人承担赔偿责任,保险人也不负责赔偿:被保险人或其允许的驾驶员所有或代管的财产;私有、个人承包车辆的被保险人或其允许的驾驶员及其家庭成员,以及他们所有或代管的财产;本车上的一切人员和财产。

2. 下列情况下,不论任何原因造成的对第三者的经济赔偿责任,保险人均不负责赔偿。包括:①地震、战争、军事冲突、恐怖活动、暴乱、扣押、罚没、政府征用。②竞赛、测试,在营业性维修场所修理、养护期间。③利用保险车辆从事违法活动。④驾驶人员饮酒、吸食或注射毒品、被药物麻醉后使用保险车辆。⑤保险车辆肇事逃逸。⑥非被保险人允许的驾驶人员使用保险车辆。⑦保险车辆不具备有效行驶证件。⑧保险车辆拖带未投保第三者责任保险的车辆(含

---

❶ 见施天涛著:《商法学》,法律出版社 2003 年版,第 788—789 页。

挂车)或被未投保第三者责任保险的其他车辆拖带。⑨驾驶人员有下列情形之一者:无驾驶证或驾驶车辆与驾驶证准驾车型不相符;在公安交通管理部门规定的其他属于无有效驾驶证的情况下驾车;使用各种专用机械车、特种车的人员无国家有关部门核发的有效操作证;驾驶营业性客车的驾驶人员无国家有关部门核发的有效资格证书,具体包括:没有驾驶证;驾驶与驾驶证准驾车型不相符合的车辆;持军队或武警部队驾驶证驾驶地方车辆;持地方驾驶证驾驶军队或武警部队车辆;持学习驾驶证学习驾车时,无教练员随车指导,或不按指定时间、路线学习驾车;实习期驾驶大型客车、电车、起重车和带挂车的汽车时,无正式驾驶员并坐监督指导;实习期驾驶执行任务的警车、消防车、工程救险车、救护车和载运危险品的车辆;持学习驾驶证及实习期在高速公路上驾车;驾驶员持审验不合格的驾驶证,或未经公安交通管理部门同意,持未审验的驾驶证驾车。⑩保险车辆肇事逃逸;未按书面约定履行交纳保险费义务;除保险合同另有书面约定外,发生保险事故时保险车辆没有公安交通管理部门核发的行驶证和号牌,或未按规定检验或检验不合格。

3.下列损失和费用,保险人不负责赔偿。包括:①保险车辆发生意外事故,致使第三者停业、停驶、停电、停水、停气、停产、通信中断的损失以及其他各种间接损失;②精神损害赔偿;③因污染(含放射性污染)造成的损失;④第三者财产因市场价格变动造成的贬值、修理后因价值降低引起的损失;⑤保险车辆被盗窃、抢劫、抢夺造成第三者人身伤亡或财产损失;⑥被保险人或驾驶人员的故意行为造成的损失。

【资料与应用】 1.搭便车摔残司机赔偿案

2004年4月,家住房山区的农民李某驾驶自家农用三轮车到附近的煤矿出售窑桩。中午,17岁的女学生言某路过此地遇到李某,问能否顺便带她一程。经李某同意后,言某上了三轮车。当三轮车途经一个路口时,言某见已到目的地,便要求下车,但因为李某采取措施不当,造成三轮车翻下了山沟。言某被摔成左干骨骨折、左踝骨骨折、左小腿烧伤,还掉了3颗牙齿,前前后后做了几次手术,花了不少钱。可即使这样,言某昔日的容颜也难以完全恢复。后来经有关部门鉴定,为十级伤残。苦不堪言的言某认为自己受到这么大的损害很大原因是因为李某的不小心,为了弥补自己的损失,便将李某告上了法庭,要求支付医药费、交通费、残疾赔偿金等相关损失。对此,李某也觉得自己很冤,原本是出于好意,谁知弄成这样一个结局,自己也受了伤,车也摔坏了,所以不愿意赔偿言某的损失。

房山法院经过审理认为,原告言某在被告李某驾驶车辆时要求搭乘李某的车辆,而被告李某同意了她的请求,允许她坐上自己的车,这样,就在双方之间形成了一种客运合同关系。这就意味着作为驾驶员的被告李某有保证原告言某安全到达目的地的义务。而被告在行驶过程中,因为采取措施不当,造成翻车,致使原告身体受伤,进而伤残。对此,被告应对原告所受损失予以适当的补偿,法院判决有过错的被告李某赔偿原告言某相关经济损失4.7万余元。

2. 重复保险出险赔偿案

2000年2月,庞某向中国人民保险公司济南某分公司投保了家庭财产保险及附加盗窃险,保险金额为2万元,期限一年。同年4月,庞某所在单位为每名职工在中国太平洋保险公司济南某分公司投保了家庭财产保险及附加盗窃险,每人的保险金额为2万元,期限一年。两家保险公司分别向庞某出具了保险单。2000年7月,庞某家中被盗,庞某及时向派出所报案,并同时通知了两家保险公司。经现场勘验后认定,庞某被盗物品价值2万元。因公安机关一直未能破案,庞某向两家保险公司提出各赔偿2万元的要求。两家保险公司以庞某重复投保,造成保险合同无效为由拒绝赔偿。庞某遂向法院提起诉讼,要求两家保险公司按合同的约定各赔偿2万元的经济损失。法院经审理认为,庞某与两家保险公司所签订的家庭财产保险合同均为有效合同,庞某家中被盗后,保险公司理应按合同约定承担赔偿责任。鉴于庞某在两家保险公司重复保险,不能获得超过保险价值的赔偿,按照法律规定,两家保险公司应按照其保险金额与保险金额总和的比例承担赔偿责任。据此,庞某要求获得双倍赔偿的诉讼请求和两家保险公司以合同无效而拒不赔偿的辩解主张,均与法律不符,应予驳回。法院依照《保险法》第40条的规定,判决两家保险公司分别赔偿庞某1万元。庞某从保险公司获得赔偿后,必须将对第三人的求偿权让渡给保险公司,即保险人享有代位求偿权,本案破案后追回的财产应当归保险人所有。

第四节
人身保险合同

一、人身保险合同的概念及法律特征

（一）概念

人身保险合同,是指以人的寿命和身体为保险标的的保险合同,以被保险人的生死、伤害、疾病为保险事件的一种保险合同。人身保险合同和财产保险

合同共同组成保险合同体系。

(二)法律特征

1.人身保险合同的主体,只能是自然人。人身保险合同的主体只能是自然人,并且保险标的只能是以人的寿命和身体。

2.人身保险合同是定额保险。人身保险合同中的生命或健康是不能用金钱来衡量的,只能根据投保人要求投保的保险金额来确定。因此,人身保险合同不是补偿性合同,而是保险金定额给付合同,这是与财产保险合同的最显著区别。

3.人身保险合同具有长期性。财产保险合同的保险期限一般都比较短,如一个年度或一个航程。而人身保险合同的保险期限则较长,少则几年,多则几十年直至被保险人的终生。人身保险合同的长期性可向被保益人或受益人提供了稳定的生活保障,保险人却能够利用保险基金进行各种法律许可的投资。

4.人身保险合同的关系人中包括受益人。人身保险合同的关系人中有由被保险人指定的受益人的存在。被保险人、投保人可以自己充当受益人,也可以由被保险人指定,投保人指定受益人时,必须经被保险人同意。

5.人身保险合同的保险费具有储蓄性。人身保险合同的储蓄性主要表现在投保人交付的保险费构成保险基金的物质基础,决定着保险金的数额大小,而保险人充当着保险费资金管理人的角色。当合同约定的保险事故发生,则由保险人以给付保险金的形式将收取的保险费退还给被保险人或其指定的受益人。

6.人身保险合同的保险事故发生具有规律性。人身保险合同中保险人承保的保险事故的发生具有稳定性和有规律的变动性,计算人身保险费率基础之一的人的生存或死亡或然率是以生命表为依据的,它符合大数法则的要求,因而呈现出一定的稳定性和规律性。

7.人身保险合同中保险费的收取具有非诉性。《保险法》第60条规定:"保险人对人身保险的保险费,不得用诉讼方式要求投保人支付。"

8.人身保险合同中不存在超额保险、重复保险和代位求偿。因为人身保险合同中的保险金额大都由当事人在订立合同时约定一个定额,所以人身保险合同中不存在超额保险和重复保险。

当保险事故是由第三者的侵权行为而引起的,根据法律规定应由第三者负担赔偿损失责任时,人身保险合同的被保险人可以同时从保险人和第三者处取得保险金和经济赔偿,而不存在类似财产保险合同中的代位求偿。

二、人身保险合同的分类

根据不同的标准,人身保险有不同的分类。

1.按保险危险的种类,人身保险基本可分为人寿保险、意外伤害保险和疾病(健康)保险。

人寿保险是人身保险中最基本的险种,是以被保险人在一定期间内死亡或生存为给付条件的保险。意外伤害保险是以被保险人遭受意外伤害并致残、致死为给付条件的保险。疾病保险则是在被保险人因疾病、分娩而致死、致残为给付条件的保险。

2.按被保险人的多寡,人身保险可以分为单独保险和团体保险。单独保险中,被保险人都是单一的,简易人身保险一般是单独保险。团体人身保险是以社会组织(企业、事业单位等)的全体成员为被保险人的保险。

3.按保险产生的依据,人身保险可分为自愿保险和强制保险。我国人身保险中绝大多数是自愿投保的,我国机动车交通事故责任强制保险制度于2006年7月1日起正式实施。这是我国第一个通过立法予以强制实施的机动车保险险种。

三、人身保险合同的内容

(一)人身保险合同的主体

人身保险合同的主体,是指人身保险合同中享有权利和承担义务的当事人,包括与保险合同发生直接关系的保险人与投保人,与保险合同发生间接关系的被保险人与受益人。

(二)人身保险合同的主要内容

1.保险标的,是指人的寿命和身体。

2.保险责任与除外责任。

(1)人身保险合同的责任范围:意外灾害、不幸事故、疾病、衰老以及死亡、伤残、丧失工作能力、年老退休或保险期限届满等。

(2)人身保险合同的除外责任一般有:被保险人或受益人的故意或诈骗行为;被保险人或者受益人的自杀或犯罪行为;战争或军事行动;被保险人因疾病死亡或残疾;和其他不属于保险责任范围内的危险事故等。

3.保险金额。人身保险的保险金额不是保险标的价值,它是由投保人根据其需要和可能与保险人协商确定的,它是一种定额保险。

4.保险费。保险费事项包括保险费率和保险费数额两部分内容,是投保人履行合同缴费义务的根据。

5.保险期限。人身保险合同中都有保险期限,大体上分为短期责任、长期责任和终身责任三种。一般由投保人选择,但保险人得提出条件。

团体人身保险和各种意外伤害保险的期限较短,一般为 1 年。

四、人身保险合同的常见条款

由于人身保险合同的性质与一般财产保险合同不同,保险人在保险单通常使用一些条款来扩展或限制当事人的权利和义务。人身保险合同的常见条款有下列几种。

(一)可保利益条款

可保利益是人身保险合同的核心,投保人可以以本人为保险标的,也可以以第三人为保险标的投保人身保险,在前者情况下,投保人即为被保险人。《保险法》第 31 条规定,投保人对下列人员具有保险利益:①本人;②配偶、子女、父母;③前项以外与投保人有抚养、赡养或者扶养关系的家庭其他成员、近亲属。除前款规定外,被保险人同意投保人为其订立合同的,视为投保人对被保险人具有保险利益。订立合同时,投保人对被保险人不具有保险利益的,合同无效。

我国《保险法》第 33 条规定:"投保人不得为无民事行为能力人投保以死亡为给付保险金条件的人身保险,保险人也不得承保。父母为其未成年子女投保的人身保险,不受前款规定限制。但是,因被保险人死亡给付的保险金总和不得超过国务院保险监督管理机构规定的限额。"第 34 条规定:"以死亡为给付保险金条件的合同,未经被保险人同意并认可保险金额的,合同无效。按照以死亡为给付保险金条件的合同所签发的保险单,未经被保险人书面同意,不得转让或者质押。父母为其未成年子女投保的人身保险,不受本条第一款规定限制。"

(二)不可争条款

不可争条款又称不可抗辩条款,是指自人身保险合同订立时起,超过法定时限后,保险人将不得以投保人在投保时违反如实告知义务,误告、漏告、隐瞒某些事实为理由,而主张合同无效或拒绝给付保险金。如我国《保险法》第 16 条第 2、3、6 款规定:投保人故意或者因重大过失未履行前款规定的如实告知义务,足以影响保险人决定是否同意承保或者提高保险费率的,保险人有权解除合同。前款规定的合同解除权,自保险人知道有解除事由之日起,超过 30 日不行使而消灭。自合同成立之日起超过 2 年的,保险人不得解除合同;发生保险事故的,保险人应当承担赔偿或者给付保险金的责任。保险人在合同订立时已经知道投保人未如实告知的情况的,保险人不得解除合同;发生保险事故的,保险人应当承担赔偿或者给付保险金的责任。这 2 年内即为"可争时间",逾 2 年即为"不可争时间"。

(三)年龄误告条款

年龄误告条款主要是针对投保人申报的被保险人的年龄不真实,而真实年龄又符合合同约定限制的情况下而设立的,法律与保险合同中一般均规定年龄误告条款,要求保险人按被保险人真实年龄调整并调整相应的保费。我国《保险法》第 32 条规定,投保人申报的被保险人年龄不真实,并且其真实年龄不符合合同约定的年龄限制的,保险人可以解除合同,并按照合同约定退还保险单的现金价值。保险人行使合同解除权,适用本法第 16 条第 3 款、第 6 款的规定。投保人申报的被保险人年龄不真实,致使投保人支付的保险费少于应付保险费的,保险人有权更正并要求投保人补交保险费,或者在给付保险金时按照实付保险费与应付保险费的比例支付。投保人申报的被保险人年龄不真实,致使投保人支付的保险费多于应付保险费的,保险人应当将多收的保险费退还投保人。

(四)宽限期和复效条款

宽限期条款是指如果保险合同约定分期支付保险费,但投保人支付首期保险费后因疏忽或者其他原因没能按期交费,法律或合同规定给予投保人一定的宽限时间(一般为 30 天或 60 天),在此期间,即使未交纳保险费,仍能保持保险合同效力。

复效条款是指因投保人不按期交纳保费致使保单失效后,如果投保人希望恢复合同效力,则应在规定的期间(一般为 2 年)内补交保费,则保险单恢复效力,此即复效条款。例如,2003 年 5 月 20 日,王先生投保了一家寿险公司的终身寿险,保额 10 万元,年缴保费 2000 多元。2004 年 5 月 18 日,王先生缴纳了新一年的保费。到 2005 年 5 月 25 日,王先生不幸遭遇车祸身亡。此时,王先生的保险已经到期 5 天了,但还没有缴纳最近一期的保费。王先生的妻子提出理赔申请,保险公司根据保险条款 60 日宽限期的规定,在扣除欠缴的当期保费及应补利息后,向王先生的妻子给付了身故保险金。

(五)受益人条款

受益人是指人身保险合同中由被保险人或者投保人指定的享有保险金请求权的人。投保人、被保险人可以为受益人。受益人的资格在法律上并无限制,法人或自然人均可以作为受益人。受益人由被保险人或者投保人指定,投保人指定受益人时须经被保险人同意。受益人可以为一人或数人。受益人为数人的,可以指定受益顺序和受益份额;未确定受益份额的,受益人按照相等份额享有受益权。如果没有指定受益人,或受益人先于被保险人死亡,或受益人依法丧失受益权或放弃受益权,在没有其他受益人的情况下,被保险人死亡后的保险金视为被保险人的遗产,由其继承人领取。

我国《保险法》第 39 条至 43 条规定了人身保险的受益人的指定、顺位、变更、受益权行使、丧失受益权以及保险金作为被保险人的遗产等问题。具体是:人身保险的受益人由被保险人或者投保人指定。投保人指定受益人时须经被保险人同意。投保人为与其有劳动关系的劳动者投保人身保险,不得指定被保险人及其近亲属以外的人为受益人。被保险人为无民事行为能力人或者限制民事行为能力人的,可以由其监护人指定受益人。被保险人或者投保人可以指定一人或者数人为受益人。受益人为数人的,被保险人或者投保人可以确定受益顺序和受益份额;未确定受益份额的,受益人按照相等份额享有受益权。被保险人或者投保人可以变更受益人并书面通知保险人。保险人收到变更受益人的书面通知后,应当在保险单或者其他保险凭证上批注或者附贴批单。投保人变更受益人时须经被保险人同意。被保险人死亡后,受益人与被保险人在同一事件中死亡,且不能确定死亡先后顺序的,推定受益人死亡在先。投保人故意造成被保险人死亡、伤残或者疾病的,保险人不承担给付保险金的责任。投保人已交足两年以上保险费的,保险人应当按照合同约定向其他权利人退还保险单的现金价值。受益人故意造成被保险人死亡、伤残、疾病的,或者故意杀害被保险人未遂的,该受益人丧失受益权。有下列情形之一的,保险金作为被保险人的遗产,由保险人依照《中华人民共和国继承法》的规定履行给付保险金的义务:①没有指定受益人,或者受益人指定不明无法确定的;②受益人先于被保险人死亡,没有其他受益人的;③受益人依法丧失受益权或者放弃受益权,没有其他受益人的。

(六)自杀条款

为了更好地保障投保人、被保险人、受益人的合法权益,保险人也出于维护自己的利益,在很多人寿保险合同中都将自杀列入保险条款,但规定在保险合同生效较长的期限后被保险人自杀行为,保险人才承担给付保险金责任,通常是 2 年,以防止被保险人预谋保险金而签订保险合同。

我国《保险法》第 44 条规定:"以被保险人死亡为给付保险金条件的合同,自合同成立或者合同效力恢复之日起 2 年内,被保险人自杀的,保险人不承担给付保险金的责任,但被保险人自杀时为无民事行为能力人的除外。保险人依照前款规定不承担给付保险金责任的,应当按照合同约定退还保险单的现金价值。"之所以这样规定,一方面保护了保险人的利益,防止道德危险的发生,避免蓄意自杀者通过保险图谋保险金。另一方面,这样规定也否定了以前人身保险完全排除承担自杀危险的作法。

另外,因被保险人故意犯罪或者抗拒依法采取的刑事强制措施导致其伤残或者死亡的,保险人不承担给付保险金的责任。投保人已交足两年以上保险费的,保险人应当按照合同约定退还保险单的现金价值。被保险人因第三者的行为而发生死亡、伤残或者疾病等保险事故的,保险人向被保险人或者受益人给付保险金后,不享有向第三者追偿的权利,但被保险人或者受益人仍有权向第三者请求赔偿。

(七)不丧失价值条款

由于人身保险合同的保险费带有储蓄性的特点,保险人所收取的保险责任准备金,虽由保险人保管并运用,但保险单留有相当的现金价值仍应为被保险人所有,即这种累积的保险责任准备金并不因保险效力的变化而丧失其价值,保险人应通过各种形式返还给投保人。

【资料与应用】 1. 从广州信诚人寿案看保险合同的成立与生效

2001年10月5日,投保人谢某听取了信诚人寿代理人黄女士对"信诚[运筹]智选投资连接保险"及5个附加险的介绍,向信诚人寿保险有限公司申请投保人寿险100万元,附加长期意外伤害保险200万元,并填写了投保书,在投保书上所写的受益人是谢母。10月6日,信诚人寿向谢某提交了盖有总经理李源祥印章的《信诚运筹建议书》,同日,谢某根据信诚的要求及该建议书的内容交纳了首期保险费11944元(包括"附加长期意外伤害保险"首期保费2200元)。信诚人寿审核谢某投保资料时发现,其高达300万元的保险金额,却没有提供相应的财务状况证明。10月10日,信诚人寿要求谢某10天内补充提供有关财务状况的证明,并按核保程序要求进行身体检查,否则视为取消投保申请,将向其退回预交保费。10月17日,谢某在信诚人寿公司的安排下进行了身体检查,但未提交财务状况证明。10月18日凌晨,谢某和另外三个朋友在酒楼吃夜宵时,被人刺死。当日上午8时,信诚人寿接到医院的体检结果,因谢某身体问题,需增加保险费,并要求提交财务证明,才能承保。2001年11月13日,谢母向信诚人寿方面告知保险事故并提出索赔申请。2002年1月14日,信诚人寿保险公司经调查后在理赔答复中称,根据主合同,同意赔付主合同保险金100万元;同时信诚人寿认为事故发生时其尚未同意承保(未开出保单),故拒绝赔付附加合同的保险金200万元。2002年1月15日,谢母拿到信诚人寿声称按"通融赔付"支付的100万元。2002年7月4日,在多次磋商无果后,受益人谢母向广州市天河区人民法院提起诉讼,请求判决信诚人寿支付"信诚附加长期意外伤害保险"保险金 200 万元,以及延迟理赔上述金额所致的利息。2003 年 5 月 20 日,广州市天河区法院对此案作出一审判决:交付了首期保费的投保人谢某,在核保程序未完成的情况下被害,法院判决保险人信诚人寿应该在按主合同赔付 100 万元之后再追加赔付附加合同的 200 万元。一审判决后,信诚人寿不服提起上诉。2004 年 11 月 5 日,广州市中级人民法院作出终审判决:此案涉及的保险合同并未生效,判决保险人信诚人寿保险公司不必在按主合同赔付 100 万元之后再追加赔付附加合同的 200 万元。

本案就合同成立和生效有两种意见:

(1)认为保险合同成立并已生效——保险单只能证明保险合同的存在和保险合同双方当事人的权利与义务,并不能成为保险合同成立的唯一凭证。

《保险法》第 13 条规定:"投保人提出保险要求,经保险人同意承保,并就合同的条款达成协议,保险合同成立。保险人应当及时向投保人签发保险单或者其他保险凭证,并在保险单或者其他保险凭证中载明当事人双方约定的合同内容。"《保险法》第 14 条规定:"保险合同成立后,投保人按照约定交付保险费;保险人按照约定的时间开始承担保险责任。"由这两个条文可以看出,保险合同属于诺成性合同,即只要缔约双方就合同的主要内容达成合意,合同即告成立。

投保人谢某与信诚人寿保险代理人共同签署了《信诚人寿有限公司人寿(投资连结)保险投保书》(以下简称《投保书》),双方已就保险合同的条款达成一致意见,投保人已经交付了信诚人寿针对自己实际情况计算出来的保费,并完成了指定医院的体检。而信诚也接受了保费,且给投保人开出了收款凭证且投保人。至此,作为投保人的谢某已履行在保险合同成立后应负的主要义务。因此这份保险合同及其附加合同均已成立、有效,谢某、信诚均应按约履行。《保险法》第 12 条规定表明,保险合同是非要式合同,在保单签发前就已成立,出具保单是义务而非保险合同成立的必备条件。《保险法》第 18 条所列举的保险合同事项主要内容已在双方文件中明确,缴纳和接受保费表明双方对合同主要内容的认可和承诺。另据《合同法》第 36 条规定,"法律、行政法规规定或当事人约定采用书面形式订立,当事人采用书面形式,但一方已经履行主要义务,对方接受的,该合同成立",缴纳保险费表明投保人履行了最重要的义务,这与《合同法》的规定相吻合。

而关于涉及赔付金额达 200 万之巨的"信诚附加长期意外伤害保险条款",因为这是信诚人寿在所有投保人投保前就预先制订好的、将重复使用于不特定投保人的格式合同条款,条款中"保险责任自投保人缴纳首期保险费且本公司同意承保后开始"的约定,没有约定信诚将在何时同意承保、用什么方式承保,表述不清,实属不明确,依法应作出有利于投保人谢某的解释。

（2）认为险合同并未成立和生效——只有保险公司出具保单后才能视作保险合同成立并生效。认为,合同的成立要经过要约和承诺两个阶段,要约是希望和他人订立合同的意思表示,要约的内容必须明确而具体;承诺是受要约人同意要约的意思表示,承诺生效时合同成立,承诺的内容应当与要约的内容一致。如果受要约人对要约的内容作出实质性变更的,就不能视为承诺,而应视为新要约。合同在订立过程中往往会经过多次要约与反要约才会成立。

就保险合同成立而言,投保人填写了投保单,要求与保险公司订立保险合同,只是完成了合同订立过程中的要约部分,投保单只是投保人单方的意思表示。如果保险公司经过核保认为被保险人的情况符合承保条件,同意承保,完成了合同订立过程中的承诺部分,保险合同即告成立;但该案中对投保人谢某购买的这类保险金额300万元的高额人寿保险,投保人必须通过体检和提供财务证明资料,保险公司才能决定是否承保,而只有最终出具保单才能视作合同生效。投保人谢某死亡时,刚刚参加完保险公司安排的体检,保险人还未见到全部体检结果,完成核保程序,因此不能对谢先生的投保要求作出承诺,保险合同没有成立。保险公司向受益人支付100万元补偿金,并不是依保险合同承担的保险责任,而是一种通融赔付,是保险公司自主的商业行为。

信诚人寿案的核心是:投保人缴纳了保险费,信诚人寿因材料不齐全还未承保时,被保险人遭遇了保险事故,该如何判定?与之相关的就是现行《保险法》第13条的规定,即"投保人提出保险要求,经保险人同意承保,并就合同的条款达成协议,保险合同成立"。该条款仅谈到了合同成立的问题,并没有谈到合同何时生效,更未约定保险人何时同意承保及以何种方式同意承保。你的观点如何?

2. 保险受益人的求偿权

刘荣田系山东省莒县果庄乡中心小学（以下简称果庄小学）的三年级学生。果庄小学同意离家较远或有特殊情况并愿意留校吃饭的学生中午在校吃饭,吃饭时学生可到校伙房盛开水喝。果庄小学未安排人员对这些中午留校吃饭的学生进行必要的管理。果庄小学三年级一班的班主任赵某曾安排由该班学生郭庆安负责中午吃饭时的抬水工作。2001年11月15日午饭时,在校吃中午饭的三年级学生刘荣田,根据以往值日习惯和郭庆安的安排,与同学郦振玲用学校的水桶和竹竿到伙房抬开水,供本班留校吃饭的同学饮用。在返回教室的路上,刘荣田因被绊倒导致被开水烫伤。当日刘荣田被送往莒县人民医院治疗,住院 6 天,支付医疗费 1232 元。2001 年 11 月 21 日,经果庄小学同意转到莒县中医医院继续住院治疗 48 天,支付医疗费 5148.30 元。刘荣田经法医鉴定为十级伤残,支付法医鉴定费 160 元。刘荣田已从保险公司领取 3000 元的限额赔偿金。事后,刘荣田向果庄小学索赔未果,于 2002 年 4 月 11 日诉至莒县人民法院,要求判果庄小学赔偿医疗费、护理费、营养费、伤残补助费、精神损失费等共计人民币 12717 元。

莒县人民法院经审理认为,刘荣田系无民事行为能力人,其在校吃中午饭和抬开水喝的行为已得到果庄小学的同意和安排。果庄小学应对刘荣田等学生的中午吃饭、喝水进行必要的监护和管理。果庄小学疏于监护和管理,与刘荣田的烫伤有因果关系;果庄小学明知刘荣田等无民事行为能力人抬开水会有危险而不采取相应措施,主观上有过错,应承担一定的赔偿责任。刘荣田的烫伤发生在中午放学时间,此时刘荣田虽在学校,但其父母对放学后的刘荣田负有主要的监护职责,对刘荣田的损失应承担主要责任。据此,判决果庄小学赔偿刘荣田医疗费 2552.12 元、护理费 229.17 元、法医鉴定费 64 元、住院伙食补助费 64.80 元、伤残补助费 520 元,共计 3430.09 元。

第十三章

信 托 法

【内容提要】 起源于英国的信托这种独特财产管理制度,已为世界上许多国家接纳和发展。信托业现今已成为社会经济生活中不可或缺的一个部门,甚至被视为金融业四大支柱之一。信托的广泛适应性使其利用的领域极为宽泛,不论在民事、商事,还是社会公益领域,信托均被广泛运用。本章依据信托法的基本原理,借鉴英美法系、大陆法系国家信托制度发展的理论和经验,着重结合我国的《信托法》阐述信托基本法律制度。其内容包括:信托的基本概念、法律特征、信托的功能、基本原则等基本理论问题;我国信托基本法的主要内容,涉及信托的设立、变更和终止,信托当事人的资格条件及权利义务,信托财产的性质、范围和特征,公益信托等方面。❶

第一节
信托法基本理论

一、信托的基本理论

(一)信托的定义

一般用语的信托,即指基于对他人的信赖而委托。而作为一种法律概念,简单而言,信托是一种财产转移与管理的制度。起源于中世纪英国的信托制

---

❶ "如果有人要问,英国人在法学领域取得的最伟大、最独特的成就是什么,那就是历经数百年发展起来的信托理念。我相信再没有比这更好的答案了。这不是因为信托体现了基本的道德原则,而是因为它的灵活性,它是一种具有极大弹性和普遍性的制度。"英国杰出的法律史学家 F. W. 梅特兰如是评价信托法律制度。

度,先后被引入英美法系和部分大陆法系国家。在不同的国家,不同的时代,世界各国的学者和立法对信托有不同的诠释。

在英美法系国家,对信托的定义有代表性的主要有:

1.《牛津法律大辞典》中对信托的解释为:"信托,持有并管理财产的一种协议,据此,财产或法定权利的所有者(信托人)将财产或权利交给另一个人或几个(受托人),后者据此代表或为另一方(受益人)或为其他人,或为某一特定目的或者几个目的而持有财产和行使权力。信托之概念的本质在于法定所有权与收益所有权之间的 分离"。《不烈颠百科全书》对信托定义为:"信托是一种法律关系,在此种关系中,一人拥有财产所有权,但同时负有受托人的义务,为另一人的利益而运用此项财产。"

2.美国法学会组织编纂的、旨在统一各州信托法的《美国信托法综述》(第2版)规定的信托定义:"信托,除慈善信托、结果信托以及推定信托外,是指以明示意思表示而设定的发生在当事人之间的一种财产信任关系,在这种关系中,一方享有财产上的所有权,并负有为另一方在平衡法上的利益处分和管理财产的义务。"

3.美国信托法专家鲍格特(Bogert)对信托的定义:信托是指当事人之间的一种信任关系,一方享有财产所有权,并负有衡平法上为另一人的利益管理和处分该财产的义务。

强调普通法与衡平法的区分以及信托的衡平法义务性质,是英美法系国家信托定义的基本特征。在一项信托中,受托人享有普通法上的所有权,受益人则享有衡平法上的所有权。两种物权同时存在于信托财产之上,这种所有权观念与大陆法系国家"一物一权"的物权观有着明显的差异。故当信托从英美法系国家引入到大陆法系国家时,信托的定义有了一些不同的表述。

以日本、韩国及我国台湾为例。1922年4月日本《信托法》第1条规定:"本法所称信托,是指将财产权转移或为其他处分,使他人依照一定目的管理或处分财产。"1961年12月30日韩国《信托法》第1条规定:"本法所称信托,即指以信任指定者(以下简称信托人)与信托接受者(以下简称受托人)间特别信任关系为基础,信托人将特定财产转移给受托人,或经过其他手续,请受托人为指定者(以下简称受益人)的利益或特定的目的,管理或处分其财产的法律关系。"台湾《信托法》第2条规定:"称信托者,谓委托人将财产权转移或为其他处分,使受托人依信托本旨,为受益人之利益或为特定之目的,管理或处分信托财产之关系。"

以上定义主要从信托关系角度加以阐释,其中所蕴含的基本信托关系是相同的。例如,甲将自己一笔资产托付给乙公司经营,令乙将经营这些资产所获得的利益交付给丙(甲之子)作为上大学的费用,并约定在丙毕业后,由委托人将信托财产的本金交给丁(甲之母)作为养老之用。在这个信托法律关系中,当事人为甲、乙、丙、丁,甲称为"委托人",乙称为"受托人",丙和丁则称为"受益人"。甲托付给乙经营的财产为信托财产。甲与乙的约定为"信托契约","信托期间"为丙上学期间,"信托目的"即为了提供学费和赡养费。

为了给不同法系国家承认信托和确定信托适用的准据法提供一些规则,以解决不同国家在涉及信托事务交往中所产生信托法律冲突,1985 在荷兰海牙召开的国际私法会议上,通过了《关于信托的承认及其法律适用的国际公约》。公约第 2 条规定:"信托"一词是指一个人(即委托人)在生前或死亡时创设的一种法律关系,委托人为受益人的利益或者为某个特定目的,将其财产置于受托人的控制之下。这个定义没有像英美法那样明确区分信托财产的法定所有权和衡平法所有权,只是提出"将其财产置于受托人的控制之下",并列举了信托的一些主要特征,从而回避了两大法系国家在信托定义上的障碍和冲突,它不但反映了英美法信托制度的基本构造,而且也包含了大陆法系信托定义的主要内涵。

我国《信托法》对信托的定义既借鉴了英美和日本、韩国的信托定义,也注意与国内现行法律的衔接。《信托法》第 2 条规定,信托即指委托人基于对受托人的信任,将其财产委托给委托人,由受托人按委托人的意愿以自己的名义,为受益人的利益或者特定目的,进行管理或处分的行为。这一定义主要包括下列几层含义:

其一,委托人对受托人的信任,是信托关系成立的基础。受托人可以是委托人的亲友、知名人士、某个组织,也可以是具有专业理财经验的金融机构。正因为受托人得到委托人的信任,受托人一旦接受信托,就应当忠诚、谨慎、尽职地处理信托事务,管理、处分信托财产。

其二,信托是一种以财产为中心的法律关系。没有特定的信托财产,信托就无法成立。委托人在信任受托人的基础上,必须将其财产委托给受托人,由受托人为实现信托目的而管理、处分。原则上,除身份权、名誉权、姓名权等权利外,其他任何权利或者可以用金钱计算价值的财产权,如物权、债权以及专利权、商标权、著作权等知识产权,均可作为信托财产设立信托,而委托人以信托经营机构为受托人的,只能以法律、行政法规确定的财产或财产权设立信托。

其三,受托人以自己的名义管理、处分信托财产。委托人将信托财产委托给受托人之后,对信托财产即失去了直接控制权,受托人完全以自己的名义对信托财产进行管理和处分,不需要借助委托人、受益人的名义。管理或处分的具体内容,首先应当依照信托文件的规定确定;信托文件没有明确规定的,应当依照民法上管理、处分的一般含义确定。

其四,受托人为受益人的最大利益管理信托事务。受托人管理、处分财产必须按照委托人的意愿进行管理,且必须是为了受益人的利益或者特定的目的,如公益目的等。受托人管理信托事务,除依照信托文件约定或法律规定取得适当报酬外,不能从信托财产上获取任何个人利益。

(二)信托的法律特征

信托制度发展到现代,与银行业、证券业以及保险业一起,已成为现代金融的重要支柱之一,并日益成为一项国际性的财产管理制度,这是因为信托与其他类似的财产管理制度相比,具有自身一些独特的法律特征。

1.信托财产所有权的分离性。这是信托与其他类似财产管理制度相区别的根本特征。委托人将自己拥有的财产所有权转移给受托人占有,使委托人的财产所有权转化为信托财产所有权,信托财产所有权中的处分权和经营管理权由受托人享有,信托财产所有权中的收益权由受益人享有。即原本为甲所有的财产,由于信托关系的确定甲却不对其行使权利,而由乙在事实上占有并行使处分权;乙占有、经营这些财产取得了收益,但乙却不能享有这些收益而由丙(亦可是甲)来享有。

2.信托财产的独立性。信托一旦有效成立,委托人用于信托的财产就从其自有财产中分离出来,成为一项独立的信托财产。该信托财产不仅与委托人的自有财产相独立,而且也与受托人和受益人的自有财产相独立。同一受托人接受不同委托人的委托,来自不同委托人的财产也应保持相对独立。三方当事人均不得将信托财产视为自有财产,而且任何一方的债权人也都无权主张以信托财产偿债。因为委托人既已将所有权让于受托人,其债权人自不能对不属于委托人的财产主张权利。受托人承受的无非是名义上的所有权而非实质上的所有权,故其债权人也无法对信托财产主张权利,至于受益人的权利只是依照信托文件规定享受信托利益的权利,因此,其债权人至多只能代位受益人请求受托人依信托文件交出信托利益,而不能对信托财产本身主张任何权利❶。

3.信托法律责任的有限性。这是由信托财产的独立性决定的。一方面,只要受托人履行了自己的义务,即使未能使信托财产增值获利或造成了信托财产的损失,受托人也不以自有财产对信托有关的债务承担责任。反之,如果受托

---

❶ 周小明:《信托制度比较法研究》,法律出版社1996年版,第14页。

人违反信托文件或者失职,则受托人不能仅承担有限责任,而必须以自有财产承担责任。另一方面,如果信托财产在运作过程中发生对第三方的侵权或违约责任,不会要求委托人和受益人以自己的财产承担责任,而只需以信托财产为限承担相应的责任。

4.信托设立的目的性。信托目的是信托不可或缺的要素之一。信托从一开始就必须明确设立的目的,并从法律上要求受托人依信托目的管理或处分信托财产。受托人不能利用其受托人的身份为己牟利。相反,其行为必须符合谨慎、勤勉、尽义务的要求,信托财产的管理方法必须符合信托目的的要求,这种要求直接反映了信托制度的本质。

5.信托管理的连续性。信托设立生效后,当事人不得随意解除信托关系,信托目的实现之前也不能随意终止。受托人即便因死亡、解散、破产,丧失行为能力、辞职、解职等事由而终止其处理信托事务的职务,信托关系也不因此而消灭。可依据信托文件指定的任命人任命新受托人或由利害关系人法院选任新受托人,继续执行信托事务。

(三)信托与相关法律制度的比较

1.信托与委托代理。委托代理是指代理人接受被代理人的委托,在授权范围内,以被代理人的名义与第三人进行法律行为,而法律后果由被代理人承担。

(1)信托与代理的相同之处主要有:①两者都以信任为基础,受托人与代理人均处于被信任者的地位。②两者都是为了他人的利益而从事活动,受托人为受益人的利益而活动,代理人为被代理人的利益而活动。③两者都涉及为他人管理财产,而且法律对受托人,代理人所规定的义务也大致相同。④两者既可以是有偿的,也可以是无偿的。

(2)信托与代理的区别主要表现在:①当事人不同。信托为委托人、受托人和受益人三方,代理只有代理人和被代理人两方。②适用范围不同。委托代理的事项可以是具有法律意义的事务或行为,如立约、诉讼、表决等。而信托主要适用于委托他人管理、处分财产,以达到一定的目的。③财产权属不同。信托财产的所有权与收益权相分离,受托人不享有信托财产收益,但取得法律上、形式上的信托财产所有权。代理则不因代理而取得财产所有权,代理所涉及的财产权与利益,均属于被代理人。④成立的条件不同。信托关系的成立必须以一定的信托财产为前提,委托人没有合法、确定的信托财产,信托关系就无从确定。委托代理关系的成立并不以存在一定的财产为前提,委托人没有确定的财产,代理关系亦可成立。⑤使用的名义和法律后果的承担者不同。在信托中,受托人是信托财产的权利主体,以自己的名义对外从事活动。因信托财产的管理、处分而发生的契约责任和侵权责任,原则上也由自己承担,只不过,如果委托人并没有违反信托,有权从信托财产中获得补偿。而代理人需以被代理人的名义对外活动,代理人因代理活动所发生的一切法律后果都由被代理人承担。⑥被信任者的权限不同。受托人具有实施信托事务所必须和所适宜的一切权限,委托人和受益人不得随意干涉受托人的活动。代理人则只能在被代理人授权的范围内活动,而且受到被代理人严格的监督与控制。⑦订约的形式不同。受托人与受益人之间并不订立合同,而只是委托人与受托人订立契约,甚至可能不限于契约行为。在代理中,除了一些日常代理外,一般代理的设立都须在代理人和被代理人之间订立合同。⑧解约的方式不同。信托一经成立,除委托人在信托文件中明确保留了撤销权外,委托人不得废止或撤销信托。受托人也不得随意辞任,终止受托关系。而委托代理关系中,因委托人与代理人之间的信任关系发生动摇或其他原因,委托人可以随时终止委托代理合同,代理人同样也可以随时决定终止代理关系。⑨终止的情形不同。委托代理关系因任何一方当事人丧失行为能力,死亡、破产、解散等而自然终止。而信托关系中,即使受托人、委托人丧失行为能力,死亡或终止等,均不影响信托的存续,只需按照信托文件或法律规定选任新的受托人,继续管理信托事务。

2.信托与行纪。行纪是行纪人接受委托人的委托,为委托人的利益,以自己的名义从事一定行为并获取报酬的营业活动。行纪与信托有许多相似之处,但也有很多差异,两者分属不同的法律设计,信托是源于英美法的一种财产转移与管理设计,行纪则是大陆法系在民商法上的一种代客买卖的设计。

(1)信托与行纪的相同点主要有:①行纪与信托关系均是基于信任而产生的;②两者都是为了他人的利益而对一定财产进行管理与处分;③受托人与行纪人均以自己的名义对外活动,并就此活动的法律后果自负责任。

(2)信托与行纪的区别主要表现在:①业务性质和内容不同。信托事务非常广泛,涉及财产的管理、处分、投资、利益分配等各种事务。信托实质上是一种财产管理制度。行纪则主要是代客买卖,实际上是一种特殊的财产交易制度。②财产权属不同。在信托关系中,信托财产上的所有权与利益相分离,所有权属于受托人,利益属于受益人。行纪关系中则无此项分离,行纪人为委托人买卖物品,所有权与利益皆归属于委托人。③涉及的财产范围不同。信托财产的范围十分广泛,包括动产、不动产,有形财产和无形财产。而行纪涉及的财产一般只限于具有特别属性和特殊交易规则的财产,如股票等。④成立形式不同。行纪关系只能由行纪合同创设,而信托不仅可借合同,还可通过其他方式(遗嘱)设立。⑤介入权规定不同。信托关系中,受托人原则上没有介入权,即不得为自己的利益而买进信托财产,或以信托财产购买自己的财产。在行纪关系中,如无特别约定,行纪人则具有介入权,即行纪人以一方当事人的身份与委托人为交易行为。⑥事务处理权限不同,由行纪人实施委托事务时,应服从委托人的指示,除非紧急情况下,为避免给委托人造成更大损失,才允许高出或低于委托人的指示价格交易。而受托人在实施信托事务时,则因其作为信托财产所有人而拥有广泛的自由裁量权,除非委托人在信托文件中对此作了限制。⑦管理期限不同。信托一经设定,委托人原则上不得撤销;受托人也不得随意辞去职务。信托管理连续性的保障,使得信托适用于财产的中长期管理。而行纪关系虽经设定,但委托人可以随时予以取消,而且因任一当事人死亡或终止而归于消灭,故主要适用于短期的财物处理。

3.信托与债。债是依照合同的约定或者依照法律的规定,在当事人之间产生的特定权利和义务关系。依此界定,信托受托人和受益人之间的权利义务关系具有债的性质。因为受托人负有为受益人利益管理处分信托财产的义务,受益人则享有请求受托人支付信托利益的权利。但债不是信托。两者在理论上有着明显的区别。在信托法律关系中,受托人和受益人的权利、义务有着对人和对物的双重性质,而在债的法律关系中,债权人和债务人的权利义务只有单纯的对人的性质,因为债的关系并不像信托那样针对特定的财产,债权人仅对债务人有请求权,对债务人的特定财产并无财产上的利益,因而债务人不是债权人的受托人。但是,实务中有时要将两者加以区分则非常困难,这主要表现在某些情况下难以判明:是设立了信托,还是设立了债? 比如,A 向 B 提供一笔资金,双方约定:B 将运用该资金投资一年,并在年末向 A 返还本金以及因该投资所获利润的 50%。在这种情况下,就很难判明 B 是依信托持有资金而成为受托人,还是仅仅为 A 的债务人。在英美法上,解决特殊情形下是设立了信托还是设立了债这一问题的基本方法,是看当事人的意思表示,如果当事人约定,接受金钱的一方应为了另一方或第三人的利益而持有金钱,那么,成立的将是信托,因为此时已有实际上的信托财产。如果接受金钱的一方有权为了自己的利益而使用金钱,并仅仅负有在将来偿还相同数目的金钱的义务,那么,成立的只是一种债的关系。假定依当事人的意思表示,也不能加以确定,那么,应根据交易的性质以及当时的实际情况予以判明❶。

区分信托与债,在实务上具有重大意义,因为两者的法律效果完全不同。

(1)在破产时,财产取回权的行使不同。假定甲将一笔资金信托给乙,则使

---

❶ 转引自周小明:《信托制度比较法研究》,法律出版社 1996 年版,第 20—21 页。

乙成为受托人,如果乙破产时,因信托财产具有独立性,该笔资金不列入破产财产,那么甲具有取回权。但是,如果甲是将该笔资金借给乙,则甲和乙只是债权人和债务人的关系,当乙破产时,甲则无取回权,只能和乙的其他债权人一起在乙的破产财产范围内平等受偿。

(2)在财产追及权的行使方面不同。假定甲把一笔资金信托给乙,后来乙用这笔资金购买了其他财产,那么,甲可以从该财产中追索信托资金,即可以出卖该财产以取回信托资金。但是,如果甲只是把这笔资金借贷给乙,乙又用这笔资金购买了其他财产,那么,甲只能要求乙偿还相同数目的资金,而不能从追索该财产中实现债权。

(3)因该财产所获得的利益归属不同。如果甲将资金信托给乙,那么,乙管理该资金所获的利益不能归属于自己,而只是归属于受益人;如果甲只是将资金借给乙,那么,乙运用该资金所获的利益归属于自己,只是在债务到期时还本付息即可。

(4)风险的负担不同,如果甲是将某项财产或资产信托给乙,那么,只要乙尽了管理信托财产所需要的注意义务,就该财产的毁损、灭失或金钱损失不负责任,即由受益人负担此项风险。但是,如果甲和乙是债权人和债务人的关系,那么,乙对其从甲处接受的财产或资金所蒙受的损失就要负责,即使没有过失,债务人对债权人的责任也不因此减轻。

(四)信托的功能

从信托基本原理来看,信托是以财产转移为基础,当事人不得随意解除信托关系,信托目的实现之前也不能随意终止。因此,信托的管理结构非常稳定,特别适于长期的委托资产管理。而且,信托因分离信托财产的管理权和收益权,信托财产本身又具有独立性,使得信托在运用上极富弹性和广泛性。

从国内外信托制度的发展来看,信托有多种功能,但其最基本和最主要的功能主要有以下几个方面:

1.财产转移与财产管理功能。这是信托的最基本功能。信托通常在两种情况下采用:一种情况是,财产所有人希望将一部分财产转移给第三人享用(如他的子女),但考虑到某些因素(比如第三人未成年、缺乏理财能力等),又不愿立即直接将财产转移给该第三人。这时,财产所有人可将财产交付信托,通过受托人的中介设计,从而使第三人享受到与直接转移相同甚至更多的好处。这是典型的他益信托。另一种情况是,财产所有人希望特定的财产能增值,给自己带来更大的经济效益,但因自己或没有时间精力,或缺乏理财能力,从而将财产交付信托,借受托人的管理活动,以实现自己的意愿,这是典型的自益信托。

在这两类信托中,体现了信托的原始功能。

2.受益人利益的保全与保障功能。信托设立的主要目的固然是为了财产的保值、增值,但也可能主要目的是为特定人的生活保护或扶养,而防止财产的丧失或减少。如美国的消费信托与扶养信托、英国的保护信托等均属此类。

受益人通过信托,可受到更为实在的保障,而免却相应的责任。这亦是信托制度性功能的一大特色。一方面可免去受益人管理信托财产的责任;另一方面免去受益人对信托财产管理中所生风险负担的财产责任。因受托人是信托财产的名义所有人,故管理财产所生的契约责任、侵权责任等均由受托人负责,第三人最多只能追及到信托财产本身,而不能对受益人的财产主张任何权利。

3.融通资金的功能。信托作为现代金融的四大支柱之一,本身就赋有调剂资金余缺之功能,并作为信用中介筹集资金、调剂供求。由于在商品货币经济条件下,财产有相当一部分以货币资金形态存在,因此对这些信托财产的管理和运用就必然伴随着货币资金的融通。且信托融资相比信贷融资更具优势。因其既融资又融物,并能实现直接融资与间接融资、银行信用与商业信用的结合。

4.公益功能。信托可为捐款或资助社会公益事业的委托人服务,以实现其特定目的。随着经济的发展和社会文明程度的提高,越来越多的人热心于慈善、文化、学术、科研、教育、宗教等公益事业,并为促进公益事业的发展捐款或设立基金会,但他们一般对捐助或募集的资金缺乏管理经验,并且又希望所热心支持的公益事业能持续下去,故而采用了公益信托,由于公益信托一般并非重于信托财产的保全和增值,而重视信托财产的运用是否合乎其设立信托的独特目的,故而有别于传统的信托❶,是现代信托的一项重要功能。

(五)信托的类别

信托具有极大的灵活性和广泛的适用性,人们可以借助信托实现各种各样的目的。因此信托的类别多种多样,按照不同的标准,信托会有不同的分类。

1.民事信托和商业信托。依受托人是否专门经营信托业务,信托可以分为民事信托与商业信托。委托人为自己或他人的利益,委托专门经营信托业务的商业机构为受托人从事商业活动而设立的信托,是营业信托,我国《信托法》称为商业信托。委托人为自己或他人的利益,委托自然人为受托人,从事一般民事活动而设立的信托,是民事信托,也可以称为非营业信托。

就信托的管理而言,民事信托与商业信托的区分具有十分重要的意义。对

---

❶ 霍玉芬:《信托法要论》,中国政法大学出版社 2003 年版,第 55 页。

于商业信托,除适用信托法的一般规定和信托法原理外,各国还专门制定相关的法律予以规范,并设立专门机构加强监管。

2.私益信托和公益信托。依信托目的是为特定受益人的利益还是为了不特定社会公众的利益,信托可以区分为私益信托与公益信托。从信托目的来看,公益信托与私益信托的区分是信托最重要的分类,有的国家甚至分别制订相关法律来调整。

私益信托是指为某个或某些特定个人利益而设立的信托。在设立信托时,享受信托利益的受益人是确定或可以确定的。私益信托又可以进一步区分为自益信托和他益信托。委托人以自己为唯一受益人而设立的信托,即自益信托。委托人以他人为受益人而设立的信托,属于他益信托。

公益信托是指为整个社会或社会公众中的一部分人的利益而设立的信托。公益信托是为了社会的公共利益,不是为了特定个人的利益。其基本特征是,受益人是不特定的社会公众。在许多国家,设立公益信托可以享受税收优惠,同时必须取得公益事业管理机构或税务机关的许可或承认。

3.意定信托、法定信托与推定信托。按照信托是否依据当事人的意愿而设立,信托可分为意定信托、法定信托、推定信托。

依信托当事人的意思表示而设立的信托,是意定信托,亦称设定信托。法定信托是指依法律规定在某种情况下应当成立的信托。推定信托是指在某些情况下,法院推定存在信托关系,并要求当事人作为推定受托人而承担责任。在法律上,大陆法系只承认意定信托和法定信托,不承认推定信托。

4.个别信托与集团信托。依同一信托委托人的人数多少,信托可以分为个别信托与集团信托。这种分类主要适用于大陆法系国家。

个别委托人与受托人签订合同而设立的信托,是个别信托。个别信托的信托财产由受托人按照合同进行个别管理。由一定数量不特定人数的委托人,按照格式化的信托合同,分别将数额不等的金钱委托给同一受托人进行统一管理和运用而设立的信托,称为集团信托,如证券投资基金信托等。

二、信托法的基本问题

(一)信托法的概念

信托法是指调整信托关系的法律规范的总称。信托关系是指当事人之间在设立、变更和终止信托过程中所形成的各类经济关系。

信托法有广义和狭义之分。广义的信托法包括所有调整信托关系和信托业组织管理关系的法律规范的总称。在表现形式上,它泛指凡规定有关信托和信托业方面内容的法律、行政法规、地方性法规、自治条例、规章、司法解释和国家签订或加入的国际条例等规范性法律文件等成文法和不成文法的总称。狭义上的信托法,仅指调整信托关系的法律规范的总称,不包括信托业组织管理关系的那部分法律规范。狭义信托法的表现形式就是信托法典或法律。在我国即指 2001 年 4 月 28 日通过的《信托法》,本章所涉及的内容主要指狭义信托法。

(二)信托法的内容体系

大陆法系国家的信托立法在立法体例上一般由三大部分组成,即信托基本法、信托业法和信托特别法。

1.信托基本法是指规范和调整信托基本关系的法律规范,其内容包括:信托当事人的资格条件及各自的权利义务,信托财产及其种类范围,信托关系的设立、变更和终止,信托的无效等内容。

2.信托业法是指规范信托机构及其业务的法律规范,其内容包括:信托机构的性质、组织形式及法律地位,信托机构的设立、变更和终止,信托机构的业务范围、经营规则及监督管理等。

3.信托特别法是对特定的信托事务和特定的信托规则的立法,其内容并无普遍性,立法形式也多采用单行法的形式。

除了上述信托法的基本内容体系之外,还应制定一整套完善的配套性法规,主要包括信托税收制度、信托登记制度、信托财务会计制度、信托监管制度等。

(三)我国《信托法》及适用范围

我国《信托法》草案是由全国人大财经委员会于 1993 年 8 月开始组织起草的。1996 年 12 月提交八届全国人大常委会第二十三次会议初审,当时的《信托法》草案将基本信托关系与信托业合并立法,为统一的《信托法》。2000 年 7 月九届全国人大常委会第十六次会议对《信托法》进行第二次审议时,最终删除了有关信托业的规定。2001 年 4 月 28 日,九届全国人大常委会第二十一次会议审议通过了《信托法》,自 2001 年 10 月 1 日起施行。

《信托法》分 7 章 74 条。内容包括总则、信托的设立、信托财产、信托当事人、信托的变更与终止、公益信托和附则等。我国《信托法》是信托基本原理的一般性规定,规范的是所有的信托活动,属信托基本法。信托法是制定信托业法、信托特别法等相关法律、法规的基础和依据。

信托法的适用范围,是指信托法律规范在什么时间,什么空间以及对何种主体发生法律效力,故也称为信托法的效力范围。我国《信托法》在时间上的效力范围体现在第 74 条的规定,我国《信托法》的生效时间为 2001 年 10 月 1 日,且信托法不具有溯及力。在空间上的效力范围为域内效力,体现在《信托法》第 3 条的规定:委托人、受托人、受益人(以下统称信托当事人)在中华人民共和国境内进行民事、营业、公益信托活动,适用本法。《信托法》对人的效力范围也主要体现在第 3 条。该条规定明确了信托法律规范对于进行信托活动的委托人、受托人、受益人具有法律效力。《信托法》第 19、24 条和 43 条分别对委托人、受托人和受益人的范围进一步明确,即除法律、行政法规另有特别规定者外,对在中国境内进行民事、营业、公益信托活动的自然人、法人及依法成立的其他组织均具有法律效力。

(四)我国《信托法》确立的基本原则

借鉴发达国家的立法经验,结合我国实际情况,我国《信托法》确立了以下基本原则:

1.信托财产上的权利与利益分离原则。这是信托制度的首要原则。其含义是指委托人用其合法所有的财产设立信托后,这笔财产就成为信托财产。在法律上,它不再属于委托人所有,也不属于受益人,而是被置于受托人名下。受托人根据法律和信托文件,享有信托财产上的财产权,有权以自己的名义管理、运用和处分信托财产。而信托所产生的利益归受益人享有,受托人不得利用信托财产为自己谋利,委托人也不再享有信托收益。我国《信托法》遵循这一基本原则,但在《信托法》中没有明确规定信托财产的所有权或者财产权属于受托人,而只规定将信托财产的经营管理权利交给受托人。以期兼顾受托人对信托财产的支配权和保障受益人对信托财产收益的请求权。

2.信托财产独立原则。这是《信托法》里的一个重要基本原则。它是指:信托一经有效成立,信托财产便从委托人、受托人以及受益人的自有财产中分离出来,信托财产不属于其固有财产,不同于其遗产或清算财产,仅服务于信托目的,其继承人或债权人无权追及信托财产,在信托存续期间,受益人只能依法享有信托利益,信托财产也不属于其自有财产。

3.信托公示原则。《信托法》规定了信托登记制度,即通过登记的办法向社会公开信托事实。设立信托登记制度主要是由于信托财产具有独立性,信托关系的效力对第三人利益的影响极大。如果不以一定的方法公开信托事实,第三人则可能因为不知某项财产已成为信托财产而遭受意外损害。为保障交易安全,信托财产及信托关系等信息应当以一定的方式向社会披露。

4.信托合法性原则。信托法有一个很重要的精神,就是强调信托的合法性。确定信托行为的合法性应着眼于信托目的、信托财产、信托当事人等方面。

首先,信托的设立必须有合法的目的。其次信托财产必须合法、确定,财产或财产权利应当是委托人合法拥有的,且不能违反法律、行政法规对财产流通的限制性规定。再次,从事信托活动的当事人应当具有相应的权利能力和行为能力。

5.有限责任原则。在信托关系中,受托人承担向受益人支付信托利益的义务,仅以信托财产为限,因处理信托事务所发生的债务,以信托财产承担。只有当受托人违背管理职责或者处理信托事务不当致使信托财产损失或对第三人负债时,才以自有财产承担责任。委托人和受益人同样仅以信托财产为限对因处理信托事务所发生的债务负有限清偿责任。

6.受益人保护原则。委托人设立信托和受托人受托管理或处分信托财产均以受益人利益或特定目的为核心,而且,信托关系生效后,委托人和受益人对信托财产就失去了直接控制。因此,保护受益人利益就显得极为重要,受益人保护也就成为信托法的一项基本原则。我国《信托法》赋予了委托人和受益人调整信托财产的管理方法、监督受托人信托活动的广泛权利,规定了信息披露制度。受托人管理处理信托事务不当造成损失的补偿或赔偿制度,营业信托的专业素质制度等,以充分保护受益人的权益。

7.信托管理连续性原则。信托是一种具有长期性和稳定性的财产管理制度。在信托关系中,信托财产的运作一般不受信托当事人经营状况和债权债务关系的影响,具有独立的法律地位,受托人有权根据信托文件的规定自主处理信托事务;已成立的信托,不因受托人的缺位或者更迭而影响其存续。信托设立后,信托关系不因受托人死亡、解散、破产,丧失行为能力、辞职、解职或其他不得已事由而消灭,可由信托文件指定的任命人任命新的受托人或者由利害关系人申请法院选任新的受托人继续执行信托事务。这些制度设计为受托人长期管理和运用信托财产,为委托人实现转移和管理财产的长期安排,都提供了制度上的保障。

【资料与应用】 从 Lister & Co. v. Stubbs(1890)及 Attorney—General for Hong Kong v. Reid(1993)看信托法律制度及其本质

在 Lister & Co. v. Stubbs(1890)一案中,原告是一家纺织公司,被告是该纺织公司的一位负责公司原材料采购的高级雇员。该高级雇员在代表纺织公司进行采购工作时,接受了原材料销售企业的大笔贿赂,将所得款项占为己有并用于投资土地和股票。原告纺织公司以被告是原告纺织公司的受托人为由,请求法院发布禁止令,禁止被告处理所收受的贿赂资产及以此进行的投资,要求追踪这些投资。该案的主审法官认为,该案中涉及的投资是原材料销售企业而不是原告纺织公司的钱,因此原告纺织公司认为被告是原告纺织公司受托人的理由不能成立,原告与被告之间的关系应适用债权债务关系。英国是判例法国家,这个1890年的英国判例,长期指导类似案件的处理。然而在1993年这个案例却被另外一个案例 Attorney—General for Hong Kong v. Reid(1993)推翻了。该案的被告违反了作为香港公务员的受托人的义务而接受贿赂,并用所收受的贿赂在新西兰购买了房屋,原告代表香港政府要求追回这些房屋。枢密院的判决指出,1890年的判决,违背了"受托人不得从自己违反职责中得到好处"的原则。受托人一旦接受了贿赂,从接收之时起就负有报账说明的义务,而且,衡平法将应做之事看成是已做之事,因此,贿赂以及在不同时间里代表贿赂的其他财产,都应当纳入以受害者为受益人的推定信托。而且,受损害人收回的财产的价值如果低于贿赂的价值,那么受托人仍然应当对不足的部分承担个人责任。枢密院没有强调代理人与受托人的区别,而在债权债务的救济上,增加了一种推定信托的救济。

在第一个判例中,上诉法院对信托和代理作了区分,认为在当事人之间产生的只是债权债务关系,因此被告只需向原告偿还贿赂的资金,而对于产生的收益不负有给予的义务。在第二个判例中,枢密院模糊了信托与代理之间的区别,而在当事人之间给予了推定信托的救济。所谓推定信托是依法院的判决,而不是基于当事人的意愿产生的信托。

第二节 信托的设立、变更与终止

一、信托的设立及效力

信托的设立,是指特定当事人之间确立信托关系的法律行为。由于信托法律制度的起源和法律传统的差别,英美法与大陆法对设立信托的要求存在较大差异。概括而言,英美法传统上对设立信托采取宽容态度,只要委托人有确定的设立信托的意图,并转移财产,即可有效地设立信托。大陆法系对设立信托较为严格,通常只允许以合同、遗嘱或者其他书面文件的形式设立信托,以不动产、有价证券和特殊动产设立信托的,还需要进行信托登记。

（一）设立信托的条件

设立一项有效的信托必须具备一定的条件。各国对设立信托的要求基本相同。英美学者将设立信托的基本条件概括为"三个确定性",即委托人意图的确定性,信托财产的确定性和受益对象的确定性。大陆法系的信托法也提出了类似的要求,除此之外,我国《信托法》还明确规定,信托目的必须合法。

1.有委托人设立信托的确定的、真实的意思表示。首先委托人必须有设立信托的意思表示,表示的形式可以是书面的、口头的甚至是行为。除非有法定的或约定的形式。我国《信托法》要求设立信托应当采取书面形式。此外,是否出于委托人的真实意愿,也是意思表示方面的基本要求。

2.具有明确的、合法的主体。信托的当事人包括委托人、受托人和受益人。要求信托关系的设立者,委托人和受托人具有法律认可的行为能力。尽管参与信托设立的只有委托人和受托人,但委托人设立信托是为了受益人的利益,受益人不明确,受托人就不知向谁履行义务,就无法实施信托。就受益人的确定性来说,主要针对的是私益信托,包含受益人或受益人范围的确定性和受益人信托利益的确定性。仅有受益人范围时,各受益人享有的利益适用衡平法的格言"均等即公平",我国《信托法》也明确引入了英美法的这一规则,第45条规定:信托文件对信托利益的分配比例或分配方法未作规定的,各受益人按照均等的比例享有信托利益。

3.具有确定的、合法的信托财产。确定的信托财产是指信托财产必须是客观存在,并能够确定其种类、范围的,一般应当能以金钱计算其价值。可以是有形财产和无形财产以及财产权利。期待实现的财产不能成为信托财产,英美信托法允许委托人以或有财产权益(或称将来权益)设立信托。例如,委托人以自己将来可能获得的遗产作为信托财产设立信托,亦属有效。因为这种权利的存在是确定的,只是取得的时间在将来。但在大陆法系,信托财产必须是确定且现实存在的。期待权益,或有权益等并非现实存在的财产,不能作为信托财产。

信托财产的合法性要求具体体现在:①委托人用于设立信托的财产应当是合法取得并占有的财产。委托人对该财产享有所有权,其他人对该财产不得主张权利。委托人以非法手段取得的财产设立信托,应属无效。②设立信托的财产应当是可以作为信托财产的财产或财产权,不能是身份权、名誉权、姓名权等人身权利。③用于设立信托的财产不得是法律禁止委托人处分的财产。如委托人及其家庭的生活必需品等不能强制执行的财产。④用于设立信托的财产必须是法律允许自由流通的财产。

4.具有明确的、合法的信托目的。信托的目的具有多样性,是信托具有高度灵活性和广泛适用性的基础,美国信托法专家 Scott 甚至指出,创设信托所要实现的目的,与法学家们的想象力一样是无限的。但就某项信托而言,目的必须是明确或能确定的,否则受托人无法实施信托,信托自不能成立。而且,进一步说,信托目的还必须合法,信托目的违法的,信托也不能成立。各国法律都要求设立信托必须有合法的目的,大陆法系的信托法明确规定:信托目的违反法律规定或者违反良俗公序的,信托无效。我国《信托法》第 11 条也作了相应规定:信托目的违反法律、行政法规或者损害社会公共利益的信托无效。

(二)设立信托的形式

1.设立信托的形式。以何种形式设立信托,除我国以外,各国信托法大多以不要式为原则,以要式为例外。即原则上不需要采取书面形式,但特殊的情况下必须采取书面形式。一般而言,设立信托的形式主要有合同、遗嘱和信托宣言❶。

英美法没有具体规定设立信托的形式,委托人可以通过遗嘱、契据、口头或书面合同、行为等方式设立信托。但多数情况下,当事人都以书面形式设立信托,对特殊性信托,法律上也要求采用书面形式。如《1989 年财产法》要求涉及土地权益的信托必须采取书面形式。

大陆法系信托法普遍承认以合同(含书面和口头形式)、遗嘱等形式设立信托,只不过对设定特定信托的形式作了限制。例如,以依法应当办理登记、注册的财产设立信托的,以及设立特定的商事信托和公益信托,都必须采取书面形式。

我国对设立信托采取要式主义。《信托法》第 8 条规定,设立信找应当采取书面形式,书面形式包括信托合同、遗嘱或者法律、行政法规规定的其他书面文件,这里的"其他书面文件",主要是指有关法律、行政法规规定的书面形式,例如,设立公益信托,须经有关主要机构批准,设立信托的文件必须采取书面形式,载明规定内容。书面形式的表现形式可以是文字或数据电文。采用信托合同形式设立信托的,信托合同签订时,信托成立。采取其他书面形式设立信托的,受托人承诺信托时,信托成立。

2.信托文件的内容。我国的信托设立采用要式主义,为避免和减少可能产生的纠纷,除明确信托文件的法定基本内容,我国《信托法》第 9 条规定了信托文件必须具备的条款和当事人可以自主决定载明的内容。

(1)信托文件的必备条款。下列内容是法定记载内容,缺一不可,否则信托不能有效成立。

---

❶ 信托宣言:是委托人通过对外宣言自己担任一定财产的受托人而设立的信托。因信托财产继续由委托人持有和管理,宣言信托不需要转移信托财产。大陆法系信托法普遍不承认宣言信托。

1)信托目的。信托目的是信托文件的最重要条款,其他条款如与信托目的不一致,应当服从信托目的,信托目的可以是特定的具体目的,如某个子女的教育或扶养,也可以是概括目的,如残疾人福利,但都必须是明确的,且必须合法。

2)委托人、受托人的姓名或名称、住所。委托人、受托人是信托关系的主要当事人,也是创设承受信托的人。他们的基本情况应载明于信托文件,以便于确认其是否具备信托的法定资格,便于信托的实施和受益人的监督,发生争议时也便于确定有管辖权的人民法院。

3)受益人或受益人范围。受益人是依信托关系而享受信托财产收益的人,其不从事信托财产的管理与处分,因而不要求其必须具备行为能力,所以无行为能力人和限制行为能力人均可为受益人。各国信托法对于受益人的资格都没有限制,只是要求受益人或者其范围必须明确确定。如公益信托中,受益人虽不特定,但设立信托时信托文件中仍应明确受益人范围。

4)信托财产的范围、种类及状况。信托财产必须确定、合法,否则设立信托就缺乏物质基础。信托财产的确定性,关键是确定信托财产的范围,以便与委托人、受托人的自有财产相区别,便于受托人准确地管理、运用和处分信托财产,受益人才能对信托财产的管理、处分加以监督。明确了信托财产的范围,信托财产的种类和状况就容易确定了。

5)受益人取得信托利益的形式、方法。取得信托利益是受益人享有的受益权的主要内容,也是受益人的基本权利,委托人应当明确受益人以何种方式、方法获得信托利益,作为受托人支付信托利益的行为标准。具体方式可以是规定一次性或分期支付,或附条件支付等。只要是在信托文件中确定即可,以便切实保障受益人的权利。

以上要求主要适用于设立信托的一般情形,对设立商业信托,公益信托等特殊信托,其他相关法律可能要求信托文件包含其他条款。

(2)信托文件的任意性条款。任意性条款不具有强制力,仅供当事人根据自身需要自由选择采用。未在信托文件中规定的,不影响信托的成立和生效,但一旦在信托文件中记载了,即发生法律效力,当事人应遵循其规定,这类条款主要包括:

1)信托期限。各国信托法对信托期限一般没有明确限制。通常信托期限由委托人自主决定,或委托人与受托人协议确定,甚至可以是无限期的。除非法律有特别规定。

2)信托财产的管理方法。信托财产的管理方法可以由委托人确定,或是提出一些指导性原则,或是加以适当限制。也可以不加确定,而由受托人根据信托财产的性质和承担风险能力、受益人的需要等自主决定。即使事先确定,也是可以根据情势的变化而变更的。依英美、日韩等的信托法,由受益人申请法院批准变更,依我国信托法,委托人、受益人有权直接要求受托人变更。

3)受托人的报酬。在信托发展早期,受托人一直以不收取报酬为原则,以收取报酬为例外。随着信托发展尤其是商业信托的普及,已变成受托人以收取报酬为原则,以不收取报酬为例外。商业信托的信托文件通常都写明受托人取得报酬的数额或比例,支付的时间和方式等。信托文件不规定的,应当允许当事人自行决定或作出补充约定。

4)新受托人的选任方式。根据各国信托法通例,需选任新受托人时,信托文件有规定的依规定,信托文件未规定的则依信托法规定的方式选任。按英美法,可由在任的受托人指定,或由受托人、受益人申请法院选任;按大陆法由受益人申请法院选任,或直接由委托人、受益人选任。

5)信托终止事由。信托的终止除因法定情形终止外,也可因信托文件规定的事由终止。委托人可以根据自己的意愿或受托人、受益人的情况,确定信托终止的特殊事由。一旦信托文件规定的终止事由发生,信托即行终止。

(三)信托的登记公示

信托登记制度是由信托财产独立性决定的。为了将信托财产与委托人、受托人以及受益人的财产相区分,确定信托财产已经转由受托人所控制,为保护受益人的权益,也为了保护善意第三人利益和交易安全,需要对信托财产进行登记公示。

我国《信托法》第10条规定:"设立信托,对于信托财产,有关法律、行政法规规定应当办理登记手续的,应当依法办理信托登记","未按照前款规定办理信托登记的,应当补办登记手续;不补办的,该信托不产生效力。"这就确立了我国的信托登记制度。

1.信托财产登记的范围和机构。我国信托法并不要求所有的信托都必须进行登记才生效,而是根据财产转移是否需要登记为标准,确定信托的登记。目前,我国属于法定登记的财产主要有土地、房屋、机动车辆、船舶、航空器、机器设备、林木等,以这类财产进行信托的,应在土地管理部门、房地产管理部门、交通运输工具管理部门和林业部门等办理登记手续,并注明该财产为"信托财产",此外,以有价证券进行信托的,应在证券登记机构进行登记,并在证券上载明为信托财产。

2.信托登记的效力。各国对信托登记及其效力的规定主要包括三类:一种是无需登记,如瑞士;一种是不登记不得对抗第三人,未进行信托登记的,不影响信托的有效成立,如日本、韩国等;还有一种是不登记则信托不生效,这是我国部分信托有效成立的要件。

信托财产一经登记,即产生以下几个法律后果:

(1)信托财产的有效转移的效力。信托财产经登记,有效地变更到受托人名下,即从法律上确认受托人作为信托财产所有人。只不过信托财产在法律上虽属受托人所有,但财产的利益归受益人,这是与一般财产转移的不同之处。

(2)信托财产的公示效力。信托财产经登记后,即产生公信力,不仅表明该财产的所有人或持有人是受托人,而且指明该财产属于信托财产,其他任何人,除依信托法的特别规定,不得对信托财产主张权利。同时,信托登记公示,一方面可以保护善意第三人利益,因公示目的是让第三人了解受托人用于交易的财产是否属于信托财产,受托人的处分是否违反信托目的,以保护自身利益。另一方面,也是为了保护受益人的利益,因信托登记公示可产生对抗第三人的效力。当受托人违反信托目的处分信托财产时,受益人有权撤销受托人的处分,就该信托财产与受托人进行交易的第三人不能对抗受益人的撤销权,即第三人不能取得信托财产。

(3)赋予信托行为法律效力。在我国,信托登记是部分信托有效成立的要件之一。即要求登记而未经登记的,信托不产生效力。不过,为了缓和登记才生效的过于严厉和僵化,对应登记而未登记的情形规定了一项补救措施,即可以通过补办登记而使信托生效。

(四)信托的无效

信托无效,是指信托自始当然不产生法律效力。各国信托法关于无效信托的规定基本相同。无效信托的财产处理原则一般为恢复原状或按委托人意愿处理。

根据我国《信托法》第 11 条的规定,无效信托的情形主要有以下几种:

1.信托目的违反法律、行政法规或者损害社会公共利益。由于信托起源时法律对财产的自由合法的转移设立了各种各样不合理的限制,随着限制财产自由转移的法律制度本身发生了改变,也随着法制的健全和法治的普及,各国普遍强调,设立信托不得违背法律规定和社会良俗公序,否则信托无效。

2.信托财产不确定,不合法。信托财产是信托法律关系的客体。信托财产不确定,受益人的信托利益也不能确定,信托财产就难与委托人、受托人、受益人的自有财产相区别,当事人的权利义务也就不明确,信托的目的也就无从实现。

委托人设立信托,是一种财产处分行为,因而设立信托时,财产应属委托人合法所有。委托人非法取得的财产以及依法不属于委托人的财产,委托人无权以该财产设立信托。法律、行政法规禁止流通的财产,不得作为信托财产。法律、行政法规限制流通的财产,须有关主管部门批准才能作为信托财产。

3.受益人或者受益人范围不能确定。信托是为受益人的利益而设立的,设立信托如果没有确定的或可以确定的受益人,信托受益权的归属无法落实,信托的设立也就失去了意义。因此,无论英美法系国家还是大陆法系国家的信托法,都要求信托的设立必须有确定的或者可以确定的受益对象,否则信托无效。在我国,如果私益信托中不能确定受益人,或者公益信托中的受益人范围不确定,信托亦无效。

4.专以诉讼或者讨债为目的设立信托。各国法律普遍不承认诉讼信托的有效性。主要理由是为了避免滥诉,特别是防止非律师人员以助诉揽讼为生,介入他人之间涉及法律的纠纷,以谋取不正当利益。而且信托被普遍认为是一种特殊的财产管理方式,而不是一般的权利行使方式,受托代理他人诉讼以实现他人诉讼权利的行为,不应属于通常意义上的财产管理活动。按照我国台湾地区学者的观点,诉讼信托之所以为无效信托,其法理依据为:诉讼信托"不仅会破坏诉讼制度的目的,同时亦有违信托制度的目的,而为一般社会通念所不许"。❶

我国信托法禁止的是专以诉讼或讨债为目的设立信托,如果信托目的是为了对信托财产进行管理和处分,受托人为了实现信托目的而进行诉讼或讨债行为,应属合法有效。

5.法律、法规规定的其他无效信托。这是一个弹性规定。一方面包括现有法律、法规中规定的其他导致信托无效的情形,如行为人不具有相应行为能力所实施的信托行为;信托行为人因胁迫、欺诈或误解等而设立信托,并非行为人的真实意思表示;恶意串通,损害国家、集体、第三人利益的信托行为等均属无效。另一方面又为将来制定的法律、法规之间的衔接和协调留有余地,以保持法律规范的稳定性。

(五)信托的撤销

为了防止委托人利用设立信托转移财产,逃避债务,损害其债权人的合法权益,各国都间接或直接规定了可以撤销这类信托。我国《信托法》第12条第1款规定:委托人设立信托损害债权人利益的,债权人有权申请人民法院撤销该信托。

1.债权人的撤销权的行使条件。①委托人设立信托前,其债权人的债权已

---

❶ 赖源河、王志诚:《现代信托法论》,中国政法大学出版社2002年版,第65页。

然合法有效存在;②委托人的行为损害了债权人的利益,即指委托人的信托行为足以减少其一般财产而使债权不能完全受清偿;③必须依照一定的法定程序进行,由法院作出撤销信托的判决,才能发生撤销的效果;④应在一定期限内行使,按我国规定为除斥期间。《信托法》第 12 条第 3 款规定,债权人的撤销权,自债权人知道或者应当知道撤销原因之日起一年内不行使的,归于消灭。

需要指出的是债权人的撤销权系附属于债权人债权的一项实体权利,它依附于债权而存在,不能与债权相分离而单独进行处分。债权转让,撤销权随之转让,债权消失,撤销权亦随之消灭。

2.债权人撤销权的效力。债权人撤销权的行使,其效力依判决的确定而产生,并对委托人、受托人、受益人及债权人均产生效力。而且可以发生溯及既往的结果,即信托自始无效。具体而言,其效力表现为四个方面❶:①对委托人的效力。委托人系撤销权诉讼中的债务人,委托人的信托行为一旦被撤销,则该行为自始无效。如果委托人已与受托人达成信托合同尚未交付信托财产,则该信托合同因被撤销而自始无效。如果已经交付信托财产,则应根据受益人是否善意等因素决定是否应返还财产以及信托利益。此外,债权人行使撤销权的费用应由委托人(债务人)负担。②对受托人的效力。受托人作为接受委托,对信托财产进行管理和处分的当事人,在信托被撤销后,如果财产已为受托人占有、使用和管理,则其应向委托人返还其财产和收益,如果原物不能返还,则应折价偿还。债权人行使撤销权的费用,由债务人负担,受托人有过错的,应当适当分担。③对于受益人的效力。信托被撤销后,受益人只有在善意时,才可以对已经取得的信托利益不予返还,否则,应当向委托人返还其已经取得的信托利益。受益人不应保留已经取得的信托利益的情形通常有:受益人明知或应知委托人设立信托是为了逃避债务;受益人取得信托利益尚未届清偿期等。④对于债权人的效力。债权人就行使撤销权的结果无优先受偿的权利。撤销权的行使,其效力及于全体债权人。由受托人和受益人返还的信托财产和信托收益为债务人的所有债权的一般担保,因此行使撤销权的债权人不得从行使撤销权的结果中优先受偿。

二、信托的变更与解除

(一)信托的变更

信托的变更,是指因出现了法定情形或者约定情形而对信托当事人或者信

---

❶ 徐孟洲:《信托法学》,中国金融出版社 2004 年版,第 85 页。

托内容进行变更的行为。信托关系一经设立,即具有法律效力,一般不得随意变更。我国《信托法》第5条第1款规定,有下列情形的,委托人可以变更受益人或者处分受益人的信托收益权:①受益人对委托人有重大侵权行为;②受益人对其他共同受益人有重大侵权行为;③经受益人同意;④信托文件规定的其他情形。

此外,依信托文件规定或法定,委托人和受益人还可在受托人不能或没有尽责时,解任受托人,选任新受托人和要求受托人调整信托财产管理方法等。对于公益信托,我国《信托法》第69条规定,公益信托成立后,发生设立信托时不能预见的情形,公益事业管理机构可以据信托目的,变更信托文件中的有关条款。

(二)信托的解除

信托的解除,是指信托当事人基于法律或信托文件的规定行使解除权,使已生效的信托关系归于消灭的行为。

1.自益信托的解除。除信托文件另有规定的外,委托人是唯一受益人的,委托人或者其继承人可以解除信托。信托文件另有规定的从其规定。通常这种解除不会损害其他信托当事人的利益,故不必征得受托人同意,也不需要其他理由。

2.他益信托的解除。委托人可以解除信托的情形包括:①受益人对委托人有重大侵权行为;②经受益人同意;③信托文件规定的其他情形。

三、信托的终止

信托的终止,是指已经有效成立的信托,根据双方的约定或者法律的规定而丧失法律效力。

(一)信托终止的条件

我国《信托法》第53条规定,有下列情形之一的,信托终止:①信托文件规定的终止事由发生;②信托的存续违反信托目的;③信托目的已经实现或不能实现;④信托当事人协商同意;⑤信托被撤销;⑥信托被解除。

(二)信托终止的法律后果

信托终止的法律后果,一般来说,只能对将来产生法律效力,不具有溯及既往的效力。

1.信托财产归属的确定。我国《信托法》第54条规定:信托终止的,信托财产归属于信托文件规定的人;信托文件未规定的,按下列顺序确定归属:①受益人或者其继承人;②委托人或者其继承人。

2.信托财产的归属确定后,在该信托财产转移给权利归属人的过程中,信托视为存续,权利归属人视为受益人。

3.信托终止后,人民法院依法对原信托财产进行强制执行的,以权利归属人为被执行人。

4.信托终止后,受托人依法行使请求给付报酬、从信托财产中获得补偿的权利时,可以留置信托财产或者向信托财产的权利归属人提出请求。

5.信托终止的,受托人应当作出处理信托事务的清算报告。受益人或者信托财产的权利归属人对清算报告无异议的,受托人就清算报告所列事项解除责任。但受托人有不正当行为的除外。如受托人在清算报告中采取虚假陈述,与他人恶意串通等不正当行为,以减少信托托财产的价值或者增加信托财产上的债务,编造虚假清算报告的受托人的责任则不能免除。

(三)信托不得终止的法定情形

除信托法或者信托文件另有规定的外,信托不得因委托人或者受托人的死亡、丧失民事行为能力、依法解散、被依法撤销或者被宣告破产而终止,也不因受托人的辞任而终止。这是信托财产管理连续性原则的体现。

【资料与应用】 **1.信托财产的确定性**❶

一对夫妻无子女,妻子临终前留下遗嘱,在遗嘱中指示遗嘱执行人(即受托人)将自己所有的300英镑留给丈夫,归他一人使用,同时要求:丈夫去世后,他自己生活不需要的剩余部分,在妻子的兄弟姐妹之间平均分配。妻子将300英镑交给受托人后不久去世,丈夫要求受托人将300英镑付给他,却遭到拒绝。丈夫于是起诉到法院,要求法院确认该项信托的有效性。

此案是英国的一个典型案例,结果被判定为不构成信托。原因就在于信托财产不确定,因为遗嘱中的信托财产是"生活不需要的剩余部分",无法确定财产的数量。

2.信托目的的合法性❷

某人将他的大部分遗产设立一项信托,以他的两个孙子为受益人,同时在遗嘱中宣布:如果两个孙子或者其中之一与他们的父亲一起生活或继续生活在一起,或者,在他们父亲的监护或控制之下,或者,以其他任何方式直接受到他们父亲的控制,那么他们在信托项下享有的权益将被没收。受托人请求法院确认,此项信托是否有效。

该项信托应被确立无效。根据法律的规定,父母对未成年子女有抚养、保

---

❶ 何宝玉:《英国信托法原理与判例》,法律出版社2001年版,第71页。

❷ 刘亚天主编:《金融法案例教程》,知识产权出版社2002年版,第261—264页。

护和教育的权利和义务,子女对父母有赡养的义务。该案中某人设定这项信托的直接目的就是要阻挠两个孙子的父亲履行他作为父亲的权利和责任,同时剥夺其孙子接受抚养的权利。故当属信托目的不合法的无效信托。

第三节
信托财产

一、信托财产的含义

所谓信托财产是指受托人因承诺信托而取得的财产,以及因管理、运用、处分或者其他情形而取得的财产。通常我们也将前者称为信托财产,而将后者称为信托收益,信托财产和信托收益是广义的信托财产。

二、信托财产的特征

1.应是可以用金钱计算价值的财产或财产权利。财产如动产、不动产、股票、债券和其他有价证券、现金等。财产权利如著作权、商标权、专利权等。

2.应当是委托人可以处分、转让的财产。

(1)必须为委托人合法所有。否则无权将财产转移给受托人,或为其他处分而设立信托。

(2)必须是委托人可自由处置的财产。①必须能为受托人管理和处分。要求信托财产标的物具有独立性。如债权与债权的抵押权应一并转移给受托人,如果债权人只将抵押权设定信托,则无效,因为抵押权具有从属性质,不能单独作为信托财产。②应当是委托人有权处置的财产。法律禁止强制执行的财产,不得作为信托财产。如维持委托人及其家庭生活所必需的财产。③必须是可流通的财产。法律禁止流通的财产,不得作为信托财产,法律限制流通的财产,需经有关主管部门批准,方可作为信托财产。

3.必须确定且现实存在。大陆法系要求,信托财产应当是确定的,现实存在的财产或财产权,期待利益及或然利益不能作为信托财产。英美法系只要求信托财产是确定或可以确定的,因而允许委托人以将来取得的财产设立信托。

三、信托财产的性质

(一)信托财产的所有权归属

英美法系区分信托财产的法定所有权与衡平法所有权。受托人享有信托财产的法定所有权,受益人享有衡平法所有权。大陆法系遵循"一物一权"原则,故而该问题上观点不尽相同。一种认为,信托成立后,信托财产所有权由委托人转移给受托人,受托人是新的所有权人;一种认为受托人享有信托财产的名义所有权,受益人享有实质所有权,还有的认为,信托成立后,信托财产的所有权可以属受托人,也可能仍属委托人,因信托的实质是受人之托、代人理财。委托人是否将财产所有权转移给受托人,应由委托人决定等❶。

(二)信托财产的物上代位性

信托财产的物上代位性,是指信托财产在信托存续期间,无论形态和价值发生怎样的变化,均不影响信托财产的法律性质。

受托人在实施信托的过程中,因管理、运用、处分信托财产,或者信托财产灭失、损毁等原因,原始信托财产实物上很可能已不存在,而是先后转化为各种不同形态,分别具有不同的价值,但不管形态、价值如何变化,由此产生的代位物,均应属于信托财产。例如委托人向受托人委托了房屋,受托人依信托目的卖给了别人,买主没有立即付款,而是给了汇票,后受托人又用此汇票贴现取得现金,后来又用现金购买了债券。这样信托财产从最初的不动产转变为债权,依次又分别转变为金钱、有价证券而变换了多种形式。这种物的代位并不影响信托财产的性质,不影响信托关系人的权利义务。

(三)信托财产的独立性

所谓信托财产的独立性,又称信托财产的闭锁效应,是指信托财产一经有效设立,信托财产即从委托人、受托人和受益人的固有财产中分离出来而成为一项独立财产,并不为委托人、受托人和受益人的债权人追索。信托财产的独立性,使得信托设计对保存财产的世代传承极具吸引力。有利于实现委托人的中长期规划功能。信托财产的独立性表现在以下几个方面:

1.信托财产独立于委托人未设立信托的财产。委托人将财产委托受托人管理和处分,已无权支配该财产,从而信托财产独立于委托人的自有财产。故设立信托后,委托人死亡或依法解散、被依法撤销、被宣告破产时,委托人是唯一受益人的,信托终止,信托财产作为遗产或者清算财产;委托人不是唯一受益人的,信托存续,信托财产不作为遗产或者清算财产;但作为共同受益人的委托人死亡或者依法解散、被撤销、被宣告破产时,其信托受益权作为遗产或者清算财产。

2.信托财产独立于受托人的固有财产。受托人的固有财产,是指受托人拥

---

❶ 参见何宝玉:《信托法原理研究》,中国政法大学出版社 2005 年版,第 141—142 页。

有所有权的财产。受托人依法接受委托人的信托财产后即应将二者区分开来，信托财产不得归入受托人的固有财产或者成为固有财产的一部分。受托人须将信托财产或其固有财产分别管理。同时，信托财产的收益和损失也依法或依信托合同规定归受益人所有和以信托财产承担。当然，信托合同另有约定或因受托人失职造成损失的除外。

3. 受益人虽享有信托财产的利益，但并不享有其他权利，因而信托财产也不属于受益人的自有财产。

4. 抵消的禁止。由于信托财产是独立于受托人的财产，故属于信托财产的债权不得与不属于信托财产的受托人固有财产的债务相抵消。否则，就会出现用信托财产来清偿受托人自有债务的结果。同时，受托人管理使用、处分不同委托人的信托财产所产生的债权债务，不得相互抵消。

5. 强制执行的禁止及其例外。由于信托财产独立于信托当事人的固有财产，因此信托当事人的一般债权人原则上均不得申请法院强制执行信托财产。只有在某些特殊情况下，可以例外：①设立信托前，债权人已对该信托财产享有优先受偿的权利，并依法行使该权利，如抵押权，抵押权人可以请求强制执行。②受托人因处理信托事务所产生的债务，债权人要求清偿债务的，如修缮信托财产所发生的修缮费债权，权利人可以请求强制执行。③信托财产本身所负担的税款。对此，国家税务机关可以申请强制执行。④法律规定的其他情形。债权人违反前述规定对信托财产强制执行的，委托人、受托人和受益人均有权向人民法院提出执行异议。

【资料与应用】 **1. 信托财产的独立性** ❶

某建筑公司和某房产开发公司为某服装公司承揽工程建设，因劳务费发生纠纷，遂根据仲裁条款进行仲裁，某仲裁庭裁决由服装公司付给建筑公司和房产开发公司 30 万元，采用支票的付款方式：建筑公司与房产公司将该支票交付给某信托投资公司，委托其管理支票项下的资金。1 年后，该信托投资公司停止营业并被宣告破产。建筑公司和房产开发公司获悉，遂根据"信托协议"要求信托投资公司的清算人支付上述资金。信托投资公司的清算人以"支票项下的资金已与该信托投资公司的其他资金混合"为由，拒绝建筑公司与房产公司提出的优先受偿要求，只同意将其作为一般债权人参加破产财产分配。

根据《信托法》第 16 条的规定，本案中信托投资公司将信托财产与其固有财产相混合，已经违反了信托财产独立性原则。在该信托投资公司停止营业并

---

❶　刘亚天主编：《金融法案例教程》，知识产权出版社 2002 年版，第 264—267 页。

被宣告破产的情况下,信托财产不应属于破产清算财产。某建筑公司和某房产开发公司基于信托协议,对信托财产应享有别除权,即在破产清偿程序以外个别地和排他的优先受偿权。

2. 关于衡平法追踪的案例 Re Oatway(1903)❶

Oatway是一项遗嘱的受托人,他将3000英镑信托基金付入自己的私人银行账户,账户里已存入他自己的一大笔钱。此后不久,他从账户中取出2137英镑购买了一家公司的股票,然后又将账户里的钱花光。他将股票出售,获得了2474英镑收入,不久就去世了,但已经资不抵债。遗嘱的受益人请求将出售股票的收入看成是信托基金,但Oatway的个人代表则声称,既然购买股份时账户里的钱足以支付信托债务,所以,应当认为受托人使用自己的钱购买的股票,从而,出售股票的收入应属于受托人的遗产。判决出售股票的收入属于信托财产。

本案判决认为,信托对运用混合基金购买的股票或出售股票的收入,设定了第一抵押,该抵押附系于混合基金的任何一部分,直到信托财产被追回时为止。其分析指出,受托人用混合基金购买财产或进行投资的,受益人有权在购买的财产上设定抵押,抵押额为信托基金的数额。类似的,受托人把信托基金存入自己的银行账户,受益人对账户的余额也有权设定一项抵押。同样清楚的是,如果提取的资金用于投资,投资仍然记在受托人名下,或者在受托人的控制下,账户上的其他款项却被他消耗了,那么,他不能说投资只代表他自己的资金,已经花掉的资金是属于信托的。换言之,受托人将自己的钱和信托基金混在一起,然后不断地提取和存入,为确定账户余下的款项或者用账户的款项进行的人和投资应当属于谁所有,受托人必须将提取的款项记入借方,将正当的投资记入称职的受托人名下。不同资金的存入,提取和投资的顺序,则完全是不相干的。

第四节
信托当事人

一、信托当事人的概念

信托当事人,是指享有信托权益、承担信托义务的信托关系各主体。一般

---

❶ 何宝玉:《英国信托法原理与判例》,法律出版社2001年版,第519—520页。

包括委托人、受托人和受益人。广义而言,还包括信托管理人,信托监察人等。

通常信托关系原则上必须具备三方当事人。即委托人、受托人和受益人,委托人将财产委托转移给受托人,受托人取得财产并为信托目的管理、处分,受益人享受信托财产的利益。当然,并非所有信托关系当事人都有三方当事人。委托人与受益人,受托人与受益人都可能为同一人,不过受托人原则上不得为同一信托的唯一受益人,否则,财产所有权与利益享有权归属同一主体,信托将不复存在。特定情况下,委托人可以担任信托的唯一受托人。例如宣言信托,但大陆法系普遍不承认宣言信托。

二、委托人

(一)委托人的资格和条件

委托人是信托的创设者,委托人提供信托财产,确定受益人以及受益人享有的收益权,指定受托人,并监督受托人实施信托。

我国《信托法》规定,委托人应当是具有完全民事行为能力的自然人、法人或者依法成立的其他组织。委托人一般应该具备以下三个条件:①具有完全民事行为能力;②应拥有一定数量的财产,并对信托财产享有合法所有权;③资产负债状况良好。

(二)委托人的权利

1.受托人选择权。委托人作为财产的原始所有人和信托设定人有权选择财产管理人即受托人。

2.知情权。委托人有权查阅、抄录或复制与信托财产有关的信托账目及处理信托事务的其他文件,有权了解其信托财产的管理、处分及收支情况,并有权要求受托人作出说明。

3.信托财产管理方法调整权。因设立信托时未能预见的特别事由,致使信托财产的管理方法不利于实现信托目的或不符合受益人的利益时,委托人有权要求受托人调整该信托财产的管理方法。

4.受托人解任权与重新选任权。当受托人违反信托目的处分信托财产或者管理运用、处分信托财产有重大过失的,委托人有权依照信托文件的规定解任受托人或者请求法院解任受托人职务。当受托人因死亡、丧失行为能力、破产、解散或辞任、解任等原因而终结受托任务时,委托人及其继承人有权请求法院选任新受托人。

5.信托财产的归复权。当信托行为无效或被撤销时,委托人可主张信托财产复归于己。在经司法机关确认后,信托财产应归复于委托人或其继承人。当受益人放弃受益权或信托终止时信托财产尚有剩余时,信托文件无规定,又没有其他受益人的,剩余信托财产归属委托人或其继承人。

6.有关权利的保留权。在不违反法律和信托目的前提下,委托人在设定信托时对有关权利可以予以保留。如对信托的变更、解除,对受益人的重新指示或解除,对受托人的指定等权利,委托人可根据自己的需要进行设定,以充分保障信托目的的实现。

7.损害赔偿请求权。当受托人违反信托目的处分信托财产或者因违背管理职责、处理信托事务不当致使信托财产遭受损失时,委托人均有权申请人民法院撤销该处分行为,并有权要求受托人恢复信托财产的原状或者给予赔偿;该信托财产的受让方明知是违反信托目的而接受该财产的,应当予以返还或予以赔偿。

8.对信托财产被强制执行的异议权。在法院违法强制执行或拍卖信托财产时,委托人、受益人或受托人均有权提出异议。

(三)委托人的义务

1.依信托文件约定将信托财产转移给受托人。

2.依信托文件向受托人支付报酬及提供补偿。

3.不得干预受托人的活动,信托文件另有规定的除外。

三、受托人

(一)受托人的资格与条件

1.受托人是接受信托财产并按照信托文件的约定控制、管理和处分信托财产的人。受托人必须具有完全民事行为能力。受托管理和处分信托财产,是一项专业性、技术性很强、责任性很高的民事活动,无民事行为能力人和限制民事行为能力人不得为受托人。受托人还应具有基本的信用条件,未处于资不抵债境地。受托人既可以是自然人,也可以是法人。

2.营业受托人的资格。各国信托法对营业信托中受托人的资格均有特殊要求。作为营业信托的受托人,即以营利为目的,以经营信托为业的受托人,应当是依法设立的信托银行和信托公司等信托主管部门对其组织形式和组织机构、注册资本、经营管理能力等均进行严格审查,合格后发给许可证书,方能取得从事营业信托业务的资格,以充分保护委托人和受益人的利益。未经信托主管部门许可,任何单位和个人,不得经营信托业务。中国人民银行颁布的《信托投资公司管理办法》即是对营业受托人的规制。

（二）受托人的权利

1.拥有信托财产的名义上或法律上的所有权。从而享有管理信托财产、处分信托事务的权利。受托人根据法律或信托文件的规定，享有对信托财产的占有、使用、处分的权利。为实现信托目的，受托人对信托财产可以出卖、出租、抵押、设质等等。

2.获取报酬权。受托人处理信托事务，可依信托文件的约定取得报酬。信托文件未作事先约定的，经信托当事人协商同意可以作出补充约定；未作事先约定和补充约定的，不得收取报酬；约定的报酬经信托当事人协商同意，可以增减其数额。其中营业受托人报酬的形式主要是手续费或佣金。其他受托人未经约定，不得取得报酬，即处理信托事务是无偿的。为保护委托人和受益人的利益，实现信托目的，各国信托法对受托人取得报酬权均给予限制，即受托人违反信托目的处分信托财产或者因违背管理职责、处理信托事务不当致使信托财产受到损害的，在未予赔偿或恢复原状前.不得请求给付报酬。

3.优先受偿权。受托人因处理信托事务所支出的费用、负担的债务或者所受到的损害.信托财产应纳税赋等，可以请求补偿。请求权的行使，须依信托文件的规定进行，或直接从信托财产中收取；或向受益人行使。如果信托文件没有规定，受托人可以从信托财产中获得补偿。信托财产是金钱的，可以直接扣除；为非金钱财产的，可以拍卖、折价或变卖，并从中优先受偿。但这里的优先受偿权不得对抗信托财产上的抵押权人、质权人。

4.辞任权。一般情况下，设立信托后经委托人和受益人同意，受托人可以辞任。

（三）受托人的义务

由于受托人在信托关系中的地位至关重要，受托人不仅持有和管理财产，而且以自己的名义处理信托事务，但按信托性质，受托人只能为了受益人利益或实现信托目的，不能利用信托从中牟利。因此，各国信托法均赋予受托人严格的责任和义务。

1.忠实履行受托义务。忠实义务是指受托人应忠实于信托目的，遵守信托文件的规定，为受益人的最大利益处理信托事务。在任何情况下，受托人不得为自己的利益而损害信托财产，从而损害受益人的利益。

2.善良管理人义务又称同等谨慎义务，是指受托人管理信托财产，必须恪尽职守，履行诚实、信用、谨慎、有效管理的义务。善良管理人的衡量标准，通常认为应是受托人应当将信托财产视为自己的财产给予同等的重视。即受托人管理信托财产，负有与管理自有财产同等谨慎的义务。但如果受托人为信托公司时,则应负有更高的谨慎管理义务。这是对营业受托人的专业层次的要求。

3.不得享受信托利益。即受托人不得利用信托财产为自己牟取利益。受托人须忠实履行受托义务,为受益人争取最大利益。民事受托人原则上不得获取报酬。营业受托人也只能以手续费或佣金方式取得报酬。禁止受托人以收益分成等方式取得报酬。否则,会引起受托人的道德风险,致使受益人的利益处于难以保障的境地。因此,受托人利用信托财产为自己牟取利益的,所得利益均归入信托财产。

4.信托财产分别管理义务。为保证受托人忠实履行义务,多数国家信托法都规定,受托人应分别管理信托财产。分别管理有两层含义:①受托人将信托财产与自有财产分别管理。②受托人将信托财产与所接受的其他信托财产分别管理。信托财产为特定物的,分别管理容易操作;信托财产为种类物如金钱的,则较难操作。为此,信托法一般都规定有分别管理的方法,如信托财产为金钱时,应采取分别记账的方式;信托财产为动产如车辆的,则应在车辆上悬挂代表信托财产的金属牌等。

5.自己处分信托事务的义务。在信托关系中,受托人处于受信任的地位,委托人是基于对受托人能力及品格的信任才设立信托的。因此,信托事务一般应由受托人自己亲自处理。只有在信托文件另有规定,受托人有不得已的事由时,受托人才可以委托他人代为处理信托事务。受托人违反规定,委托他人代为处理信托事务而造成信托财产损失的,受托人应承担赔偿损失或恢复原状的责任。

6.完整记录及报告义务。受托人应当将信托事务的处理情况,做出完整记录并妥善保存,以备委托人和受益人随时调阅、检查。同时,应每年定期将信托财产及其收支情况报告受益人。

7.不得将信托财产转为其固有财产的义务。受托人不得将信托财产转为其固有财产。违反这一义务的,应恢复信托财产的原状;造成信托财产损失的,应当承担赔偿责任。

8.不得自我交易的义务。即受托人不得将其固有财产与信托财产进行交易或者将不同委托人的信托财产进行相互交易,但信托文件另有规定或者经委托人或受益人同意,并以公平的市场价格进行交易的除外;受托人违背这一义务,造成信托财产损失的,应当承担赔偿责任。

9.保密义务。受托人对委托人、受益人以及处理信托事务的情况和资料负有依法保密的义务。

10.支付信托利益的义务。即受托人以信托财产为限向受益人承担支付信托利益的义务。

11.职责终止时的报告移交义务。受托人依法终止职责,应当作出处理信托事务的报告,并向新受托人办理信托财产和信托事务的移交手续。

(四)共同受托人的义务

同一信托的受托人有两个以上的,为共同受托人。共同受托人除应遵守以上义务外,还应遵守特有的义务:其一,共同处理信托事务。即不允许受托人按份处理信托事务,也不允许按多数人意见处理信托事务。当共同受托人意见不一致时,按信托文件的规定处理;信托文件没有规定或规定不明确的,则由受益人或其利害关系人决定。其二,共同受托人之间承担连带责任。共同受托人处理信托事务对第三人所负的债务,应当承担连带清偿责任。因此,第三人对共同受托人之一所作的意思表示,对其他人同样有效。

(五)受托人职责的终止与受托人的变更

因受托人的辞任、解任或因其他非正常原因而终止受托时,并不导致信托的终止,实际上只引起受托人的变更。因而各国信托法一般都规定受托人变更的原因、条件及后果。

1.受托人的辞任和解任。原则上,信托一经成立,受托人不得辞任。但经委托人和受益人同意,受托人可以辞任。但在委托人和受益人同意受托人辞任、新受托人尚未选出前,受托人仍应履行管理信托事务的职责,否则因此而使信托财产遭受损失,受托人须负赔偿责任。

受托人不适合继续担任受托人的,理应解任,以确保信托事务的正常管理。通常由法院应委托人或受益人的请求,当受托人违背职责或有其他重大事由的,可以解除受托人的职务。

2.非正常原因而导致受托人职责终止。受托人因死亡、丧失民事行为能力、解散、破产或被撤销的,受托职责即行终止。但其继承人、遗产管理人、破产管理人或者清算人,应当妥善保管信托财产,协助新受托人接管信托事务。这时的继承人、遗产管理人、破产管理人或清算人是代替受托人管理信托财产的人,故又称为信托财产管理人。

3.新受托人的选任。原受托人职责终止时,应选任新的受托人。新受托人的选任应按信托文件的规定进行。如果信托文件未规定或规定不明确的,由委托人选任。委托人不能指定或不愿指定的,由受益人或其利害关系人选任。无论新受托人是以何种方式产生的,原受托人处理信托事务的权利和义务,应由新受托人承担。

4.受托人变更时的义务。受托人变更时,原受托人应当作出处理信托事务的报告,并办理信托财产转移手续和信托事务移交手续。其处理报告一经委托人或受益人认可,原受托人就报告中所列事项解除责任。

5.共同受托人的变更。共同受托人之一职责终止时,信托财产由其他受托人管理和处分。其他共同受托人地位不变。

四、受益人的权利和义务

(一)受益人的资格及其限制

受益人是在信托关系中享有信托受益权的人。受益人作为权利主体,法律上一般要求只要具备民事权利能力即可,而不一定具备民事行为能力。受益人可以是自然人,法人或依法成立的其他组织。

法律上对受托人充当受益人一般有明确的限制性规定,即受托人可以是受益人,但不得是同一信托的唯一受益人。这样规定的目的是为了防止受托人滥用受托权利,妨害信托目的的实现。委托人为了自己的利益设定信托,可以是受益人,也可以是同一信托的唯一受益人。

(二)受益人的权利

1.信托财产受益权。即受益人依法或依信托文件的规定享有对信托财产的收益权。从法律性质上看,这种权利是受益人享有的对信托财产的一种实体权利,属物权范畴。这项权利是受益人的基本权利,受益人享有的其他权利,都是由这项权利派生出来的,或者是为了更好地保障和实现这一权利。

2.信托利益请求权。即受益人依法或依信托文件向受托人主张并取得信托收益的权利。从法律性质上看,这种权利是受益人享有的对受托人的一种实体权利,属债权范畴。

3.信托权益处分权。受益权既是一种民事权利,原则上受益人就可以自由处分,包括享有、放弃或转让以及继承、偿债等。①受益人自信托生效时,取得受益权。②受益权的转让和继承必须依信托文件或法律规定进行转让。受益权的转让原则上不需要委托人和受托人同意,但应通知受托人否则该转让对受托人不发生效力。③受益权的放弃一般要求须以明示方式进行。受益人为多数人的,全体受益人放弃则信托终止。部分受益人放弃,信托仍然存续,但应按顺序确定受益权的归属。首先应是信托文件规定的人,其次是其他受益人,最后是委托人或其继承人。④受益权可用于偿债。这里的受益权用于偿债是以行使受益权所获收益用于清偿债务,而非以信托财产本身清偿债务。且法律、法规和信托文件有限制性规定的除外。

4.撤销权与赔偿请求权。当受托人违反信托目的处分信托财产时,受益人有权请求法院撤销该处分,并要求赔偿损失,但不影响善意第三人已经取得的利益。受益人为多数人的,共同受益人之一的请求及法院据此作出的撤销,对其他受益人同样有效。

5.与委托人共有的权利。除上述外,受益人还有与委托人所共有的权利,包括知情权、调整信托财产管理方法权、解任权、强制执行的异议权等。

6.与委托人意见不一致时的申请裁定权。受益人行使上述权利,与委托人意见不一致时,可以申请人民法院作出裁定。

(三)受益人的义务

信托关系中,受益人的受益权因委托人的指定或法律的规定而产生,并不需要受益人为此而履行特定义务。在受益人与委托人为同一人的情况下,委托人承担的义务不等于是受益人的义务。因此在信托关系中受益人享有的权利,并不存在与受益权相对应的义务。当然,这不意味着受益人不需要履行任何义务。我国《信托法》第57条规定,受托人依法行使请求给付报酬、从信托财产中获得补偿的权利时,可以留置信托财产或对信托财产的权利归属人提出要求。信托财产或其利益最终要归属于受益人,此时,义务主体即为受益人。除非信托文件另有规定。

【资料与应用】 恶意挪用信托资金用于关联企业股票投资

2004年5月,监管部门检查发现某信托投资公司以发行集合资金信托计划名义募集资金,经过数次转账处理,最终将募集的信托资金以委托国债投资方式用于购买关联企业股票,造成巨额损失。

2003年3月20日,某信托投资公司设立集合资金信托计划,募集金额9184万元,《资金信托合同》约定信托资金以贷款方式运用于某公司的房地产开发,期限3年,年预期收益率为6%,涉及187名委托人。

该信托计划于2003年1月6日开始推介,合同约定信托资金贷款给某公司(下称花园酒店)开发房地产项目,经查,花园酒店为信托公司的全资子公司,信托计划披露的用于房地产项目开发的土地已于2002年12月14日被当地政府下文收回,资金信托合同及计划书均未披露该信息,也未披露该信托资金是用于关联交易。

在该信托计划推介期内,信托公司先后三次将3100万元信托资金,从该集合资金信托专户以转款名义给花园酒店,同日花园酒店以委托国债投资名义将上述款项划入信托公司委托专户,信托公司又将该笔款项以自有资产委托国债投资名义转委托给某证券公司(经查,委托国债投资款被该证券公司挪用于关联股票投资)。剩余信托资金6019万元(扣除信托公司的手续费)也于该信托计划成立后一个月时间里被信托公司按上述同样的操作方式陆续转委托给证券公司用于关联股票投资。

委托人未授权信托公司将信托资金投资于国债、股票，信托公司也未向委托人（受益人）披露上述直接影响其利益的重大信息，募集的集合信托资金最终在委托人不知情的情况下被信托公司擅自挪用投资于关联股票，并造成严重亏损。

信托公司提供的其与花园酒店签订的信托资金贷款合同存在诸多疑点，如：合同要素不全，无法定代表人、签订日期等基本要素，合同中的贷款金额与还款金额不一致；另经查，该笔信托贷款根本未在花园酒店的资产负债表中反映，结合该信托计划成立之初资金即被挪用的事实，可以判定合同为虚假合同，挪用信托资金实属恶意。该机构被监管部门责令停业整顿；当事人被追究刑事责任。

第五节
公益信托

一、公益信托的概念

所谓公益信托，是指根据契约或遗嘱等信托文件，委托人将财产或者财产权转移给受托人，受托人管理该项财产，并按信托文件规定，将信托利益用于举办一项或某些公益事业即教育科技、文化艺术、医疗卫生、环境保护或社会福利事业等，以实现公共利益目的的信托。

公益信托起源于英美。在英美法系国家，最常见的公益信托的受托人是各种各样的基金会。基金会是一种以公益为目的并以社会上人们捐赠的财产为基础成立的组织。基金会作为受托人，按照有关的信托的要求来管理信托财产，并将信托利益用于某一或某些慈善性事业，以实现委托人之目的。在大陆法系国家，公益信托通常以信托公司为其受托人。现代各国基金会信托与公司信托并存。公益信托成为发展社会公益事业的一种有效形式。公益信托与私益信托相比较，有其自身的特点。我国《信托法》第6章专章规定了公益信托。

二、公益信托与私益信托的区别

（一）信托的目的不同

对私益信托来说，信托目的在合法前提下，涉及范围极广泛。公益信托则强调目的的公益性。但公益目的的范围是随着时代的发展而变动的。我国《信托法》第 60 条规定公益信托的目的有以下几类：①救济贫困；②救助灾民；③扶助残疾人；④发展教育、科技、文化、艺术、体育事业；⑤发展医疗卫生事业；⑥发展环境保护事业、维护生态环境；⑦发展其他社会公益事业。

此外，信托目的必须明确、具体，公益信托目的可以是明确的，也可以概括地说明公益目的。

（二）对受益人、受托人的要求不同

私益信托的受益人必须是确定或可以确定的。而公益信托的受益人必须是不特定的社会公众。

私益信托的受托人，通常由委托人自行指定，或由信托当事人协商确定，具有民事行为能力的自然人、法人等都可以担任受托人。但公益信托涉及公共利益，各国均对公益受托人施加了一定的限制。受托人要承受公益信托，必须取得公益事业管理机构的批准，符合特定的资格条件要求等。

（三）对信托存续的要求不同

就私益信托而言，英美法系普遍接受了英国的禁止永久信托规则。大陆法系虽未采纳该原则，但也有一些限制，如日本有所谓妨害物质融通的违法信托，与禁止永久信托的含义基本相同。而对公益信托，各国信托法均允许其无限期存续。

对私益信托，信托目的实现，信托关系终止。对公益信托，只要有信托财产，公益信托可以永远存续。即使信托目的已经实现或无法实现，剩余的信托财产也可适用类似原则，由受托人将信托财产用于类似的公益目的，或者转移给其他具有类似公益目的信托、公益组织。

（四）对信托的监督管理不同

各国私益信托大都由法院负责监管（英美法系）或者作为一般民事法律关系，没有专门管理机构。而公益信托涉及公共利益，委托人可能是人数众多的社会公众，受益人则是不特定的社会公众，不能像私益信托的受益人那样进行监督，因此，对公益信托设立信托监察人来监管，而且有关公益事业的管理机构也有权进行监管。

（五）税收政策不同

在信托发展早期，设立信托的一个重要动机就是为了避税或减轻税赋。为此，各国努力完善税收制度，以平衡设立信托的人与其他社会公众之间的税收负担。因而私益信托一般没有税收减免等优惠待遇。而对公益信托，各国都实行优惠的税收政策，鼓励发展公益信托。如我国《公益事业捐赠法》和有关税收法律法规规定,个人、公司和其他企业捐赠财产用于公益事业的,依法享有个人所得税、企业所得税优惠,捐赠部分可以从应纳税所得中扣除。

三、公益信托的设立、变更和终止

(一)公益信托的设立

公益信托除特别强调目的公益性外,公益信托的一般成立要件与设立方式与私益信托相同。所不同的是,设立程序更为严格。各国信托法一般都规定,公益信托应经有权机关批准。英美法系国家对此实行注册登记制。大陆法系国家如日本、韩国则采取许可注册制。英国公益事务署负责公益信托的注册登记及监督管理。美国则由州检察长依据"统一公益信托受托人监督法"进行注册及监督。

我国实行的是许可批准制。《信托法》第62条规定,公益信托的设立和受托人的确定.应经公益事业管理机构的批准。未经批准,不得以公益信托的名义活动。关于管理机关,我国未规定统一的管理机构,而是根据公益事业目的的不同,分别由目的事业的主管机关承担监管责任。

(二)公益信托的变更

公益信托一经成立,就具有法律效力,不得擅自变更其法律关系。但由于社会发展、情事变更等诸多原因,在信托存续期间,法律允许对公益信托有关事项进行调整,以更有利于信托目的实现,或更有利于增进社会公共利益。

1.主体变更。一般情况下,公益信托的受托人未经公益事业管理机构的批准,不得辞任。但受托人违背职责或不能履行其职责时,公益事业管理机构可以变更受托人。

2.内容变更。公益信托设立后,如果发生设立信托时不能预见的情形,公益事业管理机构可以根据信托目的,变更信托条款。

3.目的变更。由于社会的发展,基础经济环境及其他生活环境的改变,使得信托目的不能实现时,公益信托管理机构可以批准受托人修改信托目的,采纳与原信托目的类似的信托目的。

(三)公益信托的终止

公益信托终止的原因与私益信托基本相同。但程序方面各国有严格的要求。

1.终止报告。我国《信托法》第70条规定:受托人应于终止事由发生之日起15日内,将终止事由和终止日期报告公益事业管理机构。

2.清算报告及其认可核准和公告。公益信托终止时,受托人应将处理信托事务的情况及财产状况作成清算报告。经信托监察人认可后,报信托监管部门核准。之后,由受托人予以公告。可见,公益信托中,受托人的清算应经特别程序即:信托监察人的认可、公益事业管理机关的核准,最后由受托人公告,以充分体现透明、公开、便于监督的原则。

3.剩余信托财产的处理。公益信托终止清算完结后,其剩余财产转移给信托财产权利归属人。没有信托财产权利归属人或信托财产权利归属人是不特定的社会公众的,经公益事业管理机关批准,受托人应将信托财产用于与原公益目的相近似的目的,或者将信托财产转移给具有近似目的的公益组织或其他公益信托的受托人。

四、公益信托的监督管理

(一)公益信托的监督管理概述

公益信托是为公共利益而设的一种财产管理制度,为保证信托财产充分用于公益目的,各国对于公益信托实行更为严格的监督管理。不同的国家设有不同的监督机关。英国的公益信托主管机关是公益事务署。美国则由州检察长负责监管。日本、韩国等大陆法系国家则设立公益信托主管机关实施监督管理。我国信托业的监督管理机关为中国银监会,公益信托的主管机关为公益事业的管理机构。公益信托设置专门信托监察人。信托监察人的主要权利是以自己的名义,为受益人的利益,实施与信托有关的诉讼或者非诉讼行为。

(二)公益事业管理机构的监督管理

如前所述,各国的公益事业管理机构负责公益信托的监督管理。主要监管内容包括:按一定条件批准公益信托的设立和确定其受托人;批准公益信托的受托人的辞任;检查受托人处理公益信托事务的情况及财产状况并要求受托人定期报告;依法变更受托人及信托文件的有关条款;对公益信托文件中未指定监察人的予以指定等。

(三)信托监察人的监督管理

公益信托应当设置信托监察人。因为公益信托受益人具有不特定性,所以为保证公益信托目的的实现,各国均设置公益信托监察人。英国有公益事务署,美国为州检察长,日本、韩国则规定由法院选任。

我国规定公益信托监察人由公益信托文件规定。信托文件未规定的,则由公益事业管理机构指定。由于公益信托的受益人实际上为不特定的社会大众,具有一定的特殊性,故《信托法》第65条规定,信托监察人有权以自己的名义,为维护受益人的利益,提起诉讼或实施其他法律行为。

【资料与应用】 广西横县"爱心官司"案❶

1995 年 7 月,广西横县地税局公务员余×被确诊为白血病。为了帮助余×筹集巨额医疗费,横县地税局主动向全国部分税务机关发出"紧急求援信"来募集医疗费,并成立"抢救余×资金管理委员会",对各地捐款的使用进行管理和监督。至 1996 年 6 月,该委员会共收到单位及个人捐款(含利息)共计 24 万余元。捐款汇款单上大多标注"余×治疗费"、"余×住院费"、"捐给余×治病"等字样。但是,病魔无情,余×还是于 1998 年 11 月 2 日不治身亡。

此时,委员会所收捐款还余 14 万余元。对于该笔财产的处置横县地税局与余×的父亲余××产生纠纷。2000 年 5 月,余××向横县法院提起诉讼,请求法院判令横县地税局将捐款余额交付自己支配。2001 年 12 月,横县法院作出一审判决驳回余××的诉讼请求。2002 年 4 月,余××向南宁地区中级法院提起上诉。同年 7 月 29 日,南宁地区中级法院作出与一审判决截然不同的判决:撤销一审判决;由横县地税局将捐款余额交给余××。

随后,横县地税局以二审判决错误为由提请广西壮族自治区检察院抗诉。自治区检察院审查后认为,南宁地区中级法院对此案的民事判决适用法律不当,判决错误。2003 年 3 月 18 日,广西壮族自治区检察院依法向广西壮族自治区高级法院提出抗诉。7 月 7 日,广西壮族自治区高级法院依法按审判监督程序公开开庭再审此案。

经审理,广西壮族自治区高级法院认为,本案的募捐行为是以"抢救余×资金管理委员会"的名义,而不是以余×的名义,捐款直接汇给了资金管理委员会,而不是余×本人,捐款为资金管理委员会占有,而不是余×占有,余×作为捐款的受益人仅在支付医疗费用上享有特定的请求权,而对捐款并不享有所有权。在余×死亡后,捐款余额不应作为余×的遗产处理。余××请求将捐款余额作为余×的遗产继承无法律依据,应予驳回。

在 2003 年 8 月 14 日作出终审判决后,广西壮族自治区高级法院提出了司法建议:该款属于公益财产,在余×已经死亡,捐款不能继续用于治疗余×疾病的情况下,建议横县地税局将该款交给当地慈善机构或民政部门,以更好地实现捐款人的愿望。这就是一波三折、前后整八年方尘埃落定,在法律界和社会上引起广泛争议和热烈讨论的著名的"爱心官司"。

---

❶ 徐孟洲主编:《信托法》,法律出版社 2006 年版,第 228—231 页。

第十四章

融 资 租 赁 法

【内容提要】 本章是对我国融资租赁法的有关理论和实践的专章介绍。在融资租赁法的基本理论这一节中阐述了融资租赁的含义、特征、法律性质、功能和主要形式。其中对融资租赁的功能,融资租赁对现代经济发展的意义以及融资租赁的主要形式,尤其是几种现代形式如杠杆租赁、回租租赁、销售式租赁等进行了重点介绍;在我国融资租赁立法和行业监管这一节中根据我国融资租赁业的现状和存在的问题,重点阐述了我国融资租赁立法的现状及发展的趋势;在融资租赁合同这一节中阐述了融资租赁合同的特征、主要条款及各方当事人的主要权利和义务,并对融资租赁标的的使用权和所有权、融资租赁的瑕疵担保责任的承担、融资租赁合同的中途不可解约性、承租人的违约以及救济等理论问题进行了论述;最后一节根据最高人民法院发布的《关于审理融资租赁合同纠纷案件若干问题的规定》,就融资租赁合同纠纷案件审理的若干具体规定进行了阐述。

第一节
融资租赁法基本理论

一、融资租赁的法律界定

(一)融资租赁的定义

租赁是一种古老的商品信用活动,从产生至今,已经历了古代租赁、传统租赁和现代租赁三个阶段,不论是古代租赁或传统租赁,其特征都是出租人向承租人提供使用租赁物的服务,承租人向出租人交付使用租赁物的租金。其中,出租人根据市场需求购入物件,物件的所有权归出租人所有,出租人要负责维修与保养。融资租赁是现代租赁的核心,它是在租赁的基础上发展起来的新的交易方式,作为现代租赁形式的融资租赁,物件的选购权在承租人而不是出租人;交易主体除出租人、承租人之外,还有第三方——供应商(出卖人)。承租人根据自己的需要选择设备并向出租人支付租金,设备的所有权仍归出租人;承租人进行融资租赁的目的更多地在于融资,而出租人则向不同的承租人以融物的方式提供融资的信用交易,这些特点决定了融资租赁具有金融创新工具的属性。

关于融资租赁的定义,世界各国至今都没有统一的说法。下面介绍其中具有代表性的关于融资租赁的定义:

国际会计标准委员会在制定的《国际会计标准 17 号》中对融资租赁的定义:"融资租赁是指出租人在实质上将资产所有权的一切风险和报酬转移给承租人的一种租赁。至于所有权的名义,最终可以转移也可以不转移。"

《国际融资租赁公约》提出的融资租赁概念是:"公约适用于融资租赁交易,其中出租人依据承租人的说明和经其同意的订立一项协议(供货协议),出租人按照承租人在与其利益有关的范围所同意的条款取得工厂、资本货物或其他设备,并且与承租人订立协议(租赁协议),以承租人支付租金为条件,授予承租人使用设备的权利。"

国内对融资租赁的定义也说法不一,有代表性的有以下几种:

1. 1986 年中国人民银行起草的《融资租赁管理暂行条例》(研究讨论稿)对融资租赁所下的定义如下:"融资租赁系指由出租方融通资金为承租方提供设备,具有融资、融物双重职能的租赁交易,它主要涉及出租方、承租方和供货方三方当事人,并由两个或两个以上合同所构成。出租方根据承租方的要求,与供货方订立购货合同并支付货款;出租方与承租方订立租赁合同,将购买的设备出租给承租方使用,租期不得低于两年,在租赁期间,由承租方按合同规定,分期向出租方交付租金。租赁设备的所有权属于出租方,承租方在租赁期内对该设备享有使用权。租赁期满,设备可由承租方按合同规定留购、续租或退还给出租方。"

2. 1999 年《中华人民共和国合同法》(以下简称《合同法》)的定义:"融资租赁合同是出租人根据承租人对出卖人、租赁物的选择,向出卖人购买租赁物,提供给承租人使用,承租人支付租金的合同。"

3. 2000 年中国人民银行颁布的《金融租赁公司管理办法》对融资租赁的定义:"本办法中所称融资租赁业务,是指出租人根据承租人对出卖人、租赁物的选择,向出卖人购买租赁物件,提供给承租人使用,向承租人收取租金的交易,它以出租人保留租赁物件的所有权和收取租金为条件,使承租人在租赁合同期内对租赁物取得占有、使用和受益的权利。"

4. 2001年财政部颁发的《企业会计准则—租赁》对融资租赁的定义:"融资租赁是指实质上转移了与资产所有权有关的全部风险和报酬的租赁。所有权最终可能转移,也可能不转移。"

上述对融资租赁的界定各有所侧重,但应该说1986年的《融资租赁管理暂行条例》从多个层面比较完整的界定了融资租赁的性质与主要特征,是较为科学的定义。

(二)融资租赁的特征

融资租赁交易主要涉及出租人、承租人和出卖人三方当事人,并由两个或两个以上的合同所构成。其具体方式是:出租人根据承租人的要求和选择,与出卖人订立买卖合同支付货款,与承租人订立租赁合同,将购买的设备出租给承租人使用。在租赁期间,由承租人按合同规定,分期向出租人交付租金。租赁设备的所有权属于出租人,承租人在租赁期内对该设备享有使用权。租赁期满时,设备可由承租人按合同规定留购、续租或退回出租人。

融资租赁具有以下特征:

1. 融资租赁具有融资与融物的双重职能,是资金流动与物质流动相结合的形式。融资租赁由出租方融通资金为承租方提供所需设备,它不同于一般的借钱还钱,借物还物的信用形式,而是通过借物达到节钱的目的,租赁公司兼有金融机构和贸易机构的双重职能。

2. 融资租赁包括出租人、承租人和出卖人(供应商)三方当事人和两个合同——买卖合同和租赁合同。买卖合同和租赁合同的签订及履行,构成融资租赁交易的完整形式。

3. 融资租赁以承租人对设备的长期使用为前提。其租期比较长,一般3～5年,大型设备可达10年以上。租赁期间,承租人支付的租金额,足以偿付出租人购置设备的费用支出并有赢利,故被称为"完全付清"的租赁。

4. 承租人对设备和供应商具有选择的权利和责任。融资租赁由承租人自己选定设备和供应商,而出租人则根据承租人的意愿向其指定的供货商购买设备并租给承租人使用。由于设备是由承租人一手选定的,所以承租人要对设备的质量、规格、型号、数量和技术上的鉴定验收等负责。

5. 租赁财产的保养、维修、保险及无形损耗均由承租人承担。

6. 租赁期满,承租人对租赁设备有留购、续租或退回出租人的三种选择权。

融资租赁的上述特征,使其与一般的租赁、借贷、买卖或分期付款交易等区别开来。

（三）融资租赁的法律性质

关于融资租赁的法律性质，在理论上主要有以下几种不同的观点❶：

1.分期付款买卖契约说。该学说认为，融资租赁的性质实质上是一种分期付款的买卖。在这种关系中，出租人对于租赁物享有的仅限于担保利益，承租人支付的租金相当于购买租赁物的价金，并且当支付完最后一笔租金后，承租人只要支付名义价格即可取得标的物所有权，符合分期付款买卖契约的特征。这种学说为德国学者艾本罗斯所首创。但是，分期付款买卖契约说无法在理论上自圆其说：①分期付款买卖契约中买受人于价金完全清偿前享有对标的物所有权的期待权，而融资租赁在整个租赁期间，承租人并无取得租赁标的物所有权的期待权。②期间届满后标的物所有权的归属不同。分期付款买卖在买受人支付完最后一笔价金时，标的物所有权便自动、当然地转移于买受人，而融资租赁的承租人在支付完最后一笔租金（租金期届满）后，并不必然取得租赁标的物的所有权，他既可以将租赁标的物退还给出租人（租赁公司），也可以重新签订租赁契约续租，还可以以支付租赁标的物残值为对价买下该租赁物。③分期付款买卖中的买受人是支付价金取得标的物的所有权，而融资租赁中承租人是支付租金取得标的物的使用权。④对融资租赁关系各方利益进行衡量和价值判断，可以断言，若将融资租赁理解为分期付款买卖关系，对于租赁公司显然极为不利。

2.租赁契约说。租赁契约说又分为典型租赁契约说与特殊租赁契约说。典型租赁契约说为德国学者福勒姆所首创，认为融资租赁是以物的使用为目的，而不是以物本身为目的，租金是物的使用的对价，而非物的对价，因此融资租赁应理解为通常的租赁。特殊租赁契约说强调融资租赁的融资机能，重视契约内容中的特约，认为融资租赁不是纯粹的租赁，民法典关于融资租赁的规定不适用于它。法国《1966 年融资租赁法》第 1 条关于融资租赁的定义，就把融资租赁明确定为租赁契约。其实，融资租赁与租赁契约在内容上有实质差异：①租赁契约中，出租人应将属于自己的租赁标的物交付给承租人使用，承租人为此支付相应租金并于租赁期限届满时将原租赁标的物返还给出租人，出租人在租赁期间对租赁标的物负有瑕疵担保责任，并负担租赁标的物因意外事故损毁灭失的危险，承租人在不继续使用租赁标的物时可解除租赁契约。融资租赁契约却一般规定有禁止中途解约、出租人对租赁标的物瑕疵担保免责、标的物的

---

❶　刘定华主编：《金融法教程》，中国金融出版社 2004 年版，第 322—324 页。

危险及维修义务由承租人负担等条款。②传统租赁仅有融物的性质,而融资租赁不仅有融物的性质,还有融资的一面,出租人出租标的物只是为了追求融资利益,承租人支付租金的目的也并不仅仅是追求对标的物的一定时期的使用权,其支付的租金显然高于一般租赁的租金。③租赁契约为继续性契约,承租人不能继续使用标的物时,可以拒绝继续给付租金,而融资租赁契约不具有继续性的特征,一旦出租人已履行自己所负的购物义务,就有权从承租人处以租金形式收回全部成本和利润,而不问承租人是否继续使用租赁物。因此,租赁契约说亦难以令人信服。

3. 金钱消费借贷契约说。该学说认为,在融资租赁中,出租人将标的物借贷给承租人,承租人到期以货币的形式返还本金,承租人所支付的价金并非使用租赁的物的对价,而是偿还租赁公司购买租赁标的物所支出的本金及利息。借贷契约说着眼于融资租赁的经济功能,但忽视了两种法律概念中各当事人之间的法律关系。其显见缺陷在于只注意了融资租赁与借贷契约在融资上的共同特性,却忽视了融资租赁不完全符合借贷契约的构成要件等内在差别。

4. 新型契约说。该学说认为,融资租赁与传统民事经济法律关系中现行各种典型契约制度相比较,均有相异之处。因此,无法归类于任何一种契约类型。基于此,应当根据融资租赁所具有的基本特征,承认其为一种独立于既存典型契约之外的新型契约。在关于融资租赁法律性质的诸说中,新型契约说抛弃了以现有典型契约来解释融资租赁的法律性质,分析归纳了其本质和基本特征,在此基础上承认融资租赁是一种独立的新契约类型。采取新型契约说,能够做到融资租赁的法律形式与经济实质并重,即既注重融资租赁所采取的类似传统租赁契约的租赁的法律形式,又不忽视此法律形式背后所蕴藏的融资的经济性质,承认其兼有租赁和融资的双重法律性质。从融资租赁实践的角度进行考察,可以看到,时至今日融资租赁的交易形式已被世界各国普遍采用,形成了独特的交易习惯,具备了类型化的特点,在现实意义上应承认其为一类新型契约。1996 年 5 月,最高人民法院通过了《关于审理融资租赁合同纠纷案件若干问题的规定》,以司法解释的形式承认了融资租赁独特的法律性质。更为重要的是,我国《合同法》将融资租赁合同作为 15 种有名合同之一,第 14 章专章规定了融资租赁合同,在立法取向上予以充分的重视。由于新型契约说抓住并反映了融资租赁这一民事法律关系的本质内涵和基本特征,也就为正确认识和解释融资租赁的法律属性并妥善处理与之有关的各种法律问题提供了较为科学的法理依据。

二、融资租赁的功能

(一)融资功能 ❶

融资功能是融资租赁最基本的功能之一,与企业传统的两种融资方式——贷款和股票、债券融资相比,融资租赁能摆脱其他融资所需要的苛刻条件,使企业方便地进行融资。一方面,企业可以较少的租金获得设备的使用权,大大降低了设备投资的压力,同时可以做到常租常新,避免了折旧风险;另一方面,在出售回租方式中,企业还可以将自己的现有设备卖给租赁公司再租回使用,这样就可将实物资本较快的转化为货币资本。

(二)设备促销功能

对生产厂家来说,融资租赁还具有设备促销功能。在发达国家,工业机械、飞机船舶、各种车辆、医疗设备、通讯和信息设备等 60% 以上是通过租赁方式销售出去的。新型的租赁营销改变了传统的厂商简单销售、打价格战的流通模式,由租赁公司承担用户分期付款的风险,制造商利用及时收回的销售资金扩大生产或投入科研,进一步开发新的产品,对企业产业结构调整和产品升级换代起到了推动作用,实现制造业和租赁业双赢的格局。在美国及其他发达国家,促销功能才是融资租赁的本质功能和优势。

(三)节税功能

节税功能主要体现在折旧政策和利用国家税收优惠政策两个方面。从微观角度分析折旧政策,不同类型企业在不同时期或不同条件下折旧政策是统一的,这是由于企业自身特定情况而决定的最佳折旧期限与折旧方法的确定之间存在矛盾,而融资租赁可以通过改变出租人与承租人之间的租期的方式来改变折旧期限;从宏观角度分析折旧政策,融资租赁可以实现租赁资产在承租人和出租人会计上的灵活确认,因为承租人以租期作为租入设备的折旧年限,就会得到在租赁设备实际有效期内,前期费用增大而利润相对减少的财务结果,使承租人获得延迟纳税的好处。从宏观角度分析有关投资税收优惠政策,租赁投资可使投资人充分获得国家的投资税收优惠,使国家投资税收优惠政策的效应最大化,实现国家税收资源的再分配。

三、融资租赁的主要形式

融资租赁的种类繁多,一般来说,主要有以下几种:

---

❶ 樊鸿雁、姜南:《中国企业融资法律问题研究》,中国检察出版社 2005 年版,第 272—273 页。

1.直接租赁。或称自营租赁,是融资租赁的最主要形式。在这种租赁形式下,租赁公司以筹措的资金,从国内外厂商手中购进承租人所需设备,再租给承租人使用。承租人按设备折旧和利润收入分期向租赁公司支付租金,自己负责设备的安装、保养、维修、支付保险费和交纳税金,并在租期届满时以象征性货价买下残值设备。

2.回租。或称回租租赁,是指承租人将自己的厂房、设备等按账面价格或重估价格卖给出租人(纸上买卖),取得急需资金用作其他用途,然后再将设备租回使用的租赁方式。其实质是把设备的所有权转让出去,把固定资产变成现款,从而扩大自身的投资能力。所以,回租是企业在资金短缺情况下,为盘活存量资产、拓展资金渠道、改善其财务状况而采取的一种对企业非常有利的形式。

3.转租。或称转租租赁,是指租赁公司同时具备承租人和出租人身份的一种租赁形式。在此租赁形式下,租赁公司先以承租方的身份,从国内或国外租赁公司或厂商那里租入用户所急需的设备,再以出租人身份将设备租给用户使用。采取转租方式,一般需签订两次租赁合同,故用户需要支付高于直接租赁的租金。因此,这种方式只是在企业迫切需要国外只租不卖的先进设备时使用。

4.杠杆租赁,又称衡平租赁、代偿贷款租赁,这种形式适用于大宗设备的租赁。出租人对耗资巨大的设备,无力独自承担给付,或不愿独自承担风险,于是以待购设备为抵押、以出租出去回收的租金为保证,从银行、保险、证券等金融机构借得 60%～80% 的资金,自身投资设备价款的 20%～40% 来购买设备,然后将设备出租给承租方。这种租赁涉及的当事人众多,关系复杂,出租人在某种程度上承担替承租人进行信用担保的作用。由于它是以租赁公司为主,银行、保险公司等金融机构参与,因此能使出租人在利息、加速折旧和投资减税等方面获得政府较多的优惠,可以降低租金向用户出租。

5.销售式租赁。生产商或流通部门通过自己所属或控股的租赁公司采取融资租赁方式促销自己产品的方式。这些租赁公司依托母公司能为客户提供维修、保养等多方面的服务。出卖人和出租人是密切联系的关联公司,但属于两个独立法人。在采取融资租赁方式推销产品时,同样具备两个合同、三方当事人的基本法律特征。工业发达国家的很多大厂商、跨国公司都有专门为其服务的租赁公司,采取融资租赁方式推销产品。租赁公司作为一个融资、贸易和信用的中介机构,要自主承担租赁信用风险,必须严格评估承租人的还款能力。通过租赁公司采取融资方式,配合制造商促销产品,可减少制造商应收账款和三角债的发生,有利于促进商品流通。这种业务在我国刚刚起步(例如汽车租赁),市场潜力很大。

【资料与应用】 融资租赁效用

目前我国投融资市场几乎都是依靠间接融资,而直接融资的手段和产品太少。有了融资租赁,就可以开发出许多风险低收益高的项目,刺激投资市场。银行使用融资租赁,要比设备贷款更安全,利润更高。因为一是融资人摸不到现金,不会挪动贷款资金;二是不仅掌握债权,还掌握物件的处分权,比贷款更容易控制借款人;三是租赁物件不作为破产资产参与破产清算,不会造成全损;四是通过租赁服务获取贷款以外的增值服务收益。保险公司借助融资租赁,可以把长期资金投入到租期比较长、收益比较高、安全性比较好的融资租赁项目中,解决保险公司长期资金短缺的弊病。租赁本身也给保险业增加了许多保险收益。战略投资机构使用租赁,可以享受到承租企业的税收优惠,提高收益,降低风险,还加强了资产管理。对社会的好处就是扩大了直接融资的份额,降低了银行的系统风险,使国家经济更加稳步、健康地发展。

融资租赁放开后一些关联市场会随之发展。一是资金市场,可以通过融资租赁的产品带动投资品种,给直接融资带来控制风险的媒介。二是咨询市场,融资租赁是知识密集型产业,从认识到应用还有一个复杂的沟通和策划过程,要想尽快地解决信息不对称问题,设计出相互制约、互利互惠的经营模式需要租赁经纪人市场。三是设备租赁不仅带动设备相关行业,还扩大了人员的就业。四是盘活闲置资产。有许多闲置资产在因资金不足造成需求不足的问题可以通过融资租赁来解决。五是带动二手设备市场的兴旺。

第二节
我国融资租赁立法与行业监管

一、我国融资租赁业的现状

我国的融资租赁于 20 世纪 80 年代初从日本引进。1979 年 10 月,中国国际信托投资公司作为我国利用外资的主要窗口之一在北京成立。为解决引进国外先进技术与缺乏外汇资金的矛盾,该公司提出创办国际租赁,以开辟利用外资的新渠道。1980 年初,中信公司派员去日本考察现代金融业务,并首先采用跨国租赁方式从日本租进一批汽车。同期,中国民航总局在中信公司推动下,首次以杠杆租赁方式从美国租进第一架波音 747 客机。1981 年 4 月中信公司、北京机电设备公司、日本东方租赁公司共同组建了我国第一家租赁公司——中国东方租赁有限公司,同年7月,中信公司又与国家物资局等单位共同组建了中国租赁有限公司。据外商投资企业协会租赁委员会统计,截至2000年底,经原外经贸部审批成立的中外合资租赁公司已累计引进外资达75亿美元,成为我国引进外汇资源的一条补充渠道;国内近700多家企业通过合资租赁公司采取融资租赁方式引进设备进行了技术改造,其中在邮电、轻纺工业的业务额就分别达到30亿美元和20亿美元。经中国人民银行审批成立的金融租赁公司和非银行金融机构的融资租赁业务累计1300多亿人民币❶。早期的中国融资租赁主要集中在飞机租赁上,随着融资租赁业在中国的展开及各行业对更新设备的需求,租赁物的范围已从飞机扩大到设备、电子、化工、建材、交通运输、电信等各种用品。

我国的融资租赁业主要存在以下几个方面的问题:

1. 对融资租赁的认知度低影响了融资租赁业的长足发展。虽然融资租赁业在中国已有20多年的发展历史,仍有不少企业尚不知道金融租赁为何物,不了解在进行大型设备更新引进时,利用这种新型金融工具能减轻资金压力,目前,我国融资租赁的主体——大型工程机械实行融资租赁和以租代售的还不到10%。许多企业还停留在一次性买断的传统观念上,影响了租赁业的市场发育和产业成长。而随着我国入世承诺的逐步兑现,外国制造商以融资租赁方式在中国全面推销其产品,我国制造业不仅在资金实力、技术创新等方面面临着跨国公司的巨大压力,而且在营销方式、流通渠道等方面也将面临严峻挑战。

2. 融资租赁业务主体存在的问题阻碍了融资租赁业的快速发展。一是融资租赁机构实力不够雄厚,金融租赁公司筹资困难。长期以来,国家财政没有对租赁业务的项目投资,人民银行对租赁公司也不提供再贷款支持,虽然2000年颁布的《金融租赁公司管理办法》允许在一定程度上扩展金融租赁公司的资金来源,如可向金融机构借款、发行金融债券、上市融资及吸收外资入股等,但由于欠缺相应的实施细则而缺乏可操作性;而中外合资租赁公司的资金仅由外汇资本金和中外股东融资组成,不能在我国进行人民币融资的限制时,其存在同样问题。另外,融资租赁公司资本规模普遍较小,不但无法承接大额的融资租赁项目,而且使租赁公司抗拒风险的能力小,在一定程度上制约了发展。二是融资租赁主体单一,不能有效的发挥融资租赁的功能。我国现行的融资租赁业作为金融行业,其市场准入是受国家严格控制的。而在租赁发达的国家,融

---

❶ 转引自樊鸿雁、姜南:《中国企业融资法律问题研究》,中国检察出版社2005年版,第276页。

资租赁公司有四种类型:①金融机构型租赁公司,这类由银行控股或附属于银行的金融租赁公司能够获得低于市场利率的资金;②促销型租赁公司,这类主要由大型生产厂商设立的租赁公司以租赁方式进行设备的推销,他们都拥有专业技术和良好的租后服务;③独立型租赁公司,这类租赁公司专门从事融资租赁业务,在组织关系上与金融机构、生产厂商相互独立,但由于业务往来而关系密切;④复合型租赁公司,这类租赁公司由金融机构、生产厂商或销售商参股组成,兼有金融机构型和促销型租赁公司的优势。相比之下,我国的融资租赁公司形式单一,结果导致促销、投资、技术更新等功能弱化。三是承租人欠租现象严重,制约了融资租赁业发展的速度。欠租这个问题一直与我国的融资租赁业的发展相伴存在,在世界范围内造成了恶劣的影响,许多金融租赁公司处于停滞状态甚至破产。如果承租人不依协议支付租金,出租人则无法收回购买租赁设备的成本,更谈不上利润,严重影响了融资租赁业的发展。

3. 融资租赁经营业务中存在问题,主要表现为租赁业务形式单一,经营机制不灵活。多年来我国的融资租赁业务形式一直以简单的直接租赁为主,租金固定、租期固定、筹资渠道固定,利率、汇率风险大,承租人的偿还负担较重,虽然近几年国内的融资租赁公司也开始尝试委托租赁、转租赁、回租赁、杠杆租赁等形式,但总体上还属于粗放型经营,难以适应承租人经营状况灵活多变的需求,大大削弱了融资租赁的吸引力,无法实现租赁公司资本的集约化经营。

4. 相关法律法规及配套规定不健全,无法为融资租赁业务保驾护航。国外融资租赁业的发展是以健全、严密、完善的各项法规为前提的,与国外不同的是,我国的融资租赁业则是在相关法律法规不健全的环境下发展起来的。在下面关于融资租赁的立法中,我们将进一步阐述这个问题。

5. 融资租赁行业存在的风险影响租赁业的经营。①融资租赁行业存在信用风险,如前所述,承租人欠租现象严重;标的物被承租方非法变卖或被作为银行抵押物,导致出租方的所有权益无法确认的现象时有发生,承租人的信用风险成为租赁公司面临的最大风险。这些均与承租人市场行为不规范,负债意识不强有关,并且租赁公司缺乏对承租方信用等级的判断,导致设备权益无法得到保证。②融资租赁行业存在法律政策风险,部分法律法规的真空使得租赁公司违规现象严重,目前大多数已经具有经营资质的企业实际在"暗箱操作",一些没有经营资质的企业也在变相的开展融资租赁业务,融资租赁市场较为混乱。③融资租赁行业存在管理风险,行业存在着多头管理的问题。银监会监管金融租赁公司,商务部外资司监管中外合资租赁公司,商务部市场建设司监管内资租赁公司,由于缺乏强有力的行业统一管理,导致不同类型的租赁公司在法律地位、业务范围、税收待遇等方面处于不平等的竞争状态。尽管中国融资租赁业务已覆盖绝大多数省区,行业涉及几十个,但至今仍未建立一个全国性的融资租赁管理机构,没有统一的行业协会,使融资租赁管理缺乏整体的政策指导和发展规则,影响了融资租赁业的整体发展。

二、融资租赁立法

目前,世界各国关于融资租赁的立法有两种模式:①统一立法模式,即对融资租赁业务的开展制定专门的法律或法规,进行集中、全面规定的模式。如法国于1966年7月制定的《租赁业法》;韩国于1967年制定了《租赁业促进法律》,1985年又制定《租赁会计标准》;巴西于1974年制定了《租赁事业法》,1981年又制定了《巴西进口租赁法》;新加坡于1982年制定了《租赁准则》。此外,菲律宾、巴基斯坦等发展中国家也都制定了类似的专门租赁法。②分散立法模式,即通过民法、商法、合同法等法律对相应的融资租赁关系加以规定,而不制定专门的融资租赁法律、法规的模式。例如,日本是通过日本民法、商法对融资租赁关系进行调整,这是处理融资租赁关系的主要法律依据,同时还制定一些有关融资租赁的补充性法规,如1978年7月发布的《关于租赁交易法人税及所得税的通告》等。美国、英国、德国等都没有制定专门的融资租赁法律,但一般都通过判例确定融资租赁的归属及其适用的法律,并在税法中对融资租赁多有规定。在国际融资租赁立法方面,值得一提的是在1988年5月签订于渥太华的《国际统一私法协会国际融资租赁公约》(以下简称《公约》),虽然该《公约》并未生效,但由于《公约》的内容在国际融资租赁实践中具有重要的指引和示范作用,其中许多内容在我国《合同法》第14章"融资租赁合同"中也有较多体现。

在我国,长期以来未制定一部专门调整融资租赁关系的法律或行政法规。《民法通则》等法律也只对传统租赁作了规定,有关融资租赁业务的调整仅在一些相关法规、规章中有零星规定,缺乏权威性、系统性。这种立法状况难以适应社会主义市场经济体制下融资租赁发展的需要,并成为制约其发展的一个非常重要的原因。1996年5月最高人民法院出台了《关于审理融资租赁合同纠纷案件若干问题的规定》(以下简称《规定》),第一次以司法解释的形式对融资租赁交易的有关法律问题作了相应规定。但是像《规定》这种直接用于指导审判实践的司法解释,往往是从程序意义而非实体意义出发,很难对融资租赁交易法律关系起到系统完整的规范作用。1999年3月颁布的《合同法》第14章"融资租赁合同",就融资租赁合同的内容及当事人权利义务作了较为全面的规定。

2000 年 6 月中国人民银行颁布了《金融租赁公司管理办法》,对融资租赁的主体和业务范围作了规定,确立了金融租赁公司的金融企业的地位,同时强化了对其的监管力度。2001 年 1 月财政部颁布了《企业会计准则——租赁》,明确了融资租赁的含义、分类、会计处理及其他一些融资租赁形式,在一定程度上使租赁行为在公司财务方面有法可依,避免了以往会计处理的混乱局面。2001 年 8 月原外经贸部颁布了《外商投资租赁公司审批管理暂行办法》,对外商融资租赁公司实力、组织机构和管理等方面作了规定。2005 年 3 月 5 日,新的《外商投资租赁业管理办法》正式实行。按照这一办法,外商可以在华独资设立租赁和融资租赁公司,而不必再以与国内企业合资和合作形式设立租赁公司。另外,《企业集团财务公司管理办法》、《信托投资公司管理办法》也对这两类公司做融资租赁业务做了规定。

虽然近几年,在融资租赁行业的"四大支柱"——租赁立法、会计准则、税收制度、监督管理等方面,相继有一些法规出台,但从总体来看,我国还欠缺有关融资租赁业管理的专门立法。从长远的发展的观点来看,我国制定一部专门的融资租赁法,以规范融资租赁行为,保护租赁关系当事人的合法权益,提高融资租赁的质量和水平,保障租赁业在我国的健康发展是非常有必要的。为此,全国人大财经委员会会同商务部、中国银监会和国家税务总局等单位共同参与制订的《中华人民共和国融资租赁法(纲要征求意见稿)》已于 2004 年 10 月推出,预计在 2006 年底,将征求意见稿报送全国人大常委会审议,一部完整的《融资租赁法》即将出台。《融资租赁法》将对融资租赁业务的性质、租赁公司的行业性质、行业监管、内资与外商投资租赁公司的待遇统一等焦点问题和相关法律制度的配套问题做出规定。

三、对金融租赁公司的监督管理

目前,我国的融资租赁业呈现"三足鼎立"的格局:一是商务部监管的 40 多家中外合资和两三家外商独资融资租赁公司;二是仍归口商务部管理,大约有 1 万家的内资租赁公司;三是中国银监会监管的 10 多家金融租赁公司,以及一些兼营融资租赁业务的企业集团财务公司和信托租赁公司,但业务量不大。

商务部现在监管的主要法律依据是商务部 2005 年 3 月 5 日实施的《外商投资租赁业管理办法》;而中国银监会监管的主要法律依据是《金融机构管理规定》、《非法金融机构和非法金融业务取缔办法》,以及 2000 年 6 月 30 日中国人民银行颁布的《金融租赁公司管理办法》。

（一）金融租赁机构的设立与变更

1.金融租赁机构的设立条件。金融租赁机构,或称金融租赁公司、融资租赁公司,是用筹措的资金从制造商手中购买设备,以出租人的身份租给承租人使用,定期收取租金的非银行金融机构。其设立应当具备下列条件:①具有符合规定的最低限额注册资本金,即金融租赁公司的最低注册资本金为人民币5亿元,经营外汇业务的金融租赁公司应另有不低于5000万美元（或等值可兑换货币）的外汇资本金。中国银监会可以根据融资租赁业发展的需要调整金融租赁公司的最低注册资本限额。②具有符合《公司法》和本办法规定的章程。③具有符合中国银监会规定的任职资格的高级管理人员和熟悉金融租赁业务的合格从业人员。④有健全的组织机构、内部管理制度和风险控制制度。⑤有与业务经营相适应的营业场所、安全防范措施和其他设施。⑥中国银监会规定的其他条件。

2.设立的程序。金融租赁公司的设立须经过筹建和开业两个阶段。申请筹建金融租赁公司,须向银监会提交筹建申请书、可行性研究报告、拟设立金融租赁公司的章程、筹建负责人名单及简历等文件。金融租赁公司筹建期限为6个月。金融租赁公司筹建工作完成后,应向中国银监会提出开业申请,开业申请经中国银监会批准后,由中国银监会颁发《金融机构法人许可证》,并凭该许可证到工商行政管理机关办理注册登记,领取《企业法人营业执照》后方可开业。经中国银监会批准,金融租赁公司可设立分支机构。设立分支机构的具体条件由中国银监会另行规定。

3.变更。金融租赁公司的变更须报中国银监会批准。变更事项包括变更名称、改变组织形式、调整业务范围、变更注册资本、调整股权结构、修改章程、变更营业地址、变更高级管理人员、中国银监会规定的其他变更事项。金融租赁公司经中国银监会批准变更《金融机构法人许可证》上有关内容后,需按规定到中国银监会更换许可证。

（二）整顿、接管与终止

1.整顿。金融租赁公司出现下列情况之一的,中国银监会可视情况责令其内部整顿或停业整顿:①亏损超过注册资本的30%或连续3年亏损超过注册资本的10%;②出现严重支付困难;③违反国家有关法律或规章;④中国银监会认为其他必须整顿的情况。金融租赁公司经过整顿,符合下列条件的,可恢复正常营业:①已恢复支付能力;②亏损得到弥补;③违法违规行为得到纠正。整顿时间最长不超过1年。

2.接管。金融租赁公司已经或者可能发生支付危机,严重影响债权人利益和金融秩序的稳定时,中国银监会可对金融租赁公司实行接管。接管的目的是对被接管的金融租赁公司采取必要措施,恢复金融租赁公司的正常经营能力。被接管的金融租赁公司的债权债务关系不因接管而变化。接管由中国银监会决定并组织实施。

3.终止。金融租赁公司出现下列情况时,经中国银监会核准后,予以解散:①组建金融租赁公司的发起人解散,金融租赁公司不能实现合并或改组;②章程中规定的解散事由出现;③股东会议决定解散;④金融租赁公司已分立或者合并。

金融租赁公司经营出现严重困难或有重大违法违规行为时,中国银监会可依法对其予以撤销。

金融租赁公司解散或撤销后,应依法成立清算组,按照法定程序进行清算,并由中国银监会发布公告。

(三)业务范围和经营规则

1.业务范围。经中国银监会批准,金融租赁公司可经营下列本外币业务:①直接租赁、回租、转租赁、委托租赁等融资性租赁业务;②经营性租赁业务;③接受法人或机构委托租赁资金;④接受有关租赁当事人的租赁保证金;⑤向承租人提供租赁项下的流动资金贷款;⑥有价证券投资、金融机构股权投资;⑦经中国人民银行批准发行金融债券;⑧向金融机构借款;⑨外汇借款;⑩同业拆借业务;⑪租赁物品残值变卖及处理业务;⑫经济咨询和担保;⑬中国银监会批准的其他业务。

2.经营规则。

(1)租金或手续费的确定。金融租赁公司经营租赁业务或提供其他服务收取租金或手续费。租金或手续费标准由金融租赁公司和承租人协商确定。

(2)财产独立。金融租赁公司作为受托人经营的委托租赁财产和作为转租人经营的转租赁财产独立于金融租赁公司的其他财产。金融租赁公司应当对上述委托租赁、转租赁财产分别管理,单独建账。公司清算时,委托租赁和转租赁财产不作为清算资产。

(3)境外筹资管理。经营外汇租赁业务的金融租赁公司在境外或向境内外资金融机构筹措外汇资金、发行债券,向境外投资,必须按国家外汇管理规定办理,并报中国银监会备案。

(四)对金融租赁公司的监督管理

中国银监会是金融租赁公司的监管机构,对其实行领导、管理、协调、监督和稽核。监督管理的具体内容如下:

1. 资产负债比例管理。金融租赁公司业务经营须遵循下列资产负债比例：①资本总额不得低于风险资产总额的 10%；②对同一承租人的融资余额（租赁＋贷款）最高不得超过金融租赁公司资本总额的 15%；③对承租人提供的流动资金贷款不得超过租赁合同金额的 60%；④长期投资总额不得高于资本总额的 30%；⑤租赁资产（含委托租赁、转租赁资产）比重不得低于总资产的 60%；⑥投入资金余额不得超过资本总额的 100%；⑦对外担保余额不得超过资本总额的 200%；⑧中国银监会规定的其他比例。

2. 股东租赁管理。金融租赁公司对股东租赁和其他融资逾期 1 年后，中国银监会可责成金融租赁公司转让该股东出资及其他权益，用于偿还金融租赁公司的负债。

3. 对财务报表的管理。金融租赁公司必须按规定向中国银监会报送资产负债表、损益表及业务比例考核报表和书面报告；并于每一会计年度终了后的一个月内报送上一年度的财务报表和资料。中国银监会认为有必要时，有权随时要求金融租赁公司报送有关业务和财产状况的报告和资料。

4. 审慎性监管谈话。中国银监会对日常监督管理中发现的问题，可以向金融租赁公司的法定代表人和高级管理人员提出质询，并责令该公司限期改正或进行整顿。拒不改正或整顿的，中国银监会可以取消该公司法定代表人或有关高级管理人员的任职资格。

5. 定期审计管理。金融租赁公司应建立定期审计制度。金融租赁公司的董事会或监事会应于每年初委托具有资格的会计师事务所对公司上一年度的经营活动进行一次审计。并于每年的 4 月 15 日前将经董事会或监事会主席签名确认的审计报告报送中国银监会。

6. 自律管理。金融租赁公司可成立行业性自律组织，对金融租赁实行自律管理。中国银监会认为必要时，可授权行业性自律组织行使有关管理职能。

7. 年检管理。中国银监会对金融租赁公司实行年检制度。

第三节

融资租赁合同

一、融资租赁合同的概念及法律特征

融资租赁合同是出租人根据承租人对出卖人、租赁物的选择，向出卖人购买租赁物，提供给承租人使用，承租人支付租金的合同。融资租赁合同应以书

面形式订立,其法律特征如下:

1.融资租赁合同是双务有偿合同和诺成合同。

2.融资租赁合同是租赁交易中的主合同。融资租赁交易直接涉及三方当事人(出卖人、出租人、承租人)与两个合同(融资租赁合同和买卖合同)。其中融资租赁合同是买卖合同成立的前提,是主合同。只有当融资租赁合同成立后,出租人才根据承租人的特定要求,同其选定的出卖人签订购置租赁物的买卖合同。融资租赁合同与买卖合同既相互独立又密切关联。因此两个合同的相关内容必须相互吻合。

3.融资租赁合同是足额清偿合同。我国《合同法》第243条规定:"融资租赁合同的租金,除当事人另有约定的以外,应当根据购买租赁物的大部分或者全部成本以及出租人的合理利润确定。"即租金总额不仅能抵补出租人购置租赁物所垫支的全部或大部分资金,而且出租人还可以从中获取一定的利润。

4.融资租赁合同是以现代设备为租赁物的合同。这些设备主要包括飞机、汽车、计算机、无线通讯设施、工业机械及设备、医疗设备、办公自动化用品、废物处理设施等。其特点是可以多次使用、长期使用而不会损耗掉。工业产权等技术除附属于设备者外,不得单独作为租赁物。

5.融资租赁合同是不得随意解除的合同。在租赁期间,租赁双方均无权中止和解除合同。尤其绝对禁止承租人解除合同。这是因为融资租赁的租赁物具有专用性质,租赁设备非通用设备,它是承租人特别指定的专用设备。如果允许承租人中途解约,返还设备,出租人很难将设备重新出租或卖掉,这样就会占压出租人的资金、影响其金融利益,进而影响其业务的正常开展。

二、融资租赁合同的主要条款

按《合同法》第238条的规定及融资租赁实践,融资租赁合同的主要条款包括以下内容:

(一)合同说明性条款

包括融资租赁合同名称,当事人(出租人和承租人)的名称、地址、法定代表人,合同签订的日期和地点等。

(二)融资租赁合同的标的物条款

融资租赁合同中的标的物即租赁物,是承租方自行选定并要求出租方购买的设备等。在合同中必须写明租赁设备的名称、数量、牌号、型号、规格、技术性能、单价及总金额等,这些内容一般均以附表形式明确列出。另外,租赁物不符合约定或者不符合使用目的的,出租人不承担责任,但承租人依赖出租人的技能确定租赁物或者出租人干预选择租赁物的除外。

(三)租赁物的所有权和使用权保障条款

融资租赁交易的特征之一是租赁物的所有权与使用权的分离,在租赁期内,租赁物的所有权属于出租人,而承租方享有使用权。为保障出租方对租赁物的所有权,在合同中应明确规定:承租人除非征得出租人的书面同意,不得有转让、转租、抵押租赁物或将其投资给第三者及其他任何侵犯租赁物所有权的行为,也不得将租赁物迁离合同中所记载的设置场所或允许他人使用。并且规定出租人有权定期去承租人处检查租赁设备的完好程度及使用保养情况。

为保障承租人使用租赁物的权利,合同中也要规定,出租人应当保证承租人对租赁物的占有和使用。如任何第三者由于出租人的原因对租赁物主张任何权利,概由出租人负责,承租人的使用权利不得因此受到影响。

(四)租赁物的交货、验货及其质量保证条款

融资租赁合同应明确租赁物的交付时间、地点、由何人交付(即要明确由出卖人直接交付承租人还是由出租人交付);明确交货中的责任;明确交货后的验收时间、检验方法以及相应的权利与义务;合同还应明确租赁物的质量保证条件应与销售合同中的质量保证条件相符;明确如果在质量保证期内发生属于出卖人责任的质量问题,应由何方与供货商办理索赔事宜,如由承租人索赔,则出租人应将销售合同中的索赔权转让给承租人,并予以协助。

(五)租赁物的维修、保养及其有关费用条款

融资租赁合同要明确规定:租赁物由承租方负责日常维修、保养、更换零件等,使设备保持良好状态,并承担由此产生的全部费用。合同还应规定租赁物在运输、安装、调试以及使用等过程中,如使第三者遭受人身损害或财产损失时,应由承租方承担全部责任。

(六)租赁期限条款

租赁期限是指租赁起始之日到租赁结束之日的整个期间。合同应当明确规定租赁期限的起止日期,不能笼统地写3年或5年。

(七)租金构成及其支付期限和方式、币种、罚息条款

租金条款是融资租赁合同的一项重要内容。出租人通过租金既要收回租赁物的购进原价、贷款利息和营业费用,而且还要获得必要的利润。承租人也要比照租赁费用和租赁物使用后获得的收入进行核算。因此,融资租赁合同必须写明租金总金额(大写)、租金的构成及计算方法、租赁费率、租金支付方式及罚息标准等。

计算租金需明确租赁费率。租赁费率由融资成本、利率、融资手续费率、风

险费率及出租人的收益率等组成。在合同中要订明是固定租赁费率还是浮动租赁费率。如果用固定租赁费率,应明确固定值;如采用浮动费率,须在合同中注明其浮动原则和浮动日期等。

租金支付方式主要应明确还租期限、还租起算日、还租期限内租金支付次数、每次需支付的租金金额、租金币种、租金应付日期,先付还是后付方式、出租方开户行账号等。上述内容条款往往以附表形式作为合同附件或以《应付租金通知书》形式通知承租人。

罚息标准,主要是规定当承租人延迟交付租金时应加收罚息的利息标准。

承租人应当按照约定支付租金。承租人经催告后在合理期限内仍不支付租金的,出租人可以要求支付全部租金;也可以解除合同,收回租赁物。

(八)租赁物的灭失及毁损处理

融资租赁合同中一般还规定,如果租赁物发生了灭失或毁损,由承租人承担一切损失,并需按期交纳租金。发生租赁物灭失及毁损情况后,承租人应立即通知出租人,出租人可要求承租人选择下列方式负责处理并负担一切费用:①将租赁物复原或修理至完全正常使用状态;②更换与租赁设备同等状态和性能的零件;③租赁设备灭失或毁损至无法修理时,承租人应按合同中规定的损失赔偿金额,赔偿出租人。

(九)租赁物的财产保险条款

对租赁物进行保险是出租人和承租人避免损失的一种保障手段。投保的范围视租赁物的情况而定,有的可投保财产险,以应付自然灾害所引起的毁损风险;有的可以加保盗窃综合险、机损险、安装险、对第三者损害事故责任险等。

(十)租赁债权的转让和抵押条款

融资租赁合同中一般规定,出租方在租赁期间,有权将合同规定的全部或一部分权利转让给第三者,或提供租赁物作为抵押。但是该项转让和抵押以不影响承租人根据融资租赁合同享有的各种权利为限。

(十一)担保条款

在融资租赁合同中一般都有要求承租人提供担保的条款。担保人担保承租人切实履行支付租金的义务,并在承租人不能履行合同时承担支付租金的责任。

(十二)租赁保证金条款

作为履行合同的保证,出租方可要求承租人在合同签订后向其交纳一定数额的保证金。保证金不计利息,在租赁期满时归还承租人或抵付最后一期租金的全部或部分。合同中规定,如果承租人违反合同时,出租人可用租赁保证金来抵扣承租人应付租金的全部或部分。

(十三)租赁期满时租赁物的处理条款

租赁期满后,承租人对租赁物有留购、续租或退租三种选择权,但无论采用何种形式,均应在合同中加以规定。对当事人约定租赁期间届满租赁物归承租人所有,承租人已经支付大部分租金,但无力支付剩余租金,出租人因此解除合同收回租赁物的,收回的租赁物的价值超过承租人欠付的租金以及其他费用的,承租人可以要求部分返还。对于租赁物的归属没有约定或者约定不明确,依照《合同法》的有关规定仍不能确定的,租赁物的所有权归出租人。

(十四)违约责任条款

融资租赁活动中,任何一方违约,都会造成其他当事人的损失,因此合同应明确规定当事人违约的责任。包括:①因出租方过错造成租赁物延迟交付或交付与合同规定不符或有其他违约行为所应负的法律责任;②承租方违反合同规定,致使租赁物受损、被盗,或未经出租方同意而侵犯租赁物所有权,或逾期交纳租金和其他费用时应承担的法律责任。

(十五)争议解决条款

合同中应规定双方在执行合同中发生争议时,解决争议的方式、程序等。

三、融资租赁合同当事人的权利和义务

(一)出租人的权利和义务❶

1. 出租人的权利。

(1)取得租赁物的所有权并于租赁期内保持其所有权。融资租赁中,出租人向出卖人支付价款,取得租赁物的所有权,并将租赁物交给承租人使用。在整个融资租赁期内,出租人自始至终对租赁物拥有所有权,因此,出租人可以将租赁物转让或行使其他处分权。当然,租赁物的四项权能是分离的。承租人通过支付租金取得了租赁物的占有权、使用权和部分收益权,出租人则是为获取租金收益而转移了租赁物的用益权,仅保留对租赁物的处分权和部分收益权。然而正由于租赁物的所有权归于出租人,因此我国《合同法》第 242 条规定:"承租人破产的,租赁物不属于破产财产。"当承租人破产时,出租人依破产法有关规定可以行使先取权,也可以申请受理破产案件的法院拍卖租赁物,将拍卖所得款用以清偿所欠出租人的债务。

(2)收取租金。收取租金是出租人参加融资租赁的主要目的,是出租人收

---

❶ 刘定华:《金融法专题研究》,北京大学出版社 2002 年版,第 233—238 页。

回购买租赁物的资金和赚取利润的形式,承租人应依约交付租金。我国《合同法》第248条规定:"承租人应当按照约定支付租金。承租人经催告后在合理期限内仍不支付租金的,出租人可以要求支付全部租金;也可以解除合同,收回租赁物。"

(3)在合同终止时,收回租赁物。融资租赁是一种特殊的租赁合同,但仍具有租赁的基本特征:承租人对租赁物享有占有权、使用权,所有权却仍归出租人。在融资租赁合同终止时,出租人有权收回租赁物。当然,如果出租人与承租人商定,租赁期满,租赁物归承租人所有,则依约定。

2.出租人的义务。

(1)购买租赁物。融资租赁合同的出租人必须按照承租人指定的供应商和标的物出资购买,以满足承租人的特定需要。出租人如果完全按承租人的要求购买标的物,则对标的物不负瑕疵担保责任。因为融资租赁合同的实质是出租人向承租人提供融资,通过融资架起真正的供需双方交易的桥梁。尽管出租人在法律上拥有租赁物的所有权,但出租人并不直接占有、使用租赁物,而且出租人是根据承租人的要求购买,出租人也并不关心租赁物本身,而关心能否按时收回租金。此时要求出租人承担租赁物的瑕疵担保责任,显然不公平,也有悖于设立融资租赁制度的本质要求。当然,因出租人自己的过错使租赁物存在瑕疵,如出租人根据租赁合同的约定完全是利用自己的技能和判断力为承租人选择或指定供应商或租赁物的,出租人应对因此给承租人造成的损失负赔偿责任。

(2)将标的物转移给承租人占有、使用和收益。在融资租赁中,承租人的直接目的是要取得租赁物的使用权,出租人应当保证承租人对租赁物的独用权。承租人对租赁物的独占使用权,不仅可以对抗出租人的所有权,而且可以对抗对租赁物享有他物权者的权利。出租人将租赁物转让所有权的,融资租赁合同对新的所有权人继续有效;出租人将租赁物抵押时,抵押权人在行使权利时不得影响承租人的利益。否则,因出租人的过错而导致承租人对租赁物的使用权受到损害的,出租人应负赔偿责任。

(3)向出卖人支付货款。出租人应当依买卖合同约定向出卖人足额支付租赁物货款。关于出租人的付款义务,可以参照我国《合同法》第61条、第62条第2款、第160条、第161条的有关规定办理。

(4)协助承租人向出卖人索赔。在融资租赁合同中,尽管出卖人是直接向承租人交付标的物,但这并未改变出租人与出卖人是买卖合同双方当事人的法律事实。一般情况下如果出卖人未履行买卖合同义务时,理应由出租人(买受人)行使索赔权。但是如前所述,出租人并未直接受领标的物,也不真正关心租赁物的状况,他只关心能否及时足额地收回租金,而真正关心买卖合同能否履行及租赁物现实状态的是承租人,况且租赁物亦是承租人直接从出卖人那里受领的,由承租人向出卖人索赔亦有便利之处。因此,在融资租赁合同中,一般由出租人、出卖人和承租人三方订立索赔权利让渡条款,即约定出租人将自己基于买卖合同而对出卖人享有的赔偿请求权让渡给承租人。当出卖人不履行买卖合同时,承租人可以依赔偿请求权的让渡条款直接向出卖人索赔。此时,出租人负有协助承租人行使索赔权的义务,包括提供相应资料等,如因出租方的过错造成逾期或导致索赔失败的,出租人应承担责任。如果出租人未将对出卖人的索赔权转让给承租人的,该权利仍应由出租人行使,但出租人应根据承租人的要求积极向出卖人索赔,以保护承租人的合法权益。

(二)承租人的权利和义务

1.承租人的权利。

(1)选择租赁物的出卖人并决定租赁物的条件。在融资租赁中,承租人的目的是获取生产经营所需的设备,租赁物是否符合特定需要,应由承租人决定。因此,作为融资租赁合同前提的买卖合同中的出卖人及租赁物的各项要求应由承租人确定。出租人与出卖人之间买卖合同须经承租人确认,当事人协议变更、解除合同,应经出租人、承租人、出卖人同意。出租人未经承租人同意,擅自变更承租人选定的供货商和租赁物的,应承担违约责任。

(2)接受出卖人交付的标的物。在融资租赁合同中,出租人只负观念上的交付义务,即出租人不必在交付现场确认交付物件的存在和向承租人交付租赁物。实际交付义务则由出卖人履行,在承租人向出租人发出受领通知后,即视为出租人已履行了租赁物的交付义务,即承租人要按合同约定的交货时间、地点和方式,接受租赁物,并对租赁物进行检验,将验收结果及时通知出租人。

(3)在租赁期内,对租赁物享有独占使用权。如前所述,承租人的这种独占使用权不仅可以对抗出租人的所有权,而且可以对抗对租赁物享有物权者的他物权。

(4)租赁期满后,承租人对租赁物有续租、退还或留购的选择权。当事人一般须在融资租赁合同中约定租赁物的归属,或由承租人续租,或退还,或留购。如果融资租赁双方未约定或约定不明确的,租赁物的所有权仍归出租人。但在多数情况下,承租人在租赁期满后多选择留购方式,交纳双方约定的名义货价(往往就是租赁物的残值)后取得租赁物的所有权。

另外,如租赁物存在非出租人过错的品质瑕疵时,承租人有权依法定或约定向出卖人直接索赔。

2.承租人的义务。

(1)依约向出租人交付租金。支付租金是承租人的主要义务。我国《合同法》第248条规定:"承租人应当按照约定支付租金。承租人经催告后在合理期限内仍不支付租金的,出租人可以要求支付全部租金;也可以解除合同,收回租赁物。"

(2)按时接收租赁物并及时验收。出卖人向承租人交付租赁物时,承租人享有与受领标的物有关的买受人权利,当然亦须承担有关义务。如发现租赁物不符合合同约定,应及时向出卖人提出异议,并请求瑕疵担保责任。承租人不履行此项义务的,不影响支付租金的义务。

(3)承租人应按合同约定或租赁物的性质进行使用,并负担租赁物的保管和维修义务。妥善地使用、保管租赁物是承租人的法定义务。承租人实际占有租赁物,有保管好租赁物的责任,租赁物如有收益能力的,应维持其能力,尽善良管理人的职责。由于出租人不实际占有租赁物,故不能要求出租人在不了解租赁物也不占有租赁物的情况下尽维修之责。所以在融资租赁合同中租赁物的维修义务应由承租人承担。承租人如果不尽善良管理人之责而妥善保管租赁物,未及时维修致使租赁物损坏、灭失的,承租人应当恢复原状;无法恢复原状的,应当赔偿损失。

3.未经出租人同意,不得擅自转租。所谓转租,即承租人将租赁物又租赁给第三人的行为。转租有利于发挥租赁物的使用价值,故为法律所允许,但由于转租后第三人对租赁物的占有和使用与出租人有极大的利害关系,因此承租人如将租赁物进行转租的,应当事先征得出租人的同意。未经出租人同意,承租人转租的,为违约行为,应负赔偿损失之责。

(三)出卖人的权利和义务

融资租赁合同虽涉及出租人、承租人和出卖人,但其直接当事人只有出租人和承租人。在出卖人与出租人之间的买卖合同中,出卖人才是真正的一方当事人。出卖人的权利也只有在买卖合同中才有体现,其主要权利是依买卖合同收取出卖物价款。

至于出卖人的义务,则主要有下列几项:

1.依买卖合同约定向承租人交付租赁物。在融资租赁合同中,尽管出租人是根据承租人对出卖人和租赁物的选择而订立的合同,但出租人仍为买卖合同当事人。在实践中,为简化交易程序,节省交易成本,便利融资租赁交易的健康运行,当事人之间往往约定,出卖人不是直接向出租人而是向承租人交付标的物。因此我国《合同法》确认，在当事人之间有约定时，出卖人不是向出租人交付标的物，而是按约定向承租人直接交付标的物，从而使承租人享有与受领标的物有关的买受人的权利。

2. 对租赁物的质量担保责任。依照传统的法律理论，出卖人作为租赁合同的第三人，对承租人并不承担合同上的义务，承租人无权依租赁合同对抗出卖人；同样，作为买卖合同的第三人，承租人亦无权直接依据买卖合同对出卖人提出抗辩。因此如果租赁物尚未交付、迟延交付、租赁物存在瑕疵时，在租赁合同下，承租人只能向出租人寻求救济。但这种传统理论不适应现代融资租赁的发展。由于融资租赁交易中出租人不负责挑选供货商和租赁物，更不负责确定租赁物的规格、型号、技术性能等具体要求，而且承租人支付的租金并非使用租赁物件所支付的价款及合理利润，因此，在融资租赁中出租人实际承担的并非买卖合同上的风险而是租赁风险。

因此，出租人通常在租赁合同中规定，出租人自己对于出卖人的买卖合同上的请求权让给承租人，同时亦免除了出租人对租赁物的瑕疵担保责任。这种约定条款将出租人在买卖合同下的买受人的权利转让给承租人，从而使得承租人得以直接依买卖合同向出卖人行使请求权。这既符合融资租赁的经济实质要求，又在一定程度上保护了承租人的利益。在法理上表现为债权让渡论观点。因此对于出卖人而言，他须直接向融资租赁合同的承租人负交付租赁物并承担租赁物的瑕疵担保责任。如出卖人未交付租赁物、交付迟延或租赁物存在瑕疵时，承租人可直接请求出卖人承担交付违约的责任。

【资料与应用】 融资租赁物有瑕疵，出租人应否担责

2003年6月，某租赁公司根据某电视机厂的委托，向电视机厂推荐广东某实业公司为供货商，随后三方就买卖片状电阻生产线设备的事宜进行了洽谈。同年9月，租赁公司按照电视机厂与广东某实业公司协商的条件与实业公司签订了购货合同，该合同明确规定，货物质量保证、设备验收等直接由实业公司向电视机厂负责。电视机厂也在该合同上签字，表示同意。同年12月，电视机厂与广东某实业公司又签订了一份片状电阻生产技术合作合同，对设备应达到的技术指标作了具体规定。随后，租赁公司与该电视机厂签订了以该设备为标的物的融资租赁合同，约定由广东某实业公司直接向电视机厂交付设备，交付之日为租金起算日；若发生设备质量问题，则租赁公司不承担责任，由电视机厂向深圳某实业公司索赔，租赁公司协助。该设备于2005年1月交付，电视机厂进行了验收，并会同广东某实业公司对设备进行了安装调试，发现该设备未达到设计标准。为此，租赁公司会同电视机厂与广东某实业公司签订了处理协议书,协议书约定:片状电阻生产线设备由电视机厂负责修整,广东某实业公司向电视机厂赔偿16万元。后来,租赁公司因电视机厂拖欠租金,多次索要未果,向当地法院起诉。电视机厂在答辩中称:租赁公司交付的租赁物在使用中未达到设计标准,而租赁公司又未及时对外索赔,故拒绝支付租金。

问题:在该融资租赁合同中,出租人是否须承担瑕疵担保责任?

根据《合同法》第244条的规定,融资租赁合同中的出租人一般不承担瑕疵担保责任,除非"承租人依赖出租人的技能确定租赁物或者出租人干预选择租赁物"。因此,我们应该首先观察一下本案的租赁物是如何选择和确定的。在本案中,出租人只是向承租人推荐了出卖人,对租赁物的选择最终是由承租人决定的。例如,出租人是根据承租人与出卖人协商的条件与出卖人订立买卖合同的,并且在买卖合同上签字确认,随后承租人又与出卖人签订了有关片状电阻生产线的技术合作合同。这些行为足以表明,出租人并未干预承租人对租赁物的选择。另外,如果当事人在融资租赁合同中约定由出租人承担标的物瑕疵担保责任,那么,出租人应该承担租赁物瑕疵担保责任。但事实上,在出租人与承租人签订的融资租赁合同中明确约定,日后发生租赁物的质量问题,出租人不承担责任,而由承租人负责索赔,出租人只是负责协助。因此,本案承租人电视机厂在诉讼中的答辩理由不能成立。

第四节

融资租赁合同纠纷案件的审理规则

1996年5月27日,最高人民法院发布《关于审理融资租赁合同纠纷案件若干问题的规定》,就融资租赁合同纠纷案件的审理做出了具体规定。

(一)诉讼当事人的确定

融资租赁合同纠纷案件的当事人应包括出租人和承租人。供货人是否需要列为当事人,由法院根据案件的具体情况决定。但供货合同中有仲裁条款的,则不应当将供货人列为当事人。融资租赁合同中的承租人与租赁物的实际使用人不一致时,法院可以根据实际情况决定将实际使用人列为案件的当事人。

(二)案件的管辖

融资租赁合同纠纷案件的当事人,可以协议选择与争议有实际联系地点的法院管辖。当事人未选择管辖法院的,应由被告住所地或合同履行地法院管辖。租赁物的使用地为融资租赁合同的履行地。

（三）涉外融资租赁合同纠纷案件的法律适用

涉外融资租赁合同纠纷案件的当事人可以协议选择处理合同争议所适用的法律；当事人没有选择的，适用承租人所在地的法律。

（四）融资租赁合同效力的认定与处理

1.有下列情形之一的，应认定融资租赁合同为无效：①出租人不具有从事融资租赁经营范围的；②承租人与供货人恶意串通，骗取出租人资金的；③以融资租赁合同形式规避国家有关法律、法规的；④融资租赁合同所涉及的项目应当报经有关部门批准而未经批准的，应认定融资租赁合同不生效；⑤依照有关法律、法规规定应认定为无效的。

2.融资租赁合同被确定为无效后，应区分下列情形分别处理：①因承租人的过错造成合同无效，出租人不要求返还租赁物的，租赁物可以不予返还，但承租人应赔偿因其过错给出租人造成的损失。②因出租人的过错造成合同无效，承租人要求退还租赁物的，可以退还租赁物；如有损失，出租人应赔偿相应损失。③因出租人和承租人的共同过错造成合同无效的，可以返还租赁物，并根据过错大小各自承担相应的损失和赔偿责任。租赁物正在继续使用且发挥效益的，对租赁物是否返还，可以协商解决；协商不成，由法院根据实际情况作出判决。

（五）承租人擅自处置租赁物的处理

在租赁合同履行完毕之前，承租人未经出租人同意，将租赁物进行抵押、转让、转租或投资入股，其行为无效，出租人有权收回租赁物，并要求承租人赔偿损失。因承租人的无效行为给第三人造成损失的，第三人有权要求承租人赔偿。

（六）出租人非法干预的处理

在融资租赁合同有效期间内，出租人非法干预承租人对租赁物的正常使用或者擅自取回租赁物，而造成承租人损失的，出租人应承担赔偿责任。

（七）对供货商的索赔及出租人、承租人责任的划分

1、在供货人有迟延交货或交付的租赁物质量、数量存在问题以及其他违反供货合同约定的行为时，对其进行索赔应区别不同情形予以处理：①供货合同或租赁合同中未约定转让索赔权的，对供货人的索赔应由出租人享有和行使，承租人应提供有关证据；②在供货合同和租赁合同中均约定转让索赔权的，应由承租人直接向供货人索赔。

2.有下列情形之一的，当租赁物质量、数量等存在问题，在对供货人索赔不着或不足时，出租人应承担赔偿责任：①出租人根据租赁合同的约定完全是利

用自己的技能和判断为承租人选择供货人或租赁物的;②出租人为承租人指定供货人或租赁物的;③出租人擅自变更承租人已选定的供货人或租赁物的。除上列情形外,出租人对租赁物的质量、数量等问题一般不承担责任。

3. 在出租人无过错的情形下,对供货人索赔的费用和结果,均由承租人承担和享有。如因出租人的过错造成索赔逾期或索赔不着,出租人应承担相应的责任。

4. 因租赁物的质量、数量等问题对供货人索赔,如出租人无过错,不影响出租人向承租人行使收取租金的权利。

(八)承租人的违约责任

承租人未按合同约定支付部分或全部租金,属违约行为,承租人应按合同约定支付租金、逾期利息,并赔偿出租人相应的损失。

(九)承租人破产时租赁物和租金的处理

1. 在承租人破产时,出租人可以将租赁物收回;也可以申请受理破产案件的法院拍卖租赁物,将拍卖所得款用以清偿承租人所欠出租人的债务。租赁物价值大于出租人债权的,其超出部分应退还承租人;租赁物价值小于出租人债权的,其未受清偿的债权应作为一般债权参加破产清偿程序,或者要求承租人的保证人清偿。

2. 在承租人破产时,出租人可以作为破产债权人申报债权,参加破产程序;出租人的债权有第三人提供保证的,出租人也可以要求保证人履行保证责任。

3. 出租人在参加承租人破产清偿后,其债权未能全部受偿的,可就不足部分向保证人追偿。

4. 出租人决定不参加承租人破产程序的,应及时通知承租人的保证人,保证人可以就保证债务的数额申报债权参加破产分配。

(十)诉讼时效

融资租赁合同当事人请求法院保护其权利的诉讼时效应适用《民法通则》第 135 条的规定,即诉讼时效期间为 2 年。

【资料与应用】 融资租赁合同纠纷责任如何划分

1992 年 2 月 5 日,甲公司与乙公司签订融资租赁合同。双方约定,出租人甲公司应按照承租人乙公司的要求,从国外购进浮法玻璃生产线及附属配件,租赁给乙公司,租金总额 18 万美元,租期 24 个月,每 6 个月为 1 期。最后一期的到期日为 1994 年 5 月 30 日,如乙公司不支付租金,甲公司可要求即时付清租金的一部分或全部,或终止合同,收回租赁物件,并由乙公司赔偿损失。双方还约定了租金利率的调整和延付租金的罚款利息。丙公司为乙公司提供了支付租金的担保。丙公司向甲公司出具的租金偿还保证书中约定,丙公司保证和负责乙公司切实履行融资租赁合同的各项条款,如乙公司不能按照合同的约定向甲公司交纳其应付的租金及其他款项时,担保人应按照融资租赁合同的约定,无异议地代替乙公司将上述租金及其他款项交付给甲公司。

1993年5月5日,甲公司将购进的全套设备全部运抵目的地。按照乙公司的要求,将设备安装在丁工厂使用。经乙公司和丁工厂共同开箱检验和调试后,认定设备质量合格。设备投产后,因生产原料需从国外进口,成本较高,销路较差,致使开工后就停产。承租人和丁工厂仅支付甲公司设备租金6万美元。

甲公司多次催要,乙公司和丁工厂仍未能支付租金,于是甲公司向法院提起诉讼,要求乙公司和丁工厂立即偿付所欠租金及利息,并由丙公司承担保证责任。乙公司辩称,甲公司在丁工厂经营不善的情况下,未能收回租赁物,致使损失扩大,乙公司不应承担责任;丙公司辩称,甲公司应在承租方无力偿付租金的情况下及时收回租赁物,防止损失扩大,但甲公司却采取放任态度,致使损失扩大,甲公司无权就扩大的损失要求赔偿。人民法院受理后,将丁工厂列为本案的第三人参加诉讼,丁工厂辩称,自己不是融资租赁合同的当事人,不应承担租金偿付义务。

问题: 1.融资租赁合同是否合法有效?2.甲公司未收回租赁物是否造成损失扩大?3.丁工厂是否应承担偿付租金的责任?

问题1　融资租赁合同是否合法有效?

融资租赁合同是指出租人根据承租人对租赁物的特定要求和对供货人的选择,出资向供货人购买租赁物并租给承租人使用,承租人按约定支付租金,在租赁期满前,承租人按约定的办法取得租赁物所有权的协议。根据融资租赁合同法律关系,出租人的主要义务是出资给供货人购买租赁物并租给承租人使用,承租人的义务是指定某种设备和供货人并支付租金。本案中,作为出租人的甲公司享有按合同约定的租金标准收取租金的权利。乙公司不按照合同的规定支付租金,属于违约行为。《民法通则》第111条规定,当事人一方不履行合同,另一方有权要求履行或者采取补救措施,并有权要求赔偿损失。因此,甲公司应当支付租金、逾期利息并赔偿损失。乙公司作为承租人的担保人,应当按照合同约定的保证责任履行担保义务。

问题2　甲公司未收回租赁物是否造成损失扩大?

在融资租赁合同法律关系中,租赁期间租赁物的所有权归出租人享有,承租人只享有使用权。通过融资租赁合同达到融资的目的,出租人的目的在于获取租金,租赁物对出租人而言,应视为出租人租赁债权的担保物,其所有权具有与担保物权相同的功能。本案中融资租赁合同中约定,如乙公司不支付租金,甲公司可要求即时付清租金的一部分或全部,或终止合同,收回租赁物件。根据该规定,当承租人违约后,出租人可以行使债权,要求即时付清租金的一部分或全部,也可以行使担保物权并收回租赁物。这一规定对于出租人实际上是可选择行使的权利,出租人有权选择其一来实现权利的保护。鉴于融资租赁合同的法律特征,出租人出租租赁物的目的在于承租人能偿还购买设备的本息及一定的利润,追求的是金钱利益的体现。因此,出租人收回租赁物的选择不会是其首要的选择。即使出租人甲公司收回租赁物,也不能免除承租人乙公司的偿付全部租金的责任,在出租人收回租赁物后,由于其专用性,应由甲公司进行变卖、拍卖或转租,利益不足部分仍应由承租人乙公司来承担。所以,甲公司不选择收回租赁物的处理办法是没有违反法律规定的,乙公司和丙公司援引《民法通则》第114条的规定,即"当事人一方因另一方违反合同受到损失的,应当及时采取措施防止损失的扩大;没有及时采取措施致使扩大的,无权就扩大的损失要求赔偿"的抗辩不能予以支持。

问题3 丁工厂是否应承担偿付租金的责任?

本案中,丁工厂是租赁物的实际使用人,即实际承租人,但不是融资租赁合同的一方当事人。人民法院将其列为第三人符合法律规定,便于案件审理。丁工厂在本案中的地位是属于无独立请求权的第三人。《民事诉讼法》第56条规定"对当事人双方的诉讼标的,第三人虽然没有独立请求权,但案件处理结果同他有法律上的利害关系的,可以申请参加诉讼,或者由人民法院通知他参加诉讼",由于本案的处理结果可能涉及租赁物的返还问题,因此,案件的处理结果与丁工厂有法律上的利害关系,属于法律规定的"案件处理结果同他有法律上的利害关系的"情形。这是指诉讼中双方当事人(原告和被告)争议的诉讼标的涉及的法律关系,与无独立请求权的第三人参加的另一个法律关系有牵连,而无独立请求权的第三人是否行使权利和履行义务,对原被告之间的权利行使和义务履行有直接影响。

丁工厂是否应当直接承担租金的偿还责任,则直接与无独立请求权第三人在其参加的诉讼中的法律地位有关。在诉讼中,无独立请求权的第三人致使基于物权(特定物)追诉而负有返还其占有之物的义务,没有基于债权追诉而负有替代履行债务的义务,因此,在本案这种追索租金的债权纠纷中,丁工厂不是融资租赁合同的一方当事人,其不应负有替代或连带债权人甲公司偿还租金的义务。

第十五章

投资基金法

【内容提要】 投资基金法系统介绍投资基金与投资基金法、投资基金关系、证券投资基金的运作和证券投资基金监管法律制度。投资基金与投资基金法介绍投资基金概述、中国投资基金的产生发展及基金立法问题。投资基金关系介绍契约型基金当事人之间的法律关系和公司型基金当事人之间的法律关系。证券投资基金的运作一节介绍证券投资基金的设立、交易、运作,基金合同的变更、终止与基金财产清算。证券投资基金监管介绍证券投资基金监管的含义及目标、证券投资基金监管主体和基本原则、证券投资基金监管内容。

第一节
投资基金与投资基金法

一、投资基金概述

(一)投资基金及证券投资基金

投资基金是指按照共同投资、共享收益、共担风险的基本原则,运用现代信托制度的机制,以基金方式将各个投资者彼此分散的资金集中起来,交由投资专家运作和管理,主要投资于证券等金融产品和其他产业部门,以实现预定的投资目的的投资组织制度。根据基金投资侧重点的不同,投资基金又可分为不同的类型,如证券投资基金、创业投资基金、房地产业投资基金等。❶ 投资基金产生于英国,但在美国得到了充分发展。其中,证券投资基金在美国的发展最为典型。

---

❶ 投资基金可以投资于多种领域,如无特别说明,本章所指的投资基金主要指证券投资基金。

在我国 2003 年颁布、2004 年施行的《中华人民共和国证券投资基金法》对于证券投资基金的定义并没有明确规定。但国内外学者的通说都认为，证券投资基金是指通过发售基金份额募集投资者的资金，并由基金管理人管理、基金托管人保管，为基金持有人的利益，以组合资产的方式将基金财产用于证券投资，基金份额持有人根据持有的份额享有收益和承担风险的投资方式。证券投资基金反映了一种信托关系。

（二）证券投资基金的特点

1.分散资金的集合。证券投资基金可将众多中小投资者的分散资金集中到一起，汇集成大额资金。投资者通过购买基金份额完成投资行为，凭之分享基金的投资收益并承担风险。这比个人投资者直接投资操作费用要低廉很多。

2.专家投资。证券投资基金募集成立后，交由专业的理财人士去管理。他们一般均受过专门训练，在投资领域积累了相当丰富的经验，并与金融市场联系密切，掌握的信息资料比较齐全，分析手段先进。相对于普通投资者而言，拥有知识、信息、经验方面的优势。

3.分散组合投资。证券投资基金投资的基本原则是组合投资、分散风险，遵循"不要把所有的鸡蛋放在一个篮子里"的原则，把一定量的资金按照不同比例分别投入不同时期、不同种类的有价证券中，把风险减至最低限度。

可以看出，证券投资基金是一种集腋成裘的组合投资方式，它以信托关系为基础，通过投资者投资基金，而由专家将基金投资于证券这种间接投资方式，达到对基金资产保值增值的目的，基金运作所获收益按比例分配给投资者，同时投资机构本身作为管理者获得一定的服务费用。

（三）证券投资基金的种类

根据不同的分类标准，投资基金可以划分为不同的种类：

1.按照组织形态的不同，可分为契约型投资基金和公司型投资基金。契约型投资基金是指按照《信托法》的规定，根据一定的信托原理，由委托人、受托人、受益人订立信托契约，依照信托契约运用和管理信托财产的基金形态，又称为信托型投资基金。公司型投资基金是指按照《公司法》的规定，委托人发起组织以投资为日的的投资公司，发行投资基金股份，投资者购买基金股份、参与共同投资的信托财产形态。❶

2.按照基金发行总额是否固定以及基金变现方式的不同，可分为封闭式投资基金与开放式投资基金。封闭式投资基金是指基金资本总额和发行份数在

---

❶　强力：《金融法》，法律出版社 2004 年版，第 508 页。

未发行前就已经确定下来,在发行期满后,基金就封闭起来,总量不再增减,基金份额只能在投资者之间进行相互转让。

开放式基金是指基金的资本总额和发行的份额不固定,可以随时根据市场的供求情况追加发行,投资者可以追加购买或者赎回自己持有的基金份额,但追加购买和赎回的价格不同于原始价格,而是根据当时基金的净资产价格为基础进行确定。

3.按投资基金投资计划是否可变更,分为固定型基金、半固定型基金和融通型基金。固定型基金是指基金管理人严格按照事先编定的投资计划进行投资,不论其投资组合中的证券价格如何变化,基金管理人都不得通过出卖、转让等方式任意改变已编定的证券投资组合。

融通型基金是指基金管理人可以根据市场情况,自由决定其证券投资组合,任意变更基金所编入的证券资产的内容与结构,以期有效防止若干证券价格的跌落所导致的受益权单位价格的跌落。

半固定型基金介于固定型基金与融通型基金之间,即基金所投资的证券资产组合编定后,基金管理人在一定的条件和范围内变更基金的资产内容。可见,在三种基金中,显然融通型基金为最优。

4.按资金来源渠道及投资市场的不同,可分为国家基金、海外基金和国内基金。国家基金是指面向国外投资者销售并以本国市场为特定投资对象的基金。海外基金是指在境外注册登记,面向外国投资者销售并投资于外国证券市场的基金。国内基金是指面向国内投资者销售并投资于本国证券市场的基金。

5.按照基金投资对象的不同,可分为股票基金、债券基金、货币基金、期货基金和认股权证基金。股票基金是指以股票为主要投资对象的基金。股票基金的收益为股息、红利等。与债券基金相比,其投资风险较大。

债券基金是指以债券为主要投资对象的基金。其投资风险较小,适合于长线投资。

货币基金是指由货币存款构成投资组合的基金。货币基金的投资意图为,汇集众多投资者的零散资金作为大额存款,以获取较优惠的利率,并享受货币升值时带来的收益。属于一种低风险的投资工具。

期货基金是指以期货合约为主要投资对象的基金。基金管理人投资期货一般有两个目的:①利用期货对冲,减少购入现货的风险;②谋求资本的高增值。期货基金是一种高风险的投资工具。

认股权证基金是指以认股权为主要投资对象的基金。所谓认股权是指一种金融票据,持有人有权在指定的期间按预定的价格购买发行公司一定数量的股票。认股权证基金也是一种高风险的投资基金。

6.按不同的投资目的,可分为成长型基金和收入型基金。成长型基金一般在投资方向上投向普通股股票,其目的是从股市获取资本升值带来的收益,这种收益是一种长期的高额收益,因此不注重短期收益的多少。

收入型基金是注重获取当期最高收入的基金。其收益的主要来源是股息和债券利息等。收入型基金比成长型基金的收益要低,但它有市场波动小、易于预测和收益平稳的特点。

二、我国投资基金立法

(一)我国投资基金立法情况

1997 年 11 月 14 日,国务院证券委员会制定颁布了《证券投资基金管理暂行办法》,标志着我国有了关于投资基金的统一规范。

2003 年 10 月 28 日,十届五次全国人大常委会审议通过了《中华人民共和国证券投资基金法》(下称《证券投资基金法》),自 2004 年 6 月 1 日起施行。该法共 12 章 103 条,主要规定了证券投资基金的主体、运行和监管规则。明确了投资基金法的调整对象和调整范围及立法的价值取向;明确了证券投资基金的运作方式,规定了基金管理人与基金托管人共同履行受托职责及基金持有人大会制度。但同时该法对出台之前的一些热点问题采取了回避的态度如对公司型基金、私募基金、伞型基金及集合投资型的基金,均未正面涉及。但无论如何,《证券投资基金法》的出台和实施在诸多方面都为证券投资基金的健康发展提供了相对全面和完善的法律环境。

(二)《证券投资基金法》简介

1.《证券投资基金法》的立法宗旨。《证券投资基金法》第 1 条规定了投资基金的立法宗旨:规范证券投资基金活动,保护投资人及相关当事人的合法权益,促进证券投资基金和证券市场的健康发展。其中,保护投资人即基金份额持有人的合法权益是最高宗旨,因为它是保证证券投资基金乃至整个证券市场健康、持续发展根本性要求。为此,在《证券投资基金法》中设计了一系列制度以确保此宗旨的实现。

2.《证券投资基金法》的基本原则。

(1)公开、公平、公正的原则。它是保证证券投资基金健康发展的基本原则。公开原则要求所公开的信息真实,基金管理人、托管人应当真实的披露有关基金的财务、运作情况,不得有任何虚假信息;要求所公开的信息必须完整,即管理人、托管人必须按照法律法规要求填写各类说明书、报告书,不得故意隐瞒或遗漏;要求所公开的信息必须及时,既管理人、托管人应当在法律法规规定的期限内向社会公布,不得故意拖延。

公平原则要求基金份额的发行、基金份额交易活动中的所有参与者都有平等的法律地位,各自的合法权益能够得到公平保护。对基金关系的当事人而言,不因其职能差异、身份不同、经济实力大小而有区别。

公正原则是针对证券投资基金的管理机构的监管行为而言,要求其在公开、公平的基础上,给一切被监管者以公正待遇。立法机构应当制定体现公平精神的法律法规和政策,监督管理部门应当根据法律授予的权限公正履行监管职责。

(2)基金财产独立性原则。证券投资基金是一种建立在信托基础之上的投资行为,所以在运作过程中也必然体现信托关系的特征。而其中最为重要的一点就是基金财产的独立性。只有保证了这一点,才可能使基金的运作保持连续性和稳定性,从而充分保护基金持有人的合法权益。

第一,基金财产独立于基金管理人、基金托管人的固有财产。管理人、托管人不得把基金财产归入其固有财产;因管理、托管基金财产而取得的收益,一律归入基金财产而不得将其归入自有财产;管理人、托管人因依法解散、被依法撤销或被依法宣告破产的,基金财产应当从其固有财产中剔除。

第二,基金财产的债权,不得与基金管理人、托管人固有财产的债务相抵消;不同基金财产的债权债务,不得相互抵消。

第三,非因基金财产本身产生的债务,不得对基金财产强制执行。

(3)保护基金持有人利益原则。证券投资基金是一种代人理财的方式,广大投资者在整个基金的设立发起、运作的全过程中容易处于信息不对称的地位,故此要对基金投资人(投资以后变成基金持有人)利益进行特别保护,这也是基金业健康发展的前提。"保障基金持有人利益",并非是确保所有基金持有人能够获得确定的利益,也并非是保障基金份额的价值,而是主要在于尽量减少持有人的风险,确保投资人有公平公正进行投资的机会,并排除那些妨碍投资人依照自己的自由判断及责任而进行投资的不当行为,维护基金市场的正常秩序及安全,以及在基金持有人利益遭受侵害时提供适当必要的救济渠道和措施等。为此,投资基金法规定了基金份额持有人大会制度,确定了其职权、议事规则和程序等内容。

(4)基金管理人、托管人忠实勤勉原则。基金管理人、托管人管理运用基金财产,应当恪尽职守,履行诚实信用、谨慎勤勉的义务。基金从业人员应当依法取得基金从业资格,遵守法律、行政法规,恪守职业道德和行为规范。

第二节
投资基金关系

一、契约型基金当事人之间的法律关系

（一）契约型基金的当事人

契约型基金，一般包括三方当事人：基金管理人、基金托管人和基金投资人。基金管理人是指发行基金份额募集证券投资基金，并按照法律、行政法规的规定和基金合同的约定，为基金份额持有人的利益，采取资产组合方式对基金财产进行管理、运用的机构。基金托管人是指基金财产的托管者，与基金管理人共同受托、分工负责处理基金事宜。基金投资人即基金份额持有人，是购买基金份额，享有基金投资收益，承担基金投资损失的人。

契约型基金成立和运作的核心和关键是信托契约，它也是明确基金管理人、托管人和投资人各自权利和义务的契约。这一点没有什么争议。但是对三方当事人之间的关系，各国在理论和实践上存在着不少分歧。最有代表性的是德国的"二元论"与日本的"一元论"。

1. 德国模式——二元论（又称为"分离论"）。德国1957年的《投资公司法》从法律上构建了二元制模式：其中确定了信托契约与保管契约是规范基金管理人、基金托管人与投资者关系的基础。其中投资者与管理人订立信托契约，而管理人则需要与保管银行订立另一个保管契约。在这种法律关系中，投资者为基金财产的实质所有人，管理人作为基金财产的名义所有人，有权在合理范围内处分该基金。而管理人与保管银行之间则基于委托合同产生保管关系，保管银行负责信托财产的安全性与完整性，并依据管理人的指示处分该项财产。同时保管银行负责监督管理人是否依照基金契约处理基金财产，享有对管理人的监督权，当发现管理人的处分行为有损于基金投资者利益时，可对管理人提起诉讼。

这种模式的优点在于比较符合信托法理，法律关系较为明确。但同时有很大缺陷：投资者和保管银行之间没有直接的法律关系，保管银行独立于信托契约关系之外，而仅仅由法律赋予其对管理人的监管权利，对于保护投资者地位极为不利。因为保管银行置身于信托契约之外，所以很可能有怠于行使其监管权利的行为，当保管银行在违反了其监管义务之后投资者不能直接向其主张权利，而只能以保管契约第三人的身份行使请求权，权利得不到有效保障。

2. 日本模式——一元论。日本是采用一元信托型基金模式的代表，即其投资基金的法律构造为：用管理人与保管银行之间订立的一个信托契约来规定投资者、管理人与保管银行三方的权利义务。按照《日本证券投资信托法》，基金

管理人发行受益凭证募集基金后,以委托人的身份与作为受托人的基金保管人签订以基金投资人为受益人的证券投资信托契约。根据契约,保管人取得基金资产的名义所有权,负责保管、执行和监督,委托人(管理人)享有对基金投资和运用的指示权。

赞成此种做法的学者认为,传统上,负责信托财产经营和保管的是一个主体——受托人。而证券投资基金的经营和保管则是由两个相对独立的主体——管理人和托管人分别负责的,二者共同完成信托受托人的职能。管理人和托管人分离,使两者之间形成一种制衡和监督机制,这是信托制度"日趋完善和富有效率的体现"。但也有学者认为,此种模式将管理人与托管人之间的契约定为基金契约,管理人是名义上的委托人,投资者是实际上的委托人,这样容易造成主体间法律关系的混乱,而且管理人的委托人地位的合理性值得怀疑。虽然此种做法有利于司法,简化了三方主体间复杂的法律关系,但是不符合信托法及信托法原理,"造成主体的混乱,实不可取"。❶

3.我国的做法。我国《证券投资基金法》第 3 条规定:"基金管理人、基金托管人和基金份额持有人的权利、义务,依照本法在基金合同中约定。""基金管理人、基金托管依照本法和基金合同的约定,履行受托职责。基金份额持有人按其所持基金份额享受收益和承担风险。"从对证券投资基金的定义以及上述对当事人权利义务的概括条款可以得出这样的结论:我国投资基金中"基金合同"的性质相当于一元论中将三方当事人结合在一起的基金契约,契约当事人分别为管理人、托管人、基金份额持有人❷。其中,基金投资人也即基金份额持有人

---

❶　台冰:《移花接木,能否博采众长?》,《金融法苑》2003 年第 4 期,第 18 页。

❷　背景介绍:在《证券投资基金法》正式出台以前,其他相关法律法规及《证券投资基金法》的草案中都把基金发起人作为基金法律关系的一方当事人对其权利义务给予专门规定。中国证监会发布的《证券投资基金契约的内容与格式(试行)摘要》中的相关规定实际上已经把发起人当作基金契约的委托人。事实上,基金发起人和公司的发起人一样,只是在基金发起阶段负责起草基金契约,向国家有关机关申请设立基金并办理基金设立过程中的相关事务的组织。在法律上相当于一个普通的合伙。在德国、日本、韩国,我国台湾、香港等地的基金立法中,发起人也只是起到起草信托契约的作用。在基金成立之后,发起人就退出基金法律关系,参与发起的法人分别以投资者身份或者基金管理公司的身份享有权利和承担义务。在我国,由于基金的发起人常常组建独立于发起人的管理公司,因此,将发起人作为一方当事人予以规定,容易产生发起人与投资者、基金管理公司及托管银行的法律关系问题,引起不必要的混乱,因为事实上发起人与基金法律关系其他当事人之间并无委托或信托法律关系。所以,在《证券投资基金法》的修改过程中,按照国际惯例,去掉了"发起人"这个概念,并且明确基金由基金管理人依法募集。

作为信托委托人,基金管理人和基金托管人同时作为信托受托人,分担受托人的职责,三者关系由基金合同统一规范。同时《证券投资基金法》的第6条规定:"基金财产独立于基金管理人、基金托管人的固有财产。"所以基金管理人和托管人对基金都不享有名义上或实质上的所有权,根据基金契约,他们受托分别对基金资产进行托管和运营,成为基金的信托受托人,信托委托人为基金持有人。这种权利安排实际上是一种所有权和经营权相分离,或称支配权和收益权分离的信托财产权。❶

(二)证券投资基金的客体

无论是契约型基金还是公司型基金,其法律基础皆为信托。所以,证券投资基金的客体一般表现为信托财产。由于目前我国《证券投资基金法》只对契约型投资基金作出了规范,所以信托财产是指在基金设立时所筹集到的资金以及以后运用其进行投资所产生的财产。在契约型基金中,基金设立后所募集到的资金就交由托管人保管,成为信托财产,它虽然不具备独立的法人地位,但必须独立于管理人、托管人的自有财产。我国《证券投资基金法》第6、7、8条规

---

❶ 在谁是受托人问题上,目前仍然存在着较大争议。从《证券投资基金法》的规定和通常的托管协议内容来看,托管人缺少"投资"这一核心的受托职责。缺少这一职责,受托人职责并不完整,除非解释为托管人将这部分职责委托给管理人行使,即托管人选择了管理人,而事实恰好相反。同样管理人也不完全符合信托法中受托人的定义,其虽然拥有"投资"这一核心职责,但却缺少了"保管"这一重要职责,使其不能算是完整意义上的受托人。如果基金托管人是由基金管理人指定和更换,也可以解释为基金管理人将部分职责委托他人代为办理。但是法律并未做如此规定。那么基金管理人和基金托管人是不是共同受托人呢?事实也并非如此。《信托法》中对共同受托人有明确规定:"共同受托人之一违反信托目的处分信托财产或者因违背管理职责、处理信托事务不当致使信托财产受到损失的,其他受托人应当承担连带赔偿责任"。而《证券投资基金法》规定:"基金管理人、基金托管人在履行各自职责过程中,违反本法规定或者基金合同约定,给基金财产或者基金份额持有人造成损害的,应当分别对各自的行为承担赔偿责任;因共同行为对基金财产或者基金份额持有人造成损害的,应当承担连带赔偿责任。"从中可以看出,基金管理人和基金托管人只有在因其共同行为给基金财产或基金持有人造成损失的情况下,才会承担连带赔偿责任,否则各自对自己的行为承担责任。所以,基金管理人和基金托管人也很难说是共同受托人。那么,对于谁是受托人这个问题,只能做如下的解释:立法回避了这个问题。我国最早的《证券投资基金管理暂行办法》制定时,《信托法》还没有出台,监管部门不可能在没有法律依据的情况下创造出"受托人"这个概念;而在《证券投资基金法》颁布之时,基金管理人和基金托管人的职责划分和各自分别承担责任已经形成了市场惯例并已运转正常,《证券投资基金法》尊重并认可了这一惯例,没有因为《信托法》的出台而做任何变动,这样立法也有利于基金市场的稳定,否则有可能带来一定的冲击。

定:"基金财产独立于基金管理人、基金托管人的固有财产。基金管理人、基金托管人不得将基金财产归入其固有财产。基金管理人、基金托管人因基金财产的管理、运用或者其他情形而取得的财产和收益,归入基金财产。基金管理人、基金托管人因依法解散、被依法撤销或者被依法宣告破产等原因进行清算的,基金财产不属于其清算财产。""基金财产的债权,不得与基金管理人、基金托管人固有财产的债务相抵消;不同基金财产的债权债务,不得相互抵消。"

（三）契约型证券投资基金当事人权利义务

1.基金投资人权利及其行使。

（1）基金投资人的法定权利。《证券投资基金法》称基金投资人为"基金份额持有人",第70条规定:"基金份额持有人享有下列权利:分享基金财产收益;参与分配清算后的剩余基金财产;依法转让或者申请赎回其持有的基金份额;按照规定要求召开基金份额持有人大会;对基金份额持有人大会审议事项行使表决权;查阅或者复制公开披露的基金信息资料;对基金管理人、基金托管人、基金份额发售机构损害其合法权益的行为依法提起诉讼;基金合同约定的其他权利。"

上述权利可以分为两大类:一类为自益权,即为基金投资人个人的利益而享有的权利,如基金收益分享权、基金剩余财产分配权、基金证券的转让权以及基金证券的赎回权等;另一类为共益权,即为全体基金投资人的共同利益而享有的权利,当然也包括每一个基金投资人的个体利益在内,如召开基金持有人大会的提议权,对大会审议事项的表决权,对基金事务的知情权,以及对基金管理人、托管人的起诉权。《证券投资基金法》以法律的形式将基金投资人的权利确定下来,起到公示的作用,以便于基金管理人、托管人等尊重基金投资人权利,约束自己的行为,也有利于基金投资人依据法律行使和维护自己的权利。

（2）基金份额持有人大会。为充分保障基金份额持有人的合法权利的行使,基金法规定了基金份额持有人大会制度:①基金份额持有人大会的职权。证券投资基金的重大事项应由基金份额持有人大会审议决定。重大事项包括:提前终止基金合同;基金扩募或者延长基金合同期限;转换基金运作方式;提高基金管理人、基金托管人的报酬标准;更换基金管理人、基金托管人;基金合同约定的其他事项。②基金份额持有人大会的召集。基金份额持有人大会由基金管理人召集;基金管理人未按规定召集或者不能召集时,由基金托管人召集。《证券投资基金法》第72条规定:"代表基金份额10%以上的基金份额持有人就同一事项要求召开基金份额持有人大会,而基金管理人、基金托管人都不召集的,代表基金份额10%以上的基金份额持有人有权自行召集,并报国务院证券监督管理机构备案。"该法第 75 条规定："基金份额持有人大会应当有代表 50%以上基金份额的持有人参加,方可召开;大会就审议事项作出决定,应当经参加大会的基金份额持有人所持表决权的 50%以上通过;但是,转换基金运作方式、更换基金管理人或者托管人、提前终止基金合同,应当经参加大会的基金份额持有人所持表决权的 2/3 以上通过。"基金投资人在法定条件下可以越过基金管理人、托管人召开基金持有人大会对于防止基金管理人监督不力、防止基金投资人常设代表机构缺位,具有积极的现实意义。

2. 基金管理人、基金托管人的诚信和勤勉义务。《证券投资基金法》第 9 条规定："基金管理人、基金托管人管理、运用基金财产,应当恪尽职守,履行诚实信用、谨慎勤勉的义务。"因为在整个基金信托关系中处于受托人地位,因此必须以诚实信用的心态去履行受托义务。《证券投资基金法》第 9 条正是明确了基金管理人与托管人对基金投资人的信赖义务。而信赖义务又包括:①注意义务。要求基金管理人在做出经营决策时,应当以善良管理人的注意运用该基金财产。而善良管理人的注意义务在大陆法系信托法中是比一般性注意义务(像处理自己事务一样的注意)要求更高的义务。这是因为,既然基金管理人是基于信赖关系而管理他人财产,并且享有报酬,那么就应当依照信托行为所定的意旨,积极实现信托目的,从而其注意义务不能以与处理自己事务同样的注意,而应尽到善良管理人的义务才合理。②忠实义务。即受托人应以投资人的利益为处理信托事务的唯一目的,而不能在处理事务时,考虑自己的利益或为他人图利,以避免与受益人产生利害冲突。

3. 托管人权利。管理人和托管人在信托关系中处于共同受托人的地位,但其侧重点不同。管理人主要负责对仅仅资产的投资运用,而托管人则主要是保管基金资产,并依据管理人的指示来处分。共同受托的制度安排让托管人监督管理人既有法律依据,也在一定程度上改变了托管人受制于管理人的局面。《证券投资基金法》第 30 条规定:"基金托管人发现基金管理人的投资指令违反法律、行政法规和其他有关规定,或者违反基金合同约定的,应当拒绝执行,立即通知基金管理人,并及时向国务院证券监督管理机构报告。基金托管人发现基金管理人依据交易程序已经生效的投资指令违反法律、行政法规和其他有关规定,或者违反基金合同约定的,应当立即通知基金管理人,并及时向国务院证券监督管理机构报告。"

托管人的职责可以分为保管和监督两个方面。除按照法律规定对基金管理人进行监督外,托管人要保管基金财产,设立专账,作出适当的评审及会计报告,在经理人发出指示时,运用基金。

4.对基金管理人和托管人重大关联关系的禁止。《证券投资基金法》第28条规定:"基金托管人与基金管理人不得为同一人,不得相互出资或者持有股份。"这样规定主要是为了保护基金财产的安全。同理,基金托管人与基金管理人也不应当有共同的母公司或共同的实际控制人。第18条规定:"基金管理人的董事、监事、经理和其他从业人员,不得担任基金托管人或者其他基金管理人的任何职务,不得从事损害基金财产和基金份额持有人利益的证券交易及其他活动。"

二、公司型基金当事人之间的法律关系

由于公司型投资基金设立成功后就成为一个具有独立法人资格的股份有限公司,因此这种基金的法律关系就包括其内部董事会、股东会、监事会之间的相互关系和公司与投资者及他所委托的管理公司、托管银行之间的法律关系两部分。

(一)公司型投资基金自身的法律关系

公司型投资基金就其自身而言,在组织结构上与股份有限公司相类似,但也有不同之处:

首先,基金持有人是 基金的投资者,也是基金公司的股东,通过行使股东权来参与公司的管理,但是,随着投资业务专业化程度的提高,股东会除了选举和更换董事会成员外,在实务中很少参与公司的业务决策,董事会在公司中的业务决策权日益加大。这种情况对于已在章程中规定了投资组合比例的公司型投资基金更是如此,以致除非通过修改章程的方式,股东大会从不参与投资基金的业务决策。所以,在公司型投资基金中,除了其成员仍由股东大会选举产生或更换外,董事会不直接对股东大会承担义务,而是对公司承担美国法律上所谓的"受信任人义务"。但是,这并不意味着股东会丧失了对公司的决策权,因为依据美国法律,公司型投资基金董事会的权利、义务由公司章程规定。股东可以通过制定或修改章程的方式来对董事会的权利加以限制。

其次,就董事会而言,基金公司由股东会选出董事会,由董事会决定经理人选、管理公司业务并对股东负责。公司董事会还负责选聘资产管理公司(或投资顾问),作为基金管理人对基金资产进行管理。董事会还必须选择负责基金股份的承销商、保管基金资产的托管银行,以及为基金提供财务服务的会计师事务所等。董事会最重要的工作是监督基金管理公司对基金资产的管理。董事会定期召开会议听取管理公司的汇报并提出质疑、审议和投票决定与基金及基金持有人有关的重大事项,如在稽核方面,由基金管理公司的稽查员每天对

基金运作的情况进行稽核,并出具稽核报告,报送董事会审议。董事会每年审查和批准投资公司同管理公司之间签订的合同,评估管理公司的收入是否合理、履行义务是否符合合同,如果发现管理公司违反合同,可以直接起诉以追回损失。

最后,值得注意的是,在世界上最典型的美国公司型基金中,并无监事会这一监督机关,而是在董事会中设置了与经营董事和管理层无利害关系的独立董事来行使监事职能。根据美国《投资公司法》,投资公司董事会中必须有40%以上是独立董事,当基金所聘的基金管理公司与承销商有业务联系时,独立董事要达到董事总数的2/3以上。

(二)公司型投资基金与投资者的关系

基金投资者是基金公司的股东,由其组成的股东大会产生董事会。股东会的权利一般包括:修改基金章程;选举董事会;决定更换基金管理人和保管人等。与一般公司的股东会相比,基金公司股东会的权限较小,如有关董事的报酬决定权、公司年度预决算方案的审议权、公司利润分配和亏损方案的审议权、公司合并分立的决议权等都不复存在了。

(三)公司型投资基金与管理公司的关系

美国有专门的《投资顾问法》来规定管理公司(即投资顾问)的权利义务。一般而言,投资顾问依据它与基金公司签订的合同,定期向公司提供有关证券投资、证券买卖或其他财产买卖所需要的建议,或经授权对公司应该买卖何种证券或何种财产作出决策。为保证投资顾问信赖义务的履行,美国《投资公司法》规定证管会可以因投资顾问等违反信赖义务的个人不当行为对其提起诉讼或禁令。投资公司董事会必须严格审查投资顾问作出的投资决定,以保护投资者的利益。投资公司则有义务付给投资顾问相应的"有偿服务费"。由此可以看出,两者之间是委托与被委托的关系。通过委托关系,投资公司往往将其业务决策权授予投资顾问,由投资顾问对公司财产加以实际的运用,投资公司董事会则为公司股东的利益对投资顾问加以监督,确保其按约行事。

(四)公司型投资基金与保管机构的关系

在美国的投资公司运作实务中,保管机构的义务仅限于对投资公司所募集的资金提供保管服务,由投资公司付给保管费。因此,两者之间也是委托与受托的关系。但是,投资基金法律关系中的这种委托与受托不同于一般委托合同,它体现了国家为保护投资者利益而以立法形式介入基金运作强制基金管理人将基金资产交给保管机构的特殊设计。

（五）管理公司和托管银行的关系

管理公司和托管银行两者之间的法律关系依各国的立法政策不同而各有不同。我国《证券投资基金法》对公司型基金的组织模式采取了一种"暂予回避"的态度，仅对其作出原则性规定，而具体管理办法由国务院另行规定，这也是考虑到我国证券投资基金市场尚不健全的因素。但从长远来看，确立公司型基金的治理结构模式，加快发展公司型基金，是一个必行之路。

第三节
证券投资基金的运作

一、证券投资基金的设立

（一）基金设立的申请与核准

我国对证券投资基金的发行和募集实行核准制，基金管理人发售基金份额，募集基金，应当经过中国证监会批准，并提交申请文件。申请文件包括：①申请报告。②基金合同草案。包括：募集基金的目的和基金名称；基金管理人、基金托管人的名称和住所；基金运作方式；封闭式基金的基金份额总额和基金合同期限或者开放式基金的最低募集份额总额；基金份额发售日期、价格和费用的原则；基金份额持有人大会召集、议事及表决的程序和规则；基金份额发售、交易、申购、赎回的程序、时间、地点、费用、计算方式，以及给付赎回款项的时间和方式；基金收益分配原则、执行方式；作为基金管理人、基金托管人报酬的管理费、托管费的提取、支付方式与比例；与基金财产管理、运用有关的其他费用的提取、支付方式；基金财产的投资方向和投资限制；基金资产净值的计算方法和公告方式；基金募集未达到法定要求的处理方式；基金合同解除和终止的事由、程序以及基金财产清算方式；争议解决方式；当事人约定的其他事项。③基金托管协议草案。④招募说明书草案。具体内容包括：基金募集申请的核准文件名称和核准日期；基金管理人、基金托管人的基本情况；基金合同和基金托管协议的内容摘要；基金份额的发售日期、价格、费用和期限；基金份额的发售方式、发售机构和登记机构名称；出具法律意见书的律师事务所和审计基金财产的会计师事务所的名称和住所；基金管理人、基金托管人报酬和其他有关费用的提取、支付方式与比例；风险警示内容；中国证监会规定的其他内容。⑤基金管理人和托管人的资格证明文件。⑥经会计师事务所审计的基金管理人和基金托管人最近3年或成立以来的财务会计报告。⑦律师事务所出具的法律意见书。⑧中国证监会规定提交的其他文件。

中国证监会应当自受理基金募集申请之日起 6 个月内依照法律、行政法规及中国证监会的规定和审慎监管原则进行审查,作出核准或者不予核准的决定,并通知申请人。不予核准的,应当说明理由。

(二)基金的募集程序

基金募集申请经过批准后,即可发售基金份额。基金管理人应当在基金份额发售的 3 日前公布招募说明书、基金合同及其他有关文件,文件应当真实准确有效。基金管理人应当自收到核准文件之日起 6 个月内进行基金募集。基金募集期限自基金份额发售之日起不得超过 3 个月。

基金募集期限届满,封闭式基金募集的基金份额总额达到核准规模的 80% 以上,开放式基金募集的基金份额超过核准的最低募集份额总额,并且基金份额持有人人数符合中国证监会规定的,基金管理人应当自募集期限届满之日起 10 日内聘请法定验资机构验资,自收到验资报告之日起 10 日内,向中国证监会提交验资报告,办理基金备案手续,并予以公告。

基金募集期限届满,不能满足上条规定的条件的,基金管理人应当承担下列责任:以其固有财产承担因募集行为产生的债务和费用;在基金募集期限届满后 30 日内返还投资人已缴纳的款项,并加计银行同期存款利息。

投资人缴纳认购的基金份额的款项时,基金合同成立;基金管理人依法向中国证监会办理基金备案手续,基金合同生效。

二、证券投资基金的交易

(一)封闭式基金的交易

经过管理人申请,国务院证券监督管理机构核准,封闭式基金份额可以在证券交易所上市交易。国务院证券监督管理机构可以授权证券交易所依照法定条件和程序核准基金份额上市交易。

基金份额上市交易,应当符合下列条件:①基金的募集符合法律规定;②基金合同期限为 5 年以上;③基金募集份额不低于 2 亿元人民币;④基金份额持有人不少于 1000 人;⑤基金份额上市交易规则规定的其他条件。

基金份额上市交易后,有下列情形之一的,由证券交易所终止其上市交易,并报国务院证券监督管理部门备案:①不再具备法律规定的上市条件的;②基金合同期限届满;③基金份额持有人大会决定提前终止上市交易;④基金合同约定的或者基金份额上市交易规则规定的终止上市交易的其他情形。

（二）开放式基金份额的申购与赎回

开放式基金的基金份额的申购、赎回和登记,由基金管理人负责办理;基金管理人可以委托经国务院证券监督管理机构认定的其他机构代为办理。

基金管理人应当在每个工作日办理基金份额的申购、赎回业务;基金合同另有约定的,从其约定。

开放式基金应当保持足够的现金或者政府债券,以备支付基金份额持有人的赎回款项;基金财产中应当保持的现金或者政府债券的具体比例,由国务院证券监督管理机构规定。

基金份额的申购、赎回价格,依据申购、赎回日基金份额净值加、减有关费用计算。

三、基金的运作

基金管理人运用基金财产进行证券投资,应当采用资产组合的方式。资产组合的具体方式和投资比例,依照法律规定和国务院证券监督管理机构的规定在基金合同中约定。

基金财产应当用于以下投资:上市交易的股票、债券;国务院证券监督管理机构规定的其他证券品种。

基金财产不得用于下列投资或者活动:承销证券;向他人贷款或者提供担保;从事承担无限责任的投资;买卖其他基金份额,但是国务院另有规定的除外;向基金管理人、基金托管人出资或者买卖其基金管理人、基金托管人发行的股票或者债券;买卖与其基金管理人、基金托管人有控股关系的股东或者与其基金管理人、基金托管人有其他重大利害关系的公司发行的证券或者承销期内承销的证券;从事内幕交易、操纵证券交易价格及其他不正当的证券交易活动;依照法律、行政法规有关规定,由国务院证券监督管理机构规定禁止的其他活动。

四、基金合同的变更、终止与基金财产清算

按照基金合同的约定或者基金份额持有人大会的决议,并经过国务院证券监督管理机构核准,可以转换基金运作方式。

封闭式基金扩募或者延长基金合同期限,应当符合下列条件,并经国务院证券监督管理机构核准:基金运营业绩良好;基金管理人最近 2 年没有因违法违规行为受到行政处罚或者刑事处罚;基金份额持有人大会决议通过;法律规定的其他条件。

有下列情形之一的,基金合同终止:基金合同期限届满而未延期的;基金份额持有人大会决定终止的;基金管理人、基金托管人职责终止,在6个月内没有新基金管理人、新基金托管人承接的;基金合同约定的其他情形。

基金合同终止时,基金管理人应当组织清算组对基金财产进行清算;清算组由基金管理人、基金托管人以及相关的中介服务机构组成。清算组作出的清算报告经会计师事务所审计、律师事务所出具法律意见书后,报国务院证券监督管理机构备案并公告。

清算后的剩余基金财产,应当按照基金份额持有人所持份额比例进行分配。

第四节
证券投资基金的监管

一、证券投资基金监管的含义及目标

(一)证券投资基金监管的含义

证券投资基金监管是指基金监管主体运用行政、经济和法律的手段对投资基金的发起、设立、运作以及证券投资基金主体及其行为进行的规范性监督管理活动。

(二)证券投资基金监管的目标

1.保护市场经济公平有序的发展。此为监管的根本目的,也是终极目标。证券投资基金是资金高度密集的领域,其运作需要相对的稳定;一旦有一个环节出现不良反应,整个系统就会出现风险,并进而危及整个证券市场的稳定,对经济发展造成极大破坏。我国市场经济正处于发展阶段,所以为保证其公平有序发展,有必要对像证券投资基金这样影响重大的交易品种进行监管和规范,把基金行为尽量控制在安全范围内,防止其发生大的波动,发挥其调节投资者结构、抑制过度投机的作用,促进金融市场繁荣和市场经济有序发展。

2.保护投资者合法权益。相对于基金管理人和基金托管人来说,投资者在信息取得、资金规模、经济地位等各方面处于弱者地位,但它们又是基金业的支撑者,是基金市场的"上帝",是基金业生存和发展的前提。而实际处于社会弱者地位的投资人的利益极易受到侵害,比如基金管理人利用内幕消息进行内幕交易及欺诈客户、关联交易等。所以,投资者弱势地位的改善更多需要政府的监管行为来完成。要保护投资者,最重要的是需要基金管理公司完全披露影响

投资者投资抉择的重要信息和公开信息,并且使管理人在管理运作基金时,遵守忠实及注意义务。

3.处理好和证券业、保险业、银行业的关系。证券投资基金为银行业务与非银行金融机构的业务区分提供了一种有效机制,可减轻对银行贷款的过度依赖,推动非银行金融机构和商业银行各司其职。银行、保险、证券、信托 之间可以说是互相联系、相辅相成的。因而处理好投资基金和其他三个行业之间的关系,使其发挥应有的作用,也是监管的一个重要目标。

二、证券投资基金监管的监管主体和基本原则

(一)证券投资基金监管的监管主体

国务院证券监督管理机构负责对证券投资基金进行监管,通常是由中国证监会具体实施监管。被监管的对象是基金管理公司、基金托管人及其相关的机构和人员。

(二)证券投资基金监管的基本原则

监管机关在监管投资基金时,其对于基金的基本制度设计及执法行为都体现着一种精神和价值取向,并现实的发挥着弥补成文法局限性的作用,也对整个监管活动起着根本的指导作用,这就是监管原则,它贯穿着监管的全过程。概括说来,这些原则有:

1.审慎监管原则。"审慎监管"是一种如今在全世界各个国家和地区都被普遍认可的金融监管原则,同样也适用于证券投资基金。其实质是一种对金融风险的防范和控制监管。为达到防范风险和促进竞争的目的,审慎监管的中心工作在于鼓励或强迫基金当事人及时、准确、全面、公开地向公众披露信息,增加透明度。在信息可得的基础上,通过广大市场参与者的自由选择行为来发挥对基金当事人的监督和制约作用,也即通过经济力量本身对基金当事人和基金市场的活动实施制约。这是金融市场化环境下金融监管的精髓。

审慎监管是一种针对基金当事人(主要是基金管理人和基金托管人)清偿能力的监管,并非直接干预基金当事人具体的经营运作决策,而是充分尊重其自身利益和效率,因此能够平衡基金当事人安全性和效率性的矛盾。基金运作过程中的风险是固有的,不可能通过审慎监管就得以消除,但是建立起审慎监管的体系和法规,作好监管工作,使得基金运作过程中的风险得以防范和控制,从而实现保护投资者利益、减少系统性风险、促进基金业发展的监管目标,还是很重要的。

2.保护证券投资基金资产独立性原则。独立的基金资产是广大投资者受

益的载体,不能同其他财产相混合,否则投资人利益很难得到保证。因此,世界各国基金立法都特别强调基金资产独立性。从世界各国基金立法和基金运作来看,基金资产独立性原则主要体现在:一是各国都规定,基金资产的经营管理与保管必须相分离。我国台湾地区《证券投资信托事业管理规则》规定:"证券投资信托事业应当将证券投资信托基金交由基金保管机构保管,不得自行保管。"我国香港规定,申请人认可的集合投资计划,必须委托监察委员会接纳的受托人或代管人,受托人或代管人必须独立于管理公司。英国《金融服务法》也规定:"资产属于受托人。"二是基金资产必须独立于基金托管人、基金管理人的自由财产。我国《证券投资基金法》在第7条、第8条、第9条分别从各个方面对保持基金资产独立性作出了明确规定。

3. 法律监管侧重于保护众多的、分散的、不确定的投资者的利益的原则。投资基金是一种代人理财的方式,广大投资者在整个基金的发起、设立直至运作的全过程中,在信息上处于不对称的地位,由法律对投资基金的管理和运作提出严格要求,可以避免投资基金管理机构及其从业人员为了自己的私利而损害投资基金以及投资者利益的情形的发生。"保障投资者利益",并非是保证基金受益凭证的价值,并非确保投资者投资基金能获得确定的利益,这些都属"非保障"内容。因为投资基金本身就是一种风险投资。对投资基金的法律监管,主要在于尽量减少投资风险,确保投资人有公平、公正的进行投资的机会,并排除妨碍投资人依照自己的自由判断及责任而进行投资的不当行为,维护投资基金市场的正常秩序及安全,以及在投资者利益遭受侵害时能提供适当救济的渠道和措施等。具体说来,投资基金监管法律通过对投资基金的设立者、管理者的资格审查,对投资基金的投资限制,以及对投资基金从业人员尤其是关联人士的管制以及对关联交易的管制等,达到保障投资者利益不受非法侵害的目的。

4. 公开、公平、公正原则。公开,是信息的公开,是市场透明度的体现,在证券投资基金法律监管中主要表现为市场公开、经营公开、管理公开、分配公开,各国的基金立法基本上都有一套较完整的信息公开制度,包括发行公开、上市公开和持续公开,发行人、上市人及其内部人员、关系人都有信息公开的义务,必须按照法定方式公开其有关信息。这里的公开还有一层含义即监管的公开。监管者在施行监管行为时,应做到公开管理,加大行动的透明度,使得被监管者了解监管内容、方式、程序等,这同样是"依法监管"所要求的。公平是指公平交易、公平竞争,法律保障基金市场主体享有平等的权利。同样还有一层含义对被监管者"公平对待"即不歧视待遇。监管机构在实施监管时,应当作到一视同仁,平等对待,不应有任何差别待遇和歧视行为。公正是管理公正、执法公正、公正适用法律、公正的解决纠纷,对市场主体给予同等的保护。

5.法律监管中体现国家的政策导向原则。投资基金的功效就在于其可以将社会闲散资金汇集起来,形成巨额资金。国家要对这些巨额资金进行谨慎地控制,以防止巨额资金盲目流动而造成国家金融市场秩序混乱,防止投资基金操纵市场,防止投资基金流向国家限制流向的产业,影响国家对产业结构的调整。另外,投资基金是专家理财,注重长期、理性的投资;对于证券市场减少过度投机有很大作用,而且对于国家鼓励发展的行业,可以通过鼓励发展产业投资基金的办法,促进这些行业的壮大。这都表明了国家对投资基金的监管的政策导向。

三、证券投资基金监管内容

(一)市场准入的监管

1.基金管理人的资格。在证券投资基金法律关系中,基金管理人处于中心地位,因此,对其资格的监管非常重要。我国基金法规定,基金管理人由依法设立的基金管理公司担任。

设立基金管理公司,应当具备下列条件:①有符合证券投资基金法和公司法规定的章程;②注册资本不低于1亿元人民币,且必须为实缴货币资本;③主要股东具有从事证券经营、证券投资咨询、信托资产管理或者其他金融资产管理的较好的经营业绩和良好的社会信誉,最近三年没有违法记录,注册资本不低于3亿元人民币;④取得基金从业资格的人员达到法定人数,且基金管理人的经理和其他高级管理人员,应当熟悉证券投资方面的法律、行政法规,具有基金从业资格和三年以上与其所任职务相关的工作经历;⑤有符合要求的营业场、安全防范设施和与基金管理业务有关的其他设施;⑥有完善的内部稽核监控制度和风险控制制度;⑦法律、行政法规规定的和经国务院批准的国务院证券监督管理机构规定的其他条件。担任基金管理人,应当经中国证监会核准。

2.基金托管人的资格。我国基金法规定,基金托管人由依法设立并取得基金托管资格的商业银行担任。基金托管资格,应当具备下列条件,并经中国证监会和银监会核准:敬资产和资本充足率符合有关规定;设有专门的基金托管部门;取得基金从业资格的专职人员达到法定人数;有安全保管基金财产的条件;有安全高效的清算、交割系统;有符合要求的营业场所、安全防范设施和与基金托管业务有关的其他设施;有完善的内部稽核监控制度和风险控制制度;法律、行政法规规定的其他条件;基金托管人与基金管理人不得为同一人,不得相互出资或者持有股份。

（二）基金运作的监管

基金运作过程中监管的重点是对基金管理人和基金托管人行为的监管,监管重点主要是其行为的合法合规性和是否履行了忠实勤勉义务。

1. 对基金管理人。基金管理人的基本职责:募集基金,办理或者委托中国证监会认定的其他机构代为办理基金份额的发售、申购、赎回和登记事宜;办理基金备案手续;对所管理的不同基金财产分别 管理、分别记账,进行证券投资;按照基金合同的约定确定基金收益分配方案,及时向基金份额持有人分配收益;进行基金会计核算并编制基金财务会计报告;编制中期和年度基金报告;计算并公告基金资产净值,确定基金份额申购、赎回价格;办理与基金财产管理活动有关的信息披露事项;召集基金份额持有人大会;保存基金财产管理活动的记录、账册、报表和其他相关资料;以基金管理人名义,代表基金份额持有人利益行使诉讼权利或者实施其他法律行为;中国证监会规定的其他职责。

基金管理人禁止的行为:将其固有财产或者他人的财产混同于基金财产从事证券投资;不公平的对待其管理的不同基金财产;利用基金财产为基金份额持有人以外的第三人牟取利益;向基金份额持有人违规承诺收益或者承担损失;依照法律、行政法规有关规定,由中国证监会禁止的行为。

2. 对基金托管人。基金托管人的职责是:安全保管基金财产;按照规定开设基金财产的资金账户和证券账户;对所托管的不同基金财产分别设置账户,确保基金财产的完整与独立;保存基金托管业务活动的记录、账册、报表和其他相关资料;按照基金合同的约定,根据基金管理人的投资指令,及时办理清算、交割事宜;办理与基金托管业务活动有关的信息披露事项;对基金财务会计报告、中期和年度基金报告出具意见;复核、审查基金管理人计算的基金资产净值和基金份额申购、赎回价格;按照规定召集基金份额持有人大会;按照规定监督基金管理人的投资运作;其他职责。

对基金管理人的禁止行为同样适用于基金托管人。

基金托管人发现基金管理人的投资指令违反法律、行政法规和其他有关规定,或者违反基金合同约定的,应当拒绝执行,立即通知基金管理人,并及时向中国证监会报告。基金托管人发现基金管理人依据交易程序一生效的投资指令违反法律、行政法规和其他有关规定,或者违反基金合同约定的,应当立即通知基金管理人,并及时向中国证监会报告。

（三）信息披露的监管

基金管理人、基金托管人和其他基金信息披露义务人,应当依法披露基金信息,并保证所披露信息的真实性、准确性和完整性。

基金信息披露义务人应当确保应予披露的基金信息在国务院证券监督管理机构规定的时间内披露,并保证投资人能按照基金合同约定的时间和方式查阅或者复制公开披露的信息资料。

公开披露的基金信息包括:基金招募说明书、基金合同、基金托管协议;基金募集情况;基金份额上市交易公告书;基金资产净值、基金份额净值;基金份额申购、赎回价格;基金财产的资产组合季度报告、财务会计报告及中期和年度基金报告;临时报告;基金份额持有人大会决议;基金管理人、基金托管人的专门基金托管部门的重大人事变动;涉及基金管理人、基金财产、基金托管业务的诉讼;依照法律、行政法规有关规定,由中国证监会规定应予披露的其他信息。公开披露信息,不得为以下行为:虚假记载、误导性陈述或者重大遗漏;对证券投资业绩进行预测;违规承诺收益或者承担损失;诋毁其他基金管理人、基金托管人或者基金份额发售机构;依照法律、行政法规有关规定,由中国证监会规定禁止的其他行为。

（四）市场退出的监管

1.基金管理人。中国证监会对有下列情形之一的基金管理人,依据职权责令整顿,或者取消基金管理资格:有重大违法违规行为;不再具备基金管理人条件的;法律、行政法规规定的其他情形。

有下列情形之一的,基金管理人职责终止:被依法取消基金管理资格;被基金份额持有人大会解任;依法解散、被依法撤销或者被依法宣告破产;基金合同约定的其他情形。

基金管理人职责终止的,基金份额持有人大会应当在6个月内选任新基金管理人;新基金管理人产生前,由中国证监会指定临时基金管理人。同时,前任基金管理人应当妥善保管基金管理业务资料,及时办理基金管理业务的移交手续,新基金管理人或者临时基金管理人应当及时接收。

基金管理人职责终止的,应当按照规定聘请会计师事务所对基金财产进行审计,并将审计结果予以公告,同时报中国证监会备案。

2.基金托管人。国务院证券监督管理机构和国务院银行业监督管理机构对有下列情形之一的基金托管人,依据职权责令整顿,或者取消基金托管资格:有重大违法违规行为;不再具备基金托管资格;法律、行政法规规定的其他情形。

有下列情形之一的,基金托管人职责终止:被依法取消基金托管资格;被基金份额持有人大会解任;依法解散、被依法撤销或者被依法宣告破产;基金合同约定的其他情形。

基金托管人职责终止的,基金份额持有人大会应当在 6 个月内选任新基金托管人;新基金托管人产生前,由中国证监会指定临时基金托管人。同时,前任基金托管人应当妥善保管基金托管业务资料,及时办理基金托管业务的移交手续,新基金托管人或者临时基金托管人应当及时接收。

基金托管人职责终止的,应当按照规定聘请会计师事务所对基金财产进行审计,并将审计结果予以公告,同时报中国证监会备案。

(五)基金合同的变更、终止与基金财产清算监管

基金合同的变更是指合同内容的变更。包括基金运作方式和期限等。基金合同的变更应经法定程序:经过基金份额持有人大会的决议通过和中国证监会的批准以后变更。

有下列情形之一的,基金合同终止:①基金合同期限届满而未申请延期的;②基金份额持有人大会决定终止的;③基金管理人、基金托管人职责终止,在 6 个月内没有新的基金管理人、新的基金托管人承接的;④基金合同约定的其他情形。

基金合同终止时,基金管理人应当组织清算组对基金财产进行清算。清算组由基金管理人、基金托管人以及相关的中介服务机构组成。清算组作出的清算报告经会计师事务所审计,律师事务所出具法律意见书后,报中国证监会备案并公告。清算后的剩余基金财产,应当按照基金份额持有人所持比例进行分配。

【资料与应用】 1999 年 10 月 28 日"基金湘证"在上交所上市。上午走势尚属平稳,及至下午开市后交投逐渐萎缩,抛盘压力越来越轻,20 分钟以后,该基金的价格突然暴涨,同时成交量急剧放大,拉升至 12 元高点,紧接着在不到 15 分钟内,价格掉头向下,急跌至 6.41 元,尾市又拉至 7.20 元收盘,较发行价上涨 620%,振幅达 417%,全天换手率高达 90%,其中 2.8 元以下的成交量占全天的 80%。主力低成本收集筹码相当集中,即使以后每天连续跌停,获利也相当丰厚。后来上交所勒令其停牌一天,并以 1∶6.5 的比例进行惩罚性扩募,并更名为"基金裕元"。结果该基金复牌后连续跌停,令大多数中小投资者根本无法出货,大量资金被套牢,还得交扩募部分基金价款,损失惨重。后经查,该基金的经理人动用了所管理的基金参与对该基金的恶炒,是该基金的最大庄家,并从中获取了大量收益。该基金的中小投资者大为抱怨并提出疑问,本来是为了自己手中的货币保值增值而购买基金,然而却深受基金经理人坑害,这哪里算什么基金!以后谁来买基金?甚至有投资者向法院提出诉讼,要求制裁基金经理人。

问题:1.分析资料中基金经理人的行为性质及后果。2.封闭式基金中经理人存在的问题在开放式基金中能否避免?如何完善?

后 记

2003 年 6 月开始，浙江大学经济法学硕士研究生招生有了金融法研究方向，我在这个方向担任硕士导师，开始招收浙江大学第一批金融法研究方向的 3 位研究生。也就从这时开始，我就有了组织一批长期从事金融法教学研究和实践工作的专家、学者们，编写一本具有特色、符合高校金融法学课程教学需求的《金融法教程》的想法。于是，我开始筹划这件事。

2005 年 12 月，浙江大学出版社的编辑向我约稿，希望我能组织编写一本《金融法教程》，我高兴地答应了下来。尔后，我发函各高校，广泛征求写作意见和写作人员，大家十分负责地向我提出写作意见并给我推荐编写人员。2006 年 4 月 15 日上午，《金融法教程》第一次编写工作会议召开了。来自各高校金融法教学科研第一线的老师及出版社编辑参加了这次会议。会议认真分析讨论了当前金融法教材存在的问题，拟定了教材编写的总体思路和内容，确立了编写特点和具体要求，并对参加编写的人员作了分工。

2006 年 8 月底，各作者基本完成初稿写作；9 月初，召开了《金融法教程》第二次编写会议，主编对各部分内容提出了修改、调整意见；9 月中旬，召开了第三次编写会议，对整本书的内容进行了评估，大家认为《金融法教程》编写质量优良，可以出版；9 月 26 日，全体编写人员再次集聚在一起，检查、校对书稿；国庆节期间，我的研究生王立、蓝燕、路东、易丹丹、许炯、潘丽珍、柳伟、徐晓琼、王庆新、郑胜东、吴家伟、陈洁、沈亮亮、龚茂、凌建等人对书稿进行了认真的文字校对。浙江大学出版社的编辑孙秀丽、张作梅，对书稿作了认真、专业性的修改、调整，付出了大量的劳动。在此，表示真诚的感谢。

经济活动的高端行为是金融，用一种期待的权利去换取别人的货币金钱是金融的主要模式，经济金融活动家创新发展金融，法律学家规范金融、监管金融，维护金融秩序。但长期以来，由于重视不足，我国金融法治化程度还较低，民间金融与官方金融界限不清，非法集资与合法融资界限不清，证券非公开发行与非法发行界限不清，民间金融法律调整规范严重不足，商主体的融资权人为的不平等,导致人为争夺融资权耗费了大量社会财富,同时也滋生了腐败机会。

在我国,凡是法治缺失的领域,政府就有无限权力,金融领域则是其中之一。政府不承认天赋的融资权,试图将属于商事主体(公司等企业)、个人的融资权都拥有,只有得到其许可才能取得融资权,否则就是非法。我们没有将金融行为完整地厘清合法与违法,而用非法来代替,例如非法集资、非法融资等。而在西方国家,由于实现金融法治化,没有非法集资和非法融资、非法发行证券等概念,只有违法集资和违法融资、违法发行证券等概念。对非法融资行为最终出面处理的是政府(主要依赖人民银行与公安部门),而不是金融监管部门。西方国家承认天赋的融资权,特殊的融资权受特别的法律规范调整,未按照法律规定的程序进行融资(如集资、证券发行)构成违法,承担因违法而引起的责任后果。在这种法治格局下,处理集资、融资事务权力归属专门的金融监管机构。所以说,金融法治化程度决定了金融的整个体制格局。

总的来说,金融法应当研究金融商主体法、金融商行为法、金融监管法和金融犯罪法,我们这本书,就是围绕着这样的思路展开的。

特别一提的是,在本书即将付梓之时,2006年10月31日,全国人大常委会通过了《中华人民共和国反洗钱法》,我们及时将该部分内容予以收录,从而使全书内容更为充实、完整。

金秋十月,桂子飘香。值此《金融法教程》出版之际,2006年11月18日,浙江省金融法研究会将召开成立大会,首届"金融与法治"论坛也同时召开,我荣幸地担任了该会的会长。我想,这本凝聚了众多金融法学教授心血的《金融法教程》,就是祝贺这个大会的最好礼物。

但愿这本《金融法教程》让您喜欢,并从中学到知识。

李有星

2006 年 11 月 18 日